内蒙古发展研究文库2019

中蒙俄智库

国际论坛报告

（2016）

CHINA-MONGOLIA-RUSSIA THINK TANK
INTERNATIONAL FORUM REPORT 2016

内蒙古自治区发展研究中心
内蒙古自治区经济信息中心 编

中国发展出版社
CHINA DEVELOPMENT PRESS

图书在版编目（CIP）数据

中蒙俄智库国际论坛报告（2016）/内蒙古自治区发展研究中心，内蒙古自治区经济信息中心编．—北京：中国发展出版社，2019.6

ISBN 978-7-5177-0966-4

Ⅰ.①中… Ⅱ.①内… ②内… Ⅲ.①咨询机构—研究报告—中国、蒙古、俄罗斯—2016 Ⅳ.①C932.81

中国版本图书馆 CIP 数据核字（2019）第 012069 号

书　　　名：中蒙俄智库国际论坛报告（2016）
著作责任者：内蒙古自治区发展研究中心　内蒙古自治区经济信息中心
出 版 发 行：中国发展出版社
（北京市西城区百万庄大街 16 号 8 层　100037）
标 准 书 号：ISBN 978-7-5177-0966-4
经　销　者：各地新华书店
印　刷　者：河北鑫兆源印刷有限公司
开　　　本：787mm×1092mm　1/16
印　　　张：37.5
字　　　数：770 千字
版　　　次：2019 年 6 月第 1 版
印　　　次：2019 年 6 月第 1 次印刷
定　　　价：158.00 元

联 系 电 话：（010）68990630　68990692
购 书 热 线：（010）68990682　68990686
网 络 订 购：http：//zgfzcbs. tmall. com//
网 购 电 话：（010）88333349　68990639
本 社 网 址：http：//www. develpress. com. cn
电 子 邮 件：370118561@qq. com

序　言

当前，“一带一路”倡议正在从谋篇布局的“大写意”转入精耕细作的“工笔画”，建设“一带一路”正在走深走实。“中蒙俄经济走廊”作为“一带一路”六大走廊之一，既是联通东北亚经济圈和欧洲经济圈的重要桥梁，也是全方位深化与蒙古国、俄罗斯合作的重要通道。中蒙俄在“一带一路”框架下，在“共商、共建、共享”和“合作共赢”原则指引下，共建“中蒙俄经济走廊”，取得了良好的阶段性成果。内蒙古作为“中蒙俄经济走廊”建设的重要窗口和重要节点，发挥好毗邻区位、口岸协同发展、产业互补、人文交流密切等综合优势，扎实推进，深度融入，积极参与“中蒙俄经济走廊”建设，具有十分深远的时代意义。

在共同推进“中蒙俄经济走廊”建设中，中蒙俄三国副外长北京会议对建立三方学术和智库交流机制提出新要求。为实施好这一新要求，中国内蒙古自治区发展研究中心联合中国国务院发展研究中心国际合作局、俄罗斯科学院远东研究所、蒙古国科学院和国立大学以及中国北京、内蒙古、黑龙江、吉林、辽宁、新疆等智库，于2015年共同发起创立中蒙俄智库国际论坛，并组建中蒙俄三方智库合作中心（联盟）。

论坛和联盟的主要目标是在三国副外长级磋商机制框架内，构建中蒙俄三方学术交流与智库合作机制，围绕“中蒙俄经济走廊”建设优先方向，开展人文交流、政策沟通、共研合作，在中国的“一带一路”、蒙古国的“草原之路”和俄罗斯的欧亚经济联盟对接中，为三国政府提供智力服务。五年来，按照“联合发起、平等参与、共建共赢、稳步推进”的原则，坚持高端定位，建立机制性、常态化的智库对话、人员交流与合作研究机制，推动三方智库合作，发挥协同效应，形成智库交流互动、有效合作的三国多元智库网络。

中蒙俄智库国际论坛由中蒙俄智库合作中心（联盟）主办，2015～2018年在三国轮值举办了四届年会，已汇集了320余篇论文。每届论坛围绕“中蒙俄经济走廊”建设的重点议题，三国专家学者同台建言献策，为深化三国智库间的合作与交流，共谋“中蒙俄经济走廊”建设，发挥了积极的智库先行作用。为更好地服务国内读者，现根据每届论坛公开出版的三国语言文字版会议论文，梳理编译为中文版文集，以《中蒙俄智库国际论坛报告（2016）》的形式与广大读者见面。

《中蒙俄智库国际论坛报告（2016）》凝聚了中蒙俄三国智库专家学者对“一带一路”及共建“中蒙俄经济走廊”的研究观点和政策建议，不仅对助力《建设中蒙俄经济走廊规划纲要》的实施和促进共同繁荣具有很好的理论及实践意义，更有助于三国政策沟通、设施联通、贸易畅通、资金融通、民心相通共同目标的实现。

《中蒙俄智库国际论坛报告（2016）》属于历年中蒙俄智库国际论坛成果，其中每篇报告都是参会代表心血和智慧的结晶，体现了作者对助力推进“中蒙俄经济走廊”的高度热情，以及对中蒙俄三国人民世代友好和共同繁荣发展的殷切希望。因报告成果涉及专家学者较多，出版前未能一一征求意见，还望各位专家学者给予理解。特别是蒙古国和俄罗斯专家学者的论文，有可能出现语言转换、翻译理解偏差等问题，敬请参会代表和广大读者谅解并批评指正。

目前，《建设中蒙俄经济走廊规划纲要》已全面实施，中蒙俄三国合作框架和合作机制十分清晰，三方合作也进入全方位、多层次、立体化的新阶段，中蒙俄智库合作需要新思维、新举措、新推力。希望《中蒙俄智库国际论坛报告（2016）》能够为广大读者提供一些思路启发和实践借鉴，为更好地促进三方政策沟通、设施联通、贸易畅通、资金融通、民心相通增添新动力。

杨臣华

内蒙古自治区发展研究中心主任

前　言

2016年9月28~29日，由中蒙俄智库合作中心（联盟）主办，内蒙古自治区发展研究中心担任轮值主席方承办的“中蒙俄智库国际论坛2016”年会，在内蒙古自治区呼和浩特市召开。内蒙古自治区发展研究中心主任杨臣华主持会议，内蒙古自治区党委常委、自治区副主席符太增，中国国务院发展研究中心副主任张来明，中国外交部国际经济司参赞孙向阳，蒙古国外交部邻国司司长特·嘉纳巴扎尔，俄罗斯联邦驻中华人民共和国大使馆参赞克朗斯等，分别致辞。中国人民政治协商会议外事委员会委员、内蒙古自治区中俄蒙合作研究院荣誉院长于洪君、俄罗斯科学院远东研究所所长谢尔盖·根纳季耶维奇·卢嘉宁、蒙古国科学院副院长特·道尔吉、中国国务院发展研究中心国际合作局局长程国强等做了主旨报告。

参加本届论坛的中外智库机构共有90多家，中蒙俄三方智库、政府及企业界代表150余人出席，其中中方代表100多人、俄方代表22人、蒙方代表25人。论坛以“中蒙俄经济走廊：对接与拓展”为主题，以主论坛主旨演讲和5场平行论坛专题交流的方式开展。主旨演讲围绕“共促中蒙俄经济务实合作”“拓展经济走廊建设新领域”“共创合作新机制”“共筑可持续发展软实力”等4个主题进行学术交流，平行论坛围绕“中蒙俄经济走廊：规划与行动”“文化教育与可持续发展”“国情、律法、政策沟通”“贸易投资便利化”“科技交流与合作”等5个专题进行深度研讨。中蒙俄三方智库的专家学者从不同视角，为谋划和推动“中蒙俄经济走廊”建设建言献策。

本书共收录102篇文章，包括中方67篇，蒙方16篇，俄方19篇。根据文章内容，分为导言、对接与拓展、规划与行动、国情律法政策沟通、贸易投资便利化、文化教育与可持续发展、科技交流与合作、附录和结语等九个部分。所收录文章对学术问题的研讨，仅代表作者观点。在翻译国外学者文章时，本着文责自负原则，本着贴近原文的原则进行翻译，对文章观点未做修改。在编辑过程中，编者做了必要的技术性编校工作。

因编者水平有限，报告中的不足之处，尚祈学者和读者批评指正。

编委会

2019 年 5 月

目　录

导　言

第一部分　对接与拓展

第二部分　规划与行动

第三部分 国情、律法、政策沟通

第四部分 贸易投资便利化

第五部分　文化教育与可持续发展

第六部分　科技交流与合作

第七部分 附录

第八部分 结语

导　言

导言一

杨臣华

内蒙古自治区发展研究中心主任
“中蒙俄智库国际论坛2016”轮值主席
中蒙俄智库合作中心（联盟）共同理事长

金秋九月，丰收喜悦，在主办方中蒙俄智库合作联盟各理事单位的积极努力下，“中蒙俄智库国际论坛2016”今天盛况开幕。首先我谨代表论坛主办方和轮值主席方，向莅临本次论坛的各位领导、各位嘉宾和各界人士表示衷心感谢！也向为本次论坛准备付出了辛勤劳动的会务工作者、新闻工作者和会议志愿者，致以衷心的感谢！

2015年9月，首届中蒙俄智库国际论坛在乌兰巴托成功举办，同时共商成立了中蒙俄智库合作联盟，来自中蒙俄三方智库机构的120多名代表，围绕文明互建、思想交流、政策沟通、携手推动“中蒙俄经济走廊”建设的主题，进行了广泛深入和富有成效的研讨。2015年首届论坛的成功举办和智库合作联盟的成立，在三方智库交流和对话当中搭建了一个重要的平台，也为三国发展战略对接、推动三国各领域务实合作提供了有益的智库支持。为维护和巩固三方学术和智库交流长效机制，按照智库合作联盟章程要求，由中蒙俄智库合作联盟共同主办，内蒙古自治区发展研究中心担任轮值主席方，中蒙俄智库国际论坛2016年会于今天在呼和浩特召开，本届论坛必将成为一次更加务实的，推动“中蒙俄经济走廊”建设的智库峰会。

首先，请允许我介绍今天主席台就座的出席本次论坛开幕式的领导和嘉宾。他们是中华人民共和国内蒙古自治区党委常委、自治区副主席符太增先生，中华人民共和国国务院发展研究中心副主任、研究员张来明先生，中华人民共和国外交部国际经济司参赞孙向阳先生，蒙古国外交部邻国司司长特·嘉纳巴扎尔先生，俄罗斯联邦驻中华人民共和国大使馆参赞克朗斯先生，中华人民共和国民进中央常委、内蒙古区委主委郑福田先生，中国人民政治协商会议外事委员会委员、中联部原副部长、中国内蒙古自治区中俄蒙合作研究院荣誉院长于洪君先生。让我们以热烈掌声欢迎各位领导和嘉宾的到来，为本届论坛增添力量！

导言二

符太增

中华人民共和国内蒙古自治区党委常委、自治区副主席

今天中国、蒙古国和俄罗斯三国的智库和专家学者齐聚呼和浩特，参加“中蒙俄智库国际论坛 2016”年会，围绕《建设中蒙俄经济走廊规划纲要》，共商推进重点领域务实合作发展大计。首先我代表内蒙古自治区人民政府，对大家的光临表示热烈欢迎，对中蒙俄智库国际论坛 2016 年会的召开表示热烈祝贺！

2014 年，中蒙俄三国元首共同商议，把中国“丝绸之路经济带”建设同俄罗斯跨欧亚大铁路建设计划、蒙古国“草原之路”倡议进行对接，共同打造“中蒙俄经济走廊”。这是一个汇集三国智慧、具有战略意义的伟大构想。两年多来，在三国元首和政府的推动下，“中蒙俄经济走廊”建设取得积极进展。今年 6 月，在三国元首的见证下，三国政府签署了《建设中蒙俄经济走廊规划纲要》，为“中蒙俄经济走廊”描绘了宏伟蓝图，标志着这条走廊建设进入了全面实施的新阶段。

推动“中蒙俄经济走廊”建设，最重要、最核心的任务是实现基础设施的互联互通。两年来，按照我国中央政府的总体部署和要求，内蒙古自治区发挥连通蒙俄的区位优势，加强与蒙俄两国有关部门和地方政府的合作，加快建设向北开放的重要窗口，在推动互联互通方面做了一些扎扎实实的工作，取得了一些有所成效的成果。

中国的策克口岸和蒙古西伯库伦铁路已经开始建设，满洲里、二连浩特、策克等中国的重点口岸，完成了便利化通关的改革。鄂尔多斯、二连浩特、包头等航空口岸实现了对外开放，赤满欧、通满欧等四条国际铁路、集装箱联运线路从内蒙古始发；中欧跨境班列运行达到了 680 列，满洲里综合保税区已经通过了国家验收，并实现封关运营；二连浩特到扎蒙乌德跨境经济区建设总体方案已经通过中蒙两国政府的批准。

内蒙古自治区作为中国北部边疆省份，历来与蒙古国和俄罗斯两国有着广泛的经贸、人文联系，是中国向北开放的重要窗口，是“中蒙俄经济走廊”的节点地区。进

入新世纪以来，在中央的支持下，内蒙古经济社会快速发展，铁路、公路、航空、电讯、电力等基础设施日趋完善，能源、化工、冶金、装备制造、农畜产品加工等优势产业已经形成体系。我们愿意依托自身优势，为推动“中蒙俄经济走廊”建设承担更多的责任，做出更多的贡献。

女士们、先生们、朋友们！推动政府间的国际合作和扩大民间交流，需要重视发挥各级各类智库的建设性作用，“中蒙俄经济走廊”建设作为一项跨国、跨世纪的伟大工程，如何把它做实、做快、做好，使之能够汇集中蒙俄三国乃至更多的国家和人民，同样需要一大批专家学者的广泛参与和深入地研究论证。创立中蒙俄智库合作联盟，轮值举办中蒙俄智库国际论坛，不仅顺应了“中蒙俄经济走廊”建设的需要，而且符合新常态下中国经济发展的要求，对内蒙古实现创新发展也具有重要意义。

本次年会的主题是“对接与拓展”，这是一个非常好的命题。我们有理由相信，通过三方专家学者广泛深入地交流和讨论，将有利于集中各方面的智慧，形成多领域的共识，为推动“中蒙俄经济走廊”建设早日取得丰硕成果发挥积极作用。

导言三

张来明

中华人民共和国国务院发展研究中心副主任

在这瓜果飘香的金秋时节，“中蒙俄智库国际论坛2016”年会在中国历史文化名城呼和浩特举行，我谨代表国务院发展研究中心表示热烈祝贺，并对刚满周岁的中蒙俄智库合作联盟表示诚挚的祝福！

中蒙俄智库合作联盟成立一年来，围绕三国发展对接和经贸、旅游、文化等领域的合作，开展智库交流，服务三国互利合作，取得了丰硕成果。中蒙俄智库国际论坛的举办，为三方智库交流互鉴提供了重要平台，也为三国经济合作贡献了真知灼见。

本届论坛以“中蒙俄经济走廊：对接和拓展”为主题，显示出了三国经济合作的前进方向，把握住了三国经济合作的战略共识，应天顺人，水到渠成。借此机会，我想就共建“中蒙俄经济走廊”谈三点看法，同大家交流。

第一点看法，要增强必胜信心。有信心才会有努力，信心越强，努力越会成功。应该看到，建设“中蒙俄经济走廊”，天时、地利、人和三者具备。所谓天时，是指当今世界各国经济的相互联系和相互影响日益密切，国际经济合作是世界经济发展的强大潮流，也是各国经济发展的必由之路。所谓地利，是指中蒙俄三国是山水相连的近邻，开展经济合作具有地理上的特殊便利，可以节省成本，也可以提高效率，市场竞争的比较优势极为明显。所谓人和，是指人心所向，人心所归。三国人民都希望和平与发展，都支持开展三国互利合作，都期待通过三国互利合作来促进本国的经济发展，提高自己的生活水平。

有了这三条，建设“中蒙俄经济走廊”这件事情没有理由办不了，也没有理由办不好。完全可以预期，在三方共同努力下，“中蒙俄经济走廊”会越建越宽广，越走越顺畅。

第二点看法，要付出扎实努力。任何宏伟的事业都是一步接一步干出来的。建设

“中蒙俄经济走廊”，不是权宜之计，而是一项造福三国人民的长远事业。中国、蒙古、俄罗斯永远是邻居，中蒙俄经济合作永远在路上。建设“中蒙俄经济走廊”，要登高望远，高瞻远瞩，有远景目标和宏伟蓝图；也要脚踏实地，稳扎稳打，按照已经确定的施工路线图和时间表，一步一个脚印地把“中蒙俄经济走廊”建设推向前进。

在建设的初始阶段，我以为最为重要的是打牢基础，练好基本功。就具体合作而言，当前要以基础设施连通和产业缔结为重点，以三国毗邻地区区域合作为突破口，实施重点项目，尽快取得阶段性成果。

第三点看法，要凝聚各方力量。众人拾柴火焰高，建设“中蒙俄经济走廊”是三国政府和三国人民的共同事业，需要三国各行各业共同努力。今年6月举行的第三次中蒙俄三国元首会晤明确提出，三方要落实好《建设中蒙俄经济走廊规划纲要》。三方要落实好这个纲要，关键是要凝聚起三国各方面的力量，把三国元首的政治意愿落到实处。需要三国政府部门、地方、企业、科研机关等方方面面的力量凝成一股绳，形成建设“中蒙俄经济走廊”的强大合力。其中智库就是一支不可替代的重要力量，应该也能够为建设“中蒙俄经济走廊”发挥好出谋划策的重要作用。这正是中蒙俄智库联盟的价值所在，也正是举办中蒙俄智库国际论坛的意义所在。

最后，希望大家畅所欲言，深入交流，共同把本届论坛办好，为建设“中蒙俄经济走廊”贡献宝贵智慧。

导言四

孙向阳

中华人民共和国外交部国际经济司参赞

大家好！产能合作加快推进，贸易投资大幅增长，亚洲基础设施投资银行正式运营，丝路基金加快具体项目投资，一批双多边大项目合作稳步推进。其中“中蒙俄经济走廊”建设取得的成绩尤为瞩目。今年 6 月，在中蒙俄三国元首共同见证下，三国有关部门负责人在《建设中蒙俄经济走廊规划纲要》上郑重签字，这份协议的签注标志着中蒙俄“一带一路”的合作正式实施。

“中蒙俄经济走廊”是三国相依相邻地缘优势的产物，是三国发展战略的结晶，更是“一带一路”合作的生动体现。中蒙俄三国虽然国情和发展水平各异，对合作的诉求和期待也有所不同，但三国以对接“一带一路”、欧亚经济联盟、“草原之路”的倡议为目标，强调平等、互利和共赢，坚持三方协商一致，充分体现了共商、共建、共享的合作原则。

《建设中蒙俄经济走廊规划纲要》植根于三国共同的发展需求，以拓展合作空间、发挥潜力和优势、促进共同繁荣、提升联合竞争力为愿景，明确了三方合作具体内容、资金来源和实施机制。合作项目涵盖了基础设施互联互通、口岸建设、产能、投资、经贸、人文、生态环保等重点领域。“中蒙俄经济走廊”建设还体现了深度融合、共同繁荣的美好前景。

走廊聚焦基础设施通道建设，打造便捷高效的互联互通网络。三国将以走廊为依托，加快区域合作步伐，提升区域合作水平，培育亚洲地区新的经济增长极。在世界经济深度调整、国际上保护主义挥之不去的背景下，“中蒙俄经济走廊”建设取得的重要进展，是多边合作、开放合作的成功典范，其示范价值和重要意义将愈发凸显。但是也要看到，“一带一路”建设绝非朝夕之功，未来的前景和成果有赖于三国的共同行动。希望三方能充分发挥中蒙俄智库国际论坛的平台作用，加强研究、深入探讨、集思广益，为中蒙俄三方合作建言献策，为“中蒙俄经济走廊”建设提供有利的智力支撑。

我们完全有理由相信，在各方的共同努力下，中蒙俄三方合作拥有广阔光明的未来。

导言五

特·嘉纳巴扎尔

蒙古国外交部邻国司司长

中蒙俄智库国际论坛在呼和浩特顺利进行中，对此我表示祝贺，同时感谢承办方的邀请。蒙古、中国和俄罗斯三国是永久的邻居，也是战略伙伴国，我们三国在利用各自的优势和地缘特性开展互利共赢的合作方面拥有很大的资源和广阔的前景。三方的合作不仅对各自的发展有重要的推动作用，而且对地区的和平、安全与发展也将有重要的贡献意义。

蒙古国秉持同中国和俄罗斯保持友好关系和发展互利合作的政策，在这一框架内，在蒙古国总统查希亚·额勒贝格道尔吉的建议下，于2014年举行的三方高层会议上达成的安排，在共同的努力下得以实施，并取得了一定的成果，也就是2015年乌法峰会批准了三方在政治、经济、旅游业、人文等多领域合作的路线图。2016年塔什干峰会期间，三方共同签署了《建设中蒙俄经济走廊规划纲要》，以上进程表明三方多边合作机制的逐渐形成。

在三方合作框架下，合作的进程进入了一个新的台阶。在这一框架下，外交部和交通运输部副部长及会晤的机制化进一步推动了合作的发展，在合作的其他领域存在建立更多公务会晤机制的可能性。过去的一周，在乌兰巴托举行的围绕铁路运输问题的三方会晤上，《建设中蒙俄经济走廊规划纲要》中确立的第一项，即铁路中央通道的运输中期规划项目得以批准。我很高兴跟大家分享这一消息，覆盖多个合作领域的经济走廊的开始实施，为三方基础设施的连通，贸易、能源、区域、边境合作的扩大和发展，提供了更多的机遇。

在经济走廊规划纲要的实施中，蒙古国主要关注的方向和议题有：

第一，为保证具体项目及其资金来源，应尽快建立投资与规划中心。在这个想法上，我们三方的意见是一致的。

第二，发展交通基础设施建设，促进贸易便利化和过境运输发展。

第三，未来将在三国之间就中期路线图中的其他领域，如边境、农业、旅游及自然灾害的预防等领域开展合作。2015 年建立的三方智库联盟，将在三方合作中扮演重要的角色，我相信未来推动除了基础设施的互通以外，在工业、农业、能源、科学技术、环境、人文、医药医疗等领域的合作中，参与该论坛的诸位专家学者的宝贵意见和建议将具有重要的意义。

导言六

克朗斯

俄罗斯联邦驻中华人民共和国大使馆参赞

我想感谢主办方给我一个在这样的盛会上发言的机会。今天的主题是中俄蒙三国的伙伴关系。中俄蒙是三个伟大的邻国，我们有着悠久的友好关系的历史。我们认识到，必须要从本质上改变三方合作的质量和规模。这方面标志性的事件是在2015年的乌法峰会上，三国首脑批准了三国中期合作的路线图。根据路线图和有关的备忘录，在塔什干，在三国元首的见证下，我们签订了建设三国经济走廊的规划纲要。这个文件规定了三方合作的主要方向，来建立一个新的三方的经济伙伴关系。同时我们也都意识到，实施这个规划还有很多工作要做，我们要认真地对待这个项目。

为实施规划纲要和路线图，中俄蒙三国的专家已经选择了30多个有前景的不同领域的合作项目，每一个项目都要经过相关的论证，让它们的实施能够产生对三方都有利的务实效果。这些项目的成功，能够成为三方合作的基石，更进一步推动三国的繁荣和社会经济的发展，并且改善三国人民的生活水平。自然，这项工作需要三方付出艰苦的努力，因此这也不是一蹴而就的，但是我们已经有了一定的成果，其中今年的8月份，我们有一个试点，是三国之间公路的试运行，并且有相关的措施来优化这个项目。三国各出了三辆卡车来参加这个项目，从天津到乌兰乌德，经过乌兰巴托，行驶了2200公里。此外，三国之间也有相关的协定，目前各国的交通部也正在制定三方协定，今年的12月份就预备签署这个协议。

三国在海关方面也有合作。2015年在乌法签订了有关备忘录，来为三方的海关通关建立便利化的条件。在塔什干也签订了相关协议，就是海关结果的认证。在旅游方面我们也有一定的成果。今年7月，在呼和浩特中蒙俄三方的旅游部门的官员也进行了会晤，并且签订了相关协议。这个目标就是建立万里茶道的旅游品牌，把三国各个地区的旅游潜力结合起来。这是我们三方有效合作的几个例子。但现在我们还只是迈出了第一步，因此对我们来说最重要的，就是要进行专家之间广泛的意见交流。

我想特别强调的是中方的作用。中国举办了一系列的研讨和论坛活动，包括在天津举行的东北亚和平发展论坛。我们探讨了很多经济走廊方面合作的情况，而且探讨了需要克服的一些问题。昨天和今天我们在呼和浩特也会继续进行这种重要的交流。

我还要指出的是，路线图中所规定的重要方向，除了经贸方面的合作，还要进一步深化政治对话，加强在国际舞台上的合作，进行联合执法的合作，开展文化、教育的交流。我相信三国的智库会为三方的合作进一步贡献智慧、做出贡献，进一步深化三方的合作。

最后利用这个机会，我要祝贺我们中国的朋友即将到来的中华人民共和国国庆日。谢谢！

第一部分

对接与拓展

中蒙俄在“一带一路”框架下务实合作的现状与前景

于洪君（中国人民政治协商会议外事委员会委员，
中国内蒙古自治区中俄蒙合作研究院荣誉院长）

首先，我想对中蒙俄智库合作联盟邀请我出席 2016 年论坛表示衷心感谢，同时也想对论坛的成功举办表示衷心祝贺！

相信与会专家和学者能以“中蒙俄经济走廊：对接与拓展”为主题，就中蒙俄三国在“一带一路”框架下进一步扩大和深化务实合作，卓有成效地推进“中蒙俄经济走廊”建设进行深入而广泛的研讨，提出既有现实性又有前瞻性、既有针对性又有可操作性的意见和建议，为优化中蒙俄三国互利合作的机制与模式，提升三国睦邻友好关系的质量和水平，提供强有力的理论支持和智力贡献。

下面，我想就中蒙俄三国共同推进“一带一路”建设，特别是开展“中蒙俄经济走廊”建设问题，讲几点不成熟的看法。

一、中蒙俄关系处于历史最好时期，为相互拓展务实合作提供了强有力的政治保障

冷战结束二十多年来，和平与发展作为时代主题始终没有改变。争取持久和平与稳定，谋求共同发展与繁荣，至今仍是世界各国人民的基本诉求。但近些年来，国际形势复杂多变的特点显得格外突出。世界多极化变数增多，经济全球化遭遇挫折，反全球化运动逆势来袭，美国等西方国家内顾倾向上升，贸易保护主义和投资保护主义双双抬头，发展中国家之间的南南合作鲜有成就，发达国家与发展中国家的南北合作

停滞不前。2008 年爆发于欧洲的金融危机阴影长存，世界经济整体复苏的动力严重不足，国家间和区域间相互合作、共同发展的意愿明显降低。

2013 年 9 ~ 10 月间，正是在这种复杂形势下，习近平主席审时度势，发出了中国愿与古丝绸之路沿线国家共建“丝绸之路经济带”和“21 世纪海上丝绸之路”的重大倡议。这一倡议发出后，立即得到了丝绸之路沿线各国和整个国际社会的高度重视。国际社会普遍认识到，“一带一路”倡议是在世界经济长期低迷的特殊情势下，中国为提振世界经济信心，优化区域合作模式，激发创新增长动力，革新共同发展方式，实现共同进步与繁荣而提出的新思路，因而热烈响应并踊跃参与，其中包括中国北方的两个重要邻国蒙古国和俄罗斯。

蒙古国和俄罗斯之所以对“一带一路”表现出极大热情，并且很快参与到推进“一带一路”建设的进程中来，中国的“一带一路”倡议之所以能与俄罗斯的“欧亚经济联盟”建设计划、欧亚大铁路计划以及蒙古的“草原之路”计划成功对接，进而形成规模宏伟的“中蒙俄经济走廊”计划，我认为，主要是原因在于中蒙俄三国关系目前处于历史最好时期。这是中蒙俄三个邻国能够形成统一意志、共同规划和推进经济走廊建设的首要原因。

近几年来，中蒙俄三国最高领导人频繁互访和接触，三国之间的政治互信已经达到很高水平。中俄之间以及中蒙之间均已建立了稳固的战略合作伙伴关系。中俄边界、中蒙边界以及蒙俄边界，都已成为和平友好与互利合作的边界。中蒙俄三方在地区和国际事务中的沟通、协调与合作，总体上日趋顺畅。所有这一切，为中蒙俄三国全面开展“一带一路”框架下的务实合作提供了坚实的政治保障。这也是中蒙俄三国经济走廊项目能够顺利启动和推进的政治前提。我相信，经过中蒙俄三国政府、企业和民间的共同努力，“中蒙俄经济走廊”项目必将成为“一带一路”框架内六大经济走廊建设中较有代表性的标杆性工程。中蒙俄三国不断拓展和深化互利合作与共赢模式，必将为整个“一带一路”倡议的实施产生良好的示范效应。中蒙俄三国在推进“一带一路”建设这一前无古人的伟大事业中，只能领先前行而绝不会落后于他人！

二、中蒙俄三国务实合作成果显著，未来合作既有很多机遇也面临不少问题

中蒙俄三国是山水相连的重要邻居和伙伴，人民之间的友好交往源远流长。由于三国资源禀赋不同，发展模式不同，经济上的互求性和互补性将长期存在，发展利益共同点与互利合作契合点与日俱增。进入新世纪以来，中俄之间、中蒙之间以及俄蒙

之间，在经贸、投资、金融、科技、资源开发、基础设施建设等领域中已经积累了许多合作成果。中蒙俄三国在人文领域中的往来与合作亦十分密切，并且也已积累了许多宝贵经验。

据我所知，中俄两国贸易额两年前最好时曾经接近1000亿美元，双方科技合作势头良好，能源合作厚积薄发，金融合作持续推进。已经建成的120多对友好城市关系，在增进两国传统友谊、扩大双方务实合作方面继续发挥着重要作用。中国长江中上游地区与俄罗斯伏尔加河沿岸联邦区、中国东北地区与俄罗斯远东地区分别建立的地方合作机制，为中俄两国进一步挖掘互利合作潜力、扩大合作领域展示了广阔前景。

中国与蒙古国的务实合作同样成就喜人。中国早在1999年即已成为蒙古国的最大贸易伙伴，中蒙两国贸易额年增幅度曾连续多年超过20%。据2015年底统计，中蒙两国的贸易额已经超过70亿美元。中国在蒙古国的各类企业已达5700多家。各类中资企业对蒙古国的投资接近40亿美元。蒙古国90%以上的商品出口到了中国，而中国的天津港成了蒙古国最重要甚至可以说是唯一的出海口。

由于经济联系日益紧密，合作领域不断拓展，中蒙俄三方间的经济互求和发展互助关系日益突出。中蒙俄三国领导人每次会见都要讨论相互间的经贸关系，或是大项目合作。2013年春，蒙古国总统倡议中蒙俄三国元首形成会晤机制，以便更好地推进相互合作，立即得到中俄两国领导人的积极支持和响应。三年来，中蒙俄三国元首会晤机制运行得非常好，每次会晤都会形成拓展和深化三方务实合作的新共识，都会产生新的成果和文件。2016年6月，在中蒙俄三国元首亲自见证下，我们三国有关方面在乌兹别克斯坦首都塔什干签署了《建设中蒙俄经济走廊规划纲要》。这是一份意义重大而深远，并且很有典范作用的文件。根据这份纲要，同时也依据中国其他相关文件，10天以前，首个中蒙跨境经济合作区，即“二连浩特—扎门乌德”跨境经济合作区中方一侧正式开工。蒙古国方面据说也已经开始招商引资工作。大家知道，“二连浩特—扎门乌德”跨境经济合作区是“中蒙俄经济走廊”建设中的一个重点项目，该项目如期开工，影响不言而喻。

我之所以援引这些数据和事实是想说明，中蒙俄三国务实合作的基础是扎实的，成果是显著的，合作的需求和意愿是真实而强烈的。与此同时，我们还必须清楚地看到，中蒙俄三国的务实合作还存在一些问题，目前最为突出的是，受国际能源价格、原材料和大宗商品价格大幅下降等因素影响，中俄之间和中蒙之间的贸易额都出现急剧下滑。中俄贸易额2015年只有680亿美元，距离中俄两国元首确定并已公开宣布的2020年达到2000亿美元的目标，相距甚远。中蒙贸易额距离两国元首确定和宣布的到2020年达到100亿美元的目标，也有很大差距，各方必须尽最大努力予以解决。

另一方面，中蒙俄三国在基础设施建设领域中的合作力度，总体上看落后于形势发展需要。有些大项目合作协议迟迟不能落实，有些双方都有兴趣的项目延宕时间太久。譬如，中俄两国二十多年前就反复讨论过共建跨境黑河大桥问题，可时至今日，这个期盼已久的大桥仍停留在可行性研究和论证阶段。双方商定共同建设的另一座跨境大桥同江大桥，中国方面承担的一侧早已完工，而俄罗斯方面那一侧却毫无声响。双方有关部门应认真研究解决此类问题，努力挖掘互利合作的潜能，以满足共同发展的需要和需求，跟上“一带一路”建设全面推进的整体步伐和节奏。

三、做好政策沟通和民心相通工作，充分发挥智库的独特作用和影响

建设“丝绸之路经济带”和“21 世纪海上丝绸之路”，涉及国家越来越多。由于沿线各国基本国情不同，执政党民意基础不同，发展理念和思路常常迥然有别，对外合作的方式方法也大相径庭。国际上已经积累的丰富多彩的合作经验以及“一带一路”建设三年多来的实践反复证明，由于认知度差异和利益观不同，许许多多本质上属于平等互利、目的在于合作共赢的好项目大项目，曾因曲解和误解而遭到抵制。有些项目功在当代，利在千秋，惠及双方，谁都心知肚明，有时也会遇到意想不到的干扰和阻力，面临半途而废甚或被迫搁置的尴尬境地。因此，中国领导人倡导“一带一路”时，明确主张各国要始终秉承共商共建共享这样一些基本原则。

共商共建共享，意味着无论基础设施建设还是产能合作、装备制造业合作，中国都不会单凭自己的良好愿望而强行推进，也不会强人所难和勉为其难。无论多好的项目建议和合作主张，中国都不会急于求成，不会急功近利，而只能因势利导和顺势而为。中国发展与改革委员会、外交部、商务部共同发表的关于“一带一路”愿景与行动的白皮书，把“政策沟通”作为“一带一路”五大核心内容之首。白皮书确认，加强“政策沟通”是“一带一路”建设的重要保障，主张在建设“一带一路”时，要加强政府间合作，积极构建多层次政府间宏观政策交流机制，深化利益融合，促进政治互信，等等。

与“政策沟通”同等重要的还有“民心相通”。中国方面充分认识到并已明确指出，“民心相通”是“一带一路”建设的社会根基。中国主张在推进“一带一路”建设时，必须传承丝绸之路的友好合作精神，广泛开展文化交流、学术往来、人才交流、媒体合作等等。要以精耕细作的方式，营造相互认知和认同的人文环境，厚植“一带一路”建设的民意基础。总而言之，我理解，做好“一带一路”建设，必须长期坚持以“政策沟通”为先导、以“民意相通”为基础这样一种工作思路。

中蒙俄三国在倡导并开展务实合作、推进“一带一路”建设的过程中，自然也会遇到许多实际困难和问题，因此也必须高度重视“政策沟通”和“民心相通”问题。做“政策沟通”与“民心相通”工作，不仅是中蒙俄三国政府的事，不仅是三国领导人和政治家的事，同时也是三国全社会的事，是所有参与“一带一路”建设的企业的事，也是我们这类智库或学术机构、学术团体的事。

就此，我建议，中蒙俄三国智库联盟要自始至终地密切跟踪“一带一路”建设，特别是“中蒙俄经济走廊”建设的发展进程。要通过我们所提供的经得起历史检验的研究成果，使中蒙俄三国政府有关部门、涉及“一带一路”项目的地方政府，特别是当地媒体和各界民众，充分认识和了解经济走廊建设和其他合作项目的现实意义与未来前景。要通过我们在共同研究中得出的结论和判断，使参与“一带一路”建设的有关部门和各类企业，更加深刻地理解利益兼顾和义利兼顾、当前利益与长远利益兼顾、自身利益与伙伴利益兼顾、企业利益与社会利益兼顾的深刻道理，使中蒙俄三国在经济走廊建设方面高开高走，凯歌行进；使中蒙俄三国全方位、高水平的务实合作，永远成为睦邻友好与互利共赢的典范；同时，也是更重要的，是要使中蒙俄三国人民在打造发展共同体、利益共同体、责任共同体、安全共同体乃至命运共同体的道路上，永远阔步前行。

中蒙俄智库联盟的研究工作应当是客观公正的，应当是开放合作的，也应当是可持续的和联动发展的。我希望并相信我们的智库联盟，能够为中蒙俄三国共同推进“一带一路”建设、共同打造互利共赢的经济走廊做出不懈努力和应有的贡献。

呼和浩特—北京

2016 年 9 ~ 10 月

俄蒙中三国合作中的战略和次区域合作

谢尔盖·根纳季耶维奇·卢嘉宁（俄罗斯科学院远东研究所所长　教授　历史学博士）

俄蒙关系与“第三邻国”

无论是从地理角度还是从地缘政治角度，俄罗斯与蒙古都处于欧亚大陆中心，并且都是中国的邻邦。对于蒙古国来说，俄蒙的接壤（边境线约长 3500 公里）仅占其边境“外壳”的一半，另一半是中蒙边境（边境线长 4600 多公里）。20 世纪 90 年代，与蒙古国没有直接地理边境线的美国、西方国家、日本和韩国等国形成了“第三战略邻国”。在蒙古国，“第三伙伴”一般被理解为“西方”，尽管其中也包括某几个亚洲国家。蒙古政界认为，“第三力量”制衡了传统上的俄罗斯和中国两大邻国，让蒙古国的外交政策更加平衡和对等。

俄蒙关系的经济与人文方面

考虑到俄蒙关系的传统以及俄蒙邦交的友好和非正式特点，可以说，尽管俄罗斯没有像西方那样，在 20 世纪 90 年代到 21 世纪前 5 年期间向刚刚民主化的蒙古提供大量人道主义和经济援助，但是与西方的影响相比，俄罗斯在蒙古国的民间地位仍相当高。

蒙古国社会学者在 2010 ~ 2012 年所进行的调查中发现①，在蒙古首都乌兰巴托市的居民中间，半数以上的受访者认为自己的俄语水平良好或及格，即占到 50.1%

---

① 由 Sant Maral 舆情研究中心调查。本文所用的社会调查材料由发起该社会调查的俄罗斯蒙古基金会（会长 L. 汉盖）提供。蒙古语版的调查分析报告已经发表在俄罗斯蒙古基金会的《北方邻邦》杂志上。

（13. 3% 认为良好，36. 8% 认为及格），还有 21. 6% 受访者认为自己的俄语水平较差。也就是说，几乎 3/4 的首都居民都在不同程度上掌握俄语。

还对受访者如何看待俄语出版物通过专营连锁店和图书馆在蒙古国境内传播进行了调查：89. 2% 的被调查者表示支持发展这一网络，明显地反映出蒙古民众对俄语出版物持尊重态度，这其中甚至包括那些不可能或不打算购买这些出版物的市民。认为有必要在中学开设俄语课的受访者比例则更高，达到 93. 3%，认为蒙古国年轻一代需要学习俄语的人为 94. 8%，认为国内中小学需要教授俄语的人为 95. 9%，认为需要向俄罗斯派遣留学生的人为 98. 5%。

调查显示，首都乌兰巴托的居民对蒙俄关系现状有所关注。受访者中，认为蒙俄关系极好的占 7. 7%，认为良好的占 25. 4%，认为合格的占 47. 0%，认为一般的占 16. 6%，认为糟糕的占 3. 3%。同时，35. 1% 的受访者认为最近五年内蒙俄关系向好，28. 0% 认为无关紧要，24. 7% 认为蒙俄关系恶化，12. 2% 认为很难回答。

综上，通过归纳总结上述的社会调查数据，可以说，俄罗斯的地位在蒙古民众的心目中总体来看是非常高的，比苏联阵营的任何一个国家都要高得多。

蒙中关系的经济和政治维度

中国正在积极介入蒙古的能源领域（比如，中国企业正在蒙古东方省开发和开采油田），额尔登特矿床的铜精矿和钼部分出口到南方。俄罗斯和中国的公司正在参与开发多个有战略意义的矿床，包括煤矿（塔温陶勒盖煤田）、铜矿、金矿（奥尤陶勒盖铜金矿）等。

20 世纪 90 年代后半期，中国成为蒙古国主要的经济和贸易合作伙伴，占到了蒙古出口额的 42. 2% 和进口额的 25%。1990 年蒙古国和中国的贸易额为 3360 万美元，到 2010 年已经达到 34 亿美元，也就是说增长了 100 倍。

蒙古国一跃成为中国最大的烟煤和褐煤供应国，满足中国 6% 的能源需求：2010 年，蒙古国向中国出口 1640 万吨煤炭和 350 万吨铁矿石。蒙古国向中国的出口产品还包括原油、皮革、毛皮、羊毛和其他畜牧产品。此外，最近 10 年内，中国在蒙古国的外国投资者中一直保持领先位置，在蒙古国外资中所占比重为 51%。

蒙古国目前有 5300 家生产经营实体使用着中国的投资，总投资额达 24 亿美元。中国在 2001 年和 2005 年间提供了 2 亿元优惠贷款，用于开采苏赫巴托尔省锌矿。

两国的另一个合作方面是中国政府对蒙古国的无偿援助。最近 12 年，无偿援助额增加到 6 亿元，用于落实多个大型建设项目和其他一些项目。

中国在为蒙古培养专业人才方面也起着巨大的作用。根据两国政府间协议，每年有 200 名蒙古国留学生由中国政府出资在中国学习，还有 100 名留学生由内蒙古国自治区政府出资。两国的民间往来也在蓬勃开展：每年有近 30 万中国人入境到蒙古国，有 100 多万蒙古国人前往中国观光旅游。

蒙中两国的政治、经贸、文化和人文往来持续、稳步的发展和壮大是建立在 100 多份协议和条约构筑起来的法律基础之上。通过蒙古国和中国两国领导人 20 年来的一系列互访，双边关系已经提升至战略合作伙伴关系新高度。

“俄罗斯—蒙古—中国”新三角

在这一方面，把三个双边战略伙伴关系模式（即俄中、蒙中和俄蒙）在政治上联合成为“俄罗斯—蒙古国—中国”战略新三角尤为重要，这个新三角关系能够建立起一个经济和交通的（三边）互联互通带。中国的“丝绸之路经济带”巨型项目与蒙古国的以物流和欧亚大陆为导向的“草原之路”有机互补。

客观上存在着利用俄中蒙三边伙伴关系丰富政治资源的可能性。在 2014 ~ 2015 年前（即俄蒙中三国领导人做出建立新三角的政治决策前），俄中合作和俄蒙合作是平行发展的。目前，正在理论和实践上加紧探索一条更加优化和互利的三角“纽带”，其中包括利用三个国家边境州市的资源。

显然，如果中国和俄罗斯的毗邻地区能够同步发展，那么沿呼和浩特（中国）—乌兰巴托（蒙古国）—乌兰乌德（俄罗斯）建设一条交通和投资走廊将进行得更加快速和有效。

目前正在考察和研究的远期“走廊”有：①中国—蒙古国—俄罗斯联邦图瓦共和国；②中国新疆维吾尔自治区—蒙古国西部—俄罗斯阿尔泰边疆区—西西伯利亚；③内蒙古自治区（中国）—蒙古国—俄罗斯伊尔库茨克州/东西伯利亚以及其他线路组合。

经济走廊建设中“丝绸之路”智库的积极作用

特·道尔吉（蒙古国社会科学院副院长　院士　教授）
德·普日布扎布（国际游牧文化研究所所长　博士）

2016 年 6 月 23、24 日，在乌兹别克斯坦首都塔什干市，蒙古国、中华人民共和国、俄罗斯联邦三国首脑会晤并签署了《建设中蒙俄经济走廊规划纲要》（以下简称《规划纲要》）。这是实施三年的三国首脑会晤的第一份成果。

《规划纲要》重点关注以下合作领域：一是促进交通基础设施发展及互联互通；二是加强口岸建设和完善海关、检验检疫监管制度；三是加强工业与投资合作；四是深化经贸合作；五是拓展人文交流合作；六是加强生态环保合作；七是推动次区域及边境地区合作。

蒙古国“草原之路”、中华人民共和国“丝绸之路”、俄罗斯联邦“欧亚经济联盟”是经济走廊的主要组成部分。在建设经济走廊范畴内各方都提出了诸多方案。《规划纲要》中还提出，为了进一步完善《规划纲要》中提出的项目，决定其可行性，明确其财政来源，计划在 2016 年内在乌兰巴托市建立投资规划中心。三方将平等筹措建设投资规划中心的经费。围绕经济走廊建设，2015 年 9 月在乌兰巴托市，三国智库机构专家学者建立了中蒙俄智库合作联盟。丝绸之路智库联盟的使命是向政府及智库机构提出实质性的对策建议，为区域发展做贡献，支持知识分享和信息交流。智库联盟不仅在技术专业领域内发挥作用，而且在经济走廊建设中承担主要任务。

一、基于历史经验，建立经济走廊文化的多元联系

具体来说，即创新发展蒙中俄文化、政治、经济关系，适应当今社会的要求和

考验。

首先在全球化条件下，发展多元文化关系和文化之间的对话，在新形式下要坚持注重互相尊重的原则。比如，国家政策要尊重其他国家的主权独立，不干涉他国内政、不使用武力、崇尚和平。三国的国家领导人及国家机关在多方或两国关系中一定要尊重国家独立主权，尊重自由，不干涉内政、不使用武力，要崇尚和平。应该在媒体中频繁宣传，坚持该项原则是三国在新形势下建立友好关系的关键所在。这也是三国文化经济关系以及发展经济走廊的基本条件。

在实施建设经济走廊规划纲要过程中，可以运用文化和文化遗产创新能力。在发展创新能力的多元性时，我们首先要遵守以下原则。如：

（1）加强文化经济联系，文化合作交流在新形势下的融合发展，建立经济关系中的新文化；

（2）恢复三国友好文化传统关系，在新的历史条件下丰富其内涵，并在实践中运用；

（3）要发展经济走廊，首先要发展最新信息技术，基于此发展文化创新产业，并获取其利益；

（4）要发展生态和旅游文化，可以开发利用文化遗产以及跨三国的文化遗产保护区。

（5）在实施有关丝绸之路相关工作当中，虽然经济合作要开放，商贸合作要扶持，但是也应当把加强互相理解和拓展共享知识渠道和空间放到首位，互信与国家之间、专业之间、发展模式之间富有成效的合作并行存在，是富有远见的发展的支柱。从其他地区的经验来看，经济合作只有支持和推动科学技术文化领域卓有成效的交流，这些领域才会出现跨越式的发展。通过支持和鼓励科学文化领域的频繁交流，才会呈现出更惊人的效果。这些过程被认为是在从上到下、从下到上的关系中，该区域内国家的公众、机构、企业间积极参与的途径。如果我们能够建立“新丝绸之路”，这将是历史性的不可磨灭的贡献，真正达到通过人与人的交流带来实际的经济效益。

创新发展三国文化、政治、经济关系，更重要的是要基于历史经验与教训，并结合当今需求及考验①。

在全球化和文化多元化条件下，首先要在形式、方向、水平上遵循不同文化之间的对话协商、相互理解、相互尊重的理念和原则。互联互通，互尊原则并贯彻到实践

① 那·乌日图那顺：《三国经济走廊发展中借助文化和文化之间的关系，发展经济走廊要联盟智库》，2015年，乌兰巴托。

中。因此要做到以下几点。

一是国家政策中要彻底贯彻尊重其他国家的独立，尊重独立主权，不干涉内政，不使用武力，要崇尚和平。这是不同的文化、宗教、信仰的民族之间相互联系中互相理解、互相尊重的有效土壤。三国的国家机关、国家领导人在多方或双方关系中要尊重独立主权、自由、不干涉内政、不使用武力等信息在媒体中频繁宣传，是三国在新形势下健康发展的必要条件。这也是三国理顺文化经济关系、顺利开发建设经济走廊的基本条件。

不同文化之间所有关系中，都应当遵循公平、公正、开放和民主的原则，这个也是非常重要的。

二是三国所有关系中，应该加强文化之间的交流，增强互相理解。因此，文化之间的所有关系和行为应当是开放的，尊重文化的别样性，耐心接受、互相理解。应当广泛推广对于有争议的问题多交流、友好和平解决的解决方案，对其他文化不了解、不懂、不接受、不尊重、对其他民族怀有抵触感或迷信等会对互信和友谊产生负面影响，也会使文化之间产生矛盾。

三是要正确发展不同文化间的联系，可以多渠道建立合作交流关系，尤其是让参与者积极投入到形式多样的合作交流活动，并从中获利。组织这样的合作与活动时，要尊重人的基本权益与自由的同时，学习了解对方的母语、了解对方文化、信仰等文化特性。用这种方式和方法在不同国家、民族、文化之间进行交流时，可以挖掘文化与文化遗产的创造性能量和人文影响力，获得利益。三方或两国之间可以组织专家学者、民众、青少年进行交流、讨论，也可以互相访问，在两国或三方的纪念日、共同胜利日、纪念友谊周年典庆等时刻，共同组织学术研讨会、文化庆典活动，跨文化的和平、友谊那达慕，旅游活动等。要定期组织开展文化、经济、商贸、旅游等全方位的合作交流活动。

四是不同文化之间的争议、矛盾，主要是因为不了解对方的文化，用迷信或从负面的歪理邪说中了解文化导致的。因此，必须给民众尤其对青少年以正面教育，实事求是地传授历史真相，给他们传递“和平教育”。虽然已经是历史，但这也是过去的侵占、领战、殖民、欺压、战争中历史的负面影响，缓解民众的苦恼悲痛情绪，多对历史真相进行解释，更加清晰、具体地反应对方的思想的同时，同相关国家一同修改对于历史的错误的、欠缺的解释和结论。纠正俄罗斯、蒙古国、中国三国历史的有意或无意被撰写的错误解释或结论，还原历史真相，纠正那些故意的或因文化差异导致的错误解释或结论，会给文化之间的交流带来新成果。为了这个目标可以出版共识历史教科书，宣传方面可以让双方或多方参与，这样的例子也很多。如，韩日蒙三国、法国和德国、巴勒斯坦和以色列等国家，都有基于普遍共识撰写和使用历史教科书的经验。与其批评文化，不如从历史中吸取经验和教训，为当今的文化、民族间的交流更人性化、更加公正、公平、和平而努力是我们的宗旨。历史上惨痛的一页终将会让美好未来从中吸取教训。

二、为了发展三国经济走廊的商贸、经济、文化交流，要创新内容和形式，利用历史上的道路、网络和站点

贯穿三国的走廊有：贯通亚欧的以中国为起点的著名的“丝绸之路”；蒙古帝国时期的名为“草原之路”的站点；17～20 世纪的“茶叶之路”；莫斯科—乌兰巴托—北京的铁路。这些道路为国家和地区间的物流、科学成果、技术和文化交流，起着重要的作用。

我们举个例子看。如被称之为草原“丝绸之路”的“茶叶之路”。蒙古首领沃巴西 17 世纪初将中国的茶叶送往俄罗斯，开启了亚欧茶叶贸易。当时，欧洲，尤其俄罗斯人对茶非常感兴趣，用作饮品之后，茶也成为从中国进口的主要产品，茶叶之路也由此诞生。

彼得一世时期，也有专门从中国进口茶叶之事。从此，中国的茶叶通过俄罗斯进入了欧洲。最初的茶叶贸易，不仅经过蒙古地区，运往俄罗斯的运商也是蒙古人。他们从中国的北部城市张家口、多伦淖尔等地购买茶叶后，经过蒙古国，送往俄罗斯，从中获利。

从中国运到俄罗斯，再从俄罗斯运到欧洲的茶叶之路，经过蒙古国的有三条：

（1）从中国北部城市购买的茶叶，经过大库仑（今乌兰巴托）送往俄罗斯恰克图；

（2）中国北部城市的茶叶经过大库仑、乌里雅苏台送往唐努图瓦；

（3）中国北部城市的茶叶，经过现在的南戈壁省赛日乌苏、乌布苏省西部霍西毛都，送往俄罗斯贝斯克。

19 世纪也出现过经中国新疆东北部到伊犁、塔尔巴嘎台送往俄罗斯的道路。在上述从中国出发经蒙古地区送俄罗斯的三条茶叶路中，蒙古国境内的所有运输队都是蒙古人用马、骆驼、牛来完成的。他们用 1 站地或 20～30 公里运送路程来计算 1 骆驼茶或 1 牛车茶的价值，因此也出现了专门在运输队中获取利益的商家。

茶叶之路有自己的路线，也有中途休息站、储备站。沿着茶叶之路也有牧民专门放养拉货用的牛群和骆驼群，也有人将疲惫不堪、精瘦、生病的骆驼或牛放回群，再换取拉运牲畜，来持续他们的运输。

茶叶运输的路线、运输方法、供应程度、人力资源等，到现在也没有人详细地研究过。深入研究的话，可以进一步揭示中国—蒙古国—俄罗斯三国在 17 ~ 19 世纪间的经济文化和商贸关系等，也可以研究中国的茶叶文化是如何在俄罗斯、欧洲发展的，通过经营茶叶引领其他的商品、文化、技术等在亚洲或在亚欧之间传送。非常有意思的是，茶商和茶叶之路的发展，都是由游牧蒙古人来完成的。

茶叶之路连接了中国—蒙古国—俄罗斯以及沿线国家的旅游地带，这样的旅游有助于认知历史，会是非常有意义、有趣味的。

现在正在建设的连接俄罗斯—蒙古国—中国的经济走廊，茶叶之路的经验非常重要。尤其是对蒙古国的可持续发展，对研究同两个的邻国关系及沿线国家的旅游发展，意义都非常重大。茶叶之路是丝绸之路的延续，也是文化技术传承的桥梁，意义非常大。

三、建设经济走廊应该多与区域外企业交流合作，组织建立工业财团

这需要政府和商业机构共同努力，改善基础设施，制定长期规划，要有远见。国际银行和经济合作组织、二十国集团工作组提出了建议，在投资基础设施、流通资金时需要注意下列 4 个方面的问题：

（1）所有国家的投资要有透明化与提前确定的能力；

（2）基础设施建设不能忽视市场的特性；

（3）金融综合体系和资本市场基础；

（4）公共行政的质量。

寻找并确定丝绸之路沿线的基础设施发展差异，可以确立可持续发展的管理政策和确定建立经济走廊的优先发展经济带。

现在我们就某个领域研究一下如何发展三国的经济走廊。和俄罗斯、中国相比，蒙古国的经济资源主要是畜牧业资源。牲畜的肉、皮毛、绒毛和农产品资源不仅可以为我国民众提供安全和健康的食品，也是增加外贸出口的来源。

图 1 中，蒙古国的牲畜数量不仅逐年增长，肉产量也增多。我国的农牧产业能够适应自然气候与环境，一年四季都可以放牧。尤其在干旱的夏季，肉的需求量也会增多，牛羊减少，气候干燥和气温升高给畜牧业和农业造成重大的损失。近几年，气候好转，牲畜数量逐年增长，出口量也随之增长。蒙古国的牲畜会在草原上自由寻找并吃到最优质的牧草，不需要添加剂或化学营养剂来喂养，肉产品是纯牧草喂养的牲畜肉。有学者指出这种肉内含有极高的人体所需的营养成分。在蒙古国虽然有大量的土地，

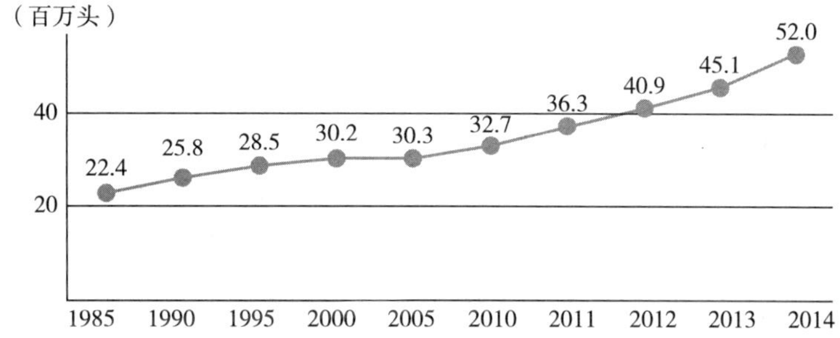

图1　蒙古国牲畜总数

资料来源：蒙古国国家统计统计年鉴 2005～2015 年数据。www. nso. mn，www. 1212. mn。

但由于地理位置和气候条件，可耕土地并不多。1990 年之前，我国的粮食中只有小麦的产量不仅可以满足国内需求，还有剩余部分可供出口。2009 年政府开始实施“耕耘3”计划，农业部门组织相关企业，通过贷款及优惠等方法恢复农业生产，近两到三年我国能够在粮食、土豆、蔬菜等方面做到自给自足。

蒙古国每年收割 30 万～40 万吨农作物，其中小麦占 97% 左右；蔬菜为 15 万～20 万吨，其中 49. 5% 是土豆，其他品种占 53. 1% 。但是农民手中没有储存农作物的设备，或者储存设备不符合食品卫生标准，所以存在着无法利用和回收的大量农作物的问题。因此，蒙俄中农牧业资源的差异性很大，今后可以在绿色无污染的食品和肉业、农业领域进行合作。譬如，在畜牧业领域，可以在牲畜的健康、配种等方面进行合作；在农业领域，可以在建造储藏设备、交流经验、恢复耕地、增加耕地面积，提高亩产和种类等方面进行合作。

四、应该在众多新闻媒体中大量宣传“一带一路”的思想、信息

不同区域之间的人们相互扶持，加强交流合作，为本地区乃至全世界经济发展做出积极贡献。各方要发挥潜能，为经济走廊持续、健康、有效发展打下坚实基础。这是经济走廊持续健康有效发展的基础之一。因此，要大力宣传丝绸之路的历史渊源，基于历史研究，公布于众。在新丝绸之路的基本思路中，欠缺有影响力的研究报告。众所周知，说比做简单。巩固各个国家和地区之间的关系是非常烦琐的事情，相互之间应该进一步加强沟通，建立互信，其中媒体承担的任务非常重要。

现在我们关注一下，在某个经济领域中媒体的影响力。近几年，旅游业成为蒙古国发展最快的行业之一，旅游业占蒙古国 GDP 的 5. 3% ，我国平均每年接待 45 万左右的旅客。蒙古国、中国、俄罗斯之间发展旅游业是非常有意义的，不仅能为三国社会

经济发展带来效益，也有助于三国民众相互了解和熟悉不同的文化和习俗，对加强互信意义重大。

2008 年蒙古国国家大呼拉尔通过的民族发展政策中提出了到 2021 年旅游业发展战略。2008 年政府第 83 号文件中指出，旅游业是民族经济发展的领头羊。目前正在按照政策要求加强旅游业所需的基础设施建设，筹建旅游全套设施，按区域分门别类。除此之外，应扶持鼓励国际旅游公司参加国外举办的博览会，在国内组织举办国际博览会。比如，从 1999 年起蒙古国每年都参加在柏林举办的“ITB Berlin”博览会。2015 年，蒙古国第一次作为正式合作伙伴参加在德国举办的“ITB Berlin - 2015”，并被称为“游牧蒙古国”。中国的旅游业发展在世界上名列前茅，2014 年接待了 1.09 亿国外旅客。三国相邻而居，三国的民众也对邻国旅游非常感兴趣，因此旅游业的发展非常有潜力。譬如，从蒙古国到俄罗斯的贝加尔湖度假、泡温泉，也可以到布里亚特逛观寺庙等，因两国互免签证，出现前所未有的游客爆棚现象，甚至出现超负荷的状态。从俄罗斯到我国的旅客喜欢去原始森林或沙漠戈壁、库苏古尔湖等地，也喜欢到中国的鄂尔多斯、内蒙古自治区的风景名胜区游览，也喜欢到三国口岸城市满洲里进行商务旅游。因此，从发展旅游业的各方各面来看，三国应该加强相互经验交流，互相学习，强化这个领域的合作发展也是三国建立经济走廊的重要内容之一。蒙俄中三国建立经济走廊，除了在经济、商贸、旅游业方面外，更重要的是加强人文交流合作，共同保护文化遗产。促进文化交流与合作，要生产基于文化遗产的创新文化产品，可以为旅游业提供具有民族特色的产品和纪念品。蒙俄中文化合作潜力巨大，而且自然文化遗产地也很多。比如，蒙古国有“阿尔泰山脉自然公园”“罕肯特自然公园”“苏赫巴托尔，东方省草原”“库苏古尔湖公园”“大戈壁，沙漠”等。

五、可以开展研究团队、公司企业、地方民众级别的论坛、会议、圆桌讨论会和研讨会

科学技术领域的合作，在提升产品的竞争能力、发展健康的市场环境方面担负着主要任务。不难看出，丝绸之路沿线区域存在工业产品和技术水平的参差不齐，在这一领域的投资也存在着差异。

应该组建高水准学者和人才团队，鼓励发展创新科技，组建跨民族的科研网络，这可以成为推广创新产品、发展产业的杠杆。这可为有效发展滞后地区，有效实施各种措施，充分发挥当地优势，提供条件。沿丝绸之路合作交流要开发潜力，这会直接影响本地区以及本地区外的科学技术的交流合作。

要实施以上具体方案，智库联盟通过国家间研究网络，找到创新的解决方案才能获取最新理论依据。应在实践中运作，把“一带一路”思想变为现实。

三国首脑在乌兹别克斯坦首都塔什干市会晤并签订了经济走廊的《规划纲要》。现在要基于实际，运行经济走廊《规划纲要》。因此，蒙中俄三国要在同一个舞台上携手共进，结合《规划纲要》，共同协商、互利共赢，基于优势互利合作，取长补短。

参考文献

[1] Battsengel. TS and others. Issues for the Planning of Geographical Spaces for Developing an Economic Corridor, 1st meeting of the Mongolia, China and Russia “Think Tank” Alliance, UB, 2015.

[2] Government Program of Mongolia (2012 – 2016), Documents of the Government, 2012.

[3] Cultural Diversity of Nomads. Ulaanbaatar, 2011.

[4] Cultures and Civilizations, UNESCO publishing, 1994.

[5] Batelle, RD Magazine, International Monetary Fund, World Bank, CIA Fact Book.

[6] NSO of Mongolia, “Statistical year books of Mongolia 1990 – 2014”.

[7] Customs General Administration of Mongolia. “Foreign trade statistics of Mongolia 1995 – 2014”.

[8] Athanasios Vamvakidis “Regional Integration and Economic Growth” The World Bank Economic Review. Vol. 12, NO. 2: 251 – 70.

抓好关键环节　夯实合作基础
——推进中蒙俄经济务实合作的建议

程国强（中国国务院发展研究中心国际合作局局长　研究员　博士）

深化经济务实合作，是中蒙俄三个好邻居、好伙伴，顺应时代潮流，把握历史机遇，实现共同发展的战略选择。三方共同签署发布的《建设中蒙俄经济走廊规划纲要》（以下简称《规划纲要》），是三方发展战略对接、深化务实合作的顶层设计，对巩固三国政治互信、深化经贸投资合作、促进区域经济一体化进程意义重大。我们建议，三方要抓住战略机遇，抓好关键环节，夯实合作基础，齐心协力开启经济务实合作新篇章。

一、推进《规划纲要》落地实施，夯实务实合作基础

《规划纲要》明确了今后一个时期三方合作的宗旨目标、重点领域、资金来源和实施机制，为三方深化务实合作指明了方向，明确了重点，描绘了路线图，既是三方务实合作的基础工程，也是标杆性项目，具有重要的示范带动意义。切实推进《规划纲要》的落地实施，一方面，要尽快建立政府间多层次沟通交流机制。《规划纲要》涵盖7大领域，32个重点合作项目。推动这些项目的落地生根，需要在三方发展战略对接的基础上，抓紧建立三方政府管理部门的沟通交流机制，促进三方在各具体领域、具体项目上的政策、标准与规则等协调衔接，积极推动凝聚共识，共同采取推进举措，协力应对困难和挑战。

另一方面，要创新合作机制与方式。三方要共同创新合作理念，探索合作新模式、新路径，破解发展中面临的难点与瓶颈。例如，促进交通基础设施建设发展和互联互

通，是经济走廊建设的重中之重，而基础设施建设融资则是难中之难。必须创新融资机制，探索新模式，既要充分发挥三方政府部门、政策性金融机构的作用，也要探索实施公私合作方式（PPP），吸引社会资本参与基础设施建设；既要积极争取亚投行、金砖国家开发银行、丝路基金等多边、双边金融机构对落地项目的投融资支持，也要调动全球长期投资机构和商业机构的资金资源，通过在国际资本市场发行基础设施债券等方式，扩大资金筹措渠道。

二、抓好重点示范，争取早期收获

三方要共同制定《规划纲要》落地实施的时间表、细化路线图，率先推动有共识、有基础、影响力大、带动性强的示范合作项目落地生根，使三方务实合作尽快取得阶段性成果，早日惠及三国人民。

要软硬措施并举，重点推进基础设施互联互通，集中力量重点突破关键节点，打通关键路径。一方面，要加强铁路、公路、港口、口岸等基础设施建设，抓住交通基础设施的关键通道建设，推动跨境铁路、公路的对接建设，完善跨境运输。如蒙古国第一条高速公路乌兰巴托—贺西格新国际机场项目，中俄莫斯科—喀山段高铁项目，中蒙二连浩特—扎门乌德铁路转运站改造项目，中俄同江铁路桥的最后阶段完工等。另一方面，要重视三方跨境运输、物流以及商贸标准、规则等“软”环境建设，加快推进国际通关、换装、多式联运整体衔接。

要加快平台建设，优先推进三方贸易投资便利化。中蒙俄三国在贸易和投资领域合作潜力巨大。2015 年，中国是蒙古国第一大贸易伙伴，也是俄罗斯第五大出口市场和第一大进口来源地。2015 年，中蒙、中俄两国贸易额分别达到 73 亿、642 亿美元，中国企业累计对蒙古国和俄罗斯投资分别达到 40 亿、330 亿美元。要积极推动建立贸易投资便利化机制，努力消除壁垒，降低成本，实现互利共赢。要推动三方的地方及边境地区合作，建设一批地方开放合作平台。如，中蒙二连浩特—扎门乌德跨境经济区合作，中俄珲春—扎鲁比诺跨境经济合作区等。

三、全面提升人文交流水平，强化民意基础

中蒙俄三方共同签署发布《规划纲要》，充分展示了三国领导人的远见和魄力，体现了三方加强发展战略对接、共同推进“一带一路”建设的决心和信心。“中蒙俄经济走廊”建设作为三方共同的战略选择，要想取得进展和实效，根本还在于得到三国人

民的认同理解、支持参与。正如2013年9月7日，习近平主席在纳扎尔巴耶夫大学演讲时强调的，“国之交在于民相亲”，共同建设“丝绸之路经济带”，“必须得到各国人民支持，必须加强人民友好往来，增进相互了解和传统友谊，为开展区域合作奠定坚实民意基础和社会基础”。

要全面提升三国人文交流合作水平。要加快推进三国在教育、科技、文化、旅游、卫生、知识产权等领域的合作，广泛开展多种形式、多个渠道、多个类别的交流交往，促进三国人民相知相交、和平友好。在《规划纲要》重点基础设施与产能合作项目实施过程中，要做好与当地民众的沟通交流，理解并照顾到其合理诉求，使项目建设实施切实惠及当地社区和民众。

要重视发挥智库的作用。智库不仅具有专业研究能力及对政府和公众影响力方面的优势，而且具有独立、超脱的地位，是政府与公众、政策与学术研究之间的桥梁，在政策沟通协调方面具有重要作用。因此，促进三方政策沟通和民心相通，要注重发挥智库的独特作用。

我们国务院发展研究中心联合有关国际智库，于2014年创立丝路国际论坛，每年在境外举办，到今年已经举办三届，成为沿线各国共建“一带一路”的高端交流平台。国研中心还于2015年与有关国际智库、国际组织等共同发起成立丝路国际智库网络，到目前已经有47个成员和伙伴，相关交流合作活动正在逐步展开。

由在座各个机构联合发起的中蒙俄智库合作联盟和中蒙俄智库国际论坛，也为促进三方经济务实合作发挥了重要作用。尤其是本次论坛，规模越来越大，参会代表越来越多，讨论议题也更深入、更聚焦。为了使三国智库在促进三方经济务实合作中更好地发挥作用，我有几点建议。

一是切实发挥中蒙俄智库合作联盟作用，加强三方智库合作交流，整合智库研究资源，启动开展前瞻性、储备性合作研究，做到智力先行，为三方务实合作发挥引领作用。

二是加强同三国政府决策部门的信息共享和互动交流，使智库研究和政策建议更具针对性和可操作性，切实发挥智库的支撑服务作用。

三是充分发挥中蒙俄智库国际论坛作用。要通过论坛平台，介绍和分享三方的发展理念和经验，就三方经济务实合作中的重点议题和关键问题进行深入研讨，促进三方智库的研究合作与成果交流，力争将论坛打造成为对三方政产学研各界具有重要影响的高端平台。

经济走廊建设中科学技术外交作用

哲・达瓦桑布（蒙古国教育文化科学体育部科学政策协调处处长　教授　博士）
热・班迪（蒙古国科学院国际关系公共管理中心主任　教授　博士）
色・巴彦纳森（蒙古国科学院科研检测中心主任　博士）

2016 年 6 月 24 日，在乌兹别克斯坦共和国首都塔什干市，上合组织成员国国家领导人进行会晤，蒙俄中三方国家领导在建设经济走廊规划纲要上签了字。这是三方用实际行动丰富合作交流的内容，是三方关系迈向新台阶的重要步骤。三方共同从提出的 190 多项规划纲要中选择了 32 项合作项目计划在五年中逐步实施。其中有些规划纲要的内容是现有的，有些还在倡议中。

这对蒙中俄科学技术创新机构和专家学者提出就的，上述纲要的落实，提出政策、战略对策和建议，阐明科学依据促进合作交流的要求。2015 年秋，乌兰巴托市举办了经济走廊研究委员会首届磋商会。此次国际学术会议提出对策建议，希望三方专家学者要加强交流合作，顺利落实对策建议，拓宽对外交流与合作。

"中蒙俄经济走廊"建设的实施和发展受国内外很多因素的影响，其中与科学技术领域对外交流的发展水平、互利合作、正确经营管理有很大关系。因此，管理部门要了解互利合作的实际意义，要支持其发展。这为科学技术的合作交流提供了良好的发展环境，也在开展着卓有成效的各项活动。如果我们在科学技术研究领域发展互利友好的对外合作关系，其结果会在相对较短的时间内制定三方的经济走廊建设政策，会使智力和创新成为额外的资源。

这项研究的目的是简要评价毗邻三国的科学技术领域中的合作现状。以发展经济走廊建设为目的，为在科学技术领域开展合作提供对策和建议，供邻国的专家学者深入研究和讨论。

近几年出现了用知识发展社会、可持续绿色发展、区域社会经济合作等新的方式方法。如丝绸之路、经济走廊研究等问题，是邻国专家学者所关注的问题。

在2015～2016年蒙古国科学院与世界多个国家科学院、国际专业研究机构和公共管理机构、协会签署了多项合作协议以及备忘录，发展了科学院对外联系，与相关国家和地区的科学院签署了协议和合作备忘录，实施备忘录和规划，与一些地方的科学机构建了新的合作关系，实施合作研究课题，以田野调查、国际会议、组织论坛等方式与专家学者进行了扩大交流合作，并注重通信和信息化发展。2015年，蒙古国科学院与国外的8个地区、10个学术机构新签了协议与备忘录。

科学院与30多个国家的100多个学术机构共签署了180多个协议、备忘录、纲要和其他文件。在这些文件范围内，鼓励科学院的年轻学者们参与国际会议，鼓励到国外大学进修硕博研究生。

科学院领导和专家学者参加了在莫斯科市举办的“丝绸之路国际论坛”、在西班牙举办的以“一带一路”为专题的国际论坛；在韩国举办的“亚洲科学研究院、协会会议”和以“科学、教育研究中的性别问题”为专题的国际研讨会；2016年波兰首都华沙市举办的“丝路国际论坛2016年会”；呼和浩特市举办的“经济走廊协商会议”等会议。

2015年由科学院邀请中国国家发展研究中心国际合作局副局长蒋希蘅，内蒙古自治区发展研究中心领导杨臣华，俄罗斯科学院西伯利亚分院伊尔库茨克科学中心领导、院士伊·沃·贝齐克沃，韩国东北亚历史财团理事长金容德，韩国科学技术研究院院长、教授朴成炫，日本国立民族学博物馆教授小长谷有纪等访问蒙古国科学院。这对东北亚和蒙中俄三方科学技术领域合作发展具有重要意义。为推动东北亚地区经济、科学技术合作交流迈上新台阶，蒙古国与中国、俄罗斯、韩国、日本的很多科学研究机构和专家学者正在紧密合作。与亚洲科学院与协会委员会，联合国科学技术组织亚太事务局等机构及其分支机构进行合作，不断拓宽合作交流。

有效、健康发展“中蒙俄经济走廊”建设的重要条件是，三方要在科学技术方面进行紧密合作。下面简要介绍双方专家学者如何进行合作交流。

2015年9月17～18日，在乌兰巴托市，我们科学院与中俄两国的有关科学机构联合举办了中蒙俄智库合作联盟成立暨首届三方智库国际论坛。此次论坛参与者，蒙方有蒙古国科学院、蒙古国科学院国际关系研究所、蒙古国国立大学，中方有中国国务院发展研究中心国际合作局、内蒙古自治区发展研究中心、内蒙古师范大学、内蒙古社科院，俄方有俄罗斯社科院远东研究所等。三国联合主办。活动期间，三方举行了中蒙俄智库合作联盟的成立及启动仪式，审议通过了《中蒙俄智库合作联盟章程》。这一章程中总则的第四条写到，智库合作联盟以推动中蒙俄三国“携手推动更大范围、更高水平、更深层次的人文交流、政策沟通、共研合作”为宗旨，服务并促成中蒙俄三国在经济、人文以及国际协作等多领域合作，为三国经济繁荣发展提供智力支持。首届国际智库论坛有来自蒙古国的60位、来自中国的45位、来自俄罗斯的25位专家出席。论坛上，来自中蒙俄高端智库的15位专家学者发表了主旨演讲，22位专家做了精彩的学术报告，从不同角度对“一带一路”和“中蒙俄经济走廊”建设发表了真知灼见。

以经济走廊为议题的首届智库国际论坛之后，依次在西班牙、波兰和中国也举办了国际论坛，专家学者一如既往地热情洋溢地参会讨论。

三方的科学技术领域中的研究机构和专家学者们在进行独特的、符合需求的长中短期研究的同时，也对各自感兴趣的问题进行合作研究。如，2015 年俄罗斯莫斯科市举行的“丝绸之路论坛”上，专家学者以蒙中俄三国经济走廊，文化、丝绸之路等为议题，进行了热烈讨论。

一、蒙中科学技术合作交流

下面简述双方科研机构为推进蒙中互信友好关系所采取的方式方法、进程以及成果方面的历史概况。

蒙古国科学院与中国科学院之间于1991 年6 月29 日签订合作协议后，与我国科学院在科研领域的交流与合作不断发展。之后，在 1999、2003 年与中国科学院签署总协议，在指定的4 个领域中签署了新的合作备忘录和协议书。

（一）地理研究领域

蒙古国科学院地理研究所，蒙古国国立大学地质地理学院与中国科学院地理研究所、内蒙古师范大学联合举办以“蒙古高原资源环境与可持续发展研究”为议题的国际会议，从2015 年开始每年在乌兰巴托、北京、呼和浩特轮流举办。

土壤研究方面与中国科学院地理研究所自2005 年开始合作，共同研究土壤表层变化、土地破坏用放射性同位素、地理知识系统、生态学等。在共同进行田野调查，综合科研成果，国际专业刊物上发表出版合著，国际会议上宣读论文，培养年轻专家学者等方面，正在进行合作交流。

地理信息系统实验室与中国内蒙古大学专家联合实施项目“基于卫星遥感技术的沙漠化进程监测”时，双方专家学者在蒙古国南杭爱省巴特乌力吉、图格勒格，色楞格省东布楞苏木等地进行调研。

（二）地质资源研究领域

蒙古国科学院地质研究所与中国科学院兰州地质研究所、兰州大学等机构合作交流。

按照蒙中政府协议，蒙中地质机构联合制作的“蒙中边境1:1000000比例地质图”接近尾声。与资源机构合作组织了对蒙古国阿勒泰附近戈壁和阿勒泰地区调研工作。

2010年7月，与中国兰州大学专家一同进行田野调查，在蒙古国西部的巴彦诺尔、阿奇特诺尔、哈日诺尔调研，发现了1～6米长的6块塌陷地，其研究周围的岩石以及河岸周围堆积层。在中国科学院兰州地质研究所实验室，我们学习了河流堆积层中的优质碳酸盐和同位素研究样品的研究方法。中国科学院地质物理研究中心，专家正在用当代先进设备非常细致地研究岩石的年代。

（三）农牧业研究领域

蒙古国科学院物理技术研究所和牧业研究所科研团队与内蒙古自治区包头市稀土研究所、德国慕尼黑国立大学兽医系饲料研究教授团队，从2008开始合作交流。在动物饲料中添加稀土材料的实验、生产工作间与产品销售等方面与中方合作，中方负责将这些饲料销往韩国和亚洲其他市场。我们还在这个项目框架内研究掺和稀有物质的玻璃的质量问题。

（四）植物学研究领域

蒙古国科学院植物研究所与中国科学院植物研究所专家为了在蒙古国进行调研，并进行生态检测研究，有望在蒙古国设立研究基地。研究基地计划设立1个研究中心、4个分支研究机构，其中，计划在乌兰巴托市、苏赫巴托尔省图门朝格特、苏赫巴托尔省西乌尔特、中央省蒙根莫里特、东戈壁省扎门乌德等地设立研究基地。

（五）社会科学领域

从1996年开始，蒙古国科学院与中国社会科学院之间实现高层领导频繁互访，合作交流中出现的问题能够及时得到解决。与中国社会科学院分别在1998、2002、2005、2006、2008年间签订了合作协议和备忘录，并实施至今。

（六）国际问题研究领域

与中国社会科学院亚太与全球战略研究所合作。如，在蒙古国高层领导的支持下，

2008 在乌兰巴托市举办了首届“蒙俄中 21 世纪共同发展论坛”，蒙俄中三方专家学者积极参与了此论坛。三国决定轮流举办论坛。2009 年在北京由中国社会科学院亚太与全球战略研究所主办了第二届“中蒙俄：和平、发展与合作论坛”；2012 在莫斯科市由俄罗斯科学院东方研究所主办了第三届“俄中蒙共同克服当代新考验论坛”；在 2013 年论坛上，三方主要研究讨论了世界发展主流在追寻的绿色发展理念、原则以及实施方式方法等问题。

（七）游牧文化、文明研究领域

2000 ~ 2001 年间，中国社会科学院专家和俄罗斯科学院西伯利亚分院蒙古学、藏学、佛学研究所专家共同进行“中亚游牧文明的变化”国际田野调查工作。三方跨境调研搜集历史、考古、文化遗产等资料并进行研究，同时研究 21 世纪游牧生活现状、畜牧及习俗变化。2006 ~ 2010 年与中国社会科学院民族学人类学研究所专家合作进行课题“蒙中跨境文化、民族的人类学”研究，对两国生活着的图瓦、鄂温克、扎哈亲、土尔扈特、布里亚特等游牧文明进行对比研究。

（八）历史研究领域

2012 年开始与中国社会科学院边疆研究中心合作。当时蒙古国考古中心与中国社会科学院边疆研究中心合作出版了“库仑内阁文献汇编”。三方复印了 30 多万页码的文献，但该项工作目前处于停止状态。

（九）语言文学研究领域

蒙古国科学院与中国社会科学院民族文学研究所进行合作。在这里重点提一下为之付出辛勤劳动的专家学者，他们是中国社会科学院民族文学研究所所长朝戈金教授，蒙古族文学研究室主任斯钦孟和教授，科研人员斯钦巴图教授、达木林扎布教授等。与语言文学研究所合作研究的语音声学研究，语音转换文字，出版合作工作也已开始运作。

2014 年 1 月 19 ~ 23 日，蒙古国科学院领导访问中国社会科学院，在纪念蒙中建交 65 周年，纪念蒙中友好合作关系条约修订 20 周年之际分别举办了学术研讨会。蒙古国科学院和中国社会科学院联合举办了蒙古学者圆桌见面会，就蒙中关系档案资料汇编相关信息进行交流，在研究成果共享方面达成共识。

蒙古国科学院、内蒙古大学、内蒙古师范大学达成合作协议。蒙古国科学院、内蒙古师范大学合作研究东方蒙古高原研究、游牧农耕、经济研究等项目，在北京举办了第三届“周边语言与文化论坛”。与内蒙古师范大学加强合作关系。与中国国务院发展研究中心、中国北京市大能源物理研究所联合制定工作方案，与北京合作实验、培养人才、对外关系等各项任务有计划地进行着。

2015 年与内蒙古师范大学联合进行了 3 个合作课题，并把研究成果提交到相关部门。

二、与俄罗斯专家学者合作情况

2015 年俄罗斯科学院西伯利亚分院伊尔库茨克科学研究中心学术委员院士伊·沃·贝奇科夫等资深专家走访了蒙古国科学院，并签署了继续合作交流协议和备忘录。俄罗斯国家杜马色·耶·纳雷什金访问蒙古国时，科学院举办“蒙俄间悠久的联系”圆桌会议。蒙古国科学院与俄罗斯历史协会签署了备忘录。

蒙俄生物调研合作，制定了 2015 年田野调研纲要。在蒙俄生物调研合作 45 周年、蒙古国科学院生物研究所成立 50 周年之际，举办国际学术研讨会。科学院相关领导，专家学者在俄罗斯莫斯科市俄罗斯科学院沃·纳·谢维尔佐夫生态和进化学研究所和俄罗斯科学院远东研究所工作。完成注册蒙古国科学院驻俄罗斯伊尔库茨克市代表处章程等事宜。

三、关于经济走廊建设利用东北亚地区专家合作研究成果的可能性

2015 年蒙古国科学院邀请韩国东北亚历史财团理事长金容德、韩国科学工艺科学院教授朴成炫、日本国立民族学博物馆教授小长谷有纪等访问蒙古国科学院，并签署了合作协议。

（一）与韩国科学技术研究院专家学者交流合作现状

2016 年 6 月 9 ~ 10 日，蒙古国科学院与韩国科学技术研究院联合举办以“战略协议的实践：民族经济发展”为主题的国际研讨会。会议上韩方有 6 人、蒙方有 5 人做了主旨演讲。蒙中俄三方发展经济走廊建设中也可以利用会议的战略性研究成果。韩国专家以“韩国科学技术和创新经验发展趋势”为议题宣读论文，提出了如何发展与蒙古国的科学技术研究，尤其与邻国如何在这个领域中进行合作研究等问题，具有非常重要的意义。

（二）与日本科学技术领域合作情况

蒙中俄三方发展经济走廊建设重要问题之一是历史、文化艺术乃至考古、古生物学的研究成果共享问题。为了加速经济走廊建设，研究其邻国的历史、文化、艺术、考古、古生物历史研究等有重要意义，是与邻国发展旅游业的重要条件和杠杆。

2016 年 1 月，日本国立民族学博物馆设立民族文化研究部之际，曾任蒙古国科学院院长的博・恩赫图布新院士、历史考古研究所所长策・朝伦博士等赴日，更新并签署了合作协议。2016 年 7 月 28 日，日本国立民族学博物馆历史文化中心民族文化研究部在蒙古国科学院历史考古研究所设了分支中心。这为蒙古国、中国、俄罗斯专家学者，在历史、语言、文学、文化、考古等领域的合作创造了广泛的空间。

蒙中俄三方科学技术领域中的对外合作交流，不仅要在组织国内外会议、参会上进行合作，还要在更大范围内创造科研成果，创造条件把合作交流工作推向更高的水平。

邻国的社会、经济领域组织的活动，会受到国内外诸多因素影响，其中包含对外合作发展、管理、文化等问题。正确理解这些问题，有条不紊地、理智地为发展进步创造良好的合作环境。科学技术研究领域中，能形成正确的外交管理和外交文化，会创造出意义重大的政策和智力的新投资。尤其是加强“中蒙俄经济走廊”发展的重要条件之一是三方地区科学技术领域的紧密合作。因此三方科学技术、创新机构，在确立合作规划，把研究成果与现实生产生活相结合方面，也是发展经济走廊建设的重要内容。在合作研究的进程中定期举办学术会议和博览会，甚至合作建设实验室，可以提高科学技术外交的成果，并应用于实践中。

如何宣传蒙古国科学领域中产生的成果，如果将智力与物质资本与国际市场接轨和销售，其主要杠杆是外交合作的基本目标之一。换句话说，要为国内外有价值的智力的生产和交流创造良好的环境。

现今，科学技术研究正在扩大对外关系，硕果累累，还有广阔的发展潜力。加大对科技的投资成果会更加显著。想要获取国外智力资源、科学发明创造、学者新的想法及方式方法和技术，必须有高质量的外交素质、文化、道德。成为合作伙伴后要进行交流与促进互信，甚至要学习良好的外交、管理、市场营销等知识。国外的经验与创新意识是非常重要的智力资源。自己研究的话需要花费大量的时间、人力、投资，而外交发展是又准确又有成效的投资。

有些专家学者创造了吸引人的智力资源，名扬全球，不限于邻国，而是通过邻国名扬世界各地。在我们科学院有很多著名的专家学者，也有国内外大中专院校毕业后参与到科研工作的年轻学者。如有掌握多语言（英、法、日、中、俄、土耳其）的从事自己喜爱专业的年轻学者，形成了新型科研团队。希望你们与他们合作交流。

依靠学者们的智慧和正确对策建议，国家才会兴旺发达。科学的新发现，不是一两年内就能成功的，而是注入了多年心血才能获得佳绩。科学技术外交中，团队精神很重要，因此希望邻国专家学者合作时联合成立科研团队。邻国的科学院及其研究所、专家学者委员会应共同商讨、共同合作研究、共同列出外交合作中更先进、更重要、更长久的交流活动，在建什么团队、以什么题目讨论用于实践中、什么时候在哪儿、提出什么问题、达到什么目标、所面临的重要问题等方面，提出建议。

我们要通过学习提高外交素质、管理、文化、创新等，这是提高工作质量和效率的首要条件。

我们代表蒙古国科学院主席团提出了很多新的建议对策，其中科学技术的外交交流要开放，拓展交流方式方法，创造更多创新的、富有成效的成果。在要利用与诸多国家科学机构合作的传统方法之外，还要用最先进的方式方法来创造、创新、探寻我们的未来。

以互利原则落实矿产资源开发项目①

V. A. 克留科夫（俄罗斯科学院西伯利亚分院工业生产经济学与组织学研究所副所长
俄罗斯科学院通讯院士 经济学博士）
A. N. 托卡列夫（俄罗斯科学院西伯利亚分院工业生产经济学与
组织学研究所首席研究员）

矿产资源开发对于俄罗斯的社会和经济发展具有十分关键的意义。在矿产资源领域内，石油和天然气部门占据着主导地位，其税收收入占国家财政收入的半数以上，是国家外汇收入的主要来源。石油和天然气部门对于油气地区的社会和经济发展具有重大意义。

目前，俄罗斯和中国已经开始和正在积极发展油气领域的合作，这首先是指与俄罗斯东部地区，即与西伯利亚和远东各联邦管区的合作。互惠互利的合作可能以不同策略和模式开展，这些策略和模式最终将对形成和分配因开采和利用烃类资源所产生的社会和经济效益产生最为重要的影响。

在俄罗斯境内，从如何形成因开采烃类资源所产生的社会和经济效益方面来看，其关键因素之一在于烃类原料加工企业（包括初加工和深加工）的地理定位。当然，效益的产生和分配还取决于其他一系列重要因素和条件，这其中应当特别指出：

（1）参与建设油气工程项目（劳动力、技术、设备和资金）。可能是中国企业参与在俄罗斯境内创造新产能，也可能是俄方参与在中国建设新工程项目。

（2）确定所加工产品的主要需求地（例如，如果发展烃类原料的深加工，那么重

---

① 本文由俄罗斯科学基金会资助撰写（资助号№14－18－02345）。V. A. 克留科夫，A. N. 托卡列夫：《转型经济中的石油和天然气资源：地下资源的已有社会价值和潜在社会价值对比（理论、实践、分析和评价）》，新西伯利亚市：科学中心，2007 年，第 587 页。

要的是哪些石油化工产品用于出口，哪些留在俄罗斯消费使用）。

（3）入股烃类资源的开采和加工企业。

（4）定位可能产生的环境成本和风险。

以烃类原料加工企业的地理定位为重点，可以分析俄中油气领域的以下两种基本合作模式：

模式 1：在俄罗斯境内开采油气资源，在中国境内初加工和深加工烃类原料；中方承包商参与油气田的地质勘探作业和开发；俄方企业参与创造新加工产能，入股中国的烃类原料加工企业。

模式 2：在俄罗斯境内开采烃类原料、初加工和深加工烃类原料。所生产的产品大部分在中国消费。中方企业参与创造新产能。中方合伙人入股俄罗斯东部地区的烃类原料开采和加工公司。

发展俄罗斯东部地区的油气产业

目前，俄罗斯东部地区的石油和天然气开采量有所增加，产量增加最主要得益于俄罗斯与亚太地区国家首先是与中国开展的合作。2014 年，西伯利亚的石油开采量（包括西伯利亚联邦区和远东联邦区）达到 7100 万吨（约占俄罗斯总开采量的 13.5%），天然气开采量达到 470 亿立方米（占全国天然气开采量的 7.4%）。

目前，东西伯利亚正在成为俄罗斯成长最快的油气省。未来到 2035 年前，西伯利亚在俄罗斯油气产业中的作用将继续放大。例如，在《俄罗斯 2035 年能源战略》方案书中，预测东西伯利亚经济区的石油开采量将增加至 6100 万～6900 万吨（2030～2035 年），远东联邦区将达到 3400 万～3800 万吨（两者总和将超过 1 亿吨）。2035 年，俄罗斯东部地区的天然气开采量将超过 1800 亿立方米。

在东西伯利亚，将继续开发位于克拉斯诺亚尔斯克边疆区西北部的“万科尔—苏尊”油气资源集群、埃文基自治区库尤姆宾区以及伊尔库茨克州和雅库特共和国“东西伯利亚—太平洋”石油管道沿线的各大油田（上乔油气田、塔拉坎油气田、中鲍图奥宾油气田、尤鲁布切诺—托霍姆油气田等）。在远东，将继续落实“萨哈林 1 号”和“萨哈林 2 号”项目，还将在萨哈林岛大陆架区开着手开发新的油田①。

从发展西伯利亚经济的角度来看，重要是不仅是增加烃类资源的开采量，还有增加油气公司对服务行业和周边行业的石油服务与产品的需求。开发新的油气工程项目

① 俄罗斯联邦能源部：《俄罗斯 2035 年能源战略（方案书）》，2014 年，第 262 页。

将促进钻探作业量、建安工程量、设备和材料需求量的增长。

俄罗斯东部的油气产业发展将促进广大区域的社会和经济发展。在俄罗斯东部发展油气产业的最重要因素之一与亚太地区各国首先是中国的合作联系在一起。俄罗斯有意与中国在几乎所有的油气领域开展合作，包括：

（1）向中国市场供应烃类原料（经主干管道输送石油、天然气、液化天然气）；

（2）在俄罗斯或在中国境内共同实施烃类原料的开采和加工项目（包括油气化工项目）；

（3）在合资企业（俄罗斯境内）生产烃类原料开采和加工用的设备以及进口这些设备。

目前，已经在实施一系列战略性的合作项目，而且正在讨论一系列新的远期油气项目。

天然气工业的优先合作项目

（一）经“西伯利亚力量”管道供应天然气

合作开发天然气领域的关键环节是建设“西伯利亚力量”天然气管道及后续运营。2014 年，俄罗斯天然气工业股份公司与中国石油天然气集团公司签署了中俄东线供气购销合同（经“西伯利亚力量”管道）。合同期累计为 30 年，预计每年向中国输送 380 亿立方米天然气。俄方将于 2019～2021 年期间开始按合同供气。这是俄罗斯天然气工业股份公司有史以来最大的一份供气合同，将在合同期内累计供应超过 1 万亿立方米的天然气。

“西伯利亚力量”管道将成为伊尔库茨克地区和雅库特共和国的两大天然气开采中心的共用输气系统，它将经哈巴罗夫斯克把天然气输送至符拉迪沃斯托克。在第一阶段，将建成雅库特—哈巴罗夫斯克—符拉迪沃斯托克天然气管道主线，第二阶段，伊尔库茨克中心将与雅库特中心并网。

中方的利益在很大程度上取决于能否提高供气的可靠性（与液化天然气相比相对低廉），供气还面临解决一系列生态环境问题。俄罗斯也将从发展东部地区天然气工业中获得可观的社会和经济利益。在“西伯利亚力量”一期建设中，将动用 1.1 万名专业人员，后期将由约 3 千人运营天然气管道①。

---

① 《西伯利亚力量》，URL：http：//www. gazprom. ru/about/production/projects/pipelines/ykv。

扩大俄罗斯天然气工业股份公司在俄罗斯东部地区的业务，将为提高东西伯利亚和远东地区的社会和经济发展水平创造条件。其中，预计建设输气设施将保障燃气化的发展。此外，建成新的天然气开采中心有助于提高当地的就业率。目前，俄罗斯天然气工业股份公司正在部署在俄罗斯各大专职教育中心对专业人才进行培训，刺激制定新的教育规划。

在俄罗斯东部地区将建成大规模的天然气基础设施，此举将为西伯利亚的经济发展创造新的机遇。同时应当考虑到，俄罗斯经济领域中的冶金、管件、机械制造等企业将获得主要的订单，而这些企业主要分布在俄罗斯的欧洲部分和乌拉尔联邦区。对于俄罗斯的天然气领域来说，与中国签订的这份合同为天然气供应开启了新的远景方向，让传统线路变得多元化。

另一个中方参与投资的重要天然气项目是依托亚马尔半岛的南坦别伊油气田建设年产能 1650 万吨的液化天然气生产厂。南坦别伊油气田的勘定和推定的天然气储量超过 9000 亿立方米。该项目目前正由亚马尔液化天然气股份公司实施，该公司的股东包括俄罗斯诺瓦泰克（Novatek）股份公司（持股 60%），法国道达尔石油集团公司（持股 20%）和中国石油天然气集团公司（持股 20%）[①]。

2014 年，亚马尔液化天然气股份公司与中国石油天然气集团公司签署了液化天然气供气协议，合同规定每年供应液化天然气量为 300 万吨，为期 20 年。

（二）开展天然气化工项目合作的可能性

天然气开采和运输的发展将为建设新的天然气加工企业创造条件。东西伯利亚的众多烃类矿床的特点在于其多组分的资源构成，这要求必须对大量的伴生油气、乙烷、氦、凝析气进行合理利用[②]。

根据俄罗斯天然气工业股份公司的计划，在东西伯利亚开采出的天然气的主要部分将送往阿穆尔天然气处理厂进行处理。阿穆尔天然气处理厂将成为俄罗斯最大的天然气处理企业和世界最大的天然气处理企业之一。该处理厂的天然气年设计生产能力为 490 亿立方米。在天然气处理厂的组成中还将包括大型氦生产厂（年生产能力 6000 万立方米）。

阿穆尔天然气处理厂是根据历史最大合同向中国沿东线供应天然气的技术链条中

---

① 《南坦别伊油气田（亚马尔液化天然气项目）》，URL：http：//www. novatek. ru/ru/business/yamal/southtambey.

② V. A. 克留科夫，V. U. 西尔金，A. N. 托卡列夫，V. V. 施马特：《俄罗斯东部地区氦资源产业开发过程综合改造》，俄罗斯科学院西伯利亚分院工业生产经济学与组织学研究所，2012 年，第 181 页。

的重要一环。雅库特和伊尔库茨克天然气开采中心的多组分天然气将沿“西伯利亚力量”管道进入阿穆尔天然气处理厂。在天然气处理厂，将从天然气提取出乙烷、丙烷、丁烷、戊烷—乙烷馏分和氦，这些对于天然气化工和其他工业领域来说属于有价组分。

俄罗斯天然气工业股份公司已经开始动工建设阿穆尔天然气处理厂，该厂的建设涉及大量的投资，并将创造新的就业岗位。该项目将为阿穆尔州和远东其他地区的社会与经济发展注入“强心剂”。在阿穆尔天然气处理厂建设的高峰期，将动用1.5万人工，而工厂本身将创造约3000个工作岗位①。

阿穆尔天然气处理厂在技术上与烃类原料深加工企业相关，它的建设方案目前正在由俄罗斯最大的油气化工公司——西伯利亚—乌拉尔石化控股公司制定。预计年产能200万吨的聚乙烯生产厂的建设将分两期：第一期（120万吨聚乙烯）计划于2021年启动，第二期（80万吨）则在2024年启动。

落实西伯利亚—乌拉尔石化控股公司的上述及其他长远项目将促成与多家中国合作伙伴的合作。例如，2015年末，西伯利亚—乌拉尔石化公司与中国石化集团公司完成了中国石化集团作为战略投资人入股西伯利亚—乌拉尔石化公司10%股份的交易，此举的顺利完成必将巩固两家公司的合作，并必将为中国石化集团和西伯利亚—乌拉尔石化公司创造附加价值。企业间的紧密合作和投资将促进经验和资源的交换，并强化企业在市场的地位和巩固中俄两国间的战略合作。

发展石油领域合作

（一）向中国供应原油

俄罗斯石油公司于2009年签订了向中国供应烃类原料的第一份大合同。当时，合作双方商定以20年为期供应3亿吨石油。合同的主要条款之一是由中国开发银行提供250亿美元贷款。一部分贷款进入发展东西伯利亚的开采类项目和建设向中国输送石油的“东西伯利亚—太平洋”管道②。

2013年，俄罗斯石油公司与中国约定大幅度地提高石油供应量。目前，俄罗斯每年仅通过“东西伯利亚—太平洋”输油系统就向中国供应约1500万吨原油。

俄方的资本参与在中国境内创造加工能力的案例是天津市南港工业区的原油加工

---

① 《阿穆尔天然气处理厂建设项目动工兴建》，URL：http：//www. gazprom. ru/press/news/2015/october/article249174。

② 《大量石油输入中国》，URL：http：//www. rosneft. ru/news/news_ about/25062013. html。

和石化联合厂建设项目。

该项目将由中俄东方石化公司（PetroChina – Rosneft Orient Petrochemical Company）实施，该公司是俄罗斯石油公司（持股 49%）与中国石油天然气集团公司（持股 51%）共同成立的合资企业。

2013 年，俄罗斯政府与中国政府签署了合作建设和运营天津石油加工和石化联合厂和石油勘探与开采领域项目的协议，该协议保证向合资企业提供三项特许权利：独立进口原油权；无障碍出口石油产品和石化产品权；在国内出售合资企业的石油产品和石化产品权。落实这些权利必将实质上提高项目的财政和经济效益。

天津联合厂的原油初加工生产能力为 1600 万吨，加工深度高于 95%。在项目框架内，预计建成大型的石化设施和设备，其中包括高温分解和芳香烃生产设备。该项目还预计建成由 300 个加油站构成的零售网络。

2014 年，协商制定了天津联合厂的启动和石油供应与加工时间表，时间表规定工厂于 2019 年年末启用。

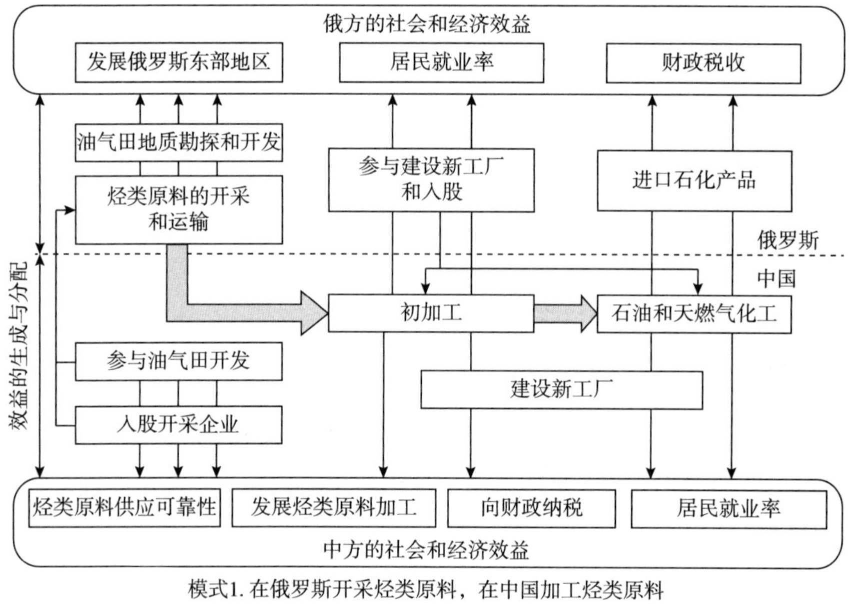

模式1. 在俄罗斯开采烃类原料，在中国加工烃类原料

图 1　烃类资源开采与加工所产生效益的形成与分配图

在该情况下将实现第一种合作模式，即在俄罗斯境内采出的烃类原料将主要在中国进行加工处理（图 1）。其中，加工和利用烃类原料及其深加工产品产生的直接和间接的社会与经济效益将主要定位在中国。

（二）石油勘探与开采合作

中俄在实施烃类原料开采项目中的第一次实践是俄罗斯石油公司和中国石化集团公司共同收购俄罗斯乌德穆尔特采油公司。在一定意义上，乌德穆尔特采油公司已经成为俄罗斯石油公司与其中方合作伙伴发展合作机制的平台。中国石化集团公司由此取得了进入俄罗斯石油公司其他多个项目的通行证。

例如，合资企业韦宁采油有限公司（Venineft）正在“萨哈林3号”项目框架内对远景区段进行地质勘探。韦宁段位于鄂霍次克海萨哈林岛的大陆架地带，面积为5300平方公里。在项目框架内，俄罗斯石油公司完成了（与中国石化集团公司合作）位于萨哈林大陆架的韦宁许可段的地质调查工作。在已经完成的调查中，发现了北萨哈林凝析气田，其俄罗斯等级标准的C1和C2级储量估算为354亿立方米天然气和320万吨凝析油。依据发现新油气田的事实，俄罗斯石油公司与中国石化集团公司的合资企业——韦宁采油有限公司取得了烃类资源勘探与开采许可证。

2015年9月，在尤鲁布切诺—托霍姆油田和俄罗斯油田合作开发框架内，俄罗斯石油公司与中国石化集团公司签署了合作协议书的基本条款。协议规定中石化可以收购东西伯利亚油气公司和秋明油气公司最多49%的股份，这两家公司拥有这两座油田的开发和开采许可证①。

上述两座油田是具有开发价值的油田，位于俄罗斯石油公司的关键业务地区。共同开采这两座油田储量可以让俄罗斯石油公司和中石化公司降低项目实施的风险。从吸引资金和利用项目技术的角度来看，合作还将拓宽项目的可能性。

另外，中方承包商还预计参与远东大陆架油气田勘探与开发的钻探作业。例如，马加丹海洋油气有限公司、利相斯基海洋油气有限公司和中海油田服务股份有限公司（COSL）签订了2016年完成两口普查井的钻探作业合同。计划在鄂霍次克海海域的马加丹1号段和利相斯基段钻井。

根据技术和经济指标的综合评价结果，中海油田服务股份有限公司成为中标方，该公司将提供“南海9号”半潜式钻井平台设施。该设施通过了评审，符合俄罗斯要求和国际要求。

吸引亚太地区国家的合作伙伴完成在大陆架的采油作业，符合俄罗斯石油公司的发展战略，该战略致力于确保对烃类原料进行最大限度的有效勘探。使用中海油田服

---

① 《俄罗斯石油公司和中石化达成协议共同开发俄罗斯油田和尤鲁布切诺—托霍姆油田》，URL：http：//www. rosneft. ru/news/pressrelease/03092015. html。

务有限公司的钻井设备将确保项目的最优化逻辑，并让俄罗斯石油公司可以继续利用活跃发展中的中国钻井技术设备和石油服务市场。

（三）开展烃类原料加工合作

从创造附加值（包括在俄罗斯境内）、增加因资源领域发展所产生的社会与经济效益的角度来看，在烃类原料（石油和天然气）加工领域的合作具有重要的意义。

例如，俄罗斯石油公司与中国石化集团公司（Sinopec）签署了一个油气化工项目的合作谅解备忘录，该项目计划在东西伯利亚实施。此项协议旨在发展俄罗斯石油公司与中国石化集团公司在开发尤鲁布切诺—托霍姆油气集群中的合作，并在研究成立合资企业的可能性，该合资企业的任务是把天然气及其液态馏分加工成乙烯和丙烯并以其为基材加工聚合物和共聚物。预计，在博古恰内和安加尔斯克的天然气化工企业的天然气年生产能力可能达到100亿立方米，并生产300万吨乙烯和约600万吨聚合物及石油化工产品，这些产品主要在俄罗斯和中国市场销售[①]。

开发和合理利用东西伯利亚的天然气资源，将为实现俄罗斯化工行业发展的量和质的飞跃创造良好的资源条件[②]。在东西伯利亚建立大型的天然气化工生产企业是一项重要的经济任务，应当由国家提供激励措施，激励措施旨在：一方面，支持（包括经济、融资和政策支持）有效利用天然气资源和建设新的天然化工联合企业的投资项目；另一方面，发展和刺激对各类化工产品的国内有效需求。

在形成和建立东西伯利亚天然气化工产业中，强势开发国内市场应当作为其主要方向。

另一个大型的合作项目是在远东成立东方石油化工联合厂（简称“东石化”）。俄罗斯石油公司与中国化工集团公司（Chem China）已经就向中国化工油气股份有限公司（CCPC）固定资产投资以及在东方石油化工联合厂建设项目中开展合作达成了协议。该协议的主要条款涉及俄罗斯石油公司计划收购中国化工油气股份有限公司30%的股份。协议条款中约定了经初步协商的收购价格、交易结构和公司管理等问题。谅解备忘录涉及中国化工集团公司拟对东石化进行控股收购，以及确定关键的投资阶段。通过签订该协议，俄罗斯石油公司为东石化吸引到了战略合作伙伴，在实际落实项目

① 《俄罗斯石油公司与中国石化集团公司签署了东西伯利亚油气化工合作谅解备忘录》，URL：http：//www. rosneft. ru/news/pressrelease/171220152. html。

② V. A. 克留科夫，A. E. 谢瓦斯季雅诺娃，V. U. 西尔金，A. N. 托卡列夫，V. V. 施马特：《烃类原料定价管理（以东西伯利亚天然气资源利用前景为例）》，俄罗斯科学院西伯利亚分院工业生产经济学与组织学研究所，2011 年，第359 页。

的道路上迈出了重要的一步①。

东方石油化工公联合厂建设项目预计在远东联邦区建立一个大型的石油加工和石油化工联合企业。该项目的实施将解决远东联邦区发动机燃料的地方性短缺和高价格问题，并为在地区建立石化集群打下基础。东方石油化工联合厂还将有助于最大效益地利用亚太地区的市场行情，出口高附加值的终端产品。

目前，正在实施项目一期和二期建设的一整套准备工作。在一期框架内，计划建成石油加工厂（年加工石油1200万吨），并制取发动机燃料（汽油157万吨，柴油600万吨，煤油79万吨，船用燃料油14万吨）。二期拟建成石化厂（年处理原料340万吨），并生产以下产品：

· 聚乙烯（85万吨）——用于生产多品种的塑料薄膜和塑料管材；

· 聚丙烯（80万吨）——用于生产电缆和医用产品；

· 丁二烯（20万吨）——用于生产合成橡胶；

· 苯（23万吨）——生产药品、各种塑料、合成橡胶、涂料的原料。

目前阶段，正在完成设计文件的编写工作，以及对石化联合厂的建设场地和基础设施工程（铁路、输油排油管、电网设施）进行工程勘察。两期建设的总投资额约为6600亿卢布。

与俄罗斯和国外的多个同类项目相比较，东方石油化工联合厂的建设具备以下优势：自有原料的保障度充分；紧邻“东西伯利亚—太平洋”管道并有海港出口；靠近产品的大型销售市场——亚太地区国家。

在这种情况下（在东西伯利亚的开采项目和在博古恰内和安加尔斯克建设天然气化工联合厂）将实施第二种合作模式，即烃类原料将主要在俄罗斯进行加工处理（图2）。同时，因开采、加工以及烃类原料和高附加值产品的利用所产生的社会和经济效益将主要锁定在俄罗斯。

第二种模式中，中国的主要战略利益因参与油气田开采、建设烃类加工工程项目、向中国消费者稳定供应成品而产生。

在俄罗斯（主要在西伯利亚）建立用于满足俄罗斯油气行业对设备和服务需求的新企业来说，一个重要的前提是进口比例高，这一点在多个国家实施对俄罗斯出口限制（制裁）后显得尤为明显。根据俄罗斯能源部的数据，在开采常规石油时，俄罗斯

① 《俄罗斯石油公司与中国化工集团开展合作》，URL：http：//www. rosneft. ru/news/pressrelease/030920152. html。

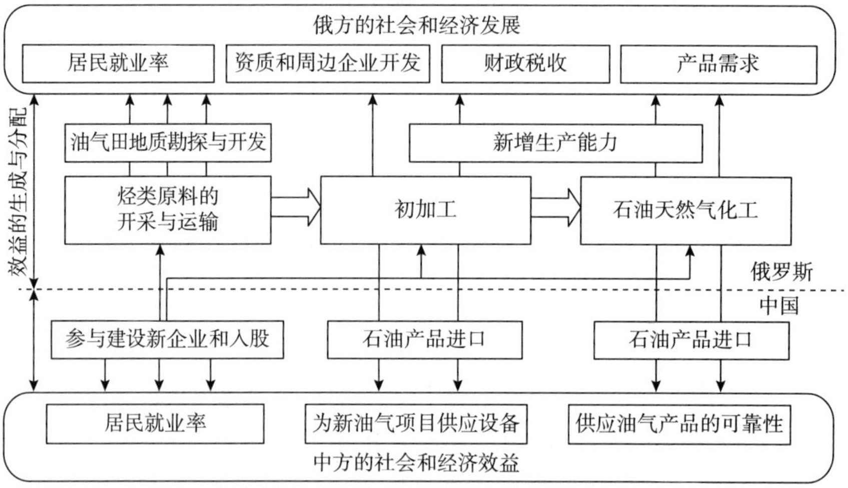

模式2 在俄罗斯开采和加工烃类原料，制造油气领域用设备

图 2　烃类原料开采与加工所产生效益的形成与分配图

和地方的技术比例达到 80%。在开采难采石油时，俄罗斯和地方的技术比例下降至 40% ~60%，而在实施大陆架开采项目时，这一技术比例则低于 20%。设备供应的限制不仅威胁着大陆架的，也威胁着常规油田的石油开采。尽管俄罗斯有 200 多家制造油气设备的企业，但是大多数类型的设备在 2018 ~2020 年前还无法实现进口替代。

在所使用的油气设备中进口比例大以及发展国产油气设备供应商的必要性，为俄罗斯的企业创造了一定的“机会窗口”（从成立和发展地方承包商和供应商角度来看）。开采量的增加（相应的还有钻井作业量增加以及石油服务需求增加）将为在俄罗斯东部地区发展油气设备加工产生创造补充的条件。

在西伯利亚地区成立油气设备生产制造的中俄合资企业或将产生确定的远景，西伯利亚地区的烃类资源开采量有望显著增加。

在俄罗斯和中国企业之间开展此类合作是有预计在乌德穆尔特共和国实施的若干项目。例如，乌德穆尔特 Izhdrill Holding 控股公司在 2015 年曾与中国合作伙伴签署了两份文件：一是与石油工程机械有限公司第四机械厂（隶属于中石化集团）签订的供应用于在乌德穆尔特合作制造轻便钻井装备的第一批成套机器的供货合同，合同额 200 万美元；二是与宏华国际有限公司签订的合作生产用于油气井钻探的泵设备的协议。

在乌德穆尔特共和国，正在 Izhdrill Holding 伊热夫斯克厂区建设供俄罗斯市场使用的轻便钻井装备的合作生产厂。正在合作生产用于石油钻探的 170 吨位汽车或拖车式轻便钻井装备。已经达成的协议约定逐步落实生产，其中包括在乌德穆尔特共和国制造钻井设备的所有主要金属构件，以及架设用于测试钻井设备的试验台，制定在俄罗斯底盘（生产卡玛斯车）制造重型专用设备的设计方案。

从提高发展西伯利亚各地区油气领域产生的社会和经济效益角度来看，开发俄罗斯东部的这些项目十分重要。问题之一是为策划和建成这些生产企业寻找俄方的合作伙伴。

在西伯利亚为油气领域需求服务的成功的高科技公司中，有 Zenith 开发设计股份公司（克拉斯亚尔斯克市）①。公司于 2001 ~2002 年开始涉足油气领域：曾组建了设计水平和倾斜钻井设备的专业化设计工作室。目前，Zenith 公司为油气企业提供复杂设备制造和工程技术全套服务。公司的产品包括：原油预处理设备、油井设备、钻井跟踪遥感系统、石油和天然气仓库设备、油层多级水力压裂用设备。重要的是，该公司不仅从事设备生产，也进行设备的设计和研发。

在西伯利亚地区建成满足矿产领域需求的新的生产（包括科技）综合体，将有助于有效地利用和开发西伯利亚地区的工业潜力和人力资本，从根本上为当地居民扩大地下资源所带来的社会效益。鉴于此，对于地区级权力机构来说，最重要任务之一就是为组建和发展高科技矿业供应商营造有利的环境。

为提高油气产品和服务的当地供应商的作用，有必要：制定和实施旨在提高采油设备生产量和提供服务的规划，并允许外国合伙人参与；提高地区权力机关在管理上述流程中的作用（激励当地供应商的发展，协助当地供应商与油气领域公司建立联络，制定规划和监控规划的实施）；更广泛地吸引科研教育部门参与实施俄罗斯公司的创新规划。

设备、材料和配套零部件的服务商、承包商和供应商的发展可以创造条件让油气业为俄罗斯东部地区社会和经济发展做出稳定和持久的贡献。落实这一策略的结果将对石油价格行情、对国家针对油气领域的税收政策以及大型油气田或油气省的开发阶段的依赖程度更低。

主要结论

俄罗斯的战略利益不仅与向亚太市场供应石油和天然气相关，还与生产和向国内外市场供应烃类原料的深加工产品相关，其中包括合作项目框架内生产的产品。可以在建立合资企业、入股外国合伙公司的框架内实现互利合作。这方面，不论是烃类原

① 《Zenith 石油设备封闭式股份公司》，URL：http：//www. zenith. ru/company。

料开采的项目，还是烃类原料综合深加工领域的项目，都具有极为重要的意义。

在俄罗斯境内，一系列生产企业的定址（迁址）的解决能够对此给予一定的推动。中国推出了在建筑业、机械制造、造船、化工等12个经济优先行业出口生产能力的倡议。中国企业远东地区的设立应当强制性遵守俄罗斯规定的环保要求、技术规范等。

在油气领域合作框架内，中方利益在很大程度上产生于能否提高烃类原料的供应可靠性，这将涉及解决一系列生态问题。中国所面临的能源安全的威胁和挑战中间包括：从不稳定的近东进口能源，这让中国的战略利益取决于这一地区的局势；必须保障石油和天然气海路运输的安全性。与俄罗斯开发油气领域的合作可以大幅度降低这些风险。

重要的是，在发展合作中还要考虑到地区的利益。对于俄罗斯的原料地区，重要的不单单是原料开采本身，对开采和加工烃类原料为西伯利亚地区带来的社会和经济效益总和做出评估同样重要①。

目前还很难预测，创造新的生产能力的上述预期和计划将在何种程度上得以实现。这取决于广泛的因素，包括烃类原料的价格动态（包括在俄罗斯国内市场和亚太地区市场）、经济发展首先是俄罗斯和中国经济发展的速度以及企业的投资机会等。不论哪一种情况，重要的是项目应当不仅使大型企业受益，也要最大限度地兼顾项目所在地的地区及居民的利益，这意味着需要：无条件地履行环境保护要求；雇用当地劳动力，提高当地劳动力的职业技能水平，开发人力资本；不仅提高产品的出口量，还要让相当部分的产品用于满足当地需求；最大限度地选用当地供应商和承包商。

在工作中，主要注意力应当放在俄罗斯与中国合作伙伴的两个合作模式上，选择哪种模式首先取决于俄罗斯境内开采出的烃类原料的加工企业所在位置。也可以采用具有过渡性质的合作模式，例如，烃类资源的开采和初加工在俄罗斯境内进行，而深加工在中国境内。同时，合作方可以广泛地相互参与创造新增生产能力、投资和入股。

上述模式也可以随时间变化。例如，首先是原料出口至中国和亚太其他国家，然后经过一段时间后在俄罗斯境内建设新工厂增加产能。任何情况下，都应当用以下标准作为选择合作模式的判据：潜在的协同效应；所创造的附加值率；不仅是合作伙伴的企业利益，还有参与烃类原料开发和加工过程的地区的社会利益和经济发展利益。

---

① V. A. 克留科夫，A. I. 谢瓦斯季雅诺娃，A. N. 托卡列夫，V. V. 施马特：《建立油气业国家调控体系的进化策略》，俄罗斯科学院西伯利亚分院工业生产经济学与组织学研究所，2002年，第168页。

“中蒙俄经济走廊”建设中蒙古国所承担的任务

沃·巴特青格勒 博·庆巴特 德·恩赫吉日嘎拉（蒙古国国立大学地理研究中心）

关于经济走廊问题

不管从哪个角度分析经济走廊建设，都与经济发展地区和组织建设分不开。研究经济走廊的专家学者从空间和地缘优势上进行阐释，认为经济走廊建设是指进行担负着国家和地区经济发展的基础设施建设，形成具有统一交通网络的领土。

亚洲开发银行专家在2013年区域经济合作系列工作文件中提到经济走廊可以有以下三个特点：结构特点；网络与地理上相连的特点；可利用的特点。这些特点均不受空间和时间限制。

根据经济走廊内容和目标对其进行分类，大致可分为以下五类：

（1）运输走廊：发展国家和地区的运输业需要利用运输走廊；

（2）经济走廊：为了加快发展国家和地区经济而建设经济走廊，很多时候会同时建设经济走廊与运输走廊，经济发展会随着运输走廊的建设而加速；

（3）旅游走廊：根据旅游资源和当地特色建设旅游走廊；

（4）生态走廊：将生态保护区相连接建设保护自然、生态的走廊，最近全世界所关注的生态走廊是建设的重点领域；

（5）自然走廊：为了研究、保护野生动物的栖息地和迁徙过程、原始自然的方位等，建设自然走廊。

除此之外，还可以建设许多走廊。走廊的种类模式繁多，常见的有3种模式，如：

（1）线路走廊模式：该模式是从一个点到另一个点的直线，亦可以改变方向，总体来看是杂乱无章的；

（2）地段走廊模式：这种模式运用于大多数走廊模式，在有限的地域建设一种走廊或在不同地点建设同一内容的走廊时运用此模式；

（3）动态走廊模式：该模式被认为是在自然活动中存在的走廊，如研究风力方向、气压、雨水、气候变化、狩猎迁移活动时运用该模式。

发展经济走廊的经验。近年来，很多国家通过建设经济走廊发展国家和地区，这些国家和地区充分利用走廊发展的空间模式。国家和地区利用走廊发展空间模式开始在本国或跨境地区沿大型河流建设主要路线。沿着走廊建设水、电和燃气输送管道，为与走廊直接对接的地区建设大型城市提供条件，这样走廊的发展势头会更强。

没有直接对接或离走廊越远的地方走廊的吸引力就越弱，会出现较小的居民聚居区和连接它们的辅助道路。连接大城市的硬化道路也离走廊不远，因此也不能得到很好的发展。经济走廊的基本模式是运输走廊。运输走廊的关键点是内部节点发展快且具有较强的吸引力。沿着内部节点和节点之间的走廊，会形成小型聚居区和聚居点。沿着走廊的地区因为可以直接对接，所以走廊对其具有吸引力。从发展情况来看，也比离走廊远的地区要发达。理论上来说，不与走廊直接对接的地区发展缓慢，离走廊越远，该地区的居住人口越少，经济发展就越缓慢。因此，会出现空间上的中心与边缘的关系。

走廊不只包含一个区域或一个国家，有很多跨多个国家和地区的具有同一个内容的走廊。如，在欧洲已经建立了跨区域的具有类似风格的建筑、设计、历史文化景点和独特的遗产，横跨几个国家和地区的大型旅游走廊。

随着走廊的建设，出现定居人口，服务业、商业和工业也会随之发展。建设走廊会为国家和地区带来均衡发展的机遇，也会减缓过度集中趋势。

如，在建设连接圣地亚哥和贝洛奥里藏特之间的经济走廊之后，沿着走廊建设了许多居民聚居区，从而减轻了人口的过度密集，沿走廊地带得以均衡发展。

在区域内顺利建设经济走廊，实施了许多规划。如，覆盖中亚 10 个地区的中亚地区区域合作规划纲要内的经济走廊建设纲要。在这个规划纲要中，计划建设以下走廊：

（1）欧洲—东亚；

（2）地中海—东亚；

（3）俄罗斯—中或南亚；

（4）俄罗斯—东亚；

（5）东亚—中亚与南亚；

（6）中东与南亚。

建设“中蒙俄经济走廊”的可行性与条件

在具体的空间内分析建设“中蒙俄经济走廊”问题，对于蒙古国来说有很多有利条件。如果能够很好地利用这些有利条件，将有效促进经济走廊建设和实施，也会为该区域的合作发展创造条件。我们在这里理清蒙古国最适合建设经济走廊的区域的自然社会经济情况。

（一）“丝绸之路”

“丝绸之路经济带”吸引其沿线地区的主要原因是恢复了该区域古丝绸之路概念，共同接受了以“团结互信，平等互利，包容互鉴，合作共赢”为合作原则的“丝绸之路精神”。专家学者认为“中蒙俄经济走廊”属于“丝绸之路经济带”。

历史上的丝绸之路有沙漠丝绸之路、草原丝绸之路、海洋丝绸之路和西南丝绸之路。这些丝路中，草原丝绸之路有过境蒙古国领土的悠久历史。除此之外，上海合作组织成员国现在所在的地区是古沙漠丝绸之路通过的地方。

蒙古国位于上海合作组织成员国中势力最强、最有影响力的两个国家之间，建设联通中蒙俄三方的经济走廊，不仅令本国获得收益，还会把国家和地区带到经济活动中，推动俄罗斯远东和贝加尔湖区域的发展，会形成地区间合作新模式。

中国国家主席习近平在强调上海合作组织的主要目标时表示：“世界经济增长不平衡，相关国家出现了贸易保护主义，该组织基于互利共赢原则，积极挖掘地区合作优势，共同创造合作条件，发展成员国的经济，为成员国的发展注入新动力，共同加强抵御风险能力。”

（二）“茶叶之路”

“草原之路”东自大兴安岭西至黑海，包括南西伯利亚和新疆北部地区，西亚、中亚和东亚，是在亚欧文化关系中起到最重要作用的文化之路。秦汉之后，草原之路慢慢成为沙漠丝绸之路的辅路。联通中蒙俄的古贸易之路是 17 世纪中期复苏的“茶叶之路”。300 年前，商人从南方购买茶叶聚集在呼和浩特和张家口，再从那里用骆驼输送到现在的二连浩特、库仑（今乌兰巴托）、恰克图，再向北运往乌兰乌德、伊尔库茨克、托博尔斯科等地，终点是莫斯科和圣彼得堡。茶叶之路精神是建设“中蒙俄经济走廊”的另一个强劲动力和重要支撑。

（三）“草原之路”

在中国倡议建设“中蒙俄经济走廊”之后，蒙古国也提出了“草原之路”倡议。“草原之路”计划有5项规划，总体建设需要500亿美元投资。其中包括连接中俄的997千米长的高速公路、1100千米长的电网，扩建跨蒙古国国境的铁路、天然气和石油管道等项目。

蒙古国优势

蒙古国的优势包括：有连接世界两大市场，贯通两大洲的地缘优势；有推动道路、运输、经济走廊建设的资源储备；有能够转换成为区域内能源供应源的燃料、原材料和矿产资源储备；有绿色有机食品和农牧业产品。

2002年7月蒙古国政府制定了《关于在蒙古国设立自由贸易区法》，计划建设阿勒坦布拉格自由贸易区、扎门乌德自由经济带、赛音山达工业园区和查干诺尔自由贸易区等四个经济特区。

蒙古国是过境能力巨大的国家，是贯通亚欧的桥梁，具有地缘优势。利用联通欧亚经济圈的地缘优势，发展过境运输，建立良好的国际过境环境，吸引投资，发展生产力，形成了建设经济走廊的基本条件。蒙古国的电力和矿产业将迈向新台阶，对国家和地区经济发展具有重要意义。

从外部环境来说也形成了良好的发展条件。如，俄罗斯的西伯利亚铁路和贝加尔湖—阿穆尔铁路的重建计划，可以加强该地区的工业基础，促进能矿产业的发展，确保俄罗斯在贯通亚欧的过境运输系统中的重要地位，改善俄罗斯西伯利亚和远东地区的铁路运输能力。俄罗斯于2009年末通过了《2010—2025年远东和贝加尔湖地区经济社会发展战略》。这份文件的主要目标是发展远东和贝加尔湖地区经济的主要领域，建设基础设施，为经济发展提供良好的环境。这对贯通三国的经济走廊建设会起到积极作用。中国国家领导人习近平提到“一带一路”的主要着力点之一是公路、铁路、港口、机场和电网的互联互通。从这一点来说，中方对扩大地区合作、建设经济走廊付出了极大的努力。

中亚区域经济合作走廊 -4（CAREC -4）和蒙古国中部发展规划

2003年国家大呼拉尔通过了《蒙古国区域化发展构想》，其中决定将蒙古国分为西部、杭爱部、中部、东部等4个区域发展，并独立发展乌兰巴托市。中亚区域经济合作走廊中一支是CAREC－4或被称为俄罗斯—东亚走廊，这条走廊由两个轴组成，分别是查干诺尔—科布多—雅兰台和扎门乌德—乌兰巴托—那乌申科等两个走廊。其中CAREC－4通过蒙古国中部区域。蒙古国中部区域在“中蒙俄经济走廊”的长远发展中担负着非常重要的任务。

中部地区的居住人口情况。2000年拟定草案但没有最终通过的“人口居住和发展总纲要”是“蒙古国经济区域化发展构想”的基础研究之一。在中部区域居住的人口分布在中央省、达尔罕乌拉市、色楞格省、中戈壁省、南戈壁省、东戈壁省、戈壁孙布尔省和首都乌兰巴托市。“构想”中规划的中部区域的中心城市为首都乌兰巴托市，副中心为达尔罕乌拉市、赛音山达市等。按目前情况来看，蒙古国总人口已达到300万，因牧区人口进城等原因导致城市化程度达到68%。首都、区域中心、省府、苏木中心城市等地方人口占总人口的76%。也就是说，总人口的45%在首都（大城市）居住，30%的人口在沿着公路的50个中小城市或人口聚居区居住，剩余的26%在牧区居住①。

蒙古国沿铁路公路居住的人口增长导致城市化进程加快，如阿勒坦布拉格—达尔罕—乌兰巴托—确尔—赛音山达—扎门乌德等地社会经济发展较快②。

中部区域交通运输基础设施现状

中部区域的交通运输基础设施供应情况是西部区域的11.8倍，东部区域的2.2倍，杭爱区域的1.8倍多。公路和铁路畅通的有6个省，28个苏木，剩余的67个苏木用土路与省府联通。

发展中部区域基础设施框架内正在实施或将要实施的项目有：

（1）千禧之路要在中部区域修建纵横的硬化公路；

（2）扩大朱恩巴彦—奥尤陶勒盖—塔温陶勒盖—满都拉戈壁方向的铁路网；

（3）修建千禧之路的支线地方公路，重设规划图并开始落实；

（4）对于铺设图木尔台—乌兰敖包（100千米），曼都拉戈壁—巴彦特戈（400千米），曼都拉戈壁—嘎顺苏海图（531千米），朱恩巴彦—杭爱—满都拉方向的铁路进

---

① Даваанням С.，Д. Бямбаа：“Тθвийн бYсийн хYн амын нутагшилт，суурьшил，шилжилт хθдθлгθθн，хθдθлмθрийн зах зээлийн судалгаа”，2011.

② Батцэнгэл В：“Эдийн засгийн тθв бYсийн нэн тэргYYнд эрчимтэй хθгжYYлэх дэд бYс хот，суурины хθгжлийн стратеги”，2012.

行可行性研究；

（5）用亚洲开发银行落实的贷款实施《区域公路发展规划》中的铺设赛音山达—扎门乌德方向131.2千米公路（东戈壁省）；

（6）用亚洲开发银行落实的贷款实施《区域公路发展规划》中的铺设赛音山达—扎门乌德方向的硬化公路到乌尔根苏木的18.25千米的硬化公路（东戈壁省）；

（7）用德国复兴信贷银行的贷款铺设《保持首都食品供应稳定，发展地区交通运输基础设施规划》中的78.8千米长的硬化公路（中央省，保尔诺尔，吉日嘎朗图，帕尔提赞，巴特孙布尔苏木）；

（8）经济发展部签署了从阿勒坦布拉格—乌兰巴托—扎门乌德的公路协议，先期工作已经开始进行，关于修到中国边境事宜，已与中方达成共识，计划于2015年10月投入使用。

塔温陶勒盖、奥尤陶勒盖、查干苏布日嘎、阿斯哈特和其他大型矿产地基础设施建设问题要多方参与决定。实施了这些项目会改善中部区域的多种网络，苏木也会随之发展。公路和铁路覆盖区域内的苏木人口增长相对快，单独公路覆盖区的苏木人口相对稳定，不在公路和铁路覆盖区的苏木人口有缩减趋势。因此，公路发展对于人口聚集和该省苏木的经济发展有重要意义。

中部区域的资源储备

从中部区域现状来看，发展工业的原材料的储备量大，运输业和基础设施的发展比其他地区好。中部地区的自然资源丰富，储备量大，具有良好的地理位置，资源开发和建设发展加工生产业的空间广阔。

目前，共有15种矿产品，645个矿床，其中229矿床都有11种矿产品，其余的还没有挖掘。这些矿床中有7031.0吨黄金（占国家黄金总量的86.0%），128.39万吨铜（80.0%），12.2吨银，16.24万混合金属（4.0%），4.203亿吨铁（54.0%），4.14万吨铅（87.0%），1.79万吨钢铁（11.0%），4.36万吨钼（11.2%），70.31亿吨煤炭（91.0%），6600万吨晶石（36.0%）等。蒙古国国家大呼拉尔在2007年27号文件《关于制定具有战略意义的矿床》中指出，蒙古国有15个矿床具有战略意义，其中8个在中部区域。

中部区域发展趋势

我们通过对1996年向国家大呼拉尔提交草案但没有通过的《人口居住和发展总纲要》中的区域发展规划与组织的项目，2001年通过的区域发展构想中提出的需要研究的问题，对蒙古国工业领域统一规划、矿物资源储备、发展运输业等进行总结和深入研究，建议考虑发展微型区域及小型聚居区。这里我们提议将中部区域分为几个地区发展：①鄂尔浑—色楞格地区；②首都地区；③戈壁地区。

以上地区按居住人口数量，经济运转情况，生产、服务情况，基础设施状况，发展水平的不同可被分为若干子系统。形成中部区域主要因素是发挥乌兰巴托市的联通欧亚的国际铁路、中部电力系统、公路主干道、沿铁路的城市以及社会与工程基础设施、经济潜力能力等。①

结　论

（1）中部区域有8个微型区域处于联通欧亚的主干道的辐射区，其中4个微型区域处于联通欧亚副轴的辐射区，剩余4个微型区域处于运输线路辐射区，有持续发展的潜力。

（2）对矿床的资源储备地段进行分析发现，有6个区域（古尔班特斯、达兰扎达盖特、朝格特策其、奥尤陶勒盖、赛音山达、确尔）煤炭储备量丰富，1个区域（达尔罕—沙日河）铁储备量丰富，2个区域（朱恩哈拉集约化生产农牧业）黄金储备丰富，1个区域（赛音山达工业区）石油储备量大，2个区域（朝格特策其、查干苏布日嘎）铜和钼的储备量丰富，有进一步开采并对原料进行加工、深加工的潜力。

（3）对于其他农牧业生产，考虑方位与种类要素，将皮革、羊毛、羊绒皮绒毛等产品的加工和运输，可分为乌兰巴托基地，达尔罕—沙日河，确尔运输带发展；牛奶、蔬菜、食品方面可分4个区域（乌兰巴托、达兰扎德盖特、赛音山达、达尔罕—沙日河）发展畜牧业原料生产与运输。

综上所述，在中部区域有3个次区域16个微型区域。发展中部区域是“中蒙俄经济走廊”建设中最有可能实现的方案。应进一步利用该地区的自然与经济优势建设经济走廊，同时要明确发展目标和任务。

---

① 首都规划院：《乌兰巴托市2030发展规划II卷》，2013。

参考文献

[1] Аж Үйлдвэрийн яам. Аж Үйлдвэрийн нэгдсэн тҮлҮвлҮлт тҮсҮл，УБ. 2013 – 2015.

[2] БазаргҮр Д. Бэлчээрийн мал аж ахуйн газарзҮй，УБ. 2005.

[3] Батцэнгэл В. Эдийн засгийн тҮв бҮсийн нэн тэргҮҮнд эрчимтэй хҮгжҮҮлэх дэд бҮс хот，суурины хҮгжлийн стратеги，УБ. 2012.

[4] Гунгаадаш Б. БНМАУ – ын нийгэм эдийн засгийн газарзҮй，УБ. 1986.

[5] Давааням С.，Д. Бямбаа. ТҮвийн бҮсийн хҮн амын нутагшилт，суурьшил，шилжилт хҮдҮлгҮҮн，хҮдҮлмҮрийн зах зээлийн судалгаа，УБ. 2011.

[6] Монгол улсын бҮсчилсэн хҮгжлийн Үзэл баримтлалМонгол улсын 2001 оны 57 дугаар тогтоолын хавсралт，УБ. 2001.

[7] Нийслэлийн зураг тҮслийн хҮрээлэн. Улаанбаатар хотыг 2020 он хҮртэл хҮгжҮҮлэх ерҮнхий тҮлҮвлҮгҮҮний тодотгол，2030 он хҮртэлх хҮгжлийн чиг хандлага II боть，УБ. 2013.

[8] Нийслэлийн зураг тҮслийн хҮрээлэн. Улаанбаатар хотыг 2020 он хҮртэл хҮгжҮҮлэх ерҮнхий тҮлҮвлҮгҮҮний тодотгол，2030 он хҮртэлх хҮгжлийн чиг хандлага III боть，УБ. 2013.

[9] Нийслэлийн зураг тҮслийн хҮрээлэн. Улаанбаатар хотыг 2020 он хҮртэл хҮгжҮҮлэх ерҮнхий тҮлҮвлҮгҮҮний тодотгол，2030 он хҮртэлх хҮгжлийн чиг хандлага IV боть，УБ. 2013.

[10] Ринчинбазар Р. Монголын бҮс нутгийн хҮгжлийн тҮлҮвлҮлт удирдлагын асуудлууд，УБ. 2004.

[11] Үндэсний статистикийн хороо. Монгол улсын статистикийн эмхтгэл 2000 – 2014，УБ.

[12] Хишигдорж Д. Тэнхлэг дагуух бҮс нутгийн хҮн амын байршил，нуташилтын зарим асуудал，УБ. 2012.

[13] Ширнэн Г. ба Д. БазаргҮр. БНМАУ – ын хҮдҮҮ аж ахуйн газарзҮй，УБ. 1987.

[14] Gálvez Nogales. Making economic corridors work for the agricultural sector. Agribusiness and Food Industries Series No. 4. FAO，Rome. E. 2014.

[15] Hans – Peter Brunner. What is Economic Corridor Development and What Can It Achieve in Asia' s SubregionsY. ADB Working Paper Series on Regional Economic Integration，No. 117 August 2013.

[16] https：//mn. wikipedia. org/wiki/Стратегийн_ ордууд.

[17] http：//www. legalinfo. mn/.

[18] http：//www. carecprogram. org/uploads/docs/CAREC – TTF – Strategy – Implementation – Action – Plan. pdf.

东北亚交通运输走廊与俄罗斯、蒙古国和中国三方合作

马特维耶夫 B. A.（俄罗斯科学院远东研究所东北亚和上海合作组织战略问题研究中心主要科研人员　经济学副博士）

东北亚两个最大的大陆强国俄罗斯和中国现在已步入更换本国政治经济模式而结果很难预见的时期。同时，对于发展这些国家某些重要而偏远的地区，例如，俄罗斯远东和中国东北，交通的作用是非常大的。与此同时，这些边境地区的相互依存关系是显著的。若没有俄罗斯的原料资源与运输走廊，东北未必能进入中国最发达省份的发展轨道。这是因为中国东北现有港口超负荷运转而且距离许多地区的主要工业中心很远，因此通往这些中心的俄罗斯港口和铁路干线可成为中国东北的大门。

总的来说，在欧亚大陆东北部形成了自己独特的通过俄罗斯、蒙古和中国区域而得以实现的大陆运输流形态。此外，这些国家具有不同的铁路技术参数和各种过境管理能力。

在战略伙伴关系并使用陆地的总过境运输潜力的基础上，将跨欧亚发展走廊和“草原之路”与“丝绸之路经济带”相结合，将使得三国以最佳方式融入欧亚陆地过境运输的新兴市场。

当前整个亚洲地区经济的高速度发展，也包括远东，使得必须密切注意交通走廊、交通基础设施和交通园区的发展。

在不久的将来，在积极发展世界经济关系、国际贸易与深化产业合作的条件下，形成国际交通走廊网是核心任务之一。

如今受交通走廊影响的不仅有主要的运输量，还有对未来运输流的估算。货流量的增长促使过境运输和物流基础设施相应发展。而这就提出了一整套完全崭新的任务：

保证简化国家跨境手续，相关国家在纳税、关税及其他阻碍扩大交通与经济关系的限制方面国家法律相一致。

在亚洲所形成的交通系统和交通一体化，与欧洲国家相比较原则上是不同的，其基础是具有若干地区交通网，这些交通网主要服务于若干国家的需求。这些国家经济发展的客观条件迫使结合这些交通网。该趋势的主要原因是运输距离长。

另一个重要的因素是，如今在经常不断的全球经济危机条件下，所有国家都在寻找本国走出危机的模式和方法。

全球主要贸易市场交通可达性的概念与中国定位为全球贸易大国相关，在这些市场上大多使用的是中国的工业化生产。与此同时，如今中国的陆地交通网已经不能满足中国不断增长的需求，而且很明显，更不能满足未来的需求，因此中国最重要的任务是交通运输网的扩展与现代化改造。由此又产生一些赋予“丝绸之路经济带”项目的主要任务。

综上所述，可以指出，在中国的这份方案中，特别注重与相邻国家的联系，包括中亚和蒙古，这也会直接涉及俄罗斯的利益。

在世界市场上交通的作用很大。这类服务（运输）占世界生产总值很大比例（10% ~12%）。因此在运输市场上形成了最激烈的竞争。如今在欧亚交通走廊中货流处理的收入分配部分，拥有基础设施的国家之间的竞争日益加剧。为了对开展运输业务提供更具有吸引力的条件，某些过境国，例如哈萨克斯坦，积极实行简化外贸和过境货物控制程序的管理方案。俄罗斯在该计划方面远远落后。其结果是改变方向，转向处理欧亚经济联盟伙伴国过境货物，因此，按照评估，运往俄罗斯的货物中几乎有3/4 来自中国，且已经在哈萨克斯坦办过手续。

西伯利亚大铁路已经开始失去过境吸引力，而且其作用可能会缩减到主要是输出西伯利亚本地原料与收集来自中国相邻铁路的货物。的确，中国表示愿意促进增加西伯利亚大铁路的装载量。在黑龙江省，自哈尔滨至西伯利亚大铁路和贝加尔—阿穆尔铁路干线（至满洲里、绥芬河、同江）铁路线的现代化改造与建设已经开始，汇集了来自中国东北各省以及全国其他省份的货流。此外，计划建设通往俄罗斯滨海边疆区港口的国际过境走廊短途货运。但与此相关的原则条款并未改变。

亚洲大陆国家的对外关系正处于重新定位于亚洲太平洋地区的主要过程中。这带有客观且必然的性质，而且与当前的政治局势关系不大。该过程的原因是，欧洲与世界经济另外两个最重要的中心——东亚和北美的关系逐渐消失和减弱。另外，按照一些专家们的观点，随着中国、俄罗斯及其他亚太地区国家发展模式的变化，居民和经济的内部需求将增加，这将客观地缩减对西方的外贸货物流。在这种情况下，大量货物流将流向东亚方向。现如今大部分中国集装箱列车从欧洲已经是空车返回。当然，没有哪个国家，尤其包括俄罗斯，能否认“丝绸之路经济带”的重要性。

早在 2014 年 10 月，俄罗斯与中国就达成关于研究“欧洲—亚洲”高速交通走廊若干区段建设项目的协议，而且中方报刊称俄罗斯为建设“丝绸之路经济带”的“主要参与者之一”。

这些约定显然意味着，俄罗斯已做出有利于积极参与创建新丝绸之路的选择。

俄罗斯所选择的方案，有意向与中国共同对新丝绸之路横贯大陆走廊区段进行现代化改造（包括其物料基地和物流），调整海关监管和过境支付问题。集约使用改造过的线路除了能够给俄罗斯带来直接的过境收入，还能活跃国内路线的运行，推动邻近区域的发展。

中国需要这条过境走廊，而且，从货物运输安全的角度，当海上过境运输发生不可抗力情况时可作为通往西方的备用路线。但中国的主要贸易兴趣还是在亚洲太平洋地区。

俄罗斯由于一系列政治和经济因素，经济关系也发生从西方到东方的重新定位，为此需要加快滨海边疆区南部不冻港以及西伯利亚大铁路和贝加尔—阿穆尔铁路干线的现代化改造。在这种情况下，就会出现一系列活跃自中国东北到滨海边疆区（滨海 1 号和滨海 2 号）区域交通走廊的问题。

此外，伊朗和南亚方向国际交通走廊的发展大幅集约化。

俄罗斯天然气工业公司正在研究将大部分天然气的运输自西方改为东方的问题。

在这些国际形势下，2015 年在乌法举行的上海合作组织峰会上，产生了三个邻国（俄罗斯、中国和蒙古）的同盟。签署了三方区域合作路线图与关于创建经济走廊和贸易发展有利条件的谅解备忘录。

在三方会谈中重点阐述了国家铁路网一体化的问题与在乌兰巴托铁路基础上，在三国之间相应形成过境运输走廊。此外，应解决创立三国联合运输物流公司的问题，以及完善边境贸易，建设跨越国界的公路和过境天然气管道的问题。

该项合作的精髓是三国围绕中国“丝绸之路经济带”的倡议、蒙古国“草原之路”的倡议与俄罗斯泛欧亚铁路干线项目而建立三方关系的战略决策。显然，上海合作组织被视为实施该项合作的平台。

同样应该注意到，俄罗斯与蒙古国对巩固与亚太经合组织合作的战略兴趣日益增长，由此产生了对运输道路现代化改造与增加流入东方和太平洋货流的问题。

目前，蒙古国试图优化对外贸易流通，首先是通过中国。2014 年，蒙古国政府批准了关于通过中国向公海输出的中蒙跨政府协议。因此批准了通过中国沿铁路运往蒙古图商品的路线和方向，规定了过境货物的体积和数量、关税优惠和税率。同时中国海运码头的数量也有所增加，通过这些码头蒙古国可以发展海上交通线。

然而，鉴于中国东部沿海海港的超负荷运转，将蒙古国货物重新定向于通过东北向俄罗斯滨海边疆区港口的交通走廊变得十分迫切。

而且这两个国际运输走廊“滨海 1 号”和“滨海 2 号”，既不是西伯利亚大铁路，也不是自连云港至哈萨克斯坦泛亚干线的直接竞争对手。

它们已经具备一定的运输基础设施并与滨海边疆区海岸的一些港口设备进行绑定，当然，在未来货物运输量的大幅增长下还需要完善基础设施。

2016 年在结合国际交通走廊“滨海 1 号”和“21 世纪海上丝绸之路”发展计划方面，俄罗斯和中国继续发展合作。自 2016 年 4 月起，货运列车开始每周由绥芬河发往符拉迪沃斯托克港口，从这里集装箱通过海上航线六天就能运到韩国釜山港口与东海。哈尔滨—绥芬河—符拉迪沃斯托克的航线长度比哈尔滨—大连航线短，这使得平均运输时间缩减 2 ~ 3 天。因此，至韩国的运抵期限缩减到 4 天，至日本缩减至 5 天。

十分富有成效的项目可能还有国际交通走廊“滨海 2 号”项目，该走廊可过境中国东北地区，这些地区没有通过滨海边疆区哈桑区港口输出至海洋的出口。从珲春到最近的大连港口货物必须运输近 1500 千米，而到扎鲁比诺港运输距离总共 75 千米（运输时间缩短了 5 天）。中国东北地区铁路网已超负荷运转地方货物，而且无法负担外贸货物流，因此在 2015 年没能运出约 1 亿吨各种货物。提高中俄过境集装箱运输的渠道应该是马哈利诺（滨海边疆区）—珲春（吉林）边境通道。2015 年在马哈利诺—珲春方向上的集装箱运输量已达 200 万吨货物和 3000 个二十英尺标准箱，至 2017 年预计会增长到 800 万吨货物和 23000 多个二十英尺标准箱。

中国专家认为，假如将扎鲁比诺港与跨西伯利亚干线再连接起来，以及增加港口设备并提高马哈利诺—珲春铁路的通过能力，再过 10 ~ 15 年远东扎鲁比诺港就可以与中国的大连港或上海港进行竞争。为了提高扎鲁比诺港的物流能力，吉林省当局表示愿意资助建设符拉迪沃斯托克—珲春铁路并将其接入中国铁路网。吉林省省长不止一次地强调，在提高马哈利诺—珲春铁路通过能力以及俄罗斯滨海边疆区港口吞吐能力的情况下，不仅中国和俄罗斯，还有日本、韩国和东南亚国家都将从过境货物流中互惠互利。

关于“中蒙俄经济走廊拓展”与对接的初步设想

张燕生（中国国家发展和改革委员会学术委员会秘书长）

一、“中蒙俄经济走廊”基础设施的互联互通

“中蒙俄经济走廊”建设，共基础设施的互联互通是最重要的。基础设施的互联互通主要是三个方面：一个就是交通基础设施的互联互通，包括公路、铁路、航空、管道等等；第二个是基础设施的互联互通，也就是能源、电力基础设施的互联互通；第三个方面，也就是通讯、信息、网络基础设施的互联互通。

基础设施的互联互通对“中蒙俄经济走廊”来讲，实际上包括了基础设施的建造、基础设施的运营和基础设施的管理。在这种建设过程中间，怎么能够把中蒙俄沿线的支线城市建设成为枢纽和网络城市，也就是说怎么能够在中蒙俄从中国到蒙古国、到俄罗斯的沿线的支线城市做到商流通、物流通、信息流通、人才流通和资金流通，这样一来就形成我们中蒙俄交通运输的枢纽、能源电力的枢纽、信息通讯的枢纽，成为中蒙俄建设的最重要的一些支线城市，这对“中蒙俄经济走廊”的建设是非常重要的。

我们知道，从目前来讲，中国有很多地方交通非常不方便，经济的基础非常落后，人的观念也相对比较保守。但是我们可以看到在中国，重庆、新疆、厦门、成都、新疆等地区，通过联通欧洲的铁路物流大通道的建设，成为经济发展最快的城市、最快的地区。而我们中、蒙、俄，也就是我们讲的中俄班列，我们中蒙俄的班列，可以节省很多时间，把中蒙俄地区的经济带动起来。也就是说我们如果努力，在基础设施的互联互通方面取得成效，则有条件成为这个地区最获利的地方。

二、“中蒙俄经济走廊”的产业结构多元化

我想讲的第二个问题，就是“中蒙俄经济走廊”建设产业结构如何能够做到多元化。这对我们这个地区经济的繁荣发展是至关重要的。因为无论是我们中蒙相邻的中国部分的地区，还是蒙古国、俄罗斯，我们对煤炭、石油、资源的依赖都太高了。对内蒙古来讲，我们重化的比重可以高达80%。2003～2012年，我们经历了煤炭价格、石油天然气价格和资源价格井喷式上升的时代，但是我们大家都知道那是泡沫繁荣，那个时代结束了。

那个时代结束了以后，我们就要问一个问题，煤炭的价格、石油天然气的价格、资源的价格，未来会不会长期低迷？我们知道IMF对全球GDP增长的判断，说全球有可能广泛停滞；美国的前财政部长萨默斯先生说，全球经济有可能长期停滞；OECD最新的报告说，全球可能陷入低增长陷阱。因此在这种情况下，中蒙俄就要考虑，怎么能够抱团取暖，来使我们的产业结构不要对煤炭、石油天然气、资源有这么大的依赖。如果我们的经济不好，“中蒙俄经济走廊”的合作就会更困难。

三、“中蒙俄经济走廊”的能力建设

从中国来讲，开放战略有一个重要变化：前35年中国的开放重点是东部沿海地区；未来的35年，中国开放的重点是西部和北部地区。我们现在处于开放的前沿，但是无论是通关的便利、签证的便利、投资的便利，还是参与国际竞争、国际交换的能力，我们比起东部沿海地区还是比较落后的。

因此，我们要对标东部地区，像我们的海关，一个窗口能够使我们的便利化达到国内最先进的水平。我们能不能对标德国，把我们的加工制造业转型到高端水平？能不能够对标国际，把服务业的水平提高到一个更高的水平？因此从这个角度来讲，第三个问题我想谈的是“中蒙俄经济走廊”建设的能力建设及人才的吸引、培养和发挥其作用，这对“中蒙俄的经济走廊”建设来讲是至关重要的。

包容发展与“中蒙俄经济走廊”建设

郝时远（中国社会科学院学部委员　蒙古国科学院外籍院士）

2016年6月23日，中蒙俄三国元首在塔什干见证了《建设中蒙俄经济走廊规划纲要》（简称《规划纲要》）的签订。9月13日，这份《规划纲要》正式发布。这是中蒙俄三国发展战略实现对接的宣言书，它包容了“丝绸之路经济带”、欧亚经济联盟以及“草原之路”的发展愿景，凝聚了平等、合作、互利、共赢、共享的共识，是“中蒙俄经济走廊”建设付诸实施的行动指南。

一、包容发展传达了“共同”的先进理念

今年9月5号，举世瞩目的G20杭州峰会落下了帷幕。在这次峰会上，中国国家主席习近平围绕会议主题的关键词——“创新、活力、联动、包容”，阐释了中国对世界经济发展的理念。其中，包容（Inclusive）一词频繁出现，包容性发展、包容式增长、包容型世界经济，都指向了全球化时代共享发展成就的新理念——“包容发展观”。

当代世界经济的发展态势，正处于深度调整的曲折复苏阶段，无论发达国家还是发展中国家，增长的动力都不同程度面对着失衡、调整、转换、重组和创新的需求。习近平主席指出：现在，保护主义抬头，国际贸易和投资低迷，多边贸易体制发展面临瓶颈，区域贸易安排丛生，导致规则碎片化。全球的基尼系数已经达到0.7左右，超过了公认的0.6“危险线”。同时，地缘政治因素错综复杂，政治安全冲突和动荡、难民危机、气候变化、恐怖主义等地区热点和全球性挑战，加剧着对世界经济的负面影响。

面对这种态势，没有哪个地区是世外桃源，也没有哪个国家可以独善其身、稳坐钓鱼台。共同应对挑战，坚持平等、合作、互利、共赢、共享的原则，已经成为维护世界和平、促进经济发展的基本规则，而这正是包容发展的题中之义。

没有平等，就不可能和睦相处；没有合作，就不可能和衷共济；没有互利，就不可能优势互补；没有共赢，就不可能和合共生；没有共享，就不可能天下太平。无论在国家之间，还是一国之内的地区、民族之间，这个道理概莫能外。因此，包容发展的理念，集中体现了“共同”的意义，平等是基础、合作是路径、互利是规则、共赢是目标、共享是结果。

二、《规划纲要》集中体现了包容发展的理念

G20 杭州峰会刚刚结束，中蒙俄三国就向世界发出了的共同声音——《建设中蒙俄经济走廊规划纲要》。这是一个水到渠成、不同凡响的宣示。事实上，这份《规划纲要》昭示于世，为 G20 杭州峰会达成的构建创新、活力、联动、包容的世界经济愿景，增添了付诸行动的先声。

《规划纲要》所涵盖的中蒙俄三国，是欧亚大陆最具潜力的经济发展区域。它所构建的经济走廊效应并不局限于三国，而将辐射和联通东北亚、欧洲地区，是亚欧大陆的北部大通道。因此，三国经济走廊付诸实施，对全球经济的转型复苏、包容发展具有长远的战略意义。一条经济走廊的建设，是实现“四通八达”前景的必由之路，也是区域性包容发展向全球化包容发展的台阶。

在中蒙俄三国包容发展的共识中，首先是发挥三方的潜力和优势，在各自发展战略对接基础上，促进地区经济一体化；其次是在基础设施互联互通、贸易投资稳步发展、经济政策协作和人文交流等方面，奠定包容发展的坚实基础；最后是通过互利共赢的平等合作，促进共同繁荣，提升在国际市场上的联合竞争力。

为此，《规划纲要》从互联互通、口岸、产能与投资、经贸、人文交流、生态环保、边地合作七个领域，展开了关涉三国的相互需求强烈、互补显著的 12 个方向 32 个合作项目。体现了在国情、战略、资源、文化等不同基础上，相互尊重、相互理解、相互合作的包容发展观。可以说，这是一份平等互利、需求互补、务实合作、前景光明的行动指南，为“一带一路”倡议在其他方向沿线国家的落地实施，提供了可资借鉴的示范作用。

三、《规划纲要》吹响了务实合作的行动号角

中国古语说，“千里之行，始于足下”。《规划纲要》所规划的建设宗旨、合作领域、具体内容，不仅是文本的宣示，而是行动的指南。习近平主席在G20会议的讲话中强调指出：“知行合一，采取务实行动。我们应该让二十国集团成为行动队，而不是清谈馆”；“一个行动胜过一打纲领”。无疑，这也是“中蒙俄经济走廊”建设需要秉持的基本态度。

在中蒙俄三国之间，中蒙作为全面战略伙伴关系国，中俄作为全面战略协作伙伴关系国，蒙俄两国正实施全面战略伙伴关系的中期方案，这都表明中蒙俄三国在国家关系的各个领域，在合作、协作方面形成了很强的包容性。这是三国建立在政治互信基础上达成《规划纲要》的国家关系保障。多年来，中蒙俄三国在政治、经济、文化等诸多领域的交往关系，取得了长足的发展，为经济走廊建设奠定了坚实的基础。同时，三国领导人也提出了经贸发展的现实目标：中俄确定了2020年达到2000亿美元的目标，中蒙确定了2020年双边贸易额达到100亿美元的目标。

事实上，《规划纲要》的形成并非空中楼阁，而是建立在中蒙俄三国长期推动经贸等诸多领域发展的结果。支撑经济走廊建设所达成的合作协议、项目都在渐次展开之中，并且已经取得了先期的成果。但是，《规划纲要》的颁布的确要求已经和正在实施的项目，能够按照既定的路线图加快发展，准备和将要启动的项目能够顺利、有效地付诸实施。

目前，中蒙俄三国的经济发展都面临着国际环境、国内因素的一些不利条件，也不能排除尚未预期到的困难。作为发展中国家，国内外的制约因素、发展进程中的困难和曲折，不可避免。但是，《规划纲要》凝聚了三国的共同意愿，坚定了趋利避害、克服困难的信心，提供了共同行动的力量。这对中蒙俄三国来说，都是一次难得且效应持久的发展机遇。在国家层面，三国领导人达成的共识、政府间签订的众多协议，都要通过政府部门、企事业单位、社会组织和民间力量的行动去落实。在这方面，三国智库合作联盟不仅大有可为，而且责无旁贷，必须为《规划纲要》付诸全面实施的行动提供智力支持。

四、以经济走廊建设为依托开展三国智库卓有成效的合作

2015年，中蒙俄智库合作联盟的成立，表明了三国在推进国家关系、特别是在经

济走廊建设方面的高度共识和思想包容。建设经济走廊不仅需要财力、物力、规制和付诸实施的具体行动，而且需要三国智库卓有成效的合作。

当今时代，智库的咨政、战略预测、对策研究和公众传播的作用日益彰显，成为一个国家软实力的重要组成部分。而国家之间智库合作联盟的建立，则表明了相关国家发展战略的智力资源，在共同的目标中相互融通。如果说“中蒙俄经济走廊”建设对接了三国的发展战略，那么中蒙俄智库合作联盟的成立则包容了三国的智力资源，也就是智力对接，这是经济走廊建设的重要保障。

各国的智库，以研究本国、他国乃至世界为己任，目的是为本国的发展战略服务。中蒙俄智库合作联盟的建立，是依托于三国经济走廊建设的相互融通式研究，目的是为构建中蒙俄“命运共同体”展开的合作研究，这是一种国际合作、共同发展的创新模式。其重要特点是使三国的智库组织、智库专家实现知己知彼基础上的共同谋划，而不是只知己而不知彼、或知己知彼而不知“命运共同体”。因此，智库合作联盟应共同对三国负责，共同为三国应对挑战、把握机遇、实现发展而出谋划策。

如前所述，2014 年中蒙俄三国领导人相继确定了 2015 年中俄两国双边贸易额 1000 亿美元、2020 年中蒙两国实现双边贸易 100 亿美元的目标。但是，2015 年中俄两国双边贸易额仅为 635.52 亿美元，同比下降 28.1%；中蒙两国双边贸易额 51.51 亿美元，同比减少 26.7%。可以说，距离实现三国预期的目标相去甚远。固然，由于全球经济持续低迷，煤炭、原油等大宗产品价格波动，俄罗斯受到西方国家制裁，蒙古矿业兴国的发展政策受挫，中国推动去产能、调结构、稳增长改革过程中经济下行压力加大等诸多因素，导致三国之间经贸关系低落的态势。但是，其中也包括相关国家政策调整、变化的因素。

2009 年，蒙古国经济复苏并开始快速增长，在 2011 年达到了举世瞩目的 17% 的增长高峰。国际舆论普遍认为蒙古国是 21 世纪上半叶全球最具发展潜力的国家之一。2012 年美国国务卿希拉里访问蒙古时，也盛赞蒙古国蓬勃发展的经济扩大了民主制度。2014 年 8 月 18 日，中国的《人民日报》刊登了《蒙古国，快速发展的“草原之国”》一文，介绍了蒙古国快速跻身于中等收入国家的发展成就和惊人的发展速度。同时也含蓄地指出：“蒙古国在推进支柱产业发展的同时，如何进一步吸引外资，是不可回避的挑战。”当时，蒙古国经济增长放缓的趋势已经明显。

2014 年，国际货币基金组织（IMF）预测，2014 ~ 2016 年蒙古国经济增长率分别为 12.9%、7.7%、8.8%；世界银行的预测则为 12.5%、9.9%、7.6%。2015 年初，世界银行预计当年蒙古国经济增幅将放缓至 6.0%，2016 年增长 6.1%，2017 年增长 6.3%。但是，没有人料到，2015 年蒙古国的经济增速急剧下降为 2.3%。显然，国际金融组织、智库机构都对蒙古国经济增速的回落估计不足。

2016 年 6 月，美国国务卿克里访问蒙古时，再度对蒙古国做出了“民主绿洲”的高度评价。而时隔不久，8 月中旬蒙古国财政部宣布该国“正处于一个深度的经济危机状态”的判断。国际货币基金组织（IMF）预测，蒙古国今年的经济增长只有约 0.4%。这些政治判断和经济预测，如何在相互发生作用？是什么原因导致了蒙古国经济大起大落的态势？这已成为 8 月份以来国际社会关注蒙古国经济危机的热门话题。

在这方面，国际市场大宗产品需求和价格环境的变化，是分析家和预测者的基本共识。当然，在西方国家的诸多分析中，地缘政治观念也不会缺位。但是，对蒙古国内政策，尤其是围绕着“TT”和“OT”矿产资源开发的外资问题讨论，最为普遍。其中，从 2011 年外资流入 46.2 亿美元，到今年上半年 0.35 亿美元的比较，以及债务水平高达 264% 的问题，也都成为对蒙古国经济现状的分析例证（见图 1）。

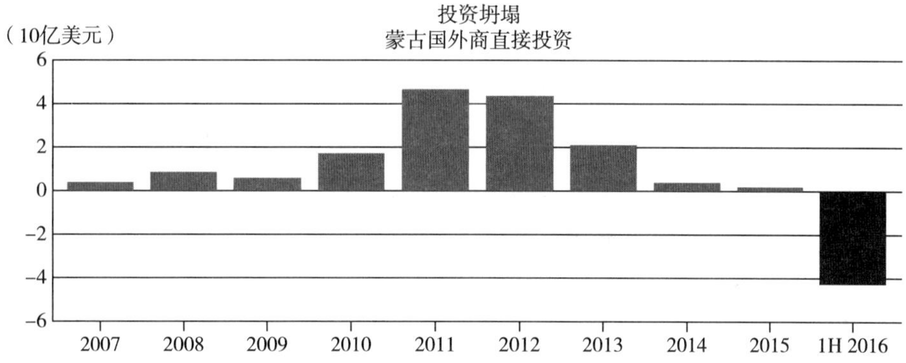

图 1　蒙古国外商投资状况变化

资料来源：Bank of Mongolia。

毫无疑问，蒙古国的智库对国际环境的变化和国内经济的走势，都有深入的研究。中国、俄罗斯的智库也是如此。但是，仅仅立足于本国的研究，已难以全面认识问题的症结及其成因。智库合作联盟的优势，在于使三国智库的力量在合作联盟的平台上聚焦于经济走廊建设，进而放大到构建三国“命运共同体”的层面，共同参与以经济走廊为引领的智库研究，在智库的合作交流中能够相互提出对策建议，实现智库合作联盟内部的智力包容，产生有利于《规划纲要》实施、有利于三国政界、企业界、学术界、民间社会理解的共同智库成果。为此建议：

（1）中蒙俄智库合作联盟在互派专家开展研究的基础上，应在关涉经济走廊建设方面互通有无，共享有关的资料、数据和国内政策分析报告。避免相互误判、相互归咎，进而造成不利于合作的困扰。

（2）中蒙俄智库合作联盟应就三国实施《规划纲要》中最紧迫的问题开展合作研究，形成具有共识性的研究报告和对策建议，为三国政府提供决策参考。智库合作联盟的研究成果，应在共识的基础上具有一定的操作性，形成三国推进经济走廊建设的智慧合力。

（3）中蒙俄智库合作联盟应就经济走廊建设的“包容发展观”，以多种形式开展解读和宣传，使三国领导人达成的共识，使《规划纲要》所体现的平等、合作、互利、共赢、共享原则，滋润社会、深入民间，为民心相通创造相互理解、休戚以共的社会观念环境，发挥智库上及政府、下达民间的影响力。

综上所述，在《建设中蒙俄经济走廊规划纲要》颁布之后，中蒙俄三国的关系进入了一个新的发展阶段。今年6月，李克强总理在访问蒙古国期间，两国领导人就巩固和推进双边关系取得了进一步的成果。其中推动《规划纲要》的落地成行，不仅是深化中蒙两国全面战略伙伴关系、推进两国命运共同体建设的重大议题，而且也体现了“中蒙俄经济走廊”在打造亚欧合作升级版中享有重要地位。可以说，“中蒙俄经济走廊”的建设，也为李克强总理在亚欧会议上提出的三点建议——“创新亚欧合作理念、增添亚欧合作动力、夯实亚欧合作人文基础”——提供了中蒙俄的实际行动。从这个意义上说，中蒙俄智库合作联盟以经济走廊建设为依托，肩负着创新合作理念、增强合作动力、夯实人文基础的历史责任。

抓住机遇推进“中蒙俄经济走廊”建设

季志业（中国现代国际关系研究院院长）

“中蒙俄经济走廊”建设是三国最高领导人共同确定的重大战略项目，是对接中国“一带一路”、蒙古国“草原之路”和俄罗斯“跨欧亚大通道”三大战略倡议和推动三国务实合作的重要载体。“中蒙俄经济走廊”将铺设一条贯通三国、横跨亚欧大陆的合作新通道，为三方充分利用各自比较优势，打造跨区域经济合作典范搭建重要平台。推进“中蒙俄经济走廊”建设既为三国自身发展带来巨大机遇，也将为整个东北亚区域经济合作注入新的活力。

一

当前，中蒙俄三国关系稳步发展，中俄、中蒙、俄蒙之间的政治互信持续增强，经济合作高度契合，伙伴关系内涵不断丰富，三方都有共同促进地区繁荣、维护地区安全稳定的愿望和基础。2014 年，中蒙俄领导人在上合组织杜尚别峰会期间举行首次会晤，就共建“中蒙俄经济走廊”达成共识。2015 年 7 月，三国元首在上合组织乌法峰会期间举行了第二次会晤，批准了《中蒙俄发展三方合作中期路线图》。2016 年 6 月，三国元首在上海合作组织塔什干峰会期间第三次会晤，正式签署《建设中蒙俄经济走廊规划纲要》。

目前，以双边合作项目为基础，“中蒙俄经济走廊”务实合作已经实现早期收获。

（1）在总体战略层面，2015 年 5 月中俄签署《关于丝绸之路经济带建设和欧亚经济联盟建设对接合作的联合声明》，决定在贸易、投资、基础设施、金融等领域加强务实合作；同时中蒙进行了发展战略和规划对接，全面提升和整合双边经贸务实合作，商定积极落实中蒙经贸合作中期纲要。

（2）在经贸领域，三国的目标是2020年实现双边贸易中俄2000亿美元、中蒙100亿美元。

（3）在交通基础设施领域，中国为莫斯科—喀山高铁建设项目融资60亿美元；蒙古国决定修建西部贯通中俄的南北纵向公路，以及首条连通中蒙俄的高速公路，并同意在连接塔温陶勒盖煤矿与中国的铁路上使用标轨；2014年9月俄蒙就改造乌兰巴托铁路等达成协议。

（4）在能源领域，2014年5月中俄签署为期30年合同总额约4000亿美元的东线供气合同，俄罗斯计划自2018年起通过东线管道每年向中国输气380亿立方米。

（5）在旅游领域，目前正在推动发展“贝加尔湖（俄）—库苏古尔湖（蒙）”跨境旅游线路，共同打造“万里茶道”国际旅游线路。

（6）在科技领域，中俄两国按照“一园两地、两地并重”原则积极打造中俄丝路创新园。其中，中方园区位于西咸新区沣东新城统筹科技资源改革示范基地，2016年2月正式开建；俄方园区位于俄罗斯斯科尔科沃创新中心地区，有望今年下半年开建。

今年6月签署的《建设中蒙俄经济走廊规划纲要》，明确了经济走廊建设的具体项目、资金来源和实施机制，还列出了32个重点合作项目。该《纲要》的签署，充分体现了三方秉持共商共建共享原则、加强发展战略对接、推进“中蒙俄经济走廊”建设的决心和信心，也标志着“中蒙俄经济走廊”已经正式步上快速发展的轨道。

二

“中蒙俄经济走廊”作为“一带一路”框架下的综合性项目，涉及基础设施、道路交通、电力、能源、矿产、经贸、旅游、环保、人文等诸多领域，涵盖双边及三边多层面合作。目前，三国高层对此已达成基本共识，签署了系列合作文件，并取得了阶段性成果，我们要抓住机遇，顺势推进落实走廊建设中的具体合作项目，并推进相关的机制化建设。

（一）对接三国发展战略，奠定稳固的共同发展基础

中蒙俄三国的经济互补性较高，中国制造业基础强，资本积累充裕，基础设施良好，而俄罗斯、蒙古国的市场具有较大发展空间。俄罗斯通过“远东开发计划”，不断加强与东北亚地区的经贸联系；蒙古国“草原之路”战略符合其国情，被蒙古国各界视为实现国家跨越发展的重要举措。打造“中蒙俄经济走廊”，构建跨欧亚大陆经济

区，要着重发挥中蒙俄三国各自优势，在合作项目上充分征得彼此同意，将符合当地利益作为经济走廊具体项目获得支持的必要条件。只有明确互利共赢的目标，方能消除三国在共同合作中的疑虑、达成更多共识。三方可以依据《建设中蒙俄经济走廊规划纲要》，发掘各自的优势和需求，做好宏观规划和技术层面的对接工作，增强发展的同向性和互补性，把三方合作潜力转化为现实发展成果。

（二）优先发展交通基础设施互联互通，带动三国经济与地区繁荣

俄罗斯重视发展远东地区交通基础设施，蒙古国家发展规划一向以交通基础设施互联互通为重要目标，中国与周边国家提升交通基础设施连通水平是“一带一路”倡议的核心内容。在《建设中蒙俄经济走廊规划纲要》32 个重点规划项目中，13 个项目是交通基础设施合作项目，充分说明交通基础设施是三国实现国家发展战略对接的重点合作领域。在“中蒙俄经济走廊”上，当前公路运输与陆海联运为主要运输方式，客流量与货运量一直保持增长，而铁路运输相对进展缓慢。近几年来，虽然中蒙俄各国都对相应的交通基础设施实施投资改建扩建，不断完善衔接机制，但由于中蒙俄三国基础设施发展模式均为“滞后型模式”，即基础设施发展滞后于直接生产部门，对三国社会经济发展与实现互联互通均构成障碍。“中蒙俄经济走廊”的建设内容，需要加强国际交通基础设施互联互通，这与未来三国社会经济发展、打破区域壁垒、实现区域经济多赢协同发展息息相关。

（三）以“中蒙俄经济走廊”带动东北亚区域经济合作

东北亚区域经济合作至今仍处于较低水平，能够体现区域内经济现代化发展水平、一体化广度和深度的多边合作尚未开展起来。“中蒙俄经济走廊”连接东北三省，向东可以抵达符拉迪沃斯托克出海口，向西到俄罗斯赤塔进入亚欧大陆桥，具有运输成本低、时间短、途经国家少、海关通关成本低等优势，是一条潜力巨大的经济走廊和十分重要而便捷的运输通道。因此，可以逐步打通中蒙俄国际大通道，建成联通东北亚各国的共同合作平台，向韩国、日本、东南亚延伸。在中蒙俄既有铁路通道的基础上，建议重点关注被列为《东北振兴“十二五”规划》重点项目的“两山”铁路，以及吉林省珲春—扎鲁比诺高铁、高速公路项目和吉林省与俄苏玛集团合作建设的扎鲁比诺海港项目，开拓蒙古国、俄罗斯及中国东北地区连接日本海的陆海新通道，由此货物最终可达俄罗斯的扎努比诺港口或朝鲜的罗津港，从而真正实现东北亚区域经济的互联互通。

（四）加强中蒙俄合作的机制建设

虽然中蒙俄三国间已建立了三国首脑定期会晤机制、副外长级磋商机制、海关与交通运输部门等机构的定期合作机制，但现有合作机制仍然不够，应该进一步加强中蒙俄合作的机制建设，使三国发展战略对接落实到具体合作领域和项目中。具体而言：

（1）提升三国政府间合作机制规格。将三国政府间合作机制提升至副总理级别，建立三国政府合作委员会，以更加有效地协调各国相关部门之间的合作。

（2）创建“中蒙俄经济走廊论坛”。将“中蒙俄经济走廊论坛”打造为比较完善的三国合作与对话机制，邀请三国政府、企业、学者及各领域工作者“共商共议”，确保三国在战略、政策的具体衔接和实际操作层面保持密切沟通与协商。

（3）打造人文合作平台。三国可以双边活动为基础拓展建立三方交流合作机制，通过丰富的文化、艺术、体育等交流平台，进一步加强三国民间友好往来，增进相互了解和传统友谊，为开展中蒙俄三国合作奠定坚实的民意基础和社会基础。例如在文化领域，每年定期在三国举办文化周等大型交流活动，共同推进“茶叶之路”沿线国家和地区联合申遗，支持三国艺术院团、剧院、图书馆、博物馆等机构开展深度合作；在教育领域，继续扩大互换留学生规模，支持教育机构开展高水平人才联合培养和科研合作；在影视领域，互办电影节，鼓励赴对方国家参加国际电影节，支持合作拍摄影片；在卫生领域，继续在传染病防治、灾害卫生应急合作等方面开展合作，并积极支持三国传统医学领域合作。

三国欧亚倡议背景下的中蒙俄三方合作

S. V. 乌亚纳耶夫（俄罗斯科学院远东研究所副所长）

21 世纪的第二个十年，已成为在欧亚大陆上出现一体化重要倡议的时期。

统一的背景

俄罗斯继续与苏联国家保持优先合作政策，先是在建立关税同盟，然后是在建设欧亚经济联盟方面依次采取了措施。该联盟在 2015 年初开始正式运作，如今已包含五个国家（俄联邦、白俄罗斯、哈萨克斯坦、亚美尼亚和吉尔吉斯斯坦），为自己设定了一系列任务，诸如协调经济战略、统一税率和货币金融政策，以及其他一系列一体化措施，其最终目的是提高每个国家的经济效益和规模。熟知的还有另外一个俄联邦更早些提出的倡议——关于使用国家独一无二的交通潜力以建设自东亚至欧洲的跨欧亚交通桥。

中国于 2013 年秋季（中华人民共和国主席在阿斯塔纳和雅加达的讲话）提出建设“21 世纪丝绸之路经济带和海上丝绸之路”的倡议。随后这两个思想统称为“一带一路”，如今已成为中国当前对外政治战略的优先要素之一。“丝绸之路经济带”建设项目设想推进与在古丝绸之路所穿行区域内的数十个国家的多元化关系（政治、经济、金融、文化等），因为中国希望解决国家综合发展的一系列重大任务。值得注意的是，在“丝绸之路经济带”项目中有建设若干经济走廊、具有自身特点的子项目，包括中国—蒙古国—俄罗斯经济走廊。

提出类似项目的还有蒙古国。在中国出现“丝绸之路经济带”倡议后不久（想必，不是没有受其一定的影响），蒙古国领导人就发布了“草原之路”构想。蒙古国项目的主要目标是在与中国和俄联邦合作下，建设跨蒙古国交通走廊与其他跨境基础设施，（同时还在欧亚经济联盟和“丝绸之路经济带”的条件下）使其能够系统地推动国家经济的发展。

甚至列出的简明特征就能证明三个国家中每一个国家项目框架参数的相似性，证明具有自身特点的统一背景，解决一体化问题途径的共同原理。这为合作创造了良好的土壤。早在2014年，“俄罗斯、蒙古和中国三方合作”形式的术语本身就已经相当普遍，这并非偶然。

“草原之路”——三方形式的推动力

应该说，俄联邦、中国和蒙古国三方相互协助的动作早在2000年代中期就开始了，也就是说在他们提出本国系统的欧亚倡议之前。例如，至2011年三方已进行了六轮磋商。这些磋商以三个国家外事政治部核心业务部门的主任级别轮流在其每个国家举行，并付诸实施，其中包括，在重大地区和国际问题，明确三方合作前景领域，建立三方对话机制方面交换意见。①

但是，显然，至2010年代中期这条道路的发展开始加速甚至是“突破”，刚好是在三国提出本国系统的欧亚倡议之后。

同时，显然在这次“突破”中，起到重大作用的不仅有“丝绸之路经济带”项目，还有蒙古国“草原之路”方案。

“草原之路”构想的要点在于使用蒙古国“中间的”，经济走廊背景下“相连接的”地理位置。构想的重点在于发展多样化的跨境基础设施，在联合项目框架下，五项现代运输线路——高速公路和铁路、输电线路、输气管道和输油管道，就会横穿国家领域。这些项目的投资总额约为500亿美元。②

“草原之路”倡议于2014年春夏之际取得初始提纲并首次提出。该倡议实质上是随着“丝绸之路经济带”大型项目的发展而出现的，且俄罗斯—蒙古—中国经济走廊已正式纳入该项目中。因此，“草原之路”构想事实上是列入蒙古国、中国和俄罗斯三方合作区域发展任务中的，其中关键因素恰好就是蒙古国“中间”且“相连接”的地理位置。换句话说，“草原之路”方案与建立“俄罗斯—中国—蒙古国”合作结构在

---

① 《关于俄中蒙三方各部门之间的磋商》，http：//www. mid. ru/maps/mn/ –/asset_ publisher/ruvygVo4bpCH/content/id/238846，2013 –08 –23。

② 《草原之路将蒙古与中国和俄罗斯连接起来》，http：//www. moscowmongols. com/2015/06/11/stepnoj – put – soedinit – mongoliyu – s – kitaem – i – rossiej. html。

目标和组成部分方面相一致，而蒙古国的倡议推动了三方形势。尽管很显然，后者的框架比“草原之路”这种项目更为宽泛。

双边会谈与杜尚别和乌法峰会

在此期间，“草原之路”构想直接或者间接地在俄蒙和中蒙双边会谈中进行讨论，而且正是在三国之间建立三方合作结构的背景下。因为在乌兰巴托与普京会谈（2014 年 9 月）结束后，蒙古国总统查黑亚・额勒贝格道尔吉强调到，蒙古国方向客人介绍了草原之路倡议，而且蒙古看到本国跨境项目的优势在于“这既保证了安全，也缩短了路线”①。作为回复，普京称“积极合作发展蒙古交通基础设施”任务是重要的②。

“双方支持开展由蒙古提出的中国、蒙古和俄罗斯三方领导人会晤，推进三国合作”，2014 年 8 月中国国家主席访问蒙古结束后的文件中提到。③

在这个积极的背景下，按照蒙古方的倡议，2014 年 9 月在杜尚别上海合作组织峰会上，蒙古国、俄罗斯和中国最高领导人进行了首次会晤，在会晤中达成了关于制定建设“中蒙俄经济走廊”综合项目的共识。该共识的基础是关于协调“丝绸之路经济带”“草原之路”项目和俄罗斯在西伯利亚大铁路基础上跨欧亚交通桥项目（跨欧亚发展带）的一致意见。据俄联邦总统说，“蒙古国、俄罗斯和中国地理位置接近，使能够在基础设施、能源、采矿业领域开展良好的长期项目”。因此，俄罗斯领导人强调道，“我们认为建立长期对话是重要的、合理的而且有益的”。④ 中国国家主席坚信，三方会晤“对未来发展三方更加密切的关系奠定了坚实基础”。⑤

因此，中国和俄罗斯饶有兴趣地接受了“草原之路”构想，而且以三方形式合理地共同努力将促进其中每一个国家欧亚倡议的互利结合，对此三国的政策和专家们表示理解（这是至关重要的）。

杜尚别会晤结束后，很快就开始运作了三国外交部门副部长层面上的三方合作磋商机制。不到一年内就举行了三轮磋商。2015 年 5 月在俄罗斯乌法开展了三位交

---

① http：//ria. ru/world/20140903/1022578864. html#ixzz3y5rJoWaY.

② http：//kremlin. ru/events/president/transcripts/46552.

③ http：//www. russianfareast – news. ru/news/detail. php？ ID =77746.

④ http：//kremlin. ru/catalog/persons/167/events/46599.

⑤ 《与中国国家主席习近平和蒙古总统查希亚・额勒贝格道尔吉的会谈》，http：//kremlin. ru/catalog/persons/167/events/46599；同时见：《俄蒙中三方关系》，M. 戈利曼，http：//ru. journal – neo. org/2014/10/27/treugol – nik – rossiya – mongoliya – kitaj/。

通部部长的首次会晤。换句话说，杜尚别三方峰会（或者，按照蒙古方的说法，是“乌兰巴托对话”）实质上为中蒙俄在经济、人文文化及其他方面的合作结构提供了开端。

2015 年 7 月在乌法上海合作组织峰会上也举行了第二次三方峰会。其主要成果是签署了一份重要文件——《关于编制中蒙俄经济走廊建设规划的谅解备忘录》。其中在框架计划中写出了优先合作方向，整体上有政治、安全、经济、边境和跨地区交通、科学和技术、人文领域、外交事务。[①] 同时也采纳了俄罗斯提出的三方合作中期路线图。[②] 正如普京强调，这份特殊文件能够“巩固三方合作的方方面面”。因此，在巴什基尔首府的三方峰会实质上已成为证明三方意图寻找上文所提到的三国每个国家欧亚战略最佳结合的新证据。

如果谈到俄罗斯的参与和利益，按照普京在乌法发表的意见，则是在俄罗斯、蒙古国和中国部分领域建设新铁路，“丝绸之路”和“草原之路”项目与某些俄罗斯项目相结合的可能性，敷设输电线路及其他项目。[③] 关于蒙古国将“草原之路”倡议与俄联邦跨欧亚发展带项目和中国“丝绸之路经济带”倡议相结合的意图，在乌兰巴托会谈上就提到过，这些会谈是在乌法会晤半年之后由俄联邦国家杜马主席举行的。[④] 在此背景下，涉及中国和俄罗斯方面，习近平也明确指出寻找“一带一路”方案与对于俄罗斯来说十分重要的西伯利亚大铁路基础上的欧亚合作区相结合的任务。[⑤] 俄罗斯的利益还在一系列方向上体现出。这不仅仅是从中国到西伯利亚大铁路更短的路线，还有返回严重丢失的蒙古国市场的机会，以及与跨蒙古国输电线路设施相关的利益。

三方会谈场地自动转变成实行“草原之路”倡议的平台，逐渐充满全新的内容。在 2015 ~ 2016 年间，通过三方协调理事会举行了一系列关于旅游领域合作的会晤。2015 年 9 月在乌兰巴托建立三方专家中心协会也是扩大并深化三方对话的典型例子，协会的任务是为政府机关制定提案而协同工作，以推进三方在不同领域的合作。在这儿还举行了首届协会论坛，三国数十个科学中心的代表参加了该论坛。

---

① http：//economy. gov. ru/minec/press/news/2015090706，《俄罗斯联邦、中华人民共和国和蒙古关于制定俄中蒙经济走廊建设规划的谅解备忘录》。

② 《俄罗斯联邦、中华人民共和国和蒙古合作发展中期路线图》，http：//static. kremlin. ru/media/events/files/ru/jF9vhkLz06Ll8dUCuntCCJ7n099fAfxk. pdf。

③ http：//ru. journal – neo. org/2014/10/27/treugol – nik – rossiya – mongoliya – kitaj/.

④ http：//www. novayagazeta. ru/politics/67303. html.

⑤ http：//ru. journal – neo. org/2015/08/12/mehanizm – trehstoronnih – vstrech – v – dejstvii/.

显然，在合作的道路上，将刺激三国所涉及区域各方面动态发展（其目的是将这些区域推向先进的国家经济集群层面）的任何一件大型事件，推动俄蒙中三方合作，将其转化成一种形式，这都不是会自动决策的任务。为了激发明显的潜力，需要做不少工作，克服一系列明显的挑战。这指的是经营方式的相容性，必须互相考虑需求以及具体的地区和国家条件，其中包括投资方向和投资额，劳动力市场上的形势，法律、税率及其他法规的磨合。但是，潜在的成果值得付出努力。

俄中合作：俄罗斯远东地区的人口迁移特点

S. N. 米舒克（俄罗斯科学院远东分院区域问题
综合分析研究所研究室主任　经济学副博士）

当前，俄中关系的特点是发展势头强劲，双边协作的法律基础和地方组织机构稳固，各个级别的往来活跃。近年来，俄罗斯和中国在强化伙伴关系方面取得了一定的成绩。俄中关系的基本原则、双边合作的主要方向和领域都反映在2001年7月16日在莫斯科签署的《俄罗斯联邦和中华人民共和国睦邻友好合作条约》中，几乎所有的合作领域都签订了相应的政府间或部门间协议。为协调俄罗斯和中国区域发展战略的落实工作，制定了《俄罗斯远东及东西伯利亚地区与中华人民共和国东北地区合作规划纲要（2009－2018年）》。

在由俄罗斯远东发展部部长亚历山大·加卢什卡和中国国家发展和改革委员会主任徐绍史签署的《加强俄中远东地区生产与投资合作谅解备忘录》协议框架内，明确了双边合作的途径和路线。

在俄罗斯与中国的双边关系发展中，人口迁移起着重要的作用。中国向俄罗斯的人口迁移，不论对于俄罗斯的对中外交政策还是对于两国边境地区社会和经济发展机制都是最重要的组成部分。

本文中，笔者对俄中两国之间劳动力迁移和旅游人流的产生原因和各项指标进行了研究。

总体上，应当说，俄罗斯和中国之间目前的人口迁移方向与以往年份有所不同。2009年，赴中国的俄罗斯公民数量锐减。同时，赴俄罗斯的外国公民数量则保持增长（见图1）。

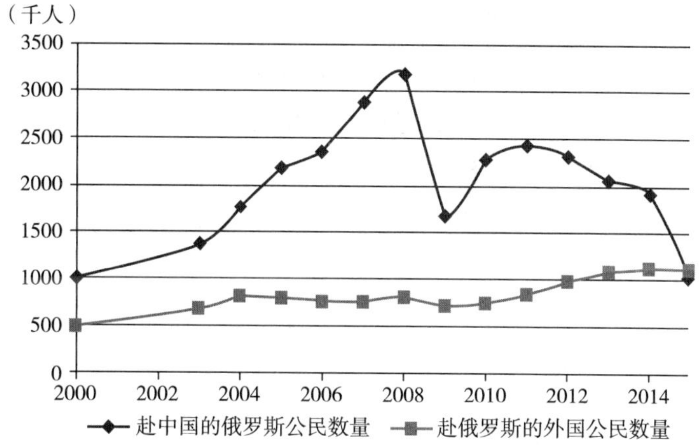

图 1 俄罗斯和中国迁移人口数量变化图

劳动力迁移

俄中两国之间的劳动力迁移已有 150 多年的历史。主要的互迁地区是俄罗斯远东南部边境地区和中国东北的省份。在这段历史中，由于俄罗斯长期的劳动力匮乏和中国劳动力过剩，使得劳动力迁移一直是俄中双边关系中一个具有现实意义的方面。

2014 年，俄罗斯政府制定和批准了远东发展“新模式”。2014 年 12 月，由国家杜马通过并由联邦议会批准了《俄罗斯联邦社会和经济超前发展区联邦法》。该法确立了俄罗斯境内各个社会和经济超前发展区的法律制度、超前发展区的国家扶持措施和运转方式。在 2025 年远东发展“新模式”框架下明确了以下目标：使远东联邦区的 GDP 总值翻一翻，吸引 3 万亿卢布的预算外投资，创造 42.7 万个高效率工作岗位，使人口数量增加 100 万。

但是，要想达到上述目标，需要解决劳动力资源不足的问题。

据预测，未来 3 年，由于远东地区各大项目需要新引进约 4 万人，而且其中大多数是具有高技能水平的专业人士和工程人员，所以地区将迎来人才的大面积匮乏危机，所需要的人员在很大程度上需要从俄罗斯中部地区招募。

为解决远东地区人才紧缺的问题，根据俄罗斯联邦政府 2015 年 11 月 2 日第 1713 – p 号命令，成立了远东人力资源开发署。在远东人力资源开发署的网站上长年发布远东各个地区空缺岗位的招聘信息，在 2020 年发布前远东大区域企业的所有招聘信息。截至 2016 年 5 月初，远东人力资源开发署的网站已经发布了 5600 个空缺岗位。由于招聘单位的报送数量每年都有所增加，因此该网站的空缺数量有望持续增加。

相当多的空缺岗位来自生产领域。目前，俄罗斯远东正在计划和实施大量的旨在开发地区交通基础设施、地区生产和农业潜力的项目。

中国进入俄罗斯的外来务工人员数量大幅低于总的迁移人口数量。截至 2014 年末，持有俄罗斯工作许可证的外国人总数中，中国公民占 6.9%。总体上看，中国进入俄罗斯的外来务工人员的比例呈下降趋势（见图 2），这是由于独联体国家的人口迁移数量增加所致（乌兹别克斯坦、塔吉克斯坦、乌克兰、吉尔吉斯斯坦、摩尔多瓦）。

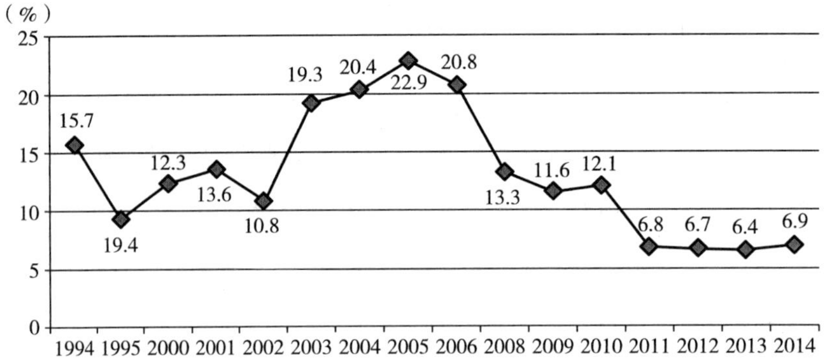

图 2　中国的外来务工人员占俄罗斯全部外来务工人员总数的比例

考虑到图中所示仅是持有有效的工作许可证的中国外来务工人数，如果计入已经发放出去的就业特许证，那么可以说，中国外来务工人员在俄罗斯全部外国外来务工人员总数中的比例仅为少数。

从绝对值来看，中国外来务工人员数量在 2009 年前（含）呈现增长。从 2009 年到 2011 年（与 2010 年相比下降 30%）出现大幅度下降，这在很大程度上与禁止在商店以外的零售贸易行业雇佣外国公民的禁令有关。目前，来自中国的外来务工人员数量徘徊在 7.0 万至 7.5 万人之间（见图 3）。

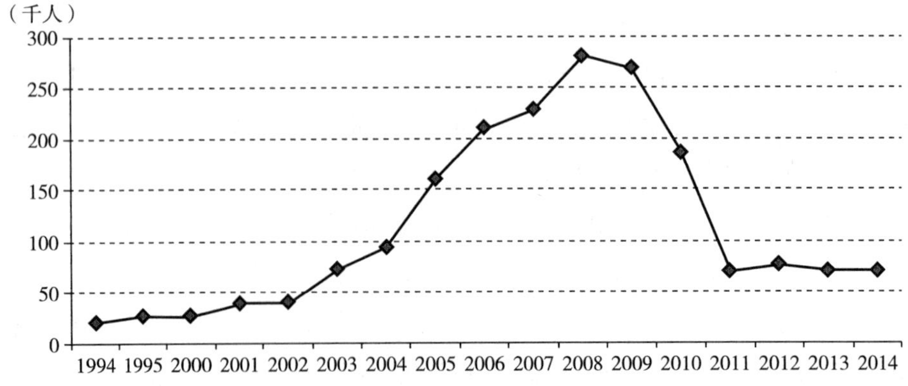

图 3　中国在俄罗斯的外来务工人员数量

如果论及俄罗斯与中国之间相互迁移流动的地理版图，那么可以肯定地说，中国进入俄罗斯的外迁人口绝大多数来自东北的边境省份——黑龙江、吉林、辽宁三省以及中国内蒙古自治区。

在俄罗斯，中国劳动力的雇用具有鲜明的局域特点，在俄罗斯境内务工的半数以上中国人是在西伯利亚和远东地区从事经贸活动。

2009～2010 年，在远东联邦区的南部各行政区中，滨海边疆区、哈巴罗夫斯克边疆区和阿穆尔州所雇用的中国劳动力最多（占被雇用的外国务工人员总数的 40%～67%）。萨哈林州 50% 以上的外来务工人员来自独联体国家，其中 38% 以上来自吉尔吉斯斯坦和乌兹别克斯坦。在这几个行政区中，来自韩国的务工人员比例约为 10%～13%。

2005～2010 年期间，独联体以外国家的外来务工人员比例呈现下降。但是到目前为止，中国仍是远东地区外来务工人员的主要来源国。

从 2011 年开始，在俄罗斯境内务工的外国公民的登记情况出现了变化。

目前，正在统计签证或免签证入境的外国公民和无国籍人士所持有的工作许可证数量，以及免签证入境的外国公民和无国籍人士所持有的给自然人打工的务工特许证的数量。因此，来自中国的外来务工人员数量可以根据已经发放出去的工作许可证数量进行计算。在远东联邦区，2011 年，中国务工人员占持有工作许可证的外国公民总数的 7.8%，2012 年占 7.1%。

根据俄罗斯联邦移民总局哈巴罗夫斯克边疆区分局的数据，2011～2013 年，免签证入境的外国公民所持有工作许可证的比例为 40.2%，哈巴罗夫斯克边疆区的这一比例远远低于全俄罗斯的比例。2014 年，中国公民持有工作许可证的比例约为 33%。

在远东各行政区中间，根据发放给中国公民的工作许可证的比例来看，滨海边疆区、哈巴罗夫斯克边疆区、犹太自治州和阿穆尔州居于领先。2013 年这项指标达到了 92%。在远东各地区中，犹太自治州保持着中国外来务工人员占外国务工人员总数的高比例。在雇用外来务工人员的行业中，以建筑业、加工生产和农业为主。

目前，不论是对俄罗斯投资者还是外国投资者（中国、日本、韩国），远东地区的农业及相关产业的开发都是具有吸引力的领域。在此指出，如果远东地区以往的合作项目主要是通过中国投资和中国劳动力来实施，那么在当今经济背景下，合作伙伴的地域版图正在扩大。同时，与中国在农业领域的合作仍然是俄中合作的重要方面。

在 2016 年的远东农业合作开发协议框架内，签署了成立俄中远东地区农工产业发展基金的股东协议书。该基金的成立是俄罗斯土地资源与中国资本和农产品需求相结合的一种机制。

雇用中国外来务工人员发展远东地区的农业，有助于解决俄罗斯和中国双方面的经济和社会发展问题。

近年来，中国处于经济发展的十字路口，其经济增长战略关系到发展二、三产业及生产有更高价值的优质高科技商品。根据最新评估数据，到2020年前中国将有2300万文盲或半文盲人口需要找工作，这些人绝大多数生活在农村地区。同时，用人单位将需要1.42亿的工业领域高技能工人。与俄罗斯毗邻的黑龙江省情况也基本类似。在该省，由于城市化的快速发展、农业需用人口减少，大量的农村人口进城寻找工作。此外，与发展工业化和信息化一起，农业现代化和提高农民生活水平被确立为新的东北振兴规划的目标。

由此可见，俄罗斯和中国在发展农业中的协作可以解决中国农村劳动力过剩和俄罗斯农业劳动力资源匮乏两方面的问题。

在远东地区的农业开发双边合作可以解决“三农”问题，即：恢复农业发展规模，其中包括农产品的精深加工；解决农村和城市的低技能失业人员就业问题；保持并提高中国农民的生产水平、提高农民的收入，从而在整体上提高农村居民的生活水平。

旅　游

旅游是俄罗斯与中国之间人口相互流动的第二大重要方面。

近几年来，旅游观光成为中国公民入境俄罗斯的主要原因。还是在五六年前，多数中国公民是以私人访问的方式进入俄罗斯。2014年，中国的游客人数超过了其他目的入境人数。

与劳动力迁移不同的是，入境游和出境旅都呈现出相当稳定的发展趋势。从2007年起，俄罗斯向中国的出境游人数有所减少，同时，中国向俄罗斯的入境游则呈向好态势。人民币汇率变动和旅游客流的关联分析反映出它与在俄罗斯的中国游客数量呈正向关系，而与俄罗斯在中国的游客数量呈反向关系。

2015年，来自中国的游客数量超过了德国的游客数量，主导了俄罗斯的入境旅游客流市场。2015年，中国的旅行团人数为53.7万人，比2014年高87%。2015年，中国公民进入俄罗斯的入境人数超过俄罗斯公民到中国的出境人数（见图4）。

在各地区中，到莫斯科的中国免签证游客数量（5～50人的旅行团）占第一位，有45%的中国团队游客到达过莫斯科。俄罗斯远东边境地区——滨海边疆区和阿穆尔州分列第二和第三位。2015年，有12万免签证游客光顾滨海边疆区，比上一年增加75%。阿穆尔州登记有6.7万中国游客到访，比2014年多30%。2016年第一季度，出现俄罗斯向中国旅游数量的正面动态，说明俄罗斯和中国之间旅游客流的已发现指标的可能改变。2016 年，远东地区的游客人数保持领先；三个月，滨海边疆区登记有 1.8 万多中国游客到访，阿穆尔州为 7000 多。

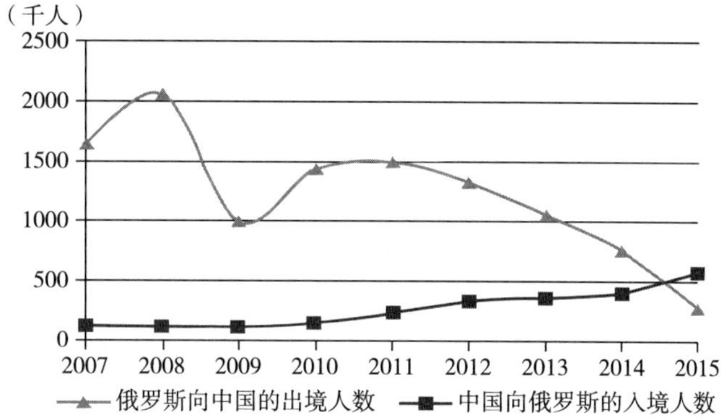

图 4　俄罗斯和中国游客数量对比图

资料来源：根据俄罗斯文化部联邦旅游署官方网站绘制。

可以总结出俄中两国旅游客流量增长的几个原因：俄罗斯与中国政府间签订的团队旅游互免签证协议；卢布汇率下降使俄罗斯旅游对于中国公民来说更加的实惠。

综上，中国向俄罗斯的包括旅游在内的各种迁移是一个客观的发展进程。中国务工人员为俄罗斯的经济发展做出了自己一定的贡献。在 20 多年时间里，来自中国的外来人员保障了地区劳动力市场的平衡，促进了俄罗斯远东各行政主体的消费市场一系列尖锐问题的解决。近几年来，由于中国居民生活水平的提高和中国打工者对工资的要求有所提高，以及俄罗斯对雇用外国劳动力的雇主实行了一系列新的要求，雇用中国务工人员的数量有所减少。俄罗斯远东地区对劳动力资源的一部分需求由独联体国家的打工者弥补。考虑到远东经济发展“新模式”的任务，以及新出台的中国东北振兴规划，可以说，在俄罗斯边境地区农业生产框架内的双边协作将会继续发展。

旅游方面的合作同样活跃。当前的经济背景有助力旅游的发展，可以预期中国向俄罗斯的旅游客流会继续增长。

从当代经济背景出发，俄罗斯与中国在经济、社会和政治领域的合作形式和方向都有望得到进一步拓展。

参考文献

［1］远东人力资源开发署．［电子资源］．网址 – http：//hcfe. ru/content/search_ vacancies/？ p = 24（访问日期 2016. 05. 06）．

［2］E. S. 克拉西涅茨，T. V. 舍夫佐娃．当代俄罗斯的中国外来迁移特征研究［电子资源］．网址 – http：//justicemaker. ru/view – article. php？ id = 25&art = 3291（访问日期 2013. 11. 04）．

［3］俄罗斯远东发展部与中国签署《远东合作备忘录》［电子资源］网址 http：//amurmedia. ru/news/politics/18. 12. 2015/480143/minvostokrazvitiya – i – knr – podpisali – memorandum – o – sotrudnichestve – na – dalnem – vostoke. html）（访问日期 2016. 03. 05）.

［4］俄罗斯文化部联邦旅游署．官方网站［电子资源］．网址 – http：//www. russiatourism. ru/contents/statistika/statisticheskie – pokazateli – vzaimnykh – poezdok – grazhdan – rossiyskoy – federatsii – i – grazhdan – inostrannykh – gosudarstv/strany – lidiruyushchie – po – kolichestvu – pribytiy – na – territoriyu – rossiyskoy – federatsii/（访问日期 2016. 05. 05）.

［5］S. N. 米舒克．外国劳动力对俄罗斯远东经济发展的影响（十九世纪中叶至二十一世纪初）．远东问题，2013. №1. 91 – 104.

［6］远东发展部联席会议工作总结报告［电子资源］．网址 – http：//minvostokrazvitia. ru/press – center/news_ minvostok/？ELEMENT_ ID = 2048&sphrase_ id = 28979（访问日期 2016. 04. 20）.

［7］中国东北新一轮振兴规划预计实施 130 个大型项目［电子资源］．网址 – http：//russian. cctv. com/2016/05/12/ARTILSmaVVzGIktTEHbcpfyP160512. shtml（访问日期 2016. 05. 12）.

［8］签署成立俄中远东农工发展基金的股东协议书［电子资源］．网址 – http：//minvostokrazvitia. ru/press – center/news_ minvostok/？ELEMENT_ ID = 4218（访问日期 2016. 05. 05）.

［9］俄罗斯旅游：中国游客领跑俄罗斯的外国游客［电子资源］．网址 – http：//www. rosbalt. ru/federal/2016/01/20/1481604. html）（访问日期 2016. 02. 13）.

［10］俄罗斯的劳动与就业．统计汇编．俄罗斯统计，2013：661.

［11］中国“三农问题”专家［电子资源］．网址 – http：//www. sourcejuice. com/single_ print/%D0% AD% D0% BA% D1% 81% D0% BF% D0% B5% D1% 80% D1% 82% D1% 8B – % D0% BF% D0% BE – % D0% 9A% D0% B8% D1% 82% D0% B0% D1% 8E – – % D0% A2% D1% 80% D0% B8 – % D1% 81% D0% B5% D0% BB% D1% 8C% D1% 81% D0% BA% D0% B8% D0% B5 – – % D0% B2% D0% BE% D0% BF% D1% 80% D0% BE% D1% 81/ru/（访问日期 2016. 05. 10）.

中蒙俄投资合作新机遇

赵晋平（中国国务院发展研究中心对外经济研究部部长　研究员）

一、中国对蒙古国、俄罗斯的直接投资具有巨大的增长潜力

中国对蒙古国和对俄罗斯的直接投资，具有巨大的增长潜力，这是一个基于过去几年来，中国对外直接投资迅速增长形势下做出的判断。我们知道，根据中国商务部的统计，在今年的 1 ~7 月份，中国的对外投资，尤其是非金融类的直接投资，实现了快速增长，仅仅 7 个月就达到了 1072 亿美元，比去年同期增长了 61.8%。

这样的快速发展，已经使中国成为全球跨境直接投资的一个重要的增长点，并且为全球的跨境投资活动注入了新的活力。在 2005 年的时候，中国的对外直接投资只占到全球的跨境直接投资的 1.5%，但是在 2015 年这个比重已经上升到了接近 10%。尤其是在这段时间，中国的对外直接投资的增长，对全球跨境直接投资增长的贡献率接近了 20%。这充分说明中国的对外投资已经成为带动全球跨境直接投资增长的重要因素。

在“一带一路”合作框架下，中国的国际产能合作为中国企业扩大对外投资带来了重要的机遇，同时也为“一带一路”沿线国家吸引中国企业的投资和其他国家的跨境直接投资、促进本国的经济增长和就业增长带来了重要的机遇。这是一个互利双赢的选择。根据目前的统计，在习近平主席提出“一带一路”倡议以来的三年中，中国对“一带一路”沿线国家的直接投资已经累计达到了 511 亿美元，这是一个不小的数字。在这个当中，作为中国重要经济合作伙伴的蒙古和俄罗斯，也是中国企业对外投资的一个重要的目的地。

比如说按照最新的2014年的统计，当年中国对俄罗斯的直接投资是达到了6.3亿美元，比2006年增长了40%。实际上2004年当时中国对俄罗斯的投资已经达到了4亿多美元规模，和其他国家相比是比较高的，即使在这样的背景下也实现了40%的增长。而中国对蒙古国的直接投资，在2014年也达到了5亿美元，比2005年增长了5倍还要多。这说明俄罗斯和蒙古国，都是中国企业对外直接投资的一个重要的目的地。

事实上在“一带一路”合作和“中蒙俄经济走廊”建设中，中国对外直接投资，特别是对蒙古国和俄罗斯的直接投资的增长是具有巨大发展潜力的。当然在这个过程中，如果要加强经济走廊的建设，为中国企业的投资营造一个良好的外部环境和投资环境是我们应该共同努力的。比如说要通过加强政策的协调和沟通，为各国的企业到本国来投资营造一个良好的营商环境，比如要通过发挥主权投资基金和政策性金融机构、商业金融机构在政策方面的支持，为企业融资和股权投资提供必要的支持。通过类似合作方式，有助于进一步推进中国企业对俄罗斯和蒙古国的直接投资，这对于实现中蒙俄三国的经济融合是至关重要的。

二、蒙古国和俄罗斯面临对中国投资的新机遇

对于蒙古国和俄罗斯的企业来说，也面临着对中国投资的新机遇。至少从目前来看，俄罗斯和蒙古国对中国的直接投资相对来说还是比较有限的。比如说按照2014年的统计，当年俄罗斯对华投资只有将近3000万美元左右的规模，这和最高的时候6000万~7000万美元相比是明显的下降。当然这和在2015年国际大宗商品价格持续下降之后，俄罗斯所面临的一些经济困难是有着密切的关系的。

对蒙古国来说也是如此。在近七八年的时间内，最高的时候对中国的直接投资大概达到了300万~400万美元左右的规模，而在2014年这个规模进一步降低到了十几万美元的水平。这就说明中国过去通过引进来和走出去更好的结合这样一种对外开放的发展思路而言，对于蒙古国和俄罗斯，我们未来一方面通过吸引外来的直接投资带动本国的经济增长；另外一方面，通过本国的企业走出去，实现我们的战略延伸，也是有助于提升我们各自经济增长的质量和水平的。

而在这方面，我们大家从10月1号开始，中国已经对中国的外资准入制度进行了一次大改革；在9月3日，全国人大对《外商投资法》的修改过程中，已经把过去由行政审批的管理制度改为了备案制的管理方式，也就是说在不涉及特别准入限制的范围内，是可以按备案制的方式来批准外资准入的。我们知道审批制是需要大量时间的，对外资企业来说还是不便利的。但是对于备案制来说，根据我们最近几年在上海自由

贸易实验区等几个自贸区内的实验，确实在提高投资便利化、促进投资发展方面起了非常重要的作用。我想这样一个新的法律的实施，将会为各国企业，当然也包括蒙古国和俄罗斯的企业对中国开展直接投资，提供了非常重要的机遇。

三、产能合作是实现中蒙俄三国利益共享的重要的渠道

中国的国际产能合作实际上在中蒙俄之间，在“一带一路”之间已经取得了非常明显的成果。比如说在近三年来，中国对这个地区制造业的投资是明显上升的。在2015年我们制造业对外投资增长了一倍，尤其是其中装备制造业增长了1.45倍。但是在今年的前7个月，这个趋势在进一步加快，也就是说制造业的投资今年前7个月增长了2.4倍左右，而对于装备制造业来说则增长了将近三倍左右，也使得制造业对外投资和装备制造业的对外投资是明显上升的。也就是说对中蒙俄来说，通过扩大这两个国家的投资，将会为蒙古国和俄罗斯带来产业结构提升，提升制造业水平和能力的重要机遇，同时也会对当地的经济增长和就业增长带来明显的影响。

还有一个数字表明，中国对“一带一路”沿线国家的投资中，为这些国家带来的税收增长，按照不完全统计，达到了9亿美元左右；而对这个地区的就业增长达到了7万人左右的规模。这也就充分说明在中国和其他国家之间的国际产能合作，一方面为中国企业的发展带来了重要的机会，是中国自身发展的需要；同时也为投资东道国，特别是投资目的地的国家带来了经济、就业、增长的重要机遇。我想通过这种方式，国际产能合作在“中蒙俄经济走廊”中，随着我们进一步加强政策沟通和协调，进一步完善基础设施的投资，将会使这种投资合作进入一个新的发展阶段，并为三方带来更大的利益。

共创合作新机制
携手建设“中蒙俄经济走廊”

秦玉才（中国国家发展和改革委员会国际合作中心“一带一路”研究院院长）

非常高兴受邀参加中蒙俄智库国际论坛。本次论坛以“中蒙俄经济走廊：对接与拓展”为主题，旨在进一步促进“中蒙俄经济走廊”建设，以政策沟通、设施联通、贸易畅通、资金融通、民心相通为重要内容和主要抓手，加强三国发展战略对接，拓展三方更大范围、更高水平、更深层次的合作，共创合作新机制，实现三国人民追求和平与发展的共同梦想。

中国、俄罗斯、蒙古国三国之间，既有一衣带水、山水相连的地缘，又有民族相亲、文化相近的血缘，还有近代党际合作、共赴二战的历史渊源，三方战略合作关系在历史进程中凝聚形成并绵延发展、持久深化。中蒙俄区域合作面临前所未有的发展机遇，贯彻落实“一带一路”建设倡议，建设“中蒙俄经济走廊”，对于与会各位而言，可畅所欲言、建言献策，寻求可操作性的政策方案和实现路径，为促进“中蒙俄经济走廊”建设和区域合作做出积极贡献。

一、开局良好，“中蒙俄经济走廊”建设取得初步成效

为落实习近平主席与俄罗斯总统普京、蒙古国总统额勒贝格道尔吉达成的共建“中蒙俄经济走廊”共识，按照三国政府签署的《关于编制建设“中蒙俄经济走廊”规划纲要的谅解备忘录》要求，今年6月23日，三国元首在塔什干会晤期间见证签署了《建设中蒙俄经济走廊规划纲要》（简称《规划纲要》），标志着“中蒙俄经济走廊”建设取得重要阶段性成果，中蒙俄三方合作实现新的突破。“中蒙俄经济走廊”是“一

带一路”框架下首个多边经济走廊，也是习近平主席关心的重大合作方向之一。《规划纲要》作为“一带一路”框架内签署的第一个多边规划纲要，既为“一带一路”“倡议与俄罗斯跨欧亚大通道建设、蒙古国“草原之路”倡议紧密对接，也为沿线国家全面战略对接提供了实施路径借鉴；既为中蒙俄三国之间深化务实合作搭建了顶层设计平台，也为将来建立大欧亚经济伙伴关系奠定了基础，具有重要的示范和带动作用。

截至目前，中国与俄罗斯、蒙古国签署了口岸合作框架协定、旅游合作协议、关于特定商品海关监管结果互认的协定等合作文件。完成了中蒙边境乌力吉口岸的对外开放，交通部举办了中蒙俄国际道路货运试运行活动，莫斯科至喀山高铁项目合作有序推进。中蒙俄一批文化项目签约。国务院批准内蒙古沿边开发开放规划，满洲里市、二连浩特市、黑龙江绥芬河—东宁国家级重点开发开放实验区建设顺利进行。加大口岸建设力度，推进与俄蒙基础设施的互联互通、向北开放桥头堡建设迈出重要步伐。首届中蒙博览会圆满召开，在蒙古国库苏古尔省举办了“蒙古国·中国内蒙古系列文化活动”。内蒙古与俄罗斯缔结了 9 对友好地区关系，与蒙古国缔结了 10 对友好地区关系，有 30 所学校接收俄、蒙留学生近 3000 人。数据显示，2015 年中俄双边贸易额为 642 亿美元，中蒙贸易额为 72 亿美元，中国企业累计对蒙俄投资分别为 40 亿美元、330 亿美元。

内蒙古与蒙古国、俄罗斯的经贸合作已经成为中蒙、中俄国家间经贸合作的重要组成部分。当前，中蒙俄区域合作面临前所未有的发展机遇，内蒙古将充分发挥承东启西、连接蒙俄的重要通道和枢纽作用，贯彻落实国家“一带一路”倡议部署，与蒙俄各方协力推动落实共建经济走廊的历史重任，为促进中蒙俄三国友好往来和经贸合作做出积极贡献。

二、创新政策沟通机制，顺应形势，把握好节奏

以首脑外交为引领，发展多层次战略对话。要顺应中蒙俄加强合作大势，紧紧围绕三国元首会晤开展工作，借好党和国家领导人的“势”和“力”，推进“中蒙俄经济走廊”建设实质性进展。中俄蒙三国元首会晤机制，建立在三国睦邻友好与同为全面战略伙伴的互信基础，建立在和平发展的世界潮流与增长联动、利益融合的基础，更建立在习近平主席“一带一路”倡议与“亲诚惠容”周边外交理念的深耕细作的基础之上，充分体现着共商、共建、共享的平等互利原则。“中蒙俄经济走廊”从倡议、规划到建设，凝聚着三国领导人的高瞻远瞩，相关部门官员、专家、学者的建言献策、汇智汇计，凸显着三国人民共谋发展繁荣的美好愿望。依照《中俄睦邻友好合作条约》

《中俄关于21世纪国际秩序的联合声明》《中蒙战略伙伴关系中长期发展纲要》等一系列文件，进一步增强三国的政治互信、战略互信与民间友好，加强政策沟通，把“中蒙俄经济走廊”的基础筑牢。要着眼于夯实三国的社会和民意基础，挖掘智库、民间组织、媒体等各方面资源，扎实推进公共外交，筑牢“一带一路”建设的民意基础，提高我国软实力。特别要重视民间团体在公共外交中的建设性作用，支持国内智库与俄蒙智库开展联合研究、合作举办论坛等。同时，要大力发挥文化传媒在公共外交中的作用，加强文化传媒的国际交流合作。

三、创新合作模式，基础设施先行，构建互联互通网络

“中蒙俄经济走廊”建设，交通等基础设施互联互通要先行，以基础设施通道建设和通信网络建设，来互联互通经济走廊各城市、工业园区。建设“中蒙俄经济走廊”，构建跨欧亚大陆的经济区，首要的是统筹三国交通物流网络建设，以构筑贯通国际运输大通道为重点，把加强交通基础设施建设与培育产业经济带结合起来。要统一规划，打破分割，树立互利共赢观念，协调行动，携手共建。利用亚洲基础设施投资银行的融资支持，对落后的设施进行改造，制定便利化交通规则。一是中俄要联合加快落实蒙古国铁路、公路、输油气管道等基础设施建设项目。二是要打通中蒙俄国际大通道。目前，中蒙俄铁路通道有：从乌兰巴托经二连浩特到天津港，全长1963千米；从乔巴山取道俄罗斯经满洲里到大连港，全长2263千米；从蒙古国东部乔巴山到锦州港的铁路线，只有1100千米。此外，还有“两山”铁路，即乔巴山（蒙古国）—阿尔山口岸（中国内蒙古）—乌兰浩特—长春—珲春铁路，作为中蒙俄国际大通道的重要一环，连通几个国家间的边境口岸，由此货物最终可达俄罗斯的扎努比诺港口或朝鲜的罗津港，从而实现东北亚区域经济的互联互通。总之，要抓住关键通道、关键节点和重点工程，突出骨干通道建设，做实关键节点，加快形成陆海相连的国际大通道。

四、加强产能合作，优势互补，互利共赢

中国倡导的国际产能合作，是围绕生产能力建设、转移和提升开展的互利共赢的国际产业投资合作，是以企业为主体，以共赢为目标，以发展制造业、建设基础设施、开发资源能源为主要内容，以直接投资、承包工程、装备贸易和技术合作为主要形式

的综合性合作。改革开放近40年来，中国打开大门搞建设，融入世界求发展，面向国内国际两个市场，把新中国建立的独立完整的工业体系，转变为更开放更完整的工业体系，形成了门类齐全的优质产能。“中蒙俄经济走廊”联通三国共同繁荣的愿景，以中国独具资金、技术和基础建设优势，对接各自区位优势与产业优势，推动产能合作取得新进展。根据三国签署的规划纲要，开展规划对接、政策对接、项目对接，建议三方联合成立投资项目中心，加强项目前期工作和协调。着力研究解决投资贸易便利化问题，消除投资和贸易壁垒，构建良好的营商环境，共同商建自由贸易区。建议加快中蒙、中俄边境的自贸区和呼和浩特自贸区建设申报，探讨建立中蒙俄自由贸易协定（FTA）关系，促进中蒙俄次区域一体化。建设“中蒙俄经济走廊”，是“一带一路”框架下首条正式规划建设的多边经济带，将成为世界经济下行压力下，多边开放合作的范例工程，要多搞一点早期收获，实施好一批示范项目。

五、深化金融合作，拓展合作领域，发展绿色金融

“一带一路”建设需要大量的融资支持，经贸合作也将形成大量的货币流转，因此，资金融通是推进“一带一路”建设的重要支撑。

（1）要深化金融合作，推进货币流通体系、投融资体系和信用体系建设。扩大双边本币互换、结算的范围和规模。推动债券市场的开放和发展。共同推进亚洲基础设施投资银行建设，推进金砖国家开发银行、上海合作组织银行筹建。深化上合组织银行联合体务实合作，以银团贷款、银行授信等方式开展多边金融合作。支持三国政府和信用等级较高的企业以及金融机构在中国境内发行人民币债券。符合条件的中国境内金融机构和企业可以在境外发行人民币债券和外币债券。

（2）加强金融监管合作，推进在区域内建立高效监管协调机制。积极与有关国家共同完善风险应对和危机处置制度安排，构建区域性金融风险预警系统。加强征信管理部门、征信机构和评级机构之间的跨境交流与合作。

（3）充分发挥丝路基金以及三国主权基金作用，引导商业性股权投资基金和社会资金共同参与“一带一路”重点项目建设。支持企业开展租赁、保险、信托、担保等各类金融服务，为在俄蒙企业提供融资、租赁等金融服务，为能矿产业合作提供重要保障。

六、加强民心相通，文明交流，互学互鉴

民心相通是“一带一路”建设的社会根基。欧亚大陆是古代文明的发祥地和历史演进的最大舞台，每一次人类社会的进步，都在这里留下过深刻的痕迹，人文遗产星罗棋布、浩如烟海，不同文明交相辉映、春色满园。“一带一路”倡议充分体现了中华文化和而不同、厚德载物的包容精神和海纳百川、兼收并蓄的广阔胸怀。通过共建“中蒙俄经济走廊”，传承和弘扬丝绸之路的友好合作精神，推动三国广泛开展教育、科技、文化、医疗、卫生、旅游等多领域的交流合作，不仅能够为其他领域的合作打下坚实的民意基础，更有助于发掘沿线深厚的人文资源，在交融往来中实现不同文明的互学互鉴，共同浇灌人类文明这棵参天大树。

七、内蒙古要抓住机遇，发挥优势，乘势而上

内蒙古是“中蒙俄经济走廊”的重要组成部分，向北开放的新引擎。要发挥内蒙古联通俄蒙的区位优势，完善黑龙江对俄铁路通道和区域铁路网，以及黑龙江、吉林、辽宁与俄远东地区陆海联运合作，推进构建北京—莫斯科欧亚高速运输走廊。面对“一带一路”的倡议大势，内蒙古将会如何抓住机遇、演绎自己的精彩？

（1）内蒙古具有独特的区位优势。横跨东北、华北、西北，毗邻八省区，与俄罗斯、蒙古国交界，边境线长达4200多千米。独特的区位优势，决定了内蒙古在“一带一路”的六大经济走廊之一的“中蒙俄经济走廊”中地位举足轻重、不可替代。

（2）传统和文化优势。中俄、中蒙之间的友谊源远流长，内蒙古与蒙古国同属于同一民族，语言相通、风俗习惯相近、宗教信仰相同，相互之间有民族互通性、认同感，民间交往频繁。内蒙古不仅有连接内地与蒙古国、俄罗斯的草原丝绸之路、古茶路、古盐路的历史古道，也有与两国之间在经贸往来、地区合作、文化交流等方面的密切认同。

（3）经济资源优势。经济互补性及契合度是深化合作的基础，中俄、中蒙存在产业结构、市场结构的差异性和经济技术的互补性，经济相互依存度及相互关联度较高，双边经济融合度较高，也有进一步深化的潜力。同时，我们需要的能源矿产资源，正是蒙古国、俄罗斯的优势所在。经济互补性强，这种经济互补将会使双方互惠互利，

实现双赢。

内蒙古肩负着我国向北开放的桥梁和窗口的使命，是北方重要的沿边经济带，也是祖国北部边疆亮丽风景线，在“中蒙俄经济走廊”建设中将发挥更大作用。建议内蒙古在有条件的地区打造“中蒙俄经济走廊”建设示范区。

在交通方面，积极与俄蒙发展战略相互对接。依托满洲里口岸，共建内联东北（黑吉辽、蒙东）经济区、大连港、锦州港，外接俄罗斯欧亚大铁路至欧洲腹地，打造满洲里开发开放试验区和呼伦贝尔中俄蒙合作先导区；依托二连浩特口岸，共建内联京津冀经济区、天津港、秦皇岛港，外接蒙古国乌兰巴托铁路，延伸与俄罗斯欧亚大铁路连接至欧洲腹地，打造以呼包鄂为核心的沿黄河沿交通线经济带；依托京包、包兰、兰西铁路，共建中亚的经贸大通道，连通中国、中亚、西亚的经济走廊；依托甘其毛都口岸，共建向北连接蒙古国新计划的铁路、连通蒙古国南部集聚区；依托珠恩嘎达布其口岸和二连浩特口岸，共建二连浩特经锡林浩特至锦州港大通道，连接锦州港、营口港及环渤海经济区。打造呼和浩特内陆型经济开发开放高地、对蒙俄自由贸易区、陆路国际港务区和国际合作示范区。

在产能合作方面，中俄蒙开展产能合作是三方共同的发展诉求。无论是我国城镇化、工业化的纵深推进，还是俄罗斯远东开发或蒙古国“草原之路”战略的提出，都从不同程度将三方产能方面的国际合作提上重要日程，并把产能合作作为破解各自增长的重要引擎。加强中俄蒙之间在产能的合作，并以产能合作为切入点，领衔其他多领域深度合作，以期为各自发展构筑和平稳定的内外发展环境。积极推动清洁、可再生能源合作；促进农牧业产业合作、水资源合作、生态保护、新一代信息技术、生物制药、蒙医药、新材料等新兴行业产业领域的深入合作。

在金融合作方面，争取国家政策性银行在俄罗斯、蒙古国设立分支机构，充分发挥政策性金融对中俄、中蒙重点合作领域投资项目的支持作用。鼓励俄罗斯、蒙古国银行在我区设立分支机构，进一步完善双边金融合作机制。

在教育文化卫生和旅游交流方面，鼓励通过校际论坛、学术研究拓展我区与俄罗斯、蒙古国的教育交流和人才培养合作。鼓励院校扩大联合办学和互派教师、留学生规模，优化学科和专业设置。合作改善蒙古国医疗救援服务，推进内蒙古国际蒙医院发挥牵头作用，率先在蒙古国合作建立医疗机构。加强传染性疾病防控合作交流，推动建立热线联系、疫情交换等机制。全面加强与蒙古国、俄罗斯的合作，强化跨境旅游合作机制，以“草原丝绸之路”为纽带，打造阿尔山等著名旅游景点，深入开发中俄蒙三国的跨境旅游线路。

“一带一路”倡议开启了内蒙古经济发展的新格局，可以预见，在“一带一路”倡议实施过程中，内蒙古必将大有作为。

“一带一路”倡议蓝图已绘就，梦想已在招手。三国要以“一带一路”建设为契机，本着共商、共建、共享的原则与合作共赢的理念，深耕细做、久久为功，携手打造惠及三国人民的经济合作走廊。

“中蒙俄经济走廊”重点口岸经济发展的思路与对策

吴涧生（中国国家发展和改革委对外经济研究所副所长　研究员）

“中蒙俄经济走廊”建设与重点口岸经济发展相辅相成、互相促进，共同服务于中国的“丝绸之路经济带”、俄罗斯主导的欧亚经济联盟、蒙古国的“草原之路”倡议三大战略对接的大目标。不久前，《建设中蒙俄经济走廊规划纲要》正式对外发布，把加强口岸建设和海关、检验检疫监管作为七大重点合作领域之一，无疑为廊道重点口岸经济发展带来前所未有的新机遇和新动力。

一、“中蒙俄经济走廊”重点口岸经济发展的基础条件

“中蒙俄经济走廊”本质上属于一种跨边境次区域合作，是途经国家少、通关成本低且穿越蒙古境内联通亚欧大陆的最短路线。它自天津、大连经二连浩特、满洲里，通过蒙古国、俄罗斯抵达欧洲（波罗的海）主要节点城市包括北京、天津、大连、沈阳、长春、哈尔滨及乌兰巴托、伊尔库茨克、叶卡捷琳堡、圣彼得堡等，重点产业园区有满洲里和二连浩特重点开发开放试验区、蒙古赛音山达工业园区、俄罗斯喀山经济特区等。综合分析各口岸城市的发展基础、地理区位、资源禀赋及政策平台等情况，二连浩特、满洲里、绥芬河和珲春是“中蒙俄经济走廊”最为关键的口岸节点城市。

（一）优势

1. 区位优势

二连浩特、满洲里、绥芬河和珲春四大口岸具有得天独厚的区位优势，形成了较

为完备的铁路、公路及航空交通运输网络，是我国向北开放的最前沿和重要窗口。二连浩特北与蒙古国口岸城市扎门乌德隔界相望，是我国对蒙开放的最大陆路口岸，也是我国唯一的对蒙铁路口岸，形成由二连浩特至乌兰巴托联通俄罗斯西伯利亚铁路的国际铁路通道。满洲里、绥芬河和珲春是我国对俄最主要的口岸。满洲里西北与俄罗斯接壤，是我国最大的对俄口岸，承担着中俄贸易65%以上的陆路运输任务，与俄罗斯远东工业中心之一的赤塔及蒙古国的乔巴山构成了“黄金三角”，极具跨境经济合作区位优势。绥芬河地处东北亚经济圈的中心地带，紧邻俄远东特殊发展区——自由港经济特区，是黑龙江省最便捷的出海口，也是承接我国东北振兴和俄远东开发两大战略的重要节点城市，被誉为连接东北亚和走向亚太地区的“黄金通道”。而绥芬河、哈尔滨、满洲里至俄罗斯的国际运输通道，在乔巴山—阿尔山铁路建成后，将形成一条新的中蒙俄国际运输大通道。珲春地处东北亚几何中心，是欧亚大陆桥的起点之一，至俄马哈林诺的国际铁路常态化运营，距离俄远东最大的符拉迪沃斯托克港口仅190千米，连接俄罗斯西伯利亚铁路，形成东北亚至欧洲的国际运输大通道。

2. 经济优势

近年来，二连浩特、满洲里、绥芬河、珲春四大口岸经济发展迅速，呈现出前所未有的发展潜力。2015年，四大口岸城市经济分别增长10.5%、8.1%、5.1%和8%。除珲春市外，其他三市的产业结构均以第三产业为主，占比超过60%。随着我国内陆沿边开放的不断提速，二连浩特市边境经济合作区基础设施日臻完善，跨境电子商务集散中心逐步形成，国际贸易物流业稳步发展，进出口加工业规模不断壮大，绿色清洁能源业加快发展，文化旅游业活力持续释放。满洲里依托自身资源及俄蒙毗邻地区资源优势，积极发展煤转电、煤化工、金属冶炼等能源工业，打造全国最大的进口木材加工集散基地、绿色农畜产品加工输出基地，发展汽车组装、电子产品生产和轻工、电子、服装等出口加工业，积极开拓俄蒙旅游市场，着力打造跨境精品旅游线路和休闲度假基地，加快跨境电子商务平台建设。绥芬河目前已成为我国最大的俄罗斯木材进口集散地和商品集散地，也是全国最大的俄罗斯食品销售中心，该市外贸企业已与亚、欧、非、南北美、大洋洲的上百个国家的5000多家企业建立了经贸合作关系，对俄贸易进出口商品达到141大类，1000多个品种。珲春积极打造进口资源转化、出口产品加工、商贸物流、旅游休闲养生四大基地，加快培育能源、有色金属、医药食品、纺织服装等百亿级产业以及木制品加工、电子信息、商贸物流、旅游服务等优势产业群体，着力打造全省经济发展第三增长极。特别是四大口岸城市背靠我国东北三省一区腹地，是我国重要的农牧业和工业基地，对口岸经济发展起着极其重要的辐射支撑作用。

3. 人文优势

四大口岸城市都是多民族聚居区，拥有多样的民族文化和历史人文，与俄蒙多个城市缔结为友好城市，教育科技、文化体育、卫生防疫等领域的交流合作初具规模，从而为口岸经济发展奠定了深厚的人文基础。近年来，二连浩特与蒙古国国立大学、俄罗斯图瓦共和国国立大学等蒙俄高等院校开展“2+2”联合办学，常态化举办中蒙那达慕、“茶叶之路”文化节、中蒙汽车拉力赛、中蒙足球邀请赛等系列文体活动等；满洲里不断强化与俄蒙毗邻地区政府间交流机制，积极推进与俄蒙友好城市建设，着力加强教育、科技、文化、医疗卫生、生态建设等领域务实合作，并以中国北方科技博览会为平台积极承接俄罗斯高新技术和先进实用技术的转移；绥芬河先后成功举办中国国际口岸贸易博览会、首届中俄果蔬肉食品采购大会和旅游节等，市民及商家店员均会讲俄语，被誉为“会说俄语的城市”“中俄友谊城”，与俄罗斯17个城市开展常态化人文交流；珲春与俄斯哈桑区、阿尔乔姆结为友好城市，加强与俄地方政府合作，先后举办和参与企业对接会、展洽会和学术研讨会，为区域经济合作搭建平台。

4. 生态优势

各口岸地处我国东北部及北部地区，蕴涵多种生态资源，对生态改善和环境保护起着重要的作用。该区域内有锡林郭勒草原和呼伦贝尔草原，大、小兴安岭及长白山等地的东北林区是我国最大的天然林区，区域内还有呼伦湖等多个湖泊和多条江河及多个国家地质公园。这种天象独特的生态优势将有助于发展农牧林业和跨境生态旅游业。

5. 政策优势

随着我国实施新一轮全方位对外开放，国家出台了面向东北亚开放的《黑龙江和内蒙古东北部地区沿边开发开放规划》《中国东北地区面向东北亚区域开放规划纲要》，旨在打造形成国家沿边开放的新高地、面向俄罗斯及东北亚开放的重要枢纽、沿边重要经济增长区域以及东北地区重要生态安全屏障。近年来，中俄两国共同编制实施了《中华人民共和国东北地区与俄罗斯联邦远东及东西伯利亚地区合作规划纲要（2009—2018年）》，2015年中蒙俄共同确定《中俄蒙发展三方合作中期路线图》。不久前，三方合作规划《建设中蒙俄经济走廊规划纲要》正式对外发布，将进一步推动中蒙俄三方合作走向深化。此外，我国实施的西部大开发战略、振兴东北战略及各类城市群发展战略等，都将对口岸经济发展提供重要助力。

6. 平台优势

目前，四大口岸均已建立起多个机制平台。二连浩特、满洲里、绥芬河是国家重点开发开放试验区，珲春是国家国际合作示范区。满洲里所处的呼伦贝尔市为中俄蒙合作先导区，珲春所处腹地长吉图区域为国家开发开放先导区。四大口岸拥有的常规化机制平台还包括边民互市贸易区、边境经济合作区、综合保税区及跨境贸易电子商务试点等，同时还正在争取设立跨境经济合作区、自由贸易试验区，并积极探索发挥大图们江次区域（GTI）合作机制的作用。此外，新创立的金砖国家开发银行、亚投行和丝路基金等区域金融机构也将为口岸经济发展提供融资支持。

（二）劣势

1. 俄蒙两国经济体量和市场规模较小

俄罗斯人口 1.4 亿人，2015 年 GDP 为 13260.15 亿美元。蒙古国人口 295.9 万人，2015 年 GDP 为 117.58 亿美元。可见，俄蒙两国经济总量偏小和市场规模不大，是制约“中蒙俄经济走廊”建设和相关口岸经济发展的重要因素。现阶段，蒙俄两国主要向我国出口矿产资源、原木以及初级工业品，进口轻工产品、机电产品、矿产品、食品、蔬果等，我国与蒙俄两国的贸易来往已初具规模和水平。但是，下一阶段如何通过相互间贸易促进三方投资和产能务实合作，推动我国优势产能、资本、技术、标准、服务走出去，进一步打开蒙俄国内市场，仍面临一定的困难和挑战。

2. 基础设施和产业基础薄弱

基础设施方面，二连浩特、满洲里、绥芬河和珲春是“中蒙俄经济走廊”的关键口岸城市，其基础设施相对要好于其他口岸。目前铁路、公路和航空立体交通网络已经形成，但各口岸的物流园区、产业园区等基础设施还不完善，与其相邻的部分口岸和边民互市点基础配套设施仍比较陈旧，口岸验货场、储货仓、联检查验设施等设施不完善、不配套，显著影响了物流人流的快速通关作业和口岸功能的整体发挥。产业发展方面，目前各口岸功能主要体现在货物过境通道上，其整体产业基础相对薄弱，相互关联效应不强，缺乏带动力强的支柱产业或主导产业，金融和电子商务等现代服务业发展还不够充分。

3. 体制、机制创新仍显不足

目前，四大口岸同走廊其他口岸之间的大通关效率仍然不高，报关自动化、查验和检验程序化、口岸信息化管理等有待逐步完善，陆路口岸与区外航空口岸、水运口岸等的高效合作和无缝对接尚未真正实现。从长远看，各大口岸城市在探索内陆沿边自由贸易试验区、推动重点地区开发开放等方面仍面临较大的压力和挑战。

4. 综合经济开发能力有待提升

各口岸城市综合开发意识较为淡薄，往往只注重口岸的门户、通道功能，而忽视培育和发挥口岸的综合经济开发功能。目前，各口岸产业集聚能力不强，作为产业集群重要载体的工业园区建设尚处于起步阶段，推进区域合作一体化的产业集群和产业链尚未形成，承接国内外产业转移、吸引外资等平台功能较弱，尚未能形成上下游配套产业链在当地的拓展与延伸，对周边地区经济和境外市场形成的辐射带动效应不强。

（三）机遇

1. 地缘板块的重要性与日俱增

国际金融危机爆发后，世界经济深度调整的重要特征之一就是亚洲经济板块地位的显著提升，其中东北亚经济合作的国际地位和重要性更加凸显。当前，俄罗斯正实施远东大开发计划，韩国实施东海战略，日本启动日本海西海岸中心港口建设，蒙古国积极支持中蒙大通道建设，为相关口岸经济发展与繁荣提供了重要的机遇窗口。

2. 政治互信和战略对接走向深化

目前看，中蒙俄地缘政治形势明显好于中亚、南亚地区，恐怖主义、分裂主义、极端主义等三股势力的干扰相对较小。中蒙俄经济结构互补、国家发展战略契合、政治互信度高，进一步激发了三国扩大合作的意愿，特别是我国的“丝绸之路经济带”与俄罗斯的欧亚经济联盟、蒙古国“草原之路”倡议有效对接，为相关口岸经济发展与繁荣营造了有利的大环境。

3. 相关政策规划实质推进

中蒙俄共同确定的《中俄蒙发展三方合作中期路线图》以及对外发布的《建设中蒙俄经济走廊规划纲要》，进一步明确了三方合作的重点方向和重点领域，有利于三方开展务实合作，把合作潜力转化为现实成果，为相关口岸经济发展与繁荣提供重要的动力支撑。

（四）挑战

1. 地缘政治错综复杂

受国际局势和历史因素影响，中俄、俄蒙以及中蒙之间的政治关系虽然总体较为稳定，但仍然不能避免受到大国关系和国际局势变化的影响。“中蒙俄经济走廊”建设涉及我国向东北亚地区的开放，不仅包括俄蒙两国，还涉及日本、朝鲜和韩国等国家，使东北亚地缘政治矛盾和复杂性不断显现。加之美国等域外大国利益博弈和战略介入，进一步加剧本区域利益的分化，增加了中蒙俄三方深度合作的不确定性。

2. 文化、宗教及体制差异较大

由于俄蒙两国在民族、文化、宗教及现行体制等方面与我存在差异，西方国家关于“中国威胁论”的声音和论调在两国也有一定的市场，往往表现为与我开展深度合作时的某种疑虑或防范心理，这显然不利于深化相互间的全面战略（协作）伙伴关系。

3. 蒙俄基础设施建设滞后且相关标准与我不同

俄罗斯远东地区和蒙古国基础设施落后，交通和供电通信等设施不配套、不完善，均难以满足走廊建设的现实需求。特别是蒙古国铁路覆盖率低，铁路线很不发达，运输线路少，铁路设备和技术老化，加上采用的是宽轨标准，致使二连浩特到乌兰巴托双线铁路改造及阿尔山至乔巴山铁路建设标准衔接上面临较大的难度。

二、“中蒙俄经济走廊”重点口岸经济发展思路与定位

（一）总体思路

认真贯彻“创新、协调、绿色、开放、共享”的新发展理念，坚持“四个全面”战略布局和“五位一体”总体布局，深入实施“一带一路”和沿边重点地区开发开放、国家创新驱动发展战略和“中国制造2025”等国家战略规划，主动适应和引领经济发展新常态，加强“丝绸之路经济带”与“欧亚经济联盟”和“草原之路”倡议的有效对接，加快实施《建设中蒙俄经济走廊规划纲要》，坚持“一条主线、二个依托、

三个更加”的发展路径，即以重点开发开放为主线，以区位、资源、产业、人文等资源特色优势和现有发展条件为依托，以现有规划政策和机制平台为依托，更加注重推动口岸经济结构调整和产业转型升级，更加注重推动口岸通道经济向口岸复合型经济转变，更加注重发挥小沿边、中沿边和大沿边（县级、地级、省级）协同开放、联动发展的重要支撑作用，加快形成分工合理、优势互补、协调发展、利益共享的开放新格局。

（二）发展定位

根据各主要口岸城市现有的基础条件，其发展定位应聚焦或突出以下六个方面：①成为全国沿边重点地区开发开放的新高地；②成为深化中蒙俄经济合作的窗口城市；③成为中蒙俄走廊建设的重要支点；④成为承接国内外产业转移的先导区和区域经济的新增长极；⑤成为创新绿色协调发展体制机制的试验区；⑥成为沿边地区睦邻、安邻、富邻的示范区。

三、主要对策建议

当前，各主要口岸城市应立足比较优势和基础条件，找准自身发展定位。在此基础上，利用好现有各类机制平台，突出合作重点领域，以“五通”促“五流”，即以加强政策沟通、设施联通、贸易畅通、资金融通、民心相通的“五通”为着力点，积极推动人流、物流、资金流、技术流、信息流的“五流”大发展与大繁荣，力争实现优势互补、协同开放、联动发展，具体政策建议如下。

1. 推进基础设施建设，加快优化重点口岸经济发展环境和产业体系

加强口岸境内、境外基础设施互联互通建设，加快优化口岸产业发展的软硬环境；积极承接东部沿海和国际产业转移，改造提升传统制造业，着力发展节能环保、新能源、新材料、高端制造等新兴产业，利用物联网等现代信息技术，建立服务门类齐全、市场秩序规范、要素与资源集聚的现代物流服务体系，大力发展保税物流、第三方物流、铁海联运物流、特色产品的大型批发市场和集散中心等。

2. 提升大通关效率，加快推动“互联网 + 口岸”模式成熟定型

借鉴全国自由贸易试验区经验，加快取消涉及口岸通关的行政审批事项，优化内部审批程序。利用互联网等新兴手段，加快推进“单一窗口”建设和“一站式作业”，

强化跨部门、跨地区通关协作，推动一体化通关管理。加快口岸跨境电子商务发展，立足综保区平台，发挥口岸优势，着力推进跨境电商产业园区建设，引进电子商务示范企业，鼓励传统企业“电商化”，积极发展 B2B、O2O 等模式的电子商务产业，加快推动口岸经济“互联网 + 口岸”模式发展壮大。

3. 利用好现有机制平台，加快推进体制机制创新

整合提升“中蒙俄经济走廊”建设、边境和跨境经济合作区、边境地区产业园区、境外产业园区、大图们江次区域合作（GTI）以及呼伦贝尔中蒙俄合作先导区等机制平台，切实用好国家重点开发开放试验区相关政策，发挥好亚投行、丝路基金和金砖国家开发银行等平台的融资支撑作用，继续发挥中国—亚欧博览会、中国—俄罗斯博览会等平台的建设性作用。探索创新体制机制，积极参与沿边金融综合改革，倡导设立东北地区发展银行和东北亚开发银行；力争早日加入全国自由贸易试验区试点行列，为建设中蒙俄自贸区或开展中蒙俄双边投资协定和自贸协定谈判奠定基础。

4. 加强协同开放、联动发展，为重点口岸经济发展提供重要的外部支撑

发挥好“大沿边、中沿边、小沿边”的联动开放、协同发展的综合效应，进一步优化口岸经济发展的空间格局。积极拓展“中蒙俄经济走廊”建设的空间辐射范围，充分发挥北京、天津、河北等地区参与中蒙俄重点口岸开发开放的比较优势和重要推动作用，不断增强对蒙俄两国经济的辐射力和带动力。

发扬历史传统　再造时代辉煌

李静杰（中国社会科学院学部委员　内蒙古自治区中俄蒙合作研究院特约研究员）

一、中俄蒙三国人民友好交往的历史悠久

著名的“万里茶道”从中国南方，通过蒙古沙漠和草原，穿过西伯利亚，直到莫斯科和圣彼得堡。1800 年，中俄一年的贸易额达到相当于现在的 16 亿人民币。茶道的兴旺带动了沿途的经济和城镇的发展，繁荣约 150 年。

1949 年 2 月初，在中华人民共和国建立之前，毛泽东就向来访的苏共中央政治局委员米高扬建议：建立把中国、蒙古国和苏联连接在一起的铁路。不久，斯大林就批准了这一建议。1956 年 1 月中蒙铁路正式通车。多年来，这条铁路运载着中俄蒙三国人民的友谊和各种物资，为促进三国人民的友好感情与经济繁荣做出了巨大的贡献。

遗憾的是，从 20 世纪 60 年代，中苏为争夺马克思主义的正统地位，两国关系开始疏远，甚至走上了对抗。中苏对抗的 20 年正是亚洲“四小龙”快速崛起的 20 年，也正是使自己落后的 20 年。实践证明，对中国与俄罗斯、中国与蒙古国来说，和则两利，斗则两败俱伤。中俄蒙作为近邻，除了合作共赢，想不到还有别的更好的出路。

二、中俄蒙区域合作面临难得机遇

2015 年 7 月 9 日，中俄蒙三国领导人发表《中俄蒙发展三方合作中期路线图》，说明三国把中俄蒙区域合作纳入国家发展战略，标准中俄蒙关系进入新的历史发展时期。

中俄蒙区域合作在天时、地利、人和等方面赢来了难得的历史机遇。对此，要加倍珍惜，充分利用。

三、关于欠发达地区发展的三两点建议

（一）人才问题

这是现在一个普遍的问题。我对内蒙古不太了解，对新疆和黑龙江的情况比较熟悉，好像情况也差不多，可以作为一个参考坐标。现在很普遍的一个问题，欠发达地区留不住人才。大家都知道，无论是俄罗斯也好、中国也好，经济都在转型，调结构、转方式，搞创新型经济。创新型经济说到底就是人才经济，没有人才什么都是空的。现在我们国内的欠发达地区和边境地区，人才流失的情况非常严重，留不住人。俄罗斯也面临这个问题。俄罗斯的人才流失到现在还没有停下来，人才大量地向外流失。

对这样一些地区来讲，很迫切的问题是解决人才问题。首先是用好人，把人留下来。我觉得政府应该下很大的功夫。最近报纸上报道了黑龙江省在这个方面采取的措施，明显使黑龙江的经济得到了改善。现有的人要用好，给他创造硬环境、软环境，把人留下来，这是第一。第二，要加紧培养人才。边境地区相对来讲教育比较薄弱，在培养人才问题上必须下大力气。人才培养当然是一个长期的事情，但是也不是长得不得了。根据我的经验，一个好的本科毕业生经过三四年的博士或者博士后的训练，就可以培养成一个高端人才。

我们现在要很好地利用中国国内的一个机遇，就是现在的学校、研究机构，包括公务员队伍，到了60岁就要退休，而这些人中有很多人有知识、有经验，可以说退休后这段时间是他一生当中最好的时期。我觉得我们应该把这些人请回来，用起来。在这个问题上日本做得非常好，中国台湾也做得非常好。我们应该去研究它们的经验。这是第一个问题，人才问题。

（二）建立现代化的服务体系，把人才、企业、技术、资金吸引过来

新加坡国土狭小，没什么资源，但是世界500强企业都在那里有基地，为什么？新加坡能够提供最好的现代化服务。我觉得咱们呼和浩特作为实验区，下决心培养五百到一千个高端的服务人才，这样就能够把企业、资金吸引过来，把人才吸引过来。现代化的服务体系包括内容是非常广泛的，要把人留住，把好东西吸引过来。

（三）“中蒙俄经济走廊”是一个开放体系

它不是封闭的，不是排他性的。我觉得“中蒙俄经济走廊”要尽量地向远处延伸。向俄罗斯至少得延伸到欧洲部分，延伸到发达地区；中国就要延伸到中国的长三角、珠三角、港澳台，甚至国外，延伸到整个东北亚。我有一个体会，做什么事情要想达到高水平，就要跟强者在一起，向强者学习，甚至向强者挑战，才能把自己练出来。姚明为什么要跑到美国去打篮球？因为美国篮球打得好。

搞经济我觉得也应该是这样，欠发达地区就要跟发达地区结合起来，要善于搭发达经济体的便车，甚至在发达经济体的肩膀上前进。只有这样，欠发达地区才能够实现赶超，才能够实现超越发展。

交通运输业基础设施与蒙古国经济外交

纳·巴特纳森　沃·诺敏策策格　策·朝鲁门　德·那仁达赖
（蒙古国国立大学商学院）

前　言

我国的运输物流业面临着众多需要改革的问题。近几年的经济结构变化、区域经济发展、人口迁移等诸多问题直接影响着运输物流领域的发展。一方面，覆盖全球的经济危机使蒙古国以及主要经贸伙伴国经济发展放缓、出口价格下滑，而外债增长、金融储备危机等问题减少了蒙古国的客流量和运输量，运输物流业发展处于低迷状态。另一方面，同中俄两国扩大双边经济合作，开始启动矿业合作大项目，使之推动了经济发展，提高了运输量和客流量的增长速度。由此看来，国内外运输量和税率变化之大，使蒙古国运输物流业有了起色，也面临着新考验。综上所述，研究运输物流业的发展基本情况和总体发展趋势是非常有必要的。

蒙古国的铁路使用率较高，国内公路使用率较低，航空路线只有一班通往首都的客运航空路线。现有的运输物流业基础设施不能满足日益增长的货物运输量和客流量。与之相关，迫切需要运输物流基础设施的改革和创新，这也要符合于国家发展方向。蒙古国在对运输物流业领域进行大规模投资之前，要把运输物流业政策紧密结合经济其他领域发展，把所有实施发展规划纲合成统一的政策纲要也非常重要。

经济政策的意义通过实施经济政策决定所产生的经济和社会效益来体现。决定能否成功的前提条件是如何制定该政策。我们以运输物流业基础设施发展问题开展了许多研究工作。其中包括，“修建南部地区的铁路在技术、经济上的可行性研究”（交通运输部）；“蒙古国铁路 2020 年发展战略”（纳·巴特纳森，德·那仁达赖，2010）；“蒙古国国立大学经济学院与能源资源企业按照签订协议建设铁路”（博·拉哈姆苏仁，纳·巴特纳森，2008）；“发展航空运输规划”（纳·巴特纳森，2008）等。

发展矿产业运输物流基础设施不仅仅是运输物流业的问题。运输物流主导蒙古国经济发展的能矿产业以及其他经济领域，对于地区经济社会发展来说意义重大。

要研究能矿产业运输物流网形成时，除了要研究大型矿床、新建工业园区的直接影响问题外，也要研究其间接影响。如，对国内运输运转的间接影响，对人口与劳动力的转移、迁移的影响，对国民经济其他领域的影响等问题。另一方面说，经济快速发展，运输物流业发展环境变化巨大，之前的研究成果也跟不上时代的步伐，新的研究的与时俱进与再创新成为合理的需要。

实施这项研究过程中，我们利用了我们研究小组今年完成的“总平衡动态框架”研究成果。在这项研究工作中我们研究了随着经济的快速发展导致的经济结构、运输量和客流量的变化，与此相关的运输物流业基础设施改革与创新的条件。还要包含运输物流业基础设施发展的基本方针政策要与宏观经济和其他领域的发展政策相结合的可能性。

在这个项目中，研究了关于发展运输物流业基础设施相关问题，如客运和货运量的增减变化取决于经济总体情况及其变化。而近几年的经济改革，直接受矿产业发展影响。因此，我们研究发展运输物流业基础设施时，也要揭示矿产业对经济中长期发展的影响。基于“总平衡模式”研究阐释了矿产业对经济发展影响问题。

我们在研究经济增长对运输量影响时，利用了上面提到的“总平衡模式”。同时将大型矿床和工业园的可行性研究和投资估算也纳入影响因素当中。

在计算出口、进口和过境运输量时，反映了经济内外环境、能矿产业大项目、项目的实施、扩大与周边国家的经济联系等问题。

计算铁路运输中所需的总机车数量、车厢数量时，利用了国际运输网协议中所属区域内运输结算方法。

在计算此领域现有的和未来可能会有的运输量时，估算运输物流业基础设施所需的投资量，并试着计算其差额。

以上提到的内容都是运输物流业基础设施发展战略的重要内容。

发展运输物流业基础设施是该领域的重要问题，其基础设施随着时代的发展不断改革，以保证供应运输量。

要发展运输物流业基础设施，需要有大量投资，需要国家和企业共同努力才有可能顺利完成。在这个研究范围内，经济快速发展，随之产生了基础设施不能满足增长的运输量等问题。想要解决问题要有正确的国家政策，需要国家和企业共同努力。在研究工作中，还要研究私营企业在发展运输物流基础设施所承担的任务、运输物流结构的总体蓝图、主要基础设施的容量、投资经费成本核算等问题。

现状研究

目前，政府正在对大型矿床建工业园区进行可行性研究，计算加工矿产品的数量。根据以上内容，画出铁路路线图和研究新建铁路的可行性，有些地方已经开始建新铁路，开始实施了计划中的铁路、航空和公路发展规划，联通省际的公路，重建国际机场等大型基础设施建设。此外，乌兰巴托市政府正在计划推出新的项目，以建立城市总体发展规划框架内的地铁和大型物流中心。

但是，运输物流业实施的所有规划还没有统一的政策文件，规划纲要不一致、不规范，还不能确定是否对经济发展有成效。因此，运输物流业所实施的规划纲要需结合经济其他领域的发展，尤其要符合大型矿产地和工业园区的发展。

蒙古国地处远离世界四大洋和主要交通通道，无出海口，工业不发达，主要靠农牧业和矿产原料直接销售到国际市场，用这些购买所需物品，不仅国外，国内的运输费用也很高。对于我国来说，铁路客运和货运的费用是最低的。

遗憾的是，蒙古国、俄罗斯共同控股的国有乌兰巴托铁路公司还没有完全市场化，目前国内的铁路网络完全被其控制，对国内外运输还处于垄断运营状态。该公司的基础设施，如机车和车厢已经陈旧不堪，近几年也没有更新换代，也很难满足日益增长的运输量。

近几年，乌兰巴托市铁路公司开通了新岔道口，加大机车力度，增加运输量，利用自动禁运设备等加大通关能力。正在努力突破现有的2.5亿吨货运量，达到3.0亿吨的货运量①。为了利用大马力机车，把铁路主干道的路基从现有的20厘米加深到35厘米。这需要高额的费用，要完全更新机车，需要大量资金。

蒙古国铁路干道利用率已达到最高值，为了加大过境货运量或国际大型矿床投入生产，加大干道货运能力并增加投资力度是必然的。从去年的统计数据来看，铁路货运总量为2150万吨，其中通过主干道通关的占其87%②。从这一点来看，铁路货运量稍加大，就会增加主干道的货运压力。因此，要建设能够满足国家经济发展

---

① N. Batnasan, D. Narandalai, 2010 Strategic plan of state owned "Mongolian Railway company - 2020".

② N. Batnasan, D. Narandalai, 2010 Strategic plan of state owned "Mongolian Railway company - 2020".

所需的运输量的基础设施，助推矿产业大型项目，推动经济运行的铁路新机构是非常重要的。

连接蒙古国北部边境苏赫巴托尔和南部边境扎门乌德口岸的铁路总长度为 1110 千米左右。修建 1 千米铁路需要 200 万美元，因此想要提高运输能力，需要 22 亿美元的投资。①

现在我们所用的货运铁路车厢和机车的平均使用年限是 25 年。在规定期限内更新的条件下，20 年以上的货运和客运车厢、机车等的所占比例不应该超过总数的 20%。但是，根据研究数据，乌兰巴托铁路公司所使用的 2600 节左右货运箱的 2/3，300 多个客运车厢，153 机车的 3/4 左右都已使用 20 年以上②，因此，近 10 年内铁路出现了大规模的损失和事故，同时 2000 多处出现了缺陷③。

随着开始启动矿产业大项目，铁路货运量也会大增长。尤其是南戈壁省大型矿床塔温陶勒盖煤矿和奥尤陶勒盖铜金矿，若开始运行，铁路货运量将增长 2.0 至 2.5 倍。另一方面，邻国经济发达，也有兴趣扩大双边贸易合作，因此过境运输量也会出现增长趋势。

在国家经济发展有可能加速发展的今天，乌兰巴托铁路公司已经表现出不能摆脱所面临的经济危机，不能改变技术落后水平，蒙古国铁路运输业也没有能力自主经营的现状。另一方面，蒙古国有《铁路法》，但没有能力自主完成修建铁路主干道以及进行改扩建，还不能自主决定国外火车过境，国外资金投资等诸多问题。因此有必要重翻在这个领域内签订的国际合作协议。如果不能改变 1949 年合作建设铁路协议问题，在建新铁路路线铺设路基必然会遇到公平竞争问题。

矿产地对经济发展的影响

虽然蒙古国的煤炭、铜和其他矿产品蕴藏丰富，是财政收入的主要来源和渠道。但在国际市场中这些原料和资源产品价格下跌，经济发展也会随之起伏不稳。国际市场的原料和能矿产品的价格下跌导致蒙古国外贸投资也出现下滑，2011～2013 年间经济曾出现过两位数增长，而目前只有 2.3% 的增长。

尽管如此，能矿产业仍然是蒙古国主要的经济来源，也引领着其他经济领域的发

---

① “Ган зам” сонины 2012 оны 3 сарын 15 – ны ? дрийн дугаар № 12.

② “Ган зам” сонины 2012 оны 3 сарын 15 – ны ? дрийн дугаар № 12.

③ Batnasan Namsrai. Mongolia’ s mining based development and trade policy. Economic Research Institute for North East Asia. ERINA Report. № 109, p43 – 49, Niigata city, Japan 2013.

展。其原因之一是能矿产业是出口和预算收入的主要来源；另外，出口能矿产品所得收入会增加总运输量，这也在支持其他领域的生产和就业。

蒙古国政府从2009年10月开始积极实施奥尤陶勒盖铜金矿合作利用投资协议，解决塔温陶勒盖煤矿合作利用等问题。已将国际大型矿床奥尤陶勒盖矿的3580万吨铜矿、1400吨金矿、塔温陶勒盖矿的65亿吨煤矿投入到经济运行中，这必然会加快国家经济发展①。

因此，一定要把奥尤陶勒盖矿和塔温陶勒盖矿投入到经济运行中，促使其加快刺激经济发展。我们在进行这项研究任务时，基于“总平衡动态模式”，从几个方面研究了大型规划纲要对经济发展的影响。

方案1：基础方案。若不实施奥尤陶勒盖矿和塔温陶勒盖矿的大型投资规划纲要，其增长趋势也会是原封不动。

方案2：共同开发利用奥尤陶勒盖矿和塔温陶勒盖矿（年均2000万吨）。如果奥尤陶勒盖矿每天可以开采8.5万吨铜产品，铜产品的价格按现价格或每磅3.54美元价，黄金价格以一盎司1715.00美元，银的价位以一盎司32.06美元来估价②。完全开发利用的话，总投资额为192亿美元，开采之前投资额要在政府部门指定范围内，即46亿美元。奥尤陶勒盖矿床总股份的34.0%是蒙方股份，66.0%是投资方股份，税收后纯利润的90%按利润大小来分发。按照奥尤陶勒盖矿投资协议，所得税为25%，增值税为0%，自然资源开发利用税为5%。

除此之外，塔温陶勒盖矿开采年均出口量为2000万吨，开采的1/3为焦煤，2/3是灰煤。焦煤能提炼出天然气、稀石油、沥青、硫酸铵、烈性铵等。目前1吨灰煤95美元，1吨焦煤为200～350美元。1000立方米天然气为150.0美元，1吨沥青350.0美元，1吨硫酸铵200.0美元，1吨烈性铵400.0美元，1吨稀释石油510.0美元。塔温陶勒盖矿开采所需的投资是21亿美元。在这个方案中所得税为25%，增值税为10%，自然资源开发利用税为5%。

方案3：共同开发利用奥尤陶勒盖矿和塔温陶勒盖矿（年均4000万吨）。塔温陶勒盖煤矿年均开采量是4000吨，投资量是24.4亿美元，其他情况与第二方案相似。③

---

① Batnasan Namsrai. Mongolia' s mining based development and trade policy. Economic Research Institute for North East Asia. ERINA Report, № 109 p43 –49, Niigata city, Japan 2013.

② Batnasan Namsrai. Mongolia' s mining based development and trade policy. Economic Research Institute for North East Asia. ERINA Report, № 109 p43 –49, Niigata city, Japan 2013.

③ Batnasan Namsrai: Mongolia' s mining based development and trade policy, Economic Research Institute for North East Asia. ERINA Report, № 109 p43 –49. , Niigata city, Japan 2013.

计算能矿产业大项目对蒙古国经济发展的影响时，考虑到国际市场的煤炭、铜、黄金价格增长和下滑 20% 情况。在计算时参考了奥尤陶勒盖矿投资方个人股份企业 2012 年拟定的《奥尤陶勒盖矿发展方案和实施总体规划》和矿产投资部制定的《塔温陶勒盖矿投资计划》做参考。

矿床投入生产直接或间接地影响国家经济发展。首先矿床直接影响国家 GDP 和贸易量的增长。2012 年统计年鉴中美元的平均价为 1359. 4 图，GDP 达到 13940 亿图。人均 GDP 达到 486. 25 万图或 3576. 7 美元。这是我们做比较研究的基准年。

从我们的研究成果来看，如果不实施大项目，假设前几年的经济总体增长为零的话，2015 年 GDP 增长到 29. 3%，2020 年达到 91. 0%，2025 年达到 201. 9%。如果前十年人口稳定增长，人口每年平均增长 1. 5%，2015 年人均 GDP 为 4490. 7 美元，2020 年达到 6157. 5 美元，2025 年达到 9031. 1 美元。

如果奥尤陶勒盖矿按原计划开发，塔温陶勒盖矿实施开发计划，且开采量每年增长 2000 万吨时，GDP 为 2015 年 72. 4%，到 2020 年增长 191. 1%，到 2025 年增长 276. 2%，人均 GDP 2015 年为 5986. 3 美元，到 2020 年达到 9382. 5 美元，到 2025 年达到 11255. 6 美元。

但是增长幅度受国际市场原料的价格影响，如果跌价 20% 的话，人均 GDP 是 2015 年 5535. 3 美元，2020 年 8565. 4 美元，到 2025 年时为 10647. 8 美元。如果增值 20% 的话，人均 GDP 为 2015 年 6437. 4 美元，到 2020 年为 10199. 7 美元，到 2025 年时为 11863. 5 美元。

塔温陶勒盖矿的开采量可以比现在增长 4 亿吨，按照现在的价位，人均 GDP 为 2015 年 7036. 4 美元，2020 年为 10357. 3 美元，2025 年为 12160. 4 美元。国际市场上，我国的主要原料价格下跌 20% 的话，人均 GDP 为 2015 年 6281. 3 美元，2020 年9257. 9 美元，2025 年 11290. 7 美元，如果增长 20% 的话，人均 GDP 为 2025 年7791. 4美元，2020 年 11456. 6 美元，2025 年 13030. 2 美元。

从 GDP 的结构来看，能矿开采和商业服务部门的所占比例增长，而其他领域所占比将有所下降。

采矿业在 GDP 中所占比例为 2012 年占 21. 9%，能矿产品价格由国际市场价格和大项目的实施所决定，到 2025 年所占比例有达到 39. 9% ~49. 3% 的可能性。

表 1 表示没有将矿床开采资源运输列入的主要道路的货运情况。

表 1 中的方案 1 是还没有开发利用时的情况，方案 2 和 3 是利用奥尤陶勒盖铜金矿和塔温陶勒盖煤矿时的情况，年均开采量为 2000 万吨、4000 万吨煤炭时，铁路运输的国内货运量预期效果。

表 1 **预测主干道运输量**

年	GDP					GDP + OT + TT1					GDP + OT + TT2				
	国内	出境	入境	过境	总量	国内	出境	入境	过境	总量	国内	出境	入境	过境	总量
2013	11281. 13	5961. 16	2800. 67	2309. 55	22352. 51	12714. 22	7317. 00	3318. 46	2309. 55	25659. 22	13685. 55	8235. 97	3669. 41	2309. 55	27900. 47
2014	11916. 17	6561. 97	3030. 12	2433. 33	23941. 59	15767. 11	10205. 32	4421. 49	2433. 33	32827. 25	18200. 44	12080. 60	5137. 65	2433. 33	37852. 02
2015	12679. 38	7284. 04	3305. 87	2564. 54	25833. 83	17086. 40	11453. 49	4898. 16	2564. 54	36002. 59	19650. 94	14404. 85	6025. 26	2564. 54	42645. 58
2016	13516. 14	8075. 70	3608. 20	2703. 61	27903. 65	19376. 58	13620. 21	5725. 62	2703. 61	41426. 02	22080. 19	16821. 25	6948. 07	2703. 61	48553. 13
2017	14406. 56	8918. 11	3929. 91	2851. 04	30105. 62	21551. 56	15677. 95	6511. 45	2851. 04	46592. 01	24402. 60	19011. 63	7784. 57	2851. 04	54049. 83
2018	15357. 32	9817. 62	4273. 43	3007. 30	32455. 68	24133. 17	18120. 40	7444. 21	3007. 30	52705. 08	27140. 48	21524. 54	8744. 23	3007. 30	60416. 55
2019	16390. 12	10794. 75	4646. 59	3172. 95	35004. 40	27374. 57	21187. 06	8615. 35	3172. 95	60349. 94	30547. 52	24628. 63	9929. 67	3172. 95	68278. 77
2020	17533. 26	11876. 26	5059. 61	3348. 53	37817. 67	28732. 95	22472. 21	9106. 14	3348. 53	63659. 83	32081. 48	25933. 67	10428. 05	3348. 53	71791. 73
2021	18817. 69	13091. 46	5523. 69	3534. 65	40967. 48	29251. 22	22962. 55	9293. 40	3534. 65	65041. 82	32785. 87	26434. 56	10619. 34	3534. 65	73374. 42
2022	20276. 71	14471. 82	6050. 84	3731. 93	44531. 29	30346. 11	23998. 42	9688. 99	3731. 93	67765. 45	34078. 05	27476. 04	11017. 08	3731. 93	76303. 10
2023	21948. 07	16053. 09	6654. 72	3941. 06	48596. 93	32404. 33	25945. 68	10432. 64	3941. 06	72723. 71	36345. 39	29426. 29	11761. 86	3941. 06	81474. 59
2024	23877. 36	17878. 37	7351. 78	4162. 72	53270. 23	33897. 50	27358. 36	10972. 13	4162. 72	76390. 72	38060. 23	30840. 55	12301. 96	4162. 72	85365. 46
2025	26121. 74	20001. 77	8162. 69	4397. 69	58683. 90	35143. 90	28537. 57	11422. 47	4397. 69	79501. 64	39541. 60	32020. 61	12752. 62	4397. 69	88712. 51

矿产业发展间接影响了国内流通加速，国内生产需求增加，运输量也随之加大。利用矿床对运输量的影响和总平衡模式计算 GDP 增长，利用总平衡动态框架模式来研究运输量变化问题。

首先，来看看铁路运输的影响因素。研究以上货运量影响因素之间的关系，铁路货运量是影响 GDP 的主要因素，以上提到的 GDP 预测表格中列出了 2025 年铁路货运量。

运输量用 y 表示，GDP 用 x 表示。如果是 $y = \beta_0 + \beta_1 x$ 的线性关系的话，其计算值与实际值之间的关系可以用方程 $u_t = y - \beta_1 x$ 表示。

误差修正模型方程如下：

$$\Delta y_t = \alpha_1 + \alpha_2 u_{t-1} + \alpha_3 x_t + \alpha_4 x_{t-1} + \alpha_5 y_{t-1} + t$$

$$\Delta x_t = x_t - x_{t-1}$$

$$\Delta y_t = y_t - y_{t-1}$$

x_t——t 年 GDP；y_t——t 年国内货运需求量。

同时对俄罗斯、中国的 GDP 增长率影响过境运输量的情况进行预测。我们预算的铁路运输机构包括地方、入境，出境和过境运输所占比例情况。请看表 1。

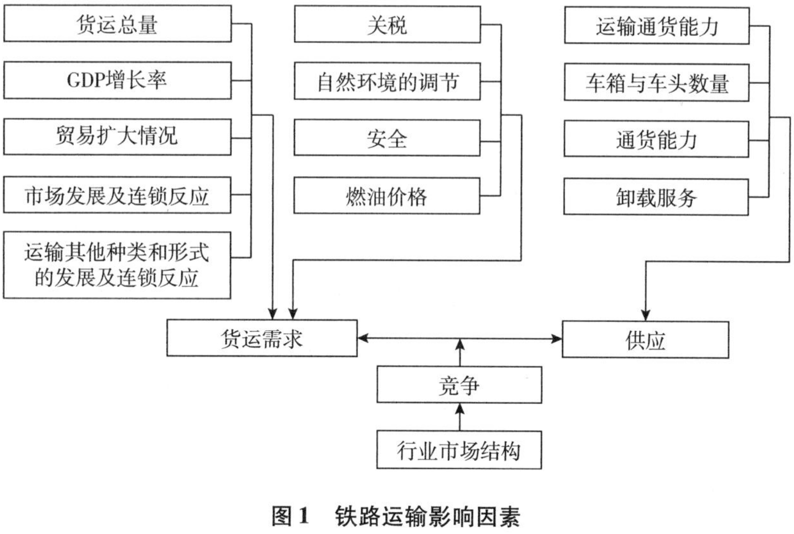

图 1　铁路运输影响因素

为了运输上述量的货物，除了双向运输外，主干道铁路货运机车、车厢数量要大量增加。表 2 中列出了开采利用大型矿床后，铁路干道所需的车厢和机车数量。要实施铁路设备的大量更新需要 6 亿 ~ 31 亿美元的投资。扩建蒙古国、俄罗斯联合建设的铁路干道，虽然可以提高货运速度和货运量，但从大型矿床开采的产品不能直接投入到市场。同时，政府欲设立大型工业园区，因此实现的可能性较小。如额尔登特、达尔罕、赛音山达等工厂与市区不联通，因此一方面原料未经加工直接出口的状况不会有大的变动；另一方面，这些工业中心无法获取原料。在政策方面，矿产地要与铁路主干道联通是非常重要的。

表 2　　乌兰巴托铁路干道所需的车厢和机车数量

年					车厢			
	方案 1	方案 2	方案 3	其中过境	方案 1	方案 2	方案 3	其中过境
2013	6126	6555	7137	1010	78	89	97	13
2014	6744	8579	9667	1073	86	116	133	14
2015	7308	9377	11338	1137	93	127	152	14
2016	7995	10843	12980	1203	102	148	175	15
2017	8737	12256	14464	1270	111	168	196	16
2018	9479	13834	16046	1339	121	191	220	17
2019	10254	15735	17914	1410	132	220	249	18
2020	11143	16637	18778	1483	144	234	264	19
2021	12082	17013	19098	1556	157	241	272	20
2022	13113	17699	19721	1629	172	253	284	21
2023	14273	18921	20879	1703	190	274	306	23
2024	15576	19827	21719	1776	210	291	323	24
2025	17027	20569	22392	1847	233	306	338	25

现在政府已经把建设南部铁路事宜交给国营乌兰巴托铁路公司，把从塔温陶勒盖到奥尤陶勒盖再到边境的铁路建设项目交给私营企业。

想要将奥尤陶勒盖和塔温陶勒盖矿床联通国际市场，有四个基本方案。一是从塔温陶勒盖矿到奥尤陶勒盖矿的距离为 126 千米，从奥尤陶勒盖矿到边境的距离为 80 千米，铁路可以运输煤炭、铜等产品，直接与中国市场接轨。二是从奥尤陶勒盖矿到塔温陶勒盖相距 126 千米，塔温陶勒盖矿到朱恩巴彦的 496 千米可以用铁路干线联通。三是联通朱恩巴彦—塔温陶勒盖—奥尤陶勒盖—嘎顺苏海图 725 千米铁路的建设方案。四是扩大第三方案，可以在原有的路线上联通赛音山达到乔巴山的路段。上述运输南部大型矿床开采的原料的方案各有利弊。

如，第一方案是用最少投资直通销售市场。如果铁路轨道建成窄轨，不转运可以用最少的费用把原料直接运往销售市场。艾芬豪公司从奥尤陶勒盖矿往中国运输铜产品时，公路运费每吨 38 美元，铁路运费按现在的汇率算为 20 美元。因此，如果建设从塔温陶勒盖矿到奥尤陶勒盖矿的铁路的话，艾芬豪公司当然会选择费用少的运输通道。虽然建设联通塔温陶勒盖矿、奥尤陶勒盖矿、嘎顺苏海图路线的费用少，有联通中国市场的可能，但是在矿产地与铁路干道不联通的情况下，这些矿产品不可能在国内加工或不能出口，而会原封不动地留下来。中国政府已经通报说，不允许他国煤炭在本国国土上运输。

第二个方案需要大量投资，且通过绕道货运转运才能在市场销售。与此同时，主干道的货运量加大后，赛音山达—扎门乌德之间扩建双向铁轨，会加大运输能力。这个方案也有其优势。如，从过去的外贸统计来看，1 吨灰煤在国际市场的价格为 30 ~ 40 美元时，仅以 15 ~ 20 美元的价格卖给了中国。为了提高矿产品的价格，用拍卖式向其他市场销售也很重要。在南部人口聚集地建造具有战略意义的矿床并联通国内欲建的加工业园区，把矿产品销售到俄罗斯、欧洲、日本、韩国市场。为了高价销售，新建奥尤陶勒盖矿和塔温陶勒盖矿联通主干道的铁路。联通奥尤陶勒盖矿、塔温陶勒盖矿和朱恩巴彦矿床的铁路，沿线新建起的居民聚居区有望与其他地区联通。

如果选择第三个方案，那么可以选择第一个和第二个方案一并使用。在选第三个方案的情况下，铁路建设用第一和第二方案的任何一个时，会出现与上面提到的相同的负面问题。这个方案的缺点是，矿产地与主干道联通地段利用率会受限制。

第四个方案是投资额度最高，但路线可以从矿产地把原料通过俄罗斯送往日本、韩国市场销售，甚至可以将我国东部地区与其他地区联通，也可以基于东部地区的原油储备，可以在国内发展石油化工厂。赛音山达—额仁察布—弗拉基沃斯托克路线（需要通过中国北部和俄罗斯）的运输费用高，但与俄罗斯方面建立了运输优惠协议（在俄罗斯境内有 52% 的优惠协议），即在支持无出海口的国家和地区协议范围内可以缩减运输费。把奥尤陶勒盖矿床和塔温陶勒盖矿床与主干道连接的方案二、三、四是具有远见的方案。

我们在研究中提到新建铁路路线，在核算经济效益时，计算出直接或间接影响，核实每个方案的优点和缺点之后，会选择最佳方案。

方案 1：塔温陶勒盖—奥尤陶勒盖—嘎顺苏海图铁路（226 千米）。这个方案由私营企业参与实施，这条路线的建设已经接近尾声。预计将要运输 3000 万 ~ 4000 万吨煤炭、1000 万吨左右焦煤，180 吨铜产品。但之前提到的中国大大减缩了煤炭、铜产品的进口量，因此这个方案是否有经济效益还在进一步研究当中。

方案 2：嘎顺苏海图—奥尤陶勒盖—塔温陶勒盖—朱恩巴彦铁路路线。从塔温陶勒盖到朱恩巴彦修建 370 千米铁路，可以将奥尤陶勒盖矿—塔温陶勒盖矿联通赛音山达工业园区。用这个方案可以将灰煤和焦煤从塔温陶勒盖矿运往赛音山达工业园区的焦煤厂、电厂，缓解嘎顺苏海图铁路货运压力。这样焦煤厂可以将产品供应给达尔罕冶金厂和额尔登特铜冶炼厂。

从矿床至冶金厂的 40 千米运输铁矿石铁路是由私人投资建设的。冶金厂的年均生铁加工量达到24万吨，用主干道运输，可以送往赛音山达金属厂销售。额尔登特铜冶炼厂年均熔化铜产品50万吨，加工纯铜13万吨，也可以出口。

方案3：能满足第1和第2方案所有内容。

方案4：奥尤陶勒盖—塔温陶勒盖—朱恩巴彦—赛音山达—乔巴山铁路。这个方案的特点是联通赛音山达和乔巴山，新建540千米长的铁路，并在西乌尔特市迁建原油加工厂。这个方案可以将24～27吨煤炭（嘎顺苏海图合作工业协议框架内）与10亿吨铜产品一同用嘎顺苏海图铁路运往中国市场销售，剩余的8亿吨铜产品和20～25吨煤炭、105亿吨焦煤运往赛音山达工业园区。这里的生铁、铜产品和焦煤等经过加工后出口成钢、纯铜、焦炭等。该方案的特点是从赛音山达向扎门乌德口岸销售的焦炭、煤炭、纯铜和钢通过二连浩特和俄罗斯弗拉基沃斯托克口岸再运往日本和其他市场销售。如果新修建铁路时选择了上述第2和第3方案从矿产地运货的话，主干道货运量将大幅增长。选择以上方案时，赛音山达与扎门乌德间235千米路段可以修建双向铁轨。因此，在扎门乌德口岸将宽轨铁路变成窄轨铁路路段，再修建换轨道或换运货站等是必然的。

关于铁路轨道宽度问题，我们曾与国家安全委员会开会讨论。南部的能矿资源的开采销售的主要出口市场是中国，而中国铺设的是窄轨。蒙古国铺设的宽轨不能直接接轨中国的窄轨，因此需要换轨道。换轨道会增加运输费，放缓运输速度。因此，运往中国的铁路铺窄轨，而塔温陶勒盖与主干道联通路段要用宽轨。关于铁路轨道问题政府在国家大呼拉尔决议草案中提道：联通塔温陶勒盖—嘎顺苏海图，赛音山达—扎门乌德，乎沃特—毕其格图的铁路新路线用1435毫米窄轨，茂盖河—额尔登特，塔温陶勒盖—赛音山达—西乌尔特—霍特—乔巴山，霍特—诺木日格方向的工业中心的铁路，联通城市的铁路新路线用1520毫米轨道。

关于铁路的建设、利用和负责等方面有国有和私营等诸多方案。依照铁路新法，道路运输基础设施的51%必须属国家所有。在蒙古国的铁路总股份中占50%的俄罗斯对此不会感兴趣。如果国家开始实施新建铁路计划的话，很多矿业公司会投资铁路建设，铁路路线也会增多。交通和旅游部鼓励和支持个人投资，接受了部分非官方建设铁路建议，提供了联通塔温陶勒盖—奥尤陶勒盖—嘎顺苏海图铁路许可证，不管用哪项方案，实施这些方案需要大量的投资。

如果选择第1个方案，需投资6亿～7亿美元，第2个方案需投资25亿～26亿美元，第3个方案需投资26亿～28亿美元，第4个方案需投资49亿～53亿美元。

结 论

在全球化的今天，每个国家都在利用国际市场，改善贸易成交量，提高贸易效益和外贸平衡，提高人民收入和生活质量。蒙古国是“无出海口”国家，经济外交政策是降低运输成本，在国际市场中自由竞争，逐步提高人民生活水平。

蒙古国把国际型大矿床投入到经济运行中，在其基础上发展加工厂，提高矿产业的经济效益，与贸易主要合作伙伴要加强扩大经济合作。为了成功实施对国家长期发展有利的方案，特别关注发展运输业基础设施等问题，选择正确方案是非常重要。

我们的结论是：①矿产地联通市场和主干道，可以选择第三个方案；②原料不转运可以低价出口，政府通过国家大呼拉尔解决铁路轨道问题；③近几年，要尽早从第三方案转入第四个方案。以上也是我们所提出的对策建议。

参考文献

[1] Adner, R. , and Levinthal, D. A. What is not a Real Option: Considering Boundaries for the Application of Real Options to Business Strategy", Academy of Management Review, January issue, 2004.

[2] Altshuler, A. , and Luberoff, D. Mega - projects: the changing politics of urban public investment" . Washington, The brookings InstitutionUSA, 2003.

[3] Batnasan. N, Nomintsetseg. U. , Tsolmon. Ts. Developing the transport and logistics networking for mining sector. UB 2015. Journal of Business and Innovation. volume 1, p38 - 49, Business School, National University of Mongolia.

[4] Batnasan Namsrai. Mongolia' s mining based development and trade policy. Economic Research Institute for North East Asia. ERINA Report, № 109 p 43 - 49. , Niigata city, Japan 2013.

[5] European Committee. The Green Paper: Towards a European strategy for the security of energy supply, 2000.

[6] European Committee. The White Paper: European transport policy for 2010: time to decide, 2001.

[7] Flyvbjerg, B. , Bruzelius, N. , and Rothengatter, W. Megaprojects and Risk: An anatomy of Ambition. Cambridge University Press, Cambridge (UK), 2006.

[8] Jonas Jonaitis. Planning of the amount of trains needed for transportation by rail. Transport. - Vol XXII, No 2, 83 - 89, 2007.

[9] Law, S. M. , Mackay, A. E. , and Nolan, J. F. Rail Infrastructure Management Policy: Applying a Real Options Methodology. Public Works Management & Policy, Vol. 9, No. 2, pp 145 - 153, 2004.

[10] Levinson, D., Mathieu, J. M., Gillen, D., and Kanafani, A. The full cost of highspeed rail: an engineering approach. Annals of Regional Science, Vol. 31, pp. 189 – 215, 1997.

附 件

运算方法

动态产品的计算按照区域内铁路使用情况来运算。总运算方法请看以下表格：

火车昼夜货运量用以下公式计算：

$$N_{дч} = \frac{Г_t \times K_{жб}}{365 \times Q_{бохир} \times \varphi}$$

$N_{à÷}$——昼夜运输的火车数量

Г——t 每年运输的货运量，吨

$K_{жб}$——不平衡的货运系数

$Q_{бохир}$——火车毛重，吨

φ——火车净重与毛重重量比

计算火车车厢公式：

$$N_{вагон} = \frac{Q_{бохир} \times \varphi}{Q_{ст}}$$

$N_{вагон}$——火车车厢数量

$Q_{бохир}$——火车毛重量

$Q_{ст}$——露天车厢静载荷

φ——火车净重与毛重重量比

运行中的火车数量用以下公式计算：

$$n_p = \frac{1}{24}\left[\frac{\Sigma ns}{\upsilon_r} + \Sigma n_k t_k + n_t t_t\right]$$

n_p——运行中的车厢数量

Σns——车厢运行，车厢/千米

υ_r——火车运行速度，千米/小时

$\Sigma n_k t_k$——装卸时间

$n_t t_t$——技术服务与修理时间

车厢总数的计算公式：

$$n_{инв} = n_p \times (1 + \beta)$$

$n_{инв}$——车厢总数

n_p——运行中的车厢数量

β——非运行车厢运算系数

俄罗斯与中国及上合组织其他成员国在燃料和能源领域的合作

卡普斯特金·瓦季姆（俄罗斯圣彼得堡国立大学副教授　经济学副博士）

苏联解体后，俄罗斯进入了国家经济发展的崭新时期。作为历史既成的原油、天然气等燃料的全球最大生产国和出口国之一，俄罗斯迅速把目光瞄准国外市场需求，把燃料出口作为一项重要的发展战略。原油从20世纪70年代开始就已是俄罗斯（苏联）的头号出口商品。天然气和成品油（这两者是俄罗斯仅次于石油的最重要出口商品）的价格取决于原油价格。无论是过去还是现在，原油和其他品种燃料的出口都对国民经济产生着最重大的影响。GDP增长、国民收入、出口收入、本国货币（卢布）汇率、财政收入、居民生活水平和其他所有最重要的国家宏观经济指标都受到国际原油价格水平的巨大影响。见下图1和图2。

图1所示为2004~2014年俄罗斯国内生产总值与原油价格水平的关系曲线图。图1中的两条曲线彼此非常靠近，尤其是2008年以后，石油价格的增长速度下降几乎立刻影响到俄罗斯的国内生产总值增长速度随之下降。原油价格的增长几乎使俄罗斯的经济产生同样的增长。对油价的这种依赖性对于俄罗斯来说是不健康的，尤其是当油价起伏非常大时，而且目前油价是在纽约和伦敦商品交易所（分别为NYMEX和ICE）定价，而俄罗斯政府和国内的大型公司对国际原油定价过程的影响力相对较低。

20世纪90年代，燃料在俄罗斯出口中所占比重为40%至43%。当主要出口商品跌价时，俄罗斯的出口收入则下降得更低。这导致市场上的外汇不足，卢布也相应地会严重贬值。1992年12月31日的汇率为1美元兑换434.00卢布，与之相比，1990年10月31日的汇率为1美元兑换0.63卢布（在短短两年时间内几乎贬值了700倍）。到1993年1美元已经可以兑换1247.00卢布（三年时间里几乎贬值2000倍）。汇率的疯狂下跌刺激进口商品价格增长并最终导致国内的高通货膨胀。

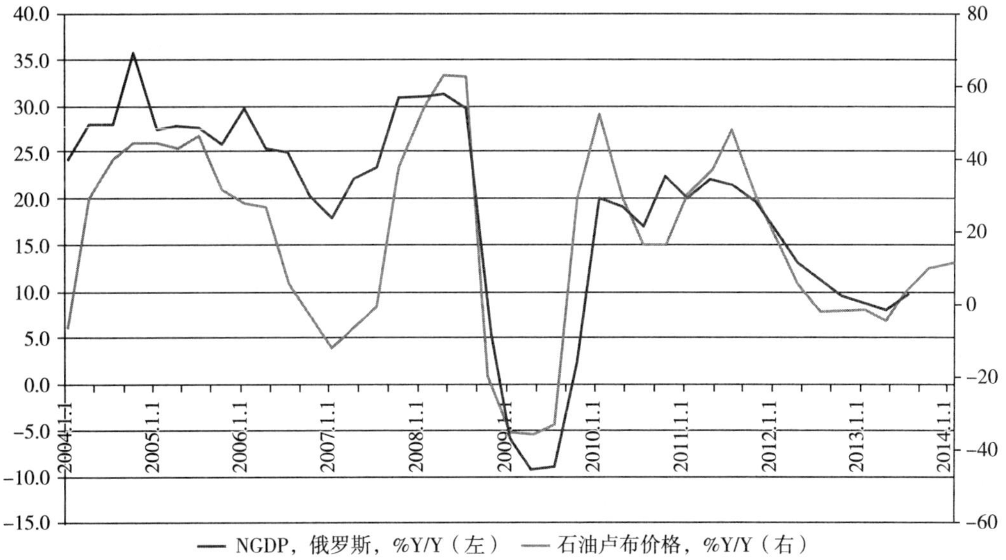

图 1 俄罗斯经济与石油的关系曲线图（GDP 和石油价格）

资料来源：俄罗斯联邦国家统计局，国际能源署（IEA）。

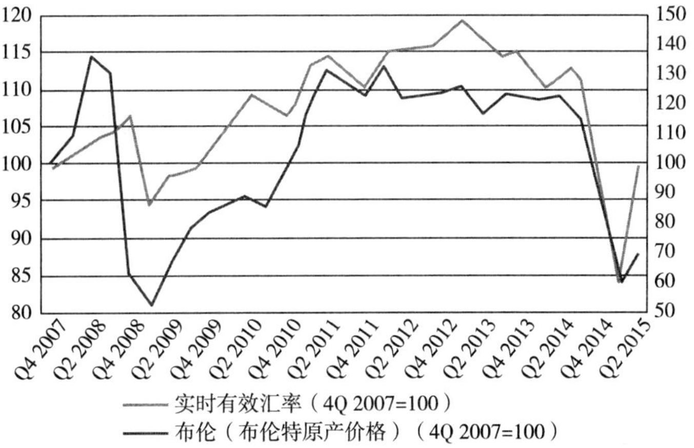

图 2 俄罗斯经济与石油关系曲线图（石油价格对卢布汇率的影响）

资料来源：俄罗斯联邦国家统计局，俄罗斯银行，国际能源署（IEA）。

图 2 所示为 2007 年至 2015 年期间原油价格对俄罗斯国家货币（卢布）汇率的影响情况。图 2 中的两条曲线在整个观察期都十分靠近。卢布汇率几乎与国际原油价格的上涨和下跌同步。

此外，燃料的生产和出口对于俄罗斯经济的增长和卢布汇率具有十分重要的意义，燃料资源对于财政收入有着举足轻重的影响。石油和天然气收入构成了俄罗斯联邦财政收入的主体。根据俄罗斯财政部的数据，2013 年，俄罗斯联邦 50% 的财政收入来自开采税、销售税以及原油、成品油和天然气的出口关税。

俄罗斯是全球原油和天然气已探明储量的主要拥有国之一。根据 British Petroleum（BP）最新数据，在拥有原油已证实储量的主要国家中，俄罗斯（以 1030 亿桶储备量）位居第六位（仅次于委内瑞拉、沙特阿拉伯、加拿大、伊朗和伊拉克）。在天然气方面，俄罗斯的已探明储量居世界第一位。累计来看，俄罗斯是石油、成品油和天然气的最大出口国。俄罗斯的天然气储量长期处于主导地位。BP 数据显示，俄罗斯天然气的最新已证实储量已经从 2013 年的 31.25 万亿立方米增加至 32.6 万亿立方米。俄罗斯曾经长期是全球石油和天然的主要生产国，但是美国的页岩革命促使北美的能源产量飞跃式增长，1975 年起美国首次超过了俄罗斯和沙特阿拉伯，成为全球最大的石油生产国。根据俄罗斯联邦海关署的数据，2013 年至 2014 年，俄罗斯出口收入总额的 2/3以上（68%）来自销售这几种燃料（见图 3）。

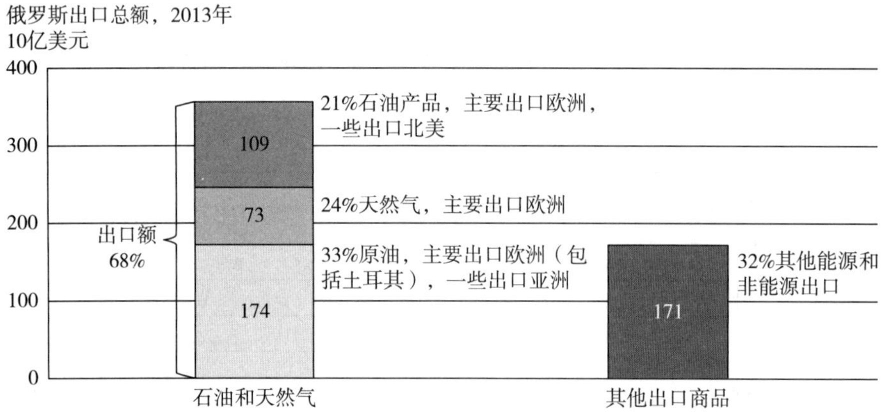

图 3　燃料在俄罗斯出口中的比重

资料来源：EIA（美国能源信息管理局），俄罗斯海关署，http：//customs. ru/index. php? option = com_content&view = article&id = 13858&Itemid = 2095。

最近 25 年时间里，俄罗斯历届领导人都表达了希望改变出口商品结构和摆脱对燃料出口严重依赖的愿望。遗憾的是，实际情况与美好愿望至今仍相去甚远。俄罗斯政府至今没有做出任何切实改变局面和减少这种依赖性的真正认真的尝试。

中国是世界上人口最多的国家，中国已经在 2014 年成为全球最大的经济体。如以美元计算，中国目前是仅次于美国的第二大经济体。中国经济在 21 世纪显示出了最高的平均增长速度。例如，2000 年至 2011 年，年平均增长速度达到 10%。而显然，国民经济的数量和增量都要求国家消耗大量的能源。结果是中国在 2014 年消耗了全球能源总量的 23% 和能源消耗净增长量的 61%。2014 年的全国能源消耗量增长了 2.6%，这一数值不到十年平均增长速度（6.6%）的一半，是1998年以来的最低值。在可采燃料中，天然气消耗量有所增长（+8.6%），之后是石油（+3.3%），煤炭的消耗增量只有0.1%。

中国目前仍然是全球最大的能源生产国，占全球总生产量的19.1%。但是，中国的能源消耗量远远高于其生产量，在原油和天然气方面体现得尤其明显。2014年，在中国的燃料消耗量中，天然气的增长最快（+8.6%），之后是石油（+3.3%）和煤炭（+0.1%）。中国的能源平衡正在继续推进。同时煤炭仍然是主导的燃料品种（其占中国能源消耗量的比重为66%），这一数值是这种固体燃料所占的最低比重值，远远低于2015年左右74%的最大值。能耗（单位产量所消耗的能源量）减少了4.5%，这是自2008年以来的最大减少量。图4显示的是中国的原油消耗量和生产量的差值。

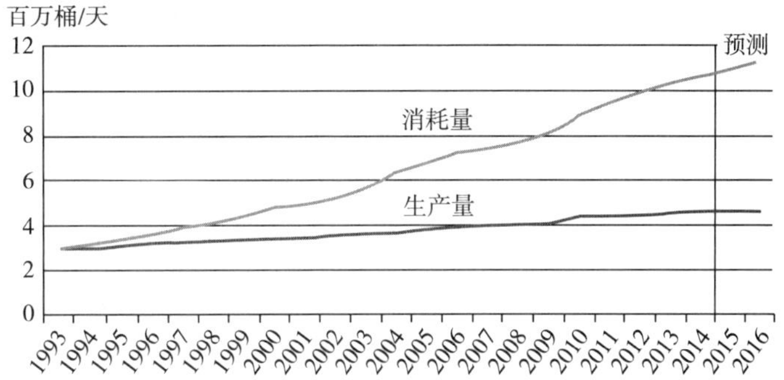

图4　1993~2016年中国石油生产量与消耗量

资料来源：EIA（美国能源信息管理局），https：//www.eia.gov/beta/international/analysis.cfm? iso=CHN。

图4显示，中国的原油消耗量与生产量在1993年出现脱节并自此不断加剧。中国的石油和其他液态烃的生产量居世界第四位。最近二十年，中国国内的原油开采量几乎增加了50%，并仅供国内市场使用，图示观察期内的生产量没有跟上需求的增长量。

中国的原油消耗量的年增长速度在不久前的2010年达到最大值11%，之后有所下降。最近一次的全球金融和经济危机在这其中产生了影响，中国政府也相应地出台了减少过度投资和降低加工业产能的政策。尽管增长速度放缓，根据美国能源信息管理局（EIA）的评估，2014年全球1/3以上的石油需求量仍然在中国。2014年，中国每天消耗约1070万桶石油，这一数值比2013年的多出370000桶或接近4%。

能弥补消耗量与生产量之间这种落差的方法只有依靠进口。根据EIA的数据，2013年末，中国超过了美国，成为世界最大的石油和其他液态燃料的净进口国（地区）。根据2014年统计结果，中国的石油净进口量增加了8.4%，达到每天700万桶，这是中国历史上的最高值，中国也因此成为最大的原油进口国（地区）。见下图5。

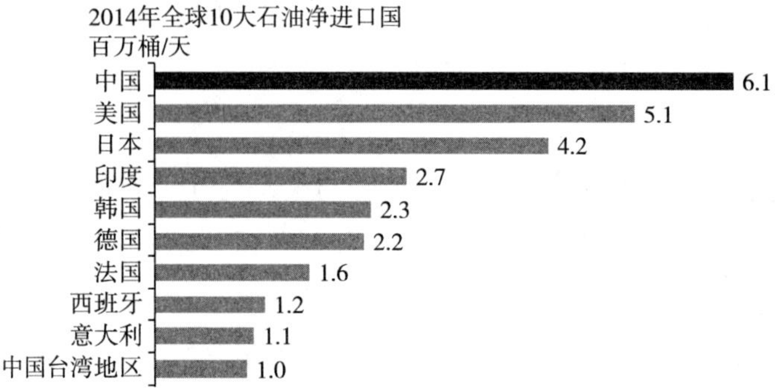

图 5　2014 年全球 10 大石油净进口国（地区）

注：总产量预测少于消耗量，未计算原有储量。
资料来源：EIA（美国能源信息管理局）。

传统上，煤炭是使用最广泛的能源品种，当然，这是对于可采燃料来说。中国约 2/3 的能源需求量由煤炭提供。但是这种燃料也恰恰是最不环保的污染型燃料。由于大量地使用煤炭，中国因制造动能产生的二氧化碳排放量高居世界之首。最近 10 年，中国正在努力使能源载体的供应形式多样化。但是目前为止，像水电（8%）、天然气（5%）、核电（约 1%）以及其他可再生能源（1% 以上）等能源加在一起也仅构成了中国能源总用量的约 15%。中国政府期望提高天然气在能源总量中的比重，至少在 2020 年前能提高 10%，从而降低因过度使用煤炭而导致的高污染水平。最近 10 年内，中国的天然气用量已经有大幅度地增长。

图 6 显示，2007 年前，中国的天然气生产量高于消耗量，因此，国家需要出口多余的天然气。但是，2007 年以后的情况则完全相反，中国开始进口天然气。2007 ~ 2009 年，天然气净进口量相对还不大，但是从 2010 年起，中国天然增加管道天然气以及液化天然气的进口量。

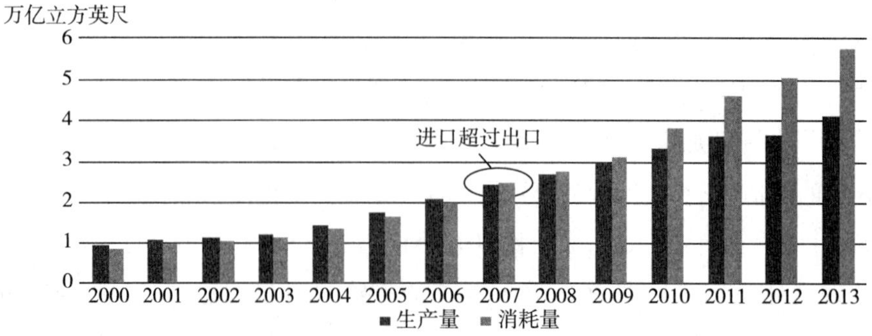

图 6　2000 ~ 2013 年中国的天然气生产量与消耗量

资料来源：EIA（美国能源信息管理局）。

对于中国的邻国来说，最为合理的途径是按照国际分工以及绝对优势和比较优势理论开展合作。如上所述的中国天然气和石油的生产量滞后于需求量，应当通过进口加以弥补。作为俄罗斯最重要的出口产品，燃料在向中国的出口供应中也扮演着最重要的角色。2011 年，梅德维捷夫总统和胡锦涛主席宣布，两国的双边贸易额在 2015 年前达到 1000 亿美元，在 2020 年前达到 2000 亿美元。这两个目标在最初看来是可以达到的，燃料被作为俄罗斯向中国出口的主要商品。根据中国海关和俄罗斯经济发展部的数据，2003 ~2012 年间，两国的贸易额平均每年增长 26.4%。2010 年，中国成为俄罗斯最大的贸易伙伴，并至今仍然保持这一地位。

燃料是俄罗斯向中国出口商品的最重要组成部分。前文所述的不良商品结构和对原油价格的高依赖性促使俄罗斯政府在减少燃料在国家出口结构中的比重方面做出了一定的努力。但是同时，俄罗斯的其他出口商品对于中国和其他潜在购买国的吸引力并不像燃料那么大（现代武器和军事设备是极少数的例外）。不管怎样，目前，原油和其他燃料品种在俄罗斯向中国的出口商品中仍占主导地位。根据最新官方数据，2015 年，燃料的比重几乎是所有其他商品总和的两倍（占出口总额的 60.7%）。但是同时，从中国这个北部邻国供应的原油尤其是天然气的数量并不像应有的那么多。图 7 所示为俄罗斯石油和其他供应大国的石油在中国进口结构中的比重。

2014 年末，俄罗斯以 11% 的比例成为中国石油的第三大进口国，位居两个石油大国（沙特阿拉伯和安哥拉）之后，仅比第四大出口国（阿曼）略高。与此同时，俄罗斯本有能力向中国供应更多的石油（至少比安哥拉多），但是交通运输基础设施的欠发达造成了一定的负面影响，限制了出口的可能性。为增加向中国的石油供应量，俄罗斯最大的石油公司——俄罗斯石油公司（Rosneft Oil）于 2009 年与中国石油天然气集团

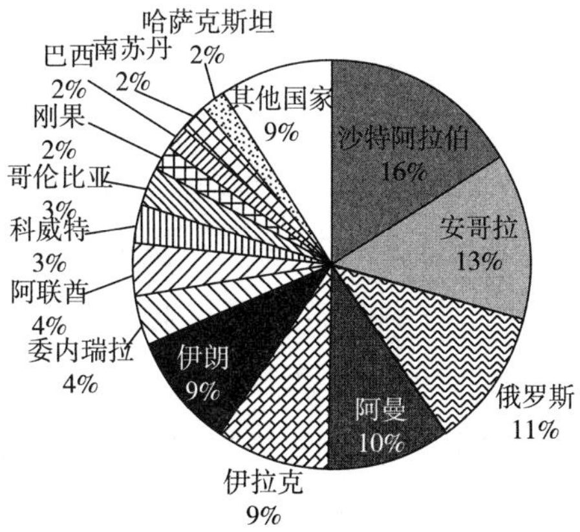

图 7　2014 年各产油国向中国出口原油的比例分配图

资料来源：EIA（美国能源信息管理局），https：//www. eia. gov/beta/international/analysis. cfm？ iso = CHN。

公司（CNPC）签订了一份21年的合同。根据该合同，俄罗斯石油公司每年向中国出口1500万吨原油。2013年，这个俄罗斯石油巨头又签订了一份合同，这次是每年供应1440万吨的25期合同。另外，2013年还与中国石化（Sinopec）签订了一份850亿美元的合同。中国已经交付了原油预付款并发放了总额250亿美元的贷款（部分贷款用于铺设长度4188千米的“东西伯利亚—太平洋”石油管道）。中国石油天然气集团公司还与俄罗斯石油公司商定收购西伯利亚万科尔油田10%的股份。

俄罗斯向中国出口天然气的情况则要复杂得多，大范围的基础设施问题是症结所在，参见图8。

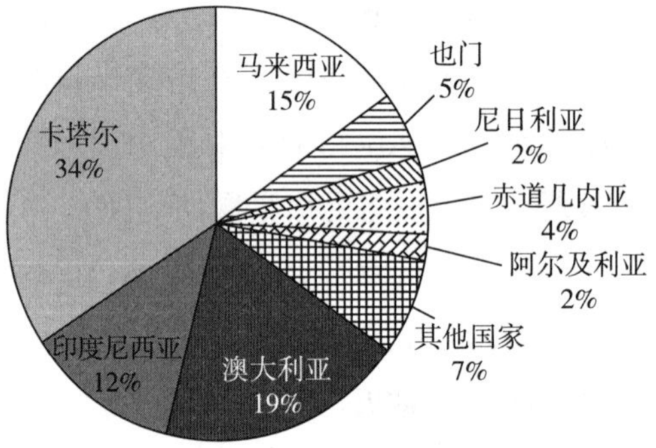

图8　2014年中国从各国进口液化天然气的比例图

资料来源：HIS能源公司。

图8显示，在中国的各大液化天然气进口国中，俄罗斯所占比例不足2%。比例如此之低的原因与俄罗斯液化天然气生产商的总数量非常低有关。截至目前，俄罗斯仅有一家同时也是俄罗斯第一家液化天然气生产厂——萨哈林二厂，它隶属于俄罗斯天然气工业股份公司，于2009年建成并投产，年产量960万吨。还有一家液化天然气生产厂（亚马尔厂）现在处于项目收尾期。根据项目时间表，该厂将从2017年起开始供应液化天然气，年产量为1650万吨。该项目由诺瓦泰克公司、法国道达尔、中国石油天然气集团和中国丝绸基金共同实施。非常明显，中国对亚马尔半岛的这家液化天然气生产厂非常感兴趣，否则不会同时通过两个渠道为该项目融资（即中国最大的燃料公司——中国石油天然气集团和不久前成立的丝路基金）。根据合同，亚马尔半岛厂将在未来20年向中国供应液化气。但是，如果亚马尔厂仅按照设计产能供应的话，那么不会从根本上改变局面。俄罗斯还需要建设大量类似的工厂，以图在向中国市场及至全球的液化天然气市场上产生更大的影响力和起到更大的作用。

遗憾的是，其他项目（如俄罗斯天然气工业公司的符拉迪沃斯托液化气厂项目）都因为天然气市场行情不利而被搁置（美国的页岩气竞争导致天然气价格走低）。

提高从俄罗斯向中国供气量的最长远方法是建设天然气管道。俄罗斯的大部分天然气都是通过管道实现出口。俄罗斯现有的天然气管道都是通往欧洲方向（包括土耳其），而且其中大部分都建成于20世纪，个别（如“北流”管道）是在21世纪建成的，但是所有管道都是在俄罗斯受到制裁和与欧盟及其他西方国家发生政治危机前铺设的。2014年开始，俄罗斯迫切需要减少对欧洲天然气市场的依赖。在这其中需要指出一点，即一条主要的天然气出口管道从乌克兰穿过。1991年苏联解体后，乌克兰竭力提醒俄罗斯政府注意天然气过境输送至欧盟的重要性。为保障天然气无障碍地经乌克兰输送至欧盟，俄罗斯向乌克兰政府在财政和其他方面做出了大量让步。考虑到目前的乌克兰当局对俄罗斯极为抵抗，所以很难保障这条传统输气管道的安全性。寻找一个可替代方案是俄罗斯目前最重要的优先工作之一。

这就是为什么对于俄罗斯来说，现在有可能向中国市场供应天然气并通过后续合同和新管道向东方出口天然气有多么重要。目前，中俄石油运输只有一条管道（俄中石油管道），2011年至今俄罗斯和中国之间都是依靠这条管道输送石油，没有天然气管道。

2014年5月，在俄罗斯总统普京和中国国家主席习近平会晤期间，签署了一份天然气协议，这份协议是在历经10年的供气价格与线路谈判之后才得以达成的。2014年5月21日，俄罗斯天然气工业公司与中国石油天然气集团签署了一份经两条线路向中国供应管道天然气的30年期合同。目前，俄罗斯天然气巨头——俄罗斯天然气工业公司正在铺设“西伯利亚力量”管道，该管道将把东西伯利亚雅库特共和国和伊尔库茨克州各大气田的天然气输送至俄罗斯的远东和中国的东北。预计，这条管道的输送能力为每年610亿立方米。东线设计为每年向中国供应380亿立方米天然气。该项目造价为4000亿美元。2700公里长的西线从西西伯利亚的各大气田每年向中国供应300亿立方米天然气。西线（阿尔泰天然气管道，也称为“西伯利亚力量2号”管道）则经过西西伯利亚阿尔泰边疆区的高山地区向中国供应天然气。根据计划，将在2019年开始供气。

俄罗斯天然气工业公司还于2016年3月3日与中国银行（伦敦分行）在上海签署了一份5年期20亿欧元贷款协议。协议由俄罗斯天然气工业公司副董事长安德烈·克鲁格洛夫和中国银行（伦敦分行）副行长汪华平签署。俄罗斯天然气工业公司称，这是俄罗斯天然气工业公司有史以来获得的最大一笔贷款，也是该公司与中国银行签订的第一份双边信贷合同。这笔贷款将由俄罗斯天然气工业公司用于修建通往中国的“西伯利亚力量”天然气管道。与其他以往签订的合同相比，这份合同势必对于加强中俄燃料和能力领域合作产生重要作用。

在研究俄罗斯与上合组织其他成员国的贸易和其他经济关系时，需要指出，这些关系同样建立在能源基础上。下文将集中分析上合组织的中亚成员国（哈萨克斯坦、吉尔吉斯斯坦、塔吉克斯坦和乌兹别克斯坦）。哈萨克斯坦是俄罗斯在中亚的主要经济合作伙伴，它与俄罗斯同是欧亚关税同盟和欧亚经济联盟的创始国。此外，哈萨克斯坦还是中亚地区最大的经济体。根据2015年数据，在哈萨克斯坦的对外贸易中，与独联体国家的贸易额占其对外贸易总额的23.6%（与俄罗斯的对外贸易额占3.0%），在出口值方面，哈萨克斯坦是俄罗斯继白俄罗斯之后在独联体国家中第二大重要的贸易合作伙伴。哈萨克斯坦的出口商品结构与俄罗斯的非常相似，石油在出口中的比重为58%，之后是成品油（5.3%）和天然气（5.1%）。一方面，这让两国的相互贸易有些雷同并促使两国向第三国市场出口燃料。另一方面，有助于两国更好地在燃料和能源领域合作，两国以燃料为主要产品相互出口。两国的其他合作方向包括哈萨克斯坦石油经俄罗斯领土过境运输、俄罗斯购买和向其他国家销售哈萨克斯坦的天然气、在里海北部共同实施烃类资源开发项目。像中亚的所有其他国家一样，哈萨克斯坦没有自己的出海口，也没有通向海路运输（最便宜的方式之一）的直接通道。对于这个国家来说过境直运的能力有限。哈萨克斯坦经俄罗斯进行出口时使用的是属于里海管道集团的“田吉兹—新罗西斯克”石油管道和苏联建成的“阿特劳—萨马拉”石油管道。除了上述管道，哈萨克斯坦石油经俄罗斯境内向欧洲出口的另一条途径是经铁路运输至波罗的海海港。俄罗斯和哈萨克斯坦两国都急需使出口结构多元化并提高出口产品附加值。因此，两国在石化合资企业建设项目中的合作对于双方都非常重要，这方面达成的协议有鄂木斯克州州政府和哈萨克斯坦图兰阿列姆银行（TuranAlem）2007年签订的乙基苯乙烯合资生产企业建设协议。

在天然气领域的相互合作是俄罗斯和哈萨克斯坦在能源领域的又一个重要方面。哈萨克斯坦不仅是自有天然气资源的生产国和出口国，也是土库曼斯坦和乌兹别克斯坦天然气的过境国。俄罗斯和哈萨克斯坦就广泛问题在双边基础上成功地进行合作。俄罗斯天然气工业公司与哈萨克斯坦各经营主体之间正在开展的合作有：哈萨克斯坦天然气经俄罗斯境内向独联体国家用户的过境运输服务；俄罗斯向哈萨克斯坦库斯塔奈州供应天然气；从中亚其他国家经哈萨克斯坦境内向俄罗斯输送天然气。与哈萨克斯坦相比，其他中亚国家在俄罗斯外对贸易中所起的作用不大。根据俄罗斯联邦海关署的数据，2015年，在俄罗斯与独联体其他国家的贸易总额中，乌兹别克斯坦占4.7%（对外贸易总额的0.54%），吉尔吉斯斯坦占2.1%（对外贸易总额的0.26%），塔吉克斯坦仅占1.2%（对外贸易总额的0.1%）。同时，中亚各国（哈萨克斯坦除外）在俄罗斯对外贸易中的比重不大并不意味着它们对俄罗斯能源和贸易政策无关紧要。对于所有中亚国家，与能源和燃料有关的问题都十分重要。在乌兹别克斯坦的所有出口商品和服务中，燃料的比重为25.5%，且大部分都销往俄罗斯。吉尔吉斯斯坦58%的燃料和其他有用矿产都从俄罗斯进口。对于塔吉克斯坦来说，电力出口是最重要的出口业务，并且主要销往中亚其他国家。

还有必要指出，中亚所有国家都与中国有着十分成熟和发展完善的贸易与其他经济往来。连接中国与其邻国的主要管道中就包括“中亚天然气管道（CA Natural Gas Pipeline）”和“哈萨克斯坦—中国”石油管道。这两条管道都是向中国市场供应燃料的相对重要的管道，有助于使向中国的能源供给多元化。对于俄罗斯来说，这是更积极地着手开发中国燃料市场的信号。

结　论

中俄在燃料和能源领域的经贸关系建立在国际分工和利用绝对优势的基础上，俄罗斯的燃料过剩，而中国则燃料匮乏（除煤炭外），所以两国理当在这一领域开展合作。目前为止，俄罗斯向中国出口燃料对于两国都是有利的，有着良好和无限广阔的发展前景。对于现在与传统欧洲贸易伙伴面临关系危机的俄罗斯来，这一点非常重要。基础设施（首先是管道）应当得到发展并为未来大幅度增加相互贸易额创造条件。不论是对于俄罗斯还是中国，中亚各国（尤其是哈萨克斯坦）在燃烧和能源领域的经贸合作中都起着相当重要的作用。上合组织在未来的发展将与燃料和能源问题密切相关，对于俄罗斯、中国、中亚各国以及未来的成员国来说，燃料和能源问题都是关注的焦点。同时，俄罗斯迫切需要使本国的出口产品多元化，减少对原油和其他能源载体的依赖。

内蒙古文化传播力建设战略目标及其实施途径

郑福田（中国内蒙古自治区政协副主席　教授）

尊敬的各位领导、各位来宾、各位专家学者：

大家好！在这秋阳高照、金风送爽、硕果累累的美好时节里，我们在享有“草原天堂”美誉的塞外名城呼和浩特市隆重召开中俄蒙智库国际论坛。首先，我谨代表内蒙古文化传播力建设研究基地，向莅临本次盛会的各位领导、各位嘉宾及专家学者表示热烈的欢迎和由衷的感谢！向所有关心、支持内蒙古文化建设及文化传播事业的社会各界表示衷心的感谢！下面我借本次盛会谈以下几点感想。

一、草原青城与中俄蒙“一带一路”国际研讨会的因缘

在内蒙古有一首家喻户晓的草原歌曲——《我和草原有个约定》，本次会议在呼和浩特召开可以说是因缘和合而生。呼和浩特是一个历史悠久的塞外名城，土默川的蒙汉各族百姓真诚实在、朴实善良、吃苦耐劳，几百年来各民族兄弟携手同心、辛勤劳作、农牧商兼营。目前，学界公认国境内的丝绸之路，除“汉唐两京”——即长安和洛阳，经河西走廊至西域这条主道之外，还包括中国北部草原“丝绸之路”，而呼和浩特地处草原丝路南道的中央位置，可以北通漠北、南连中原，自古便是商家必经之地。呼和浩特是一座古韵悠扬的历史文化名城，这里有着浓郁民族特色，充满了草原文化的神奇和魅力。今天的呼和浩特紧紧抓住经济文化建设的重大机遇，主动融入到京津冀一体化和“一带一路”建设中。建草原丝路节点，是青城人民不懈的奋斗目标，本次会议在呼和浩特召开，为古城注入新的时代气息，充分体现了其在草原丝路之上的重要枢纽地位。

二、对国家“一带一路”倡议目标的理解

2013 年 9 月和 10 月，中国国家主席习近平在出访中亚和东南亚国家期间，先后提出共建“丝绸之路经济带”和“21 世纪海上丝绸之路”。“一带一路”建设是一项系统工程，要坚持共商、共建、共享原则，积极推进沿线国家发展战略的相互对接。为推进实施“一带一路”重大倡议，让古丝绸之路焕发新的生机活力，以新的形式使亚欧非各国联系更加紧密，互利合作迈向新的历史高度，2015 年 3 月中国政府特制定并发布《推动共建丝绸之路经济带和 21 世纪海上丝绸之路的愿景与行动》。共建“一带一路”顺应世界多极化、经济全球化、文化多样化、社会信息化的潮流，秉持开放的区域合作精神，致力于维护全球自由贸易体系和开放型世界经济。共建“一带一路”旨在促进经济要素有序自由流动、资源高效配置和市场深度融合，推动沿线各国实现经济政策协调，开展更大范围、更高水平、更深层次的区域合作，共同打造开放、包容、均衡、普惠的区域经济合作架构。共建“一带一路”符合国际社会的根本利益，彰显人类社会共同理想和美好追求，是国际合作以及全球治理新模式的积极探索，将为世界和平发展增添新的正能量。中国政府倡议，秉持和平合作、开放包容、互学互鉴、互利共赢的理念，全方位推进务实合作，打造政治互信、经济融合、文化包容的利益共同体、命运共同体和责任共同体。

三、内蒙古在国家“一带一路”背景下的发展机遇

内蒙古自治区在国家“一带一路”倡议背景下，迎来历史性的发展机遇。内蒙古作为资源富集区、水系源头区、生态屏障区、特色文化区，从经济发展、生态安全和向北开放等角度看，一直肩负着我国向北开放的桥梁和窗口的使命，具备服务于“一带一路”国家愿景与行动的多项功能。内蒙古自治区党委和政府发展思路明确，重点打造“五个基地”“两个屏障”“一个桥头堡”。“五个基地”是指：保障首都、服务华北、面向全国的清洁能源输出基地，建成全国重要的现代煤化工生产示范基地，建成有色金属生产加工和现代装备制造等新型产业基地，建成绿色农畜产品生产加工输出基地，建成体现草原文化、独具北疆特色的旅游观光、休闲度假基地。“两个屏障”是指：我国北方重要的生态安全屏障，祖国北疆安全稳定屏障。“一个桥头堡”是指：我国向北开放的重要桥头堡。要将内蒙古努力建设成充满活力的沿边经济带，打造祖国北部边疆亮丽风景线，积极推动国家“一带一路”愿景与行动在内蒙古扎实落地，在

“中蒙俄经济走廊”建设中发挥更大作用，进一步巩固和提升内蒙古在国家生产力布局和经济分工体系中的优势地位。

“一带一路”规划的定位中，内蒙古被定位为联通俄蒙，发挥区位优势。我区紧跟国家“一带一路”倡议，立足自治区毗邻俄蒙、连接欧亚的区位优势，积极支持扩大与蒙俄能源、资源合作，打造便捷、高效、优质的贸易通路。内蒙古的优势具体包括以下三个方面。

一是区位优势。内蒙古横跨我国东北、华北、西北，内与8省区毗邻，外与蒙古国、俄罗斯两国有4000多千米的边境线接壤，现有国家级对外开放口岸16个，其中陆路口岸13个，航空口岸3个。尤其是满洲里口岸，目前是我国环渤海地区通往俄罗斯等独联体国家和欧洲最便捷、最经济、最重要的陆海联运大通道。又如二连浩特铁路口岸，是我国通往蒙古国的唯一铁路口岸和沟通欧亚大陆的重要国际通道。满洲里、二连浩特、策克、甘其毛都、珠嗯嘎达布其、满都拉和黑山头等口岸已成为我国进出口能源资源的重要通道和与俄蒙经贸合作的重要平台。

二是传统和文化优势。草原文化是中华民族文化的重要组成部分，与黄河文化、长江文化一样，是中华文化三大主源。作为草原文化的主要发祥地和承载地，内蒙古自治区以建设民族文化大区为目标，把开展草原文化研究、推动草原文化繁荣发展作为一项义不容辞的历史使命和伟大事业。基于草原文化审美价值认同，中俄、中蒙之间的友谊源远流长，内蒙古不仅有连接内地与蒙古国、俄罗斯的古丝路、古茶路、古盐路的历史古道，也有与两国之间在经贸往来、地区合作、文化交流等方面的密切认同。在“一带一路”背景下，内蒙古大力建设祖国向北开放的桥头堡，争当龙头，着力打造中俄蒙文化交融的跨境交流平台，全力续写了草原丝路的新传奇。

三是经济结构互补。内蒙古有着先进的农牧业生产技术，生产消费需求旺盛，而蒙古国和俄罗斯有着丰富的土地资源和自然矿产。经济互补性及契合度是深化合作的基础，中俄、中蒙存在产业结构、市场结构的差异性和经济技术的互补性，经济相互依存度及相互关联度较高，双边经济融合度较高，也有进一步深化的潜力，目前，中俄陆路货物运输量的65%、中蒙陆路货物运输量的95%都经过我区口岸。

可以说，内蒙古在共建“一带一路”愿景与行动中，特别是在“中蒙俄经济走廊”建设中具有明显优势。由内蒙古广播电视台和中央电视台纪录频道联合制作的大型纪录片《草原丝路》，充分展示了内蒙古自治区落实中央“一带一路”倡议，积极对外开放，参与中蒙俄国际合作经济走廊建设，继承和发扬了古代丝绸之路和谐、和平、合作的精神。

四、内蒙古文化传播力建设研究基地在“一带一路”倡议中的使命

党和国家历来对文化建设高度重视，党的行动指南“三个代表”思想之一就包括“中国共产党要始终代表中国先进文化的发展方向”。中共中央政治局常委刘云山在重庆市调研时强调：“传承好民族文化，扩大先进文化传播力影响力。”内蒙古自治区党委和政府对文化建设和文化传播也都十分重视，专门印发了《内蒙古自治区文化产业中长期发展规划（2013—2020）》，为自治区文化产业发展指明了方向。本基地旨在充分发挥民族文化的资源优势，打造体现草原文化核心理念的文艺精品，将蒙古族文化的精髓传承好、传播好。

祖国正北方，亮丽内蒙古！内蒙古自治区是文化大区，以草原文化为代表的内蒙古民族文化拥有悠久的历史和丰厚的民族文化底蕴。文化越是民族的越是世界的，在“一带一路”倡议机遇下，我们要把这些优秀的文化传播出去，让世界感知内蒙古。“内蒙古文化传播力建设研究基地”就是在这样的时代背景下应运而生。“内蒙古文化传播力建设研究基地”是2014年4月经内蒙古自治区党委宣传部批准成立的内蒙古自治区哲学社会科学研究基地。自批准之日起，自治区党委宣传部、内蒙古社科规划办、内蒙古社科联等有关部门及领导都给予高度重视，在政策、资金上给以无微不至的关心和支持。本研究基地以内蒙古师范大学为依托，按照既定设想，以高度负责的使命感健全组织机构，建章立制，延揽人才，谋篇布局，积极迅速开展各项工作。内蒙古文化传播力建设研究基地积极适应内蒙古文化强区的新形势，已逐步成为一个以内蒙古文化传播力基础理论与战略研究为主要领域，紧跟文化创意产业等应用开发领域的综合性研究机构，在组织建设、科学研究、学术交流、成果推广等方面都取得了显著成效，对于增强内蒙古文化的对外影响力构成了有力的支撑。我们今后将着眼未来，立足“一带一路”倡议格局，继续努力，围绕以下几个方面扎实推进，开拓创新。

（1）在自治区党委和政府领导下，汇集专家学者智库力量，整合资源，在“一带一路”思想引导下，对内蒙古文化如何向外传播进行顶层设计。

（2）扎根内蒙古，放眼中俄蒙，深入合作，积极创新，开发打造具有内蒙古特色的文化产业品牌价值链及产业链集群。

（3）利用现代多元传媒介质和大数据功能，提高内蒙古文化传播力度。尤其注重发展与蒙俄之间的传媒交流与人才培训。

（4）依托高校、科研院所，以文化为载体，有计划、有针对性地推进国家“一带一路”倡议，用“文化+”的国际视野，在构筑文教交流、经贸旅游的产业体系上做

足文章，为中俄蒙经济带做好文化沟通。

今日“明贤依次座，但闻笑语喧”，国内外专家学者欢聚一堂，共襄盛事，为“一带一路”倡议下的内蒙古经济、文化发展事业谋划蓝图。希望内蒙古文化传播力建设研究基地乘势而上、抢抓机遇、发挥优势、有效运作、开拓创新、有所作为，迅速掀起我区文化传播事业的新一轮高潮，为我区经济、政治、文化各项建设事业又好又快地发展做出贡献。“大鹏一日同风起，扶摇直上九万里”，在“一带一路”机遇感召下，草原人民已经吹响发展繁荣草原文化、增强草原文化传播力和影响力的起航号角，希望参与内蒙古“一带一路”设计与研究的专家学者充分发挥智库功能，产、学、研结合，将充满魅力的内蒙古文化体察好，领悟好，推广好，让外界了解内蒙古各民族人民与时俱进、和谐相处的幸福生活，让世界领略草原文化的博大精深，使草原文化成为内蒙古递向世界的新名片。

“心随朗月高，志与秋霜洁”，最后预祝会议圆满成功，并祝各位专家学者在呼和浩特能够开心快乐，吉祥如意！谢谢大家！

“中蒙俄经济走廊”中文化遗产产业的重要性

纳·乌日图纳森（蒙古国自然文化遗产保护基金会主席　博士　教授）

近年来，中蒙俄三国建设经济走廊的倡议，激发了三国经济、政治、文化和科学领域的灵感。经济走廊的建设与发展不仅是经济和商业问题，也是三国人文领域、社会生活的各个层面问题。这是一个全方位的项目，它不仅能够促进经济和贸易发展，还会增强社会人文交流。

贯彻执行该规划纲要中所涉及的政治、经济、法律和国际性文件时，必须由各个领域的专业学者们提出意见并加以讨论。因此，我想简要地概括涉及该项目的文化、文化遗产和跨文化交流的重要性。

首先，值得我们关注的是全球化进程中文化多样性的重要性。它是不同文化与文明之间的对话的重要原则，是促进国际合作与对话的关键，是不同国家和人民之间文化关系的基本价值的偏差等。

目前，在不同的语言与文化间有着无限的交流空间。

在这个全球化时代，不同文化和文明之间可能会有对抗、不宽容、不尊重，甚至是冲突。我们应当认识到建立促进不同民族间交流的新型沟通模式重要性。总之，这个新模式可以被称为是一种“跨文化（文明）对话和相互理解”的关系。

建设发展经济走廊时，应用该新型模式，集中发展经济、贸易、旅游、教育行业的基础上将文化遗产、文化创意融会贯通，这些对三国来说都是十分重要的。

蒙古人民的游牧文明与其他定居文明一直有着密切的联系，如蒙古国与两大邻国——中国和俄国的人文联系。今天的蒙古地区曾是游牧王国的中心，其中包括很多民族曾在这里建立政权——匈奴、鲜卑、突厥、回鹘、女真、契丹、蒙古族等。

中国、蒙古国和俄罗斯在内的诸多国家都经历过东西方、欧亚不同经济、科学、文化和人文价值的碰撞。由于不同文化间的交流与合作，三国已创造并留下了无价的人文遗产。

这一点可以在蒙古国、中国、俄罗斯和其他中亚国家发现的诸多文化遗产和遗迹中得到证实。在这些地区，我们发现许多岩画、石碑、古城遗迹和其他见证东西方经济和文化交流的古迹，通过这些加深了对彼此的了解。

早些年，这些经济、贸易和文化交流被寄托在从中国到欧洲的丝绸之路伟大运输路线上，途中穿越草原驿站——蒙古帝国的首都，到达俄罗斯和欧洲的“茶叶之路”，从 1955 至今演变成了“北京—乌兰巴托—莫斯科铁路”。

千百年来，该运输路线促进着人类文明交流，凝聚了丰富的文化传统和不同人文间的对话与交流经验。要建设好“中蒙俄经济走廊”或者经济带，我们必须应用好这些前人积累下来的经验与教训，传承丝绸之路上的有形和无形的财富。

这些线路和通道的建设给沿线国家的人民提供更多的商业机会，对双边和多边的商贸提供安全的环境，给不同宗教背景和文化背景的人提供交流的平台，其中对对方国家的宗教、社会价值观、语言方面的尊重，是首要秉持的原则。这些都是该贸易路线、旅游和运输走廊能够取得成功的关键因素。

为了重新让历史经验和宝贵遗产得到最大程度的发挥，实施三国社会经济和文化项目中，我们从“草原之路”和“茶叶之路”着手，建设“中蒙俄经济走廊”。

毫无疑问，早年的“草原之路”已经成为丝绸之路的重要分支，丝绸之路自古以来，特别是自匈奴帝国扩张和繁荣时期，草原作为丝绸之路的驿站，在经济、社会发展、科技、文化交流、人文交流中发挥着重要的作用。在匈奴帝国、蒙古帝国时期，著名的“丝绸之路”和“大草原之路”促进了成百上千的新城镇出现，丝绸之路促成了佛教、伊斯兰教、道教、基督教在亚欧地区的传播与发展。蒙古帝国保障人权和基本自由，包括居住和拥有财产的权利，保障所有人包括外国游客自由安全旅行、贸易、宗教信仰的权利。

体现“丝绸之路”和“草原之路”重要性的一个很形象的例子，就是位于蒙古国中部的鄂尔浑峡谷文化景观，它是不同文化背景的人进行对话和相互交流的一个十字路口。

鄂尔浑峡谷文化景观

鄂尔浑峡谷展示了游牧文化的强大和持久性。它的交通路线形成广泛的贸易网络和大量的行政、商业、军事和宗教中心。毫无疑问，蒙古帝国影响了整个亚洲和欧洲的社会，也吸收了东西方的文化精神。在连续的几个世纪，鄂尔浑河谷被认为是适合一波又一波游牧民族定居的地方。据记载，鄂尔浑峡谷首次有人类定居是在62000～58000年前。随后的整个史前时代和青铜器时代，鄂尔浑河谷一直有人定居，在不同历史时期，先后有匈奴、突厥、契丹人，最后是蒙古人定居在此处。

在文化景观中有考古遗迹和独立的结构，包括6～7世纪的土耳其纪念碑，8～9世纪回鹘的首都高昌，以及13～14世纪蒙古帝国首都哈拉和林。额尔德尼召（光显寺）是蒙古国现存最早的藏传佛教寺院，图布浑寺和祥和寺都证明了普遍而持久的宗教传统和藏传佛教的文化习俗。

哈拉和林的寺庙和其他信仰圣地是各种宗教和外来文化存在的证明，这里的城市和废墟明显是由粟特、维吾尔、汉族、藏族和蒙古族人设计的。石碑上刻有突厥文、维吾尔文、蒙古文、藏文、汉文、阿拉伯文、波斯文，兰萨文、索云布文，它们和其他遗迹仍然在鄂尔浑河谷存在着。

西方和东方的商人、探险家、传教士、政客和士兵穿越这个交通网络，将亚欧间的关系提高到了前所未有的水平。当然，这时期蒙古帝国首都哈拉和林是这个交通网络系统的中心。

茶叶之路

接下来我简要介绍一下通过中蒙两国和俄罗斯，连接亚欧的茶叶之路。中国东南地区是茶树的原产地，已有5000多年的历史。茶是具有清脑提神、消化和防病、延长生命功能的神奇饮品。1605年，荷兰率先通过海上航线运送中国茶叶。茶叶除了经受长途运输，还有可能面临抢劫、翻船、受潮而导致变味的风险。在这个时候，也就是1692年，恺撒彼得一世委托一个商人向清朝皇帝提出正式访问，并提出开展大陆茶叶贸易的建议。中国和俄罗斯的代表会见蒙古大汗和官员，组织茶叶运输骆驼商队，分别建立了两个城镇，取名买卖城和恰克图城。这就成为亚洲和欧洲大陆的茶叶之路的重要通道。起点位于中国中部的武汉，穿过现在的北京、二连浩特、买卖镇（乌兰巴托）、恰克图镇（蒙古国），俄罗斯的伊尔库茨克、克拉斯诺亚尔斯克、新西伯利亚、鄂木斯克、叶卡捷琳堡、喀山、下诺夫哥罗德，抵达莫斯科和圣彼得堡。这条路全长13000千米。茶叶是从圣彼得堡再运到欧洲的其他城市。在19世纪末，尼古拉·普热瓦利斯基表示，如果超过100万的红茶运往恰克图，那将会带来巨额收入。存在于17～20世纪中叶的茶叶之路是连接亚欧文明的纽带，对社会生活影响至今，是人文交流的重要道路。工业、城市、基础设施、道路、桥梁和建筑都沿着茶叶之路的发展而不断发展。例如，科学家认为，茶道在陆路运输过程中带动了200多个城镇的发展，铺建13000千米的道路。20世纪后半叶的茶叶之路促进了西伯利亚铁路开通，连接了莫斯科、乌兰巴托和北京。

综上所述，连接各国的贸易之路不仅仅能用来交易商品，也是促进人类知识、技术和文化的交流，是不同文明间彼此尊重、相互融通、相互学习的渠道。我们相信，这些共同的文化遗产和经验，将在建立三国经济带和走廊过程中作为参考。

我想强调，建设“中蒙俄经济走廊”过程中，另一个文化联系和文化遗产的作用。基于跨文化关系的三国，通过共同发展旅游业来促进文化交流，实现三国经济利润最大化，并推进经济走廊发展。

旅游业是维系跨文化关系的载体和推动者。中蒙俄通过发展旅游业来发展多样性文化，实现对彼此的理解与尊重。开发不同的旅游业，培养对不同文化的包容、尊重，从而接受不同的文化。在自然和文化遗产的基础上，大力发展生态文化旅游，已经成为世界各地的一种趋势。中蒙俄在自然文化遗产基础上发展旅游业方面具有潜力。

中蒙俄三国拥有大量的共同或跨境的自然景观、文化遗址以及文化遗产走廊。这些遗产包括阿尔泰山的自然和人文景观，围绕库苏古尔和贝加尔湖的萨满教神圣的景观，自然的馈赠——东方草原和集自然和人文景观于一体的大戈壁沙漠。建立联合旅游路线使得游客能够来到中蒙俄，了解并且相互传播自然和文化遗产，这不仅具有一定经济效益，而且利于文化传播。

阿尔泰山区的文化景观

巨大的阿尔泰山脉，绵延约2100千米，横跨蒙古国、中国、俄罗斯和哈萨克斯坦，俄罗斯在1998年将其列为自然景点。

高耸的锯齿状的景观代表西伯利亚中部高海拔植被区最完整的序列，其中包括从草原到森林草原、混交林再到亚高山植被。同时它也是雪豹等濒危动物物种的重要栖息地。高高的阿尔泰山也是远古的旧石器时代和晚期塞西亚人、匈奴和突厥和蒙古时期欧亚草原游牧文明的独特见证。过去3000年人类历史的不同时期的阿尔泰的考古遗迹和文化遗迹的完美结合，造就了一种独特的文化景观。

在阿尔泰旅行时，很容易感受到许多千百年来兴盛的人类文明：青铜器时代和铁器时代的历史古迹如岩画、鹿石、人石、纪念碑，形状多样的墓冢，包括塞西亚的坟墓，所谓的“基立格—苏尔”都分散在四个国家的高阿尔泰文化景观中。

据蒙古考古学家研究发现，在蒙古阿尔泰区域的部分地区被发现了10块鹿石，27

座石碑，带有臣格勒的风格的276坐纪念碑，194座墓葬，253个巴泽雷克冢墓，10个突厥墓葬，112个突厥纪念建筑，77个人物雕像，还有许多石刻和神圣山遗址。这一文化景观生动地见证了公元前1000年兴盛于欧亚草原的独特的塞西亚墓葬文化。阿尔泰山脉的冻土埋藏物在俄罗斯联邦、蒙古国、哈萨克斯坦和中国都曾被发现。

在蒙古国的阿尔泰地区曾发现冻墓。该冻墓属于现在的巴泽雷克文明，时期是在公元前3世纪，并且通过年轮分析证实了时期的可靠性（《现代蒙古考古研究》，2009，波恩，第209页）。从这个坟墓中我们可以挖掘出乌科克高原的大墓地信息。该高原就在俄蒙边境以北。从冻墓的冰透镜可以看见被冰块保存完好的死者尸体以及他们的服装和由有机材料组成的陪葬品。

因此，冻墓里面的所有东西——部分木乃伊化的尸体，陪葬的马，连同马的装备如马具、马鞍和缰绳，饰品及金属物品，黄金、陶器，甚至有机材料如木材、皮革、纺织品都已经完好保存了几千年。这些冷冻起来的坟头和其中蕴含的宝贵文物，为揭示阿尔泰山脉的塞西亚人的生活方式与社会传统提供了重要证据，游牧骑兵将他们的传统带到中亚甚至黑海。巴泽雷克冢也是在阿尔泰的塞西亚文化或其起源的有形表现形式。因此，阿尔泰景观有力地证明了塞西亚墓葬文化传统已经消失。

阿尔泰文化景观是分属游牧民族和农耕文明的不同国家以及地区在文化、艺术形式、经济、政治方面的强烈碰撞而成的一个典型例子。从这个意义来看，塞西亚人墓葬具有非常特别和无可替代的重要性。最近，通过对坟墓内尸体的物品风格、设计、结构的研究，研究人员承认，这些是塞西亚人自己的设计，但一定程度上也受到外来定居与游牧文化——如古波斯帝国阿契美尼德王朝、希腊和中国——的影响。在草原上，许多有形和无形文化证明了古老的阿尔泰牧民的生活方式与邻近地区十分相似，比如他们传统的葬礼风俗。

总　结

近年来，中蒙俄三国建立经济走廊的想法，激发了三国在经济、政治、文化和科学领域的灵感。经济走廊的建设与发展不仅是经济和商业问题，也是三国人文领域社会生活的各个层面问题。因此，在进行经济合作的过程中也要充分考虑文化、文化遗产和文化关系的重要意义。比如我们的经济走廊建设项目。在全球化进程中需发展多样性人文交流，促进国际间的相互合作，缩小不同国家和人民间价值观的距离。

为证明科技文化交流对经济发展、贸易走廊的贡献，我们列举诸如“丝绸之路”“大草原之路”“茶叶之路”“北京—乌兰巴托—莫斯科铁路”等一些伟大的贸易之路。

我们从不同方面考虑了文化和文化遗产对中蒙俄经济社会发展以及经济走廊发展的重要作用。

参考书目

[1]《非物质文化遗产》（联合国教科文组织公约，协议，指令），乌兰巴托，2009 年。
[2]《文化类别，文化关系保护法》，乌兰巴托，2014 年。
[3] H. 乌尔图纳森，Ц. 萨姆顿：《世界与蒙古文化遗产》，乌兰巴托，2010 年。
[4]《文化文学新情势》，第 7 卷，2013 年。
[5]“阿尔泰经济文化论坛”，乌兰巴托，2010 年。
[6]《联合国教科文组织关于丝绸之路的专题论文集》，中国西安，2012 年。
[7]《跨文化对话中的游牧文明》，乌兰巴托，2011 年。
[8]《文明对话》，印度新德里，2003 年。
[9]《茶道》，中国武汉，2014 年。

关于推进“中蒙俄经济走廊”建设的几点思考

王海运
（中国国际战略学会高级顾问　内蒙古自治区中俄蒙合作研究院特约研究员）

自2014年9月中蒙俄三国元首杜尚别会晤达成共建“中蒙俄经济走廊”共识以来，三国元首先后又在乌法、塔什干举行了以此为重点议题的会晤。今年6月，在三国元首见证下，三国政府有关部门领导签署了《建设中蒙俄经济走廊规划纲要》（简称《规划纲要》）。《规划纲要》明确了走廊建设的具体内容、资金来源、实施机制，并且确定了32个重点合作项目、7大重点合作领域。在不到3年的时间里，“中蒙俄经济走廊”即由倡议转化为行动，给人以只争朝夕之感，足见三国上上下下对这一走廊建设的高度重视。

内蒙古既是“中蒙俄经济走廊”的始发地，又是推进走廊建设的“排头兵”。内蒙古自治区发展研究中心组织召开此次以“中蒙俄经济走廊：对接与拓展”为主题的国际论坛年会，充分体现出自治区对走廊建设的高度重视。

为了落实好三国领导人关于共建“中蒙俄经济走廊”的重大战略决策，有必要进一步认识其重大战略价值，盘点其有利与不利因素，进而谋划积极稳妥的实施路径。

一、充分认识合作共建“中蒙俄经济走廊”的重大战略意义

共建“中蒙俄经济走廊”，是三国关系史上前所未有的宏大事业，是实现三国合作共赢、协同发展的重大战略举措，不论对于三国的经济发展、相互间战略伙伴关系的提升，还是对于北亚地区的和平发展、地区战略格局的变化，都将会产生十分深远的影响。

共建这一经济走廊，是充分发挥三国经济互补优势的重大举措。不论是资源和市场、投资与需求、过境优势与过境需要，还是基础设施建设能力、制造业水平、科技创新潜力、富裕产能等方面，三国间都有着很强的互补优势。充分利用这种互补优势，实现产业链的对接，是实现共同发展的最优战略选择。特别是一些战略性大项目合作，必将带动三国经济加速发展。对于缺少出海口、经济欠发达的蒙古国来说，更是有望带动其经济的起飞、地缘经济地位的大幅提升。

共建这一经济走廊，对于实现中国倡导的“丝绸之路经济带”、蒙古国倡导的“草原之路”、俄罗斯倡导的“跨欧亚发展带”的对接合作，更是具有直接而重大的战略价值。“中蒙俄经济走廊”不仅是三大倡议实施的战略依托，而且有望成为三大倡议实施的首发项目、示范项目。不仅有望推动中国“振兴东北老工业基地战略”、俄罗斯“远东开发战略”、蒙古国“矿业立国战略”的实施，而且有望引领三国今后几十年经济发展的大方向。

共建这一经济走廊，对于深化三国睦邻友好合作关系，提升相互间战略伙伴关系水平，推动三国相邻地区经济社会发展，必将产生十分深远的影响。进而还可以说，必将有力地推动北亚和东北亚经济板块的整合，促进地区国家的共同繁荣，推进欧亚陆权的回归，对冲霸权国家的海洋霸权。

二、认真盘点“中蒙俄经济走廊”建设面临的有利与不利因素

认真盘点走廊建设的有利与不利因素，是谋划走廊建设实施路径必不可少的重要环节，对于更快更好地实现走廊建设的战略目标意义重大。

一方面应当看到，有利因素很多。例如，三国关系处于高水平，合作共赢理念广泛相通；三国高层对共建“中蒙俄经济走廊”拥有共识，上上下下高度重视；三国发展要素、发展需求高度互补，有利于践行合作共赢的新型国际关系理念、保证合作的可持续性；三国互为友好邻国、交往历史悠久，具有开展合作的地理优势和人文优势；三国同为由计划经济向市场经济过渡的转轨国家，面临的发展改革任务非常相近，发展战略高度契合，产业优势高度互补；三国间既有合作基础广泛，中国是蒙古国第一大贸易伙伴、第一大投资国，同时也是俄罗斯第一大贸易伙伴，俄蒙经济联系也非常紧密；适应区域经济一体化的时代潮流，有望得到国际社会的支持与响应；亚投行、丝路基金等新兴金融机构可望为合作项目提供资金保障。

另一方面也应看到，存在不少不利因素。例如，三国的法律法规、体制制度对接任务艰巨，有可能成为合作项目实施的障碍；蒙古国债务负担沉重、俄罗斯经济发展

低迷、中国经济增长减速，也可能对走廊建设形成一定制约。

三、以积极稳妥的姿态扎扎实实地推进“中蒙俄经济走廊”建设

一是要进一步深化对“中蒙俄经济走廊”建设重大战略价值的认知，坚定推进走廊建设的战略决心，切实做到“民心相通”。要努力消除战略互疑，排除内外各种消极因素的干扰，特别要努力防范亲西方势力和极端民族主义势力制造麻烦。要大力活跃公共外交、人文交流、媒体合作，向三国民众讲好共建经济走廊的“故事”，夯实经济走廊建设的民意基础。要着力构建“利益共同体、责任共同体、命运共同体”。历史机遇难得，必须紧紧抓住。

二是要加强合作机制建设，强化法律规则对接，真正做到“政策沟通”。缺少体现“合作共赢”理念的合作机制，走廊建设只能是一句空话。合作机制建设既应突出重点，又应覆盖各个领域。不仅应包括国家元首及政府首脑会晤机制、政府部门对口磋商机制，以及经济走廊建设协调委员会机制，而且应包括税收优惠、通关便利、联运衔接、人员流动、本币结算、产能合作、电子商务、专业培训、信息交流等机制。特别是人员流动机制十分重要，如果没有劳动力的有序流动，仅靠蒙、俄当地劳动力，任何合资企业都难以赢利、难以生存。

三是要紧紧抓住基础设施互联互通这一合作重点，推进“设施联通”，并且以此带动沿途经济的发展。重中之重应是，联通三国、通往欧亚多国的现代化铁路和高速公路、油气管道和电力输送网络、新能源开发和生态保护，以及矿业开采、物流枢纽和口岸港口、工业园区和科技园区等基础设施的建设，特别是蒙古国出海通道建设、蒙古国作为欧亚桥梁作用的发挥。

四是要加强智库建设，为走廊建设提供强有力的智力支持。内蒙古牵头建立“中蒙俄智库合作联盟”即是一项很有见地的重要举措。智库研究不应混同于一般的学术研究，更不应生搬硬套西方理论框架来观察思考经济走廊建设中的重大问题。必须创新理论研究，紧密联系实际，紧紧抓住亟待解决的现实问题，提出既高瞻远瞩又能较快产生效益的可操作性政策建议。

五是要充分利用内蒙古的独特优势，充分发挥内蒙古的走廊建设“排头兵”作用。在“中蒙俄经济走廊”建设中，内蒙古拥有得天独厚的区位优势、先行优势、人文优势。走廊建设首先造福的也将是包括内蒙古在内的沿途地区。内蒙古有必要将此项工作作为对外经济合作的重点任务，采取积极主动的姿态，加大各种资源的投入，在走廊建设中发挥“排头兵”作用。

发挥开发性金融作用 支持“中蒙俄经济走廊”建设

胡东升（中国国家开发银行规划局）

中国、俄罗斯、蒙古国同为欧亚地区重要国家，拥有广泛而深厚的共同利益。中俄、中蒙、俄蒙互为邻国，互为战略伙伴关系，开展三方合作既有良好基础，也有巨大潜力。无论是在促进各自国家经济发展、维护国际和区域自由贸易体系方面，还是在处理有关地区热点、应对全球挑战等问题上，三国都有广阔的合作空间。保持三国关系健康稳定发展，不仅符合三国和三国人民的根本利益，也有利于地区和世界的和平与稳定。今年6月23日，中蒙俄三国政府正式签署《建设中蒙俄经济走廊规划纲要》，标志着“一带一路”首个多边经济合作走廊正式实施，中蒙俄三国互利合作迈入新的历史阶段。

一、对“中蒙俄经济走廊”建设的理解

一是对三国之间的经贸发展和亚欧合作意义重大。中蒙俄地域广阔，横跨亚欧大陆，是亚欧大陆经济体的重要组成部分。规划纲要的签署，不仅为三国开展务实合作勾画了新的蓝图，也对构建亚欧大陆新的经济通道，带动整个亚欧地区长远发展具有深远影响。

二是政治关系稳定，合作基础牢靠。中蒙俄有着传统的睦邻友好合作关系，三国于2014年建立了元首的会晤机制，进一步提升了三方的政治互信，彼此之间的政治关系处在历史最好阶段，加强区域合作具有良好的政治基础。

三是发展战略高度契合，合作领域广泛。“中蒙俄经济走廊”将中国的“丝绸之路

经济带”与俄罗斯“欧亚经济联盟”、蒙古国“草原之路”进行充分对接，以交通基础设施互联互通带动全方位经贸合作，构建涵盖交通运输、能源、农业、金融、人文、生态环保等领域的全方位合作体系，符合三国的共同诉求，体现了“共商、共建、共享”的理念，有利于三国经济互利共赢。

二、推进经济走廊建设需要把握好的几个关系

一是政治互信与经济合作的关系。“中蒙俄经济走廊”需要三方合作共同建设，在推进过程中存在诸多不确定性和复杂性。三国不仅要了解相互的战略发展规划、宏观市场需求，还需要了解彼此的管理体制和市场机制，尊重对方国家的法律制度、市场体系和文化传统，加强相互理解与信任，有效管控风险，寻求合作的最大公约数，才能推进项目顺利实施，实现经济上的可持续发展。

二是近期目标和中远期规划的关系。“中蒙俄经济走廊”建设是一项长期任务，规划是顶层设计，制定合作的总体愿景和长远目标，所提出的项目多为指导性和方向性的，而不是“一揽子”具体项目清单。在项目的具体实施中，还需要结合实际情况，进行深入研究，有步骤、有重点地推进。也就是说，这个规划是一个动态的过程，可以每年滚动落实具体项目清单，并不断更新完善，这样能保证规划具有可操作性，使走廊建设能够真正落到实处。

三是政府和市场的关系。中蒙俄三国均实行市场经济，在经济走廊建设中，既要发挥政府在规划制定、政策支持、公共服务和统筹协调方面的作用，又要遵循国际惯例和商业原则，发挥市场配置资源和企业的主体作用，广泛调动社会力量参与建设，形成政府和企业的有机结合。对三方共同确定的重点项目，可考虑由三方的政府和企业成立协调联系会议，解决项目实施中遇到的问题和困难，共同推动项目实施。

三、推进“中蒙俄经济走廊”建设的措施建议

一是做好规划层面的对接，统筹内外协调发展。中蒙俄三国都重视规划的顶层设计作用，为实现经济长远发展，都制定了国家的总体规划，以及相应的专项领域规划，如中国的“十三五”规划、沿边地区开发开放规划（2011—2020）；俄罗斯的“国家创新型经济发展规划（2013—2020）”，“至 2025 年远东和外贝加尔地区发展规划”，“国家科技发展规划（2013—2020）”；蒙古国的“基于千年目标的国家全面发展战略（2007—2021）”等规划，对经济社会的引导作用显著。“中蒙俄经济走廊”建设为三

国自身发展带来了巨大机遇，要想更好地发挥走廊建设的促进作用，实现内外部经济协调发展，不仅要在战略层面进行对接，还需要在国家规划层面进行对接。在后续规划落实和政策措施方面，也需要结合“中蒙俄经济走廊”建设的总体目标，完善和修订相应内容。

二是深化地方及边境地区合作，带动地方经济发展。走廊建设在中国境内涉及23%的土地和2.9亿人口，主要辐射东北、华北和西北地区，包括东三省、内蒙古、新疆等省市，具有明显的区域特征。当前受全球经济的影响，中国经济进入增速换挡期，部分地区结构调整压力较大，俄罗斯和蒙古国同样面临受国际经济影响，在积极寻找新的增长点。三国相关地区可以抓住走廊建设的机遇期，发挥各自的比较优势，找准合作切入点，因地制宜推进三国之间的地方合作。例如，当前内蒙古产业结构调整，东北产业升级转型，新疆交通大通道建设，俄罗斯西伯利亚及远东地区开发，蒙古国基础设施发展，都可以抓住走廊建设机遇期，推动实现地区经济发展。

三是以双边合作促进三边合作，推动重点项目早期收获。规划项目以三边合作为主，且多为前期研究阶段，在推进过程中，还需要逐步落实各种条件。可以选择条件相对成熟的双边项目为基础，先期推动走廊建设取得阶段性成果，逐步带动三边项目建设。如交通领域的两山铁路、二连浩特到乌兰巴托的铁路改造，能源方面的阿穆尔—黑河边境油品储运与炼化项目、蒙古国塔温陶勒盖煤矿项目，经贸方面的蒙古国扎门乌德与中国二连浩特跨境经济合作区项目等，都是互惠互利的项目，可加大推进力度，争取早日形成示范效应。

四是加强金融领域合作，创新多元化投融资模式。建立双多边资金融通机制，开展双多边货币互换合作，支持三国银行和企业在贸易和投资中扩大本币使用范围，合作建设本币支付结算系统。推进银行等金融机构开展银团贷款、联合贷款、转贷款等多种形式的业务合作，推动开发贸易融资、贸易结算、口岸清算等高效合作途径和便捷支付工具。大力发展国际债券市场，支持俄、蒙信用等级较高的企业及金融机构在中国境内发行人民币债券，支持符合条件的中国境内金融机构在境外发行人民币债券或外汇债券。创新投融资模式，推动采用PPP、BOT等方式，吸引机构投资者、民间资本参与重大项目建设，引导商业性股权投资基金和社会资金参与经济走廊建设。

四、国开行将在“中蒙俄经济走廊”建设中发挥积极作用

国家开发银行长期致力于支持中国基础设施、基础产业和支柱产业建设，现已形成了“两基一支”、民生金融、国际合作、综合经营四大特色板块，成为中国中长期投

融资的骨干银行。国开行及旗下子公司具有投资、贷款、发债、租赁和证券等业务牌照，可为客户提供全方位的金融服务。截至 2016 年 6 月末，国开行资产总额超过 2 万亿美元，贷款余额 1.4 万亿美元，不良贷款率连续 45 个季度控制在 1% 以内。国开行大力拓展国际业务，国际业务余额超过 3400 亿美元，业务范围覆盖全球 110 多个国家和地区，是中国最大的对外投融资合作银行和全球最大的开发性金融机构，连续 3 年入选全球 50 家最安全银行。

国开行十分重视在俄罗斯和蒙古的业务。目前已经在俄罗斯已经成立了代表处，对俄罗斯的企业和项目实现外汇贷款发放超过 400 亿美元，合作涵盖了能源、电信、矿产、林木开采和加工、农业、金融合作等领域。俄罗斯已成为国开行外汇贷款规模最大的国家。此外，国开行还积极发挥金融纽带作用，服务双边经贸往来，在两国领导人互访期间先后与俄方企业签订了十余份框架协议。在中蒙合作方面，与蒙古国开发银行等机构建立了良好的合作关系，对蒙古国企业和项目的外汇贷款余额约 5 亿美元，重点支持了蒙古开发银行、蒙欣巴音嘎拉、蒙古山金矿业等公司的项目。

下一步，国开行将从以下几个方面进一步支持走廊建设：

（1）以规划促合作，加强政策沟通。继续深入开展建设“中蒙俄经济走廊”规划研究，提出符合三国诉求、具体可操作的合作思路，配合国家有关部委，做好规划纲要后续落实工作。

（2）推动重点项目建设，形成早期收获。聚焦中蒙俄三国共同关切的跨境交通基础设施、能源合作、产业园区、生态环保等重点领域，做好项目梳理和储备，全力支持关键项目的实施，发挥好示范带动作用。

（3）深化金融合作，推动资金融通。充分发挥开发银行“投贷债租证”综合金融服务优势，推进与俄、蒙相关金融机构和中国金融同业开展银团贷款、联合贷款等业务，加强与亚投行、丝路基金等金融机构的合作，探讨投融资多元化支持走廊建设的思路，提升金融服务水平。

（4）继续配合地方政府做好与“中蒙俄经济走廊”的对接。积极参与地方相关规划编制，服务地方发展战略与走廊建设衔接，支持走廊沿线区域交通基础设施、产能合作、口岸建设等重点项目建设，促进中蒙俄地方及边境地区合作。

夯实人文交流基础　助力“中蒙俄经济走廊”建设

李鼎鑫（中国当代世界研究中心研究员）

首先，“中蒙俄经济走廊”建设民心相通，具有很好的示范意义。与三国以往一些对外经济合作相比，“一带一路”倡议更加强调民心相通。这与中国所奉行的“亲诚惠容”周边外交政策理念一致。在“一带一路”建设中，“中蒙俄经济走廊”具有较好的基础条件，三国之间的务实合作成果丰硕、经济互补性强，为拓展人文交流提供了强大动力。三国企业、民间交流日益常态化，毗邻地区往来频繁密切、关系融洽。同时，三国在历史和文化方面联系紧密，连接中蒙俄的“茶叶之路”“草原丝绸之路”源远流长，中国蒙古族与蒙古国人同宗同源，语言相通，民俗相近，在推进人文交流方面具有良好的基础条件。

其次，多年来，从内蒙古和黑龙江两省区的实践看，中蒙俄之间的人文交流取得不少进展。在医疗方面，据不完全统计，内蒙古自治区内的各级蒙医院每年收治来自蒙古国和俄罗斯的患者近 3 万人次。在教育合作方面，黑龙江和内蒙古的包括高校在内的各级学校与俄罗斯和蒙古国的学校建立了多层次的良好合作关系，蒙古国在内蒙古自治区的留学生已超过 2000 人，中俄高校联合培养学历生的工作也在不断推进。在科研领域，内蒙古的主要高校，如内蒙古大学、内蒙古师范大学与蒙古国的高校也有一些重要的人文领域研究在顺利进行。

第三，在取得很大成绩的同时，当前中蒙俄之间人文交流仍然有进一步提高的空间可能。比如，人文交流中存在“一多两少”，“一多”是三国官方主导较多，“两少”是民间和企业参与少，需要进一步发挥三国民间的力量参与和壮大人文交流规模，同时鼓励三国企业在进行项目合作同时也积极开展人文交流活动，提高项目的人文品质。此外，人文交流还面临规则法律、机制体制、人才保障等方面的问题。在中蒙俄三国之间还存在签证难、学历认证难等问题制约各级各类学校之间的交流合作与联合办学，需要三国从国家层面予以重视解决。三国都存在对方国家语言人才匮乏的局面，这种情况在相当程度上也制约经济领域合作的进一步扩大和加深，需要考虑加大语言人才培养力度。

最后，我想就进一步扩大中蒙俄人文交流规模、提高交流水平，助力“中蒙俄经济走廊”建设合作提几点不成熟的建议供参考。

一是切实提升人文交流对务实合作的支撑作用。可以围绕规划纲要确定的项目，考虑构建三国专业认识组成的政策咨询网络，为交通、商务、海关、口岸管理等部门人员交流创造更多机会。考虑促进中蒙博览会、中俄博览会等交流平台的对接，调动企业界支持和参与人文交流的积极性，比如设立“中蒙俄人文交流基金”等。

二是从小事、实事做起。比如三国可以合作开展医疗、教育等领域的培训，培养出一批能够造福三国毗邻地区人民的医生、教师；开展农牧业、能源、水资源管理等方面的培训，培养出一批能够在合作相关领域发挥重要作用的高级人才。

三是人文交流要注意相互之间多了解和尊重对方习俗、习惯，寻找互补的领域开展合作。在具体合作中，三国对于同一个问题可能有不完全相同的理解，只要大的原则一致，实际操作中可以更多地照顾对方习惯和感受。同时，三方不同方面都有自己的优势，可以取长补短，共同进步，比如，蒙古国对青少年足球运动员培养很有特色，中方就可以多邀请蒙方多派教练员来华工作，还可以多举办中蒙俄中小学生足球比赛。

四是要使中蒙俄人文交流能够细水长流，可持续发展下去。可以考虑把在三国人文交流实践中形成的好的做法进一步机制化、长效化。考虑在三国官方指导下，由三国民间和企业共同搭建中蒙俄人文交流协调平台，采取灵活的组织和运作方式，务实推动人文交流合作。在这个过程中，中蒙俄智库合作联盟开了一个好头，三国的研究机构能够汇聚一堂、沟通思想、交流看法、提出建议，这方面主办方做了很多有益的工作。智库交流本身就是人文交流的重要组成部分，相信中蒙俄智库不仅可以为三国经济领域合作出谋划策，也可以为人文交流提供好的平台和好的建议。

蒙古社会的科学与教育领域国际合作经验谈①

G. D. 巴扎洛娃　N. A. 库兹涅佐娃
（俄罗斯科学院西伯利亚分院布里亚特科研中心）

本文以布里亚特共和国科学和教育领域的双边国际协议以及实现合作的手段为分析对象，从达到提高科技研发和教育、发展科研和教育服务出口等战略任务的潜力角度，对国际协议和合作手段进行了研究。

考虑到地区所处的地理位置，对于布里亚特共和国的高校和科研机构来说，与代表蒙古国社会的邻近国家在科学和教育领域的合作，成为其最重要的优先方向之一。

为与亚太地区各国顺利开展科学和教育领域的国际往来，需要对以往工作及其成果进行分析。教育科学领域国际合作的特点是方向、优先领域和地区特殊性宽泛，因此，在一篇文章内无法涵盖各国家的所有合作倡议。

在科学发展教育体系的当代社会和经济背景下，科学和高等教育的全球化与国际化产生着重要的影响。世界范围内，教育和科学组织之间的竞争与合作日趋强化，学者、研究生、大学生、教师交换频繁，远程教育广泛普及，继续教育的作用在增加。

---

① 文中引用了俄罗斯科学西伯利亚分院（N. G. 尼库林、V. U. 科洛博夫编辑）、俄罗斯科学院西伯利亚分院蒙古学、佛学和藏学研究所（G. N. 奇米特多尔日耶娃、D. D. 巴达拉耶夫）、俄罗斯科学院西伯利亚分院贝加尔自然资源利用研究所（L. M. 汉达让波娃、O. S. 哈玛加诺娃）、俄罗斯科学西伯利亚分院地质研究所（G. N. 安吉费洛娃、E. G. 佩里亚济耶娃）、俄罗斯科学院西伯利亚分院普通生物学与实验生物学研究所（O. B. 维什尼亚科娃）、俄罗斯科学院西伯利亚分院金属物理学研究所（E. V. 巴杜耶娃）、俄罗斯科学院西伯利亚分院布里亚特科学中心地区经济研究部（U. G. 比尤拉耶娃）、俄罗斯科学院西伯利亚分院布里亚特科学中心科学档案馆（B. M. 米特基诺娃、B. S. 雷克索科娃）的国际合作报告材料，以及由布里亚特共和国科学与教育部提供的布里亚特共和国高校（联邦高等教育国家事业机构—贝加尔国立大学（D. B. 巴尔达诺娃）、东西伯利亚国立技术与管理大学（O. A. 奥索多耶娃）、布里亚特农业大学（Z. S. 雅姆彼洛娃）、东西伯利亚国立文化艺术大学（L. B. 阿列玛索娃））的国际合作材料。

由此，必须区分出对于国际科学和教育项目参与者来说共有的基本方向，这首先是指：遵守规范、法律和制度原则；根据俄罗斯战略指导文件中提出的任务积极开展国际合作规划工作；提高教育质量和经济优先领域的科技研发质量（基础科学和创新）；扩大俄罗斯科研和教育服务的出口。

布里亚特共和国面对全球发展趋势没有袖手旁观，在它的战略指导文件和地区构想中越来越频繁地强调开展国际合作对于提高俄罗斯科学和教育系统竞争力、出口教育服务、整合入国际科学空间的重要意义。

国际合作的效率取决于高校和学术机构的教育科学领域活动和所利用的资源在多大程度上符合这一领域的优先方向，以及在多大程度上允许达到既定的国内和国外目标。

当前，国际合作是俄罗斯科学院西伯利亚分院布里亚特科学中心的各科研部门的优先活动方向。在布里亚特科学中心，正在为组织国际合作开展大量的工作。

布里亚特共和国第一个科研机构（布里亚特学术委员会）的国际科学交流早在20世纪20年代即已形成。1927年，与蒙古国和中国西藏建立了科学交流。蒙古人民共和国学术委员会代表曾常驻乌兰乌德市，布里亚特共和国的学者则多次访问乌兰巴托，讨论语言建设、文学革命和其他泛蒙古哲学问题等领域的科研协调事宜。与蒙古人民共和国学术委员会曾实现科学文献的互换。

20世纪50年代，随着布里亚特学术委员会改制为布里亚特综合科学研究所，双方往来通过交换文献、参加国际大会、学术会议、科学交流形式的同行互访等得以更加巩固。双方在人文、自然和社会科学领域开展了研究。布里亚特综合科学研究所曾与从事东方问题研究的中国、蒙古国和其他国家的科研机构和学者有过联络。

除蒙古国外，还与中国内蒙古自治区交换了书籍，在自然科学领域的合作活跃。例如，从1962年起，苏联和蒙古国每年在蒙古国举行土壤科考活动（苏联方面由地质矿物学博士、教授O. V. 马克耶夫任领队，蒙古国方面由蒙古科学院通讯院士D·采德夫任领队）。三年期间（1965～1968年），俄罗斯科学院西伯利亚分院布里亚特所的地质学者们纷纷参与到由地质矿物学副博士T. O. 奥奇洛夫带队的苏蒙科考队工作中。1964年，苏联学者与蒙古学者共同开始了主题为“外贝加尔及毗邻地区的中生代和新生代大地构造”的地质调查。

随着布里亚特综合科学研究所改制成为苏联科学院西伯利亚分院布里亚特所，明显地扩大和强化了与国外科研机构的联系。与外国同行在物理、化学、生物学、土壤学、历史和哲学领域开展了有计划的合作，举办了国际科学大会，组织科学考察队。布里亚特共和国的学者们在印藏医学领域的研究引起了蒙古国、印度、尼泊尔、锡金等国学者越来越多的关注。通过俄罗斯科学院西伯利亚分院布里亚特所的学者与外国学者的私人会面、相互磋商、参与国际研讨会、出国访问等，让外国同行了解到布里亚特共和国正在进行的研究，同时自身也有机会获得有关国际最新科学成就的信息。

1980 年代，合作研究的数量明显增多。1988 年，就 13 个课题开展了科研工作，共颁发 51 份在国际刊物上发表科研论文的许可证。

尽管 20 世纪 90 年代国内局势复杂多变，参与布里亚特科学中心科研活动的外国学者数量锐减，但是科学界的接触没有就此中断。仍保持了与 20 个国家同行的联系，研究贝加尔湖生态和动物群的联合科学考察工作继续进行。

俄罗斯科学院西伯利亚分院布里亚特科学中心的各科学部门在组织国际合作方面开展了大量工作，促进着国际科学交流的发展和巩固，保持着固定的科研往来。今天，在布里亚特科学中心的各研究所，国际活动工作人员负责协调各研究所国际合作的方方面面，为学者出国、接待外国学者和专家做着大量的工作，他们运作各研究所的对外经济活动，与俄罗斯联邦移民局布里亚特分局、俄罗斯外交部驻乌兰乌德办事处、领事馆、海关等保持协作。俄罗斯科学院西伯利亚分院布里亚特科学中心的主席团每年举办培训班和各研究所的国际合作促进活动。这些工作都是在国际合作项目、规划、竞争性资助、国外合作伙伴和年轻学者参与科技规划的框架内进行。还需要指出，我们的学者也积极参与各大国际展览会。

俄罗斯科学院西伯利亚分院布里亚特科学中心在地域上包括俄罗斯科学院西伯利亚分院的下列研究所：蒙古学、佛学、藏学研究所、普通生物学与实验生物学研究所、贝加尔自然资源利用研究所、地质研究所、物理材料学研究所。此外，俄罗斯科学院西伯利亚分院布里亚特科学中心的各个科学部门和附属部门主要有：地区经济研究部、中心科学图书馆、科学博物馆。上述所有机构均参与国际活动。

目前，俄罗斯科学院西伯利亚分院布里亚特科学中心各科研部门的国际合作正在从落实单项资助过渡向在与亚洲国家的科研组织建立协议关系基础上进行系统性的长期合作层面过渡，这些亚洲国家主要包括蒙古国、中国、韩国、日本和哈萨克斯坦。

与蒙古科学院（亚洲科学院 AASA 协会成员）的合作是两国区域合作和落实俄罗斯政府巩固其在东北亚地位规划的重要元素。例如，2010 年召开了第四届全球蒙古人大会，在会议框架内召开了俄罗斯科学院西伯利亚分院主席团与蒙古科学院主席团的联席会议。会议上评价了前期的科研合作工作，并预测了合作前景，签署了合作协议，确定了合作项目的落实方向。同年，在乌拉乌德召开了俄罗斯科学院西伯利亚分院与蒙古国科学院的主席团联席会议。目前，各研究所正在俄罗斯科学院与蒙古科学院（2001 年 4 月 11 日签署）、俄罗斯科学院西伯利亚分院与蒙古科学院（2010 年 7 月 16

日签署)、俄罗斯科学院西伯利亚分院布里亚特科学中心与蒙古科学院（2010 年 7 月 16 日签署）所签订的条约和协议基础上，以及各研究所级别的协约和其他工作文件基础上开展工作，其中包括《俄罗斯科学院西伯利亚分院与蒙古科学院组建蒙俄跨学科考察队协议》、《科研人才教育与培养领域合作备忘录》、《俄罗斯科学院西伯利亚分院布里亚特科学中心区域经济研究部与俄罗斯普列汉诺夫经济大学乌兰巴托分校的科研与教学法合作议定书》（签署于 2011 年 10 月 18 日）、《与蒙古国国立大学国际关系学院合作议定书》（签署于 2013 年 10 月 15 日）。

俄罗斯科学院西伯利亚分院布里亚特科学中心与蒙古国合作的优先方向包括：

人文和自然科学领域的基础研究和应用研究，培养科研优先方向的科研人才，论文答辩委员会工作，交流科研组织活动经验，促进发展信息和通信手段，扩大科技信息的互利交流，举办联合学术活动，购买和共同使用稀缺科研仪器和设备，组织和进行俄罗斯科学院与蒙古科学院的联合科学考察活动（如生物、地质、历史文化考察）。

科研合作项目的课题包括：研究蒙古和西伯利亚的民族历史和文化；地质学、地球动力学和矿产资源问题；植被和牧场保护；可再生能源利用；生物、纳米和信息技术；利用植物和动物原料制取医用和农用新型制剂；蒙古国土壤沙化和侵蚀问题。

在共同研究科研课题、出版科学著作的同时，蒙古国学者在乌兰乌德的副博士和博士论文答辩实践也在顺利进行。

例如，俄罗斯科学院西伯利亚分院蒙古学、佛学与藏学研究所成为俄罗斯与中亚和东亚地缘政治合作交界地唯一的东方学研究基地。根据蒙古学、佛学与藏学研究所的倡议，组织进行了俄罗斯人文科学基金会与蒙古国教育、文化和科学部的科研项目联合竞赛，其主要目的是团结俄罗斯人文科学基金会与蒙古国教育、文化和科学部的力量，为由俄罗斯和蒙古国学者合作完成的人文科研项目筹集资金。

在国际合作发展的现阶段，把俄中蒙三国的高等院校整合入全球教育空间成为扩大中亚国际合作的主要手段。

三个国家间教育领域适用的法律法规由 20 多年签订的政府间协议加以规定，同时，法律基础正在继续完善。布里亚特共和国在俄罗斯其他地区具有多项合作协议，其中既有与权力执行机关签订的，也有与邻国教育机构直接签订的协议。在此列举教育领域一些最重要的国际合作文件：2003 年 12 月 22 日的《俄罗斯共和国布里亚特共和国政府与中国内蒙古自治区政府的经贸、科技和文化合作协议》、2004 年 10 月 4 日的《布里亚特共和国与中国内蒙古自治区的经贸、科技和文化合作议定书与规划》、2005 年 9 月 11 日的《布里亚特共和国科学与教育部与中国内蒙古自治区青年联合会的合作协议》、2006 年 6 月 29 日的《布里亚特共和国科学与教育部与满洲里科技局合作协议》和《2010 年—2012 年俄联邦布里亚特共和国与蒙古经贸与人文合作议定书》、2016 年 7 月 16 日的《2011 年—2013 年蒙古国教育、文化与科学部与布里亚特共和国科学与教育部合作议定书》、2007 年 12 月 6 日的《与中华人民共和国政府对外汉语普及司合作意向书》、2008 年 5 月 20 日的《布里亚特共和国科学与教育部与俄中文化和教育发展基金教育领域合作交换协议》、2008 年 5 月 22 日的《布里亚特共和国科学与教育部与×××教育司的教育领域交换与合作备忘录》。

在分析教育领域时，笔者把范围限定在高等院校层面，把国际教育交流作为向全球教育空间整合的最有力工具，这为这种交流赋予大学生们提升专业水平，了解其他国家的文化、劳动环境和生活的机会。布里亚特共和国的高校正在积极利用国际教育交流的机会，大力开拓教育服务市场。

五年时间里，有 400 多名全日制生和约 300 名中国俄语院校的函授生从布里亚特国立农业大学的语言学与国际交流学院俄语班毕业。布里亚特国立农业大学的大学生在内蒙古民族大学、齐齐哈尔大学修读了本科生和硕士课程。

目前，正在顺利开展蒙古国留学生教育工作。2014 ~ 2015 年，45 名留学生在高等职业教育班、53 名留学生在预科班接受教育。从 2015 ~ 2016 学年开始，又划分出一个职业教育等级——中等职业教育，11 名蒙古国留学生正在接受中等职业教育。

东西伯利亚国立技术与管理大学与内蒙古多所大学保持着固定的往来。2013 年又增加了一个合作伙伴——内蒙古大学（中国）满洲里学院，与该校签订了培养经济学、酒店管理本科生的协议，在该协议框架内，2015 ~ 2016 学年有 25 名留学生在该大学就读。

东西伯利亚国立技术与管理大学与长春市吉林俄语学院的国际商务学院签订了培养经济学本科中国留学生的协议，还与大连市东软信息学院（Neusoft）签订了培养商务信息和软件工程本科俄罗斯留学生的协议。

东西伯利亚国立技术与管理大学与蒙古国科技大学的国际活动已经开展了 10 多年。2013 年 4 月，续签了下一个 5 年的合作协议。在新协议框架内，两所大学的大学生互派对方大学进行建筑学、食品生产技术方向的学习实践，已经制定合作培养轻工制造技术本科生的计划。

2014 ~ 2015 年，5 名来自合作大学的教师在东西伯利亚国立技术与管理大学硕士班和博士班进修并顺利通过了论文答辩。

布里亚特国立大学和东西伯利亚国立文化艺术大学正在交换大学生和硕士生。

作为贝加尔地区的主要高校之一，布里亚特国立大学具有多年的与国外合作伙伴成功合作的经验。在国际协议框架内，正在运作多个大学生学术交流活动（实习、在蒙古国立大学、内蒙古师范大学的外出实习等)；大学教师在国外开设提高班，参加国际大会、教育展（蒙古教育、文化和科学部的传统医学学院、蒙古国科学院哲学学院、蒙古国国立大学、蒙古国农业大学、大扎撒国际大学)。与蒙古国科学院多家研究所、东方（多尔诺德）学院、语言与文学学院、蒙古药剂学大学、“新医学”医学院、蒙古宪法法院、埃尔德姆文化学校签署了科学、文化和教育领域的长期协议并正在落实。

在当代背景下，东西伯利亚国立文化艺术大学的国际合作可以视为提高科学教育和创造性活动的质量和保障高校在优先方向竞争力的有效手段。

东西伯利亚国立文化艺术大学国际活动的主要目标是把该大学作为权利平等的合作伙伴整合入国际教育、科学和创新空间，确保与国外合作伙伴建立稳定、持久的往来。

长期以来，东西伯利亚国立文化艺术大学与蒙古国、中国、韩国等国家的科学和教育组织、文化机构开展着成果丰硕的合作。

在国际合作框架内，以下两个方向的合作最富有成效：培养（再培养）专业人才和组织科学与创新活动。希望在该大学接受教育的大学生数量逐年增加，尤其是亚太地区国家的大学生。外国留学生教育所覆盖的级别包括本科生和研究生。以下培养方向需求最大：舞蹈艺术、民族艺术文化、美声。

院校交流的形式之一是大学生的国外实习。例如，该校大学生通过了内蒙古自治区呼伦贝尔大学蒙古文化与文学班课程并获得了国际认证证书。在国际合作框架内，该校正在实施一系列科研和创新项目，这些项目正在助推巩固各民族友谊和加强文化对话的事业不断前进。

当代背景下，在教育组织的活动中，提高人才职业水平和人才再培养是国际合作的一个长期方向。例如，2015 年 4 月，东西伯利亚国立文化艺术大学为来自蒙古国的 60 名专业人员举办了名为“布里亚特与蒙古：戏剧艺术领域的合作前景”的国际圆桌会议，会议期间，以大师班形式为这些专业人员在以下方向设置了短期进修课程：戏剧导演、社会文化领域管理学、博物馆和参观活动模拟。这一活动的成果是与蒙古国的多家音乐和话剧院、歌舞团和博物馆签署了 20 项合作协议。2015 年 8 月 15 日至 20 日，东西伯利亚国立文化艺术大学与蒙古国教育、文化和科学部、蒙古艺术工作者学院共同为蒙古和韩国多家文化和艺术机构的 50 名专业人员举办了“社会文化领域管理学”进修班。

应当把大学教授队伍参与国际机构和组织的教学和科研活动（讲学、举办大师班、参与科研项目）视为大学的一个优先发展方向。2012 ~ 2015 年，东西伯利亚国立文化艺术大学的教师曾先后前往蒙古国、中国和韩国等国。

综上，东西伯利亚国立文化艺术大学把国际合作确立为学校发展的战略资源，正在实施一整套致力于提升学校知名度和提高当代竞争力的教育、科学和创新项目与活动。

布里亚特国立菲利波夫农业大学国际合作的主要方向包括：教学、教师的国际和国家级学术交流；在国外高校的学期制/学季制或学年制讲学、短期进修、在乌兰巴托的蒙古国立农业大学教育实习；科研活动；创新活动；教育活动；对外经济活动。

2016 年 2 月，学校的蒙古国留学生发起了一场纪念俄罗斯英雄阿尔达尔·齐登扎波夫的慈善音乐会。

东西伯利亚国立技术与管理大学国际合作的优先方向之一是教育服务的出口。该大学自 1992 年起开始培养外国留学生。至今已经有来自蒙古国、中国的2000 多名留学生在东西伯利亚国立技术与管理大学校园通过了学习、科学和教育进修。该大学的外国留学生主要修读俄语、预科、中等职业教育、高等职业教育基本课程，或攻读研究生、博士学位和进修。在出口教育服务方面，该大学的主要合作伙伴是亚太地区国家——蒙古国和中国以及独联体国家的高校。

乌兰巴托分校的工作为该大学的教育服务出口做出了一定的贡献。共有 75 名蒙古籍高等专业人才在乌兰巴托分校经过基本培训后毕业。

在培养高水平专业人才的同时，大学还为蒙古国和中国等国家培养科技人才。目前，有 7 名蒙古国留学生在该校攻读硕士学位，其中 5 人为俄罗斯教育与科学部公派学习。2000 ~ 2015 年间，有 20 名留学生在该大学攻读硕士和博士学位。该校有 10 名接受联邦财政经费资助的留学生，其中，7 人为俄联邦政府规定名额（5 名蒙古国留学生攻读硕士，1 名蒙古国留学生攻读经济学本科，1 名塔吉克斯坦留学生攻读海关专业），3 人为侨胞留学生（阿塞拜疆 1 人，乌兹别克斯坦 1 人，乌克兰 1 人）。

俄罗斯的高等教育向全球教育体系的整合，让俄罗斯的高校有机会与国外高校开展合作办学。东西伯利亚国立工业大学是国际教育、科学和文化合作的积极参与者。这座高等学府与多个合作伙伴的关系表现为合作形式多样：互派留学生和进修生前往学习和进修；与国外合作伙伴合作办学和双学位教育；组织召开国际大会、研讨会，大学的专家参加国外同类活动；共同发表科研、方法论和教学论文或著作；交换大学生、教师、研究员进行教学、实习和研究，参与合作项目。

该大学正在与蒙古国和中国高校开展特别紧密的合作。在与蒙古国高校和组织，如蒙古国国立科技大学、达尔汗技术学院、蒙古国国立大学、蒙古国立农业大学、“萨莫”食品工业科研生产学院、Zorbiom 责任有限公司、Armono 集团（皮革科研实验中心）等的合作协议框架内，正在开展联合科研工作、教师职业进修和大学生生产实践，通过该校研究生部为蒙古国培养高水平科研和教育人才。

2015 年，东西伯利亚国立技术与管理大学与蒙古国标准化和计量局签署了一份协议，协议规定，依托东西伯利亚国立技术与管理大学，为蒙古国方面培养“标准化与计量”和“质量管理”方向本科生和硕士以及干部职业再培训，进行科研工作合作和项目合作，东西伯利亚国立技术与管理大学的大学生在蒙古国标准化与计量局进行实习。

近几年，与中国高校的往来呈现活跃发展态势，尤其是在联合培养大学生领域。东西伯利亚国立技术与管理大学与中国高校签订了多项留学生培养协议，如与长春市吉林俄语学院的国际商业学院签订了培养经济学本科生方向中国留学生的协议，与内蒙古大学满洲里学院签订了培养经济学、酒店管理本科中国留学生的协议，与大连东软信息学院签订了培养商务信息和软件工程专业本科俄罗斯留学生的协议。

科学教育工作者、研究生和大学生们积极参与到国际教育和科研活动、资助活动、会议和展会、国外语言和科学实习、生产实践中，使得大学得以利用国外的专业人才培养经验，促进学校自信地进军国际教育市场。

该校的教师和员工积极参加国外的国际论坛、大会、座谈研讨会和展览会。2015 年，参加了在中国二连浩特市举办的第七届中蒙俄经贸合作论坛；参加了蒙古国乌兰巴托市的“当代社会经济发展背景下的中亚生态系统”国际大会等。每年，东西伯利亚国立技术与管理大学都积极参加在中国满洲里举办的中俄蒙创新技术展览洽谈会。

东西伯利亚国立技术与管理大学的战略发展以大学向全球科教空间的进一步整合为导向。为达到既定目标——加强大学在国际合作领域的地位而设定的任务包括：强化大学的教育服务出口；通过扩宽大学参加国际教育与科学活动、项目和资助活动，加强大学生、研究生和教师之间的院校交流；建立新的和发展现有的本科生和硕士生联合培养活动，包括培养双学位生。

在教育服务出口领域，规定开展和实施以下活动：扩大与国外高校联合办学的大学生培养方向；提高高校在地区教育空间提供的教育服务的质量、吸引力和竞争力；制定高等职业教育的教学规划，部分或全部使用英语教学；研究教育进口国的教育服务市场，与在国外招收大学生的俄罗斯和国外组织直接建立联系；在国际展览会、洽谈会、国际目录和指南、互联网中发布大学的教育服务广告；创建高校的蒙古语网页，以便为潜在的蒙古高中毕业生提供更多的访问服务信息的机会；与中国领事馆（伊尔库茨克市）、蒙古国领事馆（乌兰乌德市）就招收外国高中毕业生工作紧密协作。

为拓展大学生、研究生、大学教师的学术交流，以及扩大大学参与国家教育和科学活动、项目和资助活动范围，要求采取以下措施：扩大校际合作和增加共同参与国际教育与科技活动的伙伴组织数量；由大学的骨干教师在国外大学开办短期、中期或长期讲座和进修班；邀请国外骨干学者和教师来校就前沿科技问题讲学；提高东西伯利亚国立技术与管理大学教学和科研人员学术交流所需的外语水平。

通过本文对国际协议的概览可以得出结论，即布里亚特共和国的高等院校和俄罗斯科学院西伯利亚分院布里亚特科学中心拥有发展国际合作和达到战略目标所需的丰富的法律法规资源。在教育国际化的下一阶段，必需根据社会经济发展和教育发展的优先方向更新现有的协议，创建相应的规划和其他手段；引进效率分析体系；在巩固现有制度的基础上协调合作方向和手段。

综上，在布里亚特共和国高校界和学术界，用于达到战略任务的国际协议和手段、提高科技研发质量和教育质量、发展教育和科研服务的出口等都将顺利实现，而前提是把优先方向定位于科学研究的成效性和需用性，整合入全球科学空间，普及传播科学知识和提高俄罗斯科学界在国外的威信，包括：积极参与国际研究、资助和竞赛活动；增加学术专著、与国外学者合著和（或）国外出版社出版的专著数量（在俄罗斯和国际的科学引文信息分析系统如 Web of Science、ERIH、Scopus、Google Scholar 和 PubMed 中索引的出版物数量）；增加受邀在国外科学组织中工作的学者的数量；增加在国际科学大会发表学术报告的访问学者的数量。

最后，应当指出，国际合作是发展布里亚特共和国高校界和学术界的主要优先方向之一。国际项目、出访数量的逐年增加，签订科研合作协议，在国外权威刊物上发表作品等等都在产生成效，并让我国的学者和教师队伍满怀信心地迎接美好的明天。

“一带一路”倡议下中蒙俄区域经济合作新机遇

李镇西（包商银行股份有限公司董事长）

尊敬的各位领导、各位来宾，女士们、先生们：

大家好！穿透历史的尘烟，2000 多年前的丝绸之路天宇苍苍、大地茫茫。汉代张骞两次出使中亚的“凿空之旅”，激活了中国同中亚各国的商贸活动，开辟出一条横贯东西、连接欧亚的丝绸之路，跨越广袤时空，它所代表的美好富足在今天仍有强大的凝聚力与感召力。

中国依此提出的“一带一路”倡议，是国际政治、经济方面的大手笔。“一带一路”倡议具有破冰意义的一刻是 2016 年 6 月 23 日，中俄蒙三国元首在塔什干见证了《建设中蒙俄经济走廊规划纲要》的签署。这是“一带一路”由倡议构思转向实际操作的标志，是最重要的早期收获，标志着首个多边经济合作走廊的正式实施。

这将为中蒙俄区域经济的发展带来战略性利好。从此，中蒙俄将作为一个整体，政治互信、经济融合、文化通融；将共同通过科技创新与产业升级，来提升区域经济发展水平，为中蒙俄各国人民过上更加和平、富足、幸福的生活提供资源并带来保障。

中蒙俄的产业合作领域包括能源矿产、高技术、制造业、农林牧、旅游业等等；应从中蒙俄资源禀赋优势互补的产业做起，要聚焦在与百姓生活息息相关的民生产业及科技创新含量高的高新特产业，立足全球做产业链。来提升产业在生产效率、满足市场需求、持续获利等方面的竞争能力，提升在国际产业格局、贸易格局当中的地位。

产业链的发展会带动经济圈的形成。核心企业带动形成产业聚集区，向外复制、辐射成不同范围的中蒙俄区域经济圈。反过来，经济圈的金融资本、智力资本、产业资本，能够支撑产业链发展。圈和链相辅相成、互相促进。

（1）要做好中蒙俄三个国家层面的顶层设计。把握方向、统筹协调，建立机制，做好产业规划。引导民间资本的产业运作与良性互动。形成政府主导、企业参与、民间促进的立体格局。

（2）要打破思维边界、打破地域局限，国际化布局。目前国与国之间、产业与产业之间，各种边界正被打破、各种壁垒正在消失。要整合世界科技、人才、资本、产业资源，通过资源的再平衡，获得中蒙俄区域经济的高效发展。

（3）纵向打通，横向协同。着力提升创新链、产业链、价值链整合能力。只有突破核心技术难题，才能实现产业发展“弯道超车”，来延长产业链、整合创新链、提升价值链。

（4）以科技创新为核心，带动发展理念、体制机制、商业模式的创新。紧紧抓住新工业革命、数字经济等新要素、新业态带来的新机遇，全方位、多层次、宽领域创新，寻找产业持续健康发展之道。

（5）“中蒙俄经济走廊”的建设，要抓好金融“牛鼻子”，引导资源配置和优化投资效果。以产带融、以融促产；实现实体经济与虚拟经济相伴相生、水乳交融。

区域经济的一体化发展，能够带来中蒙俄三国人民心灵的靠近、思维的共识、文化的融合。从来没有哪一个时代，如此美好；从来没有哪一个时代，如此包容；从来没有哪一个时代，如此光明。

在今天，在这里，中国的“丝绸之路经济带”倡议，俄罗斯的“欧亚经济联盟”倡议以及蒙古国的“草原之路”战略，终于相遇、相融。中蒙俄区域经济合作发展的格局从此将焕然一新！

谢谢大家！

第二部分

规划与行动

俄罗斯转向中国政策初步总结

S. A. 卢科宁（俄罗斯科学院普里马科夫国际经济与
关系学院中国经济与政策部副部长　经济学副博士）

中国不是西方的替代品，也没有取代俄罗斯与欧洲和美国在贸易、能源、投资和技术领域的合作。相反，“中国向量”是对俄罗斯对外经济政策中“欧洲向量”的长远战略补充。尽管近两年的俄中贸易呈现负增长，但是中国仍然保持着俄罗斯对外贸易主要合作伙伴的地位。

这其中，“一带一路”倡议为俄罗斯提供了吸引中国投资的新机会。

但是，为了让这个机会落地生根，让俄中“丝绸之路经济带”与欧亚经济联盟对接协议得以落实，俄罗斯和中国需要制定和采取非常积极和有魄力的政策。

面临的困难

一是中国对俄直接投资额减少。2015 年 1 月至 6 月，中国向俄罗斯的直接投资额为 3.3 亿美元，比 2014 年同期下降 25%（2016 年末这一数字很可能因丝绸之路基金会收购亚马尔液化天然气厂股权而增加，据非官方数据，收购额为 15 亿美元）。2014 年，中国的对俄直接投资总额为 7.94 亿美元。

二是俄中贸易额减少。根据中国海关总署的统计数据，2015 年的俄中贸易额为 680 亿美元，比 2014 年减少 28%（2014 年为 882 亿美元，与 2013 年相比减少 0.8%）。

同时，中国仍然是俄罗斯的主要贸易伙伴，中国在俄罗斯 2015 年外贸额中所占比重为 10%。根据 2015 年末的统计结果，俄罗斯与中国的外贸额在中国外贸总额中居第 10 位（2%）。

可以对比来看，2015 年，中国对美贸易额几乎是中国对俄贸易额的 8 倍，对欧盟贸易额是对俄贸易额的近 7 倍。2015 年，中国的对美直接投资额是对俄直接投资额的近 26 倍，而中国对欧盟投资额是对俄投资额的近 37 倍。

三是在俄罗斯的个别中方项目告停。2016 年 2 月，中国公司投资 60 亿美元建设莫斯科地铁新支线及其周边房地产项目的谈判中断（由于卢布贬值和俄罗斯经济不稳定）。2016 年 2 月中国城东投资基金（Chengdong Investment Corporation）出售了其在莫斯科交易所的股份（5.2%），2015 年秋，该基金在出售了俄罗斯乌拉尔钾盐公司 12.5% 的股份后，从该公司全面撤资。中国银行、中国建设银行和中国农业银行等多家中国银行减少了向俄罗斯市场的介入和参与。

四是吸引中国资金存在的问题。俄罗斯的企业和银行从未能够在中国弥补西方贷款的空缺。尽管中国没有从法律上对俄罗斯采取过任何财政制裁，但是中国的银行实际上已经加入了美国和欧盟所推行的对俄限制中。

合作成果

两国的合作成果包括：中国石化入股俄罗斯西布尔公司 10% 的股份；2015 年 11 月，中国友民发展公司收购克拉斯诺亚尔斯克边疆区结算中心 51% 的股份；俄罗斯“儿童世界”集团向中俄投资基金出售 23.1% 的股份；中国丝绸之路投资基金收购俄罗斯亚马尔液化天然气厂项目 9.9% 股份；阿里巴巴集团于 2015 年 5 月开始在俄罗斯境内开展业务；中国私人投资基金集团收购俄罗斯诺里尔斯克镍业矿冶公司旗下贝斯特森斯基项目 13.3% 的股份；中国投资人参与阿穆尔州优先发展区建设并建成一家水泥熟料生产和加工工厂。

但是，上述项目所使用的总资金额微不足道（尤其是与中国在世界其他地区的项目相比）。根据 2015 年末统计，中国在俄罗斯的累计投资额约为 80 亿美元，俄罗斯在中国的累计投资额约为 10 亿美元。

“丝绸之路经济带”与俄罗斯

俄罗斯和中国在落实“丝绸之路经济带”规划中几乎还没有产生实际的成果（除了中国丝绸之路基金收购亚马尔液化天然气厂 9.9% 股份）。对于俄罗斯来说，主要的机会是利用中国投资为俄罗斯境内的基础设施建设项目融资，以及把俄罗斯企业纳入“丝绸之路经济带”框架下的中国企业在第三国（首先是中亚、东欧和外高加索）的项目链条中。

但是，从俄罗斯的角度来看，这其中存在着多个实质性问题。

首先，获得中国的投资严格地与得到收款国的国家担保挂钩；其次，是以“捆绑式”贷款为条件实现融资。用国家担保取得中国的投资几乎意味着，即使项目从商业角度是无利可图的，不会带来利润，也一样要为其买单（极有可能是由国家买单）。

已经出现了极少数的案例，例如中国公司利用建设项目融资合同的条款取得对俄罗斯境内企业的控制。

基础设施建设项目的“捆绑式”贷款总是要求使用中国的高科技产品和中国国内产能过剩的产品，首先是水泥、玻璃、钢材等，并由中国公司完成工程作业（可行性研究、设计等），施工也由中国蓝领工人监控。

如果中国企业想要迁移到俄罗斯，那么首先迁移的是参与基础设施建设项目的企业（就是说中方想制造出对产能过剩产品的需求），俄罗斯本土的供应商实际上被排除在项目之外。其次迁移的是老旧企业，从而为中国国内的国民经济现代化改造清理空间。

基于这些情况，俄罗斯当局看到了三个重要风险：

（1）资源密集型项目的利润低或没有利润，俄罗斯却要为这类项目买单并为后续运营花费资金。

（2）俄罗斯国内市场竞争加剧，中国供应商（实际上是利用中国国内的低息贷款补贴的企业）把俄罗斯本土的供应商排挤出项目之外。之后，由于中方在俄罗斯市场的倾销致使俄罗斯本土供应商倒闭（俄罗斯工业随之衰退）。

（3）本国工业出现技术性衰退并给生态环境造成额外负荷，也就是说，中国的老旧企业实现转移。

与此同时，存在一种认识，即如果说在落实“丝绸之路经济带”战略项目的初期俄罗斯还有时间取得优势，那么现在这个时间正在过去。中国需要俄罗斯，但俄罗斯不是主要和唯一的路线。考虑到在“陆上丝绸之路”实施过程中累积的矛盾，那么存在一种可能，即中国会把资源向“海上丝绸之路”倾斜和重新配置，尤其是当中国注意到美国领导的泛太平洋伙伴关系与区域全面经济伙伴关系之间的竞争加剧之后。

在上述背景下，不论是俄罗斯还是中国，对“丝绸之路经济带”战略项目持消极立场都是不利的，两国应当积极地寻找对接点，也就是说，让这一项目对双方都有利。

内蒙古在中俄蒙三国发展战略对接中的地缘价值

张江河（中国暨南大学珠海校区地缘战略研究所所长　教授　博士后导师）

内蒙古在中俄蒙三国发展战略对接中属于直接的利益关联区，勾勒出内蒙古在政策、设施、贸易、金融、民心“五通”中所做的战略选择，认识其对中俄蒙三国发展战略对接的地缘战略价值、地缘经济价值和地缘文化价值，具有现实的应用性和可行性。

现今，中国在以“一带一路”为统领的对外开放中，发展战略对接是其重要部署之一，本文对内蒙古在中俄蒙发展战略对接中的地缘价值予以探讨。

一、中俄蒙三国对发展战略对接的定位

要把握内蒙古在中俄蒙三国发展战略对接中的地缘价值，前提是知悉中蒙俄对相互发展的战略定位。具体如下：

（1）中国的定位。从中国“一带一路”愿景与行动文件和《“十三五”规划纲要》看，中国将“中蒙俄经济走廊”建设放在国际经济合作“六大走廊”中的第一位，并且将其上升到与周边国家合作，建立与亚洲各次区域以及亚非欧之间基础设施互联互通网络的战略高度。这表明了对中俄蒙开放合作战略对接的重视。

（2）俄罗斯的定位。俄罗斯将对接中国“一带一路”的行为提升到了与欧亚经济联盟战略合作的高度，将西伯利亚和远东地区作为地缘经济和对外政策的一个关键发展方向。[①] 普京支持亚太自由贸易区，[②] 并要将符拉迪沃斯托克自由港优惠制度推广到

---

① 丁原洪：“从普京国情咨文看俄罗斯发展战略”，《和平与发展》2013 年第 2 期第 61 页。

② 同心：“欧亚经济动态”，《欧亚经济》2016 年第 1 期第 113 页。

远东的各个主要港口。[①] 这种定位反映了俄罗斯从地理区位和地缘关系的价值选择。

（3）蒙古国的定位。蒙古国实施以公路、铁路、石油管道、天然气管道、输电电路等“五大通道”为核心的草原之路倡议。[②] 这是其基于自身处于中俄之间和内陆国家的区位特征、领土范围和经济需要而做出的发展战略选择。

二、内蒙古在中俄蒙发展战略对接中的战略选择

在上述定位基础上，内蒙古在中俄蒙发展战略对接中的地缘经济选择，表现在其《“十三五”规划纲要》中，从政策沟通、设施联通、贸易畅通、资金融通和民心相通“五通”的角度归列，大致如下：

（1）在政策沟通上，内蒙古根据自身的地理位置和条件，确立四大政策：其一，向北开放的“桥头堡”政策；其二，与俄蒙在产业、贸易、基础设施、人文领域的合作政策；其三，以欧亚大陆桥为依托，建设以乌兰察布、二连浩特、满洲里为战略节点，对接蒙古国“草原之路”倡议和俄罗斯“欧亚经济联盟”的政策；其四，根据自身区位、资源和产业基础，明确同长三角、珠三角互补的“飞地经济”发展模式，以及与港澳地区、东北亚、东南亚、欧美等地区进行对接的政策。

（2）在设施联通上，内蒙古的三大举措：其一，优先推建一批与蒙古国南部重点矿区、产业园区、主要城市和俄罗斯毗邻城市的重大铁路、公路和机场基础设施项目，包括鄂尔多斯、乌兰察布、二连浩特、阿尔山、锡林郭勒等国际机场及其物流园区，呼和浩特、满洲里、二连浩特建设中欧班列编组和物流集散运转中心。其二，实施满洲里、二连浩特、策克、满都拉、甘其毛都、珠恩嘎达布其等电子口岸改造工程，建设和扩容经满洲里、二连浩特出口光缆路由。其三，支持俄罗斯、蒙古国对应口岸基础设施的建设和运行等。

（3）在贸易畅通上，内蒙古的合作规划：其一，产业上以企业主导，政府推进的办法，扩大农畜、建材、铁路车辆、风光发电设备、农牧矿机械等优势产品出口。其二，对进出口，支持有条件企业在境外建立资源、加工制造、商贸物流、农业、科技开发基地和园区，如对接蒙古国赛音山达重工业园区。其三，加快满洲里、二连浩特国家重点开发开放实验区和呼伦贝尔中俄蒙合作先导区、二连浩特—扎门乌德等跨境经济合作区建设，支持呼和浩特、满洲里、二连浩特联合申报中国（内蒙古）自由贸

① 《普京2015年国情咨文》，俄罗斯总统网站，2015年12月3日。

② 孙维仁：《借“十三五”规划好和两会东风，推进中蒙务实合作深化发展》，商务部网站，2016年3月25日。

易实验区。其四，贸易服务实施投资多元化和通关智能化、规范化和便利化的管理模式。推进中俄蒙智库合作联盟建设。

（4）在资金融通上，其政策为：其一是支持钢铁、有色、建材、装备制造、电力、轻纺、农牧业和乳品加工等有条件企业采用绿地、并购、证券、联合投资等形式开发国际产能；其二，加强与俄蒙资金融通、金融业务和监管的合作；其三，扩大中蒙俄本币互换和结算规模，加快直接汇率区挂牌运营；其四，推动保险交流。

（5）在民心相通中，其一，将中俄蒙青年交流放在首位；其二，注重蒙古语在中俄蒙人文交流特殊地位；其三，与蒙俄联合就“万里茶道”申遗活动沟通民心。

三、内蒙古在中俄蒙发展战略对接中的地缘价值

内蒙古的地缘经济选择，对中俄蒙发展战略对接，具有地缘政治、地缘经济和地缘文化上的价值。体现如下：

其一，地理枢纽的价值。在地理空间中，作为中国与俄蒙毗邻的自治区，其左侧与俄罗斯接壤，与蒙古国有4700多公里的边境线，与国内八省区相连且紧靠京津，加之通中俄蒙的铁路枢纽二连浩特和满洲里，凡水陆空的客货运输，均须经内蒙古，故其地理枢纽价值至关重要。

其二，在地缘经济区位上，内蒙古具有促进经济由边缘区域向核心区域转换的价值。内蒙古对发达的东部和沿海地区属边缘区域，俄罗斯的西伯利亚和远东也属有待开发的边缘区域，蒙古国对亚洲的各个区域来讲亦是边缘区域。现在，中俄蒙三国将彼此连接的区域对接成的热点或核心区域，由此，内蒙古就成为地缘区位的中心区、产业互补的连带区、经济开发的协作区、相互开放的交流区等，有着由边缘区域逐渐转化为核心区域的地缘价值。

其三，在地缘经济协同上，内蒙古具有使中俄蒙三国相关地区由无序的经济据点转化为有序的发展节点，由节点渐进发展成为轴线的穿通价值。虽然《中蒙俄经济走廊合作规划纲要》仍未出台，但根据中俄签署的《关于丝绸之路经济带和欧亚经济联盟建设对接合作的联合声明》、“中蒙俄就经济走廊”签署的谅解备忘录以及三国元首批准的中俄蒙三国合作中期路线图的精神，同时根据内蒙古“五通”规划布局可知，内蒙古在地缘经济上具有聚集、输通、协同和扩展的价值。

其四，在地缘经济区域比较上，内蒙古具有促进相关区域生产力发展的地缘经济价值。从中俄蒙经济特色看，蒙古国地处中俄之间，地势自西北向东南倾斜，西部为山地，东部为地势平缓的高地，南部占全国1/3面积为戈壁区。经济特色为：①畜牧

业为经济基础，天然牧场占全国面积83%以上，居世界第六，人均草原面积列世界之首；森林覆盖率为8.2%。②采矿业属经济支柱，矿产资源中煤、萤石、钨、金、铁、锡等储量丰富，铜钼矿储量居亚洲之首。③工业以肉、乳、皮革等加工为主，木材、电力、纺织、缝纫和采金业也具一定规模。

俄罗斯在三国发展战略对接来中涉及领域广泛，中俄2015年5月签署的《对接联合声明》即是例证。但在经济区位上，俄罗斯远东及其东南部赤塔州、阿穆尔州、伊尔库茨克州、布里亚特共和国、图瓦共和国、萨哈共和国等，其地理、气候、资源、生产力以及经济发展类型等，因与蒙古国和内蒙古毗邻故有天然相似性，但又有开发层次和水平的差距性。

内蒙古在地形上，呈东北、西南的狭长带状的特征，在空间区域中，它既包托着蒙古国的大部，又深入俄罗斯远东的腹部。在资源禀赋上，它素有“东林西铁、南农北牧、遍地宝藏、草原秀丽”之美誉。在生产力布局上，它与蒙俄有相似的地方，但在开放度及发展能力上均超过前两者的比邻区域；同时，内蒙古又有相邻八省区直接间接的支持，其经济发展水平在一定时期居于全国先进行列等，这些对俄蒙的区域发展具有辐射作用。

由上可见，内蒙古在地缘经济发展上，对于俄蒙经济结构调整、经济类型归化、经济空间秩序、经济治理能力等，均有借鉴的地缘价值。

其五，内蒙古具有得天独厚的地缘文化交融价值。内蒙古是汉、蒙、满、回、达斡尔、鄂温春、朝鲜、俄罗斯等民族互相友好相处的大熔炉，与蒙古国在中蒙接壤地区民族构成相似，与俄罗斯的西伯利亚和远东地区的民族构成紧密关联，甚至在三国接壤区还有跨境民族。这些特征导致中俄蒙毗邻的相关地区在民族、种族、语言、历史、宗教、文化传统、风俗习惯、生活方式、居民性格等方面形成相近性，甚或在观念上也有趋同性。由此而来，内蒙古在中俄蒙发展战略对接中体现出充分的地缘文化价值。

四、内蒙古在中俄蒙发展战略对接中需要思考的问题

在明确内蒙古在中俄蒙发展战略对接中的选择和地缘价值的基础上，若谋更进一竿，则需深入思考下列问题。

第一，内蒙古需要深入思考其在中蒙俄发展战略对接中的主体定位问题。内蒙古自治区在“8337”发展思路中有“五大基地、两个屏障、一个桥头堡和沿边经济带”八大发展定位，但其仍未超越内蒙古自身单向性设计的范畴。我认为，应进一步思考

三个定位：其一是内蒙古既有地方区域和民族区域双重区域身份，又有维护国家北疆安全稳定整体代表的身份，如何在中蒙俄发展战略对接中确立一种可以被彼此接受的身份定位，需要周全定位。其二，在“中蒙俄经济走廊”建设中，“发挥内蒙古联通俄蒙的区位优势”，是仅仅发挥地理交通过道的穿风式优势，还是发挥从点到线到面或带的播种式、浸润式的发展优势，需斟酌定位。其三，在地理上，内蒙古外与蒙、俄毗邻，内与黑吉辽冀晋陕宁甘八省区相连，如何定位其与内外各种主体的地缘关系，需思考定位。

第二，在本质上，战略对接是利益的对接，但利益本身是一个极其复杂多变的系统，[①] 是由无数个平行四边形形成合力的结果或状态，因此，它的对接决定战略对接的命运。在对内蒙古“五通”梳理的基础上，现在需要从利益入手，深入思考内蒙古与俄罗斯和蒙古合作的设想，与其利益沟通的途径和方式，要明确对方自身的利益需求，要区分俄、蒙各自在不同领域利益的区别是什么，要比较双边利益和多边利益对接的相对收益，以让中俄蒙三国都说战略对接实现了互利合作共赢，而不是独自一家自话自说。

第三，在运行上，战略对接历来是有机对接。从活动过程看，如果内蒙古能从单重到多重，从一时到持久，从实在到潜在，从机遇到风险等，全面客观、辩证持续地进行对接，那么，内蒙古的自身经济发展就有实惠收益。从运行各部分的关系看，内蒙古需要在与有关省区的对接关系的基础上，进一步发挥主动性，与周边省区就对接搞出一些实际可行的合作项目，例如在东南亚、欧美以及大洋洲等。直白地说，我们高兴地看到内蒙古有此与上述地区合作的表述，但反过来，其他省区涉及内蒙古的则不太多见，这值得思考。从对接构成要件看，单就硬件来说，内蒙古如果能将设施、资金和贸易融合起来，将资金融通规划的概然化转入到基础设施和贸易的具体化中来，其在中俄蒙发展战略对接中则有坚实基础。

第四，战略对接历来是力量的对接。这种力量的对接包括对接各方彼此的承受力、消化力、购买力等，存在着饱和度或边际效用的问题。我们对上述“五通”中涉及项目大致估算，即有 50 ~ 60 个系列。人们会问，单单一个内蒙古，即有如此数量大的项目，那其他省份呢，如果将其加在一起，内蒙古能吃得消吗？俄蒙能吃得消吗？因为蒙古国面积 156 多万平方千米，人口仅 300 多万，除了首都乌兰巴托 100 多万即占全国人口 1/3 外，其领土人口密度每平方千米仅 1. 5 人左右；俄罗斯的西伯利亚和远东亦是

---

① 对于利益系统的划分，可参见张江河《论利益与政治》，北京大学出版社 2002 年 10 月版；余明勤《区域经济利益分析》，经济管理出版社 2004 年版。

地广人稀，经济发展不景气，面对如此的经济消化力，且不说 13 亿中国人的经济力量，单就内蒙古的经济发展战略所规划的投射力，也会令俄、蒙经济承受力面临严峻挑战。同时这也涉及内蒙古与其他地区的合作与竞争问题，值得关注。

在《中蒙俄经济走廊合作规划纲要》和内蒙古的相关规划中，二连浩特和满洲里被放在重要节点位置，其中有 12 处提到二连浩特，9 处提到满洲里。值得思考的是这些节点的承载力、运转力和饱和度问题，能受得了吗？

第五，战略对接的终极境域是精神的对接。精神是一个多棱面的复杂的立体概念。其对接虽然看不见、摸不着，但透过彼此的行为，是实实在在可以感觉得到的。现在内蒙古需要在精神对接广泛规划的基础上，进一步思考从历史特色、民族特色和地理关系上构筑与俄蒙相关民族心理认同关系，产生从政治互信、文化互鉴到精神交融的效果。

俄中蒙合作领域的人才培养：历史经验和当代问题

杜宾·巴威尔·尼古拉耶维奇（俄罗斯联邦东西伯利亚国立技术与管理大学
法律系国家和法律理论与历史宪法部分教研室主任　政治学副博士）

目前，尽管俄罗斯的对外政策已经转向东方，但是却缺少对中国和蒙古国这两个与俄罗斯接壤边境线最长的国家（中国第一位，蒙古第三位）及其法律的持续性研究。不论是从双边合作出发，还是从国家安全的角度来看，这都是一个需要解决的严重问题。

不久之前，仅有三位专家研究中国的法律，他们是俄罗斯科学院远东研究所首席研究员、法学博士、教授 L. M. 古多什尼科夫（已于 2014 年去世），莫斯科国立国际关系学院法学博士、教授 R. A. 舍佩科和俄罗斯科学院远东研究所高级研究员、法学副博士、莫斯科国立大学亚洲与非洲国家研究所副教授 P. V. 特洛辛斯基。根据俄罗斯国家图书馆网站的资料，在法学研究和法学博士与副博士论文答辩领域，状况如下（采用苏联解体前夕和解体后的俄罗斯科研最新时期数据）：1990 ~ 2012 年，在所有历史学、哲学和其他学科的 343 篇毕业答辩论文中，共有 36 篇有关中国法律的论文。其中，15 篇为俄罗斯毕业生的论文，21 篇为中国留学生的论文；其中，24 篇在莫斯科市答辩，6 篇在符拉迪沃斯托克市、弗拉基米尔市、伏尔中格勒市、喀山市、顿河上罗斯托夫市、圣彼得堡市、秋明市各 1 篇。副博士论文为 35 篇，博士论文 1 篇（R. A. 舍佩科）。各学术方向的分配情况如下：12. 00. 03 民法、企业法、婚姻法、国际私法方向 10 篇，12. 00. 02 宪法、宪法诉讼法、城市规划法方向 6 篇，12. 00. 01 法律和国家的理论与历史、法律和国家思想史方向 5 篇，12. 00. 08 刑法和犯罪学、刑法执行法方向 4 篇，12. 00. 06 土地法、自然资源法、环境法、农业法方向 3 篇，12. 00. 09 刑事诉讼法方向 2 篇，12. 00. 14 行政法、行政诉讼法方向 1 篇和 12. 00. 15 民事诉讼法、仲裁诉讼法方向1篇。各年度的分配情况如下：1990年1篇，1993年1篇，1995年1篇，1999年1篇，2001年1篇，2002年1篇，2003年4篇，2004年1篇，2005年3篇，2006年5篇，2008年5篇，2009年3篇，2010年5篇，2011年3篇，2012年1篇，2013~2016年无答辩记录。

有关蒙古国家和法律的法学学位论文状况同样不容乐观。2003年前没有法学论文答辩。2003~2014年，439篇法学学位论文中有23篇蒙古国法学论文，且均为蒙古国毕业生，没有俄罗斯人答辩；17篇论文在莫斯科市答辩，3篇在克拉斯诺达尔市，3篇在圣彼得堡市；均为副博士申请论文答辩；各学术方向的分配情况如下：12.00.08刑法和犯罪学、刑法执行法方向10篇；12.00.06土地法、自然资源法、环境法、农业法方向6篇；12.00.14行政法、行政诉讼法方向3篇；12.00.01法律和国家的理论与历史、法律和国家思想史方向，12.00.02宪法、宪法诉讼法、城市规划法方向，12.00.11审判、检察、法律保护和执法活动方向，12.00.12刑侦学、司法鉴定、现场侦查方向各1篇。各年度的分配情况为：2003年1篇，2004年4篇，2005年5篇，2006年1篇，2008年4篇，2009年1篇，2011年2篇，2012年2篇，2013年1篇和2014年2篇，2015~2016年无答辩记录。

综上，目前研究者的数量没有增加，但是，不论是在高等院校还是学术机构以及国家部门，都有这方面的需求。同时，俄罗斯的高等院校在中国和蒙古国家与法律研究方面有着良好的实践经验，这要得益于一群俄籍法学家，他们在俄国的革命事件和国内战争后移民中国并在哈尔滨法政大学任教（1920~1937年），于1920年3月1日开办了高等经济法律专门学校。

哈尔滨高等经济法律专门学校每周授课20小时，课程包括法律概论、罗马法历史、国家法、政治经济学和经济思想史。附加课程包括法医学、历史和铁路课程、经济方向课程（包括亚太地区方向）。1925年的一期班包括12门理论课和3门实践课，二期班的理论课和实践课分别为12门和3门，三期班分别为14门和3门，四期班分别为16门和4门。结业测试（当时称为“国家测试”）科目包括民法和商业法、金融学、经济地理学、经济习俗史〔1925年改为国际法（14，339页）〕和经济政治学。通过测试的大学生获得了一等和二等文凭，其中二等文凭在某些情况下可以申请一等文凭。毕业生取得一等和二等文凭，同时二等文凭有权申请提高其等级（12，209页）。

1922年，哈尔滨法政大学与远东国立大学达成协议，持哈尔滨法政大学毕业证的毕业生可以申请参加远立国立大学的入学考试。考试委员会由V. A. 梁赞诺夫斯基领导，委员会委员包括哈尔滨法政大学和远立国立大学的教授。

1922年7月8日，哈尔滨高等经济法律学校经改编后更名为哈尔滨法政大学，改编后依据1884年的《大学章程》建制，该章程规定法律系设立12个科系（57条，帝国时期俄罗斯大学总章程，圣彼得堡，14页），哈尔滨法政大学也如法炮制，12个科系分别是：罗马法、民法和民事诉讼法、商业法和商业诉讼法、刑法和刑事诉讼法、俄罗斯法律史、国家法、国际法、行政法、金融法、教会法、政治经济学和统计学、法律导论和法律哲学史等（12，203页）。1925年，开设了铁路和商业分科（7，312页），之后不久开设了东方法科。

同时，考虑到院校所在地的特殊要求，教学计划中加入了某些中国法律的课程。由此，在俄罗斯整个科学史中，首次开始有计划地和系统地研究中国。

从学术角度，法政大学的教授级师资队伍相当具有极高的代表性和权威性。最初共有15名教师，之后每年由俄国的莫斯科大学、圣彼得堡大学、喀山大学、小俄罗斯（乌克兰）大学等大学的高校毕业生加以补充和壮大。1927年已经达到40人。1903年毕业于斯特拉斯堡大学并在法政大学教授拉丁语的N. D. 米罗诺夫具有哲学博士学位（14，236页），教授法医学的S. I. 佩京具有医学博士学位（14，237页），还有其他10位有博士学位的教师，V. A. 梁拉佐夫斯基在法政大学成立前获得了硕士学位（1917年，顿河大学（现为华沙大学））（14，237页），后来N. I. 尼基弗洛夫、G. K. 金斯等教师在布拉格和巴黎获得硕士学位。1名教师具有见习研究员称号。1926年，地理学和民族学博士E. M. 切普尔科夫斯基、法律博士莱·茵博希、法律博士V. M. 乌斯季诺夫、苏黎世大学前副教授、哲学博士N. N. 特里弗诺夫、神学硕士M. N. 叶尔绍夫等人加入法政大学。法政大学教师们的著作和观点在哈尔滨以外声名远播。例如，十月革命前（4，44～78页和100～137页）和苏维埃时期的学者（8，63～82页；11，19～29页，12，29～45页）、俄罗斯侨民学者和外国学者就曾在自己的著作中引用过哈尔滨法学家V. A. 奥夫钦尼科夫、V. A. 梁赞诺夫斯基等人的科研论文。而N. V. 乌斯特里亚洛夫的观点在学术或学术相关界（2，177～178页；4，113～119页；5，181～183页；16，178～181页，11，3～10页），乃至在党的最高层（10，85～87页）中间都成为讨论的议题。再者，根据多名学者援引的资料，1927年，在苏共第十五届大会上，托洛茨基分子曾指责斯大林推行乌斯特里亚洛夫的主张。根据V. A. 梁赞诺夫斯基的提议，向从法政大学离职的教师发放退休金。

由此，尽管这些被公认的学术中心和学派在远离祖国的异国他乡，这群献身于科学的人仍然创立了法政大学，在知识质量、学术思想深度和人才构成上都绝不逊色于欧洲的主流法律院校。选用师资的原则性、教学方案的合理性、积累和经验和利用一切可能的资源，这些都保障了哈尔滨法政大学及其团队在法学史上占据应有的一席。

在当代背景下，上述办学实践和经验具有深厚的意义和重大价值，在中国和蒙古国国家与法律研究领域的科研方向符合国家的战略需求，具有创新性，为形成本国的学术流派和开展旨在培养法律人才和东方（中国和蒙古国）国家法专家的教育活动创造了充分条件，而这一点如果没有来自中国和蒙古国的学者和师资的科研和学术支持也是无法顺利实现的。

参考文献

[1] 俄罗斯国家图书馆官方网站．学位论文目录栏（http：//aleph. rsl. ru/F/？ func = file&file_ name = find - b&local_ base = xdis（访问日期：2016 年 4 月 20 日）．

[2] A. A. ［评论］民主与议会制．布拉格，1926 年//法律革命．莫斯科，1929 年第 2 期（3 月—4 月）．

[3] S. A. 别里亚茨基．私法（民法教程）/S. A. 别里亚茨基．考纳斯：F. 索科洛夫斯卡娅和 G. 兰印刷厂，1928 年，900 页．

[4] A. N. 布托夫斯基．分期收款销售/A. N. 布托夫斯基//法律部杂志．彼得格勒，1915 年第 9 期（11 月）；第 10 期（12 月）．

[5] D. L. 对过渡时期的国际法的反动阐述（格拉巴里教授与科罗温教授之间的论点）/D. L. //法律革命．莫斯科，1928 年第 5 期（9 月—10 月）．

[6] D. L. ［评论］．书评：B. D. 罗森布吕姆．中国条约法概要．平等和不平等条约．B. 施泰因作序．乌克兰苏维埃社会主义共和国人民司法委员会法律出版社．哈里科夫市，1928 年//法律革命 - 莫斯科，1929 年第 2 期（3 月—4 月）．

[7] 哈尔滨法政大学校长 V. A. 梁赞诺夫斯基教授的 1924—1925 学年（1924 年 9 月 1 日—1925 年 9 月 1 日）学校情况报告//法政大学公报 = Memoirs of the Faculty of Law in Harbin/. 哈尔滨高等院校 - 哈尔滨市，1926 年第 3 册．

[8] F. V. 季亚科夫．苏联合作社法律问题研究/编处副教授 F. V. 季亚科夫//阿塞拜疆国立列宁大学法律系公报．巴库市．1929 年第 4 期．

[9] A. V. 科尔涅夫，A. V. 鲍里索夫，革命前俄国的国家法律思想与法律教育．第三版．Prospect 出版社，2014 年．

[10] V. I. 列宁．语言学纲要 27. III. . 1922 年/V. I. 列宁//布尔什维克．莫斯科，1926 年第 4 期（2 月 28 日）．

[11] P. I. 斯杜奇卡．国家和法律革命十二年/P. I. 斯杜奇卡//法律革命．莫斯科市，1929 年第 6 期（11 月—12 月）．

[12] 哈尔滨法政大学（历史参考资料）//法政大学公报/哈尔滨高等院校，哈尔滨市，1925 年第 1 册.

[13] 法政大学（1925 – 1926 学年行政人员、教师和后勤人员名单）//法政大学公报 = Memoirs of the Faculty of Law in Harbin/哈尔滨高等院校 – 哈尔滨市，1926 年第 3 册.

[14] 法政大学（1928 年 1 月 1 日人员名单）//法政大学公报 = Memoirs of the Faculty of Law in Harbin/哈尔滨高等院校. 哈尔滨市，1928 年第 5 册.

口岸建设与中蒙双边合作

——以东乌珠穆沁旗珠恩嘎达布其口岸为例

色　音（中国社会科学院民族学与人类学研究所民族文化研究室主任　研究员）

一、引言

习近平主席提出“一带一路”（即“丝绸之路经济带”和共建“21世纪海上丝绸之路”）的倡议，顺应了世界多元文化发展的时代潮流。“一带一路”沿线包括68个国家，每个国家和民族都有自己的特点和长处。自秦汉以来的两千多年，丝绸之路开辟出横贯东西方商贸流通、人员往来、文化交融的重要通道，对中国和沿线各国的经济社会发展产生了深远影响，长久以往，已经凝聚成一种丝绸之路精神。丝绸之路精神的实质是开拓精神、互利精神、包容精神、和平发展精神。

从国际层面看，“丝绸之路经济带”是构成世界经济的重要组成部分，也将成为世界经济新的增长点和影响全球经济新格局的重要区域；所以，习近平主席提出的在欧亚各国间以创新的模式共同建设“丝绸之路经济带”，应该说“丝绸之路经济带”为应对世界经济危机提供了一个解决思路。

发展边境贸易和口岸建设是边境地区全面建设小康社会的重要途径。发展边境贸易是应对区域一体化和世界经济国际化趋势的需要。边境贸易是指边境地区，在一定范围内边民或企业与邻国边境地区的边民或企业之间的货物贸易。边境贸易主要有边民互市贸易、边境小额贸易、保税区生产和加工贸易等形式。边疆地区的稳定是保障边境贸易得以顺利进展的基础，也是国家安定繁荣的重要保障，而良性发展的边境贸易又可以促进和推动边疆地区的稳定。

20 世纪 80 年代以来，在一些口岸城市边境贸易带动了相关产业的发展，在优化资源配置、促进经济结构调整、完善基础设施建设及出口加工业的兴起和快速发展等方面发挥着重要的作用，为边境地区经济持续、稳定发展创造了条件。内蒙古边境贸易也不例外。

“把内蒙古建成我国向北开放的重要桥头堡和充满活力的沿边经济带”是落实国家全方位对外开放战略的重大举措加快建设我国向北开放的重要桥头堡和充满活力的沿边经济带，是完善国家全方位开放格局的重大举措。随着经济全球化和区域经济一体化深入推进，我国必须更加深入地参与世界分工和国际经济合作，进一步扩大内陆开放、沿边开放和向西开放。

内蒙古自治区地域辽阔，位于中国北部边疆，北部同俄罗斯、蒙古国接壤。在内蒙古 4221 公里边界线上，中蒙两国边界线 3103 公里。20 世纪 90 年代以来，内蒙古自治区政府积极推行对外开放政策，重视边境口岸开发建设，为对外开放和国际经济合作创造了有利条件。

内蒙古与蒙古国接壤，语言相通、文化相似，具有发展双边旅游与贸易的天然优势。下面以东乌珠穆沁旗珠恩嘎达布其口岸为例论述口岸建设对中蒙双边合作的重要性。

二、东乌珠穆沁旗概况

东乌珠穆沁旗（简称东乌旗）地处锡林郭勒盟东北部，国境线长 527. 6 公里，是国务院批准的全境对外开放地区。全旗土地总面积 4. 73 万平方公里，辖 4 个苏木、5 个镇、1 个国有林场，总人口 7. 07 万，其中蒙古族人口 4. 56 万，占总人口的 64. 5%，是一个以蒙古族为主体多民族聚居的边境牧业旗。境内珠恩嘎达布其口岸是内蒙古第三个实现国际性常年开放的边境陆路口岸；宝格达乌拉林场是自治区最大内陆河乌拉盖河的源头，2010 年被确定为国家级森林公园。东乌旗是全区首个荣获国家社会治安综合治理长安杯和“国家卫生县城”荣誉称号的旗县。

近年来，东乌旗旗委、政府认真贯彻自治区“8337”发展思路，立足生态环境、资源禀赋、区位条件、产业基础和市场需求，按照“夯实一产、做精畜牧业经济，壮大二产、做强工业经济，繁荣三产、做活口岸贸易和旅游物流经济”的总体发展思路，努力打造“44344”产业格局，着力推动新型工业化、城镇化、畜牧业现代化和信息化，经济社会步入快速发展的轨道。2014 年，完成地区生产总值 102. 3 亿元，增长 14. 4%；固定资产投资 121 亿元，增长 14. 2%；全社会消费品零售总额 18. 6 亿元，增长 11.4%；财政总收入 12.17 亿元，增长 4%。城镇常住居民人均可支配收入和牧区常住居民人均可支配收入分别达到 28241 元和 21935 元，增长 10% 和 14%。

东乌珠穆沁旗东接霍林河市、通辽市至东北老工业基地，南通赤峰市至京津唐地区，西连锡林浩特市至呼包鄂经济三角区，北与蒙古国接壤，有 527.6 公里长的边境线，距国际性常年开放陆路口岸——珠恩嘎达布其口岸 68 公里，该口岸与蒙古国毕其格图口岸相对应。从区位来看，东乌旗是西北、华北、东北的交汇地带，对外贯通欧亚、对内南连北开，是承接东西的交通枢纽，而且是我国西部与东北老工业基地的主要连接点，是利用相邻蒙古国丰富资源的最便利的欧亚大通道，是海内外客商投资创业的理想地区。

三、珠恩嘎达布其口岸发展现状

珠恩嘎达布其口岸 1992 年被国务院批准为国家一类季节性开放口岸，2008 年正式实现国际性常年开放，成为继满洲里、二连浩特后内蒙古自治区第三个国际性常年开放的陆路口岸。珠恩嘎达布其口岸具有“连接东西、纵贯南北”的地缘优势，对内辐射内蒙古中东部地区，并延伸到东北和华北腹地；对外辐射蒙古国苏赫巴托省、东方省和肯特省，辐射面积 30 万平方公里，人口 20 多万人。正在建设的南达锦州港、北通蒙古国的新的欧亚大通道是蒙古国、俄罗斯最便捷的出海口之一，是京津冀地区通往俄罗斯、蒙古国最便捷的重要通道，也是连接俄罗斯赤塔和中国锦州港的第三大欧亚大陆桥的“桥头堡”。

一直以来，东乌旗高度重视珠恩嘎达布其口岸经济建设和发展，注重发挥这一稀缺资源优势，把口岸作为区域经济发展的一个新的增长极，全力推动口岸建设。特别是珠恩嘎达布其口岸实现常年开放以来，不断完善发展思路，明确发展定位，全力加大对口岸的各项投入力度，努力将珠恩嘎达布其口岸建设成为锡林郭勒盟乃至内蒙古自治区向北开放的“黄金桥头堡”。近年来，珠恩嘎达布其口岸先后被国家纳入《辽宁沿海经济带发展规划》《东北地区物流业发展规划》《西部大开发“十二五”规划》和《中国东北地区面向东北亚区域开放规划纲要（2012—2020）》等重要战略性规划，对今后加快发展带来了难得的历史机遇。2014 年 8 月，中蒙关系提升为全面战略伙伴关系以来，东乌旗更加重视向北开放，将珠恩嘎达布其口岸建设摆在全旗经济社会发展的突出位置，并将其作为自治区成立 70 周年献礼工程，举全旗之力推动发展。

（一）对外合作交流成效显著

注重发挥“两种资源、两个市场”的独特优势，坚持“引进来、走出去”战略，依托我国在蒙古国的石油、有色金属和煤炭等企业，重点进口原油、矿石和煤炭；针对蒙古国市场出口建材、日用百货等产品，进出口货物量大幅增加。东乌旗与蒙古国苏赫巴托省政府互设商务代表处，并签订合作交流框架协议，多次在苏省成功举办中蒙商品展洽会，进一步密切了经贸往来。同时，积极开展对蒙援建工作，先后投资750万元，援建了毕其格图口岸联检大厅、营房、联检区硬化、口岸联检单位住宿和办公场所。并在额尔敦查干县援建3公里砂石路，实施了珠恩嘎达布其口岸至蒙古国额尔敦查干县35千伏输变电工程。2014年，珠恩嘎达布其口岸进出口货物累计达121万吨，同比增长13%；进出口贸易额达到6亿美元，同比增长22%；上缴关税近5亿元，同比增长17%；出入境人员10万人次，同比增长1%；出入境车辆7万辆次，同比增长8%。

（二）区域合作进一步深化

高度重视与珠恩嘎达布其口岸辐射区域内的合作交流，积极倡导两国双边地区合作机制，并注重区内盟市合作交流，2007年以来，成功举办锡林郭勒盟、辽宁阜新、锦州和蒙古国苏赫巴托省、肯特省、东方省中蒙两国六地区三次“构筑欧亚新通道战略论坛”。在此基础上，于2011年邀请唐山市和葫芦岛市，形成八方合作机制，先后在锡林浩特市和锦州市成功召开两次“中蒙八地区经济合作交流会”并签署了《中蒙两国八地区经济合作交流会备忘录》《中国锡林郭勒盟与蒙古国苏赫巴托省合作框架协议》。建立锡林郭勒盟、赤峰市、通辽市和蒙古国东部三省“3+3”论坛，并与辽宁省锦州市港口与口岸局签订跨区域战略合作框架协议。

（三）基础设施日臻完善

近年来，在地方财力有限的情况下，东乌旗财政先后投入4亿多元，建成并投入使用口岸联检区、联检单位办公生活楼、口岸疏港公路、查验设施、货物仓储设施及嘎达布其镇区道路、供热、供水等基础设施，通关条件得到进一步改善。2014年，投入2500万元，完成出入境检验检疫局核心能力建设项目，对口岸联检大楼、边检生活楼、联检生活楼进行维修改造。珠恩嘎达布其口岸至赤峰市的国家一级公路已纳入国家路网规划。投入9.3亿元建成嘎达布其物流园区铁路专用线，大连港—贺斯格乌拉—珠恩嘎达布其口岸的铁路已建成通车，锦州港—珠恩嘎达布其口岸的铁路线路今年年底前将完成连接。

（四）积极推动跨境经济合作区建设

立足“两种资源、两个市场”，本着相互支持、互利共赢的原则，提出建立跨境经济合作区的构想，着手开展各项前期工作，启动编制中蒙跨境经济合作区建设规划和产业发展规划以及合作区战略研究，并在自治区口岸办和蒙古国工业部的大力支持下，成功召开珠恩嘎达布其口岸与毕其格图口岸工作座谈会，在合作区选址、规划、工作机构建设等方面初步形成共识，取得了实质性进展。

（五）民间往来进一步密切

在着力推动双边口岸经贸合作交流的同时，与蒙古国苏赫巴托省签订合作交流框架协议，共同开展文艺演出、商品展销、民间交流等活动，并鼓励蒙古国边民到我旗就学、就医，进一步促进民间往来，并在文体、商贸、医疗、教育以及畜牧业防灾减灾等方面开展了互访互学，进一步深化合作交流，2014 年两国民间交流 2000 余人次。同时，东乌旗具有“侨乡”之称，是全盟归侨侨眷最多的地区，侨务往来日趋紧密。全旗共有侨务对象 201 户、774 人，其中，蒙古国侨眷 180 户、708 人，主要分布于蒙古国苏赫巴托省和肯特省；新移民、港澳台同胞眷属 21 户、66 人。

四、珠恩嘎达布其口岸发展思路及主要措施

当前，珠恩嘎达布其口岸在国家、自治区和锡林郭勒盟的高度关注和重视下，已经进入了一个新的发展阶段，面临着前所未有的历史机遇。今后一个时期口岸发展总体思路是：立足习近平总书记访问蒙古国期间两国签署的《关于建立和发展全面战略伙伴关系的联合宣言》，按照“矿产资源开发、基础设施建设、金融合作三位一体，统筹推进”的工作总要求，结合珠恩嘎达布其口岸实际，以完善口岸综合服务功能和外部支撑条件为主攻方向，突出“做实配套设施、做大过货量、做活边境游”三大重点目标，坚持多策并举、多管齐下、整合资源、形成合力，举全盟、全旗之力推动珠恩嘎达布其口岸建设发展，确保“三年有突破、六年大变样”，努力把珠恩嘎达布其口岸打造成我国向北开放重要“桥头堡”的黄金通道和充满活力的沿边经济带上重点地区。“三年有突破”是指：确保各项主要指标连年实现跨越发展，到 2017 年，珠恩嘎达布其口岸固定资产投资累计达到 30 亿元，过货量达到 500 万吨，贸易额达到 22 亿美元，上缴关税 15 亿元；出入境人员达到 40 万人次（其中：跨境旅游人数达到 8 万人次）；

基本实现功能齐全、客货分流、贸易通畅。“六年大变样”是指：到2020年，珠恩嘎达布其口岸固定资产投资累计达到100亿元；过货量达到1500万吨，贸易额达到60亿美元，上缴关税40亿元；出入境人员达到100万人次（其中：跨境旅游人数达到20万人次）；基本建成公路、铁路、航空一体化国际交通枢纽，成为欧亚通道“黄金桥头堡”。

根据珠恩嘎达布其口岸建设发展现状及中蒙经贸发展趋势，口岸功能定位为我国面向俄蒙的桥头堡；我国能源安全大通道重要组成部分；内蒙古中东部地区对蒙古国东部省份经济技术合作重要窗口及重要的商品集散地；锡林郭勒盟对蒙古国东部省份人文交流、跨境旅游重要通道。

五、借助口岸优势加强中蒙双边合作的建议

一是应加大招商引资力度。应积极开展多种形式的项目推介和招商活动，加大招商引资力度。制定出台切合口岸实际的特殊优惠政策，吸引国内大型企业到珠恩嘎达布其口岸投资兴业，加快口岸建设步伐，壮大口岸经济规模，提升口岸综合竞争力。

二是应加快开展形式多样的双边贸易活动。应深入研究俄蒙市场需求，扩大对蒙出口比较优势，不断拓展经营规模，形成推动口岸过货量快速增长的强大合力。

三是应继续拓宽和深化中蒙双边合作领域。充分利用中蒙两国加强合作的有利时机，巩固与蒙古国东部三省地区间的友好关系，深化文化、教育、医疗和旅游等各方面的交流合作。

四是应大力开展跨境旅游业。2013年，国家旅游局同意开通东乌旗至蒙古国苏赫巴托省额尔敦查干县1日游，东乌旗至蒙古国苏赫巴托省达里冈嘎县3日游，东乌旗至蒙古国苏赫巴托省西乌尔特县5日游等3条边境旅游线路。目前，自治区公安厅出入境管理局已同意在东乌旗办理出入境通行证。借助这一机遇，依托珠恩嘎达布其口岸，大力发展出入境旅游，是东乌旗旅游业发展的必然途经和重要支点，因此要把边境旅游放在最突出的位置，围绕边境旅游谋划旅游发展，早日建立以草原生态景观、口岸景观、民俗风情、异国风情为一体的旅游产品结构体系，形成集草原、民俗、生态、山石、边境、口岸为一体的旅游链。同时，进一步吸引境内外企业投资，开展对蒙经贸合作，并邀请盟内外旅行社和媒体进行口岸旅游的推介会，从而提高口岸旅游知名度，活跃东乌旗沿边口岸经济。

五是应深入挖掘人文资源促进文化交流。中蒙两国间历史上形成的民族和宗教渊源难以完全分割。发挥宗教的“亲缘”作用，中蒙两国间开展人文交流和民间公共外

交很有必要。以地缘关系、亲缘关系为纽带的跨境民族可以成为宗教力的民间外交主体。中蒙两国间历史上形成的宗教跨境传播，跨地域发展的平台，可称为当下中蒙两国间积极开展多渠道公共外交的国际性平台。

最近内蒙古自治区已确定向北开放战略，在未来几年，内蒙古自治区将贯彻落实国家“一带一路”和向北开放战略，加快与俄蒙互联互通公路通道建设，对俄蒙将重点推进两条出海通道、三条能源通道和三条旅游通道建设。在建设“一带一路”和实施向北开放战略进程中，我们应当坚持文化先行，通过进一步深化与蒙古国的文化交流与合作，促进两国间区域合作，实现共同发展。文化的影响力超越时空，跨越国界。文化交流是民心工程、未来工程，潜移默化、润物无声。我们在建设“一带一路”和实施向北开放战略进程中，要积极发挥文化的桥梁作用和引领作用，加强中蒙两国间各领域、各阶层、各宗教信仰的交流交往，努力实现两国的全方位交流与合作。其中，应重点挖掘和开发佛教文化资源，开展中蒙人文交流和民间公共外交活动。跨境民族文化的传播容易形成地缘文化的认同。两国关系亲不亲，关键在民心。民心的亲近无疑将对国家之间的外交、政治、经济、文化等各领域产生显著影响。

六是应加快建设中蒙免签证边境互市贸易区。应积极争取设立一日免签证边境互市贸易区，充分利用欧盟普惠赋税政策和进出口配额机制，吸引中蒙双边居民在贸易区免税购物消费，培育经营粮油、日用品、小商品、服装、方便食品、家电等微小进出口企业，实现繁荣口岸经济和吸引人流、物流、资金流目的，同时实现扩大就业和拓展第三产业领域目标。

七是应通过口岸建设推动“一带一路”与“草原之路”的对接互联。随着中蒙两国全面战略伙伴关系的确立，2014 年 11 月蒙古国提出基于地处欧亚之间的地理优势，准备实施“草原之路”计划，通过运输和贸易振兴蒙古国经济。

2015 年 3 月，中国发布《推动共建“丝绸之路经济带”和 21 世纪海上丝绸之路的愿景与行动》，全面阐释了中国发展“丝绸之路经济带”和“21 世纪海上丝绸之路”的时代背景、共建原则、框架思路、合作重点、合作机制等内容。透过中国的“一带一路”倡议和蒙古国的“草原之路”战略可以发现，中蒙两国互联互通有利于双方的合作共赢。“一带一路”倡议和“草原之路”战略均体现出双方有消除合作瓶颈的强烈意愿，中蒙均有完善经贸合作基础设施建设的愿望。通过加快口岸建设可促进“一带一路”与“草原之路”的对接互联。

积极参与“一带一路”建设
共创广东与中蒙俄合作发展新未来

李鲁云（中国广东省政府发展研究中心巡视员　经济学博士）

2013 年 9 月和 10 月，习近平总书记在出访中亚和东南亚国家期间，先后提出共建“丝绸之路经济带”和“21 世纪海上丝绸之路”的战略构想，强调相关各国要打造互利共赢的“利益共同体”和共同发展繁荣的“命运共同体”。这一宏伟构想，从历史深处走来，融通古今、连接中外，传承“和平合作、开放包容、互学互鉴、互利共赢”的丝绸之路精神，顺应和平、发展、合作、共赢的时代潮流，承载丝绸之路沿途各国发展繁荣的梦想，赋予古老丝绸之路以崭新的时代内涵，是一项造福世界各国人民的伟大事业。

“一带一路”这条世界上跨度最长的经济大走廊，贯穿亚欧非大陆，一头是活跃的东亚经济圈，一头是发达的欧洲经济圈。“丝绸之路经济带”以新疆为核心区，主要有 3 条通道：中国经中亚、俄罗斯至欧洲（波罗的海）；中国经中亚、西亚至波斯湾、地中海；中国至东南亚、南亚、印度洋。“21 世纪海上丝绸之路”以福建为核心区，主要有 2 条通道：从中国沿海港口过南海到印度洋，延伸至欧洲；从中国沿海港口过南海到南太平洋。“一带一路”沿线国家共 67 个，人口达 44 亿，GDP 达 21 万亿美元，人口和 GDP 分别占全球总量的 63% 和 29%。“一带一路”倡议是新时期我国顺应时代潮流、深化区域合作、促进亚太繁荣、推动全球发展的重要战略，对我国增创对外开放新优势、构建开放型经济体系意义重大，对广东亦然。

一、“一带一路”为我国我省发展带来前所未有的机遇

2014 年，我国与沿线国家货物贸易额达到 1.12 万亿美元，占货物贸易总额的

26%。未来10年这一数字有望翻一番，突破2.5万亿美元。中国企业2014年在沿线国家非金融类对外直接投资达到125亿美元，占全国12.2%，承包工程完成营业额达到644亿美元，占全国45.2%。中国承接“一带一路”沿线国家服务外包合同金额和执行金额分别为125亿美元和98.4亿美元，同比增长25.2%和36.3%。其中承接东南亚国家的服务外包执行金额53.8亿美元，同比增长58.3%。

“一带一路”倡议的实施正值我国经济进入新常态，面临“三期叠加”的阵痛，迫切需要开拓发展新机遇，优化发展新格局。沿线国家资源禀赋各异，经济互补性较强，普遍处于经济发展的上升期，深度开展与沿线国家的合作，有利于实现我国与沿线各国在各个层面的互联互通，促进我国中西部地区和沿边地区对外开放，推动东部沿海地区开放型经济率先转型升级，进而形成海陆统筹、东西互济、面向全球的开放新格局。

从全国看，“一带一路”倡议深入推进可经由“五通”实现全方位合作。一是政策沟通。通过与沿线国家就经济协同发展战略和对策进行充分交流对接，共同制定推进区域合作的规划和措施，协商解决合作中的问题，从而得到大型项目实施政策支持，深化利益融合，促进政治互信，达成合作新共识。二是设施联通。交通基础设施方面，有利于提升道路通达水平，促进国际通关、换装、多式联运有机衔接，拓宽海上航线和班次，实现陆水联运通道畅通、国际运输便利化和海上物流信息化。能源基础设施方面，可推动我国跨境电力与输电通道建设，实现区域电网改造升级。网络基础设施方面，以实现畅通信息丝绸之路为目标，有利于推进我国跨境光缆等通信干线网络建设，完善空中（卫星）信息通道，提高国际通信互联互通水平。三是贸易畅通。以“一带一路”为抓手，可拓宽我国贸易领域，优化贸易结构，挖掘贸易新增长点，创新跨境电子商务等外贸新业态，培育壮大现代服务贸易。四是资金融通。“一带一路”将有效扩大我国与沿线国家双边本币互换、结算的范围和规模，支持沿线国家政府和信用等级较高的企业以及金融机构在中国境内发行人民币债券，从而产生大量的资金融通与货币流转，扩大人民币影响力。五是民心相通。“一带一路”倡议是丝绸之路友好合作精神的传承与弘扬，同时也为我国与沿线国家广泛开展文化交流、学术往来、人才交流合作、媒体合作提供了平台，为深化双多边合作奠定了坚实的民意基础，为释放我国文化软实力提供了途径。

从广东看，有利于实现四大突破。一是促进广东产能和产业走出去。“一带一路”大大拉近了广东与沿线国家的距离，推动广东深度融入国际产能合作，有利于消化广东过剩产能，促使广东具有比较优势的产业走出去和中低端产业向沿线国家转移，为制造业转型升级争取时间和空间，带动广东技术和产品出口，扭转广东主要依靠加工制造环节融入全球产业分工体系的局面。二是激活广东的对外投资。广东经济体量大、资本雄厚、民营经济发达，“一带一路”打通国际联运陆上大通道，其各项便利及亚洲基础设施投资银行、丝路基金的建设，可激活广东对外投资活力，促使广东有条件的企业到“丝绸之路经济带”沿线国家投资兴业，积极利用沿线国家的劳动力、土地、资源及广阔的市场，并通过资本在境外开展并购和股权投资、建立研发中心或营销服务体系，提升广东产业竞争力。三是提升广东与沿线国家外贸往来的“亲密度”。在“一带一路”倡议的框架下，内陆和东部沿海各省份陆续开通了国际铁路班列，广东也积极开拓“粤新欧”、参与“渝新欧”等线路，探索广东直达俄罗斯和中亚五国的“陆上丝绸之路”，建立从太平洋到波罗的海的统一交通基础设施，改善了广东铁路口岸匮乏的局面。陆上铁路运输平均可比海运节省 2/3 时间，未来运输方式将由过去单一依靠海运支撑向海运和陆上运输相结合的方向转变，这对我省优势产品迅速对接中亚、俄罗斯和欧洲市场，促进贸易的进一步繁荣发展意义重大。四是推动广东和中西部地区联动发展。从泛珠合作看，“陆上丝绸之路”大通道一头连着中西部，一头连着珠三角。建设“陆上丝绸之路”大通道与广东的“双转移”战略结合，将为广东尤其是珠三角地区的产业向中西部地区转移和集聚提供通道和空间。珠三角地区产业逐步向“丝绸之路经济带”沿线扩展，既促进东部传统优势产业西移，又可以充分发挥西部地区资源能源和劳动力优势，促进中西部地区产业集聚。

二、广东在“一带一路”建设中具有突出优势

广东是“海上丝绸之路”的重要起点，与沿线多个国家有着密切的文化渊源和经济交流，参与“一带一路”建设具有多方面突出优势。

（一）历史和区位优势

广东位于南海之滨，三面临海，历史上包括今广西沿海、海南及香港、澳门地区，地处亚洲、太平洋海上交通要冲，拥有全国最长的海岸线，是中国通往东南亚、大洋洲、中东和非洲等地最近的出海口，是中国对外贸易、海上交通的前沿，也是海上丝绸之路的发祥地，具有优越的地理区位与自然条件，在两千多年的“海上丝绸之路”历史上发挥着举足轻重的作用。番禺、徐闻、合浦（现划归广西）是“海上丝绸之路”中国境内最早的港口。此后，广东海港不断增加，明清时期，已拥有广州、浪白、澳门、香港、南澳、阳江、钦州、雷州等 16 个港口。其中，广州作为面向南中国海的重要口岸，自汉、唐、明、清，一直是中外交往的中心地，上下两千年，经久不衰，

不仅在中国历史上独一无二，在世界历史上也非常罕见。元朝时期，与广州有贸易往来的国家和地区已达 140 多个，从广州出发的航线可以达到东南亚、南亚、东非、北非以及地中海北岸的希腊、意大利、西班牙等国。

（二）经济大省优势

改革开放 37 年来，广东先行先试、勇于创新，取得了多项第一。经济总量全国第一。2015 年，广东实现 GDP 达 7. 28 万亿元，同比增长 8%，连续 27 年位居全国第一，占全国总量 1/9 强。人均 GDP6. 75 万元，继 2013 年 GDP、进出口总额双双突破 1 万亿美元大关后，2014 年广东已成为中国首个 GDP 突破口 1 万亿美元、人均 GDP 突破 1 万美元的省份。广东经济总量于 1998 年超过新加坡，2003 年超过香港，2007 年超过台湾，预计将于 2016 年超过 GDP 排名世界第 15 位的韩国。财政总收入全国第一。2015 年，来源于广东的财政总收入 2. 09 万亿元，增长 9. 7%，连续 25 年位居全国第一，占全国 1/7 强。金融总资产 23 万亿元，全国第一，已超过作为国际金融中心的香港；上市公司总市值占全国约 1/8，均居全国第一。

（三）产业发展优势

2008 年全球金融危机时我省在全国率先提出转型升级，实施“腾笼换鸟”和“双转移”战略，推进现代服务业和先进制造业“双轮驱动”，加快产业结构调整和经济发展方式转变。2013 年我省第三产业占比首次超过第二产业，2015 年三次产业结构进一步优化为 4. 6∶44. 6∶50. 8，现代服务业增加值占服务业增加值比重达 60. 4%，先进制造业、高技术制造业增加值占规模以上工业比重分别达48. 5% 和 27%。从沿海开放城市、经济技术开发区，到遍布各地的产业园区，从珠江西岸先进装备制造产业带到中新知识城、中德工业区等一批高水平对外开放平台，产业进入中高端、国际化发展轨道。移动互联网、机器换人、3D 打印、物联网、生物基因等新技术、新业态蓬勃发展，产业发展优势极为突出。

（四）对外开放合作优势

拥有广东自贸区；从最初的招商引资、“三来一补”到今天的全方位对外开放合作，从当年的深圳、珠海、汕头三大经济特区到今天的南沙、前海、横琴三大自贸片区，广东始终扮演着全国对外开放窗口和桥梁的重要角色。改革开放以来，广东秉承对外开放的历史传统，一马当先，进出口贸易总额增长了 508 倍，2013 年已超过 1 万亿美元，连续 28 年位居全国第一，占全国 1/4 强。对东盟各国的贸易总量均占全国的

25%以上。2015年，广东与沿线国家进出口总额达1310亿美元，占全省的16.6%，占中国大陆与沿线国家进出口总值的22.4%。广东也是中国内地与沿线国家双向投资最多的省份。2015年，来自沿线国家的实际利用外资达14亿美元，占中国内地利用沿线国家资金的21.6%；广东在沿线国家实际投资累计达到17.2亿美元，占中国内地到沿线国家总投资的3.6%。

（五）人文交流优势

广东现有3000多万海外侨胞，其中在“海上丝绸之路”沿线东南亚的广东籍华侨华人占广东海外华侨华人总数的60%以上。改革开放以来，海外侨胞、港澳同胞累计在广东直接投资1300多亿美元，创办企业超4万家，已经成为中国与华侨所在国经贸合作和文明对话的桥梁，成为提升中国软实力的重要途径。广府、潮汕、客家三大文化，世界潮人之都、世界客都，粤语、粤菜、粤剧等广东文化在世界范围的华侨华人圈子里具有极强的文化共通性和认同感，岭南文化在沿线各国得到了很好的传播。在海外不少国家华人圈里，粤语至今仍是一门最为通用的语言。

三、广东积极参与“一带一路”建设，共创中蒙俄合作新格局

广东将充分利用“一带一路”历史新机遇，加强与沿线国家的基础设施互联互通，加快产业、技术、品牌走出去步伐，加强国际产能合作，并积极参与“中蒙俄经济走廊”建设，拓展在产业、贸易、旅游等方面的合作潜力，争当新常态下改革开放的排头兵。

（一）以东盟为先导，争当“21世纪海上丝绸之路”经济带排头兵

近期以东盟、南亚为重点，中长期则着力扩大与西亚、非洲等“海上丝绸之路”沿线各国的合作，逐步形成“区域大合作”格局。以沿线港口为重点，畅通广东至东南亚、南亚、西亚至非洲海上通道，打造“海上丝绸之路”经济带。以贸易畅通为目标，积极借用中国—东盟自贸区升级版、亚太自贸区等区域一体化机制，先行先试，建立一系列促进贸易与投资的体制机制，不断推进贸易、投资便利化。充分发挥港口资源及技术资金优势，鼓励企业组团参与沿线国家港口建设投资，形成功能完善、便捷高效的口岸对接。积极参与国家与沿线各国的合作载体和园区建设，优化产业链分工布局，推动上下游产业链和关联产业合作发展，形成以广东为中心的资源互补、产业关联、梯度发展的多层次产业协作圈。加强与沿线各国海洋渔业、海洋科技、海洋工程等合作，共建开发机制，共同保护海洋生态环境。针对“海上丝绸之路”各国发

展层次、产业结构、资源状况、技术水平等差异，着力推动以东盟为重点的电子、机械制造、海洋产业等产业链合作和产业融合，以南亚、西亚、北非为重点的基础设施建设和资源能源合作。

（二）以俄欧为前沿，建设“陆上丝绸之路”大通道

以沿线中心城市为支撑，畅通广东至俄罗斯至欧洲陆上通道，打造“陆上丝绸之路”经济带。加快广东东莞石龙铁路口岸的规划建设，同时加快设立铁路一类口岸，建设铁路货运站场、铁路集装箱中心站。促进“粤新欧”“粤满俄”等国际铁路联运专列的快速发展，打通广东通往俄罗斯、欧洲的陆上丝绸之路大通道，积极融入“新亚欧大陆桥”和“中蒙俄经济走廊”。探索建立与欧洲发达国家政府层面全方位、多层次、宽领域的合作对话与磋商机制，重点推进与其生物医药、高端电子信息、新能源等高新技术产业及金融、科技、文化创意等现代服务业合作，提升广东产业国际竞争力。针对俄罗斯与广东经济优势互补的特点，加强先进装备、航空航天、轻工、科技和能源等领域的合作，为对外开放注入新动力。加强与中亚各国的石油、天然气等能源合作。积极运用好外省已经开通的通道，对接“蓉新欧”“渝新欧”等中欧班列，充分发挥现有运力。

（三）以瓜达尔港建设为重点，打造广东参与“中巴经济走廊”建设的示范工程

“中巴经济走廊”是打通“21 世纪海上丝绸之路”与“丝绸之路经济带”两个战略的连接区、交汇区和受益区。其中巴基斯坦南部瓜达尔港是“中巴经济走廊”建设的重要起始点。借助珠海港集团的先行介入，加强瓜达尔港及自由贸易区的建设，构建中巴贸易海上通道，将瓜达尔港打造成为连接巴基斯坦及中东地区的重要物流中转枢纽。加快“中国（广东）商品展示交易中心”的建设，为中亚、南亚和非洲地区提供中国（广东）产品采购体验平台。充分用好中巴经贸合作的厚实基础，全面推动通道构建、平台对接、园区共建、港口物流、捕捞养殖、商品交易、装备展览和丝路博物馆等项目建设，打造广东“走出去”参与“一带一路”建设的示范工程。

（四）以“中蒙俄经济走廊”为平台，深化与蒙古国的国际合作

广东与蒙古国合作潜力巨大，通过“中蒙俄经济走廊”建设，进一步畅通广东与蒙古国在海陆空基础设施的互联互通，加强体制机制、人文交流，未来在经贸、产业、旅游等多领域可实现深入合作。一方面，广东将鼓励和支持有实力的企业到蒙古投资

兴业，发挥广东全国最大制造业基地的优势，将“岭南衣”“粤家电”等广东传统支柱产业和产品输出，在先进装备制造业领域，以及新型显示、生物医药、新材料等战略性新兴产业领域，均可与蒙古国开展合作。另一方面，蒙古国是能源资源大国，煤炭、原油、铜、铁矿石、黄金等储备丰富，旅游资源也十分丰富，而这些恰是广东的短板，通过积极参与“中蒙俄经济走廊”建设，广东有望与蒙古国在能源资源、旅游资源的开发利用及绿色发展等方面开展深入合作。

（五）以南太岛国为支撑，构建“海上丝绸之路”东线的战略支点

充分发挥广东丰富的华侨资源优势、便捷的交通区位优势、人员和经贸往来密切的先行优势，进一步深化与南太岛国的合作，加强基础设施互联互通，推动农业、渔业、旅游、教育、培训、海洋矿产资源和油气资源等开发合作，将广东建成中国与南太岛国合作的示范省，构建“海丝”东线的战略支点。

“海赤乔”国际次区域合作机制研究

单　平（中国内蒙古自治区发展研究中心中俄蒙合作研究院执行院长　研究员）
乌日丽格（中国内蒙古自治区发展研究中心中俄蒙合作研究院助理研究员　博士）

次区域经济合作是指“包括三个或三个以上国家的，精心界定的、地理毗邻的跨国经济区，通过利用成员国之间生产要素禀赋的不同来促进外向型的贸易和投资”①。所谓次区域经济合作机制就是指，地理上相邻的国家的部分地区之间为了合作的扎实推进，在合作原则、合作机构、合作领域、合作项目的调研和决策以及决策项目的落实的整个过程都制定或形成固定的系统化和制度化的方式和方法。

中国呼伦贝尔市、俄罗斯后贝加尔边疆区、蒙古国的东方省具有良好的区位优势、人文基础和政策优势。充分利用自然条件、自然资源、交通运输、基础设施、地缘优势、人力资源，可以将次区域建设成为横跨三国边境的经济强区。建立“海赤乔”国际次区域合作机制，将有效调节国家间、部门间和企业间的利益，成为务实推进“海赤乔”国际次区域合作进程重要的制度保障、政策保障和机制保障。

一、实施“海赤乔”次区域合作相关机制现状与问题

（一）“海赤乔”国际次区域合作相关机制现状

一是建立了国家最高决策机制，即国家领导人会晤机制。2014 年 9 月，在杜尚别举行了中俄蒙元首首次会晤，启动了三方合作进程，成为三方会晤机制的起点。2015

---

① 陆建人：“增长三角——亚洲区域经济合作的新形式”，《当代亚太》，1994（1）。

年7月，在乌法举行了第二次元首会晤，达成了深化合作的共识并批准了《中俄蒙发展三方合作中期路线图》。2016年6月在塔什干市举行了第三次会晤，并签署了《建设中蒙俄经济走廊规划纲要》（以下简称《规划纲要》）。中蒙俄三国领导人会晤机制的建立，为三国间的合作与发展提供了政治指引和强大动力。

二是建立了三国副外长磋商机制。2014年9月，在三国元首首次会晤上，确定建立三国副外长级磋商机制。首次磋商活动于2014年10月在乌兰巴托举行，旨在推动三国合作进程，为三国签订具体合作项目打下基础。2015年3月，在北京举行了第二次磋商，三方同意开展包括政治、经济、地方、科技、人文、国际事务等领域的全面合作。2016年6月，举行了第三次磋商。三方就高层交往及加强各领域合作交换意见，商定继续发挥三方副外长磋商机制的统筹协调作用。三方副外长级磋商机制在协调三国领导人会晤、达成各领域和区域合作意向发挥了作用，为高层决策和双方合作奠定了基础。

三是建立了区域合作规划机制，即签署《规划纲要》。《规划纲要》旨在进一步推动三国间交通基础设施、口岸建设、产能、投资、经贸、人文、生态环保等领域方面的合作。《规划纲要》为次区域的合作奠定了良好战略要点和框架内容。

四是建立了地方政府间友好城市合作机制。1992年，海拉尔与赤塔市正式建立了国际友好城市关系，是中俄间最早建立的友好城市关系之一。1998年，海拉尔与东方省乔巴山市签署了建立国际友好城市关系的意向书。2005年海拉尔与赤塔又签署城市间兄弟关系协议。

五是建立了多领域人文合作机制。旅游合作方面，建立了中俄蒙三国五地旅游联席会议机制。文化交流方面，建立了中俄蒙国际服装服饰艺术节等人文合作交流机制。在学术合作方面，由内蒙古自治区发展研究中心联合国内外相关智库，建立了中蒙俄智库国家交流与合作机制；由内蒙古大学满洲里学院推动，建立了中俄青年学者学术研究合作机制。

（二）“海赤乔”国际次区域合作机制实施中存在的主要问题

一是尚未达成三国政府共识。“海赤乔”国际次区域合作自提出后，到目前还仅停留在三国地区级别和智库层面上的交流与探讨。中国政府虽然已经通过《呼伦贝尔中蒙俄合作先导区建设规划》批复文件予以同意，但与俄蒙政府间尚未达成共识并上升为政府的决策。

二是尚未上升到高层对话。目前，在三国元首会晤、副外长磋商机制等高层对话机制中，已达成了一系列重点合作领域，确定了重大合作项目清单。“海赤乔”次区域合作作为区域性战略合作问题，尚需进入高层对话。

三是《规划纲要》机制的实施缺乏专项规划合作机制。《规划纲要》在推进“中蒙俄经济走廊”建设的顶层上给出了设计，但在实施中还存在合作结构、合作模式、贸易投资、配套建设等等实施层面的短板问题。“海赤乔”次区域合作作为《规划纲要》落地的重要平台和举措，规划和方案机制也亟待启动。

四是缺乏金融支持机制。资金保障是实施“海赤乔”国际次区域合作的重要制约因素。“海赤乔”国际次区域合作尚未建立起政府主导型发展模式，政策性金融支持机制处于缺失状态。

五是综合协调联络和专项工作推进机制亟待建立。国际组织、中央政府和地方政府在国际区域合作中发挥着不同作用。在高层对话、规划等宏观机制框架下，推进地方合作中地方政府间的综合协调和专项工作推进机制作用不可替代。目前地方政府间建立了各类专项合作机制，从国际次区域合作角度，综合推进机制尚未形成。

二、国际次区域合作机制及其经验借鉴

在联合国开发计划署和亚洲开发银行倡导和推动下，经过有关国家和地区的多年努力，大湄公河、图们江和中亚等主要次区域合作机制相继建立，并不断得到完善。

（一）几个典型次区域合作机制

1. 大湄公河次区域经济合作（GMS）机制

亚洲开发银行是大湄公河次区域经济合作的主要出资方，负责筹措各类资金和提供各种技术援助。领导人会议是大湄公河次区域经济合作的最高决策机构，每三年召开一次。部长级会议每年举行一次，下设专题论坛和工作组，部长级会议负责在政策层面确定合作的大政方针。工作组和论坛在业务层面负责具体项目的设计与实施。高官会介于部长会和工作组会之间，每年定期召开。其职能是联系政策与业务层面，并为部长级会议做准备。

2. 图们江国际次区域合作机制（GTI）

长期以来，GTI的决策机构是“大图们倡议”部长级会议，决策机制是咨询委员会（副部长级）和协调委员会，秘书处负责处理日常事务。咨询委员会由五个成员国的代表组成，每年至少会晤一次，讨论合作战略。协调委员会任务是促进合作，改善

开发和贸易协调，协调委员会每年定期会晤两次。秘书处于 1996 年在北京成立。现在通过成员国首脑定期会晤、地方政府长官定期会晤，加强协调能力，增强互信，打破东北亚地缘政治困局。

3. “泛珠三角”区域经济合作机制

泛珠三角次区域合作机制是“政府推动、市场指导”的机制，包括行政首长联席会议制度；泛珠三角区域合作行政首长联席会议秘书处工作制度；政府秘书长协调指导；日常工作办公室工作制度；部门衔接落实制度；政府推动达成一系列部门和行业合作协议；政府大力支持扎实推进大批区域合作项目。每年举办一次的“泛珠三角区域合作与发展论坛”是推动次区域合作的重要平台，而每年一次的经贸洽谈会是市场引导机制的重要平台。

（二）国际次区域合作特点及经验借鉴

1. 次区域合作协调机制至少需要六个层级

从以上案例可以看出，一个健全的合作机制至少需要六个层级：一是最高决策机制，即领导人会议；二是日常磋商决策机制，即部长级会议；三是议事机制，即高官会议；四是专业工作机制，即专业委员会和工作组；五是常设办公机制，即秘书处；六是对话机制，即与合作区内外有关国家和地区的对话会、论坛和峰会。

2. 国际组织与金融机构积极参与次区域合作

亚洲开发银行在大湄公河次区域经济合作中，联合国开发计划署在大图们江国际次区域合作中承担了发起人和推动者的重要角色。这些国际机构的参与特别是国际金融组织的介入，担任发起者、协调者、金融支持者、技术援助者的角色，直接影响并推动了次区域经济合作的进程。

3. 各国和地方政府起主导作用

次区域合作机制地方政府作为合作主体，发起或推动了次区域合作。中央政府的支持主要体现在政策扶持面。地方政府的政策安排使一些跨国界次区域经济合作成本较低，使中央政府承担的政治和经济风险相对较小。

4. 跨国次区域的发展需要市场经济调节

对于国内的次区域经济合作，如泛珠三角次区域经济合作中，政府的作用凸显，不利于市场的自主调节，而泛珠三角这样的跨国界的次区域经济合作在生产要素的跨国家自由流动与这些自由流动能否达到更有效的资源配置这两个条件的实现需要市场的调节。

三、进一步完善“海赤乔”国际次区域合作机制

参与“海赤乔”国际次区域合作的地区在中国、俄罗斯、蒙古国三国交汇处，三国在空间上的相邻性，资源、政治形态、经济发展阶段的差异性，构成了典型的增长三角，使“海赤乔”国际次区域合作成为次区域合作的典型组织形式。

（一）推进三国政府达成共识

推进三方政府及三国各级地方政府可会同合作参与方共同制定制度性框架。按照平等协商、互利互惠、共同发展的原则，明确各自的权利义务及可获利益和应承担的风险，实现风险同担、利益共享、互利互惠、形成准则，在制度机制上确保有效性和长效化。

（二）制定总体制度框架

全面规划“海赤乔”国际次区域合作的目标、原则、重点领域，在促进次区域发展的合作框架下，建立较为完善的内在机制工作机制和组织机构，使合作方式多样化、层次化和制度化，形成多层次的次区域合作格局。

（三）建立部长级高层协调机制

在中俄与中蒙战略合作框架下，就“海赤乔”次区域合作成立部长级的咨询委员会，利用中蒙俄政府现有的合作机制和平台，实现高层定期会晤，讨论合作战略。

（四）加强地区间互信，研究建立地方政府定期会晤机制

研究设立中俄蒙地区间协调服务机构，负责有关合作的日常事项以及有关合作的各种信息的沟通、筹备各种会议，督促合作三方已议定合作项目的落实，统筹推进先导区建设和次区域产业合作、人文交流、课题合作、政策对接等相关事务。协调机构可以是官方的，也可以是半官半民的，而且应有相关国家中央政府及地方政府共同参与。

（五）建立金融机构的支持机制

由于国际次区域经济圈的形成，需要进行大规模的投资建设，三国政府应该积极

与世界银行、国际货币基金组织、亚开行、亚投行等国际金融机构联系沟通，以期获得开发资金资助。

（六）探索中蒙俄自贸区合作机制

充分用好国家赋予呼伦贝尔先导区借鉴自贸示范区政策，开展自贸试验区试点，探索在中国国家 FTA 战略框架下促进地方经贸合作的路径和机制。研究建立中蒙俄国际自贸区战略“海赤乔”经贸合作推进工作机制，推进运用自由贸易协定政策提升“海赤乔”次区域经贸合作发展水平。

“中蒙俄经济走廊”与区域合作机制构建

王海燕（中国华东师范大学国际关系与地区发展研究院暨上海合作组织研究院
中国教育部人文社会科学重点研究基地俄罗斯研究中心副研究员
经济学博士　硕士生导师）

2013年，中国国家主席习近平提出与亚欧国家共建“丝绸之路经济带”和“21世纪海上丝绸之路”（以下简称“一带一路”）倡议以来，该倡议得到了有关国家的积极响应。同年11月，“一带一路”倡议作为构建我国开放型经济新体制的一部分，被写入党的十八届三中全会《决定》，成为我国未来对外发展的主要方向，并成为国际合作的新平台，为沿线国家优势互补、开放发展开启了世纪性新机遇。

“一带一路”作为中国首倡、高层推动的国家战略，对我国现代化建设和走向世界具有深远的战略意义。我国“一带一路”倡议的实施主要由海上运输通道和陆路运输通道两部分组成，一是“21世纪海上丝绸之路”；二是“丝绸之路经济带”，包括6条经济走廊，其中“中蒙俄经济走廊”由于基础较好、覆盖亚欧广阔的区域，在“丝绸之路经济带”建设中形成新亮点，将在广阔的亚欧大陆形成新的区域经济发展格局。

2014年9月11日，中蒙俄三国元首首次会晤时，中国国家主席习近平首倡，把“丝绸之路经济带”同俄罗斯跨欧亚大铁路、蒙古国“草原之路”倡议进行对接，打造“中蒙俄经济走廊”。2015年4月，中蒙俄三国就对接各自发展战略，启动“中蒙俄经济走廊”建设达成共识；同年7月9日，中蒙俄元首第二次会晤，三国元首批准了《中蒙俄发展三方合作中期路线图》，三国有关部门分别签署了《关于编制建设中蒙俄经济走廊规划纲要的谅解备忘录》《关于创建便利条件促进中蒙俄三国贸易发展的合作框架协定》，以及《关于中蒙俄边境口岸发展领域合作的框架协定》。

这一蓝图将三方发展战略对接落实到具体合作领域和项目上来，有力推动三方务实合作的深入发展。

“丝绸之路经济带”的提出是时代的需求，旨在新技术日益发达的今天将古丝绸之路沿线国家连接起来，而处于“丝绸之路经济带”沿线的“中蒙俄经济走廊”更是这条生命线的一条主动脉，将促进中国与东北亚区域的经济一体化进程。

一、中蒙俄共建经济走廊面临重要机遇

一是以开放、包容为准则的“丝绸之路经济带”倡议为沿线国家提供了世纪性、普惠性机遇，极具建设性，给各国带来更大的发展空间和选择机会，俄蒙等沿线国家都渐渐认识到其重要性，开始以自己认可的方式参与进来。二是欧亚经济联盟、上合组织等使得沿途各国关系更加紧密，统一的区域合作空间正在形成。三是中蒙俄都已是世贸组织成员，区域贸易投资环境有了合作的基础平台和法律法规保障。四是亚洲基础设施投资银行、丝路基金、金砖银行、中国—欧亚经济合作基金等多个融资平台陆续建立，为“中蒙俄交通走廊”的建立提供了融资渠道和可能。五是跨境铁路建设将成合作新热点，中蒙俄在铁路领域进行合作交流，建立地上交通枢纽，打通互通新渠道，将为三国在旅游、贸易等沟通方面带来更大便利。

二、“中蒙俄共建经济走廊”的区域合作机制

“中蒙俄经济走廊”的建设秉持开放的地区主义原则，在三国多年形成的良好的政治、经贸合作基础上充分发挥国家级、地方级和沿边地区多层次的作用，共同构建区域和次区域合作机制相结合。

“中蒙俄经济走廊”建设可搭建起多元化区域和次区域合作机制相结合的架构。

首先，上海合作组织于2001年建立，是中蒙俄所在的东北亚地区最重要的区域合作机制，中国和俄罗斯是创始成员国，蒙古国是重要的观察员国，经过10余年的发展，已成为在亚欧地区具有广泛影响力和吸引力的世界性组织，可在“中蒙俄经济走廊”的建设中发挥重要的促进作用。2015年7月乌法上合组织峰会上，上合组织成员国和观察员国等共同批准和见证了《上海合作组织至2025年发展战略》，规划了中长期合作路线图，提出了上合组织未来10年发展目标和任务，并指出，上合组织成员国应对“丝绸之路经济带”倡议形成统一立场，利用该倡议为推进上合组织经济合作创

造有利条件。[1] 2015 年 12 月郑州上海合作组织成员国总理第十四次会议签署的《上合组织成员国总理关于区域经济合作声明》中，总理们重申支持中华人民共和国关于建设“丝绸之路经济带”的倡议，利用上合组织现有成果和相关经济合作机制十分重要，为加强区域经济合作应加强交通领域多边合作，建立国际运输走廊，实施各方均感兴趣、可提高互联互通能力和发挥过境运输潜力的共同基础设施项目。[2] 而“中蒙俄经济走廊”正是上合组织区域经济合作的重要组成部分，正好可在上合组织框架下开展务实合作。

其次，中蒙俄三国首脑会晤机制和中蒙、中俄、蒙俄三组双边首脑会晤机制将为“中蒙俄经济走廊”的建设发挥重要的实质性推动作用。中蒙俄三方首脑会晤已举办两次，都是借助上海合作组织平台实现的。2014 年 9 月上海合作组织杜尚别峰会，中蒙俄三国首脑首次正式会晤确立了三国首脑定期会晤机制，中国国家主席习近平首倡，中蒙俄三国发展战略高度契合，可以把“丝绸之路经济带”同俄罗斯跨欧亚大铁路、蒙古国“草原之路”倡议进行对接，打造“中蒙俄经济走廊”；三国元首表示，将分别责成各自有关部门落实三国元首达成的共识，建立三国副外长级磋商机制。[3] 2015 年 7 月三方首脑第二次会晤批准了《中蒙俄发展三方合作中期路线图》，通过“中蒙俄经济走廊”将三国的战略利益紧紧结合在一起，标志着“丝绸之路经济带”正从理想迈向现实。[4]

第三，多年来建立和形成的多种次区域合作机制将促进“中蒙俄经济走廊”的建设落到实处。苏联解体后的近 20 多年来，中蒙俄沿边地区、地方层面和国家层面的三边经贸合作机制不断涌现，极大地促进了中蒙俄三国的经贸、投资与科技合作，地方层面的经济合作热情高涨也自下而上地影响了三国政府间的交往，密切了三方合作，并自上而下地给予了地方层面更多的政策优惠和更大的发展机会。中俄哈蒙四国六方机制、二连浩特论坛、满洲里论坛，以及中蒙俄区域经贸合作论坛等国家级和沿边地区举办的多种合作机制将促进“中蒙俄经济走廊”的建设落到实处。

三、“中蒙俄共建经济走廊”面临诸多挑战

一是沿线区域安全的挑战，中蒙俄都面临三股势力更加严峻的挑战，尤其是 IS 等

① “四大亮点看乌法峰会”，《云南日报》，2015 年 7 月 12 日，http：//yndaily. yunnan. cn/html/ 2015 －07 / 12/content_ 981515. htm? div = －1。

② 王慧慧、伍岳：《李克强主持上合组织总理会议签署区域经济合作声明》，观察网，2015 －12 －15，http：//www. guancha. cn/politics/2015_ 12_ 15_ 344801_ 1. shtml。

③ 黄文帝、柳玉鹏、刘皓然：“上合杜尚别峰会亮点耀人　习普今年四度面谈”，《环球时报》，2014 年 9 月 12 日，http：//world. huanqiu. com/exclusive/2014 －09/5135626. html。

④ 赵明昊、孟祥麟：《乌法峰会，中蒙俄再出大招——“中蒙俄经济走廊”建设带动欧亚繁荣》，人民网，http：//politics. people. com. cn/n/2015/0710/c1001 －27287050. html。

恐怖主义、宗教极端势力对地区安全的挑战越来越迫近。二是中蒙俄经贸合作虽然发展迅速，但与各国经济规模相比，仍不同程度地存在规模偏小、水平不高、层次较低、结构不平衡等问题，还有很多互补优势没有充分发挥。三是蒙中俄建设经济走廊实施各自倡议，在前期研究、协调规划、资金支持、人才保障和国家间法律的协调等多方面都存在协调问题。四是三国间交通运输、通关、进出境检验检疫等标准不一致、手续烦琐等带来的过境、通关、时间、效率等成本较高，通关、过境运输壁垒并未完全消除，价格偏高；轨距不同带来换装的时间、成本居高不下。五是人员签证耗时较长，人流难以畅通。六是环境污染严重，面临共同的区域治污问题。

四、对策思考

就中蒙俄合作共建经济走廊，加快建设欧亚物流大通道提出以下具体措施建议：一是做好亚欧陆路、水路和陆水联运通道的布局研究，完善亚欧综合运输网规划。二是资金、技术等多领域相互支持，积极推进亚欧路网中跨境骨干通道重点项目的建设，如研究各方共同融资及技术参与蒙古国境内新的铁路线建设项目和乌兰巴托铁路现代化改造问题和改建西伯利亚大铁路。三是继续推进国际运输便利化，在联合国亚太经济社会框架内，继续推动制定并签署《中蒙俄国际道路运输发展政府间协定（草案)》，研究依托蒙古国乌兰巴托“赫希格特”国际机场建设区域航空枢纽的前景。四是鼓励物流企业开展国际合作，研究提高经乌兰巴托铁路过境运输量的一揽子措施，包括加强与沿线国家在物流信息系统、交通安全、绿色物流等方面合作。五是建立健全与沿线国家的交通运输合作机制，有针对性地合作培养交通物流人才；简化签证手续。六是共同协作治理环境污染，共同保护环境。

中蒙俄共建经济走廊是为了在世界经济全球化、区域化、一体化和中国倡导“丝绸之路经济带”的大背景下，中国积极开展与周边国家的区域经济合作，“共同发展、共同繁荣”，以期为同是发展中国家、转型国家、新兴经济体国家的三国在世界市场上获得更多的市场份额，在世界多极化趋势下利益再分配格局中赢得与自身实力相匹配的份额。

展望未来，在世界经济“再全球化”，区域主义盛行的趋势下，[①]“中蒙俄经济走廊”建设将可能推进亚欧区域经济一体化进程，各国通过开展多渠道、多形式的交通物流合作，共同促进亚欧互联互通水平，将提升各国经济水平，改善民生，构建利益和命运共同体。

---

① 李向阳：“国际经济秩序的发展方向”，《现代国际关系》2014 年第 7 期，第 20－22 页。

沿蒙俄中经济带发展旅游的基础、资源和机会

德·阿穆尔特布新　勒·奥云其木格　德·恩赫吉日嘎啦
（蒙古国国立大学地理研究中心）

前　言

像蒙古国这样的发展中国家，为促进社会经济发展和区域一体进程，推广社会、经济地理学的有效的新方式、方法非常重要。所有国家的政府加大直接或间接投资力度，对经济走廊的沿线国家或区域提高经济生产能力具有重要意义（博鲁奈尔，2014）。经济走廊被定义为为了促进经济发展而进行的在地理区域内建设的基础设施统一网络。经济走廊在一个国家内部，或在毗邻的友好国家之间产生。经济走廊是用某一个地理特点来连接国家和地区。经济走廊具有独特的性质，会完成外贸、运输、基础设施、国际关系、旅游业等重要任务（阿拉木派、力杰尔，2008）。经济走廊的主要内容是使走廊成为经济发展中心，将各国联通并通往大市场。经济走廊政策的目的是能够促进国家和地区间形成新的经济增长领域。沿经济走廊的自然资源和文化遗产为发展旅游业创造了极好的机会，在一个国家和地区，或在区域内，或在国际上发展旅游业对该国家的经济发展、资源保护及其他产业发展具有积极作用。这项研究是基于经济走廊构想，研究蒙古国旅游资源、面临的困难和机遇等问题。

研究结构和方法

研究的第一个目的是通过对经济走廊相关的理论文献研究，通过蒙古国的走廊沿

线地区发展旅游业，研究旅游资源、所面临的困难与机遇等问题，进而结合蒙古国经济走廊和国际旅游市场趋势研究蒙古国旅游发展政策。联合国世界旅游组织（2006）曾提到的与经济走廊、旅游发展有关的理论和研究资料非常少。

本研究还提出以下目标：

阅读与经济走廊有关的历史上的茶道及其对蒙古国经济发展的影响和意义相关的书籍；

评估蒙古高原地区的旅游资源；

寻找发展经济的同时发展旅游业的机会、可行性并预测要面临的问题。

关于经济走廊

走廊是国家和地区之间的，以商贸为目标而建设的基础设施统一网（特力夏，2014），根据旅客和货物的需求，形成了不同的运输方式，并利用至今。在历史上，走廊用最近、最直接、最快的运输方式连接不同的城市、区域和国家。经济走廊基本上是基于运输走廊建成的社会经济活动路线。本杰尔（2001）认为经济走廊，使大型生产者与人口密集区域的需求相结合。1990 年苏联解体与东欧剧变之后，走廊构想在社会各领域中被广泛利用。空间规划和地理研究中，在城市规划范畴内对走廊进行研究（Priemus & Zonnefeld，2003）。后来，政府和国际开发机构将走廊作为经济发展轴心和主要动力。因此，对于走廊的认识也在改变，走廊不是定居地区之间的连接线，而是均衡发展交通运输基础设施的经济发展带。包含着沿着走廊的地理完整性和该地区人民的生产、改革、收益等三个内容（Bender，2001）。经济带沿线的国家和地区，城市和居民聚集区与走廊边缘地带会形成具有较高意义的连锁效益。因此，对于生产和传送地区来说，可以通过走廊输送到本地区或国际市场。另一方面，走廊可以把地方与城市和居民聚居区与生产地直接联通。

走廊的发展和旅游业

走廊，在理论上是基于运输业发展的，与旅游业的发展密不可分（Alampay & Rieder，2008）。旅游规划是旅游路线和其被广泛利用之间的关系。因此旅游走廊是沿着已制定路线的吸引人的风景和旅游目的地之间发生的客流路线，基于自然景色的方向和行程（Валл，1997）。旅游走廊不仅是指基础设施，更多是倾向于关注市场（ДАЖБ，2006）。旅客的大部分会沿着旅游路线，在一个地方参观更多的景点。单独发展旅游业的地方基本上与其他景点合作销售。根据国际旅游组织的建议称，旅游走廊是当地景色的集合，对于景区进行主题化运营（2006）。这对个别地区来说，联合发展旅游路线可以宣传本地区，具有市场战略意义。比如，大丝绸之路形成了覆盖欧洲、中亚、东亚等 24 个国家和地区的商贸走廊。从这个意义上来说，这是受联合国国际旅游组织的支持并成功实施的跨境旅游走廊的计划。丝绸之路旅游计划的主要目的是全面支持区域合作，研究旅游活动。该计划是由国际旅游组织提议创建并负责主要市场运营的，全方位支持涉及旅游的各项问题。在计划范围内，为了加大沿丝绸之路区域的客流量，提议实施“丝绸之路签证”规划。

旅游走廊的最终目的是，当地形成的沿走廊的旅游线路，展示该国家和地区的自然和社会、文化特性，会产生别具特色的旅游产品（Алампай & Реидер，2008）。旅游走廊是基于历史路线、文化遗产资源等具体内容产生的。基于文化遗产的走廊会在该文化和生态系统分布的地方和国家形成。在历史进程中，丝绸之路有过蜘蛛网、闻香之路、欧亚原野之路、古茶叶路等很多古代贸易网络（ДАЖБ，2006）。这些路线是从中国到地中海，对联通亚洲西部和东欧的政治、经济、社会、文化关系起到重要作用。丝绸之路的最主要意义是促进地区之间形成了文化交流。丝绸之路，不仅使商人输送商品，还会传送交流艺术、宗教、哲学、设备、语言、科学、建筑艺术、文化文明以及所有因素。发展跨境走廊的首要特点是在旅游业形成共同市场网络。也就是说旅游走廊是在区域内旅游合作中将目的地国市场作为主要工具利用。

把关于走廊的所有问题放在一个主题，形成相似的场景，将有助于改善每个地方的营销问题。营销活动的主题，一般是在根据国家和地区共同文化、共同遗产决定的。因此，保护自然和文化遗产政策，通过对旅游业从业者的培训，加强贯彻当地文化遗产资源保护。阿拉莫莱和里杰尔（2008）认为，旅游走廊可以通过加强旅游目的地的吸引力与加大市场容量得到经济效益。单独的旅游景点不一定会吸引旅客。因此，要形成多种或系列场景来吸引旅客，也是稳定旅客流量的主要因素。因此，旅客在沿走廊地区旅游，会产生完整的区域旅游经验和感受。世界旅游组织（2006）负责保护国家和地区内的世界文化遗产地，为在当地建设旅游走廊，对政治、自然环境、经济、社会、文化资源与影响进行评估是其首要任务。

蒙古国经济走廊历史概要

经济走廊是沿古商业、贸易、运输路线形成。有文献记载，很早的时候，蒙古人拥有良好的外商环境。蒙古人的游牧生活方式了解和支持商业利润，因此会热情招待商人（Веадерфорд，2004）。蒙古帝国时期，以支持中国人和蒙古人之间的贸易为目的形成了很多条通道。13 世纪，在蒙古人设的驿站输送地，商人有诚信和保证地提供商品（Weatherford，2004）。蒙古人为了支持商业和贸易活动，在远途运输中支持用骆驼输送，形成了买卖驿站网络。在 100 多年期间，在蒙古人控制下的欧亚地区，商人经商一般是很安全的，是经商的黄金时期，因此在蒙古帝国时期商业和贸易活动占有重要地位。10 世纪，从东到西创建了丝绸之路、中亚原野之路、古茶叶之路等著名的商道（Авери，2005）。这些道路通过蒙古帝国领土，直至蒙古帝国解体，该路对蒙古国的文化和外贸经济起到重要作用。在 16 世纪，巴图孟和达延汗统一过蒙古人（Авери，2005）。当时蒙古国虽然在满洲人的控制下，喀尔喀蒙古人一直与俄罗斯人和中国人在经贸和商业方面进行着交流合作。之后，土默特俺答汗提出并组织在蒙古国扩大商业贸易。在他执政时期，俄罗斯和蒙古国之间拓展了贸易往来。蒙古人出口牲畜、毛、原料，从中国往俄罗斯输送丝绸、茶叶。除此之外，1689 年就建立中俄蒙商道事宜同俄罗斯在满洲里协议上签字。当时的主要商道是中国张家口到蒙古国库仑（今乌兰巴托），再到俄罗斯的恰克图市、彼得堡。

阿维利（2005）提到，蒙古人在 1691～1911 年间在满洲人控制下时，蒙古的科布多、乌里雅苏台和乌兰巴托等地是针对中国商人的三大商业中心。这些城市当时是满洲人在蒙古国的执政中心，中国外商公司聚集在这三个地方。中国的大盛魁商号，为从中国到蒙古国再到俄罗斯的商道建设做出巨大贡献。当时，外贸的主要运输道路是由有经验的骆驼运输队引领的骆驼商道。骆驼运输队可以在没有任何标记的山路上按照自然规律行进。中国商人与蒙古国商人定期进行贸易，与俄罗斯商人也积极合作。俄罗斯人用毛绒产品、猎物的皮，中国人用茶、纺织品和武器、金属等进行交换。查干诺尔和恰克图口岸是蒙俄之间商业的主要交易点。中国商业公司在 1921 年蒙古国人民革命之后，依然在蒙古国经商，直至 1929 年经商活动被强行制止，被迫从蒙古国撤离。商道干路对亚洲高原的文化文明发展有重要意义，对相隔较远的地区的文化文明之间扩大政治、经济关系提供了机会。沿着古商道的国家和地区之间除了进行产品交易之外，也可以进行宗教、哲学思想和种类繁多的信息交流，同时有些病菌也会流行。现在最积极运行的经济走廊是过境西伯利亚之路，是中蒙俄之间的传统商道。据学者罗宾逊（2010）考证，过境蒙古国的铁路是沿中国到俄罗斯的古茶叶骆驼队的路，过境贝加尔湖铁路是自俄罗斯乌兰乌德联通蒙古国乌兰巴托到中国集宁市的路。

蒙古国经济走廊和旅游业现状

建设“中蒙俄经济走廊”倡议最初是在 2015 年 1 月 4 日蒙古国外交部部长勒·普

日布苏仁与中国外交部领导王毅会见时达成的共识。建设经济走廊的基本思路是两国之间的商业、农牧业、工业、旅游和其他服务业之间卓有成效的合作，鼓励和支持投资。经济走廊会产生次区域之间的社会、经济交流合作，为地区提供发展机遇，自然环境的管理问题等（Отгонсурэн，2015）。之后，2016 年 6 月 23～24 日，在乌兹别克斯坦塔什干市举行的上合组织成员国领导人第 16 次高层会晤时，蒙古国总统额勒贝格道尔吉、俄罗斯总统普京、中国国家主席习近平等三方元首在经济走廊建设规划纲要上签字。三方国家领导对经济、基础设施、过境运输、电力、旅游、边境合作等方面达成共识。蒙中俄之间的经济发展空间巨大，但在旅游领域出现了需要明确对经济增长具有重要意义的优先发展方向。至今为止，经济走廊含有自然、文化、历史旅游资源的种类繁多的景区，虽然跨境，但还不能为大型旅游市场服务。沿着走廊地带有好几个国家级特殊保护区域、文化遗产地、独特的游牧文化和历史景区。蒙古国地广人稀，旅游业成为近年首要的发展方向。蒙古国的大部分地区发展速度缓慢，保留着自然原始风貌，成为吸引旅客的目的地。据乌兰巴托市旅游部统计，2015 年入境蒙古国旅游的旅客有467.231 人次，收入达到 2.27 亿美元，占年终 GDP 的 5%。蒙古国在 2015 年成为世界大型旅游博览会“波兰旅游博览会”的伙伴国，因此未来几年的旅客数量还会不断增多。蒙古国政府制定的中长期规划目标中力争达到的访蒙的旅客数量 2015 年为 60 万，2017 年要达到 100 万（Оксфорд бизнес форум，2013）。虽然是政府和旅游私营企业全方面大力投入，旅游业发展还面临很多困难。蒙古国接待旅客只能通过航空和陆运，但目前的运力只能依靠几个空路和铁路路线。近期国际机场建设虽然将要接近尾声，但国内的公路网络少，首都和其他地区只有几条公路联通，这对旅游业带来了负面影响。近年来，不少地区的旅游经营者呼吁自然环境旅游部和政府其他机构更积极踊跃参与到这项工作中。蒙古国的气候变化剧烈导致旅游季节短。除此以外，牧区路网和基础设施条件差，达不到标准也影响旅游业的发展。人力资源方面，旅游专业人才匮乏也是导致服务质量差的原因之一。政府为了解决以上问题，开始与私营企业和其他机构合作协办。对于蒙古国来说，需要建设公路、高速公路网，改善基本的运输路线。为了解决这些问题，不仅需要向外贸伙伴邻国俄罗斯和中国政府寻求帮助，还要向世界银行、亚洲开发银行等很多国际机构寻求大量投资和其他帮助。在蒙古国增加旅游量的政府构想和提议之一是蒙中俄三方协同发展旅游业，建设国内和国际经济走廊。与之相关的，沿着经济走廊发展旅游业的工作已经开始运行，在战略层面上正在讨论发展和恢复沿三方古商道诸如茶叶之路的传统历史道路。虽然蒙古国和俄罗斯双方政府官员已签署双方间免签出境游协议，并自 2014 年 11 月开始实施该协议，但目前经济走廊沿线地带的三方之间的政治问题、签证签发、欠缺无障碍旅游的交通工具等问题对旅游发展有消极意义。蒙古国和俄罗斯之间的无签证旅游是商业上互利、文化艺术交流、旅游业发展的新杠杆。根据自然环境旅游部统计，2014 年 22 万蒙古人赴俄罗斯旅游，73 万俄罗斯到蒙古国旅游。这反映沿三方的经济走廊为发展旅游业提供了极好的机遇。

俄罗斯旅客跨境旅游情况

俄罗斯很早就是世界上发展最快的跨境旅游市场之一。俄罗斯出境旅游消费量在世界排名第 9，2007 年有 3430 万人次出境旅游，共消费 223 亿美元（Карпова, 2015）。据 2015 年统计数据报道，俄罗斯卢布外汇价格导致出境旅游量有所减少。从旅游商业的远期规划来看，出境旅游量减少是由世界政治条件导致的临时现象。据俄罗斯旅游统计局统计，2015 年俄罗斯共有 1.2107 亿人次出境旅游（Турина，2015）。俄罗斯距离土耳其和埃及等旅游市场近，这些地方也是俄罗斯人喜欢去的旅游目的地之一。旅游公司会组织人员去旅游这两个有名胜古迹的国家，但也有去亚洲其他地方的需求。

除此之外，俄罗斯旅客对于蒙古国独特的自然风景、广阔无边的大草原、国家公园、沙漠和游牧生活有着浓厚的兴趣，到蒙古国旅游的旅客量也在增多。俄罗斯很多旅客如同在蒙古国生活一般，更多的是选择探险旅游。在闲暇时间来蒙古国的很多俄罗斯游客比起通过旅游公司组织的团体旅游，更喜欢自由行，一般由家庭、情侣、中产阶级人士组成一个小团体。多次往返蒙古国的 30% 的游客主要来自俄罗斯中部地区，比西西伯利亚和新西伯利亚来的旅客还多。从俄罗斯到蒙古国自由行的旅客多数来自俄蒙边境地区的旅客，近年来这个数量仍在不断增加。来蒙古国的俄罗斯旅客一半来自伊尔库茨克、乌兰乌德、赤塔、巴拉纳乌拉、新西伯利亚和附近的城市（CBI судалгаа，2015）。

表 1　　来蒙古国的国外旅客

序号	国　家	2015	2014	2013
1	中国	145029	157561	178326
2	俄罗斯	70668	73055	74468
3	韩国	47213	45476	45178
4	日本	19277	18282	18178
5	哈萨克斯坦	14434	13562	11422
6	美国	14420	13987	14701

续表

序号	国　家	2015	2014	2013
7	德国	8992	9551	9499
8	法国	7989	7733	7407
9	英国	6148	5758	6391
10	澳大利亚	4804	5118	6765
	其他	47230	42761	45480
	合计	386204	392844	417815

资料来源：乌兰巴托市旅游局，2015。

从俄罗斯到蒙古国的旅客量不断增长的原因是此前的旅客对旅游环境良好的评价，媒体的正面宣传。俄罗斯媒体宣传中，鲜有蒙古国方面的报道，使俄罗斯旅客没有机会选择更多感兴趣的旅游路线。俄罗斯市场对于蒙古国的宣传，比起文化，应更多地对自然和有趣的旅游项目进行推广。

中国旅客的跨境旅游情况

近几年，中国旅客量不断增长，在世界范围内占领先位置。据中国旅游研究院统计，2015 年有 1.2 亿中国人出境旅游，消费了 1045 亿美元。出境旅游量较 2014 增长了 12%，出境消费增长了 16.7%。居民收入增长，良好的政治环境，人民币的稳定对于出境旅游量的增长有积极意义。处于地震活跃带的韩国、印度尼西亚、尼泊尔等地区由于地震活动频繁导致旅客量也逐年减少。对于旅游目的地的分析结果显示，中国跨境旅游市场在亚洲仍居首位。

中国经济的飞速发展与地理位置，对于毗邻的蒙古国来说非常有吸引力。这个现象对赴蒙古国的旅客流量的增长影响很大。中国政府和商务部门在保护国家的自然生态资源、支持基础设施和旅游发展、铺设高速公路、新建宾馆等方面投入了大量资金。比起其他地方的旅客，中国旅客到蒙古国旅游时，不是探险而是到历史、文化名胜旅游的游客较多。他们大部分是社会的中高层，中高收入群体，大部分是按照蒙古国旅游公司的路线组团旅游观光。他们中大部分是以家庭为单位的游客，且在决定旅行线路时不考虑旅游价位。从中国来蒙古国旅游的旅行团中香港、上海、中国大陆东南地区的游客较多。近几年，从内蒙古来蒙古国的旅客明显增多。对于蒙古国来说，人口稀少、有种类繁多的独特自然风景、丰富的社会文化资源、经济稳定发展，能够吸引更多来自世界各国旅客。蒙古国政府旅游部门也在全面支持旅游业。从这个意义来说，中俄蒙三方基于各自的旅游资源每年可以发展500万多种跨境旅游项目（CNTA，2015）。旅游发展正在成为三方发展经济交流合作和促进社会发展的主要支柱。

中国内蒙古正在发展成为中国旅游业重地。在中国国家旅游局的支持下，内蒙古与俄罗斯和蒙古国不断扩展旅游合作交流。2015年内蒙古接待了来自俄罗斯旅客的32%，即51万人次，来自蒙古国旅客的81%，即82万人次。对于中国游客来说，俄罗斯、蒙古国也是比较感兴趣的地方，从中国来的游客逐年增多。蒙中俄三方有多年的社会、文化、经济关系基础，互相之间关系亲密，三方的旅游业合作也会不断发展强大。

面临的问题

沿蒙俄中之间的经济走廊地带，不断发展旅游业的合作的同时，也出现了几个亟待解决的问题。

旅游业基础设施的条件有限。也就是说，俄罗斯和中国游客量不断增多，但蒙古国有一段时间没有能力为国际旅客提供舒适的住宿环境。除此之外，跨境安检承受能力、宾馆、住宿的供应、国际航空次数等是现在面临的主要问题。就现状来看，蒙古国接待来自中国、俄罗斯旅客，在能够满足他们要求的基础设施等方面还没有具体方案。

蒙古国在国内和跨境旅游业的发展水平参差不齐，要平衡发展也比较困难。影响蒙古国经济效益的、来自不同国家的跨境旅客量不断增多。来自中国、俄罗斯旅客数量都在增长，虽然有些方面不像来自欧洲、北美、东北亚等经济发达地区的旅客，但是可以在提高蒙古国牧区人民生活水平、交换旅游业经验、共同减少负面影响等方面，为国际和国内旅游业解决所面临的问题。

欧洲、北美旅客对蒙古国大草原、平静的生活感兴趣，一般会组成小团队进行旅行，这与亚洲（尤其是中国）旅客的大团队旅游有所差别。在蒙古国没有组织和监督的国内旅游团正在增长，这可能会是潜在的隐患。

除此之外，还出现旅游景点需要当地民众的支持的问题。如，日益增多的旅游基础设施与土地和草场的利用规律、水资源、垃圾处理问题、传统游牧生活等不相容。

结　论

这项研究是基于经济走廊与其在蒙古国的发展历程相关文献进行的研究。经济走廊虽然基于交通运输基础设施，也是毗邻地区之间进行商品交流、客运、随之传送的文化交流的地带。经济走廊在蒙古国范围内是历史上的丝绸之路和茶叶之路，是联通亚欧的路线。当代经济构想中，通过蒙古国国境的走廊，对加强俄中之间的商业活动具有重要意义。旅游业是经济走廊建设的重要组成部分。

经济走廊建设得到了三方政府的全面支持。从现状来看，蒙俄中共同认为，发展旅游业是经济走廊建设的基础。在国际层面，经济走廊沿线地区发展旅游业对于打造跨境旅游品牌，扩大三方合作交流具有重要意义，也会对三方优惠旅游签证具有重要意义。除此之外，跨境旅游是减少毗邻国家和地区之间的官僚作风，支持推行免费签证政策的重要推动因素。

毗邻的两个国家拓展出境游市场，对于蒙古国来说是吸引国际旅客的条件。沿着蒙古国现有的过境铁路和公路基础设施地带发展旅游业，会获得经济效益。如，蒙古国与相邻地区在语言、种族和艺术上的相同点为旅游发展提供了良好的环境。文化艺术方面相似会对国际旅游市场形成共同品牌有促进作用。

在利用自然资源方面相互的竞争，地方民众的对立，差别对待游客，降低旅游业的正面影响等，会阻碍旅游行业的发展。

沿蒙俄中之间的经济走廊发展旅游业，正确对待蒙古国经济发展中的优势和劣势，除了关注以上问题之外，还要对边境地区的旅游发展趋势、俄中旅客量的增多、其他跨境旅客对本地区民众的影响等进行预测研究。

参考文献

［1］Alampay，R. B. A & Rieder，L. G. 2008. Developing Tourism in the Greater Mekong Subregion Economic Corridors，Journal of GMS Development Studies，Vol. 4，pp. 59 – 75.

［2］Avery，M. 2005. The Tea Road – China and Russia Meet Across the Steppe，China Intercontinental Press：Beijing.

［3］Bender，S. 2001. Trade Corridors：The Emerging Regional Development Planning Unit in.

［4］Latin America. In Edgington，D. and A. Fernandez，eds. New Regional Development.

［5］Paradigms，Vol. 2. New Regions—Concepts，Issues，and Practices. Santa Barbara，CA：Greenwood Publishing. pp. 39 – 56.

［6］Brunner，H. 2014. What is Economic Corridor Development and What Can It Achieve in Asia’s Subregions，Asia Development Bank，Retrieved 17 October 2014.

［7］CBI. 2015. CBI Tailored Study – Cultural Tourism to Mongolia. CBI Market Intelligence，Ulaanbaatar，Mongolia.

［8］Karpova，M. 2015. The number of Russian tourists to Turkey decreases tenfold，Russia Beyond the Headlines，Moscow，Russia.

[9] Otgonsuren, B. 2015. Mongolia – China – Russia Economic Corridor Infrastructure Cooperation, Northeast Asia International Conference for Economic Development, Japan, 28 January, 2016 .

[10] Oxford Business Group. 2013. The Country Report: Mongolia 2013, Retrieved 10 August 2015.

[11] Priemus, H. and W. Zonnefeld. 2003. What Are Corridors and What Are the Issues? Introduction to Special Issue: The Governance of Corridors. Journal of Transport Geography 11 (3): 167 - 177.

[12] Robinson, N. 2010. Asia Overland: Tales of Travel on the Trans – Siberian and Silk Road Odyssey Publications, ISBN 962 – 217 – 811 – 1.

[13] Trishia, P. 2014. Economic corridors boost markets, living conditions, Business World Research, Retrieved 17 October, 2014.

[14] Travel China Guide. 2015. Facts and Figures of China Inbound and Outbound Tourism, https: //www. travelchinaguide. com/tourism/.

[15] Tigers on the Tea Road. 2015. People and adventures along Siberia' s Tea Road, https: //tigersontearoad. wordpress. com/.

[16] Turina, I, 2015. Reduce of tourist flow from Russia in 2015 was the biggest in 18 years, Russian Travel Digest, Moscow, Russia.

[17] UNWTO. 2006. Report to the United Nations Secretary – General in Preparation for the High.

[18] Action for the Least Developed Countries for the Decade 2001 - 2010. Madrid.

[18] Ulaanbaatar Tourism Department. 2015. Annual Tourism Statistics, Ulaanbaatar, Mongolia, Retrieved 9 August 2015.

[19] Wall, G. 1997. Tourism Attractions: Points, Lines, and Areas. Annals of Tourism Research 24 (1): 240 - 243.

[20] Weatherford, J. 2004. Genghis Khan and the Making of the Modern World, Crown and Three Rivers Press, ISBN: 0 – 609 – 80964 – 4.

[21] Wolfgang, A. 2006. Chinese Travelers' Shopping Behavior, Berlin (COTRP) .

从 SWOT 战略角度分析推进中俄蒙跨境旅游合作中的内蒙古旅游业

王亚峰（中国内蒙古大学历史与旅游文化学院副教授）

SWOT 战略通常是用来指导企业发展的战略之一。这里将其运用到地区旅游业的发展中，以此指导地区旅游业的发展。SWOT 战略中通常包括优势、劣势、机会和威胁四个部分。以下针对推进中俄蒙跨境旅游合作中内蒙古旅游业的情况做出分析，希望对内蒙古旅游业发展有所助益。

当前，亚欧经济一体化发展成为趋势。“中蒙俄经济走廊”是我国全方位深化与俄罗斯、蒙古合作的重要通道，也是我国实现地区经济平衡发展的重要布局。2009 年，中俄两国政府签署《中华人民共和国东北地区与俄联邦及东西伯利亚地区合作规划纲要》，标志着我国东北地区与西伯利亚地区的区域合作正式上升为国家战略。2012 年中俄两国签署了《关于进一步扩大旅游合作的谅解备忘录》，意味着中俄两国将在“旅游信息资源共享”与旅游城市营销与推广方面进行更深层次的合作，同时确定 2012、2013 年两国互办旅游年。2014 年，国务院下发了《国务院关于促进旅游业改革发展的若干意见》，俄联邦政府批准了《俄罗斯联邦远东和贝加尔地区社会经济发展国家规划》等系列旅游政策及文件都将为中俄旅游合作带来新的契机。2014 年习近平主席提出“一带一路”的国家战略构想，再次将跨地域、跨经济、跨文化的国际合作推上了一个新的平台。也为内蒙古旅游业提供了新的发展机遇，以下从内蒙古旅游业发展面临的优势、劣势、机会、威胁等方面分析内蒙古旅游业的发展。

一、优势

（一）内蒙古自治区区位条件优越

以满洲里、二连浩特口岸为连接点的欧亚大陆桥是连接欧亚最便捷的运输通道。目前已开通了通往蒙古国、俄罗斯等国家的国际航班和专列，区位和交通运输优势明显。交通运输信息传输网络逐步健全，便利的交通使得俄罗斯游客到中国旅游的费用甚至比在其国内旅游、疗养和度假还要便宜，俄罗斯旅游运营商协会对远东地区一些城市，十几家旅游公司调查的结果显示，俄罗斯远东地区大多数居民愿意选择来中国旅游。目前，内蒙古境内机场总数达到 12 个之多，呼包高铁动车组正式开通。蒙古国已开通去往内蒙古的航线和火车运输服务，双方人员交往日益频繁。

（二）内蒙古口岸优势显著

内蒙古与蒙古、俄罗斯边境线总长 4261 多千米，对外开放口岸 16 个，其中，满洲里的进出境货运量在全国边境陆路口岸中居前列，是中俄间陆路运输和中蒙间货物运输的主要口岸。内蒙古西部以策克、乌力吉、甘其毛都、满都拉口岸为重点，中部以二连浩特、珠恩嘎达布其口岸为重工贸易产业链，东部以阿尔山、额布都格、阿日哈沙特口岸为重点，打造中俄蒙边民互市贸易区建设，东北以促进边境贸易向满洲里、黑山头、室韦口岸为重点，打造集商贸流工、投资、贸易一体化贸易区。每个区域分别对接俄罗斯、蒙古国的不同城市，利用口岸优势深度开发内蒙古不同地域风俗旅游产品，广泛开展跨境推广、互访学习，并把边境口岸作为中国内地对外开放的前沿阵地和中转口岸，通过发展口岸旅游经济，不断挖掘口岸文化，并树立几个口岸示范区，通过简化口岸进出关手续等办法，促进口岸旅游业的快速发展。

（三）内蒙古对外交流合作平台建设日趋成熟

近年来，内蒙古对蒙古国、俄罗斯经济社会交流活动日益加强。陆续举办了中蒙经贸合作论坛、中蒙俄商品展销会、中蒙俄科技展暨高新技术产品展览会等，与两国高校建立了合作交流机制，并在众多领域定期举办交流活动，不断深化与蒙古国、俄罗斯的全方位合作。2015 年满洲里中俄蒙美丽使者国际大赛结合地域优势，融入“一带一路”倡议，重点突出中俄蒙三国艺术风格，大力推进“草原丝绸之路经济带”建设，为内蒙古发展旅游业提供了战略支持，也为三国旅游业深入发展创造了条件。

（四）中俄互办“旅游年“是地区旅游合作提升档次的最大利好

俄罗斯出台通关新政，有利于本国居民特别是远东地区居民出境购物游。与境外游相比，俄罗斯国内游相对比较缺乏，俄罗斯国内游发展面临着很多困难和不利因素，特别是昂贵的交通运输费用大大减少了国内游的需求。俄业内专家认为，在交通费用约占旅游费用一半的情况下，只有富人才能在国内旅游。而中国边境省区一直是俄远东居民休闲游和购物游的首选地。而满洲里、二连等地应借助这个优势与航空公司进行多线路包机合作，政府积极支持企业，必要时给以补贴。将俄罗斯、蒙古境内更多游客引入到中国。这一举措可通过更多口岸，发展边境和跨境旅游业。

二、劣势

（一）跨国营销宣传力度不足，相互认知度较低

中俄蒙三国相互认知不足，是共同开展旅游发展的阻碍因素之一。首先，彼此对旅游资源、旅游产品、出入境政策认知不足。俄罗斯对内蒙古旅游认知仍停留在边疆小城镇旅游资源上，而我们对俄罗斯的认知也主要是对标志性的景区和城市的了解。其次，文化认知度较低。俄罗斯的文化因地域原因呈现两极性与矛盾性，对欧洲文化有强烈的认同感及归属感。中国是典型的因历史传承下来的原生文化的代表。只有掌握两国文化中蕴涵的旅游机遇，才能深度了解彼此。相互跨国旅游推介、营销的机会不频繁，是导致相互认知不足的又一因素。

（二）中俄蒙旅游资源开发较晚

中俄蒙都属于旅游资源开发较晚的国家，尽管近几年三国旅游业发展迅速，但旅游资源的开发利用程度、旅游业覆盖和旅游业总体发展水平仍远落后于欧美国家，这样致使其口碑影响、美誉度不及西方旅游业发达国家，造成即使发展区域合作，也只是停留在边境旅游阶段，而不是跨境旅游深层合作方面。

（三）目前三国旅游合作缺乏旅游合作组织作为保障

旅游合作组织需要政府在政策层面提供保障。由于国家历史、政策法规、民族文化等方面的差异，旅游合作组织在实际操作层面存在很多障碍，需要政府发挥主导作用，合力打造跨境旅游形象，并在旅游展会、网络营销等方面形成统一的促销机制。

旅游合作组织的职责是定期磋商机制，共同制定旅游规划，解决深化旅游存在的实际问题。如签证问题，履行双方海关、检疫、边防等职能，提供游客来往、车辆通行等旅游便利。消除旅游限制障碍，扩大双边合作范围；交流旅游合作线路；支持企业相互投资；完善三边游客人身、财产安全保护措施；开展旅游项目招商，组织旅游活动展示等，进一步深化中俄蒙区域旅游合作。

三、机会

蒙古国经济发展缓慢，基础设施相对落后。俄罗斯虽然资源丰富，但基础设施建设也相对落后。在我国推动“一带一路”倡议布局中，把丝路带建设同俄罗斯跨欧亚大铁路、蒙古国“草原之路”计划进行对接的基础上，内蒙古应积极寻找三国旅游合作的契合点。

（一）推动跨境电子商务发展

支持内蒙古企业在境外主要城市设立中国内蒙古商品城和电子商务平台。近几年，三国在线旅游市场不断发展。但我国与俄罗斯、蒙古国在电子旅游市场上合作较少，与俄蒙在主要城市间缺乏基本的外文网站，更缺乏网络平台的公共部分。而网络的一站式服务日益受到了国外游客的青睐，一站式模式只要设定一定范围内，游客选好旅行线路，进行网上报名，在规定的时间到达旅游目的地，便可以享受网上提供的服务。因此，内蒙古企业可借助一站式服务推广适合俄罗斯自驾游“自助游”在线产品。通过差异化产品吸引俄罗斯中高端消费群体，并针对俄罗斯游客和蒙古国高端游客进行“定制式服务”。发挥中国旅游产品的价格优势，吸引俄罗斯的中低端消费群体。在蒙古国推广双方文化交流在线产品及商务旅游产品，以内蒙古为桥头堡，将旅游事业深化到全中国，开展跨度更大的跨国旅游活动。

（二）建立旅游合作先行区

旅游合作区建设要以组织“中俄蒙文化友好协会”、“旅游协会”、专家交流访问、跨国旅行社合作的系列活动为主，将内蒙古塑造成全国中俄蒙旅游实验区、先行区及自由贸易区的发展定位。内蒙古利用这一优势，以跨境旅游促繁荣。

（三）中俄蒙多点驱动策略需启动

中俄蒙在创新旅游产品的同时提高旅游服务水平也至关重要，它直接影响着游客的重游度、满意度及城市口碑，因此提高内蒙古俄语导游的职业水平和道德水平势在必行，引导公共服务部门更加文明化、标准化、国际化。

客源市场的多点驱动依托客源市场的地域驱动，凭借地理位置优势的远东地区是内蒙古首选的对俄客源市场，许多政策法规、旅游项目都是针对远东地区的，但是要从根本上扭转入境市场的趋势，必须将俄罗斯西部地区纳入内蒙古客源招徕体系中，以更加优惠的签证政策和简便的通关政策、廉价的购物保税区政策提升对俄蒙旅游市场的最大拉动。另一方面，从旅游资源驱动上来看，内蒙古要以草原文化及民俗风情为主线，以城市历史资源为基础，以节庆展览资源为动力，以更深层次的资源内涵，更全面的资源类型，来完善城市资源体系，未来内蒙古发展跨境旅游任重道远。

（四）开发适合蒙古、俄罗斯的有吸引力的旅游产品

在全力推进中俄蒙旅游合作的大背景下，对俄蒙旅游资源和产品也应深度挖掘，在积极推进中俄界江、界湖游等重大项目的同时，还应针对俄罗斯人和蒙古国人度假习惯和特点，配套开发旅游新产品，如蒙药疗养游、冰雪旅游、学生夏令营、自驾游、多城市观光休闲等多种旅游项目。蒙古边贸小镇游、乡村游、互访民俗文化游、生态民宿游等。

（五）拓展中俄蒙旅游合作的渠道

购物游在很长一段时间里曾是中俄蒙旅游合作的主要形式，但购物游时间短、活动范围小的特点制约了中俄旅游合作的进一步发展。要改变这种状况，发展生态旅游、寻根访古游等多渠道的旅游方式势在必行。据俄罗斯媒体报道，2013 年俄罗斯游客乘机飞赴中国内地已多达数十个城市。实现中俄地区旅游合作升级是一项系统工程。跨境旅游为推进三国旅游发展创造契机，可将互易贸易旅游推广开来，为此，可在内蒙古口岸边境地区组织大型购物集散市场，或以内蒙古边境城市为起点，将旅游包机业务延伸到内陆腹地，延长中俄蒙旅游合作的渠道。

四、威胁

（一）客源面临被欧盟分流的现状

中俄蒙旅游合作中，部分俄罗斯及蒙古的高消费阶层，到欧洲地区交通便捷且费

用低，各种商服设施齐备，更主要的是社会秩序良好，人身和财产安全有保障。特别是，欧盟成员国多达几十个，许多国家与俄罗斯西部毗邻，彼此之间交通运输基础设施发达，如果欧盟与俄罗斯就取消签证达成协议，那么必将使俄罗斯包括远东地区在内的游客分流出相当大一部分，因而中方面临着客源被分流的现状。

（二）中俄蒙跨境旅游短期内不会出现井喷现象

中俄蒙边境地区，往往不是三国的经济、政治中心，因而，基础设施、自然环境、人文环境相对落后，短期内政策虽有导向，但不会迅速形成旅游客源的集聚现象，因而，其发展应是一个国家战略层面的事，而不是眼前就可以立竿见影的情形，是一个不断发展的过程。

发展俄蒙中三国边境地区的跨境旅游

纳姆日洛娃·维克托利娅·奥奇洛夫娜（初级研究员　经济学副博士）
顿多科夫·佐里克托·巴托杜加洛维奇（首席研究员　教授　经济学博士）
（俄罗斯科学院西伯利亚分院布里亚特科学中心地区经济研究部）

在构建“中俄蒙经济走廊”过程中，发展跨境旅游被确立为优先发展方向之一，它要求对共同的游憩空间加以运作和使之发挥功效。

三个国家的跨境地区拥有巨大的旅游和休憩潜力，这里蕴藏着独特和稀有的自然资源，贝加尔湖、乌布苏湖盆地和阿尔泰山脉等自然景观已经被列入联合国教科文组织的世界自然遗产名录，那些获得特殊自然保护区资格的独有生态系统和景观以其多样性和丰富性让人印象深刻。在俄罗斯外贝加尔边疆区、蒙古国东方省和中国内蒙古自治区的交界处，坐落着亚洲唯一的跨三国禁猎区——国际达斡里亚自然保护区。

三国边境地区的开发程度较低，这使得自然景观、民族传统、土著民族的生活方式和文化保留了极高的完整性。发展生态、文化教育、考古和朝圣旅游的可能性决定了俄蒙中三国边境地区具备很高的旅游吸引力，前来旅游的游客人数正在逐年增加。

加强边境往来、增加居民福利和发展国际旅游等的需求都迫切需要制定出让游客在一次旅游中能够领略到邻近诸国自然风光和了解亚洲多个民族文化过境旅游线路。

“茶叶之路”跨境旅游线路的制定，就旨在形成这样一个统一的游憩空间。“茶叶之路”项目的主导思想在于，依托古代贸易线路打造现代国际旅游品牌，大量吸引边境地区和其他国家的旅客。2015 年，在该项目框架内启动了满洲里—赤塔—乌兰乌德—伊尔库茨克线路的“欧亚之星”旅游专列，二连浩特—乌兰巴托—恰克图—乌兰乌德公路线路也正在被越来越多的游客认知。“茶叶之路”线路由布里亚特共和国历经数年精心设计制定，得到了邻国地区旅游部门的广泛支持。2014 年，根据《俄罗斯联邦2020年旅游业发展战略》，该线路被列入九大国家级旅游线路之中。

发展跨境旅游的另一个前景方向是制定一条把俄罗斯的贝加尔湖与蒙古国的库苏古尔湖连接起来的线路。限制贝加尔湖—库苏古尔湖游憩系统发展的主要因素是基础设施不发达和蒙德—汉赫口岸的特殊规定①。

目前，“茶叶之路”和贝加尔湖—库苏古尔湖这两条线路都需要在国际旅游产品市场上加以普及和推广。

顺利实施跨境旅游项目的条件是完善口岸边检系统和在大型城市（乌兰巴托市、伊尔库茨克市、乌兰乌德市、赤塔市、呼和浩特市）之间建立对旅游客流资源进行重新配置的城际交通线路。夏季旅游旺季可以组织包机过境游。除了对边境主干道（恰克图—阿拉坦布拉格、纳乌什基—苏赫巴托尔、后贝加尔斯克—满洲里、二连浩特—扎门乌德）进行现代化改造外，赋予一些双边单个通道以国际地位也很重要，这将在极大程度上让外国游客的过境更加便利和顺畅。

在确保游客更自由地流动和发展旅游业方面，俄罗斯和蒙古国于2014年11月施行的免签证制度发挥了重要的作用。虽然当时卢布正在大幅贬值，但是入境手续的简化使得恰克图—阿拉坦布拉格大型公路口岸的过境人数激增：从2014年的37.3万人次增加到2015年的84万人次②。

为发展过境旅游，必须在俄蒙中三国境内努力建设品质和服务水平相接近的游憩基础设施，这意味着需要努力发展住宿设施、引进统一的服务质量标准和培养高水平的酒店管理人才和翻译队伍。

布里亚特共和国的“贝加尔港湾”康乐型旅游特别经济区被关停，这体现出营造良好投资环境和建立有效的旅游产业公私合作模式的重要性。

在特殊自然保护区内，应当建立特色型的游客接待和服务基础设施，提供更多的可能来控制和减少施加给脆弱的自然系统的旅游负荷。应当少建或不建大型旅游综合体，转而发展小型旅游基地网络，让各信息访问中心、自然和民俗博物馆发挥功用以及建设生态小道和线路（步行、骑马或水上线路等）。

国家部门、旅游运营商和工商界的组织工作与相互协作具有特别重要的意义。2014年11月，“为进一步巩固地区间在发展跨地区旅游项目中的互利合作、激活边境旅游业、协调各方力量”③，成立了俄中蒙五大地区旅游协调工作委员会，这成为发展

---

① O. V. 叶夫斯特罗彼耶娃：《俄罗斯与蒙古边境地区的跨境旅游业》，伊尔库茨克，2009年，第76页。

② 联邦移民局布里亚特共和国分局统计资料，URL：http：//www. ufmsrb. ru。

③ 《俄中蒙五地区旅游协调工作委员会联席会议纪要》，URL：http：//xn－－b1allbezbi1h. xn－－80aaaac8algcbgbck3fl0q. xn－－p1ai/u/protokol_ kitay. pdf。

跨境旅游事业中的一次标志性事件。

俄中蒙五大地区旅游协调工作委员会的成立规定，由这五个地区每年轮流举行内蒙古自治区旅游局（中国），乌兰巴托市旅游局（蒙古国），俄罗斯联邦的外贝加尔边疆区国际合作、对外经济联络与旅游部、布里亚特共和国旅游署和伊尔库茨克州旅游署的定期会晤。在呼和浩特市（2014 年 11 月）和伊尔库茨克市（2015 年 3 月）召开的协调委员会会议已经取得了一定的效果，这两次会晤为各地区提供了打入旅游市场和协商实施共同项目的机会。2015 年 10 月，三个国家的旅游部门签署了多项跨境旅游合作协议，总金额高达 2. 21 亿美元①。

在俄蒙中三国的广阔空间发展跨境旅游的事业目前正处于起步阶段，需要方方面面的协调工作，包括制定和推广旅游线路、完善通关检查系统、提供便捷的交通线路等等。三国边境地区的特殊自然保护区数量众多，分布集中，因此必须建立和提供合理利用旅游资源的最佳制度。

① http：//russian. news. cn/2015 - 10/25/c_ 134748031. htm.

进一步加强哈尔滨新区对俄全面合作的思路措施

闫修成（中国黑龙江省人民政府发展研究中心副主任）

2015 年 12 月 16 日，国务院批复同意设立哈尔滨新区。哈尔滨新区包括哈尔滨市松北区、呼兰区、平房区的部分区域，规划面积 493 平方千米。国务院在批复中指出：哈尔滨新区建设要全面贯彻落实党的十八大和十八届二中、三中、四中、五中全会精神，按照党中央、国务院决策部署，牢固树立并切实贯彻创新、协调、绿色、开放、共享的发展理念，进一步释放改革红利，增强开放动力，激发创新活力，畅通对外贸易通道，搭建国际合作平台，构建外向型产业体系，努力把哈尔滨新区建设成为中俄全面合作重要承载区、东北地区新的经济增长极、老工业基地转型发展示范区和特色国际文化旅游聚集区。要把建设好哈尔滨新区作为推进“一带一路”建设、加快新一轮东北地区等老工业基地振兴的重要举措，积极扩大面向东北亚开放合作，探索老工业基地转型发展的新路径，为促进黑龙江经济发展和东北地区全面振兴发挥重要支撑作用。哈尔滨新区是中国唯一的以对俄合作为主题的国家级新区和最北部的国家级新区，是中国实施新一轮东北地区等老工业基地振兴战略，推进“一带一路”建设的重大举措和战略支点。在哈尔滨新区“三区一极”的功能定位中，作为对俄合作中心城市的哈尔滨新区承担着建设“中俄全面合作重要承载区”的重任。围绕这一定位，如何实现功能综合化、产业高端化、环境国际化，需要认真思考和谋划。

一、谋划建立中俄自由贸易区

设立中俄自由贸易区，将会加快中俄全面合作的进程。根据哈尔滨新区对俄合作的实际，谋划建设中俄自由贸易区应实施“两步走”战略，第一步先在国内单方建设自由贸易试验园区，第二步推动跨境合作，建设中俄跨境合作为重点的更广泛的自由贸易区。目前，哈尔滨新区应着手谋划建设自由贸易试验园区，并做好下列工作，为建设跨境自由贸易区打好基础。

（一）拓展综合保税区功能

依托哈尔滨综合保税区，探索“一区多园”模式，积极争取国家对哈尔滨新区对俄经贸合作给予更多的政策倾斜，在综合保税区注册，在哈尔滨新区发展享受综合保税区的政策，吸引更多的对俄合作企业来新区发展，为打造“中俄全面合作重要承载区”奠定坚实基础。

（二）大力发展临空经济

以对俄合作为切入点，拓展临空经济战略视角。应以沿边开发开放、“龙江丝路带”建设为引领把临空经济区发展作为打造沿边开放新高地的重要突破口、对俄合作的重要承载区。同时，充分发挥航空区位优势，加强同日韩朝蒙以及北美、东南亚在航空运输、临空产业的合作，打造国际航空物流门户枢纽和外向型产业基地。加强临空经济区与哈南工业城、松北科技创新城等产业园区联动协同发展，拓展临空经济区辐射范围。

（三）对接俄超前发展区和自由港

俄罗斯超前发展区与自由港在工程建筑、劳务输出、物流运输、大宗商品交易、跨境电商、旅游、教育、医疗、会展、金融服务、数据信息、政策和法律咨询等领域出台相关鼓励政策，为外资提供了投资空间。各级政府应支持哈尔滨新区参与俄罗斯超前发展区和自由港的开发建设，引导企业在自由港或超前发展区建设境外园区，推动新区对俄经贸投资合作转型升级。建设哈尔滨—绥芬河—波格拉尼奇内—符拉迪沃斯托克跨境免税通道，打造黑龙江省的出海口。

二、搭建对俄全面合作平台

（一）建立中俄合作智库机构

依托哈尔滨新区域内的黑龙江省社会科学院、哈尔滨商业大学、哈尔滨师范大学等大学和科研院所同俄罗斯的研究机构组建合作智库机构，由中俄双方智库的专家学者进行共同研究，达成共识，形成具有前瞻性的研究成果，分别报送各自国家政府，为各国政府决策提供咨询服务和政策依据，促进“一带一路”与欧亚经济联盟倡议对接。同时，建议哈尔滨新区组建由中俄双方有丰富实践经验，来自官、产、学、研、金、媒等各领域专家组成的决策咨询委员会，既为政府提供科学决策依据，又为中俄合作参与方提供有价值信息和实用解决方案的智力支撑。

（二）设立俄罗斯金融机构代表处

积极争取俄罗斯金融机构在哈尔滨新区开办分支机构，开展人民币与卢布直接兑换和离岸金融业务，鼓励中俄企业开展以人民币和卢布为本币的跨境贸易结算和投资业务。利用哈尔滨银行和各外资银行等，建设金融服务平台，形成区域性金融结算、兑换等便利环境。吸引俄罗斯金融机构、国内外拥有对俄结算业务的金融机构在哈市设立分支机构，形成哈市以对俄结算为特色的金融产业集群。

（三）设立领事机构

加快推进俄罗斯驻哈尔滨领事馆的设立，为办理赴俄罗斯商务、旅游、求学、就医签证及协调解决相关问题和为口岸货物进出、人员往来创造便利条件。积极争取依托黑龙江驻滨海边区的经贸办事处等资源，谋划设立中国驻符拉迪沃斯托克领事馆，及时掌握俄罗斯的经济发展和政策调整的最新动态、市场行情及法律规定，推进与俄罗斯地方政府的务实合作。争取日本、韩国、朝鲜和蒙古国等东北亚国家在哈尔滨设立领事馆。

（四）打造全新的国际会展中心

按照国际标准在松北区选址建设东北地区最大的、展位更多、功能更全，集会议、展览、销售、比赛和展映等功能为一体的国际会展中心，作为扩大规模、拓展功能、丰富内容、提高层级的中俄博览会永久会址，并作为常设的俄罗斯商品、技术、文化产品展示和交易中心。“哈洽会”“冰雪节”“啤酒节”等展会移至新的会展中心举办。与此同时，鼓励支持境外展会，借助叶卡捷琳堡工业展览会等平台，开拓俄罗斯市场。

三、强化中俄产业合作

（一）辟建俄罗斯企业投资园

哈尔滨新区建设过程中，应充分发挥对俄、蒙、日、韩等东北亚国家的地缘优势，以对俄合作为重点，全方位整合资源，给予最大限度的优惠政策，吸引俄罗斯等独联体国家的装备、化工、食品、等大型企业到哈尔滨新区投资兴业，使之成为新区的实体承载区，推进“一带一路”和“中蒙俄经济走廊”“龙江陆海丝绸之路”建设。

（二）开展跨境产业合作

依托哈尔滨新区的优势，打造装备制造工业、石油化工、服装鞋帽、电子信息、食品加工跨境产业链条，加快推进对俄全面合作步伐。进一步做好与“阿拉布加”经济特区的合作，加大特区招商力度；加快推进与俄利佩茨克东方工业园的合作，推动新区对俄产能合作深入开展。

（三）推进境内外园区联动发展

依托哈尔滨经济技术开发区、高新区和利民经济技术开发区与境外园区企业互动对接，发展跨境连锁加工。充分发挥境内外园区的平台和载体作用，形成完整的加工服务体系，以双向贸易和双向加工为方向，实现境内外园区联动发展。在国内园区生产半成品，在境外园区用俄品牌生产，产品进入俄罗斯及欧美市场。

（四）协力推进对俄全面合作

发挥哈尔滨新区、金普新区、长春新区产业园等载体作用，打造对俄全面合作的利益共同体，合力推进以俄罗斯为重点的国际产能合作。进一步加强哈尔滨新区与金浦新区、长春新区在对外开放、产业配套和基础设施的对接合作，逐步形成分工明确、错位发展、互利共赢、协同推进东北老工业基地振兴与俄罗斯远东开发互动对接的新局面。依托“中蒙俄经济走廊”打造东北三省新区联盟，在举办重大招商引资和经贸活动时互相支持，共同推动东北三省对俄合作再上台阶。

四、全方位推进中俄人文交流

（一）辟建俄罗斯人集中居住区

针对俄罗斯远东地区居民向俄欧洲地区迁移的实际，在哈尔滨新区打造适宜俄罗斯人居住、生活的集中居住区，配套建设以中医为主的国际医院、国际学校（中、英、俄语为主，重点传授中国传统文化）、养老基地（以中医康复、保健、养生为主）、俄罗斯风情园（微缩景观）；建设面向俄罗斯游客可以办理离境退税的购物中心。打造双向异域风情的特色街区。

（二）创办复合型人才培养机构

全方位整合社会资源，在哈尔滨新区创办以培养复合型、精英型对俄国际合作专门人才为目标的专门机构。根据对俄合作发展趋势的要求，以市场为导向，全面创新培养理念、培养模式、培养体系、注重实践培养、立足实战培养，培养对俄合作的领军人才，包括商务谈判专家、经营管理人才、法律人才、市场经纪人、科技成果转化经纪人、文化交流经纪人等对俄合作亟须的复合型人才。此外，支持高校在俄罗斯建立“孔子学院”，推广汉语言和中国文化。

（三）扩大对俄科技合作

以哈尔滨科技创新城为基础，打造对俄科技合作中心，推进与俄罗斯在技术研发、成果转化方面的合作，打造对俄科技合作升级版，提升新区工业竞争力。依托高等院校、科研院所和重点企业，建设对俄科技合作中试基地和产业基地，重点实施一批引进、消化、吸收、再创新项目。通过中俄博览会（哈洽会）、哈科会、冰洽会等大型活动，促进相关企业进行交流、洽谈与对接，通过强强合作，提升对俄科技合作的层次和水平。

（四）扩大对俄旅游合作

结合哈尔滨新区建设“特色国际文化旅游聚集区”的定位，强化旅游基础设施和服务设施建设，将哈尔滨逐步打造成立足本省、服务全国和俄罗斯及东北亚地区的国内外旅游集散地。加快涉外宾馆的建设步伐，使其尽早完善投入使用。逐步增设和完善适合俄罗斯游客的餐饮、购物、娱乐场所。构筑交流平台，在俄东部地区增设旅游办事处，增强政府间协调协作，为旅游部门、旅游企业与俄罗斯开展对应交流与合作提供便利。鼓励外资到黑龙江省创办旅游产业，或赴俄兴业实现跨国经营，促进国际企业合作，提升整体竞争力。

新疆“丝绸之路经济带”核心区建设及与俄蒙经贸合作

新疆维吾尔自治区政府研究室

一、新疆“丝绸之路经济带”核心区建设基本情况

《推动共建丝绸之路经济带和21世纪海上丝绸之路的愿景与行动》，明确了新疆“丝绸之路经济带”的核心区地位。第二次中央新疆工作座谈会也明确提出，着力打造新疆“丝绸之路经济带”核心区。

面对这一重大的历史机遇，根据国家的战略部署，依据新疆独特地缘、资源和人文优势，结合新疆发展的基础和条件，明确提出要把新疆打造成“丝绸之路经济带”上重要的交通枢纽中心、商贸物流中心、文化科教中心和区域性医疗服务中心、金融中心，把新疆建设成为国家重要的能源通道、交通通道、通信通道和国家大型油气生产加工和储备基地、大型煤炭煤电煤化工基地、大型风电基地，重点建设机械装备、轻工产品、纺织服装产品、建材产品、化工产品、金属制品、信息服务业、油气资源加工、矿产品加工、农林牧产品加工等十大进出口产业集聚区。

三年来，我们从积极编制核心区规划，到全面启动“五大中心”建设，新疆“丝绸之路经济带”核心区在建设中发展、在合作中成长，已从构想走入现实，并在许多方面取得了实实在在的进展。

（一）交通互联互通项目建设取得重大进展

积极推动铁路、公路和民航等重大标志性项目落地，交通互联互通网络逐步成型。

2014 ~2015 年两年，新疆新增铁路营运里程 1254 千米，特别是兰新高铁建成通车，使新疆迈入了高铁时代；新增公路里程 8400 千米，其中高速公路 3178 千米，高速公路网的骨架已经基本形成；民用机场增加到 18 个，国际航线与 17 个国家和地区相连，计划总投资 397 亿元的乌鲁木齐国际机场改扩建工程即将开工建设；口岸基础设施逐年完善，“丝绸之路经济带”海关区域通关一体化改革深入推进，口岸管理相关部门信息互换、监管互认、执法互助不断落实，与周边国家间的通关效率不断提高。

（二）投资经贸合作进一步深化

积极搭建合作平台、完善合作机制，拓宽与沿线国家的经贸合作。喀什、霍尔果斯经济开发区和乌鲁木齐、喀什、阿拉山口三个综合保税区等开放平台的建设加快推进；乌鲁木齐国际陆港区项目已全面启动；从 2014 年 3 月至今，已累计开行新疆西行国际货运班列 200 多列，实现了多点多线、常态化运营。积极推进国际产能合作，到 2015 年底，新疆境外投资企业达到 376 家，项目分布 30 多个国家，其中一半以上集中在中亚五国。

（三）人文交流更加密切

加强与周边国家在文化、科技、教育、医疗服务等领域合作交流，促进民心相通。成功举办了中国新疆国际民族舞蹈节等大型文体活动，组织实施了一批国家、自治区的国际科技合作项目。目前，新疆已有 5 家医院启动对外医疗服务，2015 年至今已累计接待外籍患者就诊超过 1 万人次。旅游方面，挂牌成立“新疆之窗”海外旅游推广中心，开通乌鲁木齐—杜尚别、乌鲁木齐—胡占德旅游包机业务，正式推出中哈吉“天山廊道”世界遗产跨境自驾游、环阿尔泰山跨境自驾游、中塔走廊帕米尔高原跨境自驾游 3 条国际跨境旅游新线路，“丝绸之路经济带”旅游集散中心建设稳步推进。

（四）金融支撑能力显著增强

在全国率先开展了跨境直接投资人民币结算试点。中哈国际合作中心已开始以人民币标价、结算和流通开展国际贸易。2016 年 1 ~6 月，新疆跨境人民币结算量达 132. 3 亿元。积极吸引民营资本和外资来疆设立各类金融机构。2016 年 5 月，巴基斯坦哈比银行中华区总部落户乌鲁木齐高新区，为巴基斯坦和新疆企业开展贸易合作提供便利条件。大力发展多层次资本市场，为核心区建设提供资金支持。引导新疆银行业金融机构重点支持新疆装备制造、新能源、新材料优质企业走向“一带一路”沿线国家市场。

“十三五”期间，新疆将贯彻落实中央推进“一带一路”建设工作座谈会精神，顺应新趋势，适应新常态，以核心区建设为统领，进一步完善政策规划体系，促进基础设施互联互通，推进开放平台建设，加强国际产能合作，扩大人文交流，提升金融服务水平，确保核心区建设在关键环节和重点领域取得新突破。

二、新疆与俄、蒙经贸合作逐步深化

俄罗斯、蒙古国与新疆相邻，是我区重要的贸易合作伙伴。近年来，我区抓住建设“丝绸之路经济带”和“中蒙俄经济走廊”建设机遇，积极推动与俄、蒙经贸合作，对外贸易和经济技术合作不断深化。

（一）俄罗斯、蒙古国已成为我区重要的贸易合作伙伴

2014 年，新疆对俄进出口贸易额达到 21.51 亿美元，比上年增长 3.74 倍。其中，出口 5.95 亿美元，增长62.3%；进口 15.56 亿美元，增长 16.8 倍。2015 年，受国际经济形势及原油进口等多重因素影响，双方进出口贸易额下滑降幅较大。2016 年 1 ~ 6 月，双方进出口贸易额2.13亿美元，同比增长 83.2%。其中，出口 1.94 亿美元，增长 89.3%；进口 1890 万美元，增长 37.3%。

由于多种因素影响，近年与蒙古国贸易额呈下滑趋势。2014 年，双方进出口贸易额 4.18 亿美元，同比增长 11.9%。其中，出口 3.77 亿美元，增长 39.4%。2015 年，双方进出口贸易额 9981 万美元，同比下降 76.2%。

（二）投资合作步伐逐步加快

截至目前，新疆在俄罗斯投资企业 9 家，中方协议投资金额 4.15 亿美元，主要涉及农业开发、木材加工、零售等行业。新疆企业在蒙投资企业 9 家，中方协议投资额约为 3465 万美元，主要涉及矿业、水泥加工、建筑业、专业技术服务等。同时，新疆企业在蒙古承揽了一批公路建设项目。

目前，俄、蒙在我区投资企业各 3 家，合同外资金额 1258 万美元，主要从事金融业和进出口业务。

（三）经贸往来日益频繁

近年来，新疆把俄罗斯、蒙古作为区域合作的重点国别，积极推进与俄罗斯联邦车州、鞑靼斯坦共和国、鄂木斯克州、新西伯利亚州、阿尔泰边疆区、图瓦共和国等

州区以及蒙古国西部五省区的经贸合作。双方高层往来频繁，企业交流合作日益密切。新疆连续7年在蒙古国举办中国新疆出口商品展洽会。2016年，我区相关部门与鞑靼斯坦共和国投资发展署在乌鲁木齐共同举办了鞑靼斯坦共和国投资贸易推介会。俄罗斯阿尔泰共和国、阿尔泰边疆区分别派出代表团参加了最近在乌鲁木齐举办的第五届中国—亚欧博览会。蒙古国每年应邀组团参加在乌鲁木齐举办的中国—亚欧博览会（亚欧商品贸易博览会）。通过展会平台，密切了双方交流交往，推动了企业洽谈合作。

（四）国际物流通道建设取得成效

2015年5月，新疆对俄国际货运班列开通。2016年2月，中国—俄罗斯国际道路运输行车许可证交换仪式在乌鲁木齐举行，双方互换行车许可证达1000辆。2015年6月，乌鲁木齐航空公司与俄车州机场公司签署乌鲁木齐市—车里雅宾斯克市直航合作协议。

三、几点建议

（1）建议将新疆与俄、蒙临近州区经贸合作作为中俄、中蒙合作的战略重点之一，将更多与俄、蒙合作项目交由新疆企业执行，在国家高层互访活动中推动新疆与俄、蒙经贸合作。

（2）建议国家进一步加强新疆口岸建设。支持中蒙塔克什肯口岸货物专用通道建设。加强中蒙红山嘴口岸基础设施建设，推动延长口岸通关时间并尽早实现向第三国开放。尽快开通中俄喀纳斯—吉克普林口岸，以便更好地扩大双方贸易往来。希望国家海关、商检等部门与俄罗斯、蒙古国相关部门建立合作机制，简化贸易通关程序。

（3）建议国家层面通过外交渠道，在边境旅游免签政策及驾照互认互换等方面予以推动和提供支持。

关于优先在呼伦贝尔地区设立中俄蒙跨境经济合作区的框架及建议

张永军（中国内蒙古自治区发展研究中心副主任）

一、主要框架设想

2012年，《中国东北地区面向东北亚区域开放规划纲要（2012—2020年）》，明确提出“支持呼伦贝尔打造中俄蒙合作先导区”。2015年，中俄蒙三国元首批准了《中华人民共和国、俄罗斯联邦、蒙古国三方合作中期路线图》，同年，国家八部委正式批复了《呼伦贝尔中俄蒙合作先导区建设规划》，明确提出将呼伦贝尔市建成欧亚大陆桥的重要枢纽、沿边开放合作发展的重点区域、体制机制改革创新的先行区、睦邻友好和边疆稳定的示范区。加快谋划中蒙俄跨境合作区建设，意义重大。主要框架设计：

（1）核心区。包括海拉尔区—满洲里市—俄罗斯赤塔—蒙古国乔巴山—新巴尔虎左旗阿木古郎镇。该区域经济和人口相对比较集中，具备比较完善的产业体系和配套服务能力。

（2）重点区。海（拉尔）赤（塔）乔（巴山），主要包括中方的呼伦贝尔市、蒙方的东方省、俄方的外贝加尔边疆区。该区域面积81.94万平方千米，覆盖人口369.48万人。

（3）辐射区。主要包括中方的呼伦贝尔市、兴安盟、东北三省；蒙方的东方省、苏赫巴托省、肯特省；俄方的外贝加尔边疆区、布里亚特共和国、伊尔库茨克州。该区域面积297.89万平方千米，覆盖人口1.19亿人。

二、支撑条件

（一）从中方看

（1）“鸡鸣闻三国”——区位优势独特。呼伦贝尔市与俄罗斯、蒙古国边境线长1733.32千米，拥有正式对外开放口岸8个，边境口岸旗市区6个，向北经俄罗斯西伯利亚大铁路通欧洲，向西可达蒙古国东部三省及腹地，向东沿滨州线可接东北腹地与沿海港口及日韩等国，是推动东北亚合作的有力支点。

（2）“铁公机齐发力”——交通基础设施比较完善。初步形成了铁路、公路、航空并举的综合交通运输体系，呼伦贝尔市等级公路10129千米，拥有滨州线、两伊线、博林线、朝乌线、伊加线、加漠线、齐加线。2014年呼伦贝尔航空口岸已开通航线33条、通航城市39座，口岸总过货能力达到7500万吨/年，承担着中俄贸易70%以上货运量的陆路运输任务。

（3）“园区基地协同配套”——产业体系比较完善。呼伦贝尔市作为国家新能源基地和自治区重要的有色金属冶炼加工基地，现有9个工业园区，13个产业基地。其中，国家级园区2个，自治区级园区7个。工业园区经济总量占全市的60%，基本形成了以清洁能源、现代煤化工、有色金属冶炼、生物制药、装备制造等为主的产业体系。

（二）从合作基础看

（1）能源资源合作不断深化。呼伦贝尔市与毗邻地区合作实施了诺永达拉果铅锌矿、别列佐夫铁矿、森林采伐、达乌利亚农业合作园区、蒙古国乌兰铅锌矿等一批项目。2014年外贸进出口总额36.57亿美元。

（2）社会人文交流日益密切。呼伦贝尔市境内居住着42个民族，辖鄂伦春、鄂温克、达斡尔等3个少数民族自治旗和俄罗斯族、朝鲜族、回族等14个民族乡。多年的民族融合，形成了各族群众和睦相处、团结奋进的良好局面。连续举办了多届中俄蒙国际象棋邀请赛、中俄蒙国际选美大赛等活动。与后贝加尔边疆区、赤塔市联合举办国际自行车公路赛、和平跑火炬接力赛等活动。

（3）交流合作机制日臻完善。海拉尔与赤塔市、满洲里与红石市、赤塔市缔结友好城市关系。与俄罗斯毗邻地区建立了警务合作机制。在满洲里恢复设立领事机构和在赤塔市设立领办。连续多年举办了中俄蒙经贸洽谈暨产品展销会、中国（呼伦贝尔）中俄蒙国际矿山机械博览会、中国（满洲里）北方国际科技博览会、中俄蒙旅游合作论坛、中俄蒙三国交界地区旅游节等活动。

（4）基础设施互联互通稳步提高。滨洲电气化铁路改造已全线开工，满洲里—俄罗斯赤塔电气化铁路改造已经通到博尔贾，满洲里—伊尔施铁路、满洲里—阿日哈沙特—乔巴山铁路（境内段）建设有序推进。满洲里—阿拉坦额莫勒—阿木古郎一级公路建设正在推进。相继开通了从重庆、武汉等地经满洲里口岸到俄罗斯和欧洲的班列，2015 年满洲里口岸过境班列达到 604 列，总货值 97.1 亿元。

（三）从合作潜力看

（1）三国战略高度契合。中方“丝绸之路经济带”战略与俄方欧亚经济联盟战略、蒙古国“草原之路”计划高度契合，符合三国共同发展需求。

（2）毗邻地区资源合作潜力巨大。呼伦贝尔市、后贝加尔边疆区、布里亚特共和国、伊尔库茨克州等区域，资源富集，产业体系相对完善，产业互补性强。

二、建议

秉持“亲、诚、惠、容”理念，坚持开放包容、共商共建，坚持市场运作、政府引导，坚持改革创新、内外统筹，坚持“政民并举、赢得民心”的原则，打造成为中蒙俄合作的先行示范区。

（一）构建便捷交通网

按照“联通境外、畅通境内”的要求，优先推进连接蒙俄毗邻地区重点矿区、产业园区、重点城市的跨境铁路。共同建设额布都格—塔木察格布拉格—乔巴山等跨境矿产品专用铁路；推进满洲里—赤塔铁路电气化改造。推动哈尔滨—满洲里—赤塔中俄干线公路升级改造。建设阿日哈沙特—哈毕日嘎—乔巴山、额布都格—巴彦呼舒—塔木察格布拉格等跨境公路。

（二）做大合作平台

加强口岸基础设施建设，建立口岸与港口、内陆港通关协作机制。推进海拉尔、满洲里、阿木古郎镇城市（镇）建设，提高综合承载能力，建成中蒙俄合作的服务保障基地。办好中国·海拉尔中俄蒙经贸洽谈会、中国·满洲里北方国际科技博览会。加快建设“俄蒙通”跨境电商物流综合服务平台。

（三）全面深化经贸合作

围绕煤炭、石油、木材、矿产品等进口资源及食品、服装、机电、建材等出口产品，建设满洲里国际口岸物流基地。合作开发阿尔山—乔巴山—斡难河、满洲里—伊尔库茨克等跨境旅游线路，建设阿尔山—松贝尔等跨境旅游合作区，打造以乌兰巴托—乌兰乌德—贝加尔湖—满洲里为节点的中蒙俄旅游圈。积极争取满洲里口岸成为进口俄罗斯、蒙古国粮食、饲草、农畜产品指定口岸。扩大建材、果蔬、轻纺产品出口规模，增加乘用汽车、矿用车、铁路车辆及铁轨、风光发电设备、农牧机械、高新技术产品等出口。

（四）加强人文交流

推动在蒙古国乌兰巴托、乔巴山、扎门乌德和俄罗斯乌兰乌德、伊尔库茨克等主要城市合作开设以汉语为主的综合学校。支持内蒙古大学满洲里学院、呼伦贝尔学院开设与中蒙俄经贸人文合作相关的专业。创新边民互市贸易区模式，加强地区、机构、民间多层面交流合作。加快建设高水平的教育、卫生、科技、文化、体育等公共服务平台，使该区域成为面向中蒙俄的文化交流中心。

（五）完善保障机制

创新合作机制，考虑在G20、上合组织、金砖国家等多边合作机制下开展中蒙、中俄合作。积极争取国家丝路基金、外汇储备委托贷款、亚洲基础设施投资银行、中国国家开发银行的支持。加大协商力度，启动中蒙俄公民团体旅游互免签证业务，推动试点72小时过境免签。

落实丝绸之路项目框架内矿产行业的合作问题①

罗曼金娜 N. V.
（俄罗斯哈巴罗夫斯克俄罗斯科学院远东分院经济研究所经济学博士）

“丝绸之路经济带”的概念已远远超出交通项目的范围。如今该概念被评定为“区域国家共同发展项目”。同时，由于此概念而受益的许多国家都拥有丰富的自然资源（石油、天然气、稀土金属和有色金属），因此（来自国家和专业金融机构）初期投资的主要项目不仅仅是基础设施和建筑，还包括资源开采领域。

在中国国家发展和改革委员会、外交部和商务部联合文件中，矿产资源地质勘探与开采合作深化被确定为优先级任务，联合文件阐明了“丝绸之路经济带”重大项目的实际任务和机制②。

如今俄罗斯与中国在资源领域的合作方向和规模如何？哪些实质性变化已经发生或即将发生？这些重要问题是本文研究的课题。实例来自俄罗斯远东矿产资源开发时中俄合作的实际与潜在情况。

据中国科学院估计，“大约在2025年至2040年期间，对资源的需求将适度增长，但就像当前一样不会急速增长，然而它会高于当前水平。例如，对原材料的需求量，比如钢、铝、铜，至2025年将依次达到7亿、1500万和700万吨，也就是说，与2008年相比，增长了40%、45%和70%”③。如今经济增长速度的变化当然也会改变中国对

---

① 本文在俄罗斯人文科学基金会资助科研项目框架内撰写，项目编号№15-32-01035。

② 《推动“丝绸之路经济带”与“二十一世纪海上丝绸之路”联合建设的展望与措施》，2015.04.23，http://ru.china-embassy.org/rus/ztbd/aa11/t1257296.htm（访问日期：2016.03.28）。

③ 路甬祥主编：“中国科学与技术：到2050年的路线图”，《中国科学院战略研究系列报告》，2010年，第36页。

矿产资源需求量的增长速度。但当预测俄罗斯和中国在矿产行业合作方向与规模时，不仅要考虑到数量的估算，还有中国经济在矿产资源需求量结构预期的质量变化。

由对与中国科技发展长期预测相关国家文件的分析可知，在矿产原料使用前景领域出现下列三位一体的任务：

首先，中国经济对进口基础种类矿产资源依赖性的降低，依靠在本国领土上矿物地质勘探和开采工艺与设备的重大突破和成就；

其次，矿物原料使用的循环性，这意味着减少初始资源使用的绝对量；

最后，由于向高技术与在质量上矿产资源需求量的其他结构过渡，原则上替换许多种类矿物。

这些途径毫无疑问，不仅会改变中国与其他国家和地区在经济矿产行业合作的规模，也会改变其合作方向。这些改变之一——将需求从基础种类矿产原料向能保证形成新技术结构新领域的高技术原料进行转移。

至于俄罗斯远东，则该地区不仅拥有许多种类的传统矿物，还蕴藏一系列能保证科学技术改革的矿物。俄罗斯远东拥有较高的稀有资源潜力，包括对于开采并加工其矿石必须研究且创造有利投资条件的稀土元素。因此，在马加丹州有一系列高浓度稀土元素和放射性元素项目（阿兰加斯矿床、布鲁斯矿床、佩恰利诺耶矿床、白夜矿床）。依据俄罗斯科学院远东分院专家们的鉴定，千岛岛弧与萨哈林岛局部在各种岩石复合体中铼含量不仅在远东，而且在亚洲太平洋地区都是独一无二的。由于至埃利金斯基煤矿铁路的建设，雅库特的阿尔巴拉斯塔赫稀有金属矿才变得可以抵达。形成矿产行业新分支产业的远东潜力不限于这些例子①。对潜在稀有元素和稀土元素资源的评估并将其纳入矿产原料基地的研究、地质勘探与技术设计工作方面所集中的财力物力，可保证至2050年时在远东形成这些高技术产业。

但是在“其他需求”（“中国2.0”）中，中国公司现在就已经对在远东地质勘探和开采矿产资源表现出兴趣。文中写到，中国公司在早期阶段以及近些年，积极参与地质勘探的地区之一是马加丹州。成功的例子之一是马加丹州地下资源地质研究长期规划（2012～2021年），费用额约30亿卢布。在（中国）通化铭邦矿业有限责任公司资本参与下所成立的采矿企业已取得施工许可证。还有一个例子，中国公司 Jilin HOROC Nonferrous Metal 集团有限公司在2013年购买了 Geotechnology 科学生产公司25%的股份，该公司的关键资产是堪察加边疆区尚乌奇铜镍矿床。矿床中矿石蕴藏量不仅包含

① 汉丘克 A. И.，洛马金娜 H. B.，伊万诺夫 B. B.，“远东经济矿产行业长期发展的科技保障”，《俄罗斯科学院远东分院院报》，2012年，第5期，113～121页。

镍和铜，还有钴、金、铂、钯，具备增加矿石蕴藏量的地质潜力。

合作的重要因素是形成其制度环境的机制。关于此部分，无论是在中国还是在俄罗斯远东，都发生了十分重大的变化。

因此，中国在落实“走出去”政策方面发生了重要的变化。明确新任务的关键文件之一是中华人民共和国国务院2015 年5 月16 日命令《国务院关于推进国际产能和装备制造合作的指导意见》[①]。文件中作为中国国家政策在国际合作方面优先级方向的是促进在设备、技术、服务等领域的“走出去”战略。该合作的主要方向提到了一系列工业行业，包括黑色冶金业和有色冶金业。

在实现金融和技术优势的企业和公司层面设定了任务，在持续发展传统模式的同时，发展新的合作模式，例如，“建设承包（承包工程设施） + 融资”，“建设承包（承包工程设施） + 融资和使用”。

毫无疑问，这份文件改变了在原料领域，包括在矿物原料体系中的合作重点。如果中国以前单是为了原料就步入矿产资源丰富的国家和地区的话，那么现在中国已经把自己的技术和设备带入资源项目中了（可能还有劳动力资源）。

俄罗斯公司与中国公司在远东矿产行业的这种合作已存在实例。中国政策“走出去”多次突出资源行业，某个变化例证可认为是普里阿穆尔斯基矿冶集群形成项目，其中包括在犹太自治州建设基姆坎苏塔尔矿山选矿联合企业。建设开始于2007 年，而且与中国电力工程有限公司（CNEEC）在2010 年末签订了选矿厂“交钥匙”设计和建设合同。建设基姆坎苏塔尔矿山选矿联合企业时必须吸引“外方”投资，而中国投资成就了这些投资。吸引投资的条件为：中国公司参与所有权（通过 IRC 公司 - 彼得罗巴甫洛夫斯克铁矿子公司的新股申购），以及必须将未来产品供应给中国（15 年长期供货合同）。结果在2015 年底 Petropavlovsk 在 IRC 采金联盟中的份额占35.83%（在2013 年交易初为63.1%），中国公司 General Nice Development Ltd 拥有23.2%。基姆坎苏塔尔矿山选矿联合企业在工艺过程中所使用的部分设备是从中国供货的，建设中就业人数约一半（根据各种估计）是中国工人。

因此，在远东实施开采铁矿资源的项目实例证明了中国公司参与机制（在其使用的不同程度上）的变化。实质上，中华人民共和国国务院命令文件所推荐的新合作模式，比如“建设承包（承包工程设施） + 融资和使用”，在犹太自治州开采铁矿的情况中已经通过了批准。

关于远东矿物原料体系，则近两三年的特点是一系列制度变化，这些变化影响其

---

① http：//www.c114.net/news/550/a897916.html.2015.05.18（访问日期：2016.04.05）。

前景和竞争力。应列入这些重要变化的，首先是联邦地下资源开采规范的完善（可以将它们假定标为“行业”变更），其次是形成远东新发展模式的关键机制（或者“特殊区域制度”）。

对于第一组变化（所谓的“行业变化”），那么近些年在国家层面将采取一系列措施，以改善矿山地质行业的投资环境。按照安永公司[①]专业人员的评估，其中最重要的为如下内容：

（1）推行在早期阶段获取地质勘探工作许可证的申请原则，取代先前实行的拍卖原则；

（2）完善旨在减少行政壁垒，当向矿山地质行业企业提供各种许可证与批准问题时，提高国家机关所采取决策的业务效能与质量的现行立法；

（3）编制新的储量和资源量估算法典，在很大程度上向同类国际法典系统靠拢；

（4）编制地下资源使用工程估值法典，以将这类信息披露给交易所及其他融资来源；

（5）简化矿山企业获取项目审批的程序。

旨在增长投资项目（也包括矿山地质项目）吸引力的重要措施，包含在远东发展“新模式”框架下所采取的机制和手段。在2013年底宣布了形成远东发展新模式，新模式中地区发展目标任务与之前的措辞不同，且规定内容不同：“远东应成为具有竞争力的地区，经济多样化，在经济结构中具有高附加值的高技术产业占多数。”也提出了落实此模式的新机制：形成超前发展区；以特殊税收制度建立特惠制；国家支持准备最充足的投资项目，这些项目的实际实施能促进远东的发展并带来显著的效果。

吸引投资的关键机制之一是提出在远东建立超前发展区。其主要优势：现成的基础设施、优惠的税收制度、“单一窗口”系统、非官僚化与对投资者的信息支持。迄今为止，俄联邦政府已批准一批这样的特殊区域，其中有在楚科奇的白令戈夫斯基超前发展区。对于该超前发展区拟定了采矿专业化：勘探、开采和出口炼焦煤（可达100万吨）。锚定投资者——澳大利亚公司Tigers Realm Coal Ltd（TIG）自2012年就已经在楚科奇工作了。

在远东发展“新模式”框架内还有一项重要的革新——推行特别优惠税收制度。在联邦和地方层面上对所得税设置了的重大优惠[②]，以及缴纳矿产开采税的优惠：

---

① 赫鲁斯塔列夫.E.：“2013～2014年间俄罗斯黄金开采业概述”，《黄金和技术》，2015年，第2期，20～24页。

② 2013年9月30日第267－Φ3号联邦法《关于对俄罗斯联邦税收法典第一和第二部分就在远东联邦区和若干俄联邦主体境内推动实行地区投资项目部分记入变更》。

（1）降低所得税：在联邦部分，自获取利润之刻起10年内零税率，在地方部分——在第一个五年内不大于10%且在后续的五年内不小于10%。因此，对于俄联邦主体规定了尽可能降低这些税率。

（2）10年内对矿产开采税实行折减系数：自第一个两年的0到十年税收优惠期最后两年的0.8（每2年增长0.2）。

实行地区发展“新模式”还有一项重要机制，即投资项目的国家支持，这些项目的实际实施能促进远东的发展并带来显著的效果。在2015年取得第一批选取这些投资项目的结果。在初始挑选阶段受理了约40个项目，获得国家支持的有六个，其中五个是采矿项目。

因此，远东矿物原料体系的竞争地位无论在本国原料市场，还是在全球原料市场上都足够稳固。此外，有理由认为，这些地位可能会加强，这与2010~2015年间在联邦和地方层面上所实行的制度变革有关。

研究表明，在近些年，中方和俄方在矿产行业合作和发展的方向、目标任务和机制发生了重大变化。同时，这种合作潜力不会降低，并有机会过渡到其他高质量水平。

“中蒙俄经济走廊”框架下的中蒙矿能合作前景

胡格吉勒图（中国内蒙古大学蒙古国研究中心副研究员）

建设“中蒙俄经济走廊”是三国在中国“丝绸之路经济带”、俄罗斯“欧亚经济联盟”、蒙古国“草原之路”战略倡议对接方面达成的共识。通过三国元首两次会晤，走廊建设目前处在规划编制阶段。

中国提出的“丝绸之路经济带”作为国家战略，将以开放合作、和谐包容、市场运作、互利共赢为共建原则，以政策沟通、设施联通、贸易畅通、资金融通、民心相通为重点，共建六个经济走廊①。很显然，它是一项没有先例可循的凸显包容、和谐、共商、互利原则的大尺度渐进式区域合作模式。

俄罗斯提出的“欧亚经济联盟”是“后苏联空间”为背景的制度安排性区域合作模式。蒙古国提出的“草原之路”倡议，其基本内涵是蒙古国发挥身处中俄之间的地理优势，以铁路、高速公路、石油、天然气及高压线网络连接中俄。其具体项目为建设连接中俄的997千米的高速公路、1100千米的高压线，扩展跨蒙古铁路、天然气管道和石油管道，预计需要投资500亿美元②。它聚焦于基础设施领域，是一种突出连接与中转功能的联通模式。

在六个走廊中，“中蒙俄经济走廊”建设作为前期启动项目，背负了非同一般的意义。

中蒙矿能合作，早在2003年胡锦涛主席访蒙之际，被确立为两国经贸合作的重点领域。纵观该领域十余年的发展，除贸易量大幅增长以外，投资领域合作始终不尽如

---

① 《推动共建“丝绸之路经济带”和21世纪海上丝绸之路的愿景与行动》，闽南网，http：//www. mnw. cn/news/china/878066. html。

② “仅一条铁路口岸输华 蒙古亟待打通‘草原之路’”，《国际先驱导报》，《参考消息》官方网站，http：//www. guancha. cn/Neighbors/2015 -07 -10。

人意。“中蒙俄经济走廊”建设共识的确立以及今后的推进，使中蒙矿能合作纳入该框架之下，来自另邻国——俄罗斯的合力加大而为其规模与层次的提高，将提供政策沟通、设施联通、资金融通等诸多便利条件。本文在简述中蒙矿能合作现状基础上，以“中蒙俄经济走廊”或地区视角展望了中蒙矿能合作的前景。

一、中蒙矿能合作的现状

中蒙矿能合作主要包括两个方面的内容。

（一）中蒙矿能产品贸易

2015 年中蒙贸易额 52.6 亿美元，占蒙古国贸易总额的 62%。其中，对华出口 39 亿美元，占出口总额的 83.5%，占比是近六年来的新低。从中国进口 13.6 亿美元，占进口总额的 35.8%①，占比是历史新高。往年的数字显示，蒙古国矿产品约 90% 出口中国。这些数据变化，显然与矿产品价格大幅下滑有关。

表 1　　1995～2014 年中国在蒙古进出口贸易中的比重

年份	向中国		从中国	
	出口（100 万美元）	占其出口总额比重（%）	进口（100 万美元）	占其进口总额比重（%）
2003	284.2	46.2	162.6	20.6
2004	407.2	46.8	223.1	21.9
2005	512.4	48.1	291.0	24.7
2006	1046.5	67.9	353.8	24.7
2007	1406.9	72.2	664.7	32.2
2008	1633.8	64.5	888.0	27.4
2009	1392.3	73.8	531.7	24.9
2010	2454.4	84.4	956.4	29.9
2011	4404.6	91.4	1978.2	30.0
2012	4028.5	91.9	1842.5	27.3
2013	3700.3	86.7	1785.8	28.1

资料来源：根据蒙古国海关总署“2014 年 12 月外贸汇总”编制。

在蒙古国 2015 年的出口产品结构中，矿产品占 78.8%，比最高年份已降近 10 个百分点（见图 1）。其中，煤炭、铜精粉、钼精粉、萤石、铁矿石、锌矿、原油等 7 种

① 蒙古国海关总署：《2015 年 12 月外贸统计汇编》，Online Statistic Information System，http：//customs.gov.mn/。

矿产品占出口额的78.1%，是出口创汇绝对主力。2015年蒙古主要矿能产品的对华出口情况是：煤炭的96.8%，铜精粉的99.3%，钼精粉的72.8%，萤石的41.8%，原油的全部，铁矿石的89.5%，锌精粉的全部出口中国。

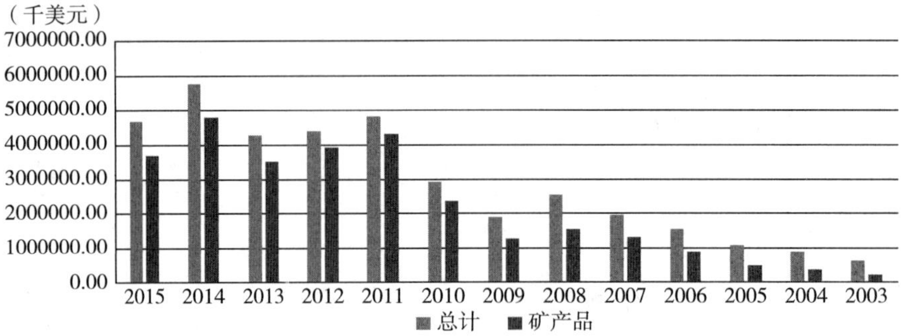

图1　蒙古矿产品出口趋势图

资料来源：ГАДААД ХУДАЛДААНЫ ЖИЛИЙН НИЙТ ЭРГЭЛТ，ЭКСПОРТ，ИМПОРТ，жилээр，http：//www.1212.mn/statHtml/。

以上数字表明，蒙古国出口集中于少数几种矿产品，出口市场单一性特点明显，深受国际市场矿产品价格波动影响。

2015年从中国进口的矿能产品情况是：蒙古进口电价的86%，90号以上汽油进口的约6%，石油产品进口的约2%，少量90号以下汽油、夏季用柴油、硫化物和聚硫化物以及水泥进口的99.6%来自中国。

中国于1999年成为蒙古国最大贸易伙伴国以来，在其进出口额中的比重逐年上升。尤其在出口额中的比重自2005年以来迅速上升。2006年升至60%以上，2007年升至70%以上，2010年突破80%，2011年突破90%。近几年，徘徊于86%～92%之间（见表1）。这些增长均来自矿产品贸易。

（二）中国在蒙矿能业投资

两国在矿能领域的相互投资具有高度的单向性特点，即中资在蒙投资。

中国在蒙矿业的投资具有其他国家无法比拟的优势，正因为如此，自1998年成为蒙古国最大投资来源国并保持至今。

根据蒙古央行公布的数字，1990～2015年间，在蒙外国直接投资存量为167.53亿美元①，其72.5%②注资于地矿业。其中，中国直接投资存量约为43.4亿美元③，占总

① 蒙古银行：《蒙古国外资概述2015》，https：//mongolbank.mn/documents/statistic/externalsector/bopreview/bopreview_201504.pdf。

② 蒙古国投资局：СТАТИСТИК МЭДЭЭ | investmongolia.gov.mn，http：//investmongolia.com/?page_id=881。

③ 根据历年《蒙古国外资概述》计算得出。

存量的 25.9%。

中国在蒙直接投资流量分布是 2011 年为 10 亿美元，2012 年为 3.766 亿美元，2013 年为 2.31 亿美元，2014 年第四季度为 0.676 亿美元，2015 年为 1.06 亿美元，除 2014 年外分别占外国直接投资流量的 8%、9%、20%，均居除中国香港特别行政区以外的第二位经济体①之位。

根据蒙古国矿产局发布的数字，截至 2015 年底，146 家中国独资企业持有 208 份矿产许可证，占外国独资持有许可证企业的 50%。55 家蒙中合资企业持有 91 份矿产许可证，占蒙外合资持有许可证企业的 43.5%②。即 201 家中资企业以独资或合资形式持有 299 份矿产证。

持有采矿证企业的年度投资国别情况是，自 2010 年以来，主要来自英属维尔京群岛（OT 矿开发），中资处在第二、三、四位置（见表 2）。由此推测，中国投资地矿业比重可能低于外国直接投资的平均比重。

表 2　2011～2014 年蒙古国采矿业国别投资额（10 亿图）

国家	2011		2012		2013		2014	
共计	3737.4	100%	3945.8	100%	4810.1	100%	5925.2	100%
蒙古国	56.2	1.5%	83.3	2.1%	98.8	2.1%	794	13%
马来西亚	1.0	0.0%	2.6	0.1%	0.4	0.0%	303.3	5%
蒙韩	–	–	3.3	0.1%	–	–		
蒙中	–	–	1.2	0.0%	–	–		
美国	0.3	0.0%	–	–	9.7	0.2%		
保加利亚	0.4	0.0%	0.5	0.0%	0.6	0.0%		
蒙古国，维尔京群岛	3651.0	97.7%	3518.51	89.2%	4578.8	95.2%	4166.34	70%
德国	7.6	0.2%	–	–	–	–		
加拿大	–	–	–	–	1.2	0.0%		
开曼群岛	7.6	0.2%	65.0	1.6%	11.6	0.2%		
俄罗斯	3.5	0.1%	167.6	4.2%	0.5	0.0%		
中国	9.4	0.3%	103.6	2.6%	108.5	2.3%	600	10%
日本	0.2	0.0%	–	–	–	–		
捷克	0.2	0.0%	0.2	0.0%	0.019	–		

资料来源：蒙古国矿产局矿业处根据采矿证持有企业送交矿山报告编制。

① 历年《蒙古国外资概述》。

② 蒙古矿产局：《2015 年矿业统计信息》，http://mram.gov.mn/mram_new/images/stories/mram/statistek/2015/monthly_report_2016.01.04.pdf。

二、中蒙矿能合作前景

中蒙矿能合作而言，“中蒙俄经济走廊”建设共识的达成、中国“亲、诚、惠、容”周边外交理念的进一步落实、两国经济下行压力的加大、中国是世界矿能最大需求国、中国依然是世界经济发展的最重要引擎等因素的存在，无疑为两国矿能合作乃至区域合作的形成开创了新的战略机遇期。

（一）大项目的推进将得到加快

以前中国企业在蒙古国矿能大项目合作中屡屡受阻，主要源自蒙古国担忧成为中国经济附庸和中资企业不太成熟的经营模式。就蒙古国的担忧而言，其法律依据主要来自《蒙古国家安全构想》和“第三邻国”政策。因此，作为小国在市场原则下进行适当的平衡无可厚非。就中资企业经营模式而言，中国企业在大项目上，首先，必须摒弃独资、绝对控股的思维。它既不符合蒙古国现行法律，又涉及蒙古国的经济独立与安全问题。实践也证明，最可行的方式就是与蒙方合资合作或与包括第三方的三方合资合作形式。实际上，不管以什么形式合作，其最终的目标市场不会跨越庞大的中国市场，甚至投资开发的后勤保障等方面也依赖于中国。其次，体谅蒙古国培育民族工业的愿望，延长生产链。再则，实行“属地化”经营，强化社会责任。

参与大项目是政府间合作的国际惯例，也是推进双边或多边合作的有效手段。在大项目合作中实施主体是大企业。目前，中国投资或关注蒙古国矿业的大型企业不少。这些企业实力日趋雄厚，有能力运作一些大型重点项目，并且能够最大限度地规避蒙古矿产开发中出现的投资和环境风险，能够为中蒙该领域合作起到典范作用。

经济走廊建设的推进、中国对蒙古国上述关切的理解，必将给蒙古国带去诸多方面的红利，客观上消除蒙古国及周边一些国家中存在的中国“资源威胁论”，从民意和政府层面上实现搭乘中国发展“快车”或“顺风车”的意愿。

另外，三国合作的形成也增加来自另一邻国——俄罗斯的合力，有利于三方合作大项目的整合，这非常重要。

（二）煤制气、煤制油以及煤电将是近中期合作的重点领域

截至2014年7月1日，蒙古国煤炭地质远景储量（P）1733亿吨，探明储量（A+B+C）268亿吨，列入世界前十位[①]。

---

① 蒙古国2014年上半年地质矿山信息汇编，http：//mram. gov. mn/。

其中，褐煤主要分布在蒙古国中、东部地区，全部可以露天开采，开采成本低，适合煤制气、煤制油、煤化工以及煤电项目开发。两国间近期达成的或以前达成而近期激活的此类项目预示着这一点。

2013 年 10 月蒙古国总理访华之际与中石化签署煤制气项目协议，投资约 300 亿美元，每年用 5000 万 ~ 8000 万吨煤，生产 150 亿立方米燃气。它是依托若干个煤矿，涉及开采、统一管道运输的大项目。生产的燃气的一部分用于保障蒙古国和乌兰巴托的需求（目前蒙古国燃气需求为 20 亿立方米），大部分将出口中国。该项目需要分多期建设完成。建设期间将提供 4 万个工作岗位，项目稳定运营后将提供 1 万个工作岗位①。沉寂一时的该项目，已纳入 2015 年 11 月蒙古国总统访华时公布的联合公报的推进项目。

2015 年 11 月蒙古国总统访华之际，国网公司与蒙古国能源部签署了《中国国家电网公司、蒙古国能源部关于合作开展锡伯敖包煤电输一体化项目可行性研究的协议》。协议明确由国网节能公司作为实施主体，具体实施锡伯敖包项目煤矿和电厂的相关工作。项目包括年产能 3400 万吨的露天煤矿，装机容量 14 × 660 兆瓦的坑口电站和输送容量 8000 兆瓦的 ±800 千伏直流输电工程。锡伯敖包项目作为中蒙联合声明中确定加快推进的首批合作大项目，既是中蒙电网互联互通的首期项目，实现亚洲互联的重点项目，意义重大而深远②。

（三）新能源和清洁能源领域合作的远景看好

面对矿业发展中出现的问题和自身生态特点，蒙古国制定了绿色发展的国家战略，并在此框架下提出了大力发展风能、太阳能等可再生能源，使可再生能源在能源消费中的比重至 2020 年达到 20% ~25% 的目标③。

据美国国家可再生能源实验室数据表明，蒙古国 71% 的领土可以开发风力资源。风能资源可实现 1100GW 风电装机容量。2013 年蒙古国首个“萨勒希特”风力发电厂投入使用，风电场由蒙古国新通信集团公司与美国通用电气公司共同投资建设，该风力发电场投入运营后，预计每年可贡献出 140 百万瓦 ~ 170 百万瓦的电量，相当于蒙古国用电量的 5% 。除此之外，蒙古国还准备建设赛音山达风电厂等多个风力发电项目。

---

① 《蒙缓步推进中蒙煤制气等大型能源项目》，中华人民共和国驻蒙古国大使馆经济商务参赞处，http：//mn. mofcom. gov. cn/article/jmxw/201405/20140500597103. shtml。

② 《国网节能公司扎实推进中蒙锡伯敖包煤电输一体化项目前期工作》，国家电网公司，http：//www. sgcc. com. cn/xwzx/gsxw/2015/11/330128. shtml。

③ “2015—2020 年蒙古国的能源投资研究报告”，《新能源资讯》，中国新能源网，http：//www. china - nengyuan. com/news/71296. html。

小型风力发电设备（50W）安装方便，被牧民广泛使用①。

蒙古国的太阳能潜力非常广阔。据测算，蒙古国太阳能资源量约5太瓦，太阳能发电潜力位列世界第三。目前，在蒙古国能源消费中，可再生能源仅占2%～3%②。由此可见，风电、太阳能开发与建设将会成为未来几年蒙古国的重点发展领域，同时也会成为众多外资投资的重点领域。

目前，围绕蒙古可再生能源开发提出的方案有：早些时候由日本可再生能源基金会提出的“亚洲超级电网”计划，2012年蒙古国政府提出的“戈壁地区可再生能源项目”计划，近期由中国、韩国和蒙古三方提出的“戈壁荒漠超级电网”计划。其中，三方计划已签署谅解备忘录，这一项目将把中国北部和蒙古国的风电、光电输送到韩国。目前，详细的行动方案已经出台，项目选址正在进行。

三种方案，规模、目标和时间尺度各有侧重点。近期将要启动的项目是中韩蒙三方合作方案。该项目的起步，给方兴未艾的可再生能源合作搭建一个可操作的平台，有可能引发更广泛的合作新潮。

另外，利用中国援助款项由中国葛洲坝集团公司承建的《额根河水电站项目前期配套工程特许权协议》于2015年10月签约。该项目投资总额为9800万美元。额根河水电站的装机容量为315兆瓦，水电站的基础设施项目筹备工作已开启，2016年春季将启动其建设安装工程。承建方还将建设长达72.3千米的输电线和长达71.9千米的公路。该水电站投入使用后，可满足蒙古国内能源需求的30%，从而降低从俄罗斯进口的能源额度，将形成可靠、安全运行条件③。

（四）电力、管道设施建设的合作空间巨大

蒙古国丰富的能源资源以及目前的合作态势，促使蒙古国成为东北亚区域能源输出中心之一。这需要中蒙或地区之间形成电力、管道设施的互联互通。目前，蒙古国的电力设施建设相对薄弱，全国发电装机容量878.43兆瓦，95.5%为火力发电。其3个独立的输电网（中部电网、东部电网和西部电网）和5个独立省份的输配电系统不能满足国内需求，更谈不上向外输电需要。蒙古国在“草原之路”计划中提出了敷设1100千米高压线项目。这些项目的实施，当然考虑现有的条件和计划。这方面，作为

---

① 2015年蒙古国际电力建设及新能源技术设备展会，http：//www.geo－show.com/ChannelHY/DL/Content/201412/37218.shtml。

② “2015—2020年蒙古国的能源投资研究报告”，《新能源资讯》，中国新能源网，http：//www.china－nengyuan.com/news/71296.html。

③《蒙古国已签署“额根河水电站项目前期配套工程特许权协议”》，蒙古国矿业交易网，http：//www.mglcn.com/news/20151101163.html。

目前南部地区主要电力供应者、煤电项目合作伙伴、“一带一路”的对接方和主要推动者，中国既有自己的优势，又可谓责无旁贷。

至于管道建设，蒙古国至今没有自己的输气、输油管道系统。中蒙之间准备实施的煤制气、煤制油项目需要建设蒙古国内和输往中国的管道系统。另外，俄罗斯输往中国的天然气、石油管道，从经济角度考虑经由蒙古国还是相当合算。未来的中俄西线或中线经由蒙古国的可能性极大。考虑这些，管道建设和维护运营领域的合作潜力空间也巨大。

（五）基础设施、口岸建设、水资源调配是矿能合作的重要的投资方向

矿能生产和销售需要大量配套的基础设施。蒙古国交通运输等基础设施落后，导致大量矿产资源无法勘探、开采、加工，已成为制约外资注入蒙古国矿业的重要因素。有专家指出，在蒙古国矿产资源开发的最大硬件瓶颈，一是水资源短缺，二是基础设施差。

蒙古国公路总里程 11063 千米。其中，硬化路不到 20%，其余为土路和砂石路。铁路仅有南北向的 1800 余千米的一条铁路，其载货和周转能力非常有限。2010 年通过的新铁路计划和 2014 年 10 月通过的向南铺设两条标轨铁路修正案，仍处在酝酿起步阶段。利好消息是，最近中俄蒙三国在铁路过境运输方面达成新的协议。中蒙 16 处边境口岸的基础设施通关能力，远远不能满足企业的贸易与投资并举实际需求，尤其蒙方的口岸。另外，蒙古国矿能富集的南部地区，水资源奇缺。据蒙古国学者的估算，目前这些矿区的浅层水和深层水的使用比率为 1∶9，已经破坏了水循环平衡，而深层水的形成周期大致在 1400 年左右，它一经破坏则短时间内难以恢复。对此，有些学者提出了“北水南调”工程的建议，但问题是这种工程耗资巨大，蒙古国政府目前难以承受。

凡此种种，已超出大部分投资企业仅靠自己所能解决的范畴，需要政府间的协调合作。在此框架下，具体工程项目由企业来完成，故政府和企业在各自的职责范围内相互配合，就围绕矿能合作所需的基础设施、口岸、水资源调配领域开展融资投资合作是今后又一个方向。

蒙古国能源基本现状：三国合作

G. 普日布道尔吉（蒙古国科学院技术处学术秘书长　副教授）

一、能源概况

蒙古国能源供应结构形式：集中式能源系统；独立能源站；牧区独立能源小站。

目前蒙古国有中部能源系统、西部能源系统、东部能源系统、阿尔泰乌梁海能源系统等四大电力能源系统。

蒙古国电力生产与消费情况如下（见表1）：

表1　　蒙古国电力生产与消费　　（单位：百万千瓦）

年份	2001	2005	2010	2011	2012	2013	2015
总量	3123.0	3586.4	4575.7	4811.9	5181.6	6215.0	6930.0
生产	3017.0	3418.9	4312.8	4536.4	4815.6	5019.5	5513.2
进口	196.0	167.5	262.9	275.5	366.0	1195.5	1416.8
分配额	3123.0	3586.4	4575.7	4811.9	5181.6	6215.0	6895.0
消费总额	1948.0	3534.0	3375.9	3453.0	3772.6	4732.1	5283.5
其中：建筑	1204.0	1589.1	2093.8	2140.8	2338.9	2930.7	3261.4
道路交通	87.0	105.8	140.4	143.7	156.8	196.9	216.5
农业生产	17.0	27.5	35.6	36.4	39.8	49.9	54.8
住宅设施	476.0	609.3	809.7	829.5	906.7	1139.2	1277.5

续表

年份	2001	2005	2010	2011	2012	2013	2015
其他	164.0	222.3	296.2	302.6	330.4	415.4	473.3
损失电量	603.0	419.7	505.4	644.3	675.4	739.5	782.6
电站的国内消费	664.0	620.8	672.2	690.8	712.4	725.3	778.2
出口	18	11.9	22.2	23.8	21.2	18.2	50.8
人均电量（千瓦）	1235.0	1341.9	1563.6	1693.2	1762.3	1797.9	1860.0

资料来源：蒙古国国家统计局。

表 2　　　　蒙古国能源生产结构与进出口情况（2015 年）

来　源	生产量（百万千瓦）	比例
电力供暖站	5323.5	77.3
风力发电站	152.3	2.2
水电站	59.4	0.86
太阳能发电站	0.54	0.07
柴油机发电站	5.8	0.084
进口（从中、俄）	1393.8	20.24
出口（俄国）	-50.8	-0.73

资料来源：蒙古国国家统计局，能源监管委员会。

二、能源使用前景

来自蒙古国的能源已不能满足本国能源系统的高峰负荷量，即使从两大邻国进口也无法承载国内电力负荷量，根据学者与电力部门颁布的预案以及能源生产量的研究，蒙古电力使用的负荷量正大幅度增长。

明确中部综合电力网使用额度与蒙古国国内生产总值、国民总收入的关系，基于该关系通过网络智能预测未来电力使用前景，中部综合电力网络负荷量的变化率可分为“低速”“中速”“高速”三大阶段。

接受个人投资者提出的意见，已批复部分建立大型风力发电站、热电站的特殊许可证。

表 3　　建议近几年建立的能源站

名称	地点	兆瓦		
额根水电站	额根河	315	完善科技经济基础、协商阶段	需要三方合作
斯楞格水电站	色楞格河	300	完善计划阶段	需要三方合作
塔温陶勒盖热电站	南戈壁省塔温陶勒盖	450	融资阶段	有望与中国合作
巴嘎诺尔热电站	巴嘎诺尔区	700	协商阶段	正与中国合作
昌达嘎那热电站	肯特省昌达嘎那	600	–	有望三方合作
柴达木热电站	中央省	600	–	有望三方合作
布日勒朱特热电站	中央省	600	–	有望三方合作
东方区域热电站	东方省乔巴山市	100		有望三方合作
锡伯敖包		4800	–	三方合作

三、能源储备

（一）煤、片岩储备

1. 煤

据估计，蒙古国的煤炭储备有1623亿吨，并且有继续增长的趋势，预计将增加200多亿吨。勘探结果显示，15个盆地中有300多个露天矿床，煤炭储量位居世界前十位。

煤炭在蒙古国分布相对均匀，蒙古东部、杭盖区域为褐煤，中部区域是褐煤转化为炼焦煤时期，西部以及戈壁区域大多是石灰煤以及炼焦煤。

目前煤炭分布最多的地区是塔温陶勒盖，用焦耳来算该地区的储量的话，该地产量有70多亿吨煤，其中近30亿吨是炼焦煤，其他是优质发电煤。用国家预算资金探测确定了该区储备量。除了塔温陶勒盖，还有那林苏海特、锡伯敖包、巴嘎诺尔、和硕特、努尔斯特洪戈尔等同类型的大型矿床。那林苏海特煤矿床100米深处有1.25亿吨煤储量，和硕特矿床有近3.6亿~4.6亿吨煤。

现在大部分省市、区域的可靠能源燃料是煤，而且今后也是。

煤不仅是蒙古国能源的基础，也是蒙古国经济发展的支柱。蒙古国近几年煤炭的出口急剧增长，占国家预算中相当大的比例。

2. 可燃性片岩

蒙古国地区的可燃性片岩于19世纪40~50年代作为石油和天然气的附属品，被研究探明确定40多个床。

根据已确定的可燃性片岩的9个盆地、3个矿床以及几个露天矿的勘探，目前预测的储备量为78880亿吨。这仅是对可燃性片岩地区的19%进行勘探的结果。其中包括了367亿吨的沥青储量。如表4所示。

表4　　蒙古国可燃性片岩的分布和地质储量

	盆地	次盆地	面积（km^2）	矿床，露天矿区	可燃性片岩厚度（米）	地质藏量（十亿吨）	树脂所占比例（%）	树脂储藏量（十亿吨）
1	大湖盆地				6.8	12.5		
2	戈壁－阿尔泰	戈壁－阿尔泰	2800	嘎舒河，呼日勒乌兰，苏海	14.5	12.5		
		大宝格达	2660	其勒－巴哈尔山	47.0	45.0		
3	翁根河		11970	安达井	33.2	143.0		
4	图格里克		5600	图格里克－奥西，额尔登山	53.4	107.6		
5	中戈壁	辉特	4320	沙斡尔图－敖包，额德木特，讷木和图，呼那图敖包，巴彦扎尔格楞	25.70	39.90	6.84	2.70
		温都尔希勒	12400	呼尔图察，纳尔古，哈夏图呼德戈吉米尔呼德戈	25.00	62.10	3.00	1.90
		西部	3900					
		合计	20620					
6	尼勒格	乌兰和勒戈壁	4320		2.54	3.90	16.25	0.63
		德仁	4320	那仁诺尔，比林塔勒	4.60	7.10		
		阿布达兰图	3240	乌勒吉诺尔，二连戈壁，夏沃尔托沃	10.50	12.20		
		尼勒嘎	5600	巴彦扎尔格楞，巴彦－二连浩特，图格里克	64.30	289.30	5.30	15.34
		乔尔	2400	－				
		合计	19880					
7	乌布尔扎尔格楞特		1575	乌布尔扎尔格楞特，特和穆诺尔	25.00	35.40	3.10	1.10
8	额吉诺尔		1500	胡戈辛河，宗布勒格	11.10	15.00	6.20	0.06
9	乔巴山/苏木诺尔/		24500	呼伦博尔，博和乎德格，木勒合布德格	1.20	0.60	5.05	0.03
10	塔木苏		39000	苏木温德尔				
11	苏赫巴特尔		15600	－				

续表

	盆地	次盆地	面积千兆/千米	矿床，露天矿区	可燃性片岩厚度（米）	地质藏量（十亿吨）	树脂所占比例（%）	树脂储藏量（十亿吨）
12	东戈壁		89150	哈尔额日格，讷尔古，扎木乌德，讷尔古				
13	南戈壁		25900	哈布哈斯，讷尔古				
	总面积		3118150			788.00		22.70

（二）可再生能源储量

蒙古国可再生能源（太阳、风、水、地热、生物质能等）储量丰富。

1. 太阳能储量

蒙古国是太阳能储量丰富的地区。

表 5　　蒙古国太阳能储量

省	太阳能量（$Kcal/cm^2$·年）	蒙古国太阳储量	
		千卡/平方千米	%
I	1200	109.9	7.0
II	1200～1400	800.7	51.0
III	1400～1600	392.5	25.0
IV	1600	266.9	17.0
合计		1564.0	100

蒙古国太阳能储量的分布区域按省份年总辐射低于1200$Kcal/cm^2$·年，高于1200～1400$Kcal/cm^2$·年、1400～1600$Kcal/cm^2$·年、1600$Kcal/cm^2$·年来分类，整个区域的总辐射约为2.2·1012$Kcal/cm^2$·年。

2. 风能储量

蒙古国科学研究院与美国国家可再生能源实验室合作绘成蒙古国风能资源图谱。

表 6　　风能分类（海拔 30 米）

分类	潜在资源		风能（$Bт/m^2$）	风速（m/c）
	大功率风力发电站	牧区供电		
1	偏差	中等	100～200	4.5～5.6
2	中等	好	200～300	5.6～6.4
3	好	非常好	300～400	6.4～7.1

续表

分类	潜在资源		风能（Вт/m^2）	风速（m/c）
	大功率风力发电站	牧区供电		
4	非常好	非常好	400～600	7.1～8.1
5	非常好	非常好	600～800	8.1～8.9
6	非常好	非常好	800～1000	8.9～9.6

年均风资源大于 300W/m^2 和大于 6.4m/c 的地区适宜建造连接网络的大功率的水电站。风能资源最少在 100W/m^2 和 4.5m/c 时，能够为农村地区和小居民点提供电力。

蒙古国中部和南部地区的风能资源被评为好、非常好，非常适合使用低功率风能的牧区使用。

整个蒙古国地区的风能随着季节的变化呈现多变性。蒙古国低洼地区的风能在 3～6 月最强。这两个月过后风能逐渐减弱，在 7～8 月时风能最小，10 月份到 2 月份风速整体发生改变。有些地区的风能在 10～11 月之间翻两番，在春季来临之前的 12 月、1 月和 2 月风能逐渐减弱。少数平原地区在冬季（12 月、1 月和 2 月）以及秋季（10 月和 11 月）风能最大。

蒙古国山区的风能资源的分布与季节的变换有密切联系。东部和中部山区的风能资源的按季分布情况与平原和洼地区域的风能资源的季节分布相似。这些地区的风能在 4、5 月份达到最大值，风能在之后的 10、11 月份增强的话，就会在 8 月份达到最低点。蒙古西部多山区风能随季节变化的趋势就没有那么明显，西部地区风能最强的时间在 10、11、12 月以及之后的 4、5 月份都有过。在 7、8 月份风能最小。

一天内风能会随地区地势地形结构的不同而变化，低洼地区的风速在中午达到最高值，在日出时刻达到最低值。一天内山区的风速变化和低洼地区又有所不同，山区风速最强的时候出现在夜里，中午风速最低。综合型地区的风具有山区和平原两个地区相结合的特点，与一般地貌不同。

风能资源图谱上的风能资源地图和其他表示风能性质的数据对蒙古国以后更广泛使用风能提供了方便。基于精确的风能测量对风能资源谱图的实际符合程度进行了检验。但是这个指标在信息采集上还是受到一定限制，因此在风力发电站的建设中还需要对当地进行更加细致的测量并进行评估。

3. 水资源储备

据评估，蒙古国水资源储藏量有 3800MBt。

（三）其他能源储备

1. 铀资源

蒙古国已探明的铀储备量有 7.5425 万吨左右，生产资源 70000 吨左右。

2. 石油储量

20 世纪 90 年代初蒙古国开始石油勘探以及研究工作。英国石油公司、美国贝斯特尔地球物理公司、菲利普斯石油公司，俄罗斯西伯利亚石油物理探矿公司等公司需要在磁铁勘探之前做足调研工作，另外还要对地球物理、文学、岩石物理、地球化石、有机物进行研究。研究结果发现 13 个含有中生代沉淀物的大型石油盆地，近 50 个中型石油盆地。

目前在蒙古国有 7 家外资公司与石油部门签订了产品分配协定，在 10 个油田进行与石油相关的作业。我国石油部门进行的石油勘探是由中国 100% 投资的国有企业大庆石油责任有限公司（蒙古支部）、东升石油有限公司来执行。中国国家控股的大庆石油有限责任公司（蒙古支部）在 2010 ~ 2015 年间确定了开采原油的远景计划。并且在 2010 年、2013 年（原油产量最多的年份）从套森山 - 19、塔姆色格 - 21 油田分别开采了 42 万吨（240 万桶）、123 万吨（920 万桶）原油。

四、蒙古国能源行业的政策以及法律法规

蒙古国从计划经济转变到市场经济过程中，为适应市场经济需求，对能源行业进行了改革。将能源的价格由政府调控转变为由市场调控。将能源的生产、运输、分配网络移交给私营组织负责，进而为保障能源的生产者和消费者利益创造良好法律环境。

2001 年蒙古国政府出台改革国有企业结构的第 164 号文件，对能源部门进行整改，让下属于中央供电系统的生产商、运输和分配网国家控股公司、国家调度中心等 18 个公司自主经营。

国家控股公司中的国有份额：41% 归基础设施部；39% 归国家资产委员会；20% 归财政部。国家调度中心国家控股有限责任公司：51% 归基础设施部；39% 归国家资产委员会。

国家支持私营企业对能源相关部门进行投资和经营，城乡小型供暖企业大部分都是私营企业。

蒙古国能源部的政策以及法律法规已经得到了完善。蒙古国对本国能源领域进行了法律、结构以及经济上的变革，为能源领域加快向市场经济的转变、实现公平竞争和自主独立经营创造良好的法律条件。为促进能源部门的发展，实施以下具有法律效力的文件：国家颁布的能源政策；《蒙古绿色发展政策》；《能源法》；《关于可再生能源法》的修订；《能源节约法》。

目前在能源领域实施的政策旨在促进经济、社会加速发展，提高市场化水平，同时满足国内外对能源部的合法投资。国家对能源领域出台的政策旨在“促进国家经济增长、可持续发展、能源安全、扩大就业、加强私营部门监管，在市场竞争下采用高效环保技术，争取成为电力出口国”。为此，首先需要在能源领域进行以下改革：以私营部门为基础，以成为电力出口国作为未来目标。

“能源行业是国家安全、经济、社会稳定发展，促进国家经济快速发展的基础性行业。”面对国家日益增长的能源需求，为了能够成为能源出口国，国家要出台相关政策来改善能源领域的法律环境，加强能源领域的领导与建设，完善能源结构，在能源开采、燃料资源，电力、供暖工业等能源部门进行公私合作，改革能源工业，使之适应市场经济的发展，扩大能源部门的人才竞争力。

蒙古国能源发展被划分为2015～2023年，2024～2030年两个阶段来实施。

2015年国家大呼拉尔第63条决议规定，要完善并且实施国家能源领域政策的中期规划。在实施过程中，每两年做好调查评估，并且将调查的结果反馈给国家大呼拉尔，然后移交给政府去协调落实。政府通过了国家中期规划，蒙古国国家大呼拉尔于2005年6月9日通过第32条决议——《可再生能源规划》。2007年1月31日修订并通过的第10条决议中的《蒙古能源系统》计划中的目标在内容上有重复，因此这些决议视作无效。

政策文件中把蒙古国能源发展从法律、结构、基础设施整体上来看，并同蒙古国家大呼拉尔议会通过的“绿色发展观”“绿色发展政策”结合起来。该政策的贯彻落实过程中，在保障能源领域安全的基础上，着力提高能源质量，同时也要发挥国内外投资的优势。该政策提出的实现能源发展的主要目标必须达到以下3点要求：

（1）满足可靠的能源供给，保障能源安全领域：满足可靠的能源供给，保障能源安全；和别国就能源领域展开互利合作；培养能源领域的人才资源，加强能力建设。

（2）提高能源效益与生产领域：允许能源领域的私有化，使之融入竞争的市场化经济中；鼓励能源领域创新，支持引入先进科学技术，奉行节约能源政策。

（3）支持自然环境可持续发展、绿色发展领域：鼓励增加可再生能源的生产，降低传统能源对环境的负面影响，控制温室气体的排放。

这些要求是能源领域在中期发展规划中必须反复贯彻实施的内容。

能源政策的要求必须在能源发展的两个阶段都做到。第一个阶段（2015～2023年），提高燃料的质量与储备，为发展可再生能源奠定基础，完善能源定额标准政策，引入国际标准，改善法治环境。第二个阶段（2024～2030年），出口能源和集中发展可再生能源。国家在制定能源发展政策目标与评估实施标准时，以2014年作为基准年，并且对应达到的战略目标按阶段来分类确定。

国家安全、经济、社会的基础设施都和能源的生产与供应相关，国家应当重点关注迫切需要改善的部门的投资与计划，这样才能为能源领域创造出良好的投资环境。

国家能源政策鼓励公私共同合作，吸引国内外投资，提高市场份额，争取国际金融组织合作，使得国家规划与投资计划充分反映市场需求。

五、蒙古国国家能源发展战略与国际合作

国家经济发展一方面与能源生产和增长有直接关系，而且随着人口增长、社会发展，能源的需求量也会增加。如果能源的产值和有效利用能源的科技水平不够的话，必然跟不上经济发展速度，导致一些困难的产生。世界范围内，越用传统方法进行能源生产，资源储量的减少就越快，这就会导致在产值提高的同时对环境的危害程度加剧。这也是包括蒙古国在内的世界范围内所有国家面临的难题，因此蒙古国会支持国际机构就此出台的决定。

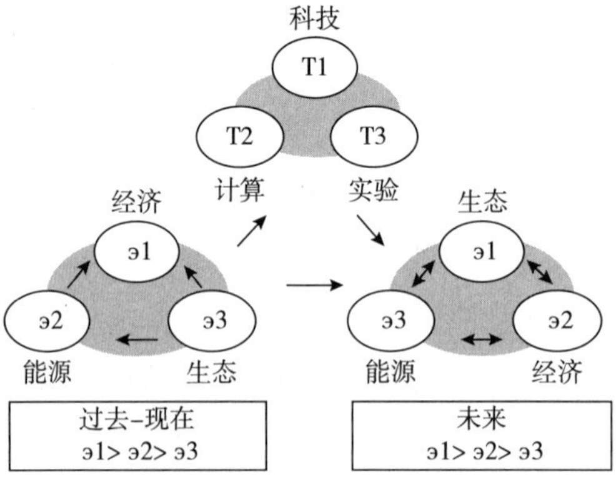

图1 蒙古国能源科学与科技发展历程及科技引领的“过去—现在—未来”发展

从蒙古国国家大呼拉尔通过的“国家发展统筹政策”“蒙古国能源一体化规划”“可再生能源的基本规划”等蒙古国能源发展政策来看，蒙古国的发展目标与世界相契

合，执行以下战略性规划。蒙古国在制定发展战略时坚持统筹能源、生态、经济三方面发展，提高有机燃料技术，完善能源发展的传统技术，引入更先进的技术来减少温室气体和对环境有害气体的排放，发展提供绿色能源技术来发展该领域。

首要竞争能源来源中的有机燃料（煤）、核燃料（铀）、可再生能源（水能、太阳能、风能、地热能）等，这些能源在蒙古国都非常丰富。

将蒙古国的能源科学、科技发展的历程及依靠科学发展的“过去—现在—未来”的发展原则解释如下。

在完善能源领域近 15 ~20 年的发展战略时需要：结合国家以及能源部门的资金现状和能力；考虑世界各国能源发展趋势；考虑让蒙古国能源领域切实参与到国际区域经济合作的方法。

为满足蒙古国近 15 ~20 年不断增长的能源需求，怎样让蒙古国能源领域切实参与到国际区域经济合作，这值得我们关注。其中东北亚问题、“丝绸之路经济带”和“草原之路”的合作问题，尤其要关注。

“丝绸之路经济带”和“草原之路”的合作引起众人瞩目，在某项项目的实施方面已开始研究工作。蒙古国关于众所瞩目的“丝绸之路经济带”“草原之路”相关项目的调研工作已经展开了。在此向大家做一个简单介绍。

亚洲综合电网倡议的一个基本原则是在蒙古国戈壁建立大型功率太阳能和风力电站并将电力出口到中日韩。

来源于俄罗斯伊尔库茨克省的大型水电站和在蒙古国戈壁建立的太阳能、风能电站合作，可通过亚洲综合电网卖给进口国。

根据亚洲超级电网和戈壁技术项目的建议，为将蒙古国所需要的信息与该项目的参与国、国内外组织机构进行交流，并且促进在该问题上东北亚地区国际合作进程，2014 年 3 月成立了研究小组。进行该研究项目时，亚洲开发银行向蒙古国政府提供资金支持。亚洲开发银行就这些工作的开展向蒙古国提供 150 万美元无偿援助。

亚洲超级电网和技术方面，在近年需开展七大领域工作。其中：

（1）政治方面：成立亚洲超级电网参与国代表小组；商定建立负责亚洲超级电网的后续工作的机构。

（2）法律法规方面：完善亚洲超级电网参与国、组织机构的跨境电力贸易的合同、协议形式；研究如何将亚洲超级电网的电力出口项目纳入蒙古能源领域的法律范围中来。

（3）电力系统方面：在项目实施过程中研究可利用的能源，如何灵活地参与超级电网的建设工作；研究参与国的能源系统以及亚洲超级电网对该国的影响。

（4）科学技术方面：研究项目中可利用的技术，吸取优秀经验以及创新想法；规划亚洲超级电网的具体路线；对所需的标准进行研究。

（5）经济方面：对所需技术的目前价值以及该技术的未来发展方向进行研究比较；评估项目的社会经济影响；完善项目发展的市场经营模式。

（6）能力建设（训练）方面：如何正确协调能力建设、人才资源研究；培训，会议。

（7）签订国家之间合作备忘录。

参考资料

[1] 加强"热电站"国家控股有限公司能力初步可行性研究．项目编号：D－2012－11/. 暖气电站－4. 乌兰巴托，212－184.

[2] 乌兰巴托使用公私合作模式的低碳能源供应项目（TA 7502－MON）最终报告．

[3] www. mmre. energy. mn.

[4] Ts. 巴彦尔巴特尔．蒙古电力网络系统的能结构组成．蒙古国 2012 年能源峰会，2012 年 5 月 15－16 日能源部部长领导发言．

[5] https：//mn. wikipedia. org/wiki/蒙古国煤炭资源．

[6] 蒙古国 P. 奥其尔巴特制定科学倡议，由蒙古国政府贯彻的《可燃性片岩规划纲要》，2013 年 1 月 12 日．

[7] G. 普日布道尔基．可再生能源的科技发展．索云布普林汀．乌兰巴托：2002 年，第 122 页．

[8] G. 普日布道尔基．可再生能源的管理以及法律规范．乌兰巴托：索非克斯有限公司出版社，2010 年，第 382 页．

[9] C. 恩赫巴托．蒙古国核能的利用．金石英，学术演讲第 1 卷．G. 普日布道尔基校订．乌兰巴托：永久文字有限公司出版社，2012，第 309 页，图书编号：978－99962－1－825－5.

[10] G. 普日布道尔基．能源科学/蒙古国科学集，第 103 卷．乌兰巴托：索格诺尔有限公司出版社，2008 年，第 224 页．

[11] www. legalinfo. mn.

福建省积极参与“中蒙俄经济走廊”建设的若干思考

中国福建省人民政府发展研究中心

“中蒙俄智库国际论坛2016”年会在中国内蒙古自治区呼和浩特市召开，与会各方深入探讨推进“中蒙俄经济走廊”建设，具有重要的现实意义。

一、“中蒙俄经济走廊”将成为跨境合作的成功典范

中蒙俄三国在地理上相依相邻，是好邻居；在经贸关系上优势互补，是好伙伴。当前世界经济增长乏力，不确定因素增多，中国经济也处在深度结构调整当中，与蒙俄加强合作可以获得稳定、可靠的能源供给，同时营造良好的周边环境。蒙古国连接着中俄之间的商路，与中国的“一带一路”和俄罗斯的“欧亚大通道”战略对接，是一条连接三国、打通欧亚的重要通道。俄罗斯作为资源大国，与中蒙两国合作可以加强俄罗斯远东地区的能源出口和经济发展。因此，中方提出共建“丝绸之路经济带”倡议，获得俄方和蒙方的积极响应。“中蒙俄经济走廊”可以作为中国“一带一路”、蒙古国“草原之路”和俄罗斯“跨欧亚大通道”三大倡议战略的对接载体，为三方充分利用各自比较优势，在政策沟通、设施联通、贸易畅通、资金融通、民心相通等方面打造跨区域合作典范提供了重要平台。

早在300年前，福建与俄罗斯、蒙古国便开始通过万里茶道进行交流交往。中国茶叶从福建省武夷山市下梅村运出，经江西、湖南、湖北、河南、安徽、河北、山西、内蒙古向北延伸，穿越江南水乡、中原腹地、戈壁草原和雪域高原，抵达蒙俄边境的通商口岸恰克图，继而通往欧洲和中亚各国。这条全长1.3万千米、繁荣了两个半世

纪的古商道被称为“万里茶道”。中国改革开放后，中蒙俄边贸快速发展起来，其中福建商人发挥了重要的作用，闽商通过边贸公司开展服装、鞋帽和日用小商品贸易，成为推动边贸发展的重要力量，目前仍有不少福建商人在俄罗斯经营贸易。可见，福建可以在“中蒙俄经济走廊”建设中发挥独特的作用。

二、福建省正在积极推进“21 世纪海上丝绸之路”核心区建设

福建地处中国东南沿海，陆域面积 12. 4 万平方千米，海域面积 13. 6 万平方千米，现有人口 3800 多万。福建毗邻港澳，与台湾隔海相望，是太平洋西岸航线南北通衢的必经之地，在推进海上丝绸之路建设中具有独特的地位与优势。

福建是古代海上丝绸之路的重要起点。海上丝绸之路在福建一直没有中断过，从唐宋到明清直至近代，福建都是海上丝绸之路最重要的参与者与见证者。宋元时期，泉州港被誉为“东方第一大港”；明代前期，郑和从福州开洋远航七下西洋；明代中后期，漳州月港是当时中国最大的对外贸易港口；近代中国开放五口通商中，福州、厦门是其中的两个。

福建人自古就有与世界人民友好往来的优良传统，谱写了海上丝绸之路沿线国家和地区人民交流融合的佳话。从古至今，一批又一批的福建人通过海上丝绸之路走出国门，不仅与沿线国家和地区实现了贸易上的互通有无，而且对促进经济发展、文化繁荣起到了重要作用。闽籍海外华侨华人有 1580 多万人，绝大多数分布在海上丝绸之路沿线国家和地区，是中国第二大侨乡。广大闽籍海外侨胞传承弘扬福建人“爱国爱乡、海纳百川、乐善好施、敢拼会赢”的精神特质，与当地人民和谐相处，为住在国经济社会发展做出了重要贡献，为促进世界各国与福建交流合作架起了桥梁。一些国家和地区的人民通过海上丝绸之路来到福建，其中东南亚和阿拉伯一些后裔在闽繁衍生息，促进了不同民族、不同文化、不同文明的交融。

福建是中国生态环境最好的省份之一，森林覆盖率达 65. 95%，位居全国首位。福建是中国最早开放的两个省份之一。改革开放 30 多年来，福建经济社会发展和对外开放取得巨大成就。2015 年，全省经济总量接近 4200 亿美元，人均 GDP 接近 1. 1 万美元，固定资产投资超过 3000 亿美元，进出口总额 1700 亿美元，实际利用外资 77 亿美元，为更好地融入“一带一路”建设奠定了坚实的基础。

自中国中央政府确定福建省作为“21 世纪海上丝绸之路”核心区以来，福建迅速响应、积极作为，努力当好“一带一路”建设的中坚力量。福建已经制定了建设“21 世纪海上丝绸之路”核心区的实施方案，我们将充分发挥福建建设“21 世纪海上丝绸之路”

核心区、生态文明先行示范区、自由贸易试验区、平潭综合实验区、福州新区等政策优势，坚持引进来与走出去相结合，在加快设施互联互通、深化多元经贸往来、推进国际产能合作、加强海洋合作、密切人文交流、用好侨力资源、推动闽台携手拓展国际合作、创新开放合作机制等方面，全方位巩固拓展与“一带一路”沿线国家和地区的交流合作，努力打造海上丝绸之路互联互通的重要枢纽、经贸合作的前沿平台、体制机制创新的先行区域、人文交流的重要纽带，全面发挥海上丝绸之路核心区的引领、示范、集聚、辐射作用。

三、福建省融入“中蒙俄经济走廊”建设的几点思考

福建与俄罗斯和蒙古一直保持着良好的经贸往来。2015 年与俄罗斯的贸易额达 17. 8 亿美元，其中出口俄罗斯的主要产品是服装、鞋类、纺织品、计算机及相关电子元器件、灯具，进口俄罗斯的主要产品是木浆及纸板、木及木制品、饮料、煤、有机化学品等；俄罗斯在福建的投资主要是纺织服装制造和竹藤制品制造等领域，福建对俄罗斯的投资主要是汽车玻璃生产、鞋类加工以及矿山工程等领域。

目前，中国已成为俄罗斯第一大贸易国和第三大投资国，也是蒙古国第一大贸易国和第一大投资国。建设“中蒙俄经济走廊”，是发挥各自比较优势、适应区域经济一体化发展要求，实现共同发展、共同繁荣的重要举措，也为福建建设“21 世纪海上丝绸之路”核心区，深化闽蒙两省、自治区全方位合作，以及扩大与俄罗斯和蒙古的合作创造有利条件。具体而言，福建与俄蒙两国、内蒙古自治区可以在以下几个方面加强务实合作。

一是加强产业互补与国际产能合作。福建省轻工业比较发达，纺织、服装、鞋帽和日用品等产业有比较强的竞争优势，但福建省又是一个山多地少、资源相对缺乏的省份，这种产业结构和资源结构与俄罗斯、蒙古国两国资源丰富、急需发展轻工业的特征具有很强的互补性，三方可以在这些方面加强国际产能合作。目前，受土地资源和人力资源约束，福建的轻工业等优势富余产能有向外延伸拓展的内在要求，我省也积极鼓励企业走出去，“中蒙俄经济走廊”建设为三方开展产业链和价值链合作提供了历史契机，三方可以在传统轻工业、汽车配件、资源能源开发与利用、农畜加工、旅游以及生特制药、新材料和环保等领域研究开展产业对接与合作事宜。

二是加强境外经贸合作园区和物流园区建设。据了解，我国已在全球 50 个国家设立 118 个经贸合作园区，其中 77 个园区设在“一带一路”沿线国家，而且目前商务部正在重点推进“境外经贸合作区创新工程”，对每个项目给予最高达 3 亿人民币的资金支持。福建省目前正在研究制定相应的配套政策和资金支持境外经济合作园区建设，

引导有实力的企业走出去，建设更多的境外经贸合作和物流园区，并争取若干个园区达到商务部支持标准。具体而言，我们可以组织福建企业在绿色农畜产品、轻工产品、机电产品、建材产品生产加工、商贸服务等领域，研究建立境外经贸合作区或者两国合作园区，吸引福建企业和当地企业入驻发展。发挥福建轻工业比较发达的优势，可以研究在交通比较发达的地区建设福建商品城，使之成为区域性商贸中心、中转物流中心和跨境电子商务大型“海外仓”，引导企业由现货、散单贸易向订单、大额贸易转变，降低物流成本和通关成本，推动与俄罗斯和蒙古的货物贸易实现跨越式发展。

三是加强海陆联动通道建设和推进通关便利化。“一带一路”倡议启动实施后，中欧铁路班列开始“换挡提速”，目前经新疆阿拉山口口岸、经内蒙古二连浩特口岸和经内蒙古满洲里口岸等三个通道出入境的中欧铁路班列已超过20条线路，开行1000多班列。福建省作为东南沿海的开放前沿，在物流枢纽方面的优势和作用有待挖掘，可以在开通厦蓉欧班列的基础上，探索开拓东北亚的陆路出境通道，开通更多出境班列，加强与俄罗斯、蒙古国和东北亚等国家的经贸往来。比如可以研究开通以福州或泉州为起点，经浙江、江苏，通过内蒙古口岸往蒙古国、俄罗斯、欧洲货运班列的可行性。同时，探索开展内蒙古和东北地区的关检合作。东北地区已经启动海关区域通关一体化，大连、沈阳、长春、哈尔滨、呼和浩特、满洲里等6个海关将整合为一个版块，实现互联互通。我们还可以研究与东北地区的大通关建设事宜，实现关检等监管部门监管互认、信息互换、执法互助，进一步降低福建货物通往俄罗斯和蒙古国的通关成本。

四是加强社会和人文领域交流与合作。万里茶道既是一条国际商道，也是一条文化纽带，更是一条互鉴共进的友谊之道和发展之道。福建省作为万里茶道的起点，可以研究推进与其他7个省区共同做好万里茶道申报世界文化遗产的工作，还可以万里茶道为纽带，推进沿线各地的旅游、文教等各领域的交流与合作，促进智库、青年、媒体、社会团体等的友好交流，推动建设万里茶道城市联盟。同时，中蒙俄相关地区通过加强合作，可以进一步挖掘万里茶道文化内涵，加强跨境旅游合作，联合开发万里茶道旅游产品，联合开展宣传推广活动，共同打造万里茶道旅游品牌，使这条具有近300年历史的贸易通道变成一条跨国旅游线路。

五是加强智库联盟与合作。

（1）“中蒙俄经济走廊”建设是个系统工程，每一项工作都需要经过充分论证。智库具有独立、超脱的特点，是政府与公众、政策与学术研究之间的桥梁，可以发挥引导者的作用，参与政府决策，引领社会思潮，引导公众舆论。智库的新思想、新观点可以对社会共识的形成产生重要影响，实现“民心相通”任务需要我们多做增进了解和互信的工作，扩大丝路“朋友圈”，凝聚更多共识，发出更多好声音，注入更多正能量，推动形成正确的舆论导向。

（2）“中蒙俄经济走廊”建设涉及三个国家，如何实现有效沟通与协调需要发挥智库的作用。智库具体视野开放和思想包容的特点，可以发挥阐释者的作用，通过论坛、研讨会、访问等形式，加强三方之间的智库交流，让不同文明、不同文化对话交流、消除认知误差，让文明交流互鉴成为促进三国人民友谊的桥梁、推动人类社会进步的动力和维护世界和平的纽带。

（3）“中蒙俄经济走廊”建设是个新的跨境合作计划，怎么合作、合作什么也需要加强理论研究和指导。智库聚集了各行各业各领域的专业人士，可以作为推动者，直接为“中蒙俄经济走廊”建设出谋划策，我们衷心希望以本次年会为契机进一步推动智库间、智库与政府、智库与企业等交流合作的机制化和常态化，建立智库研究成果交流研讨机制以及合作研究机制，通过人员交流增进相互了解，凝聚各方共识，寻找利益契合点，为推进“中蒙俄经济走廊”建设做出贡献。

东北亚跨国地区间经济合作研究
——以中国内蒙古地区为例

李瑞峰（中国内蒙古财经大学工商管理学院副教授）

在经济全球化大趋势下，区域经济一体化倾向日益增强。东北亚是全球经济发展最快的地区之一，该地区拥有众多的人口、丰富的资源，国民生产总值之和占世界经济总量的五分之一。东北亚是也当今世界最具发展潜力的地区之一。中国是参与东北亚多边区域合作的重要一员，中国的经济发展离不开与东北亚各国的经济合作。

中国内蒙古是研究和促进东北亚经济合作的重要合作区域。近几年来，中国内蒙古与东北亚跨国地方间的经济合作层次不断提高，合作领域不断拓宽，合作模式或方式不断创新，合作主体不断丰富，合作规模不断扩大，多层次、多方位、多形式、多渠道的区域经济合作格局正在逐步形成。

一、合作的必然性

（一）中国实施沿边开放战略

进入20世纪90年代，中国的对外开放由沿海向沿江、沿线、沿边的内陆地区逐步展开。2013年中国政府工作报告提出“坚持把深化沿海开放与扩大内陆和沿边开放结合起来，加快形成各具特色、优势互补、分工协作、均衡协调的区域开放格局”，这为中国进一步扩大沿边开放、不断完善开放型经济体系指明了方向，也为内蒙古对外发展提供了机会和平台。

(二) “中蒙俄经济走廊” 建设与内蒙古区位优势

中国、蒙古国、俄罗斯三国是东北亚经济一体化进程的重要推动力量。2014 年 9 月，习近平主席在杜尚别举行的第一次中蒙俄元首会晤时指出，中蒙俄三国发展战略高度契合，可以把“丝绸之路经济带”同俄罗斯跨欧亚大铁路、蒙古国“草原之路”倡议进行对接，打造“中蒙俄经济走廊”，促进互利共赢合作，实现优势互补，共同发展，推动东北亚区域合作进程①。“中蒙俄经济走廊”建设，服务于“一带一路”倡议，它是集商业贸易、产业结构、投融资、旅游文化活动为一体，人流、物流、资源流、信息流、科技流相渗透，政治、经济、技术、文化以及民族事务相协调的综合创新发展区域。

“中蒙俄经济走廊”有两条重要路线：东线从大连铁路始发，经沈阳、长春、哈尔滨等城市到达内蒙古满洲里再到俄罗斯的赤塔；西线直通北京、天津、河北与呼和浩特，再到蒙古和俄罗斯。东北亚区域经济合作的多年积淀，形成了东线走廊，但事实上，经由东线进入蒙古国的通道是非常不经济的，这是因为需要在境外绕行 100 多千米才进入蒙古国东部的乔巴山，但是这里不是蒙古国的核心地域。因此，构建一条连通中国、内蒙古、蒙古国、俄罗斯、西伯利亚联邦管区（京津冀—呼包鄂—二连浩特—乌兰巴托），也就是位于西伯利亚中部地区的西线“中蒙俄经济走廊”非常必要。这不仅可以发挥内蒙古联通俄蒙两国的区位优势，而且可以提高与蒙古国草原之路倡议对接的经济性，有助于中蒙俄区域经济化一体化的战略实施。

(三) 内蒙古对外贸易结构需要优化

从进出口市场需求结构看，内蒙古海关进出口总值在 2005 ~ 2014 年（如图 1 所示）总体增速较快。但内蒙古对外贸易从全国范围进行分析，还存在规模小、出口商品类型比较单一、资源密集型产品出口比重逐年增加、进口的增长不能有效推动出口同比增长、外贸出口对经济增长的拉动作用较弱等问题。通过加强内蒙古与东北亚跨国地区间的经济合作，无疑是促进内蒙古对外贸易结构优化的重要组成部分。

---

① 《习近平出席中俄蒙三国元首会晤》，新华每日电讯 1 版，2014 年 09 月 12，http：//news. xinhuanet. com/mrdx/2014 - 09/12/c_ 133638177. htm。

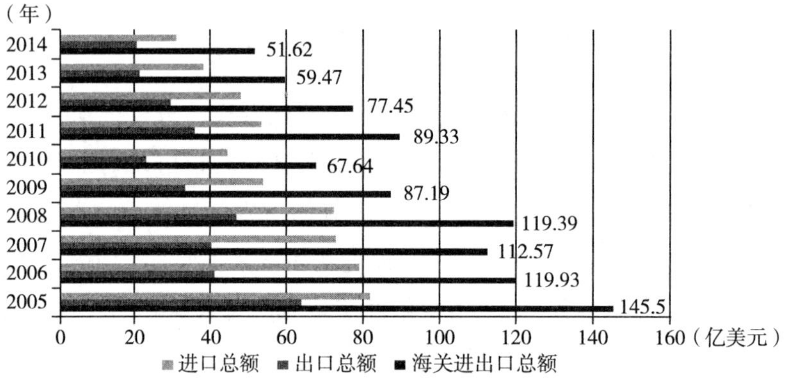

图1　内蒙古进出口总额（2005～2014 年）

二、合作的现状分析

（一）内蒙古经济总体实力大幅提升

2000 年以来，内蒙古经济呈现出快速增长势头。2002～2009 年内蒙古经济增长增速连续 8 年位居中国之首①。目前内蒙古正在建设中国的能源、化工、冶金和农产品、畜产品生产加工基地。煤化工产业处于中国领先水平，重型载货汽车、羊绒制品在国内外市场有一定知名度。内蒙古经济总体实力的提升为推进本地区与东北亚跨国地区间的经济合作奠定了坚实的基础条件。

（二）内蒙古外向型经济获得良好发展

内蒙古地区已经与 160 多个国家和地区建立了贸易往来关系，但出口市场主要集中在蒙古国、俄罗斯、韩国、美国和日本，出口区域比较集中，市场相对稳定。近几年内蒙古地区逐步开拓新市场，培育产品和服务在新市场的份额，使得对外贸易区域呈现多元化的发展趋势。

有数据显示：2014 年，内蒙古对蒙古国贸易 40.97 亿元，占其对外贸易额的 28%，同比增长 29.8%，占全国对蒙贸易额的 56%；对俄罗斯贸易 30.5 亿美元，占其对外贸易额的 21%，同比增长 16.2%。截至 2014 年，内蒙古在俄蒙投资设立企业 206 家，其中，投资蒙古国项目 135 个，中方协议投资额约 16.36 亿美元；投资俄罗斯项目 71 个，

① Wangfang, The empirical study on regional economic disparities and evolution in Inner Mongolia，东北师范大学硕士学位论文，2012 年 6 月。

中方协议投资额约 7.86 亿美元。俄蒙在内蒙古投资设立企业 61 家，投资总额 11579 万美元。

（三）内蒙古口岸经济带动明显

内蒙古基本上通过多年的建设形成了一个比较完备的对外开放的口岸体系，其中现在已经有了 13 个陆路口岸，包括 11 个公路口岸和 2 个铁路口岸，此外还有 3 个航空口岸。内蒙古依托口岸推进经贸合作全区 16 个开放口岸承担着中蒙贸易 95%、中俄贸易 70% 以上的货运量，尤其是内蒙古满洲里及二连浩特两地近年陆续被“升格”为中国国家重点开发开放实验区后，其对内蒙古外贸进出口的“贡献”更是呈现出几何级的增长。内蒙古通过完善口岸经济布局，加强口岸能力建设，可充分发挥对内对外两个市场交汇点、东北亚区域合作支撑点的作用。

三、合作的影响因素

（一）政治环境的多样性

东北亚地区是二战遗留问题最多的地区，许多历史遗留下来悬而未决的问题在不同程度上困扰着各方，对各国间的政治关系、经济关系造成了较大的影响，使得东北亚地区合作进程受到影响。

（二）经济发展水平差异

建立一种多层次、高水平的区域经济合作关系应具备的条件之一是人均国民生产总值水平相近，差别太大则不利于建立良好的多边合作关系。过分悬殊的经济规模和不同的经济发展阶段，导致各国经济政策、产业结构政策、国民经济支持外贸能力、相对吸收需求能力等等诸多因素的差异，使彼此间的互求和互补受到限制。

（三）经济开放程度不同

1997 年的亚洲金融危机使人们意识到区域国家间的合作是解决区域问题的必要手段。也即是说，东北亚诸国再次认知到有必要扩大国家间的经济相互依存度，而东北亚各国之间存在经济开放程度的差距以及生产要素流动性的不足，制约着东北亚经济合作和一体化的进程。

表 1 东北亚经济指标

国家/地区	国土面积（平方千米）	人口（百万）		GDP（十亿美元）		人均 GDP（美元）	
		1990 年	2010 年	1990 年	2010 年	1990 年	2010 年
中国	9569901	1143	1341	390	5878	341	4382
日本	364485	123	128	3058	5459	24774	42783
韩国	96920	43	49	270	1014	6308	20756
朝鲜	120408	20	24	25	23	1217	945
蒙古国	1553556	2. 2	2. 7	3. 0	5. 8	1336	2153
俄罗斯远东	6169300	8	6	23	57	2875	9500

（四）文化和历史传统的复杂性

东北亚经济体地域广阔，人口众多，历史悠久。东北亚地区是一个多民族地区，具有语言、文化和宗教的多样性。东北亚地区各民族经过长期的历史发展，在不同的地理环境中形成了具有一定共性的文化心理素质，同时也有巨大差异。这些差异反映在文化合作上就是缺乏向心力和融合性，从而对东北亚经济合作产生一定影响。

四、合作的发展战略

（一）要把互利共赢作为合作的基石

内蒙古建设成为中国向北开放的重要桥头堡和充满活力的沿边经济带，必须遵循经济全球化和区域经济一体化的规律，秉承平等互利、有取有予的理念，充分发挥内蒙古与俄罗斯、蒙古等东北亚各国在矿产资源、产业结构、经济技术和生活资料、生产资料、劳动力市场等方面互补性强的特点，创新合作模式，在共同发展中互赢、在互赢中实现更高水平发展，努力使自身发展更好惠及周边国家和地区。

（二）要把开放带动建设作为合作的前提

中国内蒙古在加强与东北亚跨国地区间经济合作的过程中，应进一步拓展经济合作的深度和广度。要通过继续向北开放，加强与俄罗斯、蒙古等国的经济合作，实现产业结构的调整和优化。内蒙古需增强出口产品的技术含量，使出口商品结构由低效型向高效型转变；可优化对外贸易结构，大力发展技术贸易、服务贸易等。

（三）扩大生态建设和环境保护领域的合作

保护环境是全人类的共同任务和责任，要注重加强在环境保护方面的合作，不能以单纯追求经济发展而破坏赖以生息的自然环境。在保护环境可持续发展问题上内蒙古应加强同东北亚各国的多边合作，重点在草原生态保护建设、矿山环境治理、跨境湖泊水体和生态保护、野生动植物保护等方面加强合作。

（四）扩大人文、教育、科技等领域的交流与合作

在经济合作的过程中，可以举办更多的文化交流活动，加强中国内蒙古与东北亚人民的直接交流和相互了解，消除彼此之间的隔阂，增加文化认同，深化内蒙古与东北亚人民在人文、教育、科技等领域的交流和合作，增进民间往来和友谊。

总之，中国内蒙古在与东北亚区域开展经济合作的过程中，应进一步发挥区位优势、资源优势和工业发展优势，结合东北亚各个国家自身的产业需求和发展规划，深入挖掘经济合作的基础与潜力，打造系统、联动的经济合作模式，实现内蒙古与东北亚经济的共同发展和繁荣。

参考文献

[1] Wangfang. The empirical study on regional economic disparities and evolution in Inner Mongolia, [D] 东北师范大学硕士学位论文，2012.

[2] 郭烨．内蒙古进出口贸易结构与产业结构关系研究 [D]．内蒙古大学硕士学位论文，2011.

[3] 陈峰君．祁建华．新地区主义与东亚合作 [M]．北京：中国经济出版社，2007.

[4] [韩] 李恩在，沈完燮．环东海经济圈经济共同体的必要性和贸易合作方案．

[5] 刘俊清．东北亚区域经济合作前景探析 [J]．内蒙古财经学院学报，2009（05）：pp. 60－64.

[6] 施曼，内蒙古出口贸易结构分析及对策 [J]，经济论坛，2013.

[7] 内蒙古政府上网工程 [July，2014]，http：//www. chinaembassy － fi. org/chn/xglj/W020040514400568124786. net.

[8] 内蒙古经济信息网，www. nmg. cei. gov. cn/ [July，2014]．

二连浩特综合保税区的创建

张时空（中国内蒙古师范大学副教授）

随着改革开放的推进和对外贸易的发展，我国先后在多个港口或口岸设立了保税区、保税港区和综合保税区等海关特殊监管区，但绝大多数设在经济较为发达的东中部地区。在国家实施新一轮沿边开放战略之际，内蒙古应抓住有利时机，根据内蒙古经济贸易发展的需要，充分发挥其独特的区位交通优势，在中蒙边境的二连浩特市（简称“二连”）创建综合保税区。

一、综合保税区与保税港区

“保税”是指进口货物暂不缴纳进口税，而是先将其存入特定区域。若货物转运出口或经加工后再出口，则免交关税。符合此种状态和情形的货物即为保税货物，可享受此类政策和优惠的特定区域即为保税区。综合保税区指设立在内陆地区具有保税港区功能的海关特殊监管区域，是国家贸易、投资、金融、服务、运输等领域开放的试验区和先行区。综合保税区一般均有着独特的地理区位优势，是交通枢纽中心和集运中心。如我国综合保税区大多建在内陆口岸或航空港附近。综合保税区主要利用海关保税的独特条件，最大限度地利用外国的技术和资金以发展外向型经济，增加外汇收入、扩大就业，以带动区域经济发展。

“保税港区是指经国务院批准，设立在国家对外开放的口岸港区和与之相连的特定区域内，具有口岸、物流、加工等功能的海关特殊监管区域。”① 综合保税区与保

① 《中华人民共和国海关保税港区管理暂行办法》第2条，2007年10月3日起实施。

税港区功能基本相同，只是综合保税区设立在内陆地区，依陆地口岸（可称之为无水港）而建，保税港区坐落在海边和内河旁，依港口或航运中心而设。《中华人民共和国海关保税港区管理暂行办法》第四十五条规定："经国务院批准设立在内陆地区的具有保税港区功能的综合保税区，参照本办法进行管理。"由此可见，综合保税区与保税港区具有相同的法律地位和性质。在二连浩特创建的综合保税区，因其为陆地口岸，但具备保税港区全部功能，是内陆地区的依保税港区进行管理的综合保税区。

二、在中蒙边境创建综合保税区的必要性分析

内蒙古处在蒙古、俄罗斯与我国中南部的对称中心位置，可以发挥"北开南联，东进西出"的优势地位和联结国内市场和周边国家市场的桥梁和纽带作用。经国务院批准，二连浩特市分别于1986年和1992年成为甲类开放城市和全国13个沿边开放城市之一。二连浩特市是我国实施向北开放战略的重要窗口和我国最便捷的欧亚大陆桥的"桥头堡"。目前，二连浩特市是中国对蒙开放的最大陆路口岸，中国重要的进出口集散地，在国家、自治区深入实施向北开放战略中发挥着极其重要的作用。根据二连口岸的基础条件和内蒙古经济发展的实际需要，应创建二连浩特综合保税区。创建二连综合保税区有着重大的作用和意义，主要表现在以下四个方面。

（一）有利于转变外贸发展方式，加速产业经济合理转移

创建二连综合保税区，有助于增强内蒙古各口岸实力，开拓外贸方式和边境贸易深化发展，探索转变外贸方式，实现贸工技一体化。根据二连综合保税区的功能定位，将形成二连口岸的保税物流和出口加工功能，强化和完善二连无水港的服务功能，接纳和承受环渤海地区主要港口的辐射，促进国际资本、信息、技术、劳动力等要素向内蒙古集聚，加速我国产业经济合理转移，促进中蒙、中俄、中欧贸易的升级。

（二）有利于加快推动边境地区发展，打造新的区域经济和外贸发展增长极

内蒙古从2001年到2009年GDP年均增速为17.6%，增速连续8年居全国之首，还创造了颇具代表性的"内蒙古模式"。这些看似惊人的数据无法掩盖其对外贸易的"苍白"。内蒙古进出口商品总值在全国占比与其经济发展和区位优势不相匹配。按经

营单位所在地来统计，内蒙古进出口商品总值在全国中的占比多年徘徊在0.3%～0.4%之间（见表1）。这意味着内蒙古外贸发展缓慢，规模较小，相对落后。综合保税区的辟建，将成为国际贸易、外向型加工、跨境旅游基地和区域性国际物流中心和“引进来”“走出去”战略的实施舞台，可以利用欧盟和美国赋予蒙古国的“普惠制”政策，承接国内产业转移，吸引外资集聚，带动区域经济发展，打造新的区域经济增长极，培育新的经济增长点。

表1　内蒙古自治区进出口商品总值表（按经营单位所在地①统计） 单位：千美元,%

年份	进出口总值	全国占比	出口	全国占比	进口	全国占比
2006	5960820	0.3	2140501	0.2	3820319	0.5
2007	7735885	0.4	2944394	0.2	4791491	0.5
2008	8918483	0.3	3591850	0.3	5326633	0.5
2009	6774066	0.3	2315476	0.2	4458590	0.4

资料来源：根据历年《中国海关统计年鉴》（中华人民共和国海关总署）整理所得。

（三）有利于成为开放开发的双边合作示范区，推进我国全方位的沿边开放战略

对二连综合保税区应实施更加灵活的外贸政策，吸纳和开发蒙古国、俄罗斯资源及原材料，把境内优势产品输入到蒙古和俄罗斯西伯利亚地区，甚至到欧洲市场。综合保税区不仅成为内蒙古外贸发展和外经贸战略升级的着力点，更是地区经济发展最具影响力的双边合作示范区。二连综合保税区，可以作为国家正北沿边开放战略的重要突破，有助于形成我国全方位的对外开放格局，尽快缩小内蒙古与东部沿海的发展差距，强化与沿边沿海联系的经济纽带，实现各民族的共同繁荣。

（四）有利于深化周边交流合作，巩固和加强中蒙睦邻友好关系

蒙古国战略位置特殊，境内资源丰富。近年来，西方一些国家为了达到扼制我国的目的，正在加强对蒙古国的渗透，抢占蒙古国市场，争夺蒙古国资源。二连口岸直接面对蒙古国，是我国对蒙影响力、辐射力最大的口岸城市。创建二连综合保税区，有利于推动中蒙贸易的快速发展，带动中蒙两国边境地区的经济社会发展，进一步增强中蒙双方交流合作和友好交往。关系到边境地区的安宁稳定，具有重大

① 经营单位所在地：指有进出口经营权的企业的报关注册登记地。

的政治意义。

三、在中蒙边境创建综合保税区的可行性分析

国务院《关于促进边境地区贸易发展问题的批复》（国函〔2008〕92号）明确提出："对在边境地区申请设立具有保税功能、货物从境内区外入区享受退税政策的跨境经济合作区，由海关总署在全国海关特殊监管区与宏观布局规划中统筹考虑。"该批复为在中蒙边境创建二连综合保税区提供了政策依据。从实际发展情况来看，内蒙古在中蒙边境创建综合保税区也具备相当的基础优势和经济条件。

（一）二连浩特具有明显的交通和区位优势，为创建中蒙边境综合保税区提供良好的硬件环境

二连浩特作为欧亚大陆的"桥头堡"，是北京—乌兰巴托—莫斯科国际铁路的重要枢纽。以北京为起点经二连到莫斯科比走滨洲线（哈尔滨—满洲里）近1140千米。2004年开通的呼和浩特—法兰克福"如意号"国际集装箱物流专列，途经6个国家，单程运输时间比海运至少缩短27天。二连至广州的高速公路已全线贯通，与蒙古国开通的乌兰巴托至扎门乌德公路相连接；集二线铁路经京包、京山线与天津港相连。二连浩特到锡林浩特铁路建成投入使用，使二连到锦州、大连、营口等港口的运输更加便捷。二连4C级支线机场于2009年投入使用。二连浩已形成公路、铁路、航空立体运行的国际疏运通道。

二连公路、铁路口岸年吞吐能力达到1600万吨。不但承担着中蒙贸易70%以上的运输任务，而且承担着中俄、中欧贸易转关跨境运输任务。口岸服务功能齐全，已建成公路口岸通道、铁路H986货运列车查验系统、口岸电子信息平台和世界最大的换轮库，公路口岸货运新通道和铁路国际物流中心已具规模。公路口岸实行每周7天通关，铁路口岸部分业务实现24小时通关，并且开辟了果蔬、粮油、食品出口"绿色通道"。按经营单位所在地统计，二连浩特2006年的进出口总值为779170千美元，2009年进出口总值为943677千美元，年均增长率为6.6%（见表2）。

表2　　二连浩特进出口商品总值表（按经营单位所在①地统计）　单位：千美元,%

年份	进出口总值	内蒙占比	全国占比	出口	内蒙占比	全国占比	进口	内蒙占比	全国占比
2006	779170	13.07	0.0	87562	4.09	0.0	691608	18.10	0.1
2007	878949	11.36	0.0	129907	4.41	0.0	749042	15.63	0.1
2008	912504	10.23	0.0	191094	5.32	0.0	721411	13.54	0.1
2009	943677	13.93	0.0	495644	21.40	0.0	448033	10.05	0.0

资料来源：根据历年《中国海关统计年鉴》（中华人民共和国海关总署编）整理所得。

除了交通优势外，二连浩特还具有独特的区位优势。二连浩特与蒙古车扎门乌德市相距仅9千米。目前蒙古国正在扎门乌德市规划建设面积最大、投资贸易政策最优惠、开放程度最高的自由经济区。随着扎门乌德及其自由经济区的开发建设，在二连浩特创建综合保税区的意义将更加明显。届时二连可利用欧盟等发达国家赋予蒙古国8200种产品出口免关税，不受配额限制的“普惠制”政策，积极向国内外招商，鼓励国内外大企业在二连浩特口岸和扎门乌德投资建厂，大力发展口岸加工、仓储、配送、物流等相关产业。

（二）中蒙两国产业优势互补，为中蒙边境综合保税区发展提供巨大的潜力

我国与北边邻国蒙古相比，由于自然条件、地理位置和历史发展等诸多因素的影响，产业结构具有明显的互补作用。从自然资源、产业结构和技术水平来看，蒙古国拥有丰富的自然资源，被誉为“21世纪人类自然资源的宝库”。蒙古国畜产品和矿产资源富饶，现已探明80多种矿产资源和3000多个矿点；铜矿粉、氧化铝、木材、铁矿粉等均为中国稀缺的资源；石油、天然气、矿产、木材尚未完全开发和利用。然而蒙古轻工业相对弱小，高技术民用产业化程度比较低。轻工产品、机电产品、菜果、日用品、食品粮食、纺织品等商品相对欠缺。被称为“世界工场”的中国民用商品生产形成规模经济，生产能力和生产总量有过剩之势。从劳动力成本来看，包括内蒙古在内的边疆省区多为欠发达地区，劳动人口密集且成本低廉，为吸引双边开展贸易和劳务合作提供了有利条件。

互补的产业优势决定了中蒙贸易的生命力和依赖性。二连浩特可进口大量的木材、矿产品等重要战略物资。利用丰富的进口资源，发展木材加工、矿产品初选加工、畜产品加工、能源综合利用等特色产业。因此，创建中蒙边境综合保税区，可利用“两个市场，两种资源”，充分发挥禀赋和技术比较优势，与毗邻国家形成优势互补的发展

① 经营单位所在地：指有进出口经营权的企业的报关注册登记地。

态势，最终实现优势资源、劳动力、资本和技术的自由流动，达到区域贸易和投资自由化。

（三）内蒙古与蒙古国贸易发展势头强劲，为创建中蒙边境综合保税区提供了绝佳机会

从2005年至2009年，中国一直是蒙古国的第一大贸易伙伴（见表3）。我国对蒙古的贸易总额从2005年的8.164亿美元到2009年的19.14亿美元，年均增长23.7%。[①] 从内蒙古对外贸易的国家来看，目前蒙古国占着举足轻重的地位。从表4可以看出，蒙古国在内蒙古外贸出口国中位列逐年攀升。特别是2008年，蒙古国在内蒙古外贸出口国位列中从2007年的第五位跃为第二位。2009年蒙古成为内蒙古的第一大出口国。可见蒙古国对内蒙古的对外贸易影响巨大，加强中蒙贸易非常重要和必要。蒙古国与内蒙古地区习俗相仿，消费习惯和需求相近。可各取所需，取长补短。蒙古国70%～80%的果蔬和日用品要从我国进口，蒙古国有70%以上的商品由二连口岸运入。“从2006年蒙古国对外贸易进出口构成来看，中国占41.23%，居第1位，已名副其实地成为蒙古国第一大贸易伙伴。而在中蒙贸易中，内蒙古自治区由于先天的优势长期以来占据着重要地位，平均占到总贸易额的50%左右。”[②] 内蒙古对蒙古贸易发展迅速势头强劲，为创建中蒙边境综合保税区提供了绝佳机会。

表3　　2005～2009年主要贸易伙伴国在蒙古国外贸排序的变化[③]

单位：亿美元

国家	2005年			2006年			2007年			2008年			2009年		
	贸易额	%	排序	贸易额	%	排序	贸易额	%	排序	贸易额	%	排序	贸易额	%	排序
中国	8.164	36.4	1	14.144	47.5	1	19.803	49.4	1	25.346	43.7	1	19.14	47.5	1
俄罗斯	4.452	19.8	2	5.929	19.9	2	8.035	20.0	2	13.286	23	2	8.34	20.7	2
日本	0.813	3.6	7	1.047	3.0	5	1.553	3.9	6	2.661	4.6	3	1.02	2.5	7
韩国	1.288	5.7	5	1.039	3.49	6	1.611	4.0	4	2.247	3.9	4	1.7	4.2	3
美国	1.896	8.5	3	1.626	5.46	4	1.556	3.9	5	1.983	3.4	5	1.17	2.9	6
加拿大	1.394	6.2	4	1.810	6.1	3	1.886	4.7	3	1.854	3.2	6	1.55	3.84	4
英国	0.958	4.3	6	0.476	1.6	8	0.359	0.9	7	1.832	3.2	7	1.39	3.5	5

① 中华人民共和国海关总署编：《中国海关统计年鉴》，2006年和2010年，以蒙古国为进口原产国、出口最终目的国统计所得。

② 郭志芳：《内蒙古边境贸易研究》，内蒙古农业大学硕士学位论文，2008年5月，第20页。

③ 中国社会科学院俄罗斯东欧中亚研究所编：《上海合作组织发展报告（2010）》，社会科学文献出版社2010年版，第196页。

表 4　　2005～2009 年内蒙古对蒙古国出口总值表　　单位：万美元

年份	总值	在内蒙古外贸出口国中位列
2005	9393	第六
2006	11877	第五
2007	18415	第五
2008	28912	第二
2009	54409	第一

数据来源：根据历年《内蒙古统计年鉴》整理所得。

四、在中蒙边境创建综合保税区的构想

我国已创建的综合保税区，属我国目前开放程度高、功能齐全、政策优惠的海关特殊监管区域。二连浩特在创建保税区时，应把自身优势和优惠政策结合起来，创建立足区位、突出特色、政策灵活、辐射全区的特殊监管区。

（一）综合保税区的功能定位

二连综合保税区应坚持“引进来”和“走出去”相结合，充分发挥口岸开放辐射和产业开发链接的优势，综合保税区应具有口岸通关、仓储物流、国际贸易、出口加工、展示展览等多种功能。应重点布局以下两大功能。

一是加工转化：充分利用国内外两个市场，实施以市场为导向的优势资源转化战略，大力发展进口资源接续和出口产品分拨的口岸加工制造业；依托蒙古进口的矿产资源，开展矿产资源加工、石化产品精细加工，重点发展煤电、煤化工、重油加工、矿产品冶炼等产业；开发利用蒙古森林、畜牧业等资源，重点发展以木材加工、家具制造、农畜产品加工为主的精深加工产业；创建国家级进口木材示范区，建设全国较大的集成材加工集散基地；面向蒙古市场，承接东南沿海资金、技术和产业转移，配套发展轻工纺织、建筑材料、机械设备、机电产品、汽车及电子产品组装等出口产品加工业，带动国内工业产品出口。

二是仓储物流：二连浩特应以铁路国际物流中心为核心，依托其强大的铁路、公路和航空三大口岸，发展仓储、转口等国际物流业务，打造内蒙古中西部乃至环渤海地区的销售服务基地和国际货物集散地。

（二）综合保税区的申请设立

《中华人民共和国海关法》第 34 条明确规定：“经国务院批准在中华人民共和国境

内设立的保税区等海关特殊监管区域，由海关按照国家有关规定实施监管。”此条明确地规定我国保税港区的审批权限、监管主体和监管办法。国务院是审批主体，申报主体是省级人民政府。由此可知，二连综合保税区只能由内蒙古人民政府申请设立。申报的各项准备工作，应内蒙古人民政府负责，二连浩特市政府和各部门可协助配合，提供初步的设计方案、可行性论证等相关参考意见和建议。为了满足内蒙古经济发展的需要，更好地发挥边境口岸的链接作用，建议国务院批准设立二连浩特综合保税区，赋予其相应的法律地位，纳入海关特殊监管区域管理。

（三）综合保税区的监管运营制度

为了促进综合保税区成功报批、有效管理和高效运行，根据二连浩特的区位特点、产业优势、经济结构等因素，应精心设计二连综合保税区的监管运营制度，其主要应包括以下 4 个方面。

（1）综合保税区基础设施建设。综合保税区实行封闭式管理。综合保税区与区外之间，应当设置符合海关监管要求的卡口、围网、视频监控系统等。综合保税区内不得居住人员。除保障保税区内人员正常工作、生活需要的非营利性设施外，保税区内不得建立商业性生活消费设施和开展商业零售业务。海关及其他行政管理机构的办公场所应当设置在保税区规划面积以内、围网以外的保税港区综合办公区内。保税区管理机构应当建立信息共享的计算机公共信息平台，并通过“电子口岸”实现区内企业及相关单位与海关之间的电子数据交换。①

（2）综合保税区管理机构。我国综合保税区实行分工负责、协调配合的管理体系，通常由海关牵头、其他机关配合、地方政府协助管理。各地方政府主要负责保税区的日常行政管理。各地方政府一般均成立专门的管委会，作为政府的派出机构，执行保税港区的管理职能。由省（自治区）级人民政府、保税（港）区所在地的人民政府以及其他相关部门派出人员组成。为避免机构、职能重复设置，可考虑组建二连综合保税区管理委员会，作为二连浩特市政府的派出机构，统一负责综合保税区日常事务管理和区域内企业政策协调，具体落实执行国家有关部门的各项政策，协助口岸查验部门实行监管服务，协调驻区工商、税务、通关、环保等机构的管理服务，确保各项规章和执行程序的公开、透明，最大限度地提高行政监管服务效能，确保综合保税区行政监管服务高效运行。

（3）综合保税区运营机制。综合保税区的运行机制主要包括货物监管、人员出入

---

① 参见《中华人民共和国海关保税港区管理暂行办法》第 4、5、6 条。

管理、税收管理、外汇管理及进出口贸易管理等。由各相关部门按照国家的相关法律、法规和政策规定履行监管职能，并在保证海关封闭监管的前提下，简化通关手续，降低企业成本，实现科学管理、规范运转。积极借鉴上海、江苏海关特殊监管区域先进管理经验，可成立综合保税区国有资产运作公司，负责出口加工区及周边配套区的基础设施建设，并进行国有资本运营，并积极引进有实力的企业和各类市场主体参与建设和经营，实现投资和管理多元化。

（4）货物进出区监管。综合保税区是海关监管的特定区域。海关对进出综合保税区的运输工具、货物、物品以及区内企业、场所进行监管。综合保税区享受国内保税港区的有关税收和外汇政策。保税区对进出货物管理的总体原则可以概括为“一线放开，二线管住，区内自由”。“一线放开”是指国外货物入区保（免）税。综合保税区与境外之间货物进出（国家禁止的枪支、弹药、毒品等非法物品除外）不视为进出口，除特殊情形外，海关仅实施实行备案制管理，也无须申请进出口配额、许可证和办理通常的进出口手续，免征进口关税和和代收税。“二线管住”指货物从综合保税区进入国内保税区外销售视为进口、国内保税区外进入保税区视为出口；根据相关法规办理进出口手续，并按货物实际状态缴纳关税和办理出口退税；属于配额、许可证件管理的，区内出口企业或者区外进货人还应当向海关出具配额、许可证件。“区内自由”则是指货物在保税区内可展示、储存、自由流转、加工等。综合保税区内货物一般情况下不设存储期限。区内企业之间的货物交易不征增值税和消费税。针对二连浩特的特殊情况，对入驻综合保税区的企业应免征 2 ~ 3 年的所得税。

五、创建综合保税区的配套改革措施

为了配合综合保税区的申请设立和促进综合保税区的高效运行，应积极采取相关配套改革措施，甚至在某些方面应大胆先试先行，打造双边深化合作的示范区。

（一）提高口岸通关效能，优化综合保税区基础平台

提升口岸综合服务水平，打造功能齐全、管理科学、服务优良、高效通关的现代化国际口岸。深入推进大通关，试行中央与地方共管边境口岸工作体制，深化海关分类通关体系，建立检验检疫绿色通道，强化边境管理信息化、规范化和便利化建设，形成海关、检验检疫、边检、铁路的联检联运一站式查验新机制。加快国际电子口岸和公共信息平台建设，形成国际化通信枢纽和信息中心。积极探索与蒙方口岸实施简化海关程序、检验检疫认证认可、跨境客货便利运输一体化通关新模式。加强跨区域

口岸合作，扩大与沿边和沿海通关业务范围，提高口岸通关效能，建设大通关示范口岸。

（二）加快物流园区建设，增强综合保税区的辐射功能

加快国际物流枢纽建设。与综合保税区相配套，建设公路口岸物流园和铁路口岸物流园。完善现代综合运输物流服务网络及配套设施，积极培育一批龙头物流企业，大力发展陆路物流产业和空港物流产业，建设以中转分拨、保税仓储、运输配送、离岸加工为主要方式的现代物流产业集群。积极与国内重要工业基地联运合作，重点发展资源类产品的专业物流。与国内物流节点城市建立物流信息公共平台，拓展与环渤海港口集装箱班列业务，推进陆海联运国际物流网络建设。加强与俄、蒙物流合作，建立跨境物流节点的直通关体系。努力降低跨境物流成本，扩大物流规模。创新物流服务方式，建设现代物流信息管理体系为核心。

（三）实现贸工技一体化，提升综合保税区综合发展能力

引导各类投资经营主体设立对外经贸窗口和分支机构，发展总部经济，实施贸易企业集团化战略，培育和发展贸易大户，积极引进世界和国内大企业、大集团在二连浩特设置进口环节财务核算机构，利用口岸开展大宗商品贸易。实施境内外贸工一体化战略，有效链接境内外加工园区，形成境外初加工、境内深加工和境内产品加工、境外分拨销售的贸工一体化模式。实施外贸商品市场专业化战略，建设机械电子、农副产品、化工建材、轻纺服装、进口原料等大型专业市场；提升木材交易中心功能，形成价格主导优势；大力发展周边综合购物商场、品牌专卖店和中心商业街区，实施品牌化战略。实施农副产品出口规模化战略，拓展出口绿色通道，支持创汇农业仓储基地扩大规模和境外销售网络建设，形成内地种植、口岸中转、境外分拨的创汇农产品出口基地。

参考文献

[1] 中华人民共和国海关保税港区管理暂行办法.

[2] 二连浩特市国民经济和社会发展统计公报（2005 年－2009 年）[R]. 二连浩特市统计局.

[3] 内蒙古自治区人民政府口岸办编. 内蒙古口岸 [M]. 2010.

[4] 成思危主编. 从保税区到自由贸易区：中国保税区的改革与发展 [M]. 北京：经济科学出版社，2003.

[5] 田开谷. 我国保税港区法律制度研究 [D]. 西南政法大学硕士学位论文，2010.

“中蒙俄经济走廊”建设的地缘战略效应分析

徐大海（中国人民大学国际关系学院博士研究生）

2016年6月，在上海合作组织塔什干峰会期间，中蒙俄三国元首共同见证了《建设中蒙俄经济走廊规划纲要》的签署。经济走廊建设作为中蒙俄三国元首会晤机制框架下形成的重要成果，客观上凸显了三国共同面临的发展本国经济的迫切战略需要。[①]与此同时，中、俄、蒙共识形成的主要动因一方面来自当今世界格局的新变化，即新世纪以来，大国权势转移进程已经在一定程度上动摇了“9·11”事件后恐怖主义、民族分裂主义和宗教极端势力作为全球首要安全关切的地位，成为主要大国不得不认真研究和应对的首要议题，[②] 另一方面来自中蒙俄三国在东北亚区域发展进程中相似的战略利益诉求。

一、“中蒙俄经济走廊”建设概述

“中蒙俄经济走廊”建设[③]作为兼顾中蒙俄三国的一项长期经济发展战略，无论从定位、目标追求、路径选择等方面都充分体现了中蒙俄三国发展战略的高度契合。2015年7月，中蒙俄三国元首在乌法举行第二次元首会晤，批准了《中华人民共和国、俄罗斯联邦、蒙古国发展三方合作中期路线图》。期间，根据三国元首首次会晤的共

① Самойленко. В. Россия – Китай – Монголия：перспективы трехстороннего сотрудничества. //Mezhdunarodnaia zhizn´No. 6，June 2016，page（s）：12 –22.

② 宋德星：“21世纪全球地缘政治大图景与大国地缘战略关切”，载《国际展望》2015年第2期，第2页。

③ 2014年9月，在上海合作组织杜尚别峰会期间，中蒙俄三国举行了元首会晤，中国国家主席习近平首次提出可以把“丝绸之路经济带”同俄罗斯“跨欧亚大铁路”、蒙古国“草原之路倡议”进行对接。

识，三国有关部门签署了系列谅解备忘录和合作框架协定，明确了三方联合编制《建设中蒙俄经济走廊规划纲要》的总体框架和主要内容。

"中蒙俄经济走廊"作为三国元首会晤机制形成的建设性成果，其首要目标是实现中国"丝绸之路经济带"、蒙古国"草原之路"、俄罗斯"跨欧亚大铁路"的有效对接，通过加强区域交通的互联互通，即逐步实现公路、铁路和航空交通网络的联通，建成亚洲通往欧洲的最短运输路线。其次，根据中蒙俄三国签署的《中俄蒙发展三方合作中期路线图》，实现涵盖开发投资、商品贸易、能源合作等多个方面，带动走廊沿线在基础设施、资源能源、农田水利以及信息通信等多个领域开展重大项目合作。第三，通过交通基础设施、经济贸易等方面融为一体，进而逐渐形成命运共同体的合作方式，夯实三国互利共赢关系。

2016 年 6 月中蒙俄三国正式签署了《建设中蒙俄经济走廊规划纲要》，规划纲要明确了经济走廊建设的具体内容、资金来源和实施机制，商定了 32 个重点合作项目，涵盖了基础设施互联互通、产能合作、口岸现代化改造、能源合作、海关及检验检疫、生态环保、科技教育、人文交流、农业合作及医疗卫生等十大重点领域。对于规划纲要的签署，俄罗斯总统普京指出，"三方在政治领域、经济、国际事务和人文方面的合作开始沿着路线图走向现实，政治磋商机制的运行可以使当今就解决区域内迫切问题的立场协调一致"①。蒙古国总统额勒贝格道尔吉则从本国经济发展急需出发，建议在 2016 年应优先重点关注的是就建立投资中心和交通部门规划开始三国的定期磋商。

"中蒙俄经济走廊"是中国"一带一路"倡议的重要组成部分。"一带一路"倡议是中国政府在新的历史时期主动应对全球形势的深刻变化、兼顾陆海两个战略方向、统筹国际国内两个大局做出的重大战略决策。2015 年 3 月，由国务院授权，国家发改委、外交部、商务部联合发布了《推进共建丝绸之路经济带和 21 世纪海上丝绸之路的愿景与行动》文件；文件中总共规划陆、海两个方向 6 条多边经济合作走廊。从已知的"丝绸之路经济带"走向来看，"中蒙俄经济走廊"位于"丝绸之路经济带"的最北端，是一条将东北亚地区与欧洲连接在一起的经济大通道，且具有陆海两方面的特征。

同时，"中蒙俄经济走廊"也是中国面向北方友邻俄罗斯与蒙古的开放战略。为推进中蒙俄关系的互动发展，三国同意建设经济走廊，即建设以沿线节点城市为支撑点，

① Владимир. В. Е. Первые итоги Юбилейного саммита ШОС в Ташкенте. http：//materik. ru/rubric/detail. php？ ID＝24396.

以重点贸易和产业园区作为合作平台的跨国通道。① 根据《俄罗斯航海消息》刊发的《在乌法峰会上俄联邦、中国和蒙古将就经济走廊做出决定》一文②对“中蒙俄经济走廊”的定位，经济走廊大致可以分两个方向纵深发展（见图1），其一是中国京津冀地区（环渤海经济圈西部）—内蒙古二连浩特—蒙古国乌兰巴托—俄罗斯乌兰乌德（西伯利亚大铁路和俄—蒙铁路交会点），全长约2100千米；其二是中国辽东半岛（环渤海经济圈东部）—吉林省—黑龙江省—内蒙古满洲里—俄罗斯外贝加尔边疆区（赤塔）—乌兰乌德，全长约3600千米。笔者认为，“中蒙俄经济走廊”的两个发展方向除互助互补共同构筑以外，不同的发展方向各有侧重，这一方面体现了中蒙俄三国通过整合和完善现有跨境交通基础设施资源，赋予了不同跨境区域互联互通新的经济内涵。另一方面，区域经济发展的梯度性，决定了中蒙俄三国的经济发展结构具有很强的互补性，通过共同建设具有发展潜力的经济空间，有利于改善本国经济结构，维护地区稳定，增进国家间传统友谊，促进中蒙俄构建统一经济空间的形成。

二、“中蒙俄经济走廊”建设对于东北亚地区的意义

冷战结束后，东北亚各国都不同程度地调整了对外政策，国家间关系不断改善，地缘安全态势总体上趋于缓和，加强区域经济联系与合作已成为东北亚国家的普遍共识。进入新世纪以来，东北亚各国合作领域不断扩大，合作方式不断创新，由中国主导的东北亚高层经贸论坛、东北亚投资贸易博览会等各种经济论坛的成功举行，昭示着东北亚地区经济合作有着广泛的前景。“中蒙俄经济走廊”建设的规划和落实，将为东北亚区域合作发展提供了新的重大机遇。

首先，“中蒙俄经济走廊”建设对三方关系良性互动具有重要意义。中蒙俄三国地理上互连互通，经济上各有所长、互补性强，中蒙、中俄、俄蒙这三组双边合作已经形成良好基础。从经济走廊建设的三方来看，共同推进东北亚区域合作进程构成了又一个利益交汇点。近年来，中蒙俄三国无论是在双边层面，还是在各自国家层面都出台了有关开展区域合作的发展规划。例如，2003年，中国中共中央和国务院联合发布《关于实施东北地区老工业基地振兴战略若干意见》；2008年，蒙古国制定了《基于千年发展目标的国家综合发展战略》；2009年，俄罗斯政府批准了《远东和贝加尔湖地区2025年前经济社会发展战略》；这些都对中俄蒙三边深化合作提供了良好的政策环

---

① Дондоков. Б. Д. , Борисов. Г. О. , Намжилова. В. О. Россия – Китай – Монголия：перспективы трехстороннего сотрудничества. //Problemy Dalńego Vostoka，No. 1，2016，? page（s）：97.

② http：//www. morvesti. ru/detail. php? ID = 32964.

境。从中蒙俄三国经济合作现状来看，目前中国分别是俄罗斯和蒙古的最大贸易伙伴以及蒙古国的第一大投资合作伙伴。2015 年，中国与俄、蒙两国的双边贸易额分别为 635.52 亿美元①、53.51 亿美元②。截至 2014 年底，中国在蒙登记注册中资企业数量已经达到 6500 余家；2015 年，阿木古朗供热站、蒙欣巴音嘎拉水泥厂、巴格诺尔电站等一批两国重要经贸项目取得实际进展，为拉动蒙古经济整体增长发挥了重要作用。地理位置独特的蒙古国对于建设"中蒙俄经济走廊"态度尤为积极。蒙古国在地理位置上处在中俄两国之间，是连接亚洲与欧洲的重要通道。作为三方合作中"较小的缔约国"，蒙古国将在三方合作组织中扮演重要的角色。③ 蒙古国总统额勒贝格道尔吉曾指出，"在中俄蒙三边关系中，蒙古国对于俄罗斯来说是欧洲通往亚洲的窗口，对于中国来说则是亚洲通往欧洲的窗口，而蒙古国则是距离过境运输基础设施最便捷、最理想的交汇处"。④ 在 2012 至 2013 年间，蒙古国总统曾多次表示希望中蒙俄三国建立更加紧密的关系，尤其是在经济合作方面。⑤

其次，"中蒙俄经济走廊"建设在上海合作组织框架内为区域经济合作注入了新的活力。2015 年出台的《中俄蒙发展三方合作中期路线图》中指出，"充分利用蒙古国作为上海合作组织观察员国的身份，促进蒙古国与中华人民共和国、俄罗斯联邦及其他成员国在上合组织框架内加强在经贸、安全、能源、交通、农业、移民、环保和人文等领域的合作"⑥。上合组织作为权威且有影响力的区域组织，其在塑造新的区域经济与政治秩序中的作用正得到广泛认可。从参与"中蒙俄经济走廊"建设的三方来看，2015 年中俄签署《关于"丝绸之路经济带"建设和欧亚经济联盟建设对接合作的联合声明》，明确强调了上合组织在实现两大项目战略对接合作中的平台作用，即"通过双边和多边机制，特别是上海合作组织平台开展合作"⑦。冷战后，蒙古国奉行"多支点"外交政策，积极发展与包括上海合作组织在内的区域性国际组织的关系。自 2004 年成为上合组织首批观察员国家以来，蒙古国高度重视发展与中国、俄罗斯、哈萨克斯坦等周边国家的双边关系。

---

① 中华人民共和国商务部网站：http：//www. mofcom. gov. cn/article/i/jyjl/e/201602/20160201254068. shtml。

② 中华人民共和国商务部网站：http：//yzs. mofcom. gov. cn/article/t/201602/20160201251218. shtml。

③ Дондоков. Б. Д.， Борисов. Г. О.， Намжилова. В. О. Россия – Китай – Монголия： перспективы трехстороннего сотрудничества. //Problemy Dal'nego Vostoka，No. 1，2016，page（s）：96.

④ http：//ru. vom. mn/i/11448.

⑤ Самойленко. В. Россия – Китай – Монголия：перспективы трехстороннего сотрудничества. //Mezhdunarodnaia zhizn´No. 6，June 2016，page（s）：12 – 22.

⑥ http：//news. china. com. cn/world/2015 – 07/10/content_ 36025728. htm.

⑦ 李新："'中蒙俄经济走廊'是'一带一路'战略构想的重要组成部分"，载《西伯利亚研究》，2015 年第 42 卷，第 3 期，第 9 – 10 页。

其三，“中蒙俄经济走廊”建设创新发展了东北亚区域合作机制，有助于提升中蒙俄三国的地缘战略价值。东北亚作为“活跃的东亚经济圈”的次区域，目前虽然广泛存在着中日韩自贸区建设、大图们江区域经济合作等区域性经济合作框架，但是受自然与历史条件影响，东北亚地区国家间政治经济制度及地缘文化表现出显著的差异性、经济发展的不平衡性和互补性并存。迄今为止，在东北亚地区尚未形成完整的区域合作机制。尤其在东北亚广大内陆地区，还没有形成统一的经济空间。就“中蒙俄经济走廊”建设，俄罗斯学者古卡廖夫曾撰文指出，“现在着手恢复的中蒙俄经济三角，将有利于所有的参与国家”[①]。以“中蒙俄经济走廊”建设为牵引，实现中国东北振兴战略与俄罗斯远东开发战略以及蒙古国矿业立国战略对接，将会有效吸引日本、韩国、美国等国投资者参与，共同深化东北亚区域经济合作，最终建成东北亚自由贸易区，与中国—东盟自由贸易区升级版和区域全面经济伙伴关系（RCEP）遥相呼应，形成亚太自由贸易区（FTAAP）的基本框架。[②] 与之相伴的将是中蒙俄三国地缘战略价值的进一步提升。美国地缘政治学者索尔·科恩曾将心脏地带俄罗斯的欧亚大陆外围称之为“欧亚大陆汇合区”（这一地区从东波罗的海、东欧、黑海，延伸到中亚、蒙古国，再到朝鲜半岛，构成欧亚大陆内部的一个新月形）。[③] 中蒙俄统一经济空间的形成将会对欧亚大陆汇合区的东南方向产生一定的积极影响。

三、“中蒙俄经济走廊”建设对于中国的重要意义与战略意涵

2016 年 6 月，在中国外交部举行的例行记者会上，发言人华春莹在回答记者提问时表示，在中国、蒙古国、俄罗斯三国元首的共同见证下，三国有关政府部门在乌兹别克斯坦首都塔什干签署了《建设中蒙俄经济走廊规划纲要》，这是“一带一路”建设的重要的早期收获，标志着“一带一路”首个多边经济合作走廊正式实施，具有重要意义。[④]

中国共产党十八大以来，中国新一届国家领导人的周边外交从理念到方式不断跃升新的战略高度。在 2013 年召开的中国周边外交工作座谈会上，中国国家主席习近平

---

① Кокарев. К. А. Шелковый путь: Россия, Китай и Монголия могут стать единым экономическим пространством. https://riss. ru/smi/11512/.

② 李新：“上海合作组织：共建‘丝绸之路经济带’的重要平台”，载《俄罗斯学刊》，2016 年第 6 卷，第 32 期，第 34 页。

③ ［美］索尔·克恩著，严春松译：《地缘政治学 – 国际关系的地理学》，上海社会科学院出版社，2011 年第二版，第 271 页。

④ http://www. cankaoxiaoxi. com/china/20160622/1201732. shtml.

详细阐述了中国“亲、诚、惠、容”的周边外交理念，提出了周边外交“三管齐下”的战略布局和工作部署，尤其在经济上强调，要利用好比较优势，找准深化同周边国家互利合作的战略契合点，积极参与区域经济合作。从战略实践层面来看，将“中蒙俄经济走廊”建设作为“一带一路”倡议的首个正式实施的多边经济合作走廊，凸显了中国政府由近及远推进周边外交思路以及议题设定和游戏规则制定的能力。

如果说“一带一路”是统筹新时期中国全方位对外开放格局、推进中国与周边国家友好务实合作、实现边疆和谐发展安全稳定的战略规划，那么“向北开放”便是建设“中蒙俄经济走廊”题中的应有之意。从全球地缘政治视角来看，“中国北部安全稳定对于构建和平的外部周边环境具有重要意义”。[①] 实际上，冷战后，随着中国与北方邻国的边界划分问题的有效解决，中国与俄罗斯、蒙古国等邻国的双边关系日益加深，协调处理国际事务和维护地区安全稳定的能力不断提高。可以说与北方邻国的睦邻关系为中国“向北开放”战略提供了良好的政治机遇。在《推动共建丝绸之路经济带和21世纪海上丝绸之路的愿景与行动》中指出：“发挥内蒙古联通俄蒙的区位优势，完善黑龙江对俄铁路通道和区域铁路网，以及黑龙江、吉林、辽宁与俄远东地区陆海联运合作，推进构建北京—莫斯科欧亚高速运输走廊，建设向北开放的重要窗口。”

“中蒙俄经济走廊”建设不仅会进一步巩固后冷战时期中国与蒙俄两个北方邻国的良好关系，也必将重新赋予中国“向北开放”战略以新兴内涵。一是进一步明确了“中蒙俄经济走廊”建设在“一带一路”中的战略定位，通过沿边重点开发开放试验区和边境经济合作区建设，将内蒙古自治区和东北三省统筹作为向北开放的重要战略平台，即充分发挥内蒙古自治区陆路口岸优势和东北三省连接东北亚出海口，兼顾了陆海两个方向。二是“向北开放”的地缘政治意义不仅在于在广大东北亚内陆地区形成统一的经济空间，从中长期来看，“中蒙俄经济走廊”建设有利于中国新周边安全观的确立，即中国需要与周边国家共同构建长期稳定的周边安全合作环境。

展望未来，建设“中蒙俄经济走廊”是一个系统工程，虽然具有极为重大的战略和现实意义，却也面临诸多潜在障碍和挑战，需要两国决策层、相关部门与广大民众持之不懈的共同努力。首先，要以中蒙俄元首外交为引领，发展多层次战略对话，塑造合作共赢的战略氛围，就各自利益关切达成战略共识。其次，要充分发挥中蒙俄三国优势，促进资源优化配置，实现优势叠加，构建中蒙俄自由贸易区。最后，要增加沿线人民福祉，促进民心相通，共享发展红利，努力推动中蒙俄命运共同体的实现。

---

① 张明明：“当前中国周边安全环境评估”，载《中国与世界》，2011年4月，第17页。

第三部分

国情、律法、政策沟通

关于内蒙古与蒙古国加强人文社科领域学术合作的必要性

王其格（中国内蒙古社会科学院草原文化研究所所长　研究员）

中蒙两国共有4710千米的陆地边界，是山水相连、人文联系密切的友好邻居、友好伙伴。特别是2014年8月习近平主席对蒙古的历史性访问，使中蒙关系提升为全面战略伙伴关系，推动两国各领域的合作、交流迈上新的台阶。近年来，两国在文化、教育等人文领域的交流十分活跃，正成为中蒙关系中的一大亮点。但是随着合作领域的拓展和合作项目的增多，两国间的体制机制差异日渐凸现，影响和制约双边合作进程的新问题和共同面对解决、解答的理论问题明显增多。纵观中蒙两国当前人文领域的交流合作，主要集中于诸如艺术、影视、传媒、教育、体育、旅游和学术往来等常规合作领域，并且交流多于合作。其中学术领域的合作则基本处在学术会议、学术访学、学术讲座及学术平台建设、学术成果的翻译及撰写和出版等一般互动性交流层面上，而深层学术问题的合作研究和重要学术课题的实质性合作进展缓慢，与双方人文合作的实际进展和需求很不相配。学术合作的滞后，尤其是重要理论问题、难点问题学术沟通的不足，直接或间接地影响双方的思想沟通和学术互信，导致不少急待解答的共性问题，因认识不一致、认同不畅而得不到及时的解决或变成“学术瓶颈”问题。

学术合作是人文领域国际合作的制高点，是从学力上去解决学术分歧、缩短文化差异，加强文化互鉴、互信，共同解答理论难题，提高合作效率的有效途径。跨国学术合作涉及政治、文化、学术多个因素，体制机制上的差异，思想观念的不同和国际环境复杂背景，有可能对国际学术合作带来直接或间接的困难和障碍。因此，合作双方除了在具体研究方案、研究思路上形成共识外，还应有互敬、互鉴的合作理念，求真务实的科研精神，包容、开放、大胆创新的学术气魄。在中蒙俄三国于2016年6月

23 日在塔什干签署的《建设中蒙俄经济走廊规划纲要》中明确制定“重点深化教育、科技、文化、旅游、卫生、知识产权等方面的合作”，“加强教育和科研机构间的交流合作”。这就意味着科研合作将会成为“中蒙俄经济走廊”建设未来走向的重要内容，成为多领域务实合作的理论引擎。人文合作、理论先行。只有在共同关注的理论问题、关系重大的共性问题上形成理论共识和学术认同，才能够在政治法规、思想观念和实际行动上形成更多的认同和谅解，使双方合作更为科学、智慧，更加和谐、顺畅。

中蒙两国具有割不断的历史、文化渊源联系。悠久的历史关系，山水相连的地缘关系，语言相通、习俗相近的文化关系使内蒙古和蒙古国拥有了很多特征相同的文化传统和文化资源，不仅为两地国际合作创造了良好的人文环境和情感基地，也为两地学界提出了很多需要共同面对的历史和现实议题。但是由于冷战时期的政治文化隔阂和复杂多变的国际环境，两地的学术往来时断时续，在相关历史议题的研究上缺乏应有的沟通和借鉴，各辟其径、各持其见，未能达成全面的共识。比如，像蒙古高原的文明起源、蒙古族的政治史、文化史、民族史等重大历史议题的宏观把握和判断上仍存在不同的认识。尤其像蒙古国的独立和因蒙古国独立而出现的中蒙关系的变化，有关中蒙两国近现代关系史的一些历史人物、宗教人士的功过评论上，仍有一定分歧，甚至在非学术领域，还在流传有关蒙古国独立和雅尔塔会议决议的过激言词和错误观点。学术自由植根于事实。脱离和歪曲历史真相，违背历史发展自身规律的学术认识、学术臆断，终究都是“伪学术”。学术认同是文化认同的重要前提。面对两国关系的重要历史话题，双方应该摒弃以往形成的学术分歧和误解，正视历史、坦诚合作，利用双方的科研力量、文献资料和学术积累，联合研究重要历史议题，以严肃认真、务实求真的学术态度，甄别真伪，还原历史真实，使双方合作环境更加透明、宽松、真实。

中蒙两国有着难忘的革命友谊史。20 世纪 20 年代在俄国“十月革命”的积极影响下，中蒙两国人民先后走向民族解放的革命道路，在反封建、反法西斯的共产国际阵营中，相互支援并肩战斗，结下了深厚的革命友情。在 20 世纪 20、30、40 年代蒙古国作为中国共产党人和进步人士奔赴苏联的中转站和培训基地，为中国革命力量的培养起到过特殊作用。像邓小平、李大钊、乌兰夫等党和国家领导人和大批有志青年或途经蒙古国去苏联学习马列理论，接受现代教育；或在蒙古国学习、深造，为民族的解放和新中国的建设做出过巨大贡献。在二战时期，蒙古国人民积极投身于反法西斯的正义战争，在 1938 年发生在中蒙边境的诺门罕战役和 1945 年对日宣战的入华战役中，蒙古国人民革命军与苏联红军和中国军民一起同日本法西斯浴血奋战，有力支持了世界反法西斯战争和中国人民的抗日战争。新中国成立以后，两国人民又在社会主义国家建设中互相支持和帮助，在政治、经济、文化、教育、科技各领域建立过很多友好关系。就在 1950～1960 年的十年间、中国政府无偿援助蒙古国的城市和交通基础设施建设，每年派遣一万名援蒙工程人员，有力推进了蒙古国的现代化建设。今蒙古国首都乌兰巴托市中心的总统府、国家大商场、体育馆、和平桥等很多标志性建筑，都得建于当年中国援蒙工人之手。蒙古国科学院的达西达瓦先生在其 2014 年出版的《周恩来与蒙古人民共和国》一书中详细介绍和分析了 20 世纪 50～60 年代两国政治、经济、文化关系及中国援蒙工程的历史与贡献，为两国两党关系的研究开了个好头。中蒙两国之间的这些友好往来，不仅是两地人民革命友谊的历史见证，也是事关世界共产主义史、二战史、社会主义红色阵营等的重大历史题材，值得双方进一步深入细致地合作研究。

中蒙两国在文化传统上有着很多共同点，拥有联系紧密的历史文化、游牧文化、宗教文化和民俗文化。世界经济一体化进程的加速和现代科技文化的迅速发展，在不断拉近各国之间的经济、文化联系的同时，也对传统经济和文化模式带来了新的危机。内蒙古和蒙古国地处蒙古高原的中心区域，广泛分布着形态多样，且特征相近的草原文化历史遗址、遗存，由于地广人稀，保护投入不足等原因，不少历史文化遗址、遗存，在自然力量的侵蚀和人为破坏下，正在不断消失，因此历史文化遗存、遗址的联合保护和跨境合作研究，尤其是考古学、人类学界的合作意义尤为重大。游牧文化作为两地最有共性特点的传统文化，在新的环境下同样面临着新的问题和危机。如，草原生态环境的普遍退化和现代矿产业、交通业、城市建设等带来的影响，传统游牧生产方式的全面萎缩和随其而来的传统生活习俗、生产技术、民间信仰和文化心理等裂变和变迁，牧业经济体系的碎片化和整体效益的下滑以及当代条件下传统游牧文化模式的原本性保护、传承和创新等，都是双方理论界、学术界值得共同探讨、合力解答的现实课题。藏传佛教传入蒙古族地区已经有了 400 多年的历史，作为两地共有的本土化宗教，不仅经历相同，而且如今同样面临着相同的新问题。随着国际文化关系的多样化，西方宗教和各种伪宗教趁机渗透到两地民间，对本土宗教带来了巨大的潜在危机。宗教安全事关整个文化安全。因此，两国两地要从文化安全的统一高度对待宗教问题，在进一步加强宗教领域合作交流的同时，利用双方佛教界、学术界的力量，从学力上分析研究外来宗教渗透和本土宗教问题，为传统佛教文化的保护及其文化桥梁作用的发挥提供坚实的理论支撑。

旅游和教育是在中蒙两国间发展最快的合作领域，也是需要研究的热门议题最集中的学术领域。近年来，两国高层和各地政府围绕旅游合作达成了很多实质性的共识，跨境旅游合作进入新的发展阶段。但是在实际运行中，由于双方体制、机制差异和经济社会发展情况的不同，开始出现一些急需解决的共性问题和影响合作效益的不确定因素。以近几年两国出入境旅游为例、每年入境中国的蒙方客人基本在100万人以上，占蒙古国现有总人口的1/3。而入境蒙古国的中国游客显然有逐年上升趋势，但是人数仍在20万~30万人次之间徘徊，存在明显反差。其中，除了硬件条件的建设和对接不足外，旅游签证、旅游服务、旅游安全、旅游宣传和旅游景点环境条件的滞后和不配套也是制约跨境旅游的重要因素。内蒙古和蒙古国无论是在自然生态资源，还是在人文历史资源上，都有相同相近的特点，在跨境草原文化旅游的合作开发和发展上有着得天独厚的区位优势和人文优势。因此，双方在围绕旅游合作形成更多更实际的政府共识的同时，进一步加强学术领域合作，共同探讨研究旅游合作的运行机制，旅游产业的相互对接，跨境旅游景区的共建，旅游资源的整合开发以及旅游签证、旅游服务、旅游安全、旅游法规、旅游宣传等重点问题、热门问题，用理论研究推动旅游合作，为双方跨境旅游的协同发展打好学力基础。教育合作是中蒙两国传统合作领域，也是文化合作的重要基础。近年来，两国教育领域的合作越发紧密，互派的教育机构和留学生数量逐年上升。目前，在蒙古国从事汉语教学的中国教师近200人，开设汉语课程学校近100座，来华学习的留学生8000余人，学习汉语的人数每年以8%的速度递增，汉语和汉文化正在成为大众热点。同时，赴蒙古国学习、访学的中方留学生、学者和来中国讲学、进行学术交流的蒙方学者也日渐增多。教育是一个意义广泛、涉及面很广的人文领域。中蒙两国在教育领域有着不少值得相互借鉴、学习的成功经验和需要共同探讨的具体问题。如，双方教育模式、人才培养模式的比较研究，多语、双语人才的合作培养，蒙古语与汉语、旧蒙文与新蒙文互动机制和平台的建设以及留学签证的便利化，学历认证范围的扩大与规范，互派留学生，进修生通道的拓宽和安全保障等，都需要双方的精诚合作和认真、细致的分析研究。

“一带一路”建设，“中蒙俄经济走廊”建设的提出和其国际共识的增强，为中蒙两国关系带来空前美好的发展机遇，同时也将两国关系引入更加复杂多元的国际环境中，为两国理论界、学术界带来了更多共性特点的新课题，诸如“一带一路”建设国际环境变化及应对措施，“中蒙俄经济走廊”建设运行模式、合作模式的构建，“五通”与“民心相通”，经济商贸与文化认同关系以及人文领域交流合作模式的创新，自由贸易区、跨境旅游景区建设，口岸领域经济、法规的合作和跨境贩毒、走私、倒卖文物、电信诈骗等国际犯罪的联合打击等都是双方共同面对、联手合作研究的新学术领域和课题。因此，必须从中蒙两国国际合作的发展前景和共同利益出发，将人文社科领域的合作，当做两国国际合作的智力先导，用双方的科研智慧，研究解决更多的共性问题，使“中蒙俄经济走廊”的共建更具凝聚力、亲和力和广泛的文化认同。

俄蒙中三国现阶段的三边合作特点

库林采夫·尤里·维克托洛维奇（俄罗斯科学院远东研究所副博士）

21 世纪伊始标志着蒙古与俄罗斯和中国的相互关系迎来新的发展阶段，主要的标志是全面发展的双边合作关系升级为战略伙伴关系。三国领导人宣布，到 2020 年前，把蒙古国与俄罗斯和中国的贸易额都提高到 100 亿美元大关，在这一目标背景下，部署和发展三边合作进入了三国的议事日程。

俄中蒙三国根据情况相应地制定了一个重要的发展战略，即三国决定围绕中国的“丝绸之路经济带”倡议、蒙古国的“草原之路”倡议和俄罗斯的跨欧亚铁路大铁路项目建设三边关系。

在 2014 年 9 月的杜尚别上合组织峰会期间，中国国家主席习近平、蒙古国总统额勒贝格道尔吉和俄罗斯总统普京成功地举行了会谈，启动了三国的高层会晤机制，实施了重要的准备工作并制定了深化合作计划。

这次三边会晤之前，习近平和普京分别对蒙古进行了正式访问。2014 年 8 月，在中国元首时隔 11 年后首次蒙古期间，签署了把两国关系提升至全面战略合作伙伴关系的联合宣言以及在包括基础设施、经济、能源等一系列领域加强合作的其他协议。中国还允许了蒙古国使用中国东北的海港[①]。

2014 年 9 月初，在俄罗斯总统普京对蒙古进行正式访问期间，两国元首就双边合作的主要条款达成了一致，签署了《乌兰巴托铁路现代化和发展的战略合作协议》，并对在蒙古国、俄罗斯和中国政府间签订过境货物铁路运输条件协议的问题进行了探讨。

---

① “习近平访问蒙古”，《亚太信息中心》，2014 - 08 - 24 http：//www. russianfareast - news. ru/news/detail. php？ID =77746。

三国元首 2015 年 7 月在乌法上合组织峰会期间进行了第二次会晤。会晤期间通过了中期合作路线图。蒙古国总统把优先项目确定为在蒙古国境内修建一条用于俄罗斯向中国供气的天然气管道，以及提议在三边贸易中扩大本国货币的使用量①。

第二次三边会晤期间之前，额勒贝格道尔吉总统曾分别于 2015 年 5 月对莫斯科和 2015 年 9 月和 11 月对北京进行了两次正式访问，两次访问期间讨论了即将召开的共同会议的议事日程和对把各国的基础建设倡议进行对接的可能性。

在过去的两年里，俄蒙中三国间的战略接触和按照三国元首设定的目标进行的协作都在很大程度上得到强化。在全球政治和经济动荡的条件下，三国在主要合作领域都取得了非常重大的成果。

对于蒙古国来说，与两个远强于自己的邻国建立定期正式对话机制，将提高它在亚洲外交中的重要性，这与额勒贝格道尔吉总统雄心勃勃的国际目标完全契合。蒙古国，这个在亚洲腹地占据着重要战略位置的国家，正越来越被俄罗斯、中国、美国、日本、欧盟、英国、加拿大、韩国等国家和地区关注。据某些西方专家估计，蒙古国前十大煤、铜、金、铀和稀土金属矿床的总价值接近 2. 75 万亿美元，而目前只有 1/3 的区域在进行普查和勘探工作。

在今天的国际和政治局势中，俄罗斯正在越来越坚定地转向东方。俄蒙关系是俄罗斯外交政策中东方向量的天然和重要的组成部分，这一点在《俄罗斯联邦外交政策构想》中得以强调，该构想中提出依靠俄罗斯东部地区的能力和优势巩固和强化政治与经济发展②。

“俄罗斯—蒙古—中国”三角关系的重建对于三个国家都是有利的。对于俄罗斯来说，这是为俄罗斯市场争取新的肉类、肉制品货源的机会，而这对于目前正在受到制裁的俄罗斯来说非常现实和紧要。对于蒙古国，则出现了未来把蒙古国的产品免税和无限额输送到俄罗斯和中国市场的机会。

中国在建设“中蒙俄经济走廊”中看到了合作的前景。中国外交部长王毅认为，这条经济走廊意味着把中国的构建“丝绸之路经济带”、蒙古国的“草原之路”和俄罗斯出台的建立跨欧亚走廊等诸设想连接起来。

从俄罗斯和中国方面，地缘政治因素也是其强化与蒙古的政治关系的原因。自苏联解体以后，“第三邻国”理论在蒙古被广泛宣传。根据最新的《外交政策构想》

---

① 《习近平参加中俄蒙三国元首第二次会晤》，中国中央电视台，2015 - 07 - 10，http：//www. cntv. ru/2015/07/10/ARTI1436492507147790. shtml。

② 《俄罗斯联邦外交政策构想》，俄罗斯联邦外交部官方网站，2013 - 02 - 18，http：//www. mid. ru/foreign_policy/official_ documents/ - /asset_ publisher/CptICkB6BZ29/content/id/122186。

（2011年），蒙古国力求实行独立、自主和多支点的外交政策，希望与俄罗斯、中国以及东西方的其他发达和有影响力的国家保持平衡的关系。与此同时，蒙古国也努力避免单方对某一大国产生过度依赖。

俄罗斯和中国都希望得到蒙古国更多的信任。蒙古国作为观察国加入上合组织对于中国和俄罗斯来说都是加强稳定性和地区安全性的一种手段。

正因如此，额勒贝格道尔吉总统为讨论协作问题、扩大合作和东北亚安全等组织召开三边正式峰会事宜交换意见的提案，得到了习近平主席和普京总统的理解和支持。现阶段，三边合作的讨论话题包括蒙古国、俄罗斯和中国领导人的多项倡议，主要有：在俄罗斯、蒙古国和中国境内修建新铁路；把“丝绸之路”与“草原之路”项目与俄罗斯的特定项目接轨；经蒙古国境内铺设输电线路；此外，蒙古国还表现出对于增加铁路过境货运量和沿蒙古西部建设从俄罗斯向中国供气的天然气管道的浓厚兴趣。

有关专家指出，紧随三边外交合作的加强，经济合作也应当随之加强。我们有理由期待，拥有丰富矿产资源的蒙古国参与建设俄罗斯和中国之间的经济走廊，必将给三方关系发展带来新的动力。

2003～2013年，蒙古国和中国的贸易额从3.24亿美元增加至67亿美元。已经有1259家中方投资企业和近900家合资企业在蒙古国注册；中国向蒙古国基础设施、采矿、原料加工领域的投资额超过蒙古国外商投资总额的50%。中国正在积极向有战略意义的煤矿、铜矿和金矿进行渗透。

因此，中国能够成为蒙古国对外贸易的主要合作伙伴也就不足为奇，而俄罗斯在2013年以16亿美元的贸易额屈居第二。与中国相比，俄罗斯在蒙古国对外贸易总额中的比例也显得拮据。例如，2010～2013年间，这一比例平均为15%～18%，而中国的比例达到约50%[①]。

无疑，上述指标在进行经济结算和布置2020年前大幅增加贸易额的目标时已经被考虑到的。政治学者能从中得出的结论是，三国元首间就基础设施和能源领域多个长期项目所达成的协议将使得中蒙外贸额近几年就有望翻一番，而俄蒙外贸额将提高5倍。

---

① “Mongolian Statistical Yearbook（2012）”，乌兰巴托，2013，第269－271页。

加强两个“蒙西”互联互通建设
开辟“中蒙俄经济走廊”新通道

范丽君（中国内蒙古社科院俄罗斯与蒙古国研究所副所长　研究员）

两个“蒙西”是本文作者首次提出的一个宽泛的概念，是结合中国、内蒙古和蒙古国行政区域而划定的区域概念，即包括蒙古国西部区域的省份和中国内蒙古西部地区以及甘肃、新疆东部部分地区。本文提出这个概念的背景是，“中蒙俄经济走廊”在中国向北延伸的研究多集中在内蒙古中、东部地区以及东北三省，对内蒙古西部“互联互通”研究关注较少。作为“一带一路”倡议支撑，“中蒙俄经济走廊”建设应是一个全方位的多层次的互联互通工程，应东、西部均衡发展。作者提出这个概念，希望引起学界的关注和重视，推动中蒙双边的西部开发开放。

一、两个“蒙西”的地域范围

两个“蒙西”，是指蒙古国西部和内蒙古西部的简称。笔者基于中蒙两国行政区域划分基础上提出的这一更为宽泛的经济地位概念，既有行政区域特点，也有地理等自然环境因素，同时还包括经济上的互动关系，泛指蒙古国西部和内蒙古西部地区。

（一）两个“蒙西”地域范围

1. 内蒙古的西部地区

巴彦淖尔市、乌海市、阿拉善盟以及鄂尔多斯北部、西部的部分地区通常被称为内蒙古西部地区，在此简称“蒙西”。

这样，我们以巴彦淖尔市与蒙古国接壤的东部经线为轴心，向北延伸到蒙古国与俄罗斯接壤的界点以西，直到阿拉善盟西端与蒙古国接壤界线以北与俄罗斯接壤的广大区域地区，其大致范围包括东经 98°至东经 109°，北纬 38°至北纬 50°之间的广大地区。

2. 蒙古国“西部”地区

根据上述划定标准，蒙古国“西部地区”不仅囊括 2001 年蒙古国大呼拉尔通过的《蒙古国区域发展规划纲要》中划定的西部五省，还包括杭爱区六个省和中央区五个省的部分地区。

为便于人口、地域面积统计，笔者将首都乌兰巴托市的市政区域以及东戈壁苏木贝尔省和东戈壁省面积和人口全部划到“东部区”，其“西部”包括西部区的五个省和杭爱区的六个省的地域面积和全部人口，以及中央区五省一半的面积和一半的人口。如此统计，蒙古国“西部”地区总面积也占到总面积的一半多，人口不到全国人口的一半。

（二）两个“蒙西”地理人文环境特点

1. 内蒙古“西部”地域人文特点

内蒙古“蒙西”地区地处亚洲大陆腹地，为内陆高原地区。其中，“一盟两市”的地貌、地质和自然环境截然不同，其区域经济发展既有融通之处，也有不同之处。融通之处是：第一，“蒙西”地区是多民族文化的融合区域，这里聚集中国蒙、汉、回、维吾尔等多个民族，地域文化多样，兼容性、包容性强。第二，黄河穿过“一盟两市”，提供了该地区发展的水资源条件。第三，上述区域都是地下、地上资源丰富的地区，为经济发展提供必要的物质基础。不同之处在于地理条件的差异性，以及由此带来的发展模式不同。

巴彦淖尔市南部是河套平原，北部是乌拉特草原，黄河自西向东横贯全市多个辖区，水力资源、农业资源储量丰厚，号称内蒙古的“西部粮仓”。巴彦淖尔市的农牧业和畜牧业是其主导产业。

阿拉善盟位于内蒙古最西部，周围群山环抱，地势南高北低，地貌类型多样，既有沙漠戈壁、山地、丘陵，也有湖盆和滩地。特有的地理环境培育了丰富的野生动植物，是中国野生动植物资源“宝库”。举世闻名的巴丹吉林、腾格里和乌兰布和大沙漠横贯阿拉善盟全境，是中国“沙漠之舟”骆驼的故乡，享有“骆驼之乡”美名。此外，蒙古野马、盘羊等都是国家重点保护动物。阿拉善肉苁蓉以及维阿拉善独有的山沉香驰名中外，是重要的中医药药材和保健食品。额济纳旗45万亩的天然胡杨林和千余亩的梭梭林既是阿拉善盟发展旅游业的重要资源，也是发展野生动植物培育、繁育、饲养产业的基础。

地处黄河上游的乌海市，20世纪80年代建市时定位于依靠自身地理位置和地下资源发展煤化工产业。经过近30年的发展，乌海已经成为我国西北地区重要的煤化工基地和国内电石、硅铁等能源产品的重要产地。随着“宁（夏）蒙（内蒙古）陕（西）甘（肃）”经济区和“沿黄经济带”的开发、发展，乌海市的枢纽地位和作用还将日趋突出。

从经济地理学角度看，内蒙古西部“一盟两市”的地理位置以及环境为区域经济发展提供了必要的物质保障和基础，既有发展种植业、畜牧业为主的第一产业的基础，也有发展以制造加工、电力为主的第二产业的优势，同时具备发展以旅游、交通、仓储等第三产业的条件。

2. 蒙古国“西部”地域人文特点

2001年，蒙古国大呼拉尔通过《蒙古国区域发展规划纲要》，将蒙古国划分为5大经济区域。东部包括肯特、东方和苏赫巴特尔3个省；中部区域包括色楞格、达尔汗乌勒、中央、戈壁苏木贝尔、中戈壁、东戈壁和南戈壁7省；杭爱区包括库苏古尔、布尔干、鄂尔浑、后杭爱、前杭爱、巴彦洪格尔6个省；西部区域包括乌布苏、巴彦乌列盖、扎布汗、科布多和戈壁阿尔泰5个省；首都乌兰巴托及其周边城市被列为乌兰巴托区域。①

从蒙古国《蒙古国区域发展规划纲要》的区域经济划分中不难发现，其区域经济区划分虽然包括了自然地理的区位优势，以21个行政区为基准，但更多考虑的还是经济因素。

贯穿南北的五大经济区划分，将南北不同地理特征、资源禀赋、经济发展水平和人口等诸种要素融合在一起，兼顾每一个行政区域的特点，尽量达到一种平衡发展的目的。南北资源互补，北部省区人口多，水资源、森利资源、矿产资源都很丰富，南部以戈壁沙漠为主，气候、地理环境较差，人口少，水资源匮乏，资源以地下矿产资源为主。

蒙古国南北贯通的区域经济规划，有助于每一个区域都能与南北两个邻国的毗

---

① “蒙古国区域发展纲要”，《蒙古国大呼拉尔第57号决议》附件，2001年。

邻地区结合在一起，成为邻国深度发展的必经区域。这也为蒙古国搭乘“中蒙俄经济走廊”建设快车提供便利条件。如果内蒙古西部地区加快与蒙古国西部的“互联互通”建设，必将有助于推动“丝绸之路经济带”和“西部大开发”战略的融合发展。

二、加强两个“蒙西”互联互通建设的必要性

（一）中国“西部大开放”和蒙古国西部发展的现实需要

内蒙古与蒙古国的经贸合作呈现出“东重西轻”的发展态势。中东部地区与区内外、域内外已经构建起来较为广泛的联系，合作机制较为完善，合作规模和范围多元化、多极化和多层次化，而西部尚处于起步阶段，与区内外、域内外的联系较少，处于较为被动、封闭状态，没有跳出内蒙古融入与周边省区的联动合作中。

内蒙古区域合作“东重西轻”的格局制约了内蒙古与“丝绸之路经济带”的有效对接，难以有效发挥内蒙古在“一带一路”倡议中的支撑作用。笔者希望借助“一带一路”提供机遇，挖掘内蒙古西部地区的资源、地缘优势，对内加大与新疆、甘肃、陕西等毗邻地区的交流与合作，对外加大与蒙古国中、西部省区在政治、经济、资源开发、生态环保、人文等多领域的交流与合作，开辟“中蒙俄经济走廊”西部新通道，达到东西兼顾、平衡发展的目的，使“内蒙古成为向北开放桥头堡”定位名副其实，做好中国北方的安全屏障。

自转型以来，蒙古国区域经济发展良莠不齐，西部和东部以畜牧业和农牧业为主要经济产业的省份经济增长速度相对缓慢，中部和南部以采矿业和工业为主的几个省区的经济增长速度相对较快，但受世界矿业产品市场和价格影响较大，国际市场好，矿产品价格高，省内经济发展迅速提高，国际矿产品需求量降低，价格低迷，这些省区的国内生产总值（GDP）一路走低，导致蒙古国各区域、省份的经济发展不平衡、不稳定，是蒙古国的“互联互通”建设阻碍性因素。蒙古国要想发挥其在东北亚和中亚之间的桥梁作用，必须实现东西联动、南北互通。蒙古国政府对其“蒙西”地区发展特别重视，迫切与中俄合作加快建设“西部经济走廊”，缩小东西部经济发展差距，促进产业结构均衡发展。

（二）“一带一路”与“草原之路”对接的需要

“一带一路”是指“丝绸之路经济带”和“21 世纪海上丝绸之路”。按照“一带

一路”的地区划分，“丝绸之路经济带”起点在中国陕西西安，从西安出发向经甘肃河西走廊向西进入今新疆出境，经中亚地区进入欧洲，新疆是“丝绸之路经济带”的前沿区域。“21世纪海上丝绸之路”是以中国沿海城市为中心经海路与世界各国交流与发展的商务通道。作为中国北方重要邻国，俄罗斯与蒙古国，尤其是蒙古国似乎与“一带一路”在地域上没有交接。

在中国提出“一带一路”倡议后，蒙古国总统于2014年初提出“草原之路”倡议，并积极推动中蒙俄三方合作。2014年9月，中蒙俄三国元首实现第一次会晤，习近平主席根据俄罗斯“西伯利亚大通道”建设倡议和蒙古国“草原之路”倡议，提出“中蒙俄经济走廊”建设，实现中国“一带一路”在北部陆地对接。

内蒙古成为中国“一带一路”和蒙古国“草原之路”对接的重要区域，被纳入“一带一路”愿景与行动中，“发挥内蒙古联通俄蒙的区位优势……建设向北开放的重要窗口”。作为向北开放重要窗口，内蒙古要实现与蒙古国全方位对接，不仅要重视中东部条件成熟区域与蒙古国中东部地区的合作与交流，还要重视两个“蒙西”地区的合作与交流，实现中国“一带一路”与“草原之路”的有效对接。

（三）“中蒙俄经济走廊”建设次区域经济合作建设的需要

2016年6月23日，习近平主席在乌兹别克首都塔什干主持了中蒙俄三国元首的第三次会晤，明确提出“要积极探讨开展跨境经济合作区建设，加强三国毗邻地区次区域合作，带动毗邻地区共同发展”[①]。并提出打造蒙古国东部与中国和俄罗斯毗邻地区的次区域经济合作区的构想。

“中蒙俄经济走廊”建设中的次区域合作不仅局限在东部地区。蒙古国夹在中俄之间，其中西部地区的南北也是中国和俄罗斯，也是“中蒙俄经济走廊”建设不可忽视、不可或缺的组成部分，同样具备构建次区域经济区的区位优势，而且是发展潜力很大的合作区域，加强两个“蒙西”地区与俄罗斯毗邻地区的深度合作，既可开辟“中蒙俄经济走廊”建设新通道，又可实现中国“丝绸之路经济带”与“西部大开发战略”的深度融合，实现中国西部地区“北出西进”的“互联互通”。

---

① 《习近平主持中俄蒙三国元首第三次会晤》，外交部网站，http：//www. fmprc. gov. cn/web/wjdt_ 674879/gjldrhd_ 674881/t1374783. shtml，下载时间：2016－08－22。

三、加强两个“蒙西”互联互通建设的可行性

（一）中国（内蒙古）与蒙古国良好的政治关系是保障

2014 年 8 月习近平主席访问蒙古国，两国签署《关于中蒙全面战略伙伴关系联合声明》，中蒙关系迈向新的高度。为中蒙关系深度合作提供了重要的政治保障。

内蒙古与蒙古国沿边各省的双边关系非常好，内蒙古自治区政府非常重视与蒙古国各级政府的沟通与协作。内蒙古与蒙古国的戈壁阿尔泰省市是友好省区，巴彦淖尔和阿拉善盟是蒙古国南戈壁省的友好城市，其管辖范围内对应开放甘其毛都/嘎顺苏海图和策克/西伯库仑两个口岸，是内蒙古自治区西部、乃至中国西北部地区连通蒙俄的重要口岸，对中国西部大开发和内蒙古的“内引外联”具有重要意义。

（二）内蒙古与蒙古国良好的区域合作关系是基础

自中蒙关系正常化以来，内蒙古在中蒙经贸合作中一直发挥“排头兵”作用。经过这 20 多年的发展，蒙古国已经成为内蒙古重要的贸易伙伴、投资国。2015 年 1 ~ 10 月，“内蒙古与蒙古国的贸易额为 27.94 亿美元（占中国对蒙古国贸易额 50% 以上），其中出口 6.6 亿美元，进口 21.33 亿美元。目前，蒙古国是内蒙古第一大贸易伙伴”①。内蒙古与蒙古国的合作也是全方位的，从基础设施建设到生态、环保以及其他人文等领域的合作，走在中国其他省区的前面，具有地缘、人文等合作的巨大优势。

（三）“中蒙俄经济走廊”建设是重要合作平台

“中蒙俄经济走廊”建设是中蒙俄三国首脑的共商与共识，意在推动三国经济的深度融合发展，开辟东北亚、中亚区域合作的新合作模式。2014 年三国首脑第一次会晤提出“中蒙俄经济走廊”建设构想，2015 年 7 月在俄罗斯乌法召开的“双峰”会上批准了《中蒙俄三方合作中期路线图》，其中明确指出，“在对接‘丝绸之路经济带’、欧亚经济联盟和‘草原之路’倡议上编制《中蒙俄经济走廊合作规划纲要》”。一年后，2016 年 6 月 23 日，中蒙俄三国元首在塔什干的第三次会晤期间见证了《建设中蒙俄经济走廊规划纲要》等合作文件的签署。三方把共同重点关注的“基础设施互联互通”问题放到合作的首要位置，并就此提出“共同规划发展三方公路、铁路、航空、

① 张振鹏：“内蒙古对外开放情况”，载《内蒙古自治区社会经济发展报告：2015 年》（张志华主编），远方出版社 2016 年版，第 96 页。

港口、口岸等基础设施资源”的建议。此外，三方就口岸建设、产能与投资、经贸等六个领域提出合作规划，并对合作原则、资金来源实施机制等做了明确规定，使三方合作更具操作性。三年三个纲领性文件，一次比一次具体，一次比一次翔实，为中蒙合作搭建了平台，为两个“蒙西”的合作指明了方向。蒙古国一直“希望加强与中国内蒙古自治区和新疆维吾尔自治区合作，拉动交通基础设施互联互通，连接东西部区域，打通蒙古国西部—新疆—哈萨克斯坦—乌兹别克斯坦—土库曼斯坦—土耳其的新欧亚铁路，促进跨境运输”[①] 的愿望也会被提上日程。

（四）“亚投行”“丝路基金”等资金保障

《建设中蒙俄经济走廊规划纲要》中明确指出，“规划纲要涉及项目的投融资讲究具体情况以单独协议形式落实，包括利用国家投资、私营机构投资、引入公私合营模式等可能性。共同推动国际金融机构融资，包括但不限于亚洲基础设施投资银行、金砖国家开发银行、上海合作组织银行联合体、丝路基金等金融机构的投融资支持”。中蒙都是“亚投行”创始成员国，蒙古国也是上合组织观察员国和“一带一路”沿线国家，诸多的便利条件是两个“蒙西”的互联互通建设重要资金保障。

三、加强两个“蒙西”互联互通建设的路径探索

一是学术先行，对“蒙西”地区“互联互通”做好综合评估。包括地势、地址等地理勘探、测绘；地区、城市人口分布等；历史文化资源评估；两国政策、法律、法规的“互联互通”与对接。

二是以具体合作项目为路径拓展合作领域。包括传统文化产业：蒙古民族衣食住行演变，呼麦；传统医药产业：蒙医药的发展、标准化；跨境旅游产业：胡杨林、居延海、黑城子；宗教文化研究；生态环保；畜牧业、养殖业等等。

三是打破地域界限，整合西部资源，把两个“蒙西”融入“丝绸之路经济带”。①借助沿边9省区社科院论坛，加强内蒙古西部地区与甘肃和新疆两地的“互联互通”；②借助新疆“环阿尔泰山次区域经济圈”合作平台，拓展“中蒙俄经济走廊”西部通道建设。

---

① Ч. Батцэцэг，78.

用“五通”促进“一带一路”与蒙古国“草原之路”对接

张秀杰（中国黑龙江省社会科学院东北亚研究所研究员）

在经济全球化深入发展、区域经济一体化加速推进、中国周边环境日益恶化、经济下行压力加大的背景下，中国正面临经济结构调整和转型升级，经济发展进入新阶段。为应对严峻的国内外形势，2013 年习近平主席先后提出“丝绸之路经济带”和“21 世纪海上丝绸之路”的战略构想。“一带一路”是中国深化改革开放的重要一环，也是更好地与欧亚大陆各国乃至世界深化合作的契机。尤其是在目前面临经济发展新常态的背景下，对外开放方式的不断调整更是基于中国经济增速放缓的现实所做出的积极决策。在此战略构想指导下，中国提出或强化了一系列建设经济走廊和经济带的倡议，其中包括“中蒙俄经济走廊”。“中蒙俄经济走廊”是对“一带一路”构想的补充与拓展，并与“一带一路”倡议构想形成一个整体，从原来主要依靠亚欧大陆桥发展中国与中亚的合作，向东北拓展到中国与俄蒙的合作。即可以推动“一带一路”的目标由虚变实，又可以完成与蒙古国“草原之路”的战略对接。

习近平主席在阐述“丝绸之路经济带”时提出了以开放包容原则加强“五通”的具体设想。“五通”，即政策沟通、道路联通、贸易畅通、货币流通、民心相通。实现“五通”既是“一带一路”建设的远大目标，又是加快推进“一带一路”建设的关键点。国内首份全面系统评估中国与“一带一路”沿线国家间互联互通状况的《“一带一路”沿线国家五通指数报告》指出，沿线各国“五通”不均衡，但中亚蒙古国在政策沟通和设施联通方面排名第一，也就是说中蒙在贸易畅通、货币流通与民心相通方面还需深化加强。“五通”不仅为“一带一路”建设指明了方向，确立了机制，落实了内容，也可成为“一带一路”与“草原之路”对接的最佳载体。

一、以互信为基础促进政策沟通

在习近平提出的以开放包容原则加强“五通”的具体设想中，将“在政策和法律上为区域经济融合开绿灯”的政策沟通列在首位，认为它是道路联通、贸易畅通、货币流通、民心相通的基础和保障。自中蒙双边关系实现正常化以来，在政策沟通方面的确堪称典范。从 1994 年中蒙签订《友好合作关系条约》，两国关系实现了全面发展；2003 年建立中蒙睦邻互信伙伴关系，两国关系进入发展新阶段；2011 年 6 月，中蒙两国上升为战略伙伴关系，为两国关系健康稳定发展奠定了政治、法律基础；到 2014 年 8 月，中蒙关系再被提升为全面战略伙伴关系。至今，仅仅经过近 30 年的时间，中蒙双方政治互信不断加深，互利合作不断扩大，中蒙关系目前正处于历史上最好时期。目前，如何实现更好的互利合作是中蒙两国的发展共识，两国领导人多次强调要将两国发展战略进行对接，实现互利共赢。蒙古国对中国提出的“一带一路”倡议响应积极，结合自身国情提出了“草原之路”，以期为本国带来更多投资并带动产业升级，能源和矿产行业也会因此提升到新的水平。“丝绸之路经济带”的核心要素是基础设施建设，正与蒙古国的涵盖连接中俄的 997 千米高速公路、1100 千米电气线路、扩展跨蒙古铁路、天然气管道和石油管道这 5 个具体项目“草原之路”形成契合点。中国的“一带一路”倡议和蒙古国的“草原之路”战略在理念、内容、利益方面具有重合点，能够实现战略对接，以完善中蒙经贸合作基础设施建设，消除合作瓶颈，扩大双边合作。为此，两国政府应积极探讨双边经济合作区和自贸区建设，搭建中蒙经贸博览会等全新合作平台，制订双边能源、交通、金融等各领域互联互通规划。在中蒙俄三国首脑会晤机制框架下，加强更具有针对性的中蒙双边会晤机制。通过领导人、部门、地方等各层次进行对话，通过沟通，达成相关项目的政策共识。在沟通中，既要利用好积极因素，又要设法化解消极因素，以便形成合作的最大公约数，求同存异，为项目建设开启政策绿灯。

二、以基础设施建设为突破口促进道路联通

以道路联通为代表的基础设施的互通，是贸易畅通的基础。目前蒙古国与中国之间仅有一条铁路口岸，乌兰巴托—北京国际列车开通于 20 世纪 50 年代，至今仍需换轨，客运和货运速度都亟待提速，打通中蒙铁路通道势在必行。中蒙两国都将跨境基础设施特别是交通系统的贯通作为战略发展的突破口。“草原之路”战略明确提出的首

要计划即是跨境铁路建设，积极联合中俄开展铁路过境运输合作，提升现有运输能力。目前，中蒙双方已就增加四条铁路通道达成共识。中蒙首条标准轨铁路策克口岸跨境铁路项目全线贯通，对进一步拓宽中蒙两国经济贸易领域的合作将起到积极的促进作用。同时，蒙古国期望通过积极参与横跨中俄两国的高速公路和电气线路等项目建设，进一步扩展跨国交通系统。现代丝绸之路是铁路、公路、航空、油气管道、光纤通信等综合在一起的立体、多维的通道，交通设施联通的同时，相关制度规则的制定与融合也是重要方面，需要从硬件和软件两方面全面对接。中蒙在道路联通方面，基础设施建设的硬件需要加强，贸易便利化等软环境更需完善。

三、以互补性为增长点促进贸易畅通

贸易畅通的重点是促进贸易和投资便利化。在中蒙贸易、投资方面，中国已连续十多年成为蒙古国最大贸易伙伴和外资来源国。在中国“一带一路”与蒙古国“草原之路”理念和内容高度契合并有效对接，“中蒙俄经济走廊”建设达成共识的大背景下，中蒙经贸合作未来前景广阔、潜力巨大。为此，中蒙双方抓住有利时机，充分发挥中蒙经贸合作互补优势，在推进投资贸易传统领域合作基础上，积极推动产能合作，扎实推进大项目合作，开展农业种植及建立农业园区项目的合作，在旅游、医疗等服务贸易领域开展中蒙合作，进一步开辟双边务实合作新领域。双方应继续利用好中蒙政府间经贸科技联委会、中蒙矿能和互联互通合作委员会，加强这些合作机制的分工与协作。中蒙双方要加快中蒙二连浩特—扎门乌德跨境经济合作区共同总体方案的落实工作，推进二连浩特—扎门乌德跨境经济合作区建设，尽早修订2004年签署的《中蒙边境口岸及其管理制度协定》、1955年签署的《中蒙国境铁路协定》，促进双边贸易和投资便利化。

四、以金融合作为支撑促进货币流通

由于两国经贸关系日益密切和人员往来不断增加，人民币与蒙古国普通百姓的生活息息相关，蒙古国人已经把中国人民币看作是一种必需的外汇币种，双边本币互换规模不断扩大。2014年，《中国人民银行与蒙古银行人民币/图格里克本币互换协议》的签署标志着中蒙两国央行间的合作关系走上新台阶。中蒙增加本币互换规模，支持以本币进行贸易结算将确保双边贸易往来更加便利快捷。同时也有助于两国金融市场稳定，促进双方贸易和投资的发展。因受制于蒙图非自由兑换货币的属性，自两国双边本币互换协议签署以来，蒙古国通过互换协议使用了大量的人民币，用于贸易往来和投资领域，中国始终未使用过货币互换项下的蒙图资金。2016 年 8 月，中蒙央行双边本币互换协议项下蒙图资金动用首发，蒙古国货币现钞兑换业务在中国境内实现零的突破，对于促进中蒙双边经贸合作、平衡两种货币的供需、稳定汇率、支持境内企业“走出去”及推动中蒙双边货币流通及结算具有重要的意义。中蒙金融合作应紧密围绕“一带一路”与“草原之路”对接，提供必要的金融服务和金融支持。中蒙两国政府应积极发挥官方资本和外汇储备的战略功能，继续用好多边性政府基金，获取世界银行、亚洲开发银行的资金支持。同时，两国金融机构还应充分利用银团贷款和发行基建债券等方式向基础设施提供融资。在已有金融融资机构亚投行、金砖国家新开发银行筹建过程中，以及已经成立的丝路基金，中蒙两国可以积极有效利用这些金融机构为“一带一路”和“草原之路”的对接进行资金的融通，为中蒙合作提供有效的支撑。

五、以民间文化交流为依托促进民心相通

“民心相通”是“一带一路”建设的社会根基，教育、旅游、医疗卫生、科技合作及公共外交是其核心内容，以促进不同文明和宗教之间的交流对话。中蒙两国在科教文化交流方面具有良好的合作基础。自 20 世纪 80 年代中蒙关系正常化以来，中蒙两国人员交流频繁展开，特别是两国教育部门的交流合作的范围、规模不断扩大。1994 年中蒙两国签订了《中蒙文化合作协定》，随后两国文化交流日益密切。2011 年，《中华人民共和国教育部与蒙古国教育文化科学部 2011—2016 年教育交流与合作执行计划》签署，中蒙教育界和文化界的交流不断形成机制，两国语言文字交流日趋深入。2012 年，两国成功举办“交流月”活动。2014 年是中蒙友好交流年，在《中蒙友好交流年纪念活动方案》中，关于人文领域的活动多达 22 项，助推两国战略合作进一步深化，必将成为中蒙两国战略对接的重要内容。两国的主流媒体也应加强交流，扩大正面积极的宣传报道，进而增强中蒙之间的友谊和睦邻友好关系。建立有效的学术机构合作机制，以加大非物质文化遗产和民间传统文化方面的交流合作，展现各自的民族特色和历史传承，为国家间日益密切的政治经贸交往提供宝贵的人文精神财富，保障两国合作的长期发展。

尽管中蒙合作关系中存在经贸合作结构高度集中、蒙古矿业开发市场竞争激烈、蒙古国内法律政策相对稳等挑战，但中国“一带一路”与蒙古“草原之路”在理念、内容及利益上高度契合，合作的机遇远远大于挑战。就政策沟通、道路连通、贸易畅通、货币流通与民心相通所涵盖的具体内容来说，可以促进“一带一路”与“草原之路”成功对接，最终实现互利共赢。

携手共赢推动蒙古国成为“一带一路”沿线战略支点国家

马立国（中国内蒙古工业大学马克思主义学院法学博士）

携手共赢推动中国北方邻国蒙古成为“一带一路”沿线战略支点国家，对于深化两国全面战略伙伴关系；实现中国“一带一路”倡议与蒙古国“草原之路”倡议有效对接，推动“中蒙俄经济走廊”建设；促进与俄、白等国推动的“欧亚经济联盟”互通相连，畅通亚欧经济圈；提升中、蒙、俄相互战略伙伴关系水平，构建和谐周边地缘安全环境具有多方面重要区域性示范意义。

一、有利于两国全面战略伙伴关系进一步深化

中蒙两国互为邻国，虽各自选择的发展道路不同，但两国的国家利益和战略发展取向决定了两国在政治、经济、文化、安全等各领域需要建立更加成熟的战略伙伴关系。2014 年 8 月，国家主席习近平访蒙期间两国发表的《联合宣言》对两国关系进行了高标准定位：“基于两国关系当前高度信任水平，本着进一步深化符合两国和两国人民共同利益的战略伙伴关系的共同愿望，从永做彼此信赖、负责任的好邻居、好伙伴、好朋友出发，将中蒙战略伙伴关系提升为中蒙全面战略伙伴关系。”两国全面战略伙伴关系的建立标志着双方在各领域的交流合作将在更宽领域、更高层次展开，所获成果将会更加惠及两国民众。习近平主席对中蒙两国关系未来发展寄予高度期许：“中蒙要做守望相助的好邻居；互利共赢的好伙伴；常来常往的好朋友。”

中蒙全面战略伙伴关系的不断深化，首先体现在政治互信的高度提升。20 世纪 90 年代两国关系恢复实现正常化以来，双方在政府和民间层面的频密交流合作，切实实

现了增信释疑，成功完成了两国关系质的提升。在经贸合作领域，两国发展程度和发展水平不尽相同，但同作为发展中国家，两国提升综合国力、实现国民富裕的发展战略目标却有高度的契合点。在这一大背景下，两国经贸合作连年取得重大突破性进展，双边贸易额度不断增长，为双方民众带来了实实在在的经济利益。人文社会领域交流是两国最为基础的交流领域之一。互为邻国的中蒙两国无论在历史上还是在现实生活中，两国天然的地缘、族缘、亲缘关系是两国基层民众的深层联系纽带。两国民众交流互动频繁，加深了双方相互了解、相互尊重、相互包容的理念情怀。

二、有利于把“一带一路”倡议与蒙方提出的“草原之路”倡议有效对接，提升两国各领域合作水平，助推“中蒙俄经济走廊”建设

中国推动的“丝绸之路经济带”战略在发展理念、实践内容等方面与蒙方提出的“草原之路”倡议高度契合。2013 年蒙古提出未来将建设连接中蒙俄三国的公路、铁路、石油运输管道、天然气输送管道和电力输送线路“五大通道”，为与中国“丝绸之路经济带”战略相呼应对接，2014 年蒙古将这“五大通道”建设改称为“草原之路”发展倡议。实现“丝绸经济带”战略与蒙古国“草原之路”倡议进行有效对接，可以大力推动中蒙两国间在各个领域的合作共赢。政治上有利于增强两国的战略互信，不断夯实两国双边合作的政治基础；经济上有利于增强两国在矿产资源开发、基础设施建设、金融投资等领域合作深度挖掘和广度拓展；在人文与社会交流领域更有利于促进双方“民心相通”。

作为东北亚区域重要的经济体，中蒙俄三国经贸合作有着巨大的空间和潜力。推动蒙古国成为“一带一路”沿线战略支点国家，有利于加强中蒙两国经贸合作，也有利于促进加深中蒙俄三方经贸合作。从目前中蒙、蒙俄双方经贸合作现状对比来看，中蒙两国的经贸合作主要体现在“量”的增长上。由于历史原因，蒙古国内一些具有战略意义的矿产资源、能源企业和铁路等都是蒙俄两国合资经营，一些蒙古企业的转型升级都需俄罗斯的技术和人才支持。因此，蒙俄两国的经贸合作在“质”的方面具有明显优势。而恰恰是这种“量”与“质”的契合点为中蒙俄三国的经贸合作拓展了广阔的发展空间，同时也为三国跨境合作提供了基础平台。有效助推“中蒙俄经济走廊”建设，并进而贯通东亚经济圈与欧洲经济圈的空间互联通道。

三、有利于促进“一带一路”倡议与俄、白等国推动的“欧亚经济联盟”互通相联，畅通亚欧经济圈

推动蒙古国成为“一带一路”倡议的支点国家，可进一步推动“一带一路”倡议与俄白哈等国倡导的“欧亚经济联盟”有效对接，进而实现亚欧经济圈的互联畅通。俄、白、哈三国首倡的“欧亚经济联盟”是一个规模巨大的统一市场，具有较强的科研开发、资本融通和生产扩张潜力，并且拥有庞大的资源储备，发展前景十分广阔。且其组建之初就明确向世界宣布“不含掺杂政治成分”，从而消除了人们对其发展方向的不必要顾虑。这一发展理念与中国推动的“一带一路”倡议具有高度契合之处。中国推动的“一带一路”倡议既是中国继续拓展、深化中国对外开放的根本需求，也是中国加强与亚、欧、非及世界各国互联互通、互利合作的现实需要。中国与俄白哈三国都建有高层级的战略伙伴关系，这是中国“一带一路”倡议与俄白哈三国推动的“欧亚经济联盟”实现有效对接的政治基础。有了这一政治互信基础，各方在“政策沟通”“民心相通”等领域就容易排除障碍取得好成果。中国与俄白哈三国在经贸领域的联系十分密切，并极具互补性。中国是俄白哈三国重要的贸易伙伴和投资来源国，中国主要投资于三国的基础设施、园区建设等领域，而俄哈两国是中国重要的能源进口来源国。

从地缘上看，蒙古国与中国陆陆边境接壤最广，是中国“一带一路”倡议推动中的前沿国家。蒙古国与中亚各国保持着较为稳定和谐的双边关系，“欧亚经济联盟”如果能把蒙古国和中亚五国全部纳入其中，将会成为亚欧经济圈中的一个重要的经济区块。果能如此，蒙古国、中亚地区这片古丝绸之路的重要地缘交通枢纽位置将被重新赋予活力，曾一度被边缘化的“经济洼地”将会以其崭新的面貌重新发挥其在东西方贸易、文化等领域的交通枢纽作用。

四、有利于提升中、蒙、俄相互战略伙伴关系水平，构建和谐周边地缘安全环境

“一带一路”倡议作为中国推动的区域协调发展战略，其中最为核心的特色之一是其包涵了空前宽广的国际维度。“一带一路”起点源自中国、辐射周边、远联欧洲、非洲，这一公共产品的推出将对所有参与方都能带来巨大经济利益。蒙古国作为积极重要的参与者，推动其成为“一带一路”倡议的支点国家，充分发挥其地理上的节点优

势和中蒙两国间的族缘、亲缘优势，扩大两国合作范围、提高合作水平、增强战略互信。蒙古国地处中俄两国之间，与中俄两国都保持着良好的国家关系。2014 年中蒙两国关系提升为全面战略伙伴关系，在此基础上，两国在经贸、人文等各领域的交往也不断扩大深化。中蒙两国间不存在包括领土争端在内的悬而未决的重大政治问题，这是两国关系健康稳定发展的重要政治前提。同样，蒙俄两国关系自 20 世纪 90 年代末以来也继续健康稳定发展，2009 年两国关系提升为战略伙伴关系，并相互承诺"为两国边境地区的合作创造良好的法律和经贸环境"。

中蒙两国在相互合作发展中尽量排除一切外来干扰因素，构建更为和谐安全的地缘政治安全环境，对中蒙俄三国乃至东北亚区域安全建构来说都具有重要的示范意义。中蒙俄三方互为邻国，在各领域的交流合作具有无可比拟的地缘优势，其中安全领域的相互合作就是其中最为重要的方面之一。作为东北亚区域内三个重要国家，在安全领域紧密合作对区域内其他国家间的安全合作会起到积极示范作用。中蒙俄三国首脑会晤机制和三国副外长磋商机制的建立，对统筹三国在各领域的深入合作，特别是在事关地区重大安全事务方面保持沟通顺畅、相互支持、协调合作，为地区的和平与安全做出了重要贡献。当今世界，安全问题是困扰人类社会发展进步的一个重大问题。虽然诱因很多，但国家间特别是邻国间因领土、领海争端问题、军事威胁等是其重要原因。如何解决这些问题成为人们共同探讨的话题之一。中蒙俄三国成功地跨越这些障碍，走上了互信、合作、共赢之路，为相关国家在区域经贸合作和区域安全合作领域树立起成功的典范。

“中蒙俄经济走廊”建设下内蒙古与俄蒙经贸合作路径研究

许海清（中国内蒙古财经大学商学院院长）

一、“中蒙俄经济走廊”的提出及推进

2013 年 9 月和 10 月，习近平主席在出访中亚和东南亚国家期间，先后提出共建“丝绸之路经济带”和“21 世纪海上丝绸之路”，“一带一路”倡议是中国在全球区域经济一体化加速背景下，成功倡议的国际区域经济合作平台。

2014 年 9 月，中俄蒙三国元首在杜尚别举行会晤期间，习主席提出中蒙俄三国发展战略高度契合，可以把“丝绸之路经济带”同俄罗斯跨欧亚大铁路、蒙古国“草原之路”进行对接，打造“中蒙俄经济走廊”。该倡议得到俄蒙的积极回应。

2015 年 3 月，我国《推动共建丝绸之路经济带和 21 世纪海上丝绸之路的愿景与行动》公布。根据“一带一路”走向，明确了六大国际经济合作走廊，其中包括“中蒙俄经济走廊”。

2015 年 7 月，中俄蒙元首在乌法举行第二次会晤。三国元首批准了《中华人民共和国、俄罗斯联邦、蒙古国发展三方合作中期路线图》。签署了《关于编制建设中蒙俄经济走廊规划纲要的谅解备忘录》，明确了三方联合编制《建设中蒙俄经济走廊规划纲要》的总体框架和主要内容。

2016 年 6 月，在中国、蒙古、俄罗斯三国元首的共同见证下，三国有关政府部门在塔什干签署了《建设中蒙俄经济走廊规划纲要》，这是“一带一路”建设的重要早期收获，标志着“一带一路”首个多边经济合作走廊正式实施。该规划纲要明确了经

济走廊建设的具体内容、资金来源和实施机制，商定了32个重点合作项目，涵盖了基础设施互联互通、产业合作、口岸现代化改造、能源合作、海关及检验检疫、生态环保、科技教育、人文交流、农业合作及医疗卫生等十大重点领域。

二、内蒙古在“中蒙俄经济走廊”建设中的优势

在习近平主席提出“中蒙俄经济走廊”建议后，为切实推进“中蒙俄经济走廊”的落实，2015年1月，国家发改委确定“中蒙俄经济走廊”分为两条：一是从华北京津冀到呼和浩特，再到蒙古国和俄罗斯；二是东北地区从大连、沈阳、长春、哈尔滨到满洲里和俄罗斯的赤塔。两条走廊互动互补形成一个新的开放开发经济带。线路凸显了内蒙古的重要地位。

（一）区位优势

内蒙古地处中国北疆，横跨东北、华北、西北三大区，外接俄蒙，内邻8省区。与蒙古、俄罗斯两国有约4261千米的边境线。与蒙古国边境线长约3210千米，与俄罗斯边境线长约1051千米。是国家向北开放的“前沿阵地”和重要“桥头堡”，是中国与蒙古国和俄罗斯区域合作的门户，更是拓展我国与中亚、东欧国家经济联系的重要陆路通道。

（二）口岸优势

内蒙古现有13个与俄蒙对接陆路边境开放口岸，与蒙古国对接边境开放口岸9个，与俄罗斯对接边境开放口岸3个。其中铁路口岸2个，公路口岸11个。满洲里和二连浩特分别是我国对俄、对蒙最大的陆路口岸。众多口岸是连接欧亚大陆桥的重要交通枢纽和关键节点。

（三）经贸合作优势

目前，中蒙两国间货物运输的95%，中俄间陆路运输的65%都经过内蒙古口岸。内蒙古与俄蒙贸易要占到内蒙古对外贸易的50%左右，特别是对蒙古国贸易占中蒙贸易的50%以上。

（四）文化传统优势

内蒙古地区与蒙古国、俄罗斯远东及西伯利亚地区在文化传统、风俗、习惯、宗

教信仰等方面都有相同、相近之处。内蒙古不仅有连接内地与蒙古国、俄罗斯的古丝路、古茶路、古盐路的历史古道，也有与两国之间在文化交流等方面的密切认同。内蒙古高校与蒙古国、俄罗斯在高等教育及科研方面也签署了许多校际合作协议。

三、内蒙古与俄蒙经贸合作现状

（一）贸易发展

进入21世纪以来，内蒙古对外贸易发展明显加快，外贸进出口总额由2000年的20.3亿美元增加到2015年的127.5亿美元，年均增长13%，与俄蒙贸易由2000年的9.75亿美元增加到2015年的59.58亿美元，增长5.1倍，年均增长12.8%。特别是2014年，内蒙古对外贸易额达145.53亿美元，其中与俄罗斯的贸易额为30.54亿美元，与蒙古国的贸易额为40.97亿美元，两项共达71.51亿美元，占比达到49.1%。

表1　　内蒙古与蒙古国、俄罗斯贸易总额及所占比重　　单位：亿美元,%

年份	内蒙古与蒙古国贸易			内蒙古与俄罗斯贸易		
	总额	在内蒙古贸易总额中占比	在中蒙贸易总额中占比	总额	在内蒙古贸易总额中占比	在中俄贸易总额中占比
2005	3.7	7.1	42.6	17.6	34.1	6.0
2007	6.8	8.7	33.5	29.9	38.6	6.2
2010	17.0	19.5	42.7	25.0	28.7	4.5
2011	28.5	23.8	44.2	28.9	24.2	3.7
2012	32.6	29.0	49.4	27.4	24.2	3.1
2013	31.6	26.3	53.0	26.3	21.9	2.9
2014	41.0	28.2	56.1	30.5	21.0	3.2
2015	32.8	25.8	61.3	26.7	20.9	4.2

资料来源：根据内蒙古商务厅、中国商务部网站资料整理而得。

从贸易结构看，内蒙古从俄蒙进口的商品有原油、木材、原煤、铁矿砂等工农业生产物资。向俄蒙出口的商品有服装、机电产品、日用百货、建材、轻型车辆及其零件、蔬菜水果等。

（二）口岸运量

近年来，内蒙古口岸货运、客运规模不断扩大。2015年，全区口岸进出境货运量为6581.6万吨，其中对俄占46.2%，对蒙占53.8%；口岸进出境客运量为428.29万人次。

满洲里和二连浩特口岸现已开通了“苏满欧、津满欧、湘满欧、鄂满欧、渝满欧”等17条中欧班列。从整体来看，内蒙古形成了以满洲里和二连浩特口岸为龙头，以策克、甘其毛都口岸为主干，其他口岸为补充，立体、全方位的向北开放口岸体系。

表2　2011～2015年内蒙古口岸运量情况

年份	过货量（万吨）			客运量（万人次）	交通工具（万列、辆）	转口（万吨）
	总额	进境	出境			
2011	6172.8	4488.5	911.8	447.2	134.3	772.5
2012	6729.2	4808.0	1170.3	479.5	130.3	750.9
2013	6798.9	4621.0	1291.9	477.9	127.0	886.0
2014	7085.7	4793.0	1016.3	467.6	136.1	1276.4
2015	6581.6	4100.0	970.1	428.3	126.7	1511.6

数据来源：根据内蒙古商务厅提供数据整理。（说明：在口岸货运总额统计中包含了转口量，因此，进境与出境之和与货运总额有出入。）

（三）经济合作

内蒙古与俄蒙经济合作形式主要有对外投资、劳务派出、工程承包等。2015年内蒙古累计批准设立外商投资企业52家，实际利用外资33.7亿美元。投资国别（地区）主要以俄蒙为主。投资领域主要涉及森林采伐、矿产资源勘探、农业种植、农畜产品销售、房地产、基础设施等。除了境外投资，内蒙古与俄蒙开展对外工程承包、劳务派遣等合作，也取得了显著成效。

四、内蒙古与俄蒙经贸合作的主要障碍

尽管中蒙俄政治关系日益紧密，产业结构、市场结构、经济技术等方面存在互补性。但是，经贸合作中仍然存在一些障碍因素。

（一）通道不畅，口岸基础设施建设落后

蒙古国经济发展相对落后，对国内基础设施建设特别是口岸建设投入不足。俄罗斯远东地区远离其政治中心，政府对其投资少，口岸建设不足。内蒙古虽然口岸较多，但分布不尽合理，而且铁路口岸只有2个，公路口岸开放程度较低，运力不足。目前中国与俄蒙间铁路轨距宽窄不同，货物需换装，这增加了成本，影响了通关能力。

（二）合作领域较窄

内蒙古与俄蒙间的投资与贸易基本都围绕能源矿产资源、农业等展开，合作内容

单一，经贸发展后劲不足。

（三）贸易投资存在政策法律风险

近年来蒙古国政府颁布了一系列相关法规政策，对其矿业投资环境产生了较大影响，风险加大。例如，蒙古国矿业法律政策的几次调整导致一些外国投资者在前期所取得的开矿资质失效，大量正在投资或准备投资蒙古矿业的企业损失严重。

五、加强内蒙古与俄蒙经贸合作的途径

（一）机制建设是经贸合作的稳定剂

一是充分利用现有多边合作机制深化交流合作。发挥上海合作组织、亚太经合组织、亚欧会议等现有多边合作机制作用，加强相互沟通，加强中俄、中蒙等在第三国的合作，共同投资参与产业、基础设施建设等领域建设。

二是建立长期稳定的中蒙俄合作机制，加强政治互信。

三是建立和完善内蒙古与蒙古国和俄罗斯地方政府、政府部门间合作机制。推进自治区各盟市与蒙古国、俄罗斯各共和国（区、省）和主要城市建立友好地区（城市）关系、沿边旗县与毗邻地区建立友好关系。

（二）设施联通是经贸合作的奠基石

一是加强基础设施规划、技术标准体系的对接，抓好交通、能源、通信等基础设施的关键节点和重点工程，逐步形成比较完善的区域基础设施网络。

二是重点加快中蒙俄铁路运输的建设。中蒙俄经贸主要通过铁路运输来完成，中蒙俄应加强合作，进一步加大投资与建设力度，加大铁路线路的对接。

三是加大中蒙俄相关口岸的投入与建设。对内蒙古来说，可以通过“政府引导、企业运作、财政补贴”的多元投入机制，不断完善口岸建设，优化口岸布局。特别是要加大满洲里和二连浩特这两个国家重点开发开放试验区的建设力度。

（三）通关便利是经贸合作的推动器

一是通关便利化。例如，满洲里、二连浩特、甘其毛都、策克口岸实现一次申报、一次查验、一次放行“三个一”通关，企业申报效率平均提高了25%以上，查验环节时间及费用节省近半；满洲里、二连浩特均实行了ATA单证册业务；二连浩特试行信

息互换、监管互认、执法互助“三互”大通关建设试点，企业通关时间普遍减少40%以上。其他口岸待条件成熟，可以陆续实行。

二是共同推动中蒙俄海关“三互”机制建设。深化中蒙俄海关联合监管合作，进一步推动中蒙、中俄海关信息互通、监管互认、执法互助，全面提高投资贸易便利化水平。例如，中蒙统一的“载货清单”由二连浩特—扎门乌德口岸扩大至全部中蒙常年开放口岸，经一国海关签字确认的单证信息能够及时快捷地反馈到对方国家海关，在审单、查验、旅行等海关作业环节享受一定的通关便利，每票报关单减少通关时间约30分钟。

（四）跨境合作是经贸合作的突破口

一是积极建设跨境经济合作区。目前，二连浩特与蒙古国扎门乌德间的跨境经济合作区正在积极推动中。中俄蒙三国毗邻地区的海拉尔、赤塔及乔巴山，资源优势互补、地理位置毗邻，有建立中俄蒙三国跨境合作区的自然基础及社会条件。

二是依托跨境（边境）经济合作区，加快推进沿边市场建设。按照“两国一区、境内关外、封闭运行、政策优惠”的运行模式，推动建立呼伦贝尔中俄合作加工园区、满洲里市中俄跨境经济合作区、二连浩特中蒙跨境经济合作区等合作平台，重点发展加工贸易、现代会展、现代物流、旅游及加工制造等。

三是推动中蒙俄自由贸易区的建立。三方应加强中蒙俄合作对话机制，稳步推进中蒙俄自由贸易区的谈判。

（五）人文交流是经贸合作的润滑剂

一是建立中蒙俄国家文化交流平台和发展基金。积极打造包括体育赛事、文物展览、文娱活动及演出多种形式的文化交流活动，并建立相关基金，促进这些活动的举办。

二是进一步扩大文化贸易。加大文化产品的输入与输出，推进广播和优秀影视剧的译作，同时深入挖掘中蒙俄相关文化资源，通过合作拍摄等方式，促进文化合作与交流。

三是依托草原特色，开放系列中蒙俄旅游路线，促进旅游业发展。

四是扩大与俄蒙医疗卫生领域的合作。联合开展蒙中医药临床研究，加快蒙中医药产品在蒙俄国家的认证注册，促进蒙中医药的出口及服务。

五是扩大中蒙俄教育领域的合作。进一步建立中蒙俄相互增派留学生及培训等教育领域的合作，促进人才交流，为“中蒙俄经济走廊”的建设提供人才保障。

着力解决现实问题　助推中蒙关系发展

吴伊娜（中国内蒙古社会科学院俄罗斯与蒙古国研究所副研究员）

近年来，中蒙两国在政治、经济和文化领域的交流合作日益增多，2013 年两国签订了《中华人民共和国和蒙古国战略伙伴关系中长期发展纲要》；2014 年 8 月，习近平主席访蒙，签署了《中华人民共和国和蒙古国建立和发展全面战略伙伴关系的联合宣言》；2015 年 7 月，中俄蒙三国元首在乌法会晤，批准《中俄蒙发展三方合作中期路线图》，正式签署了《关于编制建设中蒙俄经济走廊规划纲要的谅解备忘录》，明确了三方联合编制《建设中蒙俄经济走廊规划纲要》的总体框架和主要内容；9 月该纲要正式发布，标志着“一带一路”框架下的第一个多边纲要正式启动实施。随着系列纲要和宣言的签订与落实，两国关系不断深化发展，但也不可避免地存在一些问题。应从根本上解决和弱化这些不利因素，推动中蒙关系更好发展。

一、相互了解不足是影响中蒙关系的重要因素

20 世纪 90 年代以后，随着民间交往的增多，多数蒙古民众开始逐渐了解中国，但这种了解往往是片面的，甚至还有一定程度的歪曲。目前，大部分的蒙古民众依然对中国目前的内外方针政策、发展的核心理念了解不足。蒙古国学者也指出，中蒙两国高层间没有重大分歧，但是民众间思想感情的距离是显而易见的。多次民意调查的结果显示，中国在一部分蒙古国民众心中的形象并不尽如人意。2006 年进行的民意测试显示，蒙古民众对各国的好感度依次为，俄、美、韩、日、德、中。2012 年，德国“桑特玛日勒”基金会在蒙古国多个省份进行了“谁是蒙古最佳伙伴国”的民意调查，其中，1/4 的受访者不回答，其余 3/4 受访者的 43. 7% 选择了俄罗斯，选择中国的仅占

1.2%，低于美、日、欧盟、韩，位居第六。而中国内地民众对蒙古国了解同样有限。

显然，这与两国日益密切的政治、经济关系是成反比增长的。相互间的了解不足，势必会在一定程度上对两国经贸关系产生影响。

二、助推中蒙关系发展的建言

（一）加强宣传

为了加强相互了解，两国有必要通过媒体为对方国进行一定程度的宣传。因此，一是充分利用传媒资源。相互宣传不应该仅仅局限于报纸、广播、电视等传统媒介，还应扩大到互联网、图书期刊、电影乃至动漫领域。通过上述传媒资源，使民间外宣与官方报道相互配合，塑造更好的国家形象和舆论环境。二是传播媒体“本土化”，注重对方视角。我们应充分考虑对方民众的思维方式、价值观念、情感取向，聘请对方资深新闻从业者与政府官员出任宣传顾问，参与宣传选题策划，为媒体撰稿，用对方民众听得懂、易接受的方式和话语，增强对宣传的吸引力和影响力，做到“国家故事，国际表达”，避免宣传变成盲目的单向信息发布，加强宣传的互动性。三是重视“互联网外交”，加强网络监管。当前，在双方的主要网络媒体上，关于对方有一些偏激的报道以及民众跟帖，而网络时代是语言和距离都没有阻隔的时代，这些言论势必引发双方民众的担心和反感，并对中蒙关系发展产生负面影响。因此，相关部门应加强网络监管，严格把握两国确定的交往方针政策，促进两国关系健康有序发展。

（二）多做具体实事

中蒙两国关系发展，不能只满足于目前取得的成绩，而应结合《中蒙战略合作伙伴关系中长期发展纲要》的内容，多做具体实事。一是发挥民间组织作用。民间组织是双边关系发展中不可或缺的重要组成部分，可以为双方交往提供非官方的对话渠道，积极提供各类信息和建议，是中蒙政府间交往的重要后备军。目前，我区的一些民间组织，正在成为促成中蒙关系良性发展的重要社会力量，并为两国关系发展做了大量工作，如蒙古国内蒙古商会和内蒙古文化促进会，协助内蒙古自治区在蒙古国举办2012年内蒙古文化周，编译出版《蒙古国法律汇编》（上册），建立“内蒙古之窗”陈列室等。因此，中蒙两国在国家层面的合作交流之外，应鼓励两国民间组织和社会团体广泛交流合作，并由政府扶持一批有代表性的中蒙民间组织，建立政府与民间组织的定期交流、对话、互动机制。二是政府扶持民间外交。民间外交是“巩固和扩大我国同周边国家关系长远发展社会和民意基础”的重要手段之一。同时，民间外交只有在政府的支持下，才能更有效地开展。因此，政府应大力支持以民间外交为手段，将蒙古国对中国在教育、医疗、科技等领域的诉求落到实处。如组织医生和大学生医疗队赴蒙巡诊，加深与蒙古在医疗领域的民间合作；组织青年赴蒙支教，加深两国在教育领域的民间合作，组织专家团队赴蒙培训专业技术人才，加强两国在科技领域的合作，即通过“多做得人心、暖人心的事”，充分体现我国与邻为善的外交理念。三是互建经济文化交流中心。乌兰巴托中国文化中心自 2011 年启用后，取得了较好效果，逐渐成为了蒙古民众感知中国、认识中国、了解中国的重要窗口以及发展和繁荣两国文化的园地。以此为经验，蒙古国在呼和浩特也可以建立同样性质的经济文化交流中心，同时，也建议在乌兰巴托建立中国内蒙古经济文化交流中心，用来展示内蒙古经济文化建设成就，定期为年轻人举办知识讲座、播放内蒙古电影、定期举办商贸论坛、会议、产品展览等活动，增加蒙古国民众对中国和内蒙古了解的渠道和窗口。

（三）着眼发展之需

近年来，中蒙两国政治关系较好，经济联系紧密，但双方的合作，过多集中于经济领域，而在与蒙古国社会生活息息相关的领域合作程度还有待加强。因此，当前的中蒙合作应着眼于多帮蒙古解决发展之需。一是将援建重点放在民众基本生活领域。如特定典型区域的建设，医院、中小学校舍的增建和修缮，粮食、饮用水的生产和技术支援，以及能源、通信、道路等基础设施建设等方面。二是与蒙合作建设环境改造样板。中蒙政府早在 1990 年就签订了《自然环境保护合作协议》，其中涉及的内容广泛，经过多年的共同努力，合作颇有收益，但方式仍有待加强。内蒙古与蒙古国近 3200 千米的边界线两边是沙尘暴发生的重灾区，自然环境相似，治理方法相近，且我方经验丰富。而蒙古特别需要我国林业、农业、治沙方面的专家，指导其种树、蓄水灌溉、治沙。因此，建议两国合作培养专门的防沙科研队伍，利用内蒙古防治沙化的丰富经验，选取几个区域进行造林、防沙、退牧还草、蓄水灌溉等方面的探索，并逐步建立长效合作机制。此外，针对蒙古矿产开发与环境保护之间存在的矛盾问题，建议选择有代表性的废矿作为样板，开展废矿复田治理工作。

经济走廊建设中政府和政策作用

格·楚伦巴托（蒙古国科学院哲学研究所所长　院士）

双方或多方的政策稳定和透明度会直接影响联合推行大项目的成败。

贯穿俄蒙中的经济走廊及其建设规划纲要的成功典范，是近三年三国首脑会晤和与之相关开展的众多活动①。蒙古国称之为“千禧工程”②。蒙古国“草原之路”，中国的“丝绸之路”，俄罗斯的“欧亚联盟”是经济走廊千年计划中无法割舍的一部分。各方所提出的32个规划纲要都是互通的政策法规，将理论结合实践可以联合举办卓有成效的交流活动。

一、政策与法律法规要相结合

实施经济走廊建设规划纲要要结合三方中长期发展目标和发展理念，其三方国家领导所提出的观点也非常重要。

中华人民共和国主席习近平指出，“实施规划纲要结合三方发展战略，要落实到具体合作领域和项目上，明确三国发展远景”③；俄罗斯总统普京指出，“实施纲要推进区域经济一体化，首先是欧亚联盟中的亚欧经济联盟会助推合作进程”④；蒙古国总统指出，三国应在更广范围内加强合作，“我们的合作不局限于经济走廊建设、交通运输、

① 过去三年三国就相关问题互访17次。

② 蒙古国驻俄罗斯大使博·德勒格尔玛提出。

③ 三国首脑会晤时中国国家主席习近平的讲话。塔什干市，2016年6月23日。

④ 三国首脑会晤时俄罗斯总统普京的讲话。塔什干市，2016年6月23日。

海关和检验检疫，而是在区域间具有发展潜力的其他行业内可以交流合作”①。

俄罗斯、中国、蒙古国三国近10～15年国家中长期发展政策为以上规划纲要的实施提供了良好的政策环境。如，今年蒙古国国会制定了《蒙古国可持续发展纲要2030》。其中，主要目标是“蒙古国到2030年时，人均收入要达到中等发达地区前列，经济发展稳定，人民生活水平达到小康水平，生态保持平衡，国家民主稳定”②。

“经济走廊”规划纲要的合作内容：促进交通基础设施发展及互联互通；加强口岸建设和海关、检验检疫监管；加强产能与投资合作；深化经贸合作；拓展人文交流合作；加强生态环保合作；推动地方及边境地区合作。也就是说，三国的中长期发展目标符合经济走廊建设要求，对实施纲要有积极影响。

与此同时，区域发展、投资、电力、交通、基础设施、绿色旅游、文化体育、关税政策以及与之相关的法律法规、法制报告等要结合经济走廊建设目标。这项工作中让科学机构以及专家学者参与是非常重要的。

二、政府与学术机构合作

三方经济走廊规划纲要证实，经济社会发展规划纲要可以通过本地区所实施的政策来完成。规划纲要从提出到贯彻落实，政府和学术机构都在服务之中。

三方可以通过三国首脑会晤，政策协商机构工作要有成效，可以进行跨区域合作，用区域性热点问题来加强交流空间。

按照规划纲要建立投资中心是三国政策互通的桥梁。这个投资中心的主要目标是完善“经济走廊”建设规划纲要，制定经济基础，明确融资来源，进行相关研究工作等。相信去年建立的中蒙俄智库合作联盟一定会承担这个重大任务。加强认识俄中蒙三国民间习俗也是实施规划纲要的主要推动力。去年6月份三方在中国举办的首届经贸博览会和8月5～6日在俄罗斯赤塔市举办的第二届博览会对规划纲要的实施起到了积极作用。

实施规划纲要方面三方政府部门都已参与，如，蒙古国外交部、中华人民共和国国家发展和改革委员会和俄罗斯经济发展部，这确保了实施规划纲要的稳定性。

现在经济走廊建设的政策法规运行良好，相信规划纲要也能旗开得胜。

---

① 三国首脑会晤时蒙古国总统查希亚·额勒贝格道尔吉的讲话。塔什干市，2016年6月23日。

② 《蒙古国可持续发展纲要2030》。

第四部分

贸易投资便利化

“中蒙俄经济走廊”是三方经济贸易一体化的基础

博·桑吉米特布
（蒙古国国立大学国际关系学院国际关系中心主任 教授 国际经济学博士）

2013 年中国提出“一带一路”倡议对接了亚欧基础设施和物流，对于扩大发展欧亚两洲投资贸易具有重要意义。两大洲各国交流合作顺畅，相互了解加深，投资贸易一体化等趋势已逐步形成。如，欧亚地区基础设施联通，建立了运输走廊，产品运输费用将节省 2 倍，输送时间也会缩短 2 倍，商业便利化以及沿输送带发展服务贸易区或发展区域经济贸易一体化。这是实际问题，其产生的成果可以与沿线地区共享，因此参与者也有利可图，也有望得到欧亚地区各国帮助和支持。

中方提出的“一带一路”倡议实施过程中，要建立 6 条经济走廊，其一是“中蒙俄经济走廊”。2015 年三方国家领导人在乌法会晤，就建设走廊问题原则上达成共识。2016 年塔什干会晤时，通过了经济走廊“中期路线图”中率先实施的 32 条规划纲要，2016 年在乌兰巴托市建投资规划中心，进一步完善和解决投资问题。

实施以上规划，对俄蒙中之间发展经济贸易一体化，建立区域生产供应网意义更大。建设经济走廊过程中，结合三方发展政策，对接交通运输基础设施，加大通关能力，关税便利化，统一标准，沿运输带联合建立服务贸易中心，经济合作会呈现前所未有的发展态势。有可能在财经条件好的情况下实施纲要。

下面从主要产业看三方合作问题。

一、要结合经济发展战略

蒙古国的外交首要方向是与邻国俄罗斯和中国的交流合作。《蒙古国对外政策构想》[1] 的 14.1 号文件中提出，“与俄罗斯和中国建立友好关系是蒙古国外交政策的首要任务，均衡交往，发展多方位睦邻合作”。

蒙古国与俄罗斯分别于 2009 年签署《蒙古国、俄罗斯关于发展战略伙伴关系宣言》，2016 年签署《蒙古国、俄罗斯关于发展战略伙伴中期规划纲要》，2013 年与中国签署《蒙古国和中华人民共和国关于中长期战略伙伴关系规划纲要》，2014 年签署《中华人民共和国和蒙古国关于深化发展全面战略伙伴关系的联合声明》等合作协议。希望与以上协议相关的双方，把友好、互利合作关系深入到更多合作领域。

在全球化的今天，各个国家和地区参与到区域经济贸易一体化是经济贸易发展最适合的条件，也促使各个国家和地区成为地区生产、服务、供应网的组成部分。因此，很多国家和地区基本都参与进来。参与区域一体化，首先是结合经济发展政策，对接基础设施，共同实施规划纲要。对接基础设施，实施共同规划纲要需要合作，并进行长期稳定的大量投资。相关地区共同努力合作推动的话会更加容易，投资方也会更加可靠。

俄中两国关注以上问题，结合发展政策制定了交流合作的长期规划。如，2006 年俄罗斯总统普京访问中国，双方计划实施长期合作规划纲要，初步从俄罗斯进口石油，修建天然气管道，为中方长期提供电力资源。在这个协议中，建设斯卡沃力迪诺—大庆管道[2]，中方向俄罗斯提供了 250 亿美元贷款，这是双方新的合作形式。除此之外，俄中等国家要发展中国东北部，俄罗斯远东、西伯利亚地区，结合发展战略正在实施相关合作意向。2014 年中国向俄罗斯投资额达到 13 亿美元[3]。以双方金融合作为目标，建成了俄罗斯—中国投资银行。这个银行为了支持俄中贸易量，在阿穆尔河上建铁路桥，普利莫尔斯克建设口岸等问题正在筹备当中。2014 年时双边贸易额为 953 亿美元，到 2020 年要达到 2000 亿美元。

2015 年 5 月中国国家主席习近平和俄罗斯总统普京在莫斯科市，就中国“一带一路”倡议与欧亚合作和欧亚经济联盟建设之间的对接问题，达成共识并签署了备忘录，为双方合作发展战略起重要作用。

---

① 1994 年制定《蒙古国外交构想》，2011 年修订。

② Проект был введен в эксплуатацию в конце 2010 г.

③ Chinese foreign direct investment into Russia, 2015, Central Bank of Russia.

1990 年以后，蒙古国没有长期发展规划，用在选举中所产生的政党发展纲要来制定发展方向，而且政策、经济与法律环境等均不稳定[①]。在 2015 年，国家大呼拉尔通过了发展政策规划法，蒙古国可持续发展构想 2030 号文件通过了中长期发展规划，发展战略要与比邻地区发展相结合，形成了新的法律环境。另一方面，蒙古国外交构想，21.4 号文件中指出，“寻求加入国际和区域经济一体化与基础设施网络，为到出海口和过境路线提供良好的运输环境”，确定了我们立志参与区域一体化进程，也正在建立相对应的法律环境。

关于蒙古国发展政策规划法，7.9 号文件中指出：“……选举中产生的候选人、政党、政党联盟的选举纲领要结合蒙古国发展构想，选举中获胜的政党，要实施联盟选举纲要，这明确了蒙古国长期发展战略，有了必须实施的保障，这也是新内容。”

蒙古国基本没有被区域经济一体化覆盖，本国资源只是交换形式出口；也形成不了区域生产、供应、交易网。同时，加工工业在经济中的比重过于缩减，进口所有可进口的产品，经济很难可持续发展。因此，要改变这种情况，对蒙古国经济来说是所面临的实际目标。

2015 年，三方国家领导在塔什干市会晤，达成共识，要建“中俄蒙经济走廊”，要联合研究蒙古国“草原之路”、中国“一带一路”、俄罗斯的“建设亚欧运输走廊”倡议，提出对策建议，实施联合规划纲要，建投资规划中心是结合三方发展战略的重要任务。

二、三方合作机制和共同实施规划

根据蒙古国总统额勒贝格道尔吉提议，2014 年 9 月在杜尚别举行上合组织成员国高层会晤时，进行了中国、蒙古国和俄罗斯三国元首的首次会晤，这成为三方合作的新机制。

毗邻三国的交流合作机制逐步形成。2012 年 10 月在莫斯科市进行了俄蒙中外交部磋商会。外交部副部长会谈于 2014 年在乌兰巴托市分别举行。现在这些会谈已经被定期化，形成了讨论三方交流合作问题的新机制。在会谈上，三方确定了没有未解决的政治问题，也保证没有历史遗留问题。三方一致同意，合作要结合发展三国或双方发展战略合作构想，有广泛的发展前景。

---

① 虽然通过了 1996 年蒙古国发展构想和 2008 年基于蒙古国千年计划民族发展政策，但没有相关法律，只有宣布文件。

在三方合作范围内，提出的实际且第一个重大举措是中蒙俄之间的经济走廊建设问题，经过相关方面近3年的探讨。三方均表示原则上是支持该意见，国家领导层面也表示支持。

2015年4月2日，中国外交部领导王毅在北京接见了蒙古国外交部领导普日布苏仁，提出了关于建设“中蒙俄经济走廊”的意见。他对三方经济走廊建设意义的评价是：“建设经济走廊对三方的人民生活带来实际利益，是三方经济发展、欧亚大陆发展的新动力。俄中蒙之间的发展空间很大。”①

近三年来，三方均成立了工作组，为制定规划纲要互访17次。工作组首先从众多规划中选取了32个有望实施的规划，高层领导人在塔什干市会晤时签署了相关协议。经济走廊规划纲要中首先支持建设运输业基础设施规划纲要；第二是发展口岸建设，完善税收和检验检疫；第三，加强工业和投资业的合作；第四，深化经贸合作；第五，发展人文交流；第六，加强环境保护；第七，发展地区和口岸合作交流。其中13项是基础设施规划纲要，这对三方对接基础设施、贸易优惠政策有积极意义。

三方高层领导会晤时，对建设经济走廊的意义是这样表述的。蒙古国总统额勒贝格道尔吉认为，“这是三个邻国间前所未有的大纲要”。中国国家主席习近平认为，“规划纲要涉及的三方要在各自的优势项目中合作发展。纲要要实施与三方发展战略相对接的措施，确定了三方实施的优先方向”。俄罗斯总统普京认为，“三方有共同发展空间，三国为了人民美好生活应该积极利用这个极好的发展机会”。②

国家领导人，首先在规划中提出了各自感兴趣的问题。蒙古国总统额勒贝格道尔吉表示：“我们要共同建设的经济走廊，不受运输业税收限制，要考虑双方合作经验和资源优势，在农牧业、预防自然灾害等方面发展三方合作。”中国国家主席习近平表示：“在规划纲要中提到的对接基础设施，口岸建设、工业投资合作、经济贸易合作、人文交流、环境保护等方面进行优先合作。”俄罗斯总统普京表示：“为组织实施实际工作，支持蒙方提出的建规划投资中心方案和基础设施建设意见。”③

为了制定规划，完善经济基础，寻求资金来源，2016年内在乌兰巴托市建设投资规划中心。经济走廊建设相关问题由三方，即蒙古国外交部、中国发展和改革委员会、俄罗斯经济发展部负责。这说明规划有望实施，各方都有决心实施。实施规划纲要除了双方金融投资，也从国际范围内筹集资金。

蒙古国的国内储蓄不足，经济总量小，市场也小。俄蒙中经济走廊框架内，实施

---

① РИА новости，2015. 04. 02.

② 俄蒙中国家领导在塔什干市讲话，2016. 06. 26，www. mfa. mn。

③ 俄蒙中国家领导在塔什干市讲话，2016. 06. 26，www. mfa. mn。

合作规划纲要包括了区域经济贸易一体化，区域生产、服务、交易网，为发展国内生产创造良好的条件。

三、三方搭建良好的合作环境及措施

蒙方积极发展三方合作及“中蒙俄经济走廊”建设，在国内外组织举办了诸多交流和合作活动。

（一）促进贸易便利化

蒙古国为了加入世界贸易组织，与多方协商贸易合作问题，通过了“关于贸易便利化多方谈判”，正在努力完成所承担的任务。

（二）蒙古国政府要减少官僚作风，对进口商品实施优惠政策，加强完善安检

例如，根据亚洲开发银行制定的“口岸规划模式”对边境、税务、卫生、检验检疫进行统筹管理，开通了统一监控系统和“一站式服务”①，其效果显著，加强了与邻国专业技术机构的交流合作。

2015 年，三方国家领导在法会晤，蒙古国税务总局、中国海关总署、俄罗斯海关办签署了《关于中俄蒙边境口岸发展领域合作框架协定》。2015 年 3 月在北京，俄蒙中外交部领导举行会谈，协商了关于三方海关合作问题。6 月在乌兰巴托市三方海关代表见面，调整将要在乌法签署的相关协议内容。乌法会晤之后，为了落实协议，9 月和 11 月俄罗斯海关机构代表访问蒙古国，在很多技术问题上达成共识。2015 年 7 月 19 ~ 22 日，中蒙海关机构代表第 7 次会议在北京召开，中国向蒙古国提供了 X 光检测设备。2016 年，三国领导会晤时，“中蒙俄经济走廊”建设规划纲要框架内签署了三方同意对某些产品的税务检测成果的协议，这丰富了三方实际合作内容，是合作进入新阶段的重要措施。

（三）加强和对接运输基础设施建设

对接俄中的最便利、最安全的通道之一是通过蒙古国过境路线，这也符合三方基本利益。因此这个领域中的有些项目已经开始运行。在乌法举行高层会晤时，运输业领导人也进行了首次会谈，运输业要深化互利合作，确保三方利益，对共同发展三方

① ДГБ2014 报告中，蒙古国成为开通特殊服务的 50 个地区之一。

通关能力具有重大意义。发展乌兰巴托公路、铁路走廊，修建现有铁路，三方共同协商，部门之间签署了相关协议。三方高层领导在塔什干市会晤，制定了今后继续利用合作机制，使其变为常规化的发展方向。

铁路运输方面。2014 年 9 月 3 日，蒙古国政府、俄罗斯“俄罗斯铁路”民防协会之间签署了《发展关于重建乌兰巴托铁路战略伙伴协议》。协议中乌兰巴托铁路建设双向铁轨，运输量每年达到 1 亿吨，塞力黑特—额尔登特铁路向西扩展，与图瓦对接，建设“博格德汗铁路”，在西部建设纵向铁路。①

三方运输合作的重点是为没有出海口的蒙古国提供出海口。2014 年 8 月蒙中政府签订关于蒙古国通过中国进出海口问题。蒙方也正与俄罗斯协商着类似协议的签署问题。在以上协议中，蒙古国可以通过中国天津、辽宁、大连、锦州等 5 个口岸。

2014 年 8 月 21 日，中国国家主席习近平访问蒙古国时签署了“关于双方政府间铁路过境运输合作协议”，决定中蒙政府、相关企业要负责各自的边境铁路站和与之相关的沿线铁路建设和领导工作。同年 10 月，在国家大呼拉尔，国家制定关于铁路政策以及相关规定，解决轨道问题。

公路运输方面。从 2013 年开始，讨论建设对接俄蒙中的高速公路问题。2015 年 9 月在亚洲及太平洋经济社会委员会的支持下原则上达成共识。2016 年 1 月交通运输部领导莫·照日格图通过媒体讲到，想用租让方式，将对接三方的公路建成高速公路，东部额伦查布—乔巴山—西乌尔特—毕其格图工作路对接亚洲公路网。2017 年亚洲公路网参与方要见面洽谈相关事宜。2014 年蒙古国亚洲公路网协议，铺设的过境蒙古国的俄中阿拉坦宝力格—乌兰巴托—扎门乌德 1000 千米长公路，而西部查干诺尔—乌列盖—科布多—亚兰顶 180 千米长的公路均不是高速公路而是普通的道路。俄蒙中在联合国亚洲及太平洋地区经济社会委员会的支持下，在不久的将来要签署公路协议。

航空运输方面。2014 年，蒙古国道路运输部、俄罗斯运输部签署了关于民航合作协议。中方制定的三方经济走廊规划中提过“关于完成中蒙俄发展国际交通运输规划协议”，“重点研究新建乌兰巴托国际机场问题”。

（四）设立跨境自贸区

2014 年，蒙中两国在二连—扎门乌德口岸就建立跨境经济合作带问题原则上达成共识。2014 年 10 月 23 日，中华人民共和国国务院宣布中国二连浩特为重点开发开放

① 战略伙伴和蒙古国外部环境变化，OYXX，2015，x 12 - 13。

实验区，决定“设立二连浩特开发开放实验区”。2015 年 2 月 12 日蒙古国国家大呼拉尔完善了自贸区的法律，表示同意设立跨境自贸区。但政府仍未最终完成法律建设。

2016 年 5 月 5 日，蒙中政府间委员会第 14 次会议期间，工业部领导和中国商务部领导就蒙中扎门乌德—二连口岸设立跨境自贸区问题签署了相关协议。

与俄罗斯加入世界贸易组织有关，双方在协议中提到“关于设立双方之间的自贸区问题，将在俄罗斯加入世界贸易组织之后讨论”。参会人员没用弄清 свободная торговоя зона 的概念是指“自由商业区”，还是在设立在边境地区的“贸易自由区”。

（五）旅游

三方在旅游业合作方面签署了相关协议，举办旅游博览会，已经有了合作旅游路线。

（六）商会间合作

2015 年 7 月 20 ~ 23 日，在包头举办了蒙中俄经济贸易合作第 11 次见面会。三方介绍了各自国家在区域内计划实施的项目。三方在合作范围内优先发展经济、旅游、边境地区合作，职能部门之间要信息畅通，为商务提供良好的环境。

（七）发展生产服务交流合作，建设工业园区

随着三方经济走廊发展所产生的意义重大的合作内容之一是沿着运输路线合资建设生产、服务、物流中心。所有合作都对三方的生产、服务、供应有重要意义。这方面也有很多工作已经实施。如，2015 年在呼和浩特举办了蒙古国产品博览会，当时，中蒙企业共签署了 14 亿元的协议。之后在乌兰巴托举办了俄罗斯中国边境地区产品、技术展览，投资论坛等重要会谈都在定期召开。

结论及对策建议

中蒙俄三方合作机制逐步形成，“中蒙俄经济走廊”建设蓝图已经清晰，已建三方交流合作中心机构之外，政府部门也希望实施所有规划，并已经投入到具体工作。

作为学者，为了顺利实施以上交流合作内容，提出以下对策建议。

（1）为了顺利落实经济走廊建设，首先 2016 年内在乌兰巴托市建投资规划中心。进一步设立三方的合作交流秘书处；

（2）三方在经济走廊建设框架内，实施的政策、规划、法律等问题要提早做好

准备；

（3）蒙古国科布多省要参与“中蒙俄经济走廊”，应不仅限于对接基础设施，还要沿着运输路线建设生产服务园区和物流中心，并遵守吸引投资政策；

（4）蒙古国为加强经济的独立自主，国内要发展生产服务业，为打开国外市场要与欧亚经济联盟建自贸区；

（5）中国倡议的“一带一路”框架内，利用好所有可能性，世界经济中心逐渐向欧亚地区发展，蒙古国也在这个区域内，为了尽早找准自己的位置，推进确立蒙古国的上合组织观察员国家地位；

（6）蒙古国有良好的资源储备，未来将承担区域内供应的重要任务，成为区域生产服务供应网的组成部分，要结合邻国的发展政策，长期稳定发展。

参考文献

［1］Баримт бичгҮҮд.

［2］Монгол Улсын Гадаад бодлогын Үзэл баримтлал，2011.

［3］МУ－ын ХҮгжлийн бодлого тҮлҮвлҮлтийн тухай хууль，2015.

［4］Монгол Улсын тогтвортой хҮгжлийн Үзэл баримтлал－2030，2016.

［5］Монгол Улсын чҮлҮҮт бҮсийн тухай хууль，2015.

［6］Монгол Улс，ОХУ－ын хоолронд Стратегийн тҮншлэлийг хҮгжҮҮлэх тухай Тунхаглал"，2009.

［7］Монгол Улс，ОХУ－ын хооронд стратегийн тҮншлэлийг хҮгжҮҮлэх дунд хугацааны хҮтҮлбҮр，2016.

［8］Монгол Улс，БНХАУ－ын хооронд стратегийн тҮншлэлийг хҮгжҮҮлэх дунд，урт хугацааны хҮтҮлбҮр，2013.

［9］Монгол Улс，БНХАУ－ын хооронд стратегийн иж бҮрэн тҮншлэлийн харилцаа тогтоох тухай хамтарсан Тунхаглал，2014.

［10］БНХАУ，Монгол Улс，ОХУ－ын Эдийн засгийн коридор байгуулах тухай хҮтҮлбҮр，2016

［11］Asian Development Bank（ADB）. 2014. CAREC Transport and Trade Facilitation Strategy 2020. Manila.

［12］SCO Development Strategy until 2025.

［13］Декларация глав государств ШОС，2015，2016.

［14］Ном

［15］Нэг бҮс，нэг зам－ын Хятад，Монгол，Оросын эдийн засгийн хонгил，2015.

［16］Ю. В. Тавровский，Китай，Россия и соседи：Новое тысачилетие，Восточная книга，Москва，2015.

［17］MichealFredholm ed.（2013），The Shanghai Cooperation Organization and Eurasian Geopolitics：New Directions，Perspectives，and Challenges，Nordic Institute of Asian Studies，United Kingdom. －Санжмятав. Б.（2015），Дэлхийн эдийн засаг，Улаанбаатар.

[18] Эрдэм шинжилгээний ҮгҮҮлэл.

[19] Fu Mengzi (2014), Strategic Concept on Constructing One Belt One Road", Mongolian Journal of Strategic Studies.

[20] Gisela Grieger (2015), China`s Leading role in the Shanghai Cooperation Organization", European Parliamentary Research Service.

[21] GaoFei (2010), The Shanghai Cooperation Organization and China`s New Diplomacy", Netherlands Institute of International Relations Clingendael.

[22] Frolova, A. I. (2014), Russia`s Interest in SCO", Mongolian Journal of Strategic Studies.

[23] Frolova, A. I. (2014), Process of Creation of Eurasian Economic Union", Mongolian Journal of Strategic Studies.

[24] LidiyaParknomchik et al (2015), Current Situation of the International North South Transport Corridor" e - bulletin, Eurasian Research Institute.

[25] RafaelloPantucci (2015), Looking West: China and Central Asia", International Security Studies, Royal United Services Institute for Defence and Security Studies.

[26] Srivastava, P. (2013). Regional Corridors Development: A Framework. Journal of International Commerce, Economics and Policy. 4 (2)

[27] Sanjmyatav B, Asia is becoming gradually a Center of world policy, Вестник международного центра изиатских исследований Восточносибирской Государственной Академии Образования РФ, 14, 2011.

[28] Соёлгэрэл, Н. СХХ, Евразийн бҮс дэх эдийн засгийн хамтын ажиллагаа: МУ - ын оролцох боломж, "Евразийн геополитик ба Монгол Улс сэдэв ЭШБХ" товхимол, 2016.

中国东北三省对外贸易空间格局研究①

刘志高（中国科学院区域可持续发展分析与模拟重点实验室，
中国科学院地理科学与资源研究所）
张　薇（中国科学院区域可持续发展分析与模拟重点实验室，
中国科学院地理科学与资源研究所）
刘卫东（中国科学院区域可持续发展分析与模拟重点实验室，
中国科学院地理科学与资源研究所）

一般认为，对外贸易有利于促进生产要素在更大范围内的流动，有利于推动资源配置效率的提高和生产力的发展，能为经济发展提供更加广阔的空间。因此，如何提高对外贸易规模、提升贸易层次，更大范围参与竞争，成为一个国家和地区决策者关注的重要话题。古典贸易理论和二战后的国际贸易理论，分别从资源禀赋、比较优势、技术与产品周期、知识与创新学习等角度，探讨了国际贸易发展的新趋势、新动因及其对地域劳动分工体系的影响。但这些学说主要是基于欧美发达国家和日韩赶超国家经验的理论总结，且多以国家为基本的分析单元。20世纪80年代以来，区域成为越来越重要的全球经济竞争的主体，而对于像中国这样幅员辽阔、内部区域差异巨大的国家而言，各大区域对外贸易在社会经济发展中的作用及其贸易结构有着巨大差异。因此，大国亚国家尺度（如我国的省级和大区）的对外贸易研究成为国内外研究的新趋势。

东北三省是我国重要的老工业基地，在我国对外开放战略中具有重要的地位。东

① 基金项目：国家自然科学基金项目（7154100063）资助。

北三省如何发展对外贸易、促进经济发展，一直以来都是学术界关注的重要话题。早在20世纪80年代，陈才等人就开始探索东北三省与苏联国家的贸易问题。2003年国家实施东北振兴战略后，学术界更加认识到构建外向型经济、发展国际贸易是增强东北三省发展活力的重要途径之一。部分学者评估了东北三省对外贸易的现状和存在的问题，分析了对外贸易的机遇和挑战，提出了相应的对策。部分学者从空间载体的角度，讨论了重点城市、边境口岸在发展外向型经济过程中的作用和策略。

东北地区是新中国工业的摇篮，为我国形成独立、完整的工业体系和国民经济体系做出了历史性的重大贡献。但随着改革开放的不断深入，体制性、结构性矛盾日益显现。2003年国家开始实施东北地区老工业基地振兴战略，并取得了阶段性的重要成果。东北振兴是一项十分复杂的系统工程，涉及面广。不断扩大对外开放，积极发展对外贸易，既是东北振兴战略的重要组成部分，也是实现东北振兴的重要途径。为促进东北地区扩大对外开放，中央和地方积极统筹谋划，相继出台了一系列措施。这些政策的出台为东北地区进一步扩大开放创造了良好的政策环境，加快了东北地区对外开放的步伐，并提高了对外开放的规模和水平。但近两年东北三省经济增速出现骤降，滑出“合理”区间，对外开放的效果也不尽如人意，“新东北现象”引起了国内外学术界和媒体的广泛关注。但是，对于2003年东北老工业基地振兴战略实施以来，东北三省贸易空间格局发生了哪些新变化，如何从对外贸易空间战略上应对当前面临的内外环境变化等问题，仍然缺乏足够的关注。

后金融危机时代，世界经济进入深度调整期，国际经济合作和竞争格局发生深刻变化，全球范围内开始新一轮的生产要素重组和价值链整合，外部环境的这些变化将势必深刻影响我国和东北三省对外贸易的发展。目前我国经济进入新常态，要求不断优化经济结构，转换发展动力、更新发展理念，也对东北三省对外贸易提出了新的要求。同时，国家“一带一路”倡议的实施，将可能重塑国际合作与贸易机制，尤其是“中蒙俄经济走廊”的建设，将为东北三省对外贸易提供历史性的战略机遇。“一带一路”倡议提出后，学者们普遍认为东北三省面临巨大的机遇，并从基础设施建设、跨境合作区、综合保税区等角度，讨论了东北三省如何加快发展外向型经济，促进产业转型。本文将在这些研究的基础上，站在新的历史起点和新的形势背景下，探讨东北三省对外贸易的空间范围和重要的贸易伙伴，判断及确定东北三省对外贸易重点领域及其空间载体，并提出差异化的空间策略。该研究不仅关系到东北进出口贸易规模的提高和水平的提升，也将深刻影响东北三省的转型升级发展。因此，本文的研究具有重要的理论和现实意义。

一、研究方法与数据来源

本文主要采取定性研究与定量研究相结合、高层访谈与实地调研相结合的方法。数据来源包括2014年中国海关统计数据，以及2003～2014年东北三省各省统计年鉴和统计公报。2014年中国海关统计数据主要用来分析省级层面的对外贸易空间范围和商品结构，而各省统计数据主要用于分析地市级尺度对外贸易空间格局。无论是科学诊断东北三省对外贸易现状及存在问题，还是提出具体的政策建议，都需要在科学研究的基础上，深入中央有关部委、地方政府和企业调研。为此，在国家相关部门支持下，本文的作者于2014年12月至2015年8月期间，分别与东北三省发改委、商务厅、工信委、海关等部门座谈，了解各省对外贸易现状、存在问题及未来工作思路，并走访了辽宁省沈阳和盘锦，吉林省长春、延边州和珲春，以及黑龙江省哈尔滨和绥芬河等重点开放城市，调研了重点开放平台建设和沿边重点地区对外贸易发展情况，并访谈了20多家出口企业。另外，东北对外贸易研究需要考虑国家利益，加强顶层设计，因此，作者还与国家发改委、商务部、国家开发银行等相关部门进行了座谈，了解国家战略意图。

二、东北三省整体对外贸易规模与贸易伙伴

（一）东北三省对外贸易规模

从总体上看，东北三省对外贸易规模持续扩大，但在全国地位正逐步下降。2003年国家实施振兴东北老工业基地计划以来，东北三省进出口总额由380.62亿美元增长至2014年的1792.38亿美元，年均增速达到15.13%，外贸程度正日益提高（图1）。然而，东北三省的外贸总额在全国的比重却呈现逐年下降的趋势，2014年东北三省进出口总额仅占全国的4.2%，外贸依存度（19.02%）仅为全国外贸依存度平均值（38.4%）的一半，出口占全国比重也不断下降。

导致这些问题的原因主要有：东北三省对外开放时间相对较晚，经济总量小，国有企业比重过高，产业结构单一，产业支撑乏力，地方创新不足；市场机制缺乏灵活性，体制机制僵化，内部各自为政，恶性竞争激烈，部门协调配合有待加强；周边国家开放环境欠佳、政策稳定性差，且与周边国家互联互通不畅、开放合作平台亟须加强。上述不利因素在全球经济危机的冲击下，对东北外贸的影响更为明显。因此，东北三省的出口在全国的比重整体上呈现出连续下滑的趋势。

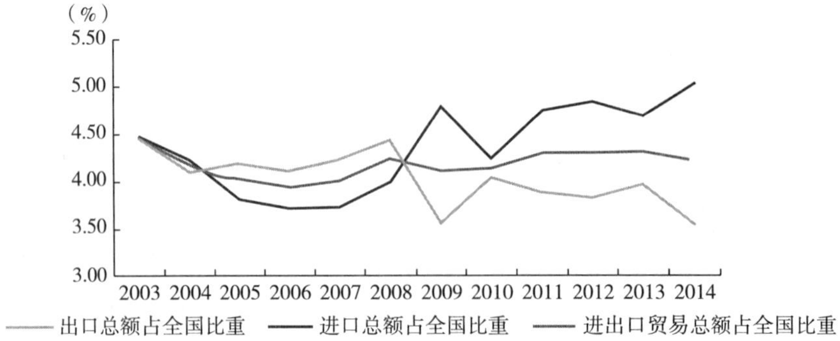

图1　东北三省历年贸易额占全国的比重

（二）东北三省主要贸易伙伴

虽然近年来“一带一路”倡议为东北对外开放提供了历史性的机遇和巨大的政策红利，东北三省与东南亚、中东地区等“一带一路”沿线区域的贸易规模有所增长，但日本、德国、韩国和美国等发达国家仍然是东北三省主要的贸易伙伴（图2和图3）。日本是东北三省最大的商品出口目的地，2014年对日本的商品出口额占总出口额的14.16%，主要出口的商品包括电气机械、纺织服装、钢铁制品和木制品等。俄罗斯是东北三省的第二大出口国，主要向其出口纺织鞋服、家具和皮革等轻工业制品，同时包括部分光学设备和电气机械等。此外，美国、韩国、巴基斯坦和东南亚地区，尤其是新加坡、越南和马来西亚等，也是东北三省重要的商品出口目的地。

德国是东北最主要的进口国。2014年东北三省从德国进口的商品总额占东北总进口额的15.85%，主要进口交通运输设备、电气机械、光学设备、金属和非金属制品等。俄罗斯是第二大进口国，主要的进口商品包括矿物及其制品、木材、食物和非金属制品等。日本、美国、韩国，以及盛产石油的中东地区，特别是沙特阿拉伯、阿联酋和阿曼等国也是东北三省重要的进口国。

三、东北三省省级层面对外贸易空间格局

为准确判别东北三省对外贸易的差异化发展方向，既需要了解各省的对外贸易规模，又要识别出各省重要的贸易伙伴，同时还需要诊断出各省在不同空间发展方向上的比较优势。因此本节将首先利用2003～2014年东北三省统计公报和统计年鉴数据，分析东北三省各自的进出口总额变化趋势。然后，利用2014年中国海关统计数据分析东北三省重要的对外贸易伙伴及其主要的贸易商品种类。

（一）东北三省各省对外贸易空间分异

从东北三省内部看（图2），辽宁省凭借沿海沿边的区位优势，加上近年来大连保税区、沈阳综合保税区和丹东“国家重点开发开放试验区”建设步伐的加快，外贸总量在东北三省中始终处于领先地位。辽宁省外贸总额从2003年的265.6亿美元跃升至2014年的1139.6亿美元，年均增长率达14.16%。其中，进口保持不断上升的态势，但进口增速整体出现减缓，出口在2013年以后呈现下降趋势，与东北三省的整体情况相似。

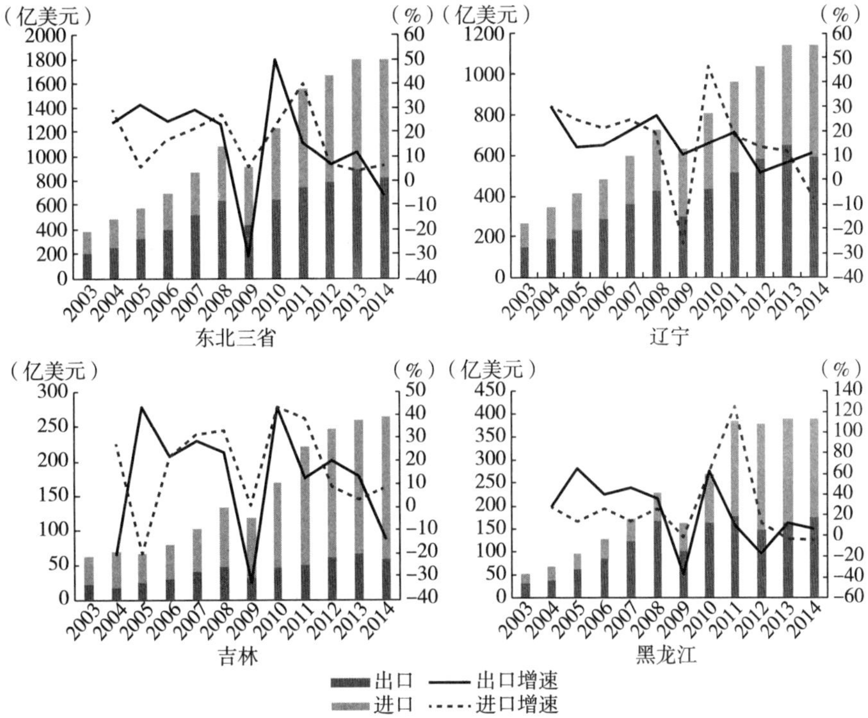

图2　东北三省历年出口额和进口额

由于近年来我国经济高速发展带来的能矿资源需求的增加，中俄经贸合作不断加强，黑龙江省具有得天独厚的与俄合作优势，因此，对外贸易规模逐年提高。2014年黑龙江省进出口总额为389亿美元，2003～2014年的外贸年均增速为19.8%，在东北三省中位列第一。虽然2012年以后，黑龙江省的出口总额有一定程度的提升，但仍然处于贸易逆差的状态。这与近年来，欧盟与俄罗斯的关系紧张后，俄罗斯对从我国进口商品的依赖程度有所提升，以及国际油价下跌等事件有关。

处于东北三省中间地带的吉林省，外贸规模和增速最低，对外贸易总额从2003年的61.72亿美元提高至2014年的263.78亿美元，并且在2011年以后，受全球经济低迷的影响，外贸增速趋于平缓（图4）。吉林省从2003年以来，一直呈现对外贸易逆差的状态，商品进口快速增长的同时，出口下降，导致逆差幅度持续增大。

（二）东北三省各省贸易伙伴与商品结构

辽宁省最主要的出口目的地是日本（占2014年辽宁省出口总额的17.26%），美国（11.01%）和韩国（10.39%）。辽宁省对“一带一路”沿线国家的出口主要集中在新加坡（5.40%）、越南（3.58%）、马来西亚（3.48%）和印度尼西亚（2.86%）等东南亚地区。辽宁省主要的出口商品包括机械设备、钢铁及其制品、纺织服装和矿物及其矿物制品等，与辽宁省的主导产业相符（表1和表2）。

表1　　东北三省2014年进出口额排名前十的国家和地区

辽宁		吉林		黑龙江	
出口	进口	出口	进口	出口	进口
日本	德国	朝鲜	德国	俄罗斯联邦	俄罗斯联邦
美国	日本	日本	日本	韩国	蒙古
韩国	韩国	俄罗斯联邦	斯洛伐克	美国	美国
新加坡	美国	美国	匈牙利	印度	德国
中国香港	巴西	韩国	比利时	澳大利亚	法国
越南	澳大利亚	伊朗	美国	伊拉克	新西兰
马来西亚	沙特阿拉伯	德国	捷克	日本	日本
朝鲜	阿联酋	马来西亚	朝鲜	老挝	澳大利亚
印度尼西亚	阿曼	巴西	巴西	印度尼西亚	意大利
德国	安哥拉	香港	韩国	德国	英国

资料来源：作者根据2014年中国海关统计数据整理。

表2　　东北三省2014年进出口额排名前十的商品种类

辽宁		吉林		黑龙江	
出口	进口	出口	进口	出口	进口
钢铁	矿物燃料、矿物油及其产品；沥青物质；矿物蜡	铁道车辆；轨道装置；信号设备	车辆及其零附件，但铁道车辆除外	针织或钩编的服装及衣着附件	矿物燃料、矿物油及其产品；沥青物质；矿物蜡
核反应堆、锅炉、机械器具及零件	核反应堆、锅炉、机械器具及零件	木及木制品；木炭	核反应堆、锅炉、机械器具及零件	核反应堆、锅炉、机械器具及零件	木及木制品；木炭

续表

辽宁		吉林		黑龙江	
出口	进口	出口	进口	出口	进口
电机、电气、音像设备及其零附件	有机化学品	电机、电气、音像设备及其零附件	电机、电气、音像设备及其零附件	非针织或非钩编的服装及衣着附件	核反应堆、锅炉、机械器具及零件
矿物燃料、矿物油及其产品；沥青物质；矿物蜡	矿砂、矿渣及矿灰	车辆及其零附件，但铁道车辆除外	光学、照相、医疗等设备及零附件	鞋靴、护腿和类似品及其零件	矿砂、矿渣及矿灰
非针织或非钩编的服装及衣着附件	电机、电气、音像设备及其零附件	钢铁	油籽；子仁；工业或药用植物；稻草、秸秆及饲料	家具；寝具等；灯具；活动房	肥料
船舶及浮动结构体	车辆及其零附件，但铁道车辆除外	针织或钩编的服装及衣着附件	矿砂、矿渣及矿灰	其他纺织制品；成套物品；旧纺织品；碎织物	光学、照相、医疗等设备及零附件
钢铁制品	油籽；子仁；工业或药用植物；稻草、秸秆及饲料	核反应堆、锅炉、机械器具及零件	钢铁制品	电机、电气、音像设备及其零附件	木浆等纤维状纤维素浆；废纸及纸板
鱼及其他水生无脊椎动物	鱼及其他水生无脊椎动物	有机化学品	钢铁	皮革制品；旅行箱包；动物肠线	车辆及其零附件，但铁道车辆除外
铝及其制品	光学、照相、医疗等设备及零附件	油籽；子仁；工业或药用植物；稻草、秸秆及饲料	塑料及其制品	食用蔬菜、根及块茎	肉及食用杂碎
有机化学品	塑料及其制品	非针织或非钩编的服装及衣着附件	铁道车辆；轨道装置；信号设备	光学、照相、医疗等设备及零附件	钢铁制品

资料来源：作者根据2014年中国海关统计数据整理。

辽宁省主要的进口地比较分散，最主要的进口来源国是德国（9.79%）、日本（8.38%）和韩国（7.20%），主要从上述三个国家进口交通运输设备、机械设备、光学设备和金属及非金属制品等。沙特阿拉伯、阿联酋和阿曼等中东地区是辽宁省在“一带一路”沿线上的重要进口国，从这三个国家进口的商品总额占辽宁全省的14.24%，主要进口矿物及其冶炼产品、化学制品和塑料制品等商品。

吉林省最大的出口国是朝鲜（12.09%），出口的商品主要包括纺织鞋服、矿物制品、塑料、食物饮料和烟草等。吉林的第二大出口目的地是日本（10.53%），重点出口木材、食物、纺织物和少量的机械、光学设备等。在“一带一路”沿线地区，吉林省最主要的贸易伙伴是俄罗斯（8.66%）、伊朗（4.09%）和马来西亚（3.39%）。其中，出口俄罗斯的主要商品是纺织鞋服、交通运输设备、机械以及其他轻工业产品，出口伊朗的商品主要包括交通运输设备、电气机械、光学设备等，出口马来西亚的主要商品则是电气机械、食品、陶瓷和光学设备等。

吉林省最主要的进口国是德国和日本，2014 年进口额分别占吉林省进口总额的 47.68% 和 11.03%，主要进口交通运输设备、电气机械、光学设备和金属及非金属制品等。斯洛伐克（7.14%）、匈牙利（4.66%）和捷克（2.30%）等中东欧国家进口的商品集中在车辆设备、电气机械、光学设备和各种金属及非金属制品等。

黑龙江省最主要的出口国是俄罗斯，占 2014 年全省出口总额的 58.34%，出口的商品主要是纺织鞋服、皮革、家具等轻工业产品，包括少量的光学设备和电气机械等。印度（2.41%）、伊拉克（1.92%）、老挝（1.54%）和印度尼西亚（1.32%）等也是黑龙江省重要的出口国，出口的主要商品是机械、钢铁及其制品、化学产品以及其他轻工业产品等。

黑龙江省最主要的进口国也是俄罗斯，2014 年的进口额占黑龙江省进口总额的 81.65%，进口的商品主要包括矿物制品、木材及其制品、有机化学品和非金属制品等。蒙古（3.74%）是黑龙江省第二大进口来源国，主要进口矿物冶炼品、皮革和鞋服等。此外，美国（3.42%）以及部分欧盟国家等也是黑龙江省重要的进口国，主要进口交通运输设备、光学设备、电气机械和航空器等商品。

一个地区的产业结构在一定程度上决定了该地区对外贸易的商品结构。从贸易商品结构来看，行业内贸易是辽宁和吉林两省对外贸易的重要特征。装备制造、冶金和石化是辽宁省的支柱产业。因此，辽宁省主要的进出口商品均包括机械器具和电气设备、矿产品、交通运输设备等，但上述商品在进出口总额中所占比重有所变化。同样，汽车、石化和农产品深加工是吉林省的主导产业，交通运输设备、机械器具和电气设备以及植物产品等商品在吉林省的进出口中均占有较高的比重。

中国近年来经济高速增长带来了国内能矿、资源需求的持续攀升，辽宁和黑龙江两省分别发挥沿海和沿边的区位优势，成为我国重要的能矿资源进口通道。而邻国俄罗斯是自然资源最为丰富的国家之一，决定了在一段时期内矿产品、原材料等成为中国从俄罗斯进口的重要商品。辽宁省主要通过丹东港和大连港从海上进口矿产品，2014 年矿产品进口额占辽宁省进口总额的 45.82%。黑龙江省毗邻俄罗斯，对俄边境口岸众多，黑龙江省矿产品的进口额远高于其他商品，占2014年黑龙江省进口总额的比重高达76.92%。

四、东北三省地市级尺度对外贸易空间格局

为了更精准地确定东北三省对外贸易的空间载体，有必要从地市级尺度对东北三省对外贸易的空间格局进行分析。为此，我们利用东北三省统计年鉴和统计公报数据，分析了2003~2014年东北三省地市级空间单元进出口贸易空间分异格局。

在发展内陆型对外贸易中，由于大城市（包括省会城市和副省级城市）具有聚集和规模经济优势，港口和边境城市具有专业化设施和地理邻近性优势。因此，这些城市成为进出口贸易的重要空间载体。从东北三省内部看，沈阳、长春和哈尔滨是东北三省的政治、经济和文化中心，优势显著，吸引了大量的人流、物流和资金流的聚集，促进了规模经济的发展，外贸规模相对较大。大连是我国东北唯一的副省级和沿海开放城市，一直引领东北对外开放，是东北三省对外贸易最为活跃的地区。大连市的进出口贸易总额从2003年的173亿美元提高至2014年的645.12亿美元，年均增速为12.71%。三个省会城市长春、沈阳和哈尔滨2014年的对外贸易总额分别为207.20亿美元、157.59亿美元和55.17亿美元，在东北三省36个地级单元中排名前五。其中哈尔滨市作为第一条欧亚大陆桥和空中走廊的枢纽，对外贸易水平在2008年以后迅速提升。

以营口、丹东、锦州等为代表的沿海港口城市在东北的对外开放中起到门户的作用，良好的区位条件、便利的基础设施为这些城市的外贸发展奠定了基础。营口是东北重要的出海通道和辽东湾经济区的中心城市，物产丰富、区位优势明显，对外贸易在近年来得到了快速发展。丹东是我国最大的中朝贸易口岸城市，2006年“辽宁丹东临港产业园区”被纳入辽宁省沿海对外开放战略，极大地促进了丹东的外贸发展，2014年的外贸总额达到45.89亿美元。锦州在2003年以来，外贸得到了迅猛发展，年均增速达到31.77%。

与此相反的是，我国进入转型升级时期，能源原材料产业产能过剩，鞍山、本溪等重工业城市后续产业未能及时培育起来，经济发展活力不足，导致外贸规模持续降低。鞍山是东北最大的钢铁工业城市，同时也是辽宁省中南部的商贸和物流中心，但是随着重工业产能的过剩，以钢铁为主的工业结构导致鞍山在东北三省的外贸地位有所弱化。作为我国重要钢铁生产和原材料工业基地之一的本溪，在东北的外贸地位同样出现下降的趋势。

五、结论与政策建议

（一）基本结论

（1）2003年实施东北振兴战略以来，中央和地方采取了一系列措施，加快了东北地区对外开放的步伐，提高了对外贸易的规模和水平。从整体看，近年来，东北三省与东南亚、中东等地区贸易规模有所增长，但日韩、德国、美国和俄罗斯等依然是重要的贸易伙伴。从各省看，辽宁省的贸易伙伴主要是日韩、美国和东南亚国家；吉林省出口市场主要集中在朝鲜和日本，进口国主要是德国和日本；俄罗斯是黑龙江省最重要的贸易伙伴。在未来的发展中，东北三省要积极实现进出口区域多元化的战略，尤其要大力开拓欧美发达国家的市场，从而降低市场风险和脆弱性。

（2）从进出口商品结构看，目前东北三省对外贸易的商品多为原材料、初级加工品、劳动密集型产品以及部分资本密集型产品等，高新技术产品相对较少。这种外贸商品结构导致东北三省在经济全球化过程中，处于国际分工的低端。同时，东北三省进出口的商品结构趋同明显，而这种同质化现象不仅不利于发挥地区的比较优势，也造成了低水平的重复建设和低效率的资源配置，加大了地区之间的恶性竞争，难以从根本上提高外贸水平。为此，东北三省应该尽快摆脱“原”字号为主的贸易结构，逐步向资本密集型和技术密集型商品转变，并优化调整空间分工，加强区域合作。随着我国经济进入新常态，东北的资源型和重工业城市经济低迷，应加快发展民营企业，培育新兴产业，尤其是出口加工型产业。

（3）从空间上看，大城市和沿海港口城市成为东北三省对外贸易的支撑区域。沈阳、长春、哈尔滨和大连要素聚集能力强，发展基础好，始终是东北外贸规模较大的地区。营口、丹东和锦州等沿海港口城市具有区位和专业化优势，加上近年来港口经济发展，成为对外贸易增长比较快的区域。尽管沿边城市基础设施普遍有所改善，但进出口贸易还需要进一步加强。由此可见，在未来一段时间内应在大城市优先布局大型项目，继续推进资源聚集，并发挥辐射带动作用；继续发挥沿海港口城市和边境城市区位优势，加快发展港口经济，推动东北对外贸易和经济转型；加快通关便利化和采取“进口抓落地，出口抓加工”等形式，大力发展边境地区外贸经济。

（二）政策建议

东北三省地处东北亚经济圈的中心，具有面向东北亚、俄罗斯开放的区位优势。

“丝绸之路经济带”同俄罗斯“欧亚同盟”、蒙古国的“草原之路”倡议进行对接，打造“中蒙俄经济走廊”，将对东北三省对外贸易产生深远的影响，将从更高层次、更广阔的空间促进资源优化配置，塑造要素有序自由流动。做大做强东北三省对外贸易既需要国家统一行为和宏观规划，同时也需要地方精确定位，积极作为。在国家层面，需要尽早与东北亚地区协商解决贸易便利化问题，消除贸易壁垒，共同商建自由贸易区；创新贸易方式，发展跨境电子商务等新的商业业态，大力发展现代服务贸易；改善边境口岸通关设施条件，加快“单一窗口”建设，降低通关成本，提升通关能力。

对东北三省整体而言，既需要加快对外贸易转型升级，优化外贸出口产品结构；又需要通过“引进来”促进“走出去”，改善营商环境，加强出口基地建设，吸引国内外企业投资，大力发展外向型经济；同时，还需要积极发挥毗邻俄蒙和沿海的区位优势，加快建设东北—俄罗斯—欧洲班列、东北—日—韩陆海联运通道，着力打通与蒙俄、日韩、东盟、中亚、欧洲的贸易通道，努力开拓面向全球的陆海双向开放新格局。在东北三省内部，各省需要结合自身优势，错位发展。具体而言：

辽宁省应充分发挥海岸线长、港口资源充裕的优势，以参与“中蒙俄经济走廊”建设为重点，加强建设面向蒙俄、东北亚及欧洲、连接南北的海陆通道建设。以沈阳和辽宁沿海经济带为依托，以智能制造、民用航空航天、海洋工程、轨道交通、新能源装备等高端装备制造业为重点，着力推进国际产能和装备制造合作，逐步实现由以装备产品为主的贸易结构向技术、产品、标准、服务输出等商品结构转变。

吉林省应凭借长吉图开发开放先导区，深化与俄罗斯远东等地区陆海联运合作，加快畅通对外通道，深入推进与东北亚区域在装备制造、冶金建材、食品加工、农林牧生产、矿产资源勘探开发等领域的对外贸易。积极谋划珲春至符拉迪沃斯托克高速铁路，加快建设中俄珲春—扎鲁比诺跨境经济合作区、中韩产业园区、长春兴隆综合保税区、中新吉林食品区等合作园区，积极发展外向型经济。

黑龙江省应发挥对俄优势，把黑龙江省建设为我国对俄罗斯合作的重要窗口。稳步推进我国与俄罗斯能源资源合作的同时，加强进出口加工业发展，做大、做强对外贸易。以哈尔滨为核心，打造中俄经贸合作中心；依托黑龙江陆海“丝绸之路经济带”国际货运通道和主要交通干线，重点鼓励生产要素向哈大齐（满）、哈牡绥东、哈佳双同、哈绥北黑产业聚集带聚集，构建外向型产业体系。

参考文献

[1] Grubel H G, Lloyd P J. Intra - industry trade: the theory and measurement of international trade in differentiated products [J]. Journal of International Economics, 1975, 85 (339): 312 - 314.

［2］Krugman P R. Increasing returns，monopolistic competition，and international trade［J］. Journal of International Economics，1979，9（4）：469－479.

［3］于良，金凤君，王成金．国际贸易空间格局特征及其驱动因素［J］．地理科学进展，2006，25（05）：112－119.［Yu Liang，Jin Fengjun，Wang Chengjin. The Study on Pattern of International Trade Geography. Progress in Geography，2006，25（05）：112－119.］

［4］樊纲，关志雄，姚枝仲．国际贸易结构分析：贸易品的技术分布［J］．经济研究，2006（08）：70－80.［Fan Gang，Chi Hung Kwan，Yao Zhizhong. Analyzing the Foreign Trade Structure Based on Technologies of Traded Goods. Economic Research Journal，2006（08）：70－80.］

［5］郑蕾，刘志高．中国对"一带一路"沿线直接投资空间格局［J］．地理科学进展，2015，34（5）：563－570.［Zheng Lei，Liu Zhigao. Spatial Pattern of Chinese Outward Direct Investment in the Belt and Road Initiative Area. Progress in Geography，2015，34（5）：563－570.］

［6］宋周莺，车姝韵，王姣娥等．中国沿边口岸的时空格局及功能模式［J］．地理科学进展，2015，34（5）：589－597.［Song Zhouying，Che Shuyun，Wang Jiaoe et al. Spatiotemporal Distribution and Functions of Border Ports in China. Progress in Geography，2015，34（5）：589－597.］

［7］刘卫东，刘红光，唐志鹏等．出口对中国区域经济增长和产业结构转型的影响分析［J］．地理学报，2010，65（04）：407－415.［Liu Weidong，Liu Hongguang，Tang Zhipeng et al. The Impacts of Exports on Regional Economic Development and Industrial Restructuring in China. Acta Geographica Sinica，2010，65（04）：407－415.］

［8］公丕萍，宋周莺，刘卫东．中国与俄罗斯及中亚地区的贸易格局分析［J］．地理研究，2015，34（05）：812－824.［Gong Peiping，Song Zhouying，Liu Weidong. A Study on Trade Pattern of China with Russia and Central Asia. Geographical Research，2015，34（05）：812－824.］

［9］郑蕾，宋周莺，刘卫东等．中国西部地区贸易格局与贸易结构分析［J］．地理研究，2015，34（10）：1933－1942.［Zheng Lei，Song Zhouying，Liu Weidong et al. Spatial Pattern and Trade Structure of Foreign Trade in Western China. Geographical Research，2015，34（10）：1933－1942.］

［10］鲁奇，张超阳，杨春悦，等．1965 年来中国对外贸易的地域差异及其格局演变［J］．地理学报，2007，62（08）：799－808.［Lu Qi，Zhang Chaoyang，Yang Chunyue et al. The Development of Foreign Trade in China′s Seven Economic Regions and Its Regional Pattern Changes，1965－2004. Acta Geographica Sinica，2007，62（08）：799－808.］

［11］陈才．区域经济地理学的学科理论与实践［M］．北京：科学出版社，2010.［Chen Cai. Theory and Practice of Regional Economic Geography. Beijing：Science Press，2010.］

［12］张奎燕．东北地区对外开放的现状与对策分析［J］．黑龙江社会科学，2004，（6）：30－34.［Zhang Kuiyan. The Present Situation of Opening to the Outside World in the Northeastern Region and Countermeasure. Heilongjiang Social Sciences，2004（6）：30－34.］

［13］廉晓梅．东北振兴过程中的对外开放：总体思路与对策［J］．东北亚论坛，2007，16（5）：34－37.［Lian Xiaomei. Opening Practice During the Process of Revitalization in Northeast China：General Strategy and Countermeasures. Northeast Asia Forum, 2007, 16 (5): 34 – 37.]

[14] 金凤君，张平宇，樊杰，等. 东北地区振兴与可持续发展战略研究 [M]. 北京：商务印书馆，2006. [Jin Fengjun, Zhang Pingyu, Fan Jie et al. Strategy Study of Revitalization and Sustainable Development in Northeast China. Beijing: The Commercial Press, 2006.]

[15] 姜四清，王姣娥，金凤君. 全面推进东北地区等老工业基地振兴的战略思路研究 [J]. 经济地理，2010，30 (4): 558 – 562. [Jiang Siqing, Wang Jiaoe, Jin Fengjun. Comprehensively Implementing the Strategy of Revitalizing the Old Industrial Bases: A Case Study in Northeast China. Economic Geography, 2010, 30 (4): 558 – 562.]

[16] 笪志刚. 跨境经济合作：黑龙江省深化对俄罗斯及东北亚区域合作创新和转型发展的新路径 [J]. 东南亚纵横，2013，(10): 46 – 49. [Da Zhigang. Cross – Border Economic Cooperation: New Path of Heilongjiang Province to Deepen the Regional Cooperative Innovation and Transformation Development. Around Southeast Asia, 2013 (10): 46 – 49.]

开展边境地区经贸与人文合作
共建俄蒙中经济走廊

顿多科夫·佐里克托·巴托杜加洛维奇
（俄罗斯科学院西伯利亚分院布里亚特科研中心区域经济研究所主任　教授）
纳姆日洛娃·维克托利娅·奥奇洛夫娜
（俄罗斯科学院西伯利亚分院布里亚特科研中心区域经济研究所初级研究员
经济学副博士）

建立有效的经济协作机制已经成为强化俄蒙中三边合作的关键问题。三国元首在上合组织峰会期间的定期会晤证明，俄蒙中三国都已经认识到扩大三国共同受益的经贸合作的迫切性和必要性。

俄罗斯总统普京、蒙古国总统额勒贝格道尔吉与中国国家主席习近平的历次会晤反映着三边合作伙伴关系中的重大和标志性时刻。2014 年 9 月在杜尚别市举行的第一次会晤中，讨论了三方协作问题并启动了三边高层会晤机制。为制定扩大合作的计划，各方还商定进行外交部副部长级别的定期磋商。

2015 年 7 月在乌法市的第二次会晤的成果有：签署了一份关于三国合作共同愿景的概念性文件——《俄罗斯联邦、蒙古国与中华人民共和国发展三方合作中期路线图》。在政治层面，路线图的主要任务是加强互信和“构建共同命运体”；经济领域，主要任务是扩大相互开放和发展战略对接；在文化和人文领域，加强民间交流与合作；在国际事务中，要推进国际关系多极化和民主化[①]。

乌法会晤最重要的一项结果是提出建立旨在“加强过境运输便利化、增加三方贸

① 《俄罗斯联邦、蒙古国与中华人民共和国发展三方合作中期路线图》，URL：http：//static. kremlin. ru/media/events/files/ru/jF9vhkLz06Ll8dUCuntCCJ7n099fAfxk. pdf。

易量、提升产品竞争力、鼓励金融和投资合作、为发展和扩大地区经济一体化进程提供条件、合理的经济增长和共同发展”的三边经济走廊方案①。

2016年6月俄中蒙三国元首在塔什干市第三次会晤，签署了《建设中蒙俄经济走廊规划纲要》，规划中三方商定共同实施的各领域具体项目达三十多个②。这些项目覆盖跨境公路和铁路主干线路建设，发展过境交通运输，扩大在工业、能源、旅游、教育、科技、农业、环境、医疗和人文交流等领域。此外，在逐步简化海关手续框架内，三方的主管部门签署了《关于相互承认特定商品海关验关结果的协定》。

《建设中蒙俄经济走廊规划纲要》是对接中国的“丝绸之路经济带”倡议、蒙古国的“草原之路”项目和俄罗斯的建设跨欧亚空间设想这三大发展战略的实质性举措。《建设中蒙俄经济走廊规划纲要》的目标是让边境往来从根本上活跃起来。需要指出，尽管交通线路起着关键性的作用，但是三边经济走廊绝不是建设几条公路的项目。经济走廊的构想是旨在发展各方经贸合作创造条件，在这些条件下，将建成互通市场综合体和启动经济活动的目标方向，即基础设施和通信的互联互通、总体贸易原则、相互协调和衔接标准化、文化与教育交流。

经济走廊的成功运转将是各参与方都受益的多赢协作。中俄两国与蒙古国接壤的地区——俄罗斯的贝加尔地区和中国的内蒙古自治区将最先获得有力的助推。

经济走廊成功运转的前提之一是发达的交通基础设施，乌兰巴托铁路的现代化改造是一个重点，目前正在计划把该铁路的货物通过能力提高至每年1亿吨。如果考虑到通过纳乌什基铁路口岸的货运量仅为每年400万吨的话，那么这一计划是惊人的，再者，俄蒙边境线上这座唯一的铁路口岸货运流显示出减少的趋势。因此，出现了给通过蒙古国的线路增加吸引力、建立稳定的物流链条的艰巨任务。此外，还需要解决货流不均衡的问题：从俄罗斯向蒙古国的运量远远超过了反方向的运量。

建设经济走廊还要求修建和改造能够直达海港和连接各大重点城市、矿物产地与生产枢纽的公路，核心项目是在蒙古国境内修建阿拉坦布拉格—乌兰巴托—扎门乌德高速公路，这条公路的建成将助推公路运输飞跃式发展。目前，每年有约10万吨货物经阿尔坦布拉格—恰克图公路运输。天津—乌兰巴托—乌兰乌德过境运输线路计划在2016年8月启动试运行。此外，中国加入《国际公路运输公约》也将刺激公路运输的

---

① 《关于俄罗斯联邦、中华人民共和国和蒙古国编制俄中蒙经济走廊规划纲要的谅解备忘录》，URL：http：//economy. gov. ru/minec/press/news/2015090706。

② http：//www. kremlin. ru/events/president/news/52211.

发展，而蒙古国和俄罗斯已经是该公约的成员国①。

除铁路和公路运输外，为应对不断增加的航空客流，空中航线的建设同样刻不容缓。目前，有定期往来于蒙古国和内蒙古主要城市之间的航班，飞机从乌兰乌德飞至乌兰巴托和满洲里。笔者认为，三个国家航空运输中存在的问题主要是缺少从呼和浩特飞往俄罗斯城市的航班，尽管2015年3月曾经做出决定把白塔机场（呼和浩特）纳入俄罗斯和中国签订的政府间航空运输协议中所列的机场名单。

搞好俄罗斯、蒙古国和中国在能源领域的合作非常困难和复杂。互利项目的确立和落实都要求认真地分析边境地区电力能源领域的各种情况，研究发展可再生能源的前景，考虑能源载体市场的蓬勃发展和蒙古国发电能力预期提高等。蒙古国发电厂的年发电量不足60亿千瓦时，这一数字仅为贝加尔地区（伊尔库茨克州、布里亚特共和国和外贝加尔边疆区）的1/10，是内蒙古自治区的1/60。但是，由于蒙古国的大功率燃煤、太阳能和戈壁风能发电站的建设，这一情况在不久的将来会大大改观。在上述背景下，各方应当力求通过在边境地区建设高压输电线路把各国家电力系统进行并网。这样可以部署能源和电力的跨境交换，从而提高各国家电力系统的效率和安全性。

贸易领域的合作特点是中蒙贸易往来大幅度上升，而俄蒙贸易额则下滑。同时，边境地区在俄罗斯和蒙古国对外贸易额中所占的比重不高：占俄罗斯出口商品总额的2.75%，占蒙古国进口商品总额的14.36%（表1和表2）。

表1　俄罗斯各边境地区向蒙古的出口商品额　单位：千美元

俄罗斯联邦各地区	2011年	2012年	2013年	2014年	2015年
布里亚特共和国	52507.4	42455.4	36572.8	27753.2	26109.1
外贝加尔边疆区	2886.3	4287.1	4434.6	3556.8	2587.4
图瓦共和国	639.1	647.1	41.5	250.3	413.0
阿尔泰共和国	2516.8	1931.7	1147.8	1394.2	1692.0
西伯利亚联邦区	285444.1	293176.2	466945.6	473708.1	284303.6
俄罗斯全境	1496928.0	1851413.0	1572137.0	1461315.0	1117305.0

来源：俄罗斯联邦海关总局西伯利亚海关局的统计数据：http：//stu.customs.ru/。

表2　俄罗斯各边境地区从蒙古的进口商品额　单位：千美元

俄罗斯联邦各地区	2011年	2012年	2013年	2014年	2015年
布里亚特共和国	9849.7	2830.2	5652.2	5811.7	6110.8
外贝加尔边疆区	1385.3	30.6	6.6	—	24.1

① http：//www.infpol.ru/news/asia/115761 - v - avguste - nachnetsya - avtoperevozka - gruzov - po - marshrutu - tyantszin - ulan - bator - ulan - ude/.

续表

俄罗斯联邦各地区	2011 年	2012 年	2013 年	2014 年	2015 年
图瓦共和国	1537.8	112.6	—	—	82.9
阿尔泰共和国	2.5	46.8	33.7	180.0	118.9
西伯利亚联邦区	30733.8	12492.5	10484.8	11162.2	10022.5
俄罗斯全境	88684.0	64234.0	40927.0	40445.0	44104.0

资料来源：俄罗斯联邦海关总局西伯利亚海关局的统计数据：http：//stu. customs. ru/。

需要为商品向对方边境地区市场进行的积极和有效的渗透创造条件。例如，对俄罗斯的检验检疫法律进行修订可以缓解食品问题和为地区提供优质的蒙古肉类产品。目前，俄罗斯市场的肉类供应短缺由白俄罗斯和南美国家的供应进行补偿。

联合三个国家在环境保护、生物多样化和节能技术领域的力量具有重大意义。需要特别关注未来会给邻国边境地区生态系统造成不良影响的工业和基础设施项目的建设问题。例如，蒙古计划在色楞格河流域修建水利工程设施引起民众的极大担忧，因为色楞格河是绝无仅有的贝加尔湖的一条主要进水河。相应地，各方应当着手讨论和制定符合国际法规范的社会与生态统一标准。需要对投资项目的总体要求进行协商，包括引进强制性的生态系统跨境影响评价和实施环境保护监督。此外，一个国家对本国环境的要求越来越严格不应当导致把污染型和资源密集型企业生产转嫁到邻近国家。

在俄蒙中三国建立睦邻友好关系中，人文领域的合作扮演着重要的角色。在文化、教育和科学领域建立稳定持久的联络是成功协作的重要组成部分。在边境地区实施教育项目特别重要，包括交换留学生、开设语言和文化学习中心、培养国际领域人才等。各方应当为个人、机构和组织的私人和集体、官方和非官方接触提供广泛的机会.

在保障人员更自由的流动和强化联络中，俄罗斯和蒙古国在 2014 年 9 月施行的免签证制度起发挥了重要作用。例如，2015 年，在恰克图—阿拉坦布拉格口岸的过境人数超过 84 万人次（2014 年为 37. 4 万人次）。蒙古国进入布里亚特共和国的人数增加良好地反映在零售业、服务业和旅游业的贸易额上。

无疑，能否推动各领域的边境往来是俄蒙中三国三边成功合作的决定性因素。当前，地区协作正处于起步阶段，还有待于挖掘其自身的潜力。应当由边境地区权力机关、工商界、科学和社会组织的代表组成专门的协调机构，以确保三方能够有效地开展协作。

中国—俄罗斯—蒙古国全球合作项目道路上的迫切任务和挑战

亚历山大·沃龙佐夫（俄罗斯科学院东方学研究所朝鲜半岛—
蒙古学部主任　莫斯科国立国际关系学院副教授）

当我们试图了解上面提到的问题时，当然，就会注意到由欧亚经济联盟俄罗斯与蒙古伟大的“草原之路”（或茶叶之路）方案所支持的中国全球项目“一带一路”（OBOR）。去年，三国为今后制定方案并寻找使这些方案彼此兼容且相互协调的最佳切实可行的方法做出了认真的努力。

在实施这些方案的背景下，采取了一些重要的措施，包括从中国向欧洲沿不同路线发出试验列车。① 在这个过程中既有成功，也有困难，进行了理论和实践研究并发现了新的障碍。我们先从分析问题开始。

首先应注意到，OBOR 是最大规模的重大项目，应合理地分出影响该项目的内部和外部因素。我们相信，OBOR 倡议是一个庞大的项目，其致力于保证能源经济的发展并巩固亚洲、欧洲、近东和非洲各国之间的关系。“新丝绸之路”的计划包括中国在中亚、南亚和东南亚国家基础设施项目上的大规模投资（根据中国社会科学院若干代表的数据，可达 6 万亿美元），包括建设公路和铁路、港口、管道、物流、电信、IT 工程与工业②。现在这个项目的数据开始取得比以往更清晰的轮廓。

北京更倾向于不操之过急的行动。专门的经济委员会负责研究具体的问题，分阶

① http：//www.rbc.ru/business/13/12/2015/566d50109a79472274a8feec，http：//mir－politika.ru/20340－plyvut－poezda－ukrainy.html.

② Paul Haenle，Gu Jianqing，Daniel Markey，Andrew Small，Yao Yao，“一带一路倡议”，2015 年 10 月 17 日 http：//carnegietsinghua.org/2015/10/17/defining－belt－and－road－initiative/ilzr。

段地呈示自己的研究成果。目前明确的是，在所有具体的发展方案多样性情况下，加速中国西部省份的改革与经济提升的任务被确定为该重大项目主要的目标之一。

所有大国都非常认真地对待中国的倡议。例如，鉴于在中亚和南亚的局势，美国著名专家发表了对 OBOR 成功有利的意见，而并未对美国项目“新丝绸之路”发表这种意见。他们强调，美国不打算提供足够的财政资源，以支持本国项目，其结果因此是令人失望的。与美国不同的是，中国凭借 460 亿美元专项基金向中亚提供更诱人的 OBOR 选择，以及新建的亚洲基础设施投资银行可以拨款的潜力。甚至是如果北京能够完成本国计划的百分之五十，美国也不能承担与之相比的财政义务①。

当然，中国重大项目成功或失败最重要的条件之一是该地区其他大国的反应。根据我们的印象，一些高屋建瓴的中国学者，其中包括在清华大学卡内基中心辩论的框架下，倾向于以适中且温和的表述评价局势。其中一些学者断言，美国欢迎中国在中亚基础设施上投资，虽然华盛顿的许多人依然不确定中国的共同和最终战略意图。OBOR 与欧亚经济联盟俄罗斯所主张的政策相结合，帮助中国缓和了俄罗斯对于降低其在中亚影响的担忧。

但是，在我们看来，更加直接和坦诚的特点可能是更加有益的。在试图分析这些因素时，我们应当从公开赞成到公开反对来分出若干类国际社会的反应。

在分出消极反应一组时，首先应当指出美国，美国选择公开竞争的立场，并且实际上试图将 OBOR 隶属于本国“跨太平洋伙伴关系”项目。为了证实该论题，想想美国总统巴拉克·奥巴马多次的公开声明就足够了。似乎，实际上他至少已经开始了反对 OBOR 的口头战争：“如今中国想书写亚洲贸易规则。如果这成功的话，我们的竞争者将会忽视主要的生态和劳动标准，在美国工人面前给予自己不公平的优势。我们不能允许这样的事情发生。我们应当自己书写规则……”② 后来，2015 年 10 月 5 日他阐述了自己的观点，强调到：“当我们超过 95% 的潜在客户生活在我们的国境之外时，我们不能让像中国这样的国家书写全球经济的规则。我们应当书写这些规则……”③

现今两个全球方案以最不可调和的形式形成竞争，奥巴马在 2016 年 5 月 2 日《华盛顿邮报》上发表文章明确指出：“本周中国与其他 15 个国家聚集在澳大利亚，其目的是年底前形成全面的地区经济伙伴关系。该协议不会消除由政府资助的国有企业之

① Eugene Rumer，Richard Sokolsky，Paul Stronski，“美国中亚政策 3. 0”，文件，2016 年 1 月 25 日，http：//carnegieendowment. org/2016/01/25/u. s. – policy – toward – central – asia – 3. 0/iuxe.

② 奥巴马总统：《书写 21 世纪贸易规则》，2015 年 2 月 18 日，https：//www. whitehouse. gov/blog/2015/02/18/president – obama – writing – rules – 21st – century – trade。

③ 《跨太平洋合作伙伴关系总统声明，白宫新闻秘书即时新闻》，2015 年 10 月 5 日，https：//www. whitehouse. gov/the – press – office/2015/10/05/statement – president – trans – pacific – partnership。

间的不正当竞争。该协议不会保护自由且公开的互联网，不会尊重知识产权……而且毫无疑问，不会保证遵守我们工作人员的高标准且保护环境……”文章的最终结论无须评论：“美国应当书写规则。美国应当发号施令。其他国家应当按照美国与我们的合作伙伴所确定的规则行事，反之则不行……世界已经改变。规则应随之改变。美国，而不是像中国这样的国家，应当书写这些规则。”①

通过中国外交部的声明，北京立刻且公正地反驳了这种见解：“美国似乎有很大的野心，但视野狭窄。中国的立场在于，世贸规则应由各国共同制定，而不是个别国家说了算……”②

在此背景下，必须强调，俄罗斯同样完全支持中国“世贸规则应由各国共同制定，而不是个别国家说了算”这一关键立场。这种团结一致反映出我们国家忠于多极世界思想的事实。

在亚洲太平洋地区，日本、印度（在很大程度上）③ 以及该地区的一些其他国家应当划分到同样反对 OBOR 的国家行列中。

东京以自己的全球基础设施展开反击，并打算在 5 年内向“高质量基础设施合作伙伴关系”项目划拨 1100 亿美元。观察者注意到，如今日本拒绝加入中国亚洲基础设施投资银行，并且试图给亚洲发展银行注入新的动机。2015 年 11 月在吉隆坡，安倍晋三阐述了放宽银行贷款条件的计划。在研究当前北京和东京之间的竞争时，专家们断言，在本国境外发展基础设施领域，中国相对来说是个新手，而日本具有类似活动数十年的经验。日本的工艺和财政是建设亚洲公路和铁路走廊以及机场的先锋。除了在安倍晋三政府下发展日本积极性的传统帮助外，如今出现了致力于反对中国力求扩大自己在亚洲经济和政治影响的战略方面。

应有警觉性，有时还有一些亚洲国家（日本、印度、斯里兰卡）公开的否定态度，一些其他国家（巴基斯坦、土库曼斯坦未设防的南部边境）的军事政治不稳定性，第三国家与美国政策的紧密联系，这将减轻华盛顿在必要情况下（阿塞拜疆、格鲁吉亚、土耳其及其他一些国家）封锁中国货物流的任务，这也合理地将更多注意力放在 OBOR

---

① 奥巴马总统：《跨太平洋伙伴关系协定会让美国，而不是中国，引领全球贸易的方向》，2016 年 5 月 2 日，https：//www. washingtonpost. com/opinions/president – obama – the – tpp – would – let – america – not – china – lead – the – way – on – global – trade/2016/05/02/680540e4 – 0fd0 – 11e6 – 93ae – 50921721165d_ story. html。

② 外交部发言人洪磊例行记者会，2016 年 5 月 3 日。http：//www. fmprc. gov. cn/mfa_ eng/xwfw_ 665399/s2510_ 665401/2511_ 665403/t1360346. shtml。

③ C. Raja Mohan，Raja – Mandala：亚洲新道路。“印度与日本开展伙伴关系使得德里更加有效地回应中国的‘一带一路’倡议”，《印度快报》，2015 年 12 月 15 日。http：//indianexpress. com/article/opinion/columns/a – new – way – to – act – east/。

潜在的更加安全且稳定的路线上。

步入此行列的还有横穿具有稳定且独立政治制度、与中国友好国家境内的方向。

当然，首先是俄罗斯和蒙古国。从战略前景角度来看，通过这两个国家境内的商品运输路线是最可靠的。众所周知，中国商务与任何一个国家的商务一样，首先定位于获取利润。有时会从中国同事那儿听到下面的推论："俄罗斯人和中国人的思维方式是不一样的。俄罗斯人在所有事情上最先提出的是安全利益，他们首先通过该宗旨的棱镜开始评估任何一个项目，并试图确定安全风险和威胁。而中国人的意识相反，最初会评估项目的商业吸引力与盈利能力，并且会快速研究实施项目的方法。"我们不否认，这种颇感兴趣且深入的观察具有一定的道理。上述的差异还反映出两个国家中不同的历史经验特点。俄罗斯经常处于与强大对手在全球战略对抗的风口浪尖上。而中国现在才开始试穿衣服并承担第二超级大国的重担。因此，我们相信，对保证在昂贵基础设施项目上大规模投资的长期可靠性与安全性任务的担忧，最终也会充分反映在中国政治领导层与国家机关所采取的决策上。

因此，鉴于上述理由，拟定为中蒙俄路线的 OBOR 方向，其中包括从商业吸引力的角度来看，应当成为最优先且大有希望的方向之一。现在三国的专家们正在加紧制定 OBOR 切实可行的计划。在这方面，我们欣喜地注意到，一些著名的蒙古国学者和政治家认为，该三方事件的根源在于三国的古代史，并将伟大的草原之路视为伟大的茶马古道的进化规律。[①]

---

① L. 杭盖，МОНГОЛ－ОРОСЫН ХАРИЛЦАА，ХАМТЫН АЖИЛЛАГА，乌兰巴托，2016 年，ISBN：978－99973－66－91－7，86－91 页。

“中蒙俄经济走廊”与历史上的“茶叶之路”

Sh. 额格希格（蒙古国国立大学科学学院亚洲研究系副教授）

世界历史的一部分，跨越18～20世纪约三百年的“茶叶之路”曾途经蒙古国。1857年，K. 马克思在《纽约演说家》[①] 报上的《中俄贸易》一文中曾提到该茶叶之路对当时世界经济发展的重要影响。茶叶之路有其存在的历史必然性。虽然当时海路运输的发达程度完全可运输茶叶，但因不适合运输宜受潮的物品，加上虽然欧洲对茶叶的需求量加大，但是由于政治原因，将茶叶从中国运往欧洲的海路和途经中亚、中东地区的陆路都存在很大的风险。因此，蒙古国阴凉干燥的冬季戈壁成为运送茶叶风险最小的一条运输通道。除了以上两点之外，蒙古国的驼队运输对茶叶之路的发展起到了重要作用。该时期中国对俄的陆路贸易对当时的清朝和沙皇俄国都有利，因此双方都不会拒绝该贸易。到18世纪，俄国的民众已经广泛饮用茶叶，也开始接受中国的丝绸和中国东北地区的棉花。1728年，在俄国公爵萨瓦·务拉·拉占津斯基的推动下，恰克图城市建成[②]。在和满清政府长期磋商之下，沙皇俄国和清政府于1727年8月在此签订《布连斯奇条约》，次年6月，又签订《恰克图条约》，此后茶叶之路受到法律保护，定期贸易活动展开。但仅在1762～1800年期间由于政治原因恰克图贸易多次中断，使中俄的买家和商家都遭受了重大的损失。[③] 正在此时，俄国的远东地区和西伯利亚已经开始种植茶叶，并达到能够自给自足的水平，甚至可以出口中国。茶叶之路贸易跨越了政治、经济、历史多重困难，贸易额也逐年增长，在十九世纪七八十年代贸

① 卡尔·马克思：《“纽约演说家”中的俄国和中国》，1857年7月，https：//www.marxists.org/archive/marx/works/1857/04/07.htm。

② 亚列桑德罗·日洛夫：“茶道”，期刊《伊尔库茨克》，2000年，第67页。

③ 刘再起：“中俄茶叶贸易”，期刊《欧亚世界》，2010年第3期。

易额达到顶峰。1867 年途经蒙古国运往恰克图的白毫茶有 20449 筐，砖茶 53267 筐，总计 73716 筐茶叶，1880 年白毫茶达 130568 箱，砖茶达 184595 箱，总计 315252 箱，在这十几年里数量翻了几倍。此外，据悉 1880 年，蒙古人民运输 996633 筐茶叶到恰克图，获得 747474 卢布的薪资。[①]

清朝在鸦片战争之后开始被西方介入，需打开很多关口和贸易渠道。此时俄国为扩大在远东地区的影响与英国展开竞争。给中国茶叶种植地建设茶叶深加工、烘炒茶叶厂，给满清朝经济带来了工业革命般的变化，获得清朝青睐的同时把竞争对手英国人驱逐出中国。这一时期为了防止西方各国压迫与逐渐强大的日本的侵略，清朝政府需与俄国建立良好的政治关系，这对于建立陆路茶叶之路创造了良好的贸易环境。英国挑起鸦片战争，实施向中国市场投放大量鸦片的政策，俄国则计划通过茶叶贸易来满足国内和欧洲市场的需求。这与英国人相比算是纯粹的商业贸易。茶叶之路贸易对于清朝政府、中国人民、俄国人民、蒙古国人民来说都是受益的高利润贸易，也为跨越几个世纪的茶叶、丝绸、皮草、奢侈品、布绸、盐、砂糖、谷物、肉类的贸易提供了安全的环境。

俄国人为了保持在国际贸易中的亚洲地位，拓宽其影响力，与西方国家展开竞争。俄国商人早在蒙古帝国时期借助与中亚贸易发达地区相邻的特点和亚洲各国发展贸易，培养了俄国人的经商理念。蒙古帝国的驿站是为中世纪欧亚各宗主国的附属国提供文化交流，彼此认识的机会。对此很多研究蒙古帝国制定的“蒙古式和平”[②] 的学者们都赞不绝口。

尤其是蒙古祖先创造的管理学（management）对当时的历史有划时代意义。作为后人的我们应通过研究提醒世人创造该管理学的伟大民族是蒙古族。很多发展中国家领导人、商人对该令人惊叹的管理学进行研究，并借鉴到自己的工作中。例如，当今中国国家主席习近平 2013 年提出“新丝绸之路”理念，其借鉴于历史上蒙古大汗的智慧结晶——丝绸之路的管理学，统筹中国国内外政策，制定世界范围内的综合政策。在这三年里，中国在政策的落实上追求创新，在落实政策的每一步都与国内外的专家学者进行广泛讨论，集结着多方智慧。

蒙古茶叶之路贸易方面，中俄研究学者们做过些研究，但对只有蒙古人参加的贸易方面的研究相对甚少。加比・巴马那的《在茶路之上》[③] 是对蒙古茶叶之路研究最为

---

① Sh. 埃格希格：《16～20 世纪蒙古茶叶贸易和“茶道”》，蒙古乌兰巴托，1 卷，2021 册，18。

② 首都旅行社，2015 年上季度报告，http：//tourism. ub. gov. mn/？ p＝2246。

③ 加比・巴马那：《茶道之上，走进蒙古生活与文化的旅行》，乌兰巴托，2008 年。

全面的作品。[①] 还有美国学者玛莎·艾弗里的《茶路》[②] 是基于蒙古人参与茶叶之路的具体口头资料、档案材料、历史资料编写而成的。“茶叶之路”的命名来自中国的作家邓九刚，他用十几年的时间，走进内蒙古，与曾从事茶叶之路运输、茶叶加工、装箱分类的人及与他们的后代进行交流，根据他们的口述资料写下《茶叶之路》这本书[③]，并且2000年出版的该《茶叶之路》使历史贸易之路成为旅游产品、新品牌、电影、研究主题来源。茶叶之路究竟通过了哪些地方呢？这个问题吸引了很多学者的关注。关于这方面的研究中，我们两大邻国中国、俄国不仅研究了茶叶之路所经过的本国地区以及城市，还把茶叶之路的意义延伸开来，发展利用起现代的茶叶之路，这种意义上的茶叶之路对两个邻国的政治、经济、文化、历史都有深远意义。

我们两大邻国对茶叶之路的定义及其发展历程有明确的界定。俄国学者一直将其称作“伟大的茶叶之路”，中国则一直有“万里茶路”之称。我国也一直努力发挥本国在茶叶之路贸易中的作用，不断提出自己的想法。

中蒙旅游部门，俄罗斯布里亚特旅行社从2011年开始每年都对早期商队运输道路进行研究探访、收集大量研究成果。成立合作研究组招纳研究员，促进了政治、新闻、文化领域的合作，发展人民交流，加强了各省、各部、非政府组织、青少年交流，积极组织开展赛车、博览会等活动。比如让中、蒙、俄三国各界人士参与到“茶叶之路2012”汽车拉力赛之旅，驼之旅、纪录片摄影组和著写茶叶之路搜集材料组之旅中，并开始将茶叶之路沿途150个城市联结起来共谋发展。

2014年3月，中华文化传播协会“万里茶路（中国）合作组织”成立，为茶叶之路沿线的中蒙俄三国以及其他国家历史文化、人文、经济、政治领域的合作提供可能性，合作规模也在扩大。蒙古国和平友好协会着手向中俄合作的“伏尔加－长江合作共同体”提出建设“色楞格河经济带”[④] 的合作意见。

蒙古国的一些旅游公司从2011年开始对“茶叶之路”沿线地区创造旅游产值，与中国和俄罗斯合作设计旅游路线，开通新的陆路、水路、航空等旅游线路的可行性研究。研究工作中邀请相关科研机构与其合作，进行着全面的研究。从研究成果中可获得与茶叶之路有关的蒙古著名景点、文化古迹，以及确定当时茶叶之路遗迹，将这些地方纳入物质与非物质文化遗产进行保护或者利用于旅游等诸多机遇。作为“茶叶之路”枢纽城市的乌兰巴托，曾经进行了中国茶叶的大部分贸易，茶叶之路的商队驿站

---

① 加比·巴马那：《茶道之上，走进蒙古生活与文化的旅行》，乌兰巴托，2008年。

② 玛莎·艾弗里：《茶道——中俄草原之会》，洲际出版社2003年版。

③ 邓九刚：《茶叶之路》，内蒙古人民出版社2000年版。

④ http：//www. peacemongolia. mn/x？ x－м？ рний－эдийн－засгийн－б？ стэй－монго/.

点也确定在这里，针对茶叶之路途经的南戈壁省的一些历史遗迹研究和管理计划①也已经出台。由首都旅行社开展的茶叶之路旅行路线②也开始了制定工作。蒙古国响应自然环境保护与绿色发展和旅游部的号召，在乌兰巴托市召开的第三次中蒙俄三国五地旅游联席会议上通过，于2016年7月召开茶叶之路国际会议时举行三国旅游部长首次会晤的决议。通过2016年7月22日举办的中蒙俄三国旅游部长会议成立了中蒙俄“万里茶道”国际旅游联盟。

蒙古国茶叶之路沿线地区的文化与其他国家文化相比，非物质文化更加丰富。因此，发展蒙古国现代茶叶之路的一个重要政策是对蒙茶叶之路的非物质文化遗产进行发掘研究，发展旅游业，向世界宣传非物质文化的珍贵财富。对蒙古地区的茶路驿站进行深入研究，发挥早期闻名的茶路对现代经济、基础设施建设的基础作用，也为从历史、文化、民族传统科学上挖掘茶叶之路的新课题提供可能。在这一方面，学者O.苏赫巴托从途经蒙古地区的很多茶叶之路路线选出主要的路线，即张家口—大库仑（今乌兰巴托）—恰克图，该路线包括了茶叶之路途经的20个驿站，并且他还对茶叶之路其他路线的物质、非物质文化遗产进行研究。茶叶之路专家小组制定了茶叶之路现代旅行参观计划，国内旅行路线确定之后，再与两个邻国旅游政策以及路线实行有效对接，进而连接成12000公里的世界茶叶之路，为参与地区以及世界茶叶之路这一新概念的工作提供巨大效益。

应蒙古国总统额勒贝格道尔吉提议，2014年9月中蒙俄三国元首在塔吉克斯坦首都杜尚别举行会晤，三方在推动经济合作上达成一致。2015年7月在俄罗斯乌法举行第二次会晤时，三方一致决定，将蒙方“草原之路”、中方“新丝绸之路经济带”建设、俄方“跨欧亚大通道”建设倡议紧密对接起来，推动构建“中蒙俄经济走廊”。俄国、哈萨克斯坦、吉尔吉斯、亚美尼亚、白俄罗斯经济紧密对接的欧亚经济联盟近来势头强盛。蒙古国根据本国发展政策，选择适当参加中国的新丝绸之路中的“一带一路”、俄国“欧亚经济共同体”③ 建设，从本国优势与邻国利益的角度出发，走互惠共赢路线。2016年6月在乌兹别克斯坦首都塔什干举行的中蒙俄元首第三次三方会晤中制定《建设中蒙俄经济走廊规划纲要》。在该纲要的框架下，三方选出的32个合作项目的实施使得蒙古国在区域经济共同体中占有一席地位。三国在三年内关于三边合作共有17次会面。蒙古国的“草原之路”、中国的“新丝绸之路经济带”、俄国的“欧亚经济联盟”的发展都离不开基础设施的建设。

---

① 《佛斋、法轮文化遗产管理（2015～2025年）》，奥云托勒盖有限公司，2015年。

② 首都旅游社2015年上季度报告，http：//tourism. ub. gov. mn/？p＝2246。

③ M. 卓日格特：《“经济走廊”可为蒙古经济发展融资》。

建设经济走廊框架下的人文交流领域包括中蒙俄旅游部门联合打造的“茶叶之路”品牌规划决议。刚出版的一则报道中这样写道：“茶叶之路有望在新世纪以新的形式重新登上历史舞台，蒙古国在自己本土沿着‘茶叶之路’修建铁路、高速公路、天然气管道、石油管道、能源运输基础设施五大网络，将这连接欧亚的五大网络称作‘草原五大路’。‘草原之路’规划中，要建设连接中俄的1000千米高速公路，1100千米电力管道，两条铁路，天然气、石油管道，共需花费500亿美元。蒙古国如果能够落实该项计划，所获收益将达到几千亿美元。”①

第四届“万里茶道”与城市发展中蒙俄市长峰会于2016年1月15日至17日在中国江西省铅山县召开。会议上，中国国务院发展研究中心专家李泊溪表示：“万里茶道连接了国家三大战略：“一带一路”倡议、京津冀协同化发展战略、长江经济带战略。万里茶道需要通过这三大战略覆盖的地域，把三大战略连接起来。值得一提的是‘丝绸之路’的理念中包含‘茶叶之路’。‘丝绸之路’和‘茶叶之路’都有加强世界联系、维护和平稳定、发展经济贸易、促进文化交流等理念。‘茶叶之路’是‘一带一路’的第六大走廊‘中蒙俄经济走廊’的主要组成部分，而且有望最先发展的经济走廊。”②

中国选择连接欧亚的新经济战略，确定新丝绸之路中“一带一路”的陆路和海路两条发展路线，并用这个命名本国对外综合经济政策。蒙古国被包含在该综合政策的东北亚经济带，维护东北亚安全而实施的中蒙俄经济战略中，就蒙古国方面来说，将新丝绸之路的蒙古地区与附近有欧亚高速铁路的新疆相连接，对于东部而言，如果考虑加入东亚经济共同体的话就更好了。与欧亚经济联盟合作并加入“中蒙俄经济走廊”建设对我国来说是一个良好的机遇。发展能够致富的旅游业，打造“茶叶之路”旅游品牌，设计出新的旅游路线，发展旅游产品、旅游服务，循着俄中茶叶之路打造各种形式的旅游品牌，需要蒙古旅游公司进一步研究。

毫无疑问，穿过蒙古国跨越几个世纪的“茶叶之路”会给蒙古国的发展带来美好前景。该路的意义至今依存，并且还是连接俄国的欧洲部分和中国的最便捷之道。

结　论

历史上出现的“万里茶道”贸易，贯穿欧亚大陆12000公里，绵延300年，成为

---

① Ц. 达希多拉木：“茶叶之路复兴之下”，《经济期刊》。

② 李泊溪：《万里茶道应纳入“一带一路”倡议》，第四届“万里茶道”与城市发展中蒙俄市长峰会，江西省铅山，2016. 01. 15 – 18。

连接各国利益、语言文化、历史、习俗的纽带，如今将成为中蒙俄三国经济走廊规划中促进人文交流的旅游品牌，中蒙俄三国经济发展综合政策的一个目标。在该茶叶之路的框架下，出台最为精确的互惠互利、环保、智慧旅游新品牌的规划。在着手打造旅游新品牌时要知道专家学者的重要性，确定国内旅游线路，打造旅游品牌，进而与各邻国和茶叶之路沿线其他国家提高旅游理念，为人文、基础设施建设理念创造条件，携手展示茶叶之路的历史历程与发展现状。

参考书目 & 网址

[1] C. 苏赫巴托．什么是草原之路，格日格期刊．

[2] Ts. 达希多拉木．“茶叶之路”复兴之下，经济期刊．

[3] M. 卓日格特．“经济走廊”可为蒙古经济发展融资．

[4] 李泊溪．万里茶道应纳入“一带一路”倡议［R］．第四届“万里茶道”与城市发展中蒙俄市长峰会，江西省铅山，2016. 01. 15 – 18.

[5] 首都旅行社 2015 年上季度报告［EB/OL］. http：//tourism. ub. gov. mn/？ p＝2246.

[6] Ts. 沙格达尔苏伦．蒙古文化掠影［N｜］乌兰巴托，2003：304.

[7] 佛斋、法轮文化遗产管理（2015～2025 年）．奥云托勒盖有限公司，2015.

[8] Sh. 额格希格．16—20 世纪蒙古茶叶贸易和“茶道”［M］．蒙古乌兰巴托，第 1 卷，2021 册. 18.

[9] Sh. 额格希格．蒙古国的丝绸之路与新丝绸之路宗旨［J］．亚洲研究中心，2015. 04. 11，乌兰巴托．

[10] 卡尔·罗宾逊．蓝天下的蒙古游牧民族．香港，2010.

[11] 加比·巴马那．茶道之上．走进蒙古生活与文化的旅行．乌兰巴托，2008.

[12] 简·佩蒂格鲁．茶会［M］．一个鉴定家费城出版社，伦敦，2013.

[13] 卡尔·马克思．“纽约演说家”中的俄国和中国，1857 年 7 月。https：//www. marxists. org/archive/marx/works/1857/04/07. htm.

[14] 夏德·弗里德里希．中国和古罗马，上海和香港，芝加哥，阿瑞斯出版社．

[15] 马可波罗．马可波罗行记，http：//world – history. nmhblogs. org/2012/10/21/the – pax – mongolica/.

[16] 玛莎·艾弗里．茶道——中俄草原之会［M］．中国北京：州际出版社，2003.

[17] 亚列桑德罗·日罗夫．茶道．伊尔库茨克，2000.

[18] H. E. 伊基那尔霍娃．俄罗斯人在蒙古［J］．经济论坛，伊尔库兹克．

[19] 刘再起．中俄茶叶贸易［J］亚欧世界，2010 年（3）．

[20] 刘再起．中俄茶叶贸易跨文化学，社会发展理论与实践，2009（2），http：//teoria – practica. ru/vipusk – 2 – 2009/.

［30］其木特·道尔吉耶夫．俄蒙双边关系．莫斯科：科学出版社，1978。
［31］邓九刚．茶叶之路［M］．呼和浩特：内蒙古人民出版社，2000.
［32］多国丽、常凯·那里的贸易资源需要被重视——专访中国驻哈萨克斯坦、吉尔吉斯斯坦原大使姚培［J］．世界博览．2013（19）
［33］管清友．中国“一路一带”将改变世界经济版图［J/OL］．凤凰财经，共识网 http：//www. 21ccom. net/plus/wapview. php？aid = 116990.
［34］李长久．中国的全球战略 东稳、北强、西进、南下［EB/OL］新华网，http：//news. xinhuanet. com/world/2012 - 12/16/c_ 124095365. htm.
［35］管清友等．中国“一路一带”将改变世界经济版图［J/OL］凤凰财经，共识网．

中蒙货币金融合作有关问题探讨

布仁吉日嘎拉（中国内蒙古大学蒙古学学院副教授 博士）

一、问题的提出

蒙古国是我国北部重要邻国，中蒙拥有长达4710公里的共同边界线。跨入新世纪以来，蒙古的发展在亚太地区乃至世界地缘政治、经济变化格局中日益扮演着重要的角色，“金融问题”作为中蒙合作中的新的亮点，引起各界的广泛关注和热议。

在理论层面，金融是经济的核心，货币就如一国的“语言”，金融就如一国的“血液”，当前的发展对我们蒙古国货币金融问题的了解和研究提出了新的更高的要求。在现实中，中蒙关系侧重于经贸合作，而金融合作已日渐成为中蒙经贸合作的重要支柱在多个层面展开。金融领域合作是中蒙经济外交中的重要组成部分，也是我国建立周边稳定环境为目标的睦邻、善邻、富邻周边外交政策的实践过程。在合作与博弈并存的国际经济背景下，我们必将从渗透于实体经济的货币金融深层面瞄准冲击两国稳定合作的不确定因素，并对此找到行之有效的科学答案。

二、现状分析

2014年8月，中国国家主席习近平对蒙古国进行国事访问，开启了两国全面战略伙伴关系，并强调中蒙两国政府坚持本着以矿产资源开发、基础设施建设、金融领域合作“三位一体、统筹推进”的原则开展全方位互利合作。随着双边关系前所未有的加深，货币金融领域的合作将为两国经济发展发挥重要的助推作用。如今，蒙古国逐渐成为全球范围内经济增长最快的经济体之一，实际 GDP 增长从 2007 年的 31 亿美元，到 2013 年已达 50 亿美元；在 2011、2012、2013、2014、2015 年间其实际 GDP 增长率分别达到 17.5%、12.4%、11.5%、6.3% 和 2.6%。这一过程中，开放自由的货币金融环境为其发挥后发优势发展实体经济创造了不可忽视的作用。同时，正因在这种体制环境下蒙古国各届政府接连实施兼得资本自由流动、汇率稳定和货币政策独立性的有悖于“不可能三角”之金融政策安排，不仅未能使该国经济走出长期不稳定困境，反而持续加剧了通货膨胀和经济波动，不断推高资本成本（2013 年时，蒙古国银行系统平均贷款利率为 18.4%，中国和俄罗斯的同期贷款利率分别为 6% 和 9.5%，而蒙古国同这两个邻国的贸易额占其总外贸额的 70%），并成为中蒙金融合作中的各种潜在风险之重要根源。

在以往国内外相关研究者中很少人涉足这一课题，更是难以找到一些可供参考的有价值专题研究。在国内，对蒙古国问题的研究力量主要集中在东北和内蒙古地区，研究内容主要集中在经济、政治、外交领域。相对于北亚其他国家的研究，国内学术界对蒙古国经济的研究明显要薄弱很多，这或许由于蒙古国是一个经济金融欠发达且经济总量相对较小的国家，中蒙经济合作在中国对外经济总量中所占比重很小所致。国内专门研究蒙古国的机构也极少，目前为止还没有蒙古国研究的专门公开杂志。在 1992 ~ 2014 年的 22 年间《东北亚论坛》《当代亚太》《现代国际关系》《世界经济与政治》《国际政治研究》等国内学术期刊上公开发表的研究蒙古国的文章总计 93 篇。其中，经济类研究文章 45 篇，内容主要集中在有关问题的介绍和描述现状，鲜有对蒙古国货币金融和中蒙金融合作的理论与实证研究。恩和（2000）、敖仁其（1999）等对蒙古国经济转型问题做过课题研究或出版专著，但他们对货币金融问题分析内容较少。近些年完成的一些博士或硕士学位论文成果中还没有一篇文章专题研究中蒙金融合作问题，以上状况与当前中蒙全面战略伙伴关系的发展现状不甚协调。

在蒙古国，特・纳木吉拉（1998）等人曾对 20 世纪 90 年代的蒙古国货币金融体制转型经验进行研究，但他们并没有对 2000 年以后的有关问题进行跟踪。2008 年的金融海啸之后，蒙古国一些年轻学者对蒙古国货币政策、汇率机制的有效性方面提出批评，并探索蒙古国货币金融领域更完善的发展路径建议。虽然近两年开始“中蒙金融合作”成为蒙古国各家报刊上出现的高频词汇，但在其国内尚未形成系统的研究成果。在其他国家如美国、英国、俄罗斯、日本、韩国等国家媒体信息上看到的有关报道及评论，整体上具有出于各自的利益，以不同的学科视角，提出些各自见解的倾向，一般都注重地缘政治战略关系，而极少涉及我们在此关注的核心问题。

三、建议思路

本课题所涉及的相关问题的剖析和研究将主要遵循国际经济学的理念、理论和操作规程，坚持实事求是的科学研究原则去开展工作。国际经济是国际问题研究的分支，涉及国际的任何一个问题，它不仅仅是单一的问题，而是坚持主线的同时应以关联的形式即政治、经济、文化、人文、地缘等综合关联的态度去考量。

我国与周边国家的双边关系实际应该是多边关系，我们在考虑发展与任何一个周边国家的合作关系时必须考虑其他相关国家的感受和反应，必须考虑每一双边合作对第三国的利益影响，甚至考虑到对一系列国家、一个地区乃至全球整体利益格局的影响。在国家层面上，推动我国与蒙古国之间金融合作关系的观点为我国地缘政治、经济安全服务，这一理念在整个研究中必然贯穿一致。

（1）蒙古各届政府接连实施兼得资本自由流动、汇率稳定和货币政策独立性的有悖于“不可能三角”之金融政策安排，已成为中蒙金融合作中的各种潜在风险之重要根源。

（2）从长期看，蒙古国内经济的繁荣会增加我邻国的利益，稳定的中蒙金融合作对两国经济持续增长均有好处。

（3）推动与经济上比我国较落后的周边发展中国家的金融合作时，需要我们站在“超国家”的立场来看问题，尤其注重从弱小国家的立场和角度看待问题，战略选择和实施中绝不能偏离发展的共同利益目标。

人民币区域化、国际化趋势和中国国内货币与金融体制改革进程促进并影响着中蒙两国货币金融领域的合作及深化。中国实体经济改革、宏观经济长期稳定是影响中蒙金融合作的重要因素，而人民币自由兑换、金融市场的开放度、汇率机制的设计等问题均影响着我们国际经济合作的理论与实践发展。

要准确把握在开放条件下两国发展的金融互需并从实体经济的发展能力和国际经济政策协调的基础找到化解金融合作风险的主线。中蒙两国同为亚洲发展中国家，各自经济周期不尽相同，金融发展均有显著的脆弱性，加之亚洲通胀联动性的破裂和世界其他相关国家对本地区和该国经济与金融影响的不确定性，这些动态因素可能会加大我们预测有关趋势的难度。

参考文献

[1] 中华人民共和国和蒙古国关于建立和发展全面战略伙伴关系的联合宣言（全文）[EB/OL]. 新

华网，2014 年 8 月 21 日．

［2］习近平在蒙古国国家大呼拉尔的演讲（全文），中国新闻网，2014－8－22.

［3］中国和蒙古国战略伙伴关系中长期发展纲要［EB/OL］．（全文），中国政府网，2013－10－26.

［4］恩和．蒙古的改革及我国的对策．1992—2000［D］．，国家社科基金资助项目资助，2000.

［5］敖仁其．转轨时期的蒙古国经济研究［M］．内蒙古人民出版社，1998.

［6］（蒙古）T·NAMJIM. 蒙古的过去与未来，乌兰巴托，1998.

［7］秦亚青．西方国际关系理论经典导读［M］．北京大学出版社，2009.

［8］（美）克雷林．国际经济学：一种政策方法［M］．方齐云等，校译．北京大学出版社，2004.

［9］蒙古国统计署．蒙古国统计年鉴［M］．乌兰巴托，2007—2015.

［10］蒙古银行．蒙古中央银行年度报告［R］．乌兰巴托，2008—2015.

［11］蒙古银行．蒙古银行业经营分析汇编［G］．乌兰巴托，2010—2015.

第五部分

文化教育与可持续发展

传统道德是交流合作的基础

博·扎丹巴（蒙古国教育大学院士　教授）

中国、俄罗斯、蒙古国都有自己的语言以及在不同时代形成的文化传统，是从古至今的友好邻居，拥有内容丰富的合作交流与共同繁荣发展的历史传统。近年来实施的“丝绸之路”“茶叶之路”“草原之路”就是很好的证明。

每个国家的科学文化发展的基础是人民的道德。所谓人民的道德是其自然演变融合的共同规则或自然形成的道德体系。人民的这种自然形成的道德会直接影响传统道德根源或引领演变发展。

每个国家的人民在起源时，自然形成的道德规范所产生的教育是传统道德，也是一种道德教育。传统道德或道德教育是国家存亡的根源，也是人民社会化的基础。因此，每个国家的人民要珍惜世代相传的教育，要忠心耿耿。用舍弃原理不断完善传统道德是他们所秉承的规律或道德智慧。

每个国家的传统道德是他们的人民不可逾越的，自然演变融合的共同规则或者是道德智慧的实际成果。全国的民众的不可逾越自然演变融合都是具有代表性的规章制度或道德智慧。每个国家的道德和智慧各不相同，也就是说道德教育各有千秋。但是他们的每个民众都有“不可逾越自然演变融入的智慧规则”，在这一点上每个国家的情况是基本相同的。因此，人民的“自然演变融入的智慧规则”是和平共处、共同繁荣发展的基础。要尊重其他国家的传统道德或道德教育，慎重因不了解的名义对其侮辱或排斥，加强共同或各自的“不可逾越的自然演变的融入”的共同规章制度，这是国家之间的友好睦邻、互利合作的根本。

处于这个根本，每个国家都拥有独一无二的自然形成的独特的道德、空间和道德智慧，并随其顺其自然发展。如，中国、俄罗斯、蒙古国积极发展道德智慧，也要保持独有的人文道德，创造众多奇迹，无时无刻不深入研究并发扬光大。

三方传统道德的形成与发展基础是民众生命旅程中的智慧思考（2010，博·扎丹巴）。如，中国、俄罗斯、蒙古国民众通过生命旅程中的智慧思考能够辨析好坏、对错和舍弃，遵从不可逾越的自然演变融合的共同规章制度，按实际情况定义传统道德，大家要遵守，忠心耿耿、世代相传。

德国哲学家伊·堪丁（1724—1859）说“文化是精神产物”；俄罗斯学者纳·毕拉杰耶夫认为“文化的渊源是隐形信仰”；英国学者耶·夫·淘洛林认为“文化就是社会人，其含有的知识、稀有物质、工艺、道德、法律、习俗和其他习惯等内容的社会共同体”。英语词典中写道，“文化是那个时代那些人的生活方式，如，大众习俗的虔诚”，蒙古语词典中写道，“文化是社会发展过程中人类创造的物质财富和精神财富的总和”，联合国教科文组织认为“文化是社会和社会体制中所含的心理、物质和精神的统一体，包括艺术、文学、生活习惯、共存方式、价值体系等内容”。以上的说法可以理解为文化是推动国家发展的传统道德。

虽然三方道德教育各不相同，但在禁止负面教育和引向正面教导的原理是一致的。他们按照独有的教育原理，恪守信仰某种公共道德。三方或多或少地遵守着不可逾越自然演变融合，其将形成统一规章制度。这也是三国复苏“丝绸之路”“茶叶之路”和“草原之路”的基础。

为了制定统一的规章制度，第一，互相深入研究对方习俗、道德习惯，阐明共同点和差异；第二，除了道德智慧、智慧规则、智慧之外，要阐明社会、文化、文化智慧、社会文化等名词术语。如，应该阐释中国、俄罗斯、蒙古国民众表达认知、思想观念情感的习俗及其演变情况。要阐释民众的国家道德、通过信仰融入的生活习俗、社会化的主要因素、道德的相同点或差异。比如，我们在表 1 中列出了传统文化珍宝。表格中中国、俄罗斯、蒙古国三国把生存观点和社会起源理解为“和谐”和“智慧”，这进一步说明了“和谐”和“智慧”等文化遗产价值比起“物质”更有意义。

按传统道德，三国人民要恪守独有的局限行为。我们传统文化所崇尚的习俗是自觉遵守局限行为和适度崇尚行为。习俗是在特定条件和特定时期受人民接纳的，它随时间的推移也会产生变化。习俗自然融合为一个整体且反复变动是它的历史演变规律。要阐明习俗演变进程，这对于三方合作来说是需要重视的内容之一。

重新审视一下我们已经用惯的名词术语，共同规定定义也是我们合作交流的内容之一。如，对于“社会”一词，法国哲学家杰·罗素认为“社会就是人民”。我们可以理解为共同工作生活的一部分中国、俄罗斯、蒙古国的所有人民，另一方面可以理解为中国、俄罗斯、蒙古国各自的人民。中国、俄罗斯、蒙古国的各自不可逾越的自然演变融合的统一规则是三方自然形成的道德。遵守各自自然形成的道德的结果，形成了“传统道德”或“社会”。如果大家都不遵守各自的传统道德，我们三方不会顺利和平共处和互利合作。

正如以上所提，文化是一个民族的生存之道。从这一点来看，文化是该地区民众同外界、他人和谐生活的诸多生存方法，也是文字的总和。因此，我们称之为“文化智慧”和“语言文化”。国家的智慧和语言差异取决于人民的道德文化。蒙古国哲学家彻·德木其格道尔吉认为“真正的道德智慧是才华”，也称之为“慈善心”。可以认为三方的文化差异是人民心中或不可逾越自然演变融合的一种规则。就如圣祖成吉思汗所说“用心灵征服一切”。三方全方面合作时，有必要加强对彼此的传统文化、道德和道德智慧的尊重。心灵是三国民众期待的所有，民众期待的所有是三国“智库”发展规划的根本，因此也不能不提。在发展规划中，三方可以考虑联合举办思想文化研究团队，其将成果作为理论依据使用于实践当中。

如表 1 所示，中国、俄罗斯、蒙古国传统文化珍宝中的“集群兴趣，共同利益”是“一切自然演变融合的共同规则，也是和谐的期望”。心灵是“智慧和道德行为的融合（蒙古语 21 注解词典）。“和谐”用蒙古人所认同的道德来说是“最高级的文化”（蒙古语中有个谚语“最崇高的文化是和谐，最珍贵的人是母亲”）。

综上所述，三方和谐友好、互利合作的基础是：

· 注重各自的道德或传统道德，以诚相待，避免冲突，支持引领正面事宜，互相帮助，将所有美好的东西变成一种永恒文化智慧和公众道德；

· 生存理念和社会化的基础是“和谐”和“智慧”，其崇尚并坚固发展；

· 要深入研究了解各自的传统道德、历史珍贵物质，像亲朋好友似的以诚相待；

· 亲善相待，在自己的能力范围内全力竭诚相助；

· 持之以恒自始至终友好相处，始终如初；

· 要互相谅解各自的过失，提出更好的对策建议；

· 要尽量遮蔽对方殃事，更多赞扬和宣传成果。

表 1　　中国、俄罗斯、蒙古国传统文化珍宝

中国 （张立华，2013）	俄罗斯 （赛特林　杰波森，2016）	蒙古国 （莫·卓拉吉雅，2016）
和谐	利益共同体	和谐
智慧	心灵	智慧
仁爱	平等，慷慨，爱	同情

续表

中国 （张立华，2013）	俄罗斯 （赛特林　杰波森，2016）	蒙古国 （莫·卓拉吉雅，2016）
正义	友谊	友谊
礼貌	共识，没有个人自由	恩惠
诚实	真理，礼仪	诚实
忠诚	公正	用法律与智慧治理国家
孝顺	尊老爱幼	效忠宣誓
	有情绪化	怜悯
	非理性的、因果的	

结　语

本文通过研究人类本性以及自然形成的道德，对中国、俄罗斯、蒙古国三方的传统文化珍宝进行比较研究，得出了以下结论：

（1）三方在各自的空间中，共同创造美好生活的依据是这些国家的每个公民都有不可逾越的自然演变融合的道德规则或“智慧规则”。

（2）中国、俄罗斯、蒙古国不断遵循独有道德从而形成了传统文化，世代相传发展，可以说这是独有的传统。

（3）这些国家之间有个传统道德的共同点（表1），如，规划纲要中复苏了“丝绸之路”“茶叶之路”，我们可以理解为这是长期合作的成果。

（4）也可以说他们交流合作历史悠久，从而在文化珍宝方面也有诸多相似之处。

（5）国家自然形成的道德、智慧、传统道德或文化是动态的。因此，现在中国、俄罗斯、蒙古国自然形成的道德、智慧、传统道德或文化在全球化的影响下有了巨大的变化。因此要发展巩固三方传统交流合作，要深入研究道德、智慧、传统道德和文化所产生的负面变化，

（6）尤其是中国、俄罗斯、蒙古国要研究其下一代的教育体系，三方可以开展有创意的交流合作，培养一批有文化有道德的创新性人才，可以积极主动地改变不符合实际的政策、内容和方法等。

（7）如果三方把不是“物质”的而是把“和谐”“智慧”“同情”“友谊”等传统道德作为互利合作基础，那三方的交流合作将顺利发展。

参考文献

［1］Ч. Дэмчигдорж，Эрдэнэт толь хэмээх шастир оршивой，Уб.，1995，24 – 25 дугаар тал.

［2］Б. Жадамбаа，ШҮтэлцэн багцрахуй ба хҮмҮҮний хҮгжил，Уб.，2010，7 –21 дҮгээр тал.

［3］М. Золзаяа，XIII – XIV зууны Монголчуудын ёс суртахууны Үнэлэмжийн онцлог，Уб.，2016，146 дугаар тал，

［4］Zhang Lihua，China' s Traditional Cultural Values and National Identity，2013.

［5］Caitlin Jebens，Russian Cultural Values，2016.

［6］И. Кант，Критика практического разума，М.，1965，Соч. В 6 – ти，Т. 4.

［7］Хорин нэгтийн тайлбар толь，1977，ҮМАХХ，т. 80.

“丝绸之路经济带”视阈下的中蒙俄旅游共同体研究

李加洞（中国内蒙古大学满洲里学院俄罗斯研究中心副教授）

自2013年10月中国国家主席习近平主席提出“一带一路”的战略构想以来，关于丝绸之路问题的研究成为国内外学者关注的焦点和研究的重点。国内外学者对于“丝绸之路经济带”、六大经济走廊以及“中蒙俄经济走廊”的研究已有一些学术成果，对于丝绸之路中轴线和南线及对其他五大经济走廊的关注亦较多。对于“丝绸之路经济带”及对其他经济走廊沿线的旅游业发展问题也有关注，但“中蒙俄经济走廊”沿线的旅游业发展问题尚未引起中蒙俄三国学者更多的重视。本文依托“丝绸之路经济带”北线——“中蒙俄经济走廊”的建设，着重于探讨构建中蒙俄旅游共同体的可行性、内涵、运行机制以及实现路径等问题。

一、中蒙俄旅游共同体的提出与界定

六大经济走廊是中国“一带一路”倡议的支柱和骨架。“中蒙俄经济走廊”是六大经济走廊之一，是“丝绸之路经济带”的重要组成部分，关于“中蒙俄经济走廊”的研究能够完善、深化国家“一带一路”倡议的框架。深化对中蒙俄旅游问题的研究又能够进一步完善“中蒙俄经济走廊”骨架和推进国家“一带一路”对外开放的深度和可持续性战略。从学术角度来说，对“中蒙俄经济走廊”与中蒙俄旅游问题的研究有助于弥补国内关于丝绸之路北线研究的不足，能够拓宽、拓深国内关于丝绸之路问题研究的广度和深度，完善国内关于丝绸之路研究的内涵。从现实角度来说，当前的丝绸之路以中线为主，与蒙古国所倡导的“草原丝绸之路”和俄罗斯提出的“欧亚运输大通道”难以找到契合点和重叠线，而对“中蒙俄经济走廊”问题的研究能够使中国的“丝绸之路经济带”战略与俄罗斯的“跨欧亚经济发展带”和蒙古国的“草原丝绸之路”战略找到共同的结合点。依托“中蒙俄经济走廊”的建设，提出中蒙俄旅游共同体的设想，规划中蒙俄旅游“两带一圈”，能够为中蒙俄三国毗邻地区旅游业的发展提供理论支撑。

中蒙俄旅游共同体的提出和“两带一圈”的设想、规划能够将中蒙俄三国旅游打包营销，打造中蒙俄旅游集群效应和洼地，形成区域性的旅游品牌，扩大区域性旅游宣传效应，延伸、扩大中蒙俄国际旅游产业链，打造中蒙俄黄金旅游圈，有助于推动中蒙俄旅游经济的互利和共赢，特别是有利于提升内蒙古旅游业发展的引力和活力。通过分析中俄蒙旅游业所存在的优势和问题，总结“中蒙俄经济走廊”建设为中蒙俄旅游业发展所带来的机遇，理顺出“中蒙俄经济走廊”的建设与中蒙俄旅游发展的关系，在“中蒙俄经济走廊”建设的背景下提出中蒙俄旅游所采取的应对之策，对于内蒙古走出一条具有区域特色鲜明和适应、加快本地区旅游业发展的思路具有重要的指导和现实意义，同时，也为内蒙古应对当前世界经济的新形势和适应国内经济发展的新常态提供可行性发展路径和可持续性的发展潜力。中蒙俄旅游业的发展也只有与“中蒙俄经济走廊”相对接，创新中蒙俄旅游业发展的新思路、新策略，才能更好地为内蒙古旅游业发展注入持续地外向型新动力，也才能够推动中蒙俄“三角”旅游一体化的形成。

在中国与东盟毗邻地区的合作中提出“两廊一圈”的设想，此构想现已成为引导中国西南地区和两广（广东、广西）与东盟毗邻国家合作的引线，在西南诸省与东盟的诸多领域合作之中按照此思路予以规划和布局。在中国与毗邻俄蒙的旅游合作中亦应提出科学的发展格局与规划。中蒙俄旅游共同体在“中蒙俄经济走廊”建设的背景下提出，它不是类似于欧盟、东盟和APEC等制度完备的组织共同体，而是一个关乎中蒙俄三国毗邻地区旅游业发展、能否实现共享与共赢的利益共同体，是一个初步的次区域性旅游共同体。

二、“丝绸之路经济带”背景下中蒙俄旅游共同体构建的机遇

（一）“丝绸之路经济带”的“哑铃模式”为中蒙俄旅游共同体的内部血脉畅通创造机遇

“丝绸之路经济带”是一条以中间能源、两端加工产品和高附加值产品为互补共赢

的“哑铃”模式。随着“丝绸之路经济带”的建设，丝绸之路的通道功能将得到进一步释放和发挥。“草原丝绸之路”将位于亚欧大陆西侧的欧盟与中国发达的东部地区和东北亚的发达国家日本、韩国连接到一起。俄罗斯和蒙古国的腹地以及中国的北部地区则是连接这一国际通道的重要杠杆，而内蒙古也正是这一国际通道建设中的重要一环。中欧之间的贸易量和贸易值巨大，欧盟已连续十年保持中国第一大贸易伙伴地位，中欧已连续三年双边贸易额超过5000亿美元，每天的贸易往来约15亿美元。随着俄罗斯经济战略重心东移至亚太地区，中俄贸易特别是能源和农产品贸易将会跃升至一个新的阶段。韩国早于2010年10月就已签订欧韩自由贸易协定，日本也已经启动了与欧盟自贸协定谈判的进程。未来东西方之间在“草原丝绸之路”沿线上贸易额、贸易量的增加和扩大必然要求“草原丝绸之路”在东西方的通道建设上予以进一步改进和完善。滨州铁路的电气化改造、未来中俄蒙高铁网络特别是中俄蒙三角区高铁网的建设以及未来内蒙古自治区区内高速铁路快线的建设，均为中蒙俄旅游共同体内部的互联互通带来巨大的发展机遇。

（二）中蒙俄“扇形”贸易模式在“丝绸之路经济带”建设的转变，推动中蒙俄产业的提档升级，亦有利于中蒙俄旅游共同体的形成

多年以来，俄罗斯向中国以出口煤炭、石油、天然气、木材等传统的能源产品为主，蒙古国亦以向中国出口煤炭等能源产品为主，而中国则以向俄蒙出口农产品、初级工业制成品为主。近几年随着中国经济的发展，则更多地向俄蒙输出资本，进行资本投资，而俄蒙双边基本无更大的贸易额和贸易量。中俄蒙三国贸易间实际上形成了以中国为支点、以中国对俄蒙为双向的“扇形”贸易模式。2013年中蒙贸易值由2002年的3.24亿美元增长到60亿美元，十年增长了近20倍，然而，中蒙的贸易结构始终未出现大的变化，蒙古国对中国贸易额的增长主要体现在对中国能源出口的增长上，中国的对蒙贸易也始终以逆差为主；2014年中俄双边贸易额达到953亿美元，接近1000亿美元，而中俄贸易仍以能源产品贸易为主，且中国始终以贸易逆差为主。中俄与中蒙因贸易互补性强，致使中国与俄蒙的双边贸易额较大，而俄蒙之间因双边经济发展模式的相似性和经济互补性较弱致使双边贸易的依赖度相对有限。“丝绸之路经济带”的建设将会吸附更多的初级产品、农产品、资源性产品和技术性产品，同时，“丝绸之路经济带”的建设也将会在沿线附近汇成更大的旅游市场和提供更佳的旅游目的地。随着苏满欧班列、中俄班列、湘满欧、鄂满欧和渝满欧等国际班列的开通和运行正常化，将会有更多来自欧洲的汽车、高新技术产品和中国的农产品、工业品和网购产品充实到“草原丝绸之路经济带”的沿线附近，中俄蒙“扇形”贸易模式也将会变得愈

加科学和完善。同时，“草原丝绸之路经济带”的内容充实和完善也将进一步推动“中俄蒙经济走廊”的建设，并为中俄蒙三角次区域经济一体化的形成创造条件，亦就推动了中蒙俄旅游共同体的形成。

（三）“丝绸之路经济带”的建设推动丝路旅游带的发展，丰富、扩大了中蒙俄旅游共同体的旅游品牌和市场

互联互通建设为“草原丝绸之路旅游带”的形成奠定良好的交通基础，如中蒙俄铁路、公路和民航等基础设施的完善有助于中蒙俄旅游业快捷性、安全性和舒适性等局面的形成；“丝绸之路经济带”的建设也将推动沿线重点边境口岸，如满洲里和二连浩特等口岸的建设，有助于打造中蒙俄边境线上的旅游明珠，推动沿线重点边境口岸旅游业的发展；依托“草原丝绸之路经济带”的知名度，打造中俄蒙三国旅游的美誉度，宣传、谋划推动中俄蒙三国旅游业一体化的大发展。沿“丝绸之路经济带”所构筑的旅游带基本可分为几大旅游区，即关外东北旅游区、草原旅游区、西伯利亚旅游区、欧洲旅游区。关外东北旅游区有东北重要的冰雪旅游城市——哈尔滨和东北知名的长白山旅游景区；草原旅游区则有世界上保存最好的呼伦贝尔大草原和中俄蒙三国异域风情游等；西伯利亚旅游区则有世界最大的淡水湖贝加尔湖游、西伯利亚原始森林等。将沿“丝绸之路经济带”的分散旅游点整合为北亚的一条黄金旅游线，形成各旅游区的联动开发与市场营销机制，真正构筑起一条横贯北亚的草原丝路旅游彩虹带。以丝路的经济走廊建设带动丝路的旅游走廊建设，带动全线全面、可持续发展。

三、中蒙俄旅游共同体的格局与机制

（一）中蒙俄旅游共同体的格局

该部分提出“两带一圈”是中蒙俄旅游共同体的格局和骨架。“两带”可有两种界定，一种定义为两条旅游带，即一条以中蒙铁路为主线构成的中蒙俄旅游带和一条以俄罗斯西伯利亚大铁路、滨州铁路为主线构成的中俄旅游带；另一种定义为两个三角带，即以中国内蒙古的满洲里、蒙古国乔巴山和俄罗斯赤塔为支点构成的中蒙俄旅游的“小三角带”为一带，以俄罗斯伊尔库茨克、中国内蒙古的海拉尔和二连浩特以及蒙古国的乌兰巴托为支点构成的中蒙俄旅游“大三角带”为一带。而“一圈”也就是由两条（中蒙、中俄）旅游带或由两个中蒙俄（大小）三角带所构成的黄金旅游圈。“两带一圈”的格局构成了中蒙俄旅游珍珠链和珍珠圈，形成中蒙俄旅游共同体。

（二）中蒙俄旅游共同体的机制

“中蒙俄经济走廊”建设为打造中蒙俄三国毗邻地区畅通的空间连接体创造了条件，同时，“中蒙俄经济走廊”的人流和物流互动也为“互联网＋”旅游的电子商务发展带来了机遇。“中蒙俄经济走廊”沿线地区具有亚洲异域文化和东西方差异性的国际文化特点，亦具有丰富的多样性旅游资源，同时，“中蒙俄经济走廊”建设也为中蒙俄三国毗邻地区带来了共同的市场。依托“中蒙俄经济走廊”的建设，提出中蒙俄旅游共同体的五大运行机体，即链接现实互动空间的子共同体、虚拟空间子共同体、多元文化子共同体、多样化产品子共同体和共同市场子共同体。

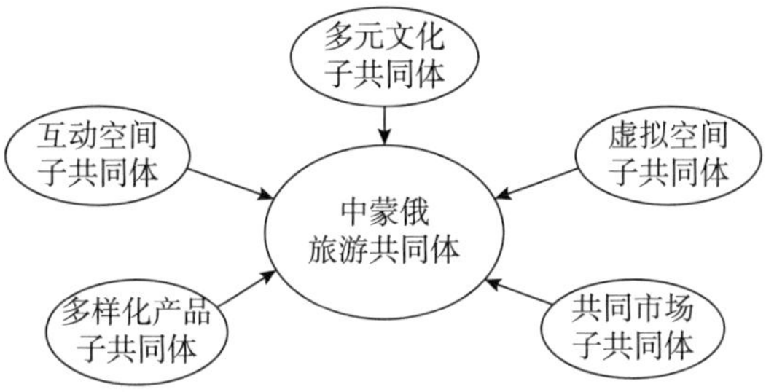

在国家“一带一路”倡议实施、“中蒙俄经济走廊”建设的背景下，从实践操作层面上构建起中蒙俄旅游共同体。依据中蒙俄“两带一圈”的设想，规划以口岸为支点、铁路为线、公路为网、航空为辅，构建中蒙俄旅游共同体的旅游通道建设；借助中蒙俄跨境电子商务发展的态势，搭建中蒙俄“旅游＋互联网”的平台；中蒙俄旅游共同体能否形成，关键取决于能否为中蒙俄旅游共同体找到强大的市场动力和支撑力，做好营销和开拓中国内地、东北亚的日本和韩国、东盟以及欧盟等旅游客源市场。以中蒙俄天然的生态环境和东西方特色文化为依托，凸显中蒙俄旅游共同体的自然性和国际性，打造中蒙俄旅游共同体为亚洲以至世界级知名旅游品牌，打造中蒙俄旅游共同体的旅游集群效应，将中蒙俄旅游共同体的“两带一圈”打造成为中蒙俄旅游珍珠链。

影视传播视阈下草原丝路中的“马”文化意象解读

钱淑芳（中国内蒙古师范大学内蒙古文化传播力建设研究基地教授）

相对于中国传统的审美意象理论而言，“文化意象”出现较晚。在当下关于“文化意象”的研究中，对概念的阐释基本上都采用了谢天振教授的提法：“文化意象大多凝聚着各个民族的智慧和历史文化的结晶，其中相当一部分文化意象还与各个民族的传说，以及各个民族初出时期的崇拜有着密切的关系。它不断出现在人们的语言里，出现在一代又一代的文学作品（包括民间艺人的口头作品和文人的书面作品）里，它们慢慢形成一种文化符号，具有了相对固定的独特的文化含义，有的还带有丰富的，意义深远的联想，人们只要一提到它们，彼此间立刻心领神会，很容易达到思想的沟通。”① 在关于草原丝路的影视传播中，“马”正是具有这样意蕴的一个文化意象。

一、马与马背——生活与生存工具

中国古代的许多诗句中都曾描绘过北方草原马之壮美：“胡马大宛名，锋棱瘦骨成；竹批双耳峻，风入四蹄轻；所向无空阔，真堪托死生；骁腾有如此，万里可横行。”（《房兵曹胡马》）有评价说“词语矫健豪纵，飞行万里之势，如在目前”（《杜诗镜铨》卷一赵汸语），借马之神清骨峻、昂藏不凡意象，言己之壮志雄心，充分表现了作者一往无前、以天下为己任的英雄主义气概。

---

① 谢天振：《译介学》，上海外语教育出版社 1999 年版。

在草原题材的电影中，几乎每一部中都有马这个意象。著名导演谢飞根据作家张承志原著改编拍摄的电影《黑骏马》（1995 年第十九届蒙特利尔国际电影节最佳导演奖），就是直接以马作为主要的叙事意象；塞夫、麦力丝导演的电影《骑士风云》《东归英雄传》《悲情布鲁克》《一代天骄成吉思汗》等甚至被誉为“马上动作片”。马作为意象直接参与叙事，在塑造人物、推动情节、抒发情感等方面发挥功用。马于游牧民族来讲，正如草原纪录片《草原散记》中所说的那样：“狂放不羁的马或许就是诱惑一个民族的诞生。”马是草原民族心灵外现的精灵，是游牧文化的具象，草原人也由此被称为马背上的民族。

马作为草原丝绸之路的重要的载体和精神寄托，与被称为“沙漠之舟”的驼比肩而行。中日双方合作的《新丝绸之路》各自的十集中，其中都有一集是以“草原”命名的。在 NHK 的第三集“草原之路铁马疾风”中用了 5 分多钟的时间讲述了野马及马背民族的诞生以及他们曾经席卷世界的力量：“从古到今，马和游牧民的深深的渊源的痕迹，这是公元前开始游牧民在山岩上刻下的绘画，草原之路上到处遗留着羊、鹿和骑马狩猎的人们的绘画。野生马训练成了家畜。”“骑在马背后，游牧民的行动范围扩大发生了质的飞跃，这就是骑马游牧民的诞生。自在地操纵马匹，集团性地在大范围活动的战斗集团，具有压倒性的破坏力。游牧之民，借以马的力量为背景的军事能力，席卷了欧亚大陆。”① 在古老的草原丝路上，人们于路上跋涉，也在路上收成，马背上的行走俨然成了游牧民的一种生活方式。马成为草原的具象——游牧民族的生活标志。

二、游牧之魂——人与自然和谐的见证

在传统文学中，我们常常会发现，马和人，在不知不觉中就彼此成了知己，成了生死依托的同盟，诸如“伏枥老骥，暮年烈士”，一个志在千里，一个壮心不已，谁又能分得清哪个说的是人，哪个说的是马？正如纪录片《德拉姆》中藏族赶马人正多所讲述的：“牲口很可怜，它们要驮很重的东西，它不能像人一样说话，它不会说我累了，你给我驮的东西太重了。” “牲口死了，女人和孩子会哭的，就像家里死了人一样。”

草原纪录片中马意象的表达，与中原传统文学艺术中的马意象的最大不同在于，它不仅仅是表现马的自由、奔腾、劲健、蓬勃的生命激情，更重要的是表现草原民族

① NHK《新丝绸之路》第三集。

在历史上、文化上、生活上，都同马有着千丝万缕不可分割的关系。尤其是表现马背作为一个民族成长的摇篮，对蒙古民族的奉献："马把儿童变成男子汉，把牧人变成英雄，马也给予草原母亲果敢坚强的气质。"（《温都根查干》）马背民族在"长生天"的普照下，对马神明般的供奉和祭奠，当然这源于人马合一的传说："成吉思汗用蒙古马的力量和速度，沟通了东方和西方，开创了东西方合璧的新时代，加速了人类文明的进程。"对马的祭拜，就是对英雄的祭奠，是对英雄的崇敬。"牧人透过马背的身影开始了解世界；牧人是踩着脚下的马镫开始他们的生活；牧人也是在长长的套马杆上竖起他们理想的信念。"（纪录片《温都根查干》）

草原丝路哒哒的马蹄声昭示着往来贸易的人们——带着各自的珍稀与宝贵，互通有无，进行着物质与文化的交流。游牧民的眼界借此打开，心怀由此放开，世界之大，山外有山。在游牧民的"逐水草而居"的生活中，马不仅象征草原本身，同时象征着草原的耐力和速度。草原人对自由生活的追求源于他们自由的游牧生活。马背上的民族，看似一种信马由缰，实际上，游牧的"逐水草而居"是顺乎自然天性的表现。冬天，向南迁徙，寻找温暖沙窝地带，有暖暖的阳光照着；夏天天气热了，就向北转移，开始水边的生活，他们就像候鸟一样，四季迁徙，没有家界甚至没有国界。游牧生活给了草原人自由的性格，他们豁达、开朗、宽容。这种自由表现在生活的很多方面，辽阔的草原和天空、驰骋的骏马和飞翔的雄鹰，都表达了代表草原人对自由的追求和向往。

当然，对于许多民族来说，自由仅是人们的一种精神憧憬而已。就像辽阔的草原上飞奔的骏马，天空上翱翔的雄鹰，草原人豪放和开放的胸襟把对自由的追求融入民族性格和气质当中，不但将其体现在现实生活中，而且将其物化到草原的飞禽走兽的生活中。在游牧民族的史诗和历史故事中，骏马之所以成为草原人们歌颂和赞美的对象，就是它们是自由精神的化身。草原自由精神的追求与中原文化中的许多"清规戒律"有所不同，"中原文化"中秉承孔子思想的内涵中的"发乎情，止乎礼"，自由之境更多地同道德相一致："为人由己，而由人乎哉?"在道家文化中，逍遥的自由之境，更趋于审美需求。只有在草原文化中，自由才成为人们生活中天然组成部分和自然对象，进入真正意义上的"自由自在"之境界。于是在草原影视作品中，尤其是在草原纪录片中，以马为主题或表现"马背"文化的内涵的作品就显得特别突出。稍加留意就会发现，这类作品多以蒙古族人与马的天然的关系为主要表现内容重在表现马背民族的过去、现在和未来。马背民族成为对蒙古族人的另一个别称，马文化渗透进游牧民生活之中。

三、龙马精神——融合与发展的象征

今天，中蒙俄在草原丝路上的经济合作和文化交流、国际合作带来的地区振兴，使马已经从“草原丝路”上的一个曾经的生活的标志发展到今天具有精神意义的符号。伴随着马在草原人们的生活中也一样渐行渐远，游牧民已经结束了马背生活，但马背民族所倡导的勇猛与顽强，已经在古道文化的传统中成为一种深孚众望的美德。

在现代草原的发展进程中，“虽然牧人在生产生活中渐渐远离了马，但他们也仍然愿意在对马群的牵挂中入睡；愿意在一醒来就听到马的嘶鸣和马蹄声声；愿意在赛马场上体会英雄的滋味……”在“草原丝路”主题的影视作品中，承载着重物踽踽前行的马队，依然是被歌颂赞美的对象。

2014 年 8 月 21 日，中央电视台新闻联播报道：国家主席习近平抵达乌兰巴托，对蒙古国进行国事访问。在蒙古国马队的护卫下，蒙古国总统额勒贝格道尔吉在成吉思汗广场举行隆重仪式欢迎习近平。两国元首一致决定，将中蒙关系全面提升为战略伙伴关系。

当天，习近平在蒙古国《日报》《今日报》《世纪新闻报》《民族邮报》和蒙古新闻网网站同时发表题为《策马奔向中蒙关系更好的明天》的署名文章。在《策马奔向中蒙关系更好的明天》一文中，习近平在回顾两国建交 65 年的历史时，引用“有良驹不怕路远，有益友不畏艰难”，而在当日下午乌兰托的成吉思汗广场上的欢迎仪式中，马队的出现又有着非凡的意义：在蒙古族的礼节中，马队迎接的都是尊贵的客人。2014 年 8 月 21 日，国家主席习近平受邀到蒙古国并接受了蒙古国总统额勒贝格道尔吉向习近平夫妇赠送两匹蒙古马。习近平为两匹马分别取名阿尔泰和克鲁伦，寓意中蒙两国山水相连、睦邻友好。

2014 年的 5 月 12 日晚，与土库曼斯坦总统别尔德穆哈梅多夫共同出席在人民大会堂举行的世界汗血马协会特别大会暨中国马文化节主席会议上，习近平还接受过别尔德穆哈梅多夫代表土方赠予中方的一匹汗血马，这也是中土建交以来，土方第三次将汗血马作为国礼赠送给中方。汗血宝马是土库曼斯坦的国宝，在其国徽和货币上，都有汗血马的形象，更是土库曼斯坦民族的骄傲和荣耀。中国人民喜爱汗血马，将之誉为“天马”。许多世纪以前，中国人就曾通过古老的丝绸之路把盛产的茶叶、丝绸和瓷器运到土库曼斯坦，买回驰名天下的“天马”，留下了千古传颂的佳话。汗血马已经成为中土友谊的使者和两国人民世代友好的见证。

正如 CCTV 在 2014 年的 5 月 12 日直播世界汗血马协会特别大会暨中国马文化节主

席会议时，习近平主席马在中华文化中具有重要地位，所阐释的：中国的马文化源远流长。建设国家需要万马奔腾的气势，推动发展需要快马加鞭的劲头，开拓创新需要一马当先的勇气。马是奋斗不止、自强不息的象征，马是吃苦耐劳、勇往直前的代表。而这些正是在一带一路建设中所倡导的精神

古代草原丝路上的驼队马队随着中东铁路的开通直至今日已经渐行渐远，高速路将“草原之路”与“海上丝绸之路”南北贯通，为草原上的骏马插上了现代化的翅膀。正如当年包钢工人之歌里唱的一样，“我们像双翼的神马，飞驰在草原上”[①]。如今神马已经腾飞，古老的丝绸之路将焕发出勃勃生机，正如央视六集大型纪录片《一带一路》中所言：通过共商、共建、共享，在古老的丝绸之路上，人类正在筑就和平发展的共同梦想。

---

① 《草原晨曲》是电影《草原晨曲》（1959）的同名主题音乐，由玛拉沁夫作词，通福作曲。后来成为包钢的厂歌。

新丝绸之路与社会交往和改型问题①

巴达拉耶夫·塔姆基·多尔基耶维奇〔俄罗斯科学院西伯利亚分院（乌兰乌德市）
蒙古学佛学和藏学研究所高级研究员　科学社会学副博士〕

新丝绸之路是将古代跨大陆贸易路线更新且完善的重大项目，后者开始于公元前2世纪，且连接了亚洲和欧洲。该项目已成为当代中国在日益全球化的世界条件下，在同一个经济商贸区整合亚洲和欧洲各国广泛利益的对外政治的一部分。通过陆上和海上道路连接起来的“丝绸之路经济带”，在其范围内应将亚洲、非洲和欧洲各国纳入一个环线中，并保证与现有更长的道路相比在不同立场上都有利的经济走廊。

宏大项目的主要参与者是丝绸之路全长通过海上和陆上道路将直接或间接涉及到的21个国家。“依据俄罗斯专家的看法，北京计划依靠‘丝绸之路经济带’，活跃与俄罗斯的经济关系，加强自己在中亚和东南亚国家联盟国家中的地位，巩固自己在欧洲国家市场上的地位。”②

以目前的标准来看，项目推广需要庞大的财政资金和基建投资。庞大的不仅有未来的投资额，还有该项目所覆盖的区域。

“丝绸之路经济带”项目还成为加入金砖五国、上海合作组织、欧亚经济联盟所倡议的现有项目中的一个一体化项目。鉴于建立集团组织的重要性，俄罗斯主张促进互利合作与结合一体化项目。欧亚经济联盟与“丝绸之路经济带”的共同努力，将为未

---

①　本论文在俄罗斯人文科学基金与蒙古国教育文化科学部资助下撰写，第15－21－03006号“XX－XXI世纪俄罗斯与东亚合作条件下的蒙古世界”项目。

②　《中俄对话：2016模式》第25/2016号报告，莫斯科：俄罗斯国际事务理事会非商业伙伴关系，2016年，第41页。

来建设欧洲和亚洲国家所参与的共同经济区而创建强大的平台。[①]

最佳做法和机制隐藏在“软实力”框架内的外交原则中，这些原则广泛应用于当代国际关系的实践中。该原则应在启动战略原则之列中进行实行，因为项目思想不是始终会被所有国家充分领会的，其中每个国家可能具有将转变成某些矛盾的特有的特点和利益。问题点的解决需要在许多参数方面达成一致意见，这些参数能实际反映每个国家或国家集团的需求和利益。当实施这种项目时，最重要的还是推介原则，即预防负面因素的影响。由此，可以认为，全面考虑该重大项目的内部和外部、情境和永久因素具有最重要的作用。当在“丝绸之路经济带”社会文化领域达成一体化合作时，社会交往和改型必须具有相符的形式。在理论上，具备交往主体交流用的共同语言，项目实施渠道及其实行规范是社会交往的关键因素。

最大大陆强国的语言之一可以假定成为交际语言，——改写过的中文，或是在前社会主义共和国依旧说着并使用着的俄语，抑或是英语。在这个阶段，语言交际问题还可以认为是尚未解决的，因为还没有形成“丝绸之路经济带”统一的语言空间，由于该经济带尚未完成，且一系列相关问题并未确定。中国在推广本国文化、语言、招引留学生方面的对外政策，在世界各大洲不同国家开设学校，在推行“软实力”战略框架下将逐渐形成实际成果。俄语的形势具有相反趋势，因为在近25年内俄语的使用地区缩小了。形成统一的语言和文化空间，在确定某个国家的领先地位以及该重大项目被世界舆论接受和承认方面，将成为“丝绸之路经济带”中主要的社会交往因素之一。

经济商贸区广泛的信息网络成为交际渠道，“丝绸之路经济带”项目中所参与国家的代表们通过该信息网络进行互动。“为了在毗邻区域扩大合作，国家必须提供伙伴国的文化、医疗、教育、技术信息。通过互联网传送信息将为全面合作快速创造条件。”[②]最重要的任务是保证因特网的网络安全，以及反对使用信息技术以破坏主权和国家安全并干涉其内政的企图。

交际规则将基于参与国所签署的协议，以及即将举行的讨论，这些讨论的结果可能成为新的协议和合同，其条款应满足跨国项目每一方的需求和要求。

因此，在“丝绸之路经济带”项目参与主体之间具备共同语言、调整好的渠道与交际规则，以及有计划的改型过程，将能保证项目参与国达到事半功倍效果的互利

---

① 德米特里·梅德韦杰夫在上海合作组织成员国政府首脑理事会上的讲话。2015年12月15日，中国广州，URL：http：//www. government. ru/news21054（引用日期：2016. 08. 15）。

② 《中俄对话：2016模式》第25/2016号报告，莫斯科：俄罗斯国际事务理事会非商业伙伴关系，2016年，第19页。

合作。

在这个一开始就具有过高效率标准的项目中，可能会产生某些已知的风险和费用，若不考虑这些风险和费用，实际上是无法达到正常改型与高经济效果的。

总的来说，当实施这种项目时可能会有如下障碍：

——分散居住在丝绸之路沿线上的游牧、混合与定居民族之间的文明的不和谐。该方面反映了各民族在生活方式、日常传统和文化模式，在对周围世界的认知和社会思潮方面的差异。

——宗教分化，居住区域将被重大项目覆盖的各民族宗教信仰的多样化。有些极端宗教思想可能对“丝绸之路经济带”拟定发展区域内的一些地区构成威胁。

——每一个单独国家或国家地区经济发展的程度，即国家社会经济的发展战略不一致，这些国家的经济可能在原料方向、农业定位、高技术产业等方面有所不同。

——为免受恐怖组织和非法扣押影响的安全责任的比例较低。参与国更需要在反对恐怖主义和极端主义方面达成一致意见，并请所有参与国分担保证“丝绸之路经济带”功能安全的责任。

——支持并维护项目的交际渠道，包括运输线路和枢纽、数字和卫星站以及作为项目实施主要环节的通信源的平稳运行与维护。

——横穿“丝绸之路经济带”沿线多个国家国界时的行政和海关壁垒：需要优化火车检查与后续发车的时间与管理成本。

存在这么多的障碍可能会导致各种系统故障，这些故障可能会导致过境货流中止和延迟，这就会使该项目的效益最小化。国家在共同事件上互相负责是丝绸之路项目目标和任务作用机制有效运转的保障。在未来，项目应当具有长期有效的稳定性质，不受项目参与国政治和经济制度与形势的影响。所存在的威胁应尽可能降低到最低程度，因为每个参与国除了义务和责任外，都会获得一系列政治、社会经济计划的收益，可以积极推广本国的对外政策。

在已形成的条件下，当存在较多矛盾和问题时，必须具备制定好的沿不同路线推动经济带发展的可供选择的若干种方案。如果将欧洲市场设定为“丝绸之路经济带”的最终目标，那么为了达到该目标，制定北部和南部路线是十分重要的，每一条路线都具有自己的优势和劣势。正如在《中俄对话：2016 模式》报告中所指出的：创建连接中国与世界贸易中心之一的新的全球交通线，欧洲市场是中国交通战略的主要方向之一。[①] 因此，有利条件应该是呈示正常社会交往的最佳方案以及尽快改型并启动道路全面运作的契机。

因此，建设统一的运输网具有重要的意义，包括由东到西方向上从太平洋到波罗的海的直达运输干线。俄罗斯处于欧洲区集装箱市场过境线路的竞争条件下，具有西伯利亚大铁路以及横贯其西部区域的泛亚洲铁路干线（穿过哈萨克斯坦）。通过这些道路中国得以进入波罗的海国家和欧洲。尽管第一条道路比第二条长 2800 千米且铁路基础设施较为薄弱，但第一条道路具有每年可达 1 亿的潜在货运量。[②]

在这方面，提出了关于积极使用西伯利亚大铁路的不同想法，西方和东方都将对此感兴趣。在“统一的欧亚大陆：新西伯利亚大铁路”项目中所表达的想法，拟定建设与现有线路平行的新高速铁路支线，该支线能够控制亚太地区和旧世界国家之间的货流。按照项目起草者的意图，全球运输走廊将由俄罗斯北部和中国南部两部分组成。[③] 尽管想法很乐观且已经进行了经济计算，该项目在近期内实施是不太可能的，因为已经具有现行的铁路线，较弱的投资氛围且已出现的投资规划，以及俄罗斯铁路股份公司至 2020 年的财务计划。根据专家们的估计，加强东西伯利亚和远东铁路线的通行能力与现代化改造的费用为 200 亿 ~300 亿美元，这在目前条件下是无法实现的，更别提建设新的平行线路了。

鉴于物流发展的重要战略意义，中方计划参与在俄罗斯建设高速铁路基础设施，供应高速机车，重建道路。其中包括建设莫斯科—喀山高速铁路干线，在符拉迪沃斯托克火车站基础上建设交通换乘枢纽，建设下列宁斯科耶—同江铁路桥以及两座横跨阿穆尔河的公路桥等等。需要重建外贝加尔斯克站，下列宁斯科耶—同江和马哈利诺—珲春这两个新通道投入使用的前景是切实可行的。[④]

在经济走廊战略统一的物流中，南北方向是同样重要的组成部分。因此，蒙古成为交通物流网的参与国，“中国—蒙古—俄罗斯”交通线路通过蒙古进行过境。

建设经济走廊意味着将中国建设“丝绸之路经济带”“一带一路”的构想、蒙古“草原之路”的思想与俄罗斯推行的“建设跨欧亚走廊”的构想相结合。[⑤] 中方对横穿

① 《中俄对话：2016 模式》第 25/2016 号报告，莫斯科：俄罗斯国际事务理事会非商业伙伴关系，2016 年，第 21 页。

② 《中俄对话：2016 模式》第 25/2016 号报告，莫斯科：俄罗斯国际事务理事会非商业伙伴关系，2016 年，第 22 页。

③ 经济学家伊万·斯塔里科夫：《有石油的替代品！应当在从中国到欧洲的过境运输上获利》，URL：http：//http：//www. nsk. kp. ru/daily/26572/3587922/（访问日期：2016. 08. 29）。

④ 《中俄对话：2016 模式》第 25/2016 号报告，莫斯科：俄罗斯国际事务理事会非商业伙伴关系，2016 年，第 24 页。

⑤ 《中国提出“中蒙俄经济走廊”》，蒙古之声，URL：http：//ru. vom. mn/d/8762（引用日期：2015. 03. 12）。

蒙古的走廊十分感兴趣。如今，至西伯利亚和远东的运输货流是通过外贝加尔斯克进行的。而如果从北京通过蒙古运送货物，那么距离将缩短超过1000千米。因此，有可能加快不同商品向俄罗斯和欧洲市场的直接运达。

最廉价的运输方式是海运。但是海运时间很久。船舶从中国南部港口出发，抵达新罗西斯克需要1.5~2个月。还需要从新罗西斯克分散商品并将其运送到俄罗斯和欧洲的其他枢纽城市。

时间较短但更贵一些的运输方式是铁路运输。同时，在时间上铁路运输一点儿也不比陆运快，而且在某些情况下还更久一些。中方已看到组合运输方式的最佳方案。换句话说，可以使用卡车将商品运送到铁路枢纽站。这大大加快了运达期限，缩减了物流费用，也就是说，商品的最终价格也会有所下降。

根据三方合作约定的条款，已经采取了试点启用这条线路上的公路和铁路支线的实际措施。据新华社报道，2016年8月28日中国广东省广州市与卡卢加州沃尔西诺居民点之间的货物运输铁路线已开通。列车将行驶11500千米，运行14天。在发往俄罗斯的首班列车上运送的是服装和电子设备货物。沿新铁路线运输比海运时间缩短了30天，随后通过陆运，同时，费用比空运便宜五倍。[①]

更早些，试点启动了经过蒙古领域从中国向俄罗斯运送货物的公路线。试验的公路行程于8月18日自中国北部天津港开始。天津—乌兰巴托—乌兰乌德线路全长共2200千米。中国境内的线路长度为900千米，在蒙古国境内行驶了1050千米，而在俄罗斯境内，卡车自恰克图至乌兰乌德行驶了240千米。在行驶6天内，九辆重载卡车组成的代表团（每一方各三辆）应评价公路干线的质量与状态，是否具备必要的道路和路旁基础设施，确定未来的司机可能会遇到哪些行政壁垒。天津—乌兰巴托—乌兰乌德公路行驶结束后，在布里亚特政府举行了圆桌会议，其间讨论并找出了阻碍卡车加速行驶的主要因素：过路费、海关检查与手续办理、道路宽度及其路面质量等等。通过了成立工作小组的决定，该小组将负责制定三国内公路行驶的规则。6天的公路行驶结果具有初步性质，毫无疑问，还会再进行讨论。

据Infpol Polis地方刊物报道，布里亚特共和国将成为中国—蒙古—俄罗斯全球运输线路的一部分。在未来，中方计划在布里亚特境内建设两个大型物流中心。一个在贝加尔湖机场附近（投资项目成本：85亿卢布），第二个在恰克图国际汽车通行站附近（12亿卢布）。具有这种物流中心，至少就会有就业岗位、上缴税金等等。

① 《新铁路线将俄罗斯和中国连接起来》，URL：http：//www. news. mail. ru/economics/26922542/？frommail=1（访问日期：2016. 08. 29）。

布里亚特物流和运输公司将收到货物配送订单。如果调整运输货流的话，那么参与方可能还需要解决居民移动的问题。在15年内乌兰乌德—乌兰巴托的班车按时行驶。专家们预言，这些行程可能还会延长到中国首都。如今从布里亚特可以乘飞机和火车抵达北京，但这是相当昂贵的事。从蒙古国边境小镇扎门乌德到北京共700千米（9小时行程），这是增加游客流量的最佳方法。而这对于布里亚特经济来说也是一大利好。[①]

已采取行动证明，在关于向俄罗斯，继而向欧洲方向发展物流线路图的三方合作框架内的实际行动已经开始，其目的是扩大商品销售市场，而中国市场反向取得必要的能源燃料、原料及其他商品和资源。因此，俄罗斯—蒙古国—中国经济走廊对各方均有利，因为蒙古国通过自己邻国的领域能够进入海港，而俄罗斯能通过最短的基础设施枢纽从欧洲到亚洲，中国则是从亚洲到欧洲。[②]

当发展南北方向上的三方经济走廊时，在交通线路上有一系列中国（内蒙古自治区）、蒙古国和俄罗斯（布里亚特共和国）的地区，这些地区具有共同的历史根源和单一的民族认同。因此，通过积极支持与三国经济走廊项目相结合的地区发展规划，在经济和文化层面上发展这些地区是可行的。上述的辽阔区域拥有丰富的自然资源，发展畜牧业和种植业以及国际旅游业的潜力。贝加尔地区的大量疗养院和自然源需要生态保护与文明旅游长远发展的生态规划。

因此，对于中蒙俄的合作，正如上述报告中所示的，大规模改型经济走廊项目的有利背景可能是：除了能源和矿物领域，还包括进出口农业、工业加工行业、高技术产业、旅游服务和文化业等行业的产品；加强中小型商业的合作；改善投资氛围和贸易环境；统一海关与物流程序；协调和统一标准；建设联合信息平台[③]。

与道路毗邻的、讲蒙古语等民族居住区域的民族文化发展可视作个别问题。在国际旅游业发展的框架下以及俄罗斯卢布下跌的背景下，俄罗斯边境地区的旅游客流活跃起来。在全球化条件下，该方面已成为发展贝加尔地区旅游业，在保存和发展讲蒙古语民族共同体的习俗和传统方面，复兴民族文化与独特成分的最重要因素和动机。

将若干国家整合成统一的经济区，保证国家间在更高层面上发展合作的有利条件

① 《新经济走廊摆在布里亚特面前的是哪些利益》，URL.：http：//www. infpol. ru/news/society/118330 - kakie - vygody - ozhidayut - buryatiyu - ot - novogo - ekonomicheskogo - koridora/（访问日期：2016. 08. 25）。

② 《关于蒙古、俄罗斯总统和中国国家主席的会晤》，蒙古之声，URL：http：//ru. vom. mn/i/6506（访问日期：2015. 03. 12）。

③ 《中俄对话：2016 模式》第25/2016 号报告，莫斯科：俄罗斯国际事务理事会非商业伙伴关系，2016 年，第17 - 19 页。

的中国倡议已揭开序幕。在所有参与方保持利益平衡的条件下，可望获得建设三方经济走廊的累积效应。克服现有问题与障碍并将其最小化是最重要的阶段，我们这些国家三方合作的长远发展与此阶段息息相关，也包括中国内蒙古自治区、蒙古各盟与俄罗斯布里亚特共和国，这些项目参与地区社会经济的顺利发展。

参考文献

[1] 德米特里·梅德韦杰夫在上海合作组织成员国政府首脑理事会上的讲话。2015 年 12 月 15 日，中国广州//URL：http：//www. government. ru/news，2105. 4（访问日期：2016. 08. 15）.

[2] 卡先采夫 A. A.，俄罗斯和中国在中亚合作的前景，第 28/2016 号，莫斯科：俄罗斯国际事务理事会非商业伙伴关系，2016 年，第 52 页.

[3] 新经济走廊摆在布里亚特面前的是哪些利益//URL.：http：//www. infpol. ru/news/society/118330 – kakie – vygody – ozhidayut – buryatiyu – ot – novogo – ekonomicheskogo – koridora/（访问日期：2016. 08. 25）.

[4] 新丝绸之路：中国将如何改变世界经济地图//URL：http：//www. south – invest. com/shelk（访问日期：2016. 08. 15）.

[5] 中俄对话：2016 模式：第 25/2016 号报告，莫斯科：俄罗斯国际事务理事会非商业伙伴关系，2016 年，第 68 页.

[6] 新铁路线将俄罗斯和中国连接起来//URL：http：//www. news. mail. ru/economics/26922542/?frommail = 1（访问日期：2016. 08. 29）.

[7] 经济学家伊万·斯塔里科夫：有石油的替代品！应当在从中国到欧洲的过境运输上获利//URL：http：//http：//www. nsk. kp. ru/daily/26572/3587922/（访问日期：2016. 08. 29）.

蒙古人传统情感和可持续发展

德·孟和吉日嘎啦（蒙古国教育大学 校长 教授）

这个报告是研究影响当今世界社会经济稳定发展的不利因素，揭示人类情感发展不稳定原因。用蒙古人传统情感重新提供可持续发展基本原则。

一、情感的沉重和轻便模式

拉布扎说过一句名言，“鹿也有情感，佛也有情感”。我们所创造的社会物质环境都源自人的情感。人用情感所创造的所有东西揭示着我们的生活。畸形的行政结构导致过度浪费，以至于饮食文化中形成了过度畸形的情感。举一个西方饮食文化的例子，遍布全球的西餐文化是一个人用餐时用了 20 多种勺子、20 多种叉子，还用了同样数量的刀子，也用着不少于这些数量的盘子。如果所有人都这么用的话，这些铁从哪儿寻找呢？从哪儿开采？找不到的话，会掠夺吗？洗涤这些餐具的水从哪儿来？这些问题接二连三地涌现出来，这个例子就是与可持续发展相违背的。这样的矛盾会影响可持续发展。而蒙古人的传统饮食文化中，游牧蒙古人习惯把刀子、筷子、碗等带在身上。做客时用自己的碗、刀子、筷子吃饭，原则上是“一个人一套餐具”。这是我们传统情感中存在轻便模式中的证据。因此我们在可持续发展基本原则中，想把情感变化作为主要原则。我没说要回到古文化，而是提议只在可持续发展中制定动态支撑原则。

二、技术产生的剩余物和废弃物或多或少

当今世界的人们创造了这样的大众文化，即富余物会成为剩余物，剩余物又会成

为废弃物，废弃物会成为垃圾，垃圾会成为有害物。亚洲国家生产力组织的研究结果认为，生产过程中的损失增多和原料的大部分会成为剩余品，逐渐变为废弃物。全世界在与废弃垃圾做斗争，讨论解决再生产问题，但废弃垃圾仍不断增多。这时存在于我们情感中的剩余这个认知不改变的话，解决废弃垃圾问题也是有困难的。在科学设备不断发展的今天，应将研究产生的剩余物少的设备作为发展的原则来推动。这种剩余废弃量大时，自然环境会受到负面影响而被损害，而这已经是超出了自然环境所能够承受的界限。博·扎丹巴等研究可持续发展的专家将此总结为“对自己的本质和主要支持者的自然环境不给予帮助，反而制造灾难，让她生气绝望，处于不可持续的状态”。崇尚大自然，和谐生存，是蒙古人的传统情感，这是确尔吉喇嘛阿嘎旺道尔吉的教导，他说：“ 在愚昧时期，我们愚昧、封闭、野蛮，能烧的烧，伤害虫子、动物，破坏地下水源、砍伐树木、采掘石头，杀杀打打，在圣地修建居住点，不在乎神灵，不时时感恩，没有精气神，不注意给土地添加营养，在此在世主面前忏悔所有这些罪恶。”是人类的愚蠢，不爱护大自然而污染大自然，使之发展不可持续，这种不可持续时期叫愚昧时期。这种因剩余量少而无垃圾，与自然和谐共处的游牧文化，到今天也没有失去它的意义。

三、浪费和节俭模式

人类在发展历程中，虽然注重节俭模式，但在我们的日常生活中浪费现象也普遍存在。如，燃料的浪费。今天所使用的汽车摩托车的数量逐年增多，步行也可以去的地方却开车，从而导致对资源的浪费。节能汽车的制造使节俭成为可能。从省、苏木预算到国家的预算，都存在浪费模式。在人类畸形情感中产生浪费模式，这种模式在严重拖延后，一天之内能使一个国家处于混乱状态。这样的例子很多。这方面有陶格套呼王的教训，到今天也有重要意义。他于1853年在《工作和学习》一文中的写道：“如果可以，去一个地方办事时，要想办法多办几件事。最起码在放羊的时候，可以背上筐子捡牛粪。”这个教训告诉我们，可持续发展最重要的不是节俭财物或家产，而是与行为和责任有关的节俭模式会引向可持续发展。博·恩赫图布新说过：“游牧文明是人与自然最好的和谐，用进步和收获来武装自己，创造自己，因此有创新发展的美好未来。”游牧文化有自然选择节俭模式的特点。

四、正面或负面影响

人类在数百年间基于矛盾哲学，宣传社会发展并一直遵循这个规则。从矛盾到发展，所有事物在矛盾统一规律中存在，至今为止，这个哲理非常有说服力。基于这样的哲理，我们对可持续发展构想原则真的能否引向可持续发展依然表示有疑虑。在现实生活中不是可持续发展，而是对抗总是占优势。如：如果一个人种树的话，而另一个会拔出来，一个人为候鸟搭巢，而另一人在途中放网，这种互相排斥、对抗可持续发展的事情普遍存在。

蒙古人有这样的传统，不是相互排斥而是相互协助。蒙古人都喜欢听、喜欢唱哲·巴达拉的《要友好》这首歌，这首歌就是提倡要友好、优雅地生存。关于这首歌的意义，学者勒·呼日乐巴特尔阐释说："在我们自己创造的世界中，人和动物都在想同一个母亲，同一个儿子。用不同的爱心去对待，对一个亲热相处，对另一个敌对相处，用不同情感相处，亲人会成为敌人，分敌亲会导致冲突和愤怒。用平等的情感对待所有人，要用情人之间的那种爱去对等地爱戴相处，这首歌歌唱了这样的大慈悲的思想。"根据这个道理，我们要关注的是，这首歌包含着主导未来的可持续发展的哲学。所有体系结构中的因素之间矛盾是有的。把这些矛盾因素降到最低，即因素之间对抗不破坏系统，因素之间和谐，能够支持系统。我们的传统情感至今没有失去其意义重大。我们称之为相互支持的哲学思想。

五、结论

在相互之间的矛盾和竞争中显现出奋发图强的情感，现实生活中存在着负面影响的情感和文化的臃肿结构、构造，利用自然资源时的浪费模式，废弃和剩余大量的设备，无条理生产等是导致不可持续发展的主要因素。因此，我们提出了以下五个基本原则作为建议：鉴于蒙古人与大自然和谐生存的传统情感，我们一要贯彻相互支持的哲学思想，二要文化向简单情感发展，三要要用节俭模式利用资源，四要制造剩余、废弃量少的节能设备，五要鼓励紧凑设计的解决方法，发展有条理生产等。

参考文献

[1] Г. Аким. Чингисийн билиг оршивой. УБ. 2016.

[2] Б. Жадамбаа. Тогтворшилтой хҮгжлийн боловсролын онол, арга зҮйн зарим асуудал. УБ. 2015.

[3] Д. МҮнхжаргал. Монголчуудын уламжлалт сэтгэлгээ ба тогтвортой хҮгжилд хҮтлҮхҮйц багш боловсрол. Тогтвортой хҮгжлийн боловсрол олон улсын хурлын илтгэл. УБ. 2015.

[4] Б. ТогтохтҮр. Ажил ба сургуулийн зҮйл. 1853.

[5] Л. ТҮдэв. Тогтвортой хҮгжил ярьсан тогтворгҮй тҮр засаглал. Дал сонин. №306. 2011.

[6] Л. ХҮрэлбаатар. Ардын билиг зҮйч, яруу найрагч Жамцын Бадраа. УБ. 2006.

[7] Цорж лам Агваандорж. Газар дэлхийн эздийн сан оршив судар.

[8] Б. ЭнхтҮвшин. Монголын боловсрол, иргэншил судлал. УБ. 2014.

[9] Азийн /Монголын/ бҮтээмжийн тҮвийн судалгаа. Телевизийн нэвтрҮҮлэг. УБ. 2016.

地区可持续发展中的当代大学生跨文化能力培养

尼娜·达格巴耶娃[①]（俄罗斯布里亚特国立大学师范学院院长　教授）

随着《2030年可持续发展议程》和《全球可持续发展教育行动计划》的制定与出台，世界各国纷纷确立了各自所面临的任务及其在这一全球进程中所起到的作用。可持续发展的挑战不再只是个别国家的问题，而是所有国家要面临的挑战。为了应对这一相互关联的全球难题，俄罗斯、中国和蒙古国三个战略合作邻国需要凝聚各自的力量，而其中起核心作用的是教育和文化。

随着三个国家之间国际学术交流的日益加强，对于地处俄罗斯东部并紧邻蒙古国的布里亚特共和国来说，大学生之间的文化交流有着特殊的意义。本文中，笔者从俄罗斯人与外国人对话的角度，探讨了以教育促进可持续发展的问题，旨在为培养人际互动和跨文化协作这一当代大学生在全球化世界中的重要能力提供解决方案。

一、问题的紧迫性

只通过政治手段、签订协议、财政激励或者技术手段无法保证解决可持续发展方面的重大问题，还需要改变我们的行为所赖以建立的价值观和原则，需要重新考虑我们对待周围人和人类赖以生态的自然的态度，而这要复杂和困难得多。为构建更加公平和稳定的国际社会，任何个人和团体，尤其是青少年一代，都应当用知识、技能和价值观来充分武装自己。可持续发展教育旨在于解决众多问题，其中最重要的问题之

---

① 达格巴耶娃·尼娜·扎姆苏耶芙娜，教育学博士、布里亚特国立大学教授、布里亚特国立大学师范学院院长。

一就是保护文化多样性和培养青年人的跨文化能力。

近二十年来，俄罗斯开始积极研究和解决跨文化教育以及如何形成青年人的包容意识的问题。毋庸讳言，俄罗斯学者在这方面的研究主要是向西方看齐。今天，不论是对在国外的还是俄罗斯的教育学中，培养包容意识的问题都是一项优先课题。

跨文化协作教育学出现于20世纪60年代的欧洲和美国，目前已经积累了大量的跨文化教育领域的理论材料，研究了多种把跨文化协作思想融入日常教育实践的模式，积累了丰富的知识经验。同时，欧洲近来发生的几起悲剧事件则表明，西方的多元文化主义思想是非常脆弱和不堪一击的。尽管这一教育学领域的总体思想是建立对其他文化的尊重态度，但是需要强调的是，跨文化教育的发展亦取决于它所在国家的特殊性。正是从这一观点出发，笔者认为，由青年一代研究与俄罗斯相邻国家的文化和自然是开展长远合作的非常重要的因素。

二、研究问题的方法

跨文化教育是当前最紧迫的研究方向之一。俄罗斯学者和外国学者已经确立了跨文化交际的理论基础，提供了掌握跨文化能力的知识、技巧，制定了发展跨文化能力的训练方法。

三、教育学领域正在积极探索可持续发展教育的各个方面

哲学、生物学、心理学、普通教育学，普通教育学包括开发课堂外形式和内容、开发社会合作关系和新型交互式技术，还有社会文化方面和方法学方面也在积极讨论。

四、所有学者一致得出的基本结论

如果不能不断地学习、获取和思考新的知识经验，那么就无法保障国家和社会的可持续发展。可持续发展概念不仅包括环境问题，还涵盖居民、居民生活水平、健康、人权以及与不同文化的人交往和建立有效沟通的能力等问题。

五、理论出发点

综上，笔者认为，从理解重要的不是简单地容让其他文化，而是理解、尊重本国的历史和文化并且努力与其他文化积极合作，从这一出发点来分析俄罗斯的跨文化协作经验极为重要。在俄罗斯这一多民族国家，已经在如何培养青年大学生尊重对待其他文化方面积累了丰富的经验。在理论方面，培养有高文化水平、按照国际标准培养能力和社会职业活动能力的毕业生的任务与俄罗斯第三代高等教育国家标准的要求不谋而合。当代毕业生应当认识到自己在跨民族交往进程中的核心作用，掌握思维方法和技巧，为能够在跨文化交际的特殊情况下快速做出正确决定做好准备。

六、我们在可持续发展教育领域的经验

贝加尔湖地区是俄罗斯典型的多元文化地区，俄罗斯族、布里亚特族和鄂温克族人在这里世世代代和谐相处，而今天已经达到一百多个民族。这一地区的特殊性在于布里亚特共和国地处东西文化交界处的地理位置，当地的土著民族——布里亚特族信仰佛教，鄂温克族信仰萨满教，传统俄罗斯族和旧礼仪派（叶卡杰琳娜二世时代迁居到外贝加尔的礼仪派教徒后裔）则保守着东正教文化。除了西方语言、英语、德语、法语外，当代大学生还学习蒙语、汉语、韩语、日语和其他东方语言。布里亚特共和国各大高校的留学生主要来自东方邻国，主要是来自蒙古国和中国。

在解决环境问题的基础上发展跨文化包容性的想法产生于十多年前，在组建第一期贝加尔湖暑期联合学校的过程中。但是，可持续发展及以教育促进可持续发展，只有在兼顾世界上现有的多人口民族和社会的文化多样性这一前提下才有可能实现。一方面，多样化的目标应当与地区和地方的环境条件挂钩，另一方面，不仅需要社会内部的跨文化交际，也需要国际和全球性的跨文化交际。正是这样的对待可持续发展教育中跨文化交际必要性的策略被制定在我地区的一个合作项目（布里亚特—德国）中，它成为一个实际实施的案例。在不久的将来，我们希望与西方合作伙伴、与中国和蒙古国的当代大学生共同检验和完善我们的成果，这可能成为一个给我们的合作伙伴提供研究三个国家文化和生物多样性的机会的跨学科项目。这一项目可以用于解释与青年学生所处地区有关的当地问题的本质。这方面，各种项目正在更加贴近青年人和被他们理解接受。这样的对策为青年人提供了更多的讨论和认识社会、政治、经济、生

态问题，更好地了解商业活动和国家职能以及利用前辈经验的机会，让他们学习从不同角度考虑问题。

在制定跨文化教育的具体操作方法中，我们依靠我们在贝加尔地区可持续发展教育领域的理论研究和实际研究，也就是：

——把教育重心放在认识和理解可持续发展上。笔者认为，这一点是成功的，国际社会和俄罗斯社会对地球上最大的淡水湖——贝加尔湖问题的关注在这里起了不小的作用。近年内举办了数十场以教育问题为主题的科研与实践大会和研讨会。而与此同时，如果说可持续发展教育的作用不仅在民众的意识中，而且在与可持续发展教育有直接关系的各方的意识中得到加强，还未免有些夸大其词。

——促进可持续发展教育的所有相关团体之间的互动与合作。这一任务在很大程度上已经顺利完成。志愿者团体在这其中发挥了团结凝聚的作用，如本文作者的科学学院，它集合了布里亚特大学的学者团体；“界限”贝加尔信息中心社会组织，该组织已经在六十年时间里成功地实施了多个生态教育项目。布里亚特共和国政府生态教育社会委员会、俄罗斯联邦自然资源利用监督局社会委员会和其他组织给予了积极的推动。

——促进提高可持续发展教育进程中的教学和学习质量，这在很大程度上是通过提高教师的专业技能水平、成立地区教学方法综合体等达到，一个鲜明的案例是“贝加尔百宝箱”方案，它被积极引进到普通教育和再教育体系中，包括进入以语言学教学为定位的私立中学和英语附属中学。

——制定引进和提高各个级别的可持续发展教育效率战略。已经做出了努力，但是，在自治市政府级别上，尤其是农村地区的，可以说屈指可数。

七、高等教育领域的经验

布里亚特国立大学教育学院正在培养学前教育教师、小学班、音乐、技术、外语和俄语教师、学生心理咨询师、职业培训（设计）领域的专业人才。笔者认为，职业技能水平最重要的构成之一是未来的教育工作者对在地区教育空间实现可持续发展教育任务的准备程度和能力。正在多所学校积极开展的可持续发展教育把大量积极元素带入学校的工作中，这些积极元素包括环保活动的实践型特点、环保工作与居民点或社区的实际生态问题挂钩，让儿童和成人融入共同的活动中以及发展中小学生的实践技能。

学校选择的主要主题包括：地区生物和文化多样性；环境（饮用水）质量；健康（包括健康饮食）；生态旅游；保留地方传统；跨文化互通。

认识到培养教师应对可持续发展教育任务的能力的最佳时期是大学时期后，我们制定了“可持续发展与教育问题”这门选修课，并把它列入教育学方向的教学培养计划中。这门课程在大学的大学生职业与教育学培养体系中占据重要位置。在当代背景下讲授这门课程，旨在建立大学生的社会与教育学修养、大学生的教育学广义思维方向，从而确保完整地培养教育工作者、青年教导员包括青年社会与生态活动的组织者去创造性地执行的所有教育职能。

这一计划产生于持续地落实对所有大学生进行基础、必修培养这一想法，不论大学生的专业如何，目的是为了整合大学生在环境保护、现代文明发展问题、地区和当地社会的社会、经济与生态问题相互关系的教育和理解问题等领域的知识。这些知识还会在各类社会型机构、继续教育机构的暑期工作中得到应用。

这门课程的最重要的基础培训原则包括：一般、特殊与个别的相互关系，教育理论与教育实践的统一，与教育学方向的其他课程相互协调，大学生学习的个性化原则等。

制定这一计划的出发点：认识到教育是解决当代生态问题中的预防性措施这一本质；理解可持续发展理念的实质和教育在这一理念中的作用；在人格发展过程中全人类的、具体历史的和民族的文化成分的相互作用；作为教育主体的学生的人格取向；研究教育理论与教育实践的关系。

课程的主要任务：使学生理解国家、地区的社会和生态基本问题的内容与实质；使大学生形成对可持续发展理念的基本概念；给出教育作为当代一个系统重要性社会现象的完整概念；实际掌握一定的教育技艺；发展大学生的组织能力和掌握开展生态与社会工作的方法。

这门专项课程旨在建立大学生的一般和特殊能力，其中一般能力包括：在教育和职业活动领域利用当代自然科学知识的能力；包容地接受社会和文化差异、尊重和谨慎对待自然和文化遗产的能力。特殊能力包括：为不同类型的居民制定社会和文化项目的能力，包括利用信息通信技术的能力；与社会合作伙伴共同实施社会文化项目的相互协作能力；在筹备社会和教育活动中利用外国和本国经验的通力；实现跨文化交际的能力。

选题方面包括《地方议程 -21》（МП -21）——实现可持续发展之路。МП -21 的教育方面，可持续发展教育作为二十一世纪新的教育范例，联合国公布的《联合国可持续发展教育十年纲领》（2005 年—2014 年），落实《全球十年行动计划》，教学法的内容和可能性，发扬贝加尔地区人民的生态与环保传统——可持续发展教育的目标之一及其他。在实践课方面正在制定项目操作技术，例如智库（think tank）这样的交互式技术形式、发展批判性思维能力、生态问题辩论、伦理讨论等等，社会合作关系、发展社会团体、志愿者运动、社会倡议等问题占据了特殊的地位。

八、合作前景

笔者认为，俄罗斯的教育学已经在形成包括跨文化能力在内的关键能力方面积累了大量的经验，目前需要建立技术库，并让技术库成为所有人的财富，因为正像当代实践所表明的，和平与和解是非常脆弱的，而每一种教育方法都是宝贵的。笔者认为，在理论方面，如何把青年学生跨文化能力的培养技术资本化落实，以下几个方面很重要：

（1）依靠地区和地方志资料，因为不了解本土文化的人也无法评价其他文化；

（2）利用发展大学生主观立场的互动技术，发展批判性思维能力；

（3）依靠大学生的个人经验和经历，因为纯粹说教式的教学不能形成交往和协作的经验。

正如前文所述，在贝加尔湖开设俄罗斯、蒙古国和中国大学生参与的暑期联合学校，这是在发展国际文化和教育交流实践中走出的第一步。共同的学习、劳动、社会公益活动实实在在地促进养成对各民族及其文化的尊重态度，有助于了解和理解周围世界，培养好感、同感、团结精神和忍耐力。这种学习和获取信息的方法既有趣味又富有成效。

这种项目对于青年学生非常有益，具有多方面的好处：获得跨文化交际的个人经验；认识共同点，让俄罗斯学生与外国学生团结起来；讨论俄罗斯和蒙古国与中国的文化定型与偏见；了解各民族的文化差异；不是从书本上，而是通过与人的直接交往获得信息。

综上，可持续发展教育的关键策略是发展青年人的批判和思辨能力、改造社会的能力。从现有的生态和全球教育策略中得出结论，即必须开展跨文化教育，而跨文化教育本身几乎不触及环境和可持续发展教育的问题。不妨探索一下与环境教育学、人权教育学的对接点。重要的是，可持续发展教育的所有理念都应当兼顾跨文化方面，并能够在邻近国家的青年人之间发展相互尊重的对话的能力。

参考文献

[1] Bildung für nachhaltige Entwicklung：interkulturelle Erfahrungen，Herausgegeben von Gerhard Becker，Nina Dagbaeva；alle Texte in deutscher und russischer Sprache， - Ulan - Ude：Verlag der Burjatischen Staatlichen Universit? t，2009. -2009；Osnabrück：NUSO - Verlag，2009. - 262 S.

[2] I. G. 阿克塔莫夫．多民族国家的民族语言进程：全球趋势和国家教育政策（以俄罗斯布里亚特共和国和中国内蒙古自治区为例）//布里亚特国立大学公报．教育学、哲学．乌兰乌德，2015. №1. 教育学．3－9页．

[3] I. V. 巴莉茨卡娅．国外的跨文化教育（美国、加拿大和澳大利亚的经验）//莫斯科州国立大学公报．2009年，№1. 12－15页．

[4] I. S. 别萨拉波娃．作为当代现代发展趋势的多元文化策略/国外学校与教育学问题：专题合著/编辑N. E. 沃罗比耶娃，I. S. 别萨拉波娃．伏尔加格勒：伏尔加格勒国立师范大学变革出版社，2011：219页．

[5] N. M. 玛梅多娃．可持续发展概论．莫斯科，2002.

[6] S. N. 格拉扎切夫．生态文化与教育：社会生态学概要：普通中学、私立中学、中专和师范类专科、学院和大学用教材/S. N. 格拉扎切夫，E. A. 科加伊．莫斯科：视野出版社，1999.

[7] D. B. 古德科夫．跨文化交际的理论与实践．莫斯科：知识出版社，2003：288页．

[8] O. V. 古卡连科．多元文化教育空间中的民族学校/多元文化教育与民族学校：别洛戈尔斯克《教育》科学方法类杂志的"圆桌会议"材料，2004. 11. 18－19. 辛菲罗波尔出版社，2004：30－36页．

[9] N. Z. 达格巴耶娃．为地方社会的稳定性开展学校生态教育//教育学，2004：№3：

[10] N. Z. 达格巴耶娃．在不断变化的社会自然背景下的中小学生生态教育．乌兰乌德：布里亚特国立大学出版社，2007.

[11] V. I. 达尼洛夫－达尼里扬，K. S. 洛谢夫．生态挑战与可持续发展．莫斯科：进步与传统出版社，2000.

[12] S. D. 杰里亚博，V. A. 亚斯维．生态教育学与心理学．顿河畔罗斯托夫，1996.

[13] G. D. 德米特里耶夫．作为教学原则的多元文化性//教育学．2000：№10. 3－11页．

[14] A. S. 叶尔马科夫，D. S. 叶尔马科夫．可持续发展详解//化学与生活，2012：№11. 24－29.

[15] A. N. 扎赫列布内，E. N. 兹亚科夫斯卡娅．当代生态教育的文化学策略//《国际科学院公报．俄罗斯专刊》（电子资源），2012. №1. 39－43. 访问方式：http：//www. heraldrsias. ru/online/2012/1/215/

[16] D. N. 卡夫塔拉捷，E. N. 布克瓦列娃．《岛》－生态系统的仿真模式//环保教育中的积极教学法（讨论、角色和角色模仿）．莫斯科：莫斯科大学出版社，1982.

[17] V. V. 马卡耶夫，Z. A. 马丽科娃，L. L. 苏普鲁诺娃．多元文化教育—当代学校的紧迫问题//教育学，1999：№4. 3－10.

[18] S. G. 德尔米娜索娃．语言与跨文化交际．莫斯科：语言出版社，2000：239.

[19] G. B. 帕拉特基娜．多元文化教育的民族教育元素：教育学博士学位论文/G. V. 帕拉特基娃．莫斯科，2003.

[20] V. I. 帕诺夫．从发展式教学到发展式教育//俄罗斯教育学院公报．莫斯科．2006：№2. 60－69.

[21] U. 洛特，G. 科普杰里采娃．跨文化交际．理论与训练：教学法教材．莫斯科：UNITY－DANA出版社，2006：223.

[22] A. P. 萨多欣．跨文化交际概论：教科书/莫斯科：第二次增印，莫斯科：欧米伽出版社，2010：190.

[23] T. G. 斯捷法年科．民族心理学：实习课：高等院校教材．莫斯科：Aspect Press 出版社，2006：208.

[24] L. E. 哈鲁多洛娃．教育工作者的道德与生态学教学能力发展问题研究//布里亚特国立大学公报，2013：№1. 133 - 135.

“一带一路”视阈下的汉语国际教育硕士培养机制论略

——以内蒙古师范大学为例

刘　伟（中国内蒙古师范大学文学院副教授）

“一带一路”是“丝绸之路经济带”和“21世纪海上丝绸之路”的简称。中国古代陆上丝绸之路和海上丝绸之路既是连接亚洲、非洲、欧洲的商业贸易通道，也是沟通东西方经济、政治、文化的重要桥梁。“一带一路”旨在借用古代丝绸之路的历史符号，高举和平发展的旗帜，积极发展与沿线国家的经济合作伙伴关系，共同打造政治互信、经济融合、文化包容的利益共同体、命运共同体和责任共同体。国家从战略角度提出“一带一路”构想，意在通过积极主动发展与相关国家的经济文化合作，为实现中华民族的伟大复兴创造良好的外部环境与合作共赢的新格局。

一、内蒙古是“一带一路”倡议布局中的重要节点

内蒙古自治区幅员辽阔，历史悠久，文化多元而繁荣，是“一带一路”重要节点与支撑点。随着“一带一路”的研究深入，学界对“草原丝路”这一学理概念也有了深入长足的进展。“草原丝路”最早可追溯到古代商周时期北方草原上的部落联盟，如猃狁、匈奴等民族。到了汉代，汉王朝与匈奴之间和战纷纷，但贸易往来日益频繁，汉朝每年都要供给匈奴很多丝绸制品，这在《汉书·南匈奴传》中曾屡有记载。双方于边界设“通关市”，准许两国贸易往来，匈奴以其出产的牛马羊驼换取中国的缯帛酒秫等物。在汉武帝派张骞开拓西北丝绸之路以前，北方草原之路一直在东西方贸易交

流上起着重要的作用。以后的鲜卑、突厥、回纥、契丹、西夏等政权，同样使这条古道发挥作用，他们用从中原掠夺来的丝绸换取西方的珍宝。《宋史》记载："会无昊请臣，朝廷亦已厌兵，屈意抚纳，岁赐缯、茶增至二十五万。而契丹邀割地，复增岁遣至五十万。自是岁费，弥有所加"，"景德元年（1004 年），契丹统军挞览引兵分掠威虏、顺安、北平，……（宋与之议和）岁遣契丹银、绢三十万"；《辽史·圣宗纪》亦有云："统和二十二年（1004 年）十一月，密请议和，愿岁输银十万两，绢二十万匹。"成吉思汗统一蒙古诸部并建立了蒙古汗国后，蒙古骑兵驰骋于亚欧两洲的广大地区，冲破了往昔各国的疆界，并在此辽阔的领域内，广设驿站，把各地联结了起来，使东西方陆上交通畅行无阻，草原丝路更是焕发无限生机。

"一带一路"是中国政府倡议，促进共同发展、实现共同繁荣的合作共赢之路，是增进理解信任、加强全方位交流的和平友谊之路。秉持和平合作、开放包容、互学互鉴、互利共赢的理念，全方位推进务实合作，打造政治互信、经济融合、文化包容的利益共同体、命运共同体和责任共同体。它将充分依靠中国与有关国家既有的双多边机制，借助既有的、行之有效的区域合作平台。内蒙古横跨东北、华北、西北，毗邻八省区，与俄罗斯、蒙古国交界，边境线长达 4200 多公里。独特的区位优势，决定了内蒙古在"一带一路"的四条线路之一的中俄蒙经济带中地位举足轻重、不可替代。据资料显示，俄蒙两国与内蒙古相邻地区资源丰富，尤其是矿产资源、土地资源、森林资源、农牧业生产资源丰富，但技术落后、开发程度低，这为加强双方合作开发提供了客观基础。利用内蒙古矿产业、林业、农业、畜牧业生产和技术比较优势，加强与俄蒙矿业、林业、农业、畜牧业的开发合作，前景广阔。中俄、中蒙之间的友谊源远流长，地处中国北疆的内蒙古自治区，与蒙古国和俄罗斯接壤，在推进向北开放工作方面，蒙、俄成为内蒙古天然的"合作伙伴"。内蒙古和俄罗斯、蒙古国之间边境经贸往来、地区合作、文化交流十分密切，经济相互依存度及相互关联度较高，联系渠道十分通畅。近年来，内蒙古大力实施向北开放战略，已构筑起了以满洲里、二连浩特等 19 个口岸的全方位向北开放带。

无论经济往来还是文化交流，语言相通都是重中之重，因而汉语国际推广具有举足轻重的作用。在"一带一路"背景下，汉语国际教育专业要具有实用性，能适应和满足各国社会与市场对不同层次汉语人才的需求。与此相对应，"一带一路"背景下，汉语国际教育硕士应着力培养视野开阔、复合应用型的对外汉语教学、文化传播及经贸翻译等方面的高级汉语人才。

二、内蒙古师范大学汉语国际教育硕士办学基本情况及相关数据

内蒙古师范大学创建于1952年，是新中国成立后党和国家在边疆少数民族地区最早建立的高等学校之一，自治区重点大学，是具有鲜明教师教育和民族教育特色的综合性师范大学，被社会誉为“民族教育的摇篮”。2009年，经国务院学位委员会批准，我校设立汉语国际教育硕士专业学位授权点。本学位点的办学宗旨是：培养具有熟练的汉语作为第二语言教学技能和良好的跨文化交际能力，适合汉语国际推广工作，胜任多种教学任务的高层次、应用型、复合型专门人才。

经过7年的发展，本学位点初步具备了一定的教学与科研积淀，形成了稳定合理的师资队伍。目前，具有专任教师32名，其中教授9名，副教授17名，具有博士学位者12名，有国外教学经历的教师12名。历年来，本学位点已成功申报各级精品课程5门，编写教材出版相关著作5部，发表学术论文30余篇；取得国家社科基金项目9项，教育部人文社科基金项目5项，内蒙古哲学社会科学基金项目10项，内蒙古师范大学校级科研立项15项。近三年来，教师获得各类奖励12项。本学位点注重学生汉语教学能力、中华文化传播能力和跨文化交际能力的培养，开设有“外语教育心理学”“俄汉、韩汉、蒙汉语言对比与偏误分析”“国外中小学教育专题”“新蒙文基础”等特色课程，课程教学中大量使用案例，课程内容注重应用，有较强的实践性。

本学位点已先后与蒙古国、俄罗斯、美国、英国、韩国、日本等国大学建立了良好合作关系，在蒙古国国立教育大学等建有国外实习、实践基地14个，在二连浩特市国际语言学校等建有国内中小学实习基地10个。举办、参加各类文化演示、比赛文化交流活动等24次，组织学生参加文化巡演、汉语桥等活动5次。

截至目前，本学位点已经累计培养国内毕业生109名，其中就业人数94人（2015届毕业生就业情况尚在统计中），就业率达86%，学生从事相关行业率71%，就业状况良好。累计培养留学生33人，就业率100%。毕业生普遍收到了用人单位的认可与好评。

表1　　　　课程表及课程教学大纲

课程名称	课程类别 A 核心 B 必修 C 选修 D 创新	学分	授课时间
汉语作为第二语言教学	A	4	72课时
国外汉语课堂教学案例	A	2	36课时
第二语言习得	A	2	36课时

续表

课程名称	课程类别 A 核心 B 必修 C 选修 D 创新	学分	授课时间
中华文化与传播	A	2	36 课时
跨文化交际	A	2	36 课时
政治	B	2	54 课时
外语	B	4	108 课时
汉语语言要素教学	B	4	36 课时
中外文化交流专题	B	2	36 课时
现代语言教育技术	C	1	18 课时
国外中小学教育专题	C	2	36 课时
中国思想史	C	2	36 课时
教学测试与评估	C	1	18 课时
课程设计（课堂教学设计）	C	2	36 课时
汉语教材与教学资源	C	1	18 课时
教学调查与分析	C	1	18 课时
课堂观察与实践	C	1	18 课时
汉语国际推广专题（对蒙古国、对俄罗斯）	D	1	18 课时
汉外语言对比（蒙汉、俄汉、韩汉语言对比与偏误分析）	D	2	36 课时
语言综合	D	0	40 课时
文学综合	D	0	40 课时
中华文化才艺与展示（蒙古舞、音乐、书法、太极拳）	D	1	54 课时

表 2　　近 3 年培养留学生毕业论文情况汇总表

学生姓名	毕业论文题目	指导教师姓名
GANZORIGT TSE TSEGKHAND	蒙古国学生习得对象类介词“对、向、给”的偏误分析及教学建议	王建莉
CHINZURKH URANGOO	蒙古国初级汉语水平学生声调习得与教学研究	马晓华
CHIMGEE OYUNCHULUUN	蒙古国学生“把”字句偏误分析	青格勒图
HYUN JAEKYUNG	汉韩语否定式的用法与教学方案	徐雪梅
CHOI SOOKYUNG	韩汉语言中敬语的比较研究	李文军
BATBILEGURANBILEG	现代汉语新词语教学探究—— 针对蒙古国乌兰巴托大学汉语专业学生	闫艳 教授
ULZIIBAYAR UNDRAM	汉语、蒙古语数字成语象征意义及其教学偏误分析	王志强

续表

学生姓名	毕业论文题目	指导教师姓名
LEE BYEON CHEOL	韩国学生汉语助词教学中的问题与对策	付希亮
JINMINYOUNG	中韩同形汉字词比较及辅导方案	阚小琴
BANIDVAA BOLORMAA	蒙古国学生学习汉语动量词偏误分析及教学方法	闫艳
DORJOO BOLORTUNGALAG	中级阶段蒙古国学生阅读课教学法初探	王艳凤
TUMURBAATAR BATTSETSEG	蒙古国汉语学习者汉语声调偏误及教学法	郭亚明
ULZIIDUUREN UYANGA	蒙古国学生" 汉蒙语商务翻译" 课程教学研究	李文军
SAMBUU OTGONZAYA	蒙古国教育大学汉语教学现状分析	王俊义
LKHAGVAJARGAL KHOSBAYAR	蒙古国国立大学汉字教学研究	李丽
KIKUCHIRYOSUKE	汉日同形词的偏误分析及对日汉语教学	李秀
NARANGANDOLGOR	蒙古国初级汉语词汇教学研究	马晓华
DAGVAERDENEJARGAL	“把” 字句与 “宾格” 的对比研究	李剑冲
NARMANDAKHOY UNERDENE	蒙古国留学生学习汉语 “还” “又” “再” 的偏误分析	王建莉
BORCHULUUNTU YATSETSEG	面向蒙古国学生学习汉语时数量补语偏误分析	马晓华
ANYEOOL	汉语量词与韩语单位名词对比研究	石海光
DAGVIIKHOROL OTGONCHIMEG	蒙古国学生学习汉语结果补语偏误分析及教学方法	李秀
BATNYAMTSETS EGSAIKHAN	蒙古国学生学习汉语中出现的形容词重叠式偏误现象分析	青格乐图
LEESEOHYUN	韩语母语者汉语同义词学习偏误分析与教学对策	李剑冲
SANJSURENNAN DINTSETSEG	色彩词对外汉语教学及汉蒙色彩词差异研究	张书天
KHURELBAATAR NANDINERDENE	蒙古国学生学习汉语中的 “比” 字句偏误分析	青格乐图
DULAMSURENMU NKHZAYA	现代汉蒙反义词成语比较研究	石海光
NERGUIODON	蒙汉动物名称文化象征意义对比研究	张子程
PUREVOCHIRGA NTSETSEG	关于蒙古国小学生书写汉字教学方法的研究	李秀
TUYANARANTSETSEG	蒙古国留学生 “把” 字句学习中的偏误及其对策研究	高林广
TSERENBATENE RELMAA	蒙古国学生学习汉语语气词调查，分析及教学方案	闫 艳
TSYRENZHAPOV AYULIA	汉俄礼貌用语对比研究及教学策略	马晓华

续表

学生姓名	毕业论文题目	指导教师姓名
ERDENEBATERD ENEBILEG	蒙古国学生使用时空类介词“在，向，从”的偏误分析	张子程
SHAKHAEVAALE KSANDRA	俄罗斯留学生学习汉语趋向动词偏误分析及教学对策	李秀
BATNYAMTSETS EGSAIKHAN	汉、蒙语言比较句研究及教学策略	闫艳
CHIMEDSOLONGO	对蒙古国成吉思汗伊赫扎萨克大学汉语教学的调研与分析	高林广
CHOINDONGUNJ INLKHAM	蒙古国立教育大学初级阶段的汉语口语教学初探	闫艳
WUNIERSAIHAN	蒙古国学生学习汉语“叫”“让”句的偏误调查研究	张树天
BAYINDALAI	对蒙汉语教学中的叹词 研究	石海光
EERDENGBILIGE	蒙古国留学生成语教学研究	王建莉
LISHENGMEI	韩国学生学习汉语比较句存在的问题及教学对策研究	李秀
LINARONG	韩、汉身体部位惯用语对比分析	石海光

表 3　　近 3 年学生在国外实习名单汇总表

学生姓名	实习时间	国外实习单位名称
贾艳妮	2014 年 5 月至 2015 年 3 月	泰国甘烹碧皇家大学
莘瑞芳	2014 年 5 月至 2015 年 3 月	泰国乌隆他尼皇家师范大学
杨泽景儿	2014 年 5 月至 2015 年 3 月	泰国素辇皇家大学
周婕	2014 年 5 月至 2015 年 3 月	泰国普吉皇家大学
范梦韬	2014 年 10 月至 2014 年 11 月	韩国青云大学（内师大文学院实习交流项目）
童威	2014 年 9 月至 2015 年 5 月	蒙古国色楞格省毕力格 DB
安仰东	2014 年 9 月至 2015 年 5 月	蒙古国乌兰巴托 15 中学
张亚君	2014 年 9 月至 2015 年 5 月	蒙古国乌兰巴托贺希格华文中学
樊晓萌	2014 年 10 月至 2014 年 11 月	韩国青云大学（内师大文学院实习交流项目）
姜南	2014 年 9 月至 2015 年 5 月	蒙古国毕力格乌云完全中学
李恬恬	2014 年 10 月至 2015 年 5 月	蒙古国奥特根腾格尔大学
王迪	2014 年 10 月至 2014 年 11 月	韩国青云大学（内师大文学院实习交流项目）
王玮	2014 年 5 月至 2015 年 3 月	泰国洛坤府皇家大学
谢欢	2014 年 9 月至 2015 年 5 月	蒙古国青胡日中学
黄潇	2014 年 5 月至 2015 年 3 月	泰国 thongsook college
周雪莹	2014 年 5 月至 2015 年 3 月	泰国武里喃皇家大学
天心	2014 年 9 月至 2015 年 5 月	蒙古国蒙俄联合中学，
兰江宇	2014 年 9 月至 2015 年 5	蒙古国人文大学达尔汗分校
王美艳	2013 年 5 月至 2014 年 3 月 25 日	泰国皇家理工大学东北色军府校区

表 4　　近 3 年毕业生就业情况汇总表

学生姓名	毕业时间	工作单位名称	是否与行业相关
贾艳妮	2014 年 7 月	学大教育	是
卢小明	2014 年 7 月	潘家园国际民间文化发展有限公司	是
谷慧敏	2014 年 7 月	河北省张家口市宣化区李家堡乡人民政府	否
赵丹	2014 年 7 月	内蒙古师范大学国际交流学院	是
胡海洋	2014 年 7 月	自主创业	否
赵洁	2014 年 7 月	内蒙古锡林浩特市第六中学	是
陈董康	2014 年 7 月	山西金谷现代农业投资有限公司	否
崔雪晨	2014 年 7 月	内蒙古能建集团电建三公司	否
莘瑞芳	2014 年 7 月	河南省邓州市林扒镇一初中	是
杨泽景儿	2014 年 7 月	泰国素辇皇家大学 国家汉办汉语教师志愿者	是
葛纯琛	2014 年 7 月	阿拉善日报社	否
韩裕玮	2014 年 7 月	内蒙古电力信息通信中心	否
刘飞	2014 年 7 月	河北省石家庄监狱	否
王谟勇	2014 年 7 月	德令哈市第二中学	是
范梦韬	2015 年 7 月	内蒙古兴安职业技术学院	是
郝喜圆	2015 年 7 月	优则仕教育	是
冯晋阳	2015 年 7 月	内蒙古呼和浩特市新城区山水小学	是
徐楠	2015 年 7 月	北京新东方学校	是
兰江宇	2015 年 7 月	中国移动内蒙古呼和浩特分公司	否

表 5　　近 3 年学生获奖情况汇总表

姓名	年级	奖项名称	奖项级别
李文佳	2012	省级优秀硕士学位论文	省级
莘瑞芳	2012	国家级优秀汉语教师志愿者	国家级
杨泽景儿	2012	校级优秀硕士学位论文	校级
范梦韬	2013	国家级奖学金，内蒙古自治区优秀毕业生	国家级，省部级
张春霞	2013	内蒙古自治区级研究生学金	省部级
樊晓萌	2013	学校学业一等奖学金	校级
樊晓萌	2013	校级教师技能大赛二等奖	校级
王迪	2013	内蒙古自治区研究生奖学金	省部级
周雪莹	2013	内蒙古师范大学研究生英语演讲比赛二等奖	校级
徐楠	2013	国家奖学金	国家级

续表

姓名	年级	奖项名称	奖项级别
徐楠	2013	内蒙古自治区三好学生	省部级
徐楠	2013	内蒙古师范大学英语演讲比赛第一名	校级
徐楠	2013	文学院教师技能比赛一等奖	院级
阿润	2014	西北地区研究生英语演讲比赛	国家级
阿润	2014	内蒙古师范大学研究生英语演讲比赛一等奖	校级
阿润	2014	内蒙古自治区研究生英语演讲比赛一等奖	省部级
阿润	2014	内蒙古师范大学文学院英语演讲比赛一等奖	学院级
马菲菲	2014	内蒙古师范大学第四届研究生英语演讲比赛一等奖	校级
马菲菲	2014	2014“外研社杯”全国英语演讲大赛内蒙古赛区三等奖	省部级

三、放眼“一带一路”探索汉语国际教育硕士培养新机制

“一带一路”倡议势必进一步提升“汉语热”，这样的新形势将不可避免地对汉语国际教育硕士专业建设提出新要求。内蒙古师范大学从 2009 年招收汉语国际教育硕士，迄今已有 7 年历史。内蒙古师范大学作为全国唯一一所没有孔子学院作为依托而招收汉语国际教育硕士的学校，2015 年顺利通过教育部汉硕评估。尽管如此，我们与其他综合性大学相比，作为地方高校新建硕士专业，在办学特色、办学模式等方面均存在不足，如何在“一带一路”背景下，抓住机遇，建立既具有专业特色同时又能满足社会和地方需求的汉语国际教育人才培养模式，是目前亟待解决的问题。

通过上述我院汉硕培养各种数据分析，可知内蒙古师范大学汉语国际教育硕士培养方面既有可喜的成绩，如针对俄蒙有地缘优势，自治区政府及教育厅高度重视有政策优势，留学生日益增长有招生优势等；当然，也存在着明确的不足，如学生开眼看世界的视野不足，从事对外汉语教学的意愿不强烈，就业目标与人生规划不清晰等。我们要在认清优势和不足的基础上，紧紧跟住“一带一路”世界发展形势，培养高素质的复合型汉语人才，满足“一带一路”相关国家社会与市场需求的多元化、多学科、懂汉语的应用型人才，为加强中国与“一带一路”相关国家的经贸与科技人文合作提供人才保障。

（一）在办学特色与创新举措方面

经过多年的教学与科研实践，内蒙古师范大学汉语国际教育硕士专业学位授权点

在教育理念、培养方法、课程设置、实践教学等方面已经形成了较为鲜明的办学特色：

1. 结合地缘特点的人才培养

内蒙古自治区地处祖国北疆，毗邻蒙古、俄罗斯，在经济、文化等领域均与之有密切往来。基于此，本学位点在人才培养充分注重发挥地缘优势。内蒙古有着得天独厚的语言环境，来自蒙古的留学生不存在语言方面的障碍，这无疑在生活上为他们提供了极大便利，也有助于他们更专注地进行汉语学习，更容易地感受中华文化。而来自我国的生源中，有一部分本身就是蒙古族，入学时便已经具备了蒙汉兼通的能力，这无疑会令他们在面对蒙古国学生进行汉语传播和文化输出时体现出一种基于语言同源的“先天”亲和力，有助于拉近师生间的距离，有效提升教学效果。而对于那些来自自治区以外或者不懂蒙古语的学生来说，身处这样的语言环境中，也能够使他们相对更方便地接触和学习对象国的语言，进而感受其文化特质，为有针对性地实施教学提供便利。

内蒙古与俄罗斯之间，虽然缺少像蒙古国那样的语言同源的大环境，但也存在着诸多可为人才培养提供便利的优势条件。例如自治区东北的呼伦贝尔市长期以来与俄罗斯有着密切频繁的接触，彼此间了解很深。同时，俄罗斯族也是该地的少数民族之一，有自己专门的聚居区，在生活习俗、物质文化和精神文化等方面基本上与俄罗斯的俄罗斯人相同，同时也能体现出汉文化的深刻影响，这无疑也能为了解文化的接受、传播和融通，进而总结其中的规律提供鲜活的资料。此外，由于历史原因，蒙古国在文化、教育等方面受俄罗斯影响很大，因此，该国也可以在一定程度上为了解、体验俄罗斯发挥窗口的作用。

近年来，随着打造“中蒙俄经济走廊”构想的稳步实施和内蒙古重建草原丝绸之路计划的顺利开展，自治区的汉语国际教育人才即将面对空前巨大的社会需求。基于此，本学位点进一步强化了人才培养的针对性，例如增设蒙语、俄语类课程，赴蒙、俄等国实习、实践，聘请蒙、俄方教师为客座教授、定期举办讲座，组织有多方学生共同参与的夏令营之类交流活动等等，以期大幅提升人才的竞争力，尽量满足社会不断增长的对相关人才的需要。

2. 立足师范教育的平台建设

内蒙古师范大学是党和国家在少数民族地区建立的第一所高等院校，本学位点所在的文学院是与学校同龄的院系之一，在60余年的发展中积累了较为充分的师范教育经验。利用这一优势，本学位点在人才培养方面一向坚持“一线贯穿，双轨并行”的原则，即：以提高人才核心竞争力为主线，师范性与非师范性并行发展。汉语国际教育属于非师范专业，但学生只有掌握了必要的教育学知识、具备了教师的基本技能和素质，才可以在国际汉语课堂上从事教学或其他相关工作，这又决定了本专业的师范性质。基于这种认识，本学位点充分利用已有的经验积淀和办学条件，积极致力于打造师范教育的培养平台。如强化对学生从事教育工作的基本素质的培养，包括三笔一话、教材的解读分析、课堂教学能力与技巧、数据库建设、实训室建设等。课程设置方面，在增设教育学、心理学类课程的同时，以双导师制的形式强化教学技能的训练，即在专业导师之外，设置专门的实践导师，聘请具有丰富汉语国际教育经验的一线教师担任，从而形成从课程培养到技能训练的完整体系，将技能训练与理论学习有机结合起来，以期最大限度地提升学生的汉语教学能力。

3. 实施形式多样的教学实践

本学位点在实践教学方面充分调动各方面有利因素和可用资源，形成了“校内实训—实习基地观摩—实习基地顶岗实习”三位一体，多种形式并存共生、相互促进的实践教学体系。主要实践方式有：第一，国外实践。密切与国家汉办、自治区外事部门及其他教育教学机构的联系与合作，鼓励学生与发达城市的外派汉语教师机构联系，千方百计扩大外派汉语志愿者的数量，丰富汉语国际教育的渠道，实现学有所用、人尽其才、对口实践的目标。截至目前，本学位点已先后派出数批学生分别以志愿者或见习者的不同身份赴蒙古、俄罗斯以及韩国、泰国、菲律宾等国进行了教学实践活动。第二，国内实践。积极联系自治区内具有留学生培养资质的办学机构，建立稳定的教育实践基地，定期进行教育实践活动。目前，本学位点已经与呼和浩特市、通辽市、锡林浩特市、二连浩特市等地的多所学校签订了合作共建实践基地的协议，以各学校来自不同国家、不同年龄段的留学生为教学对象，在国内完成国际教育的实践目标。第三，课程实践。本学位点的许多课程均采取理论讲授与课堂实践相结合的方式展开，亦即将其固有课时数分为理论课时和实践课时两个板块。其中，实践部分主要由学生自主完成，根据课程的不同性质确定不同的实践目标。例如“教学法”等基础理论课程侧重于通过模拟课堂锻炼学生的教学操作能力；“文化传播类”课程则主要通过对书法、剪纸、太极拳等传统艺术的学习与展示来培养学生的文化体验等等。这些举措的实施对于学生的汉语教学能力、中华文化传播能力和跨文化交际能力的培养都发挥了切实的积极作用。

4. 发挥促进作用的教学研究

狠抓教学质量，提升实践水平是汉语国际教育人才培养的根本所在，但与此同时，本学位点也并不偏废教学研究的促进作用。经过几年的发展，目前本学位点已经初步形成了教师以科研促教学、学生以项目促提高的教学科研良性互动的特点。教师结合自身的教学经历，以课题研究的方式编写、出版相关教材多部，获批国家社科基金等高水平项目近40项，并有高质量教学论文发表；学生或参与导师的项目，或总结自身在学习中的心得体会来撰写论文，几年来，在学位点的积极倡导下，历届学生几乎人人都有论文发表，且大多都做到了与本校办学特点的紧密结合。如，有相当数量的文章与对蒙、对俄汉语教学和文化传播直接相关。与此同时，文学院所拥有的在西北地区居于领先水平的语音实验室也为相关的研究工作助力颇多，包括对发音部位的检测、对语音面貌的分析、对语料的存储等，既为教学研究提供了科学的依据和翔实充分的材料，同时也令师生，尤其是学生的语言运用能力、实际操作能力、总结归纳能力等得到了良好的锻炼。

（二）在发展方向与计划方面

内蒙古师范大学汉语国际教育硕士专业经多年的积累，已经摸索出一条适合本地区区情的发展之路。我们在“一带一路”的视域下，将继续践行“走出去”的办学战略，树立毕业生文化传播的神圣使命，积极培养高素质的汉语志愿者，建立坚实的实习基地，与国外高校进行互换教师、学生互访夏令营等。

1. 培养目标方面

内蒙古师范大学汉语国际教育硕士专业学位将突出汉语国际教育硕士与学术型研究生的区别，突出与国际汉语教师职业相衔接的特点，着力培养能够熟练掌握第二语言教学技能的高层次人才。结合内蒙古自治区的地缘特点和“中蒙俄经济走廊”、“草原丝绸之路”建设的客观需要，侧重培养针对蒙古、俄罗斯汉语学习者的汉语教学人才、汉语国际推广人才和适应跨文化交际的高层次、应用型、复合型人才。同时，服从于国家汉语国际推广的整体战略构想，也将努力向东亚、东南亚等国家辐射，并根据实际需要适当开拓欧美等区域。

2. 培养方式方面

在课程学习环节，本学位点将继续强化立足于师范教育的培养平台这一办学特色，保持理论学习与教学实践相结合的特点，课程设置围绕培养国际汉语教师的汉语教学能力、中华文化传播能力和跨文化交际能力，完善以核心课程为主导、特色模块为补充、实践训练为重点的课程体系。在重视汉语教学技能培养的同时，本学位点将着力加强汉语文化传播能力的培育。为了实现上述目标，本学位点将继续加大引入案例分析、现场研究、模拟训练等教学方式，力图使学生形成研究汉语国际教学实际问题的意识，在研究中提升自身的专业意识和能力水平。强化对留学生汉语水平的教学和辅导，努力提高留学生 HSK 六级的通过率。

在实践环节，本学位点已经形成了较为完备的实践教学体系，注重校内基本技能的培育，通过微观训练和教学实训打好学生的教学基本功基础，在此基础上依托在国内外建立的实践基地，通过观摩、试讲和顶岗实习等方式完成教学目标。今后将继续依托国家汉办的选拔机制，派出更多的优秀学生以汉语教师志愿者的身份赴海外实习，通过中外合作办学联合培养的方式为部分学生创造海外汉语教师的从业机会。与此同时，还要进一步加强国内外教育实践基地的建设，以“请进来，走出去”的双向互动方式加强与相关国家之间的文化交流。积极组织师生参与孔子学院网络课堂教学，同时，争取国家汉办及学校支持，积极参加孔子学院的文化巡演等对外交流活动。

在学位论文方面，本学位点将一如既往地严格执行国家关于汉语国际教育硕士学位论文的相关要求，严格执行论文开题和答辩制度，提升汉语国际教育硕士学位论文质量。近年来，我院汉语国际教育专业考研升学率优势明显。

3. 师资队伍建设方面

在外国本土教师培养方面，以往我校多侧重于韩国教师的培养，国别结构比较单一。今后，将扩大宣传力度，动员和组织外籍教师申报国家汉办“外国本土汉语教师培养奖学金项目”，提升外国本土教师培养质量。

本学位点国内教师中有国外工作经历者，所占比率不高。近年来，随着我校国际交流活动的进一步扩大，这一问题已经引起学校、学院及学位点的高度重视，派出教师赴境外深造学习与参加汉语国际推广、中国文化传播等活动的人数正逐年增加。学位点也将努力争取各方面的支持，制定相关的激励措施，在政策、经费等方面为外派教师提供支持。

4. 招生与就业方面

根据人才培养目标和社会发展的现实需要，本学位点将在招生方面继续强化已有特色，努力引进优质生源，特别是蒙汉兼通的少数民族复合型生源；加大外语为俄语学生的招收比例。争取学校政策支持，尽快实行优秀本科生的本硕连读制度。在学生就业方面，本学位点致力于做好以下三方面的引导工作：第一，在课程学习和教学实践中努力强化专业意识、职业意识，将专业学习与国际汉语教师资格证书的获取直接接轨，明确学生的发展方向；第二，继续加强与国家汉办、自治区外事部门以及其他教育教学机构的联系与合作，鼓励和帮助更多的优秀学生走出国门，担任汉语志愿者，充实海外汉语教学师资队伍，并以此为起点，实现对口就业；第三，重视教师基本素质的培养，同时努力引导学生拓宽视野，开拓就业面，结合自身特点做出职业规划。例如可以关注学生在涉外秘书、涉外文化机构等领域的发展，也可以鼓励在校生积极通过中小学教师资格证考试，毕业后从事其他与本专业相关的工作等。

（三）在有效拓宽渠道开展合作交流方面

内蒙古师范大学汉语国际教育专业经过多年的发展，切实加强与外界的交流与合作，密切与社会的联系，建立一批长期稳定的实训、实习基地和就业渠道，培养学生的专业实践能力和创新能力，这是汉语国际教育专业能否真正办出成效、办出特色的关键，也关系到汉语国际教育专业人才培养目标的实现。

目前，我院汉语国际教育专业与南开大学汉语言文化学院就《国际汉语教师证书》考试事宜初步达成协议，同意在内蒙古师范大学文学院设置《国际汉语教师证书》考试分考点。南开大学汉语言文化学院为孔子学院总部国家汉办官方授权的《国际汉语教师证书》认证考试中心和培训中心，具有如下优势：培训教师均为具有丰富海内外教学经验的资深教师；培训教师为多次参加国家公派教师、志愿者教师面试的主考官、考官；培训教师为培训孔子学院院长、海内外专职教师和志愿者的专家；国家汉办指定的四本培训教材之一为该院教师编写。今后内蒙古师范大学文学院与南开大学汉语言文化学院双方将全面深入合作，内蒙古地区的考生所有培训、考试均在我院完成，这将极大方便我院学生及内蒙古地区考生参加培训及考试。目前，双方已经组织过的第一次国际汉语教师证书考试的笔试、面试过关率十分可观，取得良好效果。我院汉语国际教育专业还与内蒙古工业大学国际交流中心深入开展校际合作，联合培训 IPA 国际注册汉语教师资格证书考试相关工作。“国际注册汉语教师资格证”是国际认证协会（IPA）根据国际上对汉语教师的极大需求而推出的资格认证，此证书被国际 100 多国家认可，具有权威性。学生通过此考试，获得证书，具有多项就业优势，如：①择优实习：培训结束时将考核出最佳学员，获评者将无偿派往我单位合作实习基地实习。②推荐就业：每期培训都有单位到培训中心招聘，届时中心将无偿推荐就业。③择优外派：培训中心在通过考试的学员中，择优推荐到海外任教，主派美国、新加坡、韩国等培训基地。通过专家的培训指导，使本专业真正掌握对外汉语教学的各种教学方法和技能。极大提高对外汉语的教学能力，从而拓宽学生就业渠道。我们还与厦门大学国际交流学院就网络对外汉语教学事宜开展有效探讨，力争取得实际性突破进展，为我院汉语国际教育专业拓展实践教学渠道与空间。我们还多方面、多渠道、多模式建立汉语国际教育专业本科生实训、实习基地，如业已建立的基地包括：锡林郭勒职业学院、二连国际外语学校、呼和浩特市蓝天中学、乌兰察布蒙古族国际学校等。此外，我们积极探索，努力将本科生送到国外实习，如我院与韩国青云大学形成多年互派教师合作，我们的本科生已经实现在俄罗斯、蒙古国及东南亚相关国家进行实习，国际影响良好。我们鼓励学生充分发展自身特长，与留学生多接触，与外籍教师多沟通。多参加学术讲座、学术比赛等学术活动，以扩大眼界、增强能力。

总之，在实施国家“一带一路”倡议意图方面，汉语国际教育具有极为重要的战略意义和义不容辞的责任，肩负着我国与周边国家文化语言交流的伟大使命。内蒙古师范大学汉语国际教育硕士专业在“一带一路”的视域下积极创新培养机制，充分发挥语言文化的交流是经济交流的推进剂之作用，助推国家“向北开放新引擎”。因此，我们应努力培养了解中国文化、精通中文的高级汉语人才，使他们在推广汉语、传播中华文明方面起到极大的作用，在让世界了解中国，帮助中国走向世界的过程中发挥巨大能量。

可持续发展教育：培训计划

G. 巴雅尔玛（蒙古国教育大学教育研究方法教研室主任　博士）

引言

“可持续发展”这个词已经有很多年的历史。从20世纪70年代开始，环境、经济问题大幅增加，联合国第一次人类环境会议召开（斯德哥尔摩，1972），通过《人类环境宣言》，把可持续发展定义为“既满足当代人的需要，又不对后代人满足其需要的能力构成危害的发展”（《我们共同的未来》中世界环境与发展委员会的报告）。可持续发展指的是统筹生态、经济、社会三个领域，实现三者的有机结合（里约热内卢联合国环境与发展会议）。可持续发展从某些指标上来看，除了要满足现在、未来的发展需要，还要强调对自然、社会、经济的统筹结合。在保持经济正常水平的条件下，满足现在及未来发展的需要称作可持续发展，这种定义也得到很多人的认可。

社会成员的教育是可持续发展的基础，因此“可持续教育”这个名词也就被提出了。

“这个新世纪中，我们的最大挑战是接受这个听起来十分抽象的想法——可持续发展，并为全世界的人们将这个想法变为现实”（科菲·安南，2001年）。为了实现未来发展的可持续化，不可避免地需要培育出有知识、有能力、有勇气、工作效率高的公民。可持续发展教育是公民在接受教育工程中，传播教育的内容与方法，培养爱国思维，从而能够为生态平衡贡献出自己一份力，培养出具备知识、能力、道德素养的人民。

可持续发展的宗旨是在国际发展方面培养以未来为导向的思维方式。这些包括解决世界范围内的贫穷与饥饿，提高健康与教育，满足城市的可持续发展，与气候变化做斗争，在保护森林、海洋等等方面，支持人们在生活中贯彻全面、综合、高质的教育理念。

背景

丰富教育各阶段可持续发展理念，合理利用并保护地球和大自然所赋予的丰富财产，不超过生态承载力，在未来时期内通过提高教育、文明的方式来改善生活条件。教育是当前社会面临的重要问题，可持续发展这个概念自从被提出以后，为使公民接受可持续发展教育，许多国际政策也相继出台，蒙古国也在这个方面做了许多工作。

1992 年，在巴西里约热内卢举办的联合国环境与发展会议通过《21 世纪发展议程》，提出可持续发展模式。该会议提出世界生态系统正在不断遭受破坏，不能再继续原来的发展模式，并且还强调了实现可持续发展的主要途径就是通过教育（联合国教科文组织）。蒙古国政府在 1998 年通过了《蒙古国 21 世纪可持续发展规划》。该规划实施的成果在 2002、2006、2010 年进行了评估并在研究领域中得到体现。[①]

蒙古国 1997 年通过了“全民生态教育”规划，该规划的目的在于，“在可持续发展的框架下，调整教育模式使之适应社会新型关系的发展，通过公立、私立学校教育来提高整个社会生态教育水平”[②]。1998 年开始对普通制教育学校进行教育内容改革，增加了生态教育这一项重要内容。

参考了“世界教育达喀尔行动计划”，联合国安理会常任理事国第 57 次会议“可持续发展教育的 10 年”中的提案的联合国第 57/254 项决议于 2002 年 12 月宣布《可持续发展的 10 年（2005—2014 年）》通过，并出台了相关的文件。

《可持续发展目标的 10 年》，以遵守国际原则，承担国际责任为目标，完善了《可持续发展教育的基本纲领》。该纲领指出：“本纲领旨在传承蒙古民族敬畏、保护自然的传统，将与自然和谐相处能力与别国的经验相结合，以科学技术为依托，可持续发展、自然环境、生态教育三个阶段相结合，进行合理开发利用，为蒙古国可持续发展奠定基础。”[③]

要达到纲领“可持续发展教育内容的各个阶段在官方和非官方的教育纲领中都要得到反映”中的第三个目标，就必须把重心放在以下几项工作中：

---

① “《蒙古可持续发展纲领》：进程、提高、困难、未来目标”，《研究解读》，2012 年。

② “蒙古政府第 255 号决定（1997）”；《全社会生态教育纲领》。

③ 《蒙古国政府决议（2008）》；《全社会可持续发展教育基本纲领（2009 – 2019）》。

（1）教育要将在官方以及非官方的教育标准、教育内容、形式、方法、教育需求各个方面与可持续发展、自然环境、生态教育、自然环境保护法相适应；

（2）要对可持续发展、自然环境、官方以及非官方的生态教育的老师进行培训，开展系列工作，逐渐提高教师的专业水平；

（3）考虑到不同专业的标准，在各种形式（公立、私立）的大学、专业学院开展可持续发展、自然环境、生态教育课程，开展相关工作；

（4）在专业院校中心，普通院校培训内容中，增加生态教育课程，组织相关工作。

这些只是落实众多工作纲领中的一小部分，比如，从可持续发展、生态教育向可持续教育的转变，老师们必须掌握政策前沿的新知识。教育科学研究院、瑞典国际发展合作署、兰博纳托拉公司相处协作在2003～2007年间成功开展“自然环境教育与可持续发展”项目，在该项目中，为普通制教育学校的老师，学校的领导，教育界的专家们制定的可持续发展教育理念在教学大纲中得以展现，也组织了相应的教育培训，可持续发展理念通过在书刊、报纸杂志、手册的印刷反映在教学大纲中，总共培养了118位教师。这些教师都在地方教育机构工作，并且2007～2011年正式启动在普通制教育纲领中加入可持续发展教育的理念，并完善了相关教学工作。

2014年7月“可持续发展目标”的开幕工作中，有关联合国安理会世界可持续发展的169项问题被提及，并介绍了17个指导方针。可持续发展的目标包括消除全球贫穷与饥饿，改善健康和教育问题，达到城市的可持续发展，与气候变化做斗争，保护森林、海洋等问题。考虑可持续发展等国际上的政策方针，蒙古国国家大呼拉尔2016年通过了《蒙古国可持续发展理念－2030年》。

与此同时，蒙古国教育科学部通过可持续发展方针的A/458号指令。该指令指出：“依托蒙古国在生产生活上的传统智慧、文化、习俗、信仰，以国际原则为准绳，恢复生态的原始面貌，学习与自然和谐相处的知识与态度，养成与自然和谐相处的能力，学习对自然社会有用的东西，这就是可持续发展教育。”① 这也是在培训、活动与教育纲领中所反映出来的可持续发展教育的定义。

教师培训纲领中，教师们要利用现代前沿知识，通过更加科学的方式来传递蒙古国历史、文化、传统、宝贵财富等，提高日常生活技能，给学生带来身体和智力的发展。另外要培养出一批批学者，使得学生通过“作家、研究者老师”② 的作品与讲授的

① “普通制教育培训，活动中所体现的可持续发展教育理念、工作落实的基本方针以及需求”，教育科学院院长第A/458号文件附件（2015）。

② “普通制教育培训，活动中所体现的可持续发展教育理念、工作落实的基本方针以及需求”，教育科学院院长第A/458号文件附件（2015）。

内容收获知识、能力、经验。教师培训纲领中指出了可持续发展理念的具体内容以及相应方法。

内容包括：举大量反映可持续发展的事例来丰富教学内容；传授可持续发展的基础知识；传授可持续发展有关的知识、能力，以及其他有价值的东西。

方法包括：自然环境、社会文化、经济协调发展，寻找契机努力提高生活水平；解决固定思维产生的问题；引导平等、社会正义，公平的资源分配意识；贯彻传统文化所体现的方法；鼓励共同参与、相互学习，培养创新性思维与反复思考能力，利用多种多样教学方法。

将以上的文件拆开研读，就会发现它与国际可持续发展政策文件是相吻合的。蒙古国引用“可持续发展”这个名词，并为了落实这个概念，颁布了许多项目文件。

方法论

在国际以及国家文件中提到，要把可持续发展概念贯彻到幼儿园、普通义务教育、大学、专业院校等教育机构。针对年轻人开展可持续教育，从而使得可持续发展深入公民心中，在这一过程中，教师发挥的作用是非常重要的。落实师范大学以及师范类专科院校的教学纲领有利于提前发现并解决可持续发展教育中所出现的各种问题。因此，近年来在蒙古国师范大学的改革中，如何将可持续发展理念贯彻到教学大纲并且在实际教学中加以落实，这成了本部分要研究的内容。

2015～2016 学年蒙古国师范大学的师范专业的教育以及专业分级标准得到丰富。教师将这些标准落实到平时的教学课程纲领中，向学生展示教育的标准，该课程中的可持续发展理念也会在未来由老师向学生一代代传递下去。

研究目的：教育研究方法研究室在向学生提供教学服务时将可持续发展贯彻到选修、必修课程中，进一步完善教学方法。

研究方法：对文件中的研究进行深度学习，学习不同情况下的研究方法。

研究范围：包括《相互学习与教学基础》《教学标准与方法》《教育基础》《教学大纲》《学校学科》《教师法》《孩童保护法》等文件中的目的、内容、评价等部分。

结论：以上所提及的课程纲领中都有可持续发展理念，《教育学基础》课程目的在于“通过该课程的学习使得学生理解教师专业，教师工作，教师专业标准，使得教师满足上岗标准，进行终身学习，达到教育的标准，能够科学有效地引导学生学习，理解学生活动特点，从而实现教学相长理念”。

大学生着眼于未来的职业需求而不断学习，提高标准，学会科学地解决问题，掌握可持续发展能力。2014 年联合国确立的“可持续发展目标”，其中包括为人们在生活中提高供涵盖各个方面的综合高质的教育机会。这个课程目的与第四点教学目标直接相关。

从文件对比来看，师范教育领域大学生的课程内容与可持续发展在教育内容有直接或间接的关系，比如，《教学标准、方法》课程与文件中所提及的教学标准对比之下发现《纲领研究》课程中的内容与文件中教学纲领的方针、历史相契合，用多元化的视觉看可持续发展中的社会文化问题中的传统知识、人类发展、尊重他人等所有问题。此外，在学习以上课程过程中，要把传统与现代的内容联系起来理解。学生在解决问题上需要通过利用相互合作、承担责任、反复思考这些与科学发展内容密切相关的内容，提高实践能力。

虽然这些课程与可持续发展中所设计的自然环境、经济问题没有直接的关系，然而在解决社会发展中所出现的问题时，就会呈现出清晰的解决思路，得出科学可靠的结论，这就是培养科学发展能力与态度的捷径。

研究解析课程大纲方法可以通过讲座的方式让学生明确科学发展理念，通过研讨方式来让学生进行实践落实，比如：《相互学习，教学的基础》课程中在课程方法方面，以“相互学习的具有建设意义的认知，贯彻教育标准”为主题的大学生活动，“对 J. 与 L. C. 的演讲做出分析，明确认知主义与社会构成主义的主要区别，作为学生的生活经验的基础上，对现代理论观念、实践进行深入讨论”，需要注意到的是要用什么样的方法怎样进行讨论等等。从以上的课程可以看到，课程主要集中在课程的讨论、交流、练习、计划的实践等活动中。这一方面可以提高学生组织活动能力，也可以提高学生对材料的研究能力（用什么样的方法，如何研究，得出什么样的结论）。

根据国际组织中指出的“可持续发展教育的六大基石”① 中所提出，要实现可持续发展教育，必须终生学习，以学生的姿态，综合全面寻找方法，活动中坚持民主原则，勤于思考，具体问题具体分析，发散思维，多找方法。为了通过这些课程来实现可持续发展教育，要集中学习方法论，从国际组织中汲取经验与建议。

现代课程除了要发给大学生读本、手册、一手材料，还要配备教学器材。这样才能提高大学生举办参与活动的条件。因此在举行相关讲座、研讨会时要确定学生开展活动的条件，在落实的时候丰富并利用好教学工具。

对课程的评估、参与、独立工作、进程考察等，自主工作的检验标准，制定检验个人以及小组工作的问卷调查等，这有利于大学生个人以及小组的教育。以后应该把

---

① 世界自然基金会（WWF），（2010），《可持续发展道路研究》，瑞士。

课程评估和可持续发展教育成果相联系起来。

结　论

可持续发展的教学理念应当在师范大学、师范专业院校中有所反映，并且要明确教育研究目标，在研究的基础上得出正确结论。

（1）可持续发展理念在蒙古发展政策中得以体现，落实可持续发展教育必须通过循序渐进，在具体的活动中加以落实。比如，1997 年蒙古国通过并落实了与可持续发展教育有关的四项规划。

（2）要完善并落实普通制教育、专业院校、大学等具有可持续发展教育的教育机构中的可持续发展教育项目，该工作包括落实课程中的可持续教育项目，以及改革丰富 12 年普通制教育课程。

（3）近年来师范大学，专业师范院校的改革形式与教学目的在内容上与可持续发展教育是相契合的。

（4）要继续把可持续发展教育理念深入到后代还需要改革课程设计方法，运用现代教学设备，优化教学评估。

（5）把课程安排、课程方法通过教学活动传递给学生，让学生们在民主化原则上勤于思考显得十分必要。

（6）通过教学评估丰富可持续发展教育内容（知识、能力、态度）是可取的。

参考文献

[1] 达格瓦道尔吉（2002）. 稳定发展 - 蒙古未来，乌兰巴托 .

[2] 世界自然基金会（WWF），（2010）. 可持续发展道路研究，瑞士 .

[3] 蒙古国政府，（2012）. 蒙古可持续发展纲领：进程、提高、困难、未来目标 . 研究解读 .

[4] 蒙古国大呼拉尔第 19 号决议（2016），蒙古国可持续发展构想 - 2030.

[5] 教育科学院院长第 A/458 号文件附件（2015）. 普通制教育培训、活动中所体现的可持续发展教育理念、工作落实的基本方针以及需求 .

[6] 蒙古国政府决议（2008）. 全社会可持续发展教育基本纲领 2009 - 2019.

[7] 蒙古政府第 255 号决定（1997）. 全社会生态教育纲领 .

第六部分

科技交流与合作

在“丝绸之路经济带”框架下开展跨境合作的生态和经济利益协调

I. P. 格拉济利娜（教授　经济学博士）
I. A 扎别里娜（副教授　经济学副博士）
（俄罗斯科学院西伯利亚分院自然资源、生态与冻土学研究所　后贝加尔国立大学）

在俄罗斯东部地区，建设“丝绸之路经济带”的构想引发的不仅是对新的发展驱动力的高期待，同时也有担忧。本报告中，从绿色经济和绿色增长的角度陈述了俄罗斯东部边境地区环境和经济发展动态的评价结果，可以用于作为制定和设计“丝绸之路经济带”框架下的跨境合作计划、纲领和项目时的背景材料。为顺利地实现“丝绸之路经济带”的远景目标，需要从最初的合作项目开始就进行生态和技术方面的现代化改造。

“丝绸之路经济带”和绿色经济

2013 年，中国国家主席习近平提出了建设“丝绸之路经济带”的战略构想。中国这一新战略方向的目标是“推进亚洲、欧洲和非洲各国的合作、发展与繁荣”。中国推出的全球新倡议立刻引起了各国政界、商界和学术界以及媒体和公众前所未有的关注。在俄罗斯东部地区，这一战略构想引发的不仅是对新的发展驱动力的高期待，同时也有担忧。跨国合作的多年经验表明，在美好愿景的背后问题往往也随之而来，而因为西伯利亚和远东地区的经济属于稳定的原料导向型经济，所以这其中就包括生态问题。

显然，每次新的生产活动都会对自然环境造成额外的人为干扰或影响。我们应当为新产生的收入和福利付出一定的生态代价，那么这个代价会不会太高？从长远观点来看该如何判断这个代价是否是合理的和可接受的？本文为此提供了一种在绿色经济理念基础上评价生态和经济发展过程的手段。

绿色经济和绿色增长

联合国环境规划署（UNEP）把“绿色经济”定义为“促成提高人类福祉和社会公平，同时显著降低环境风险和生态稀缺性的经济系统”。联合国环境署强调，在绿色经济中，“收入和就业率的增长可以通过减少污染物排放、提高能源和资源利用效率、防止生物多样性和生态系统服务丧失的公共投入和私人投资等实现。”。绿色经济的首要目标之一是消除贫困：在环境署的报告中指出，向绿色经济的转型可以促进减少贫困的范围。

在大多数文章中，“绿色增长”被理解为通往实现绿色经济目标和有望增加国内生产总值的一条发展之路。但是，这样的定义无疑要求一种量化的“诊断”工具，利用这种工具应当可以回答“我们所观察到的增长真的是绿色增长的吗?”这样的问题。P. 维克多在自己的著述中提出了一种概念模式，他使用了一个著名的生态集约度指标：单位国内生产总值（GDP）产出的碳排放量，并在此基础上制定了一种规则，这个规则可以利用生产经营活动对气候的影响把经济发展过程评定为“绿色增长”“褐色增长”或“黑色增长”（也可以用于评定经济衰退过程）。2014 年，这一研究在雷克雅未克市被授予肯尼思·博尔丁奖；P. 维克多的计算显示，加拿大最近几十年的经济增长主要可以评定为“褐色增长”。

P. 维克多提出的模式被一篇文章引用来评价中国的经济发展进程，同样是针对碳的排放情况。文章的作者指出，中国在 1971 年至 2010 年的经济增长是“黑色增长”或“褐色增长”。从 2005 年开始情况有所改善。

但是绿色经济的目标远比减少温室气体排放要宽泛得多。在对污染物的大气排放、未处理污水的排放和破坏生态系统等情况进行跟踪时也需要绿色增长的量化指标。本方在此对基于绿色增长模式的生态区和经济区加以简要描述。

生态集约度指标仍然作为该模式的初始计算参数，即反映单位产品生产附加值、一个就业岗位和人均等所产出的人为干扰量的单位指标。I_0 表示生态经济系统的初始状态。

表 1　　绿色增长概念中的生态经济区

名　称	特　　征
绿色增长区：GG	从 I0 点过渡到这个区间的任意一点都意味着经济上升，同时环境的单位负荷和总体负荷都下降
褐色增长区：BrG	从 I0 点过渡到这个区间的任意一点时，单位负面影响下降，但是总体负面影响上升，同时经济有所改善
黑色增长区：BlG	向这个区间过渡时，经济有所改善，同时单位负面影响和总体负面影响都上升
黑色衰退区：BlD	向这个区间过渡时，经济下降，同时单位负面影响和总体负面影响都上升
绿色衰退区：GD	向这个区间过渡时，单位负面影响上升，而经济和总体影响都下降
“绝对”绿色衰退区：AGD	向这个区间过渡时，总体负面影响和单位负面影响以及经济都下降

在丝绸之路的出发点：俄罗斯东部地区的生态经济发展进程

本节将提供计算结果，用于根据污染物大气排放和未处理污水的排放情况判断经济增长的“颜色”，既针对俄罗斯全境，也针对“丝绸之路经济带”开发最直接影响的东部边境地区。因为掌握了背景材料，笔者得以评价 2000 年至 2013 年间的这一动态进程；把 2000 年设定为原点（I_0）。使用地区生产总值作为地区的经济绩效，对于俄罗斯全国则使用国内生产总值作为经济绩效，以 2000 年价格为可比价格计算。

所考察的大多数地区不存在水资源短缺问题，在俄罗斯的这片广大地区仍保留着众多水质优良和生态系统几乎处于原始状态的水体。但是，在很多个居民点，而且不仅仅是大型居民点，水污染问题正在日益尖锐。俄罗斯东部有多条俄罗斯、中国和蒙古国的国界线穿过其水域的大型河流——色楞格河、阿穆尔河、额尔古纳河等。水生态系统的退化在很多情况下与跨界环境影响有关（额尔古纳河、松花江、鄂嫩河、色楞格河、阿穆尔河）。已经发现阿穆尔河上游的鱼类种群出现严重不良变异。因此，未处理污水排放的生态集约度（Eww），即单位地区生产总值产出的未处理污水排放量是最重要的一个指标。

1992 年，俄罗斯立法施行环境负面影响缴费系统，此举产生了一定的积极效果，使一系列污染型生产指标有所下降，也就是说促进了经济增长质量的改善。正如表 2 所示，2000 年以后，整个俄罗斯和大多数东部边境地区的未处理污水排放指标处于绿色增长区内（尽管在此需要指出，目前的生产监管还不完善，因而实际的指标可能低于标定的指标）。但是，阿穆尔州和外贝加尔边疆区仍存在褐色增长点，而犹太自治区则几乎整条增长轨迹都处于褐色区内。

还对 SO_2、NOx、固体颗粒、碳水化合物、二氧化碳等主要污染物的大气排放情况进行了研究，这几种物质分别用 E_{SO_2}、ENO_x、Ess、E_{HC}和 E_{CO}表示，用 E_{total}表示污染总量。计算结果列于表 2 中。结果显示，各地区的这些指标存在很大的差异。哈巴罗夫斯克边疆区和滨海边疆区的情况最好，阿穆尔州和犹太自治区情况最糟，可以看到大量的黑色增长点。对于俄罗斯全境来说，黑色增长点（排放）只出现一次，即 2004 年的碳排放量。

表 2　　俄罗斯东部地区的生态经济区

国家、地区/生态集约度指标		绿色增长	褐色增长	黑色增长
俄罗斯联邦	$E_{总}$	+(2013)	+(2001-2012)	
	E_{SO_2}	+		
	ENOx	+(2004-2005)	+(2006-2013)	
	E_{CO}		+(2005-2013)	+(2004)
	Ess	+		
	E_{HC}		+	
外贝加尔边疆区	$E_{总}$	+		
	E_{SO_2}	+		
	ENOx	+(2012)	+(2004-2011,2013)	
	E_{CO}	+(2004,2009,2011-2013)	+(2005-2008,2010)	
	Ess	+		
	E_{HC}			+
阿穆尔州	$E_{总}$	+(2001-2003)	+(2004-2013)	
	E_{SO_2}	+(2004-2006,2008-2001,2013)	+(2007,2012)	
	ENOx		+(2004-2008)	+(2009-2013)
	E_{CO}			+
	Ess	+(2005-2010)	+(2004,2011-2013)	
	E_{HC}		+(2005)	+(2004,2006-2013)
伊尔库茨克州	$E_{总}$	+(2001-2006)	+(2007-2013)	
	E_{SO_2}		+(2004-2011,2013)	+(2012)
	ENOx	+(2005-2006)	+(2004,2007-2011,2013)	+(2012)
	E_{CO}	+(2004-2007,2009-2010)	+(2008,2011-2013)	
	Ess	+		
	E_{HC}	+(2004,2008-2011)	+(2005-2007,2012-2013)	

续表

国家、地区/生态集约度指标		绿色增长	褐色增长	黑色增长
布里亚特共和国	$E_{总}$	+(2003-2007,2009-2011)	+(2001-2002,2008,2012-2013)	
	E_{SO_2}	+(2004-2008,2010-2011)	+(2009,2012-2013)	
	ENOx	+(2004-2007)	+(2008-2013)	
	E_{CO}	+(2009)	+(2004-2008,2010-2013)	
	Ess	+(2004-2007,2009-2013)	+(2008)	
	E_{HC}		+(2005-2009)	+(2004,2010-2013)
滨海边疆区	$E_{总}$	+(2004-2013)		+(2001-2003)
	E_{SO_2}	+(2004,2006-2013)	+(2005)	
	ENOx		+	
	E_{CO}	+(2006-2013)	+(2004-2005)	
	Ess	+		
	E_{HC}			+
哈巴罗夫斯克边疆区	$E_{总}$	+(2001-2002,2005-2013)	+(2003-2004)	
	E_{SO_2}	+		
	ENOx	+(2005-2013)	+(2004)	
	E_{CO}	+		
	Ess	+(2006-2013)	+(2004-2005)	
	E_{HC}			+
犹太自治区	$E_{总}$		+(2005-2013)	+(2001-2005)
	E_{SO_2}	+(2006-2013)	+(2004-2005)	
	ENOx		+(2004,2008-2013)	+(2005-2007)
	E_{CO}			+
	Ess		+(2006-2013)	+(2004-2005)
	E_{HC}		+(2008-2009)	+(2004-2007,2010-2012)

丝绸之路框架下的生态现代化

在制定“丝绸之路经济带”的各个项目和规划时，不允许使现有的生态经济进程恶化，这应当被确立为各方的原则立场。

上一节的分析结果体现出了俄罗斯东部边境地区在“丝绸之路经济带”构想落实前的生态和经济发展走向。在跨境合作框架下制定各项计划、纲领和项目时，这些结果可以用于作为原始数据材料。在经济增长“颜色”的概念中，意味着地区的生态经济发展轨迹应当符合向绿色经济的前进方向，并应当处于（或者说至少接近于）绿色增长区。

如果新项目的生态集约度指标低于地区的现有指标，则项目的实施会导致总体生态集约度下降，至少不应成为发展轨迹向黑色增长区移动的原因。但是，从本文所述模式中可以看出，这不会保证能够进入绿色增长区：在单位负面影响下降时，对环境的总负荷可能增加，就是说将出现褐色增长。生态集约度的下降是必要的，但不是绿色增长的充分条件。如果每个新项目都保持以往的污染水平，甚至即使是相对“保留”的人为影响，那么地区也注定会呈现褐色增长。

为了向绿色增长转型（或者保持绿色发展态势），必须运用新技术、提高能源利用效率等手段对现有生产进行同步的生态现代化改造，从而降低对生态环境的总体影响。如果我们把使新丝绸之路变成为通往绿色经济的发展之路作为我们的使命，那么就应当让上述原则成为我们制定合作模式的基本指导原则。

参考文献

[1]“丝绸之路经济带”的资源、环境和经济结构和可持续发展模式［J］. 资源与生态学报，20156(2)：65 - 72.

[2] I. A. 扎别里娜. E. A. 克列瓦基娜. 西伯利亚地区自然资源利用的生态和经济定位与跨境合作问题［J］. ICO. 2011. №9. 155 – 166.

[3] L. M. 法列伊奇克，O. K. 基里留克，N. V. 波马兹科娃. 评价外贝加尔东南部地区采矿企业对环境系统影响范围的自然地理信息系统技术之应用经验［J］. 后贝加尔国立大学公报. 2013. №6(97). 64 – 79.

[4] 联合国环境规划署. 迎接绿色经济：可持续发展和消除贫困之路［EB/OL］. 2011. URL：http：//www.sustainabledevelopment.ru/upload/File/Reports/ISD_ UNEP_ GE_ Rus.pdf（访问日期：2016.03.26）.

[5] De Boer Y.，Meier J.，Bickersteth S. 实践中的绿色发展：绿色发展最佳实践倡议 - 2014.

[6] OECD. 关于绿色发展，决策者总结［EB/OL］. OECD，巴黎。- 2011. 网址：http：//oecd.org/greengrowth/48012345.pdf（访问日期：2016.0326）.

[7] Victor P. The Kenneth E. 2014 年博尔丁纪念奖：生态经济学：一个人的旅程［J］. 生态经济学，- 2015. - V.109. - 第 93 – 100 页.

[8] Shang Yongmin，Si Yuefang，Zang Gang. 黑色还是绿色？低碳经济目标下中国的经济增长模式//资源与生态学。- 2015. - 6（5）. - 第 310 – 317 页.

[9] I. P. 格拉济利娜，L. M. 法列伊奇克，K. A. 雅科夫列娃. 地区森林利用的社会和经济效益与绿

色增长［J］. 地理与自然资源，2015. №4. 17－25.

［10］I. E. 米赫耶夫. 鄂嫩河和额尔古纳河俄罗斯流域（外贝加尔边疆区）的鱼类生态群落//当代社会和经济发展背景下的中亚生态系统［G］. 国际会议资料. 第2卷. 乌兰巴托（蒙古）. 2015年9月8－12日. 乌兰巴托：Bambi San，2015. 69－71

［11］地区自然资本与俄中跨境关系：前景与危机/I. P. 格拉济利娜 L. M. 法列伊奇克编辑［M］. 赤塔：后贝加尔国立大学出版社，2014：527.

“中蒙俄经济走廊”与脆弱的蒙古国自然

C. 希日布阿迪雅（蒙古国科学院地理生态研究所首席研究员　博士　教授）

2015年在乌兰巴托市举办的中蒙俄智库国际论坛上曾对蒙古国自然地理情况做过综合介绍。这次想向大家简要介绍蒙古国参与经济走廊该国际项目时对自然的利用、保护方面存在的风险。

前　言

蒙古国位于中亚高原北部，西伯利亚原始森林和中亚大沙漠之间，其地理位置决定了该国自然环境的多样性，除广阔的草原外也有干旱的沙漠等多种地貌。

该国北部与俄国接壤，南邻中国，这样的地理位置对于蒙古国的经济社会来说，既有优势也有劣势。

优势：

（1）与自然资源丰富，经济、国防实力强大的两大国成为永久的邻居；

（2）可成为连接亚、欧最便捷道路的途经地；

（3）尤其是将俄罗斯中、西西伯利亚地区的天然气、石油以及其他原材料（煤炭、木材）运往中国工业发达地区的便捷通道；

（4）具有丰富的矿产资源，并且从这些矿藏区的位置来看，连接着三国经济走廊，可拉动各个领域产业发展；

（5）其地理区域布局（结构）是沿着纬度延伸，需与两大邻国建立不少于三个垂直连接点。

劣势：

（1）从三国合作的角度来看，连接欧亚的基础设施发展较弱，自然地理环境脆弱；

（2）经济发展单一，产品在国际以及地区的竞争力低；

（3）畜牧业作为蒙古国经济的主要产业、民生的根本来源，没能摆脱游牧生产状态；

（4）畜牧业原产品加工发展滞后，原产品只销往中国，并且价格不稳；

（5）受自然灾害影响严重，全球变暖、气候变化，沙漠化在该地区急剧上演；

（6）自然灾害，如旱灾、雪灾、沙尘暴、草场退化等给经济社会带来巨大负面影响；

（7）矿业有所发展，但是没有对自然环境进行恢复治理；

（8）贪污腐败指数居高不下，信用评价等级持续降低。

蒙古国可利用好自身优势，降低自身弱势，发展和其他地区尤其是两大邻国的合作并且取得他们全方位支持，这对蒙古国今后的发展十分重要。尤其在"中蒙俄经济走廊"规划中，蒙古国可利用好毗邻两大强国优势，积极与两国开展合作，这对区域的发展具有重大意义。首先要生产出具有市场竞争力的产品，提高工业化程度，完善"走廊"基础设施，为各方提供便利。要做到这些就必须把合理利用、保护蒙古高原自然环境放在首位。

存在的问题

（一）蒙古国的气候变化

近70余年我国年均气温上升了2.1摄氏度（水文气象局，2014）。

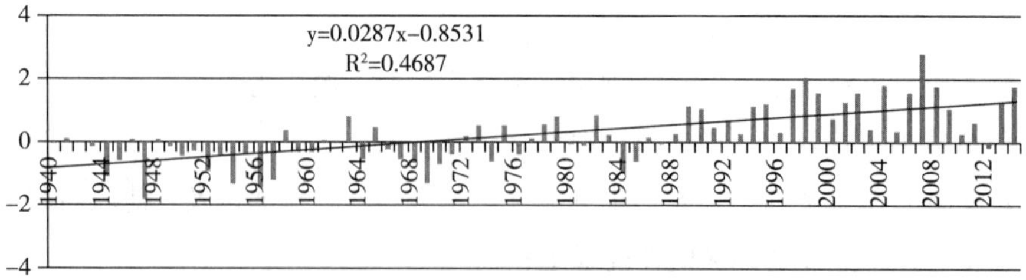

图1 1940～2012年蒙古国年均气温（℃）

（1）由于气候的变化，近十年来自然灾害的频率增加了1.5倍，其危害程度也加强；

（2）近12年来，水文气象灾害造成424人遇难，2450万头牲畜死亡，财产的损失达几十亿图；

（3）蒙古国长期气候变化风险指数在世界危害指数最高的十个国家中位居第八位。

据国际气象组织的数据显示，针对全球变暖进程再不采取紧急应对措施的话，到2090年，气温将升高4摄氏度，海平面将上升8～9米，全球有约6.27亿人所居住的地区将被淹没。近75年来，蒙古国平均降水量减少近7%，近35年里年降雨量也逐渐减少。

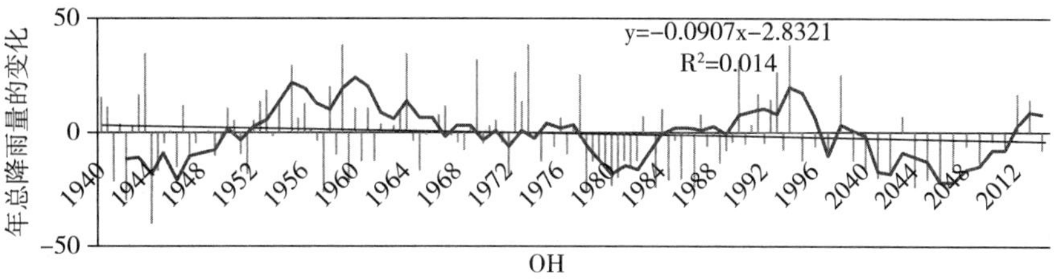

图2　蒙古国年总降水量（1994～2014年）（mm）

资料来源：2014年蒙古国自然环境状况报告。

（二）地表水资源的变化

蒙古国主要河流发源于阿尔泰杭盖、肯特山脉，补给地表水和地下水。春季是河流的旱季，主要的河流分为三大流域：内流河流域，北冰洋流域，太平洋流域。

主要河流的水资源储量年均30.6立方千米。蒙古国地表河流的60%是外流河，40%河流注入本国湖泊。蒙古国年均水资源有599立方千米，其中83.5%是湖泊，10.5%是永冻河，5.8%是河流水。据2003年的水文状况统计，5565条河流中有683条，9600口井中有1484口，374处泉水中有10处，4193湖泊以及河流中有760个都已枯竭。河流流域对人类生产的直接影响表现在草原畜牧业、种植业、人口的集聚、矿产各个领域。

（三）草场破坏

2014年，在蒙古国1.121亿公顷自然草场上，14.97万牧户民，29.36万牧民放养着700多万头牲畜，每年的产值达3000亿图格里克（蒙古国统计年鉴2014年）。全国范围内有2520万公顷的草场遭到破坏，其中亟待恢复改善的草场达到近900万公顷（政府执政办土地测量和制图部报告）。被破坏的草场面积有库布苏古勒、后杭盖、科布多省的21.6%～24.8%，中央省总面积的31.8%～43.2%，布尔干、鄂尔浑、前杭爱、巴彦洪戈尔省的24.8%～31.5%，首都乌兰巴托城市附近可投入使用的草场的

71.2%都遭到破坏，自2010年之后牲畜数量逐年增长也带来负面影响。2015年年末蒙古国牲畜总量达到5595.76万，与2014年同比增长了7.6%，即397.5万头牲畜。其中，马的数量达到329.46万，牛的数量达到377.95万，骆驼的数量达到了36.79万，绵羊的数量达到了2493.34万，山羊的数量达到了2358.22万，同比于2014年，马增产29.88万，牛增产36.56万，骆驼增产1.86万，绵羊增产171.86万，山羊增产157.33万。（国家统计局，2015年）

（四）沙漠化，土地退化

蒙古国国土资源的77.8%遭受到不同程度的沙漠化，其中35.3%属于轻度沙漠化，25.9%属于中度沙漠化，6.7%属于重度沙漠化，9.9%是特别严重的沙漠化（H. 满都海，D. 大山等，2014）。特别严重的沙漠化地区遍及科布多省、乌布苏省、扎布汗省、戈壁阿尔泰省、巴彦洪戈尔省、中央省、肯特省、东方省、苏赫巴托尔省、东戈壁省、南戈壁省、中戈壁省、戈壁苏木贝尔等省近三十个县。数据显示沙漠化进程在近40年来一直在扩张，到2090年将会波及杭爱省、库苏古尔省以及肯特山脉地区（D. 多拉姆苏伦2016年）。沙漠化严重影响到人类生活，对能矿产业、交通网络、城市土地合理开发利用带来了严重损害（D. 赛音巴彦尔，2016年）。

其中，矿产开采的破坏性非常大，2015年末，2736个特批可供开采的矿产资源占土地1100万公顷，占国土总面积的7%。其中1391个特批可供利用的土地有107.99万公顷，1345个特批可供勘探的土地有990万公顷，由于矿产资源的开采与勘探活动的进行，24636.8公顷土地遭到破坏。仅仅由于矿产企业所进行的工作已经给19895.1公顷土地带来破坏。

自然灾害的分布与危害

蒙古国地缘广阔，对其经济社会危害较严重的自然灾害有天灾、旱灾、火灾、洪涝灾害等。

（一）旱灾

旱灾是指水分不足，作物严重缺乏水分，并且长期失衡，在旱季，局部地区或全国范围内发生的降水量匮乏而产生的干旱灾害（接近荒漠化）。以草原畜牧业为主的蒙古地区在依靠气候条件生长的草料干枯之后，牲畜没有了肥沃的草料喂养，就不能长膘，也就撑不到来年。

蒙古国旱面积超过40%的年份有1941（70%），1944（92%），1946（60%），1951（50%），1968（70%），2009（58%），2015（44%）（L. 那楚克道尔吉，G. 萨仁图娅 2003）。旱灾虽然很少导致夏、秋的牲畜数量减少，但会直接导致冬、春的牲畜数量大幅减少，进而给经济、社会带来损失。

夏旱会给种植业带来严重损害，由此产生的饥荒加剧社会躁乱的情况多次出现（B. 布伦加乐戈尔 2014）。2015年夏，蒙古国种植业遭遇旱灾，总产值损失54%，导致该国小麦的需求多半靠进口满足。

蒙古国高山、森林、草原中大部分地区10年内一般会遭受1～2次的旱灾，荒漠地带一般两年会有一次旱灾，而荒漠边缘地带三年发生一次旱灾。我国国土面积的90%正面临旱灾威胁。

（二）天灾

关于天灾，在国际上没有一个具体准确的界定，而我国学者对天灾给出了这样的定义：

·受自然条件的影响，人畜饮食出现极度匮乏的时期……（Ya. 策贝尔 1996）；

·因降雪过多导致草场退化，连续多日降暴风雪，草场上牲畜大量损失，骤冷或者不降雪导致牲畜饲料和饮水来源减少，牲畜草料得不到满足，逐渐变瘦弱并大量死亡（达瓦扎木赤，1968）。

蒙古牧民根据该年的天灾特点把天灾分为白灾、黑灾、冰灾。天灾是综合自然、经济、社会状况的一个综合性理解，指的是在冬、春季节，降雪量远超过多年的平均值，骤冷天气持续多日或者夏季太干，冬春季节只有少量降雪，温度太低无法放牧而导致牲畜大量减少。天灾也会造成食草的野生动物的大量死亡，给生态环境带来破坏。

蒙古国近80年来所遭受到的大型天灾有很多，比如1944～1945，1947～1948，1954～1955，1967～1968，1972～1973，1976～1977，1978～1979，1986～1987，1988～1989，1999～2000，2009～2010等年份发生的天灾席卷了全国60%～70%的地区。牲畜因天灾损失的情况：（按年份和总牲畜中所占比例）1944～1945年占29.8%，1954～1955年占23%，1967～1968年占19.6%，1978～1979年占16.8%，1986～1987年占17%，1999～2000年占25%，2009～2010年占23%。近年来天灾的指数更高。

图 3　天灾指数及畜牧业非正常损失

资料来源：水文气象局，2013。

（三）草原森林火灾

草原、森林火灾是指大火失去人为控制，在自然环境中扩散蔓延的现象。蒙古国总面积的 55.3% 属于易发生草原森林火灾地区。蒙古国春季（3～5 月），秋季（9～11 月）以及旱季易发生火灾。

2000～2009 年年均发生 160 起火灾，在这之后有下降趋势，火灾造成的损失达 2250 亿图。

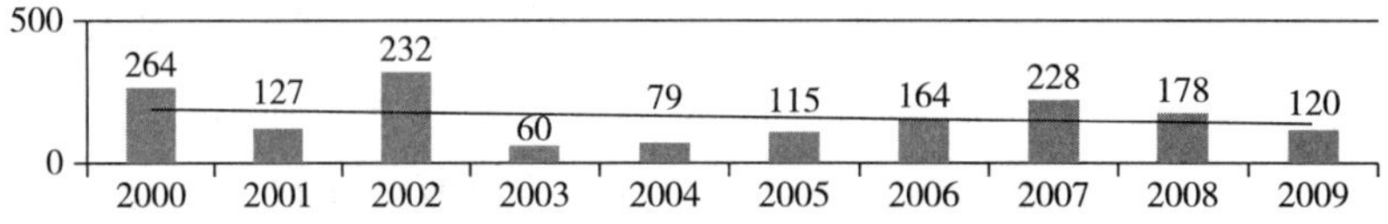

图 4　草原、森林火灾爆发趋势图

资料来源：国家应急管理局报告，2010。

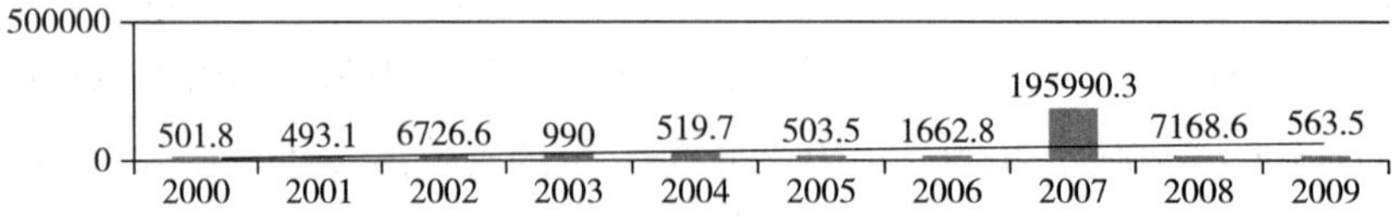

图 5　草原、森林火灾带来的损失（百万图格里克）

草原火灾在蒙古国东部与中国接壤的边界地区多发，森林火灾在北部以及东北部与俄国接壤的地区多发。

(四) 洪水

蒙古国洪水类型以黄沙水、泥石流、暴雨为主。

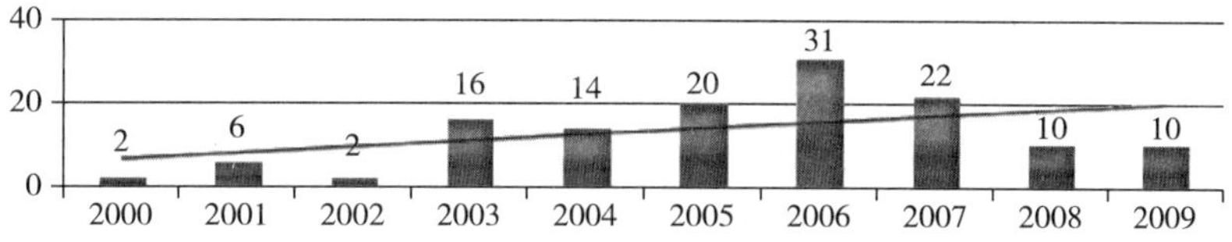

图6 洪水暴发次数(2000～2009年)

资料来源:国家应急管理局报告2010年。

2000～2009年间蒙古国洪水暴发年均13次,导致10人遇难,死亡牲畜达100万,损失达5.959亿图格里克。

表1　　洪灾暴发频率

	2000	2001	2002	2003	2004	2005	2006	2007	2008	2009	平均数
危险爆发次数	2	6	2	16	14	20	31	22	10	10	13
遇难人数	2	6	5	14	10	10	9	4	6	26	9
损失牲畜数	80	328	–	74	1286	150	6607	5007	1132	5059	1972
损失额/百万图格里克	4.7	–	32.5	93.4	33.8	3777	9713	2280	169	42010	5959

洪灾多发于地势险峻的多山地带,被石砾峡谷切开的干燥地带,人口稠密但防水措施不到位的城区。

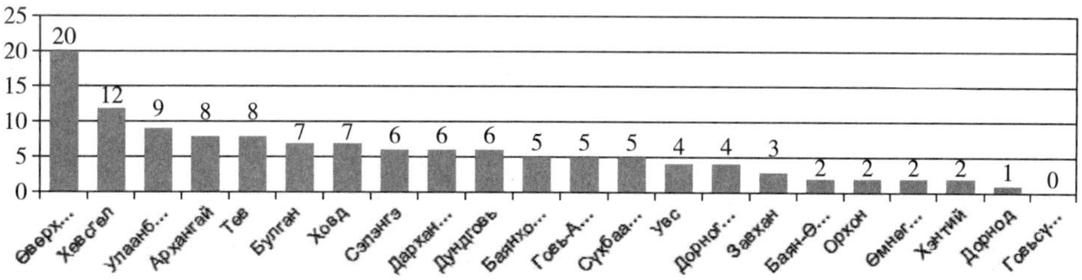

图7 洪水暴发次数(按省)

注:前杭爱、库苏古尔、乌兰巴托、后杭爱、中央、布尔干、科布多、色楞格、达尔汗、中戈壁、巴彦洪戈尔、戈壁阿尔泰、苏赫巴托尔、乌布苏、东戈壁、扎布汗、巴彦乌列盖、鄂尔浑、南戈壁、肯特、东方省、戈壁苏木贝尔(从左至右)。

资料来源:国家应急管理局报告。

建　议

（1）以“中蒙俄经济走廊”为依托，建设城、村、工业中心、集团、委员会、新闻媒体网、多样化服务中心，自由贸易区中心等（按主轴、分轴、基础）。主轴竖向连接三国，分轴根据区域经济关系可多向发展。

（2）因中国北部、蒙古国、俄罗斯贝加尔湖以南地区的自然环境较脆弱，其特殊的地理条件决定建设经济走廊时需实施合理开发并保护自然环境政策。其中：

·完善开发和保护经济走廊沿线地区的可行性研究；

·实施对经济走廊基础结构，实施人口城市化，建设工业中枢—中心以及分轴的可行性，利用环境与保护项目的可行性研究等研究课题；

·发展蒙古国草原畜牧业，完善参与经济走廊的方案，发展城镇附近半集约化畜牧业；

·对经济走廊区域外的地区采取降低自然灾害给畜牧业带来损害的措施，建设加工中心，推进从游牧转定居。

（3）在新建的经济走廊枢纽处种植防沙丘移动的灌木丛。

（4）在蒙古国城市和已形成的主干道区域种草恢复草场，建立防沙丘移动带，恢复退化土地。

（5）需合作研究给蒙古自然环境、经济、社会生活带来损害的自然灾害的频率和分布情况，并共同实施降低灾害措施。

（6）进行克鲁伦河—黑龙江—阿穆尔河、克鲁伦—戈壁、色楞格—贝加尔、诺姆热戈—喀尔喀河等流域的综合项目研究，开始实施部分可行措施。

（7）确定发展经济走廊沿线的自然、历史、文明旅游业，将其发展成为经济走廊基础结构的一部分。

（8）经济走廊的问题的解决有待参与国的政府机关联合承担、合作解决。该项工作由三国联合协会承担。就蒙古国来说，应当由国家发展部来承担完成。

草地生态修复工程及其进展
——以内蒙古为例

王明玖（内蒙古农业大学）
邢　旗（内蒙古蒙草生态环境（集团）股份有限公司）
成格尔（内蒙古农业大学）
王君芳（内蒙古蒙草生态环境（集团）股份有限公司）
刘亚玲（内蒙古蒙草生态环境（集团）股份有限公司）

引　言

生态修复是恢复生态学的核心内容之一。在文献中，把生态修复、生态恢复、生态重建、生态改建、生态改良等都赋予了相近的涵义。按照焦居仁（2003）的观点，生态恢复是指停止人为干扰，解除生态系统所承受的超负荷压力，依靠生态系统本身的自适应、自组织和自调控能力，按自身规律演替，通过休养生息的漫长过程，向自然状态演化。目标是完全依靠大自然本身的推进过程，恢复原有生态系统的功能和演变规律。生态修复则是指为了加速已被破坏生态系统的恢复，辅助人工措施为生态系统健康运转服务，从而加快恢复的过程。生态重建则是对被破坏的生态系统进行规划、设计，通过生态工程建设等外界力量，使完全受损的生态系统恢复到原初状态，并通过生态系统管理，维护可持续发展的环境。因此，生态恢复强调的是自然过程，生态修复是自然过程和人为辅助措施的结合，生态重建则强调人的影响。对于生态系统本身发展的目标，生态恢复体现的是自然性，趋向于气候顶级；生态修复是在自然恢复的基础上，附加了人的知识和智慧，会影响恢复的进程，目的是更快实现目标；生态重建是在尊重生态系统自然演替规律的基础上，创造有利于演替的条件，缩短演替过程，快速实现恢复目标。

生态修复工作在我国具有重大的理论和现实意义。因为我国改革开放30多年，经济社会的快速发展，确实使各类生态系统都承受了前所未有的压力，甚至遭到严重破坏，付出了巨大的环境代价，结果又对发展成果的可持续性形成巨大挑战。经过国内外的实践和理性反思，使我们越来越清醒地认识到，没有良好的生态，不可能维持可持续的发展；没有稳定的生态，就没有未来。所以，习近平总书记提出了“保护生态环境就是保护生产力，改善生态环境就是发展生产力”的理念。党的十八大报告也提出，“我们一定要更加自觉地珍爱自然，更加积极地保护生态，努力走向社会主义生态文明新时代”，要“给自然留下更多修复空间，给农业留下更多良田，给子孙后代留下天蓝、地绿、水净的美好家园”。习近平总书记在中共中央政治局第六次集体学习时又强调，要“坚持节约资源和保护环境的基本国策”，“实施重大生态修复工程”。在当前和今后相当长的时期内，生态修复已经成为摆在我们面前的迫切任务。在“一带一路”项目实施过程中，一要强化生态修复；二要加强生态保护。

自20世纪80年代初由Cairns主编的《受损生态系统的恢复过程》一书出版以来，国内外都对生态修复进行了深入的理论探索和实践总结，取得了巨大的成就。多数情况下，生态修复主要是依托各项具体的生态修复工程来实施的，涉及的领域众多，中国政府为此也相继出台了一系列支持政策。根据对文献的初步统计，我国陆地受损生态系统生态修复工作的对象重点包括：森林、草原、沙地、湿地、土壤、海滨、湖区、河道（河段）、流域、河岸带、海岛、石漠化区、坡耕地、撂荒地、自然保护区、村庄区、城市建设区、污染场地（区）、开矿弃渣地（含矿区废弃地）、灾后区等，都有取得成效的案例。由于草地生态系统覆盖面大，受到的干扰多，影响范围广而受到更多的关注。

草地作为我国面积最大的陆地生态系统类型，一直受到人们生产、生活和其他活动的干扰甚至破坏，生态修复任务艰巨。尤其是北方草地，一方面生态极其脆弱；另一方面，又是生态屏障，对保证我国的生态安全具有不可替代的作用（杭拴柱等，2013）。在“一带一路”沿线，中、蒙、俄三国草地具有很多共同的特点：同属于欧亚草原（Steppe），囊括了俄罗斯亚洲区草原大部及几乎蒙古国草原和中国北方草原的全部。这些草原自然条件相似，生物条件相近，生态脆弱，抗干扰能力普遍低下。同时，这些草原地下资源丰富，易于受到破坏，破坏后难以修复。

以内蒙古草原为代表的中国北方草地，传统的生态问题是草地“三化”（退化、沙化、盐渍化）。修复“三化”草地过去一直是生态学研究的热点领域，是国家关注的对象，也是今后长期的重点任务。目前草地生态系统面临两个新的挑战，一是城镇化快速发展对周边草地的过度干扰；二是能源开发过程中大型露天煤矿形成的巨量排土场，基本上都改变了草地的原始景观，对环境和生态的负面影响巨大，条件复杂，修复技术和成本要求高，将成为必须重视的新的热点。本文以内蒙古草地为例，试图说明草地生态修复工程的可行性和进展，为“一带一路”“中蒙俄经济走廊”建设中的生态保护和建设提供借鉴。

内蒙古“三化”草地的生态修复及进展

（一）草地“三化”

内蒙古拥有各类天然草地7880.5万公顷，占内蒙古土地总面积的67%，占全国草地总面积的22%（王明玖，许志信，2015）。由于生态条件的先天脆弱性，在对资源的利用中，常常导致生态和环境的退化和劣化，表现为“三化”。据2009年全国第四次荒漠化和沙化土地监测结果，全区有荒漠化土地6173.3万公顷，其中沙化土地4146.7万公顷。草地退化面积持续增加，20世纪60年代之前，有局部的放牧过度型草地退化，20世纪70年代中期，退化草地占全区可利用草地总面积的30%，80年代中期接近40%，90年代末已达70%，年均退化速度2%以上。20世纪80年代中期，全区三化草地面积为2503.7万公顷；2000年前后调查，三化面积增长到4835.95万公顷，净增2332.25万公顷。其中，中度三化面积增加1.14倍，轻度三化增加0.85倍，重度三化增加0.38倍。在地域分布上，阿拉善沙区三化增加幅度最大，其次是草原牧区。即使是草原生态条件最好的呼伦贝尔草原，岭西牧业四旗的三化草原面积也已达到53.6%。被誉为天堂草原的乌拉盖草原，局部沙化现象也很严重。

草地三化是人类活动和气候变化双重作用的结果（杭拴柱等，2014）。草地生态系统的表现是生产力下降，大气和土壤干旱，许多河水断流，湖泊缩减或干涸，大量湿地萎缩。与20世纪80年代相比，内蒙古大部分河流水量减少三分之一。流经蒙古国草原和呼伦贝尔草原上的克鲁伦河2007年主汛期出现断流，乌尔逊河至下游断流干涸；西辽河长期断流，西拉木伦河水量减少；至2012年，呼伦湖水面缩减500平方千米，水位下降4米以上，周边小型湖泊80%干涸，周围近300平方千米的湿地失去水源供给；草原上的乌拉盖河和锡林河湿地大量消失；包括红山水库在内的许多水库的水量降到了死水位以下，有的彻底干涸。

草地“三化”，不仅使牧民失去了赖以生存的生产资料，也严重劣化了其生存环境。

（二）“三化”草地生态系统修复工程及效果

多年来，人们对三化草地治理和修复的努力从来都没有停止过。修复工程的特点是政府主导，老百姓参与，力量集中，短期效果明显，受益面较大。具有代表性的草地生态系统修复工程包括京津风沙源治理工程、退牧还草工程和草原生态保护补助奖励机制。

京津风沙源治理工程是根据党的十五届五中全会提出的“加强生态建设，遏制生态恶化，抓紧环京津生态圈工程建设”的要求，于2000年10月提出来的。为此，国家发改委等会同京津晋冀蒙五省区人民政府共同组织编制了《2001－2010年京津风沙源治理工程规划》。2002年，国务院批复内蒙古列入工程区面积36.9万平方千米，占内蒙古总土地面积的31.9%，涵盖草原面积2663.2万公顷。至2010年底，完成草地治理627.6万公顷，包括人工种草、飞播种草、围栏封育、基本草场建设、草种基地建设等，还建设了大量基础设施。京津风沙源治理工程的实施，使内蒙古草地生态状况明显改善；牧民收入显著增加；牧民的经营方式发生改变，社会效益显著。

退牧还草工程在2002年启动。当年，国务院下发了《国务院关于加强草原保护与建设的若干意见》，要求“尽快改善草原生态环境，促进草原生态良性循环，维护国家生态安全，实现经济社会和生态环境的协调发展”。内蒙古的31个旗县被列入工程范围，退牧还草任务1449.3万公顷，计划投资46.19亿元。据监测，项目的实施，大大提升了草原的生态效益水平。

2010年10月，国务院做出决定，在全国8个主要草原牧区省实施草原生态保护补助奖励机制，中央财政每年投入134亿元，主要是针对牧民草原禁牧、草畜平衡、牧草良种及牧民生产资料进行补贴。从2011年开始，国家每年安排内蒙古草原生态保护补助奖励资金40.4475亿元，其中禁牧补贴25.4亿元，草畜平衡奖励8.1263亿元，牧草良种补贴4.522亿元，牧民生产资料补贴3.8亿元，绩效评价奖励资金平均每年1.37多亿元。2011～2014年，中央财政共计下达内蒙古草原生态补奖各类资金165.91亿元。加上自治区每年10多亿元的配套资金，已使全区6753.3万公顷草场纳入草原生态补奖范围内，其中2986.87万公顷草原实现禁牧，3765万公顷草原落实了草畜平衡，基本实现了可利用草原的全覆盖；人工种草保留面积突破326.67万公顷；使146万户、534万农牧民从中受益。草原生态保护补助奖励机制是继草原“双权一制”、取消农牧业税后，又一项对牧民普惠性更强、对草地生态实施全面保护与修复的重大系统工程，是协调推进草原生态建设、促进牧业生产与牧民增收的重大举措。到2015年底，一期工程已经结束，二期工程目前业已启动。为了客观评价该项目对草原生态修复的作用，总结经验，内蒙古建立了生态与生产生活双向评估机制，制定了《草原补奖监测评价标准与方法》，从2011年开始，对补奖区域内的草原变化情况进行全面监测与评估。其中，设置地面监测点988个，确定抽取牧户调查样点988个，重点固定监测样点150个，主要草原类型的调查路线样地838个。监测指标包括植被生长状况、生态状况、家畜状况等30个指标；评价指标包括植物种数量、盖度、产量、超载率等13个指标。初步结果表明，补奖区天然放牧牲畜头数得到有效控制，舍饲圈养牲畜数量增加。草畜平衡区基本实现草畜平衡。2013年监测显示，牧业旗县超载率比2008年下降了8.75%。2013年全区草原植被盖度为44.1%，比2010年的37.08%提高了7.02%，草原植被持续恢复。2013年全区天然草原冷季可食牧草储量为1483.96万吨干草，比2010年的976.21万吨干草提高了52%。全区约43%项目区植被盖度明显提高，50%实施前后盖度基本未变，只有7%在项目实施后盖度有所下降。项目区草原产量增幅为29.20%，非项目区增幅为22.85%，提高6.35%；项目区草原盖度增幅为24.63%，非项目区增幅为21.23%，提高3.4%。2013年全区牧民人均纯收入达到12668元，比2010年的5825元增加6843元，增长117%。

（三）“三化”草地生态系统修复工程进展

国家对草地生态修复的投入，从宏观上实现了草地生态保护的目标。但是，单纯依赖政府主导的项目或工程，也存在一系列的矛盾和问题，主要体现在生态保护的长期性和项目的阶段性之间的矛盾；生态保护和生态修复的公益性与牧民生产生活的个体性之间的矛盾；生态修复技术的普遍性和草地退化类型差异性的矛盾；投资主体的单一性和多元性之间的协调问题；多次治理反复退化的问题等。即使是正在实施的草原生态保护补助奖励机制，也存在着许多需要解决的问题（董恒宇，王国钟，2014；刘爱军，2014），如果处理不好，会影响牧民的积极性，项目的成果将难以维持。

目前“三化”草地的修复工作呈现出如下特点：①针对性越来越强，解决问题的重点更加突出；②技术要求精细化，重点以牧户的草地为修复对象；③投资主体多元化；④生态修复效益化的要求更加明显，能够支撑后续产业的发展；⑤牧民反感草地经常出现的“二次退化”，对修复草地的维持技术提出更高要求。针对这些特点，目前出现了好的苗头，形成了很受欢迎的模式，就是“由企业牵头、政府扶持、科技部门支撑”的生态修复模式。尤其是对于区域性或局部草地生态修复工程，这个模式呈现出很好的优势。其特点：①因地制宜，根据草地三化特点确定技术方案，而不是仅仅为了完成项目下达的指标任务；②以产业化为目标，追求实实在在的效益；③行动迅速，效果显著；④按企业管理的方式，责任主体明确，项目维持管理到位，成果可持续。例如，内蒙古蒙草生态环境（集团）股份有限公司联合内蒙古农业大学等单位，在内蒙古科技厅的支持下，承担了科尔沁沙化草地的生态修复任务。该公司下属的通辽市蒙草沙地治理与林草牧业发展研究院有限公司，首先垫资在通辽市科尔沁左翼后旗和中旗严重沙化的草地上，采用一年生和多年生植物混播（沙米、沙蒿、小叶锦鸡儿、白花草木樨、羊柴、沙打旺等）技术，于2015年7月抢雨季进行飞播1333.3公顷（2万亩），结束了该市多年来未进行飞播修复生态的历史。2015年10月测定，飞播植物平均高度为4.5厘米，平均盖度8%。2016年8月底观测，原来的不毛之地已经呈现出生机。飞播区原有的植被覆盖区残留10%，飞播后补充植被覆盖区45.71%，使植被总覆盖区达到55.71%。这种速度和效果是前所未有的。该公司在通辽市扎鲁特旗极度风蚀的草地上，建成了优质高产人工草地，周边草地植被也迅速恢复，示范效益显著。另外，内蒙古蒙草生态环境（集团）股份有限公司联合中国科学院植物研究所等单位，在乌拉盖风蚀沙化草地上，根据沙化程度和特点，采取了多项不同的修复措施，效果极其明显，为类似区域的生态治理树立了典范。同时，为了保护打草场植被，修复已经退化的打草场生态，他们示范推动的保留漏割带的操作，对于滞留积雪、保护牧草自然种源、减少表土侵蚀、提高牧草产量等都产生了明显的效果。这种做法由当地政府和科学家们呼吁了多年都没能实现，企业的参与，使之快速变成了现实。

城市周边受损草地的生态修复

（一）案例简介

随着城镇化进程的加快，北方草原区城镇周边草地生态系统普遍受到严重损伤。调查发现，不仅城镇扩张大量占用了原来优良的草地，周边区域草地呈现的“千疮百孔”“垃圾遍地”“污水横流”“满目疮痍”景观已不是个别现象，城里的鲜亮美与周边的脏乱差往往形成强烈反差，与生态文明建设的要求格格不入。加快治理和修复城镇周边生态，打造现代社会追求的优美人居环境，一定会成为我国今后生态修复领域新的重点和亮点，也是实现小康社会的基本要求。

虽然我国南方地区在城镇化和基础设施建设过程中也面临着生态破坏和修复问题（程睿等，2015），但北方草原区面临的形势更加严峻。北方城镇周边草地的生态条件一般较差，受干扰的因素难以在短期内消除，治理难度极大。这些区域草地生态修复，不仅受技术的制约，也受社会环境的制约，是一项复杂的系统工程。

为了修复受到严重损毁的城市周边草地生态系统，内蒙古蒙草生态环境（集团）股份有限公司进行了大胆尝试，在内蒙古农业大学等单位的技术支持下，在呼和浩特城边进行了666.67万公顷（号称万亩草场）的草原修复工程（王召明，2014），获得了巨大成功。修复后的草地植被稳定，景观优美，已成为市民休闲观光的景点，也为其他城周区域草地的修复树立了样板。这片修复的草地处于呼和浩特市近郊、阴山南麓的敕勒川上。由于长期毁草种粮及城市建设取土挖沙，倾倒垃圾，无序利用，不仅使土地彻底失去了利用价值，植物难以生长，遭到了周边农民的抛弃，也对城市环境产生了巨大危害。而这里正是北魏民谣描述的“天苍苍，野茫茫，风吹草低见牛羊”的核心区域。

2012年，呼和浩特市确定了“大青山生态园万亩草场建设项目”，要求以人工干预下的自然修复为主，采用天然草地改良与人工草地建植相结合的技术路线实施，恢复草原的自然风光，打造若干个高等级旅游景点，形成巨大的生态、社会和经济效益。该项目也被列为内蒙古自治区成立70周年（2017年）献礼工程。内蒙古蒙草生态环境（集团）股份有限公司中标了该项目。项目实施前，他们首先对修复区域的自然环境、水文气候、土壤植被、地形地貌、原生生物以及相关数据资料进行了现场勘察、分析研究，邀请相关专家进行反复论证，形成了因地制宜的施工技术方案。在施工中把握几个关键点：①土地整理。针对沟壑集中、碎石裸露等区域，选用平整加客土的方法，营造良好土壤环境。其他区域也采用机械平整的方式，恢复原有的地貌。②施肥。依据表土特征，施用农家肥、商品有机肥、生物菌肥等多种肥料，增加土壤肥力，改善土壤结构。③灌溉。埋设地下管道，选择喷灌、微喷等多种浇灌方式，达到节水增效的目的。④喷播。以适宜的客土为基质，加入黏结剂、保水剂、牧草种子等成分，形成耐雨水、抗风蚀、牢固透气的多孔团粒体，机械喷播，为种子萌发营造良好环境。⑤植物种选择。选择适于当地条件的乡土草种，混合种植。⑥监测和维护。进行连续的田间管理和观测，掌握演替规律和群落变化，积累数据。

（二）修复效果分析

经过2012~2015年对案例项目区的连续监测分析，认为该草地裸露地表面积减少，土壤流失减少，植物生长繁茂，枯落物增多，土壤中有机质含量增加，有原生植物大量出现，多样性增强，均匀度指数下降，植物群落趋于稳定。在原生植物保留较多的区域，建群种和优势种由施工前的以蒿属植物为主，逐渐向羊草、冰草、白草、披碱草、针茅等成分演替，群落的水平结构分异明显，呈现出对基质条件的自然适应。植物种由6种增至27种；每平方米产草量由2012年的27克，增至2015年的330克。直观上，草地恢复了“天苍苍，野茫茫”的美丽风光。

草地的地下生物量也随着修复年限的增加而增加，累积效益明显。反映在土壤含碳量上，这种趋势也很显著（表1）。0～30厘米层土壤有机碳的显著变化，说明了植物根系对土壤改良的明显效果。

表1　“大青山生态园万亩草场建设项目”区2012～2014年1平方米范围内0～100厘米土层有机碳储量变化（平均数±SE）

土层（厘米）	土壤有机碳储量（克/平方米）		
	2012年	2013年	2014年
0～10	76.15±3.98c	199.58±2.38ab	238.17±5.98a
10～20	29.58±2.33b	48.28±3.64b	109.73±7.36a
20～30	28.63±4.21a	10.42±1.27b	24.13±1.21a
30～40	14.77±4.98a	7.37±4.18a	11.31±1.28a
40～100	17.99±2.98a	18.21±1.11a	23.28±2.96a
0～100	167.12±2.87c	283.86±12.76b	406.62±10.67a

注：同行平均数后具有相同字母者表示差异不显著（$p>0.05$）；2012年为项目实施开始年。

草原大型露天煤矿排土场生态修复与重建进展

（一）背景简介

内蒙古是我国重要的能源和煤化工基地（杭栓柱等，2013），其中，煤炭资源储量和开采量都居于全国前列，在我国整体能源产业和煤化工业发展格局中具有举足轻重的地位。由于内蒙古草原煤炭资源储量大、分布广泛、易于露天开采，使草原区成为我国大型露天煤矿分布最为集中的区域。虽然煤炭开采对内蒙古及全国的经济社会发展发挥着重要作用，但由此产生的一系列生态和环境问题已经引起了全社会的关注。煤炭露天开采除了形成不断扩大的矿坑以外，更大的挑战是开采过程中剥离物堆放形成的巨量排土场，对草原环境和生态造成了极大的负面影响。这些影响包括占压大量草原、破坏了草原的原始景观、污染了周边环境（杨勇，2016）、增加了地质安全隐患等。随着开采年限的延长，排土场堆放物也会不断累加。内蒙古露天煤矿的平均剥采比约为6:1，即每生产单位体积的煤炭，就会相应地产生6倍的排土场堆放物。消除排土场负面影响的首要工作是在全新的基质上，重建植被，修复生态，形成绿色覆盖，再造草原景观，消除飘尘、水土流失、滑坡等造成的污染。再经过较长时间的演变，使排土场的景观与草原背景融为一体，达到稳定的目的。然而，内蒙古草原多处于干旱、半干旱和半湿润气候区内，加上矿区排土场以矸石和深层基质为主的立地条件，使植被重建和生态修复面临着极大困难。另外，不同露天矿排土场条件差异很大，技术要求不同，生态修复的资金投入和来源也不同，因地制宜，分类实施，尊重自然生态规律，是确保生态修复成功的关键。

草原大型露天煤矿排土场生态修复与重建问题，受到越来越多的重视。近年来，各个矿区都对排土场植被重建进行了不同程度的尝试，积累了不少成功经验，也存在不少失败的教训。为了加速矿区生态修复和环境治理进程，国家已经出台了多项政策及法律文件，相信今后不仅对该问题的研究会成为草原恢复生态的热点，在产业化方面也会大有作为。

（二）露天煤矿排土场生态修复成功的基本经验

通过对典型露天煤矿的调查，对排土场生态修复能够取得成功，几乎都有如下主要经验：①牢固树立环保理念。煤矿企业经营和管理者树立好的环保理念，把环境治理和生态保护当作企业义不容辞的责任，是植被重建和生态修复工作的内生动力和思想保障，也是不折不扣落实国家政策与执行法律法规的基本前提。这些企业都彻底转变了传统粗放型生产的观念，坚持可持续发展，发展绿色矿业，建立绿色矿业，按国家要求编制详细的绿色发展规划书。有的矿区不仅重视边开采边治理工作，还重视后期的维护和管理，走上了由绿化到美化的路子。②严格执法和规范管理。所有做得好的露天矿，都根据国土资源部《矿山地质环境保护规定》，认真编制“矿产资源开发利用方案”和“矿山地质环境保护与治理恢复方案”。依据《中华人民共和国土地管理法》《土地复垦条例》及有关法律、法规、政策和技术标准，编制“土地复垦方案”。建立健全企业规章制度，努力实现矿山管理的科学化、制度化和规范化。③重视投入。植被重建和生态修复投入较大，需要长期维持管护，必须形成持续投入的机制。在当前煤矿效益下滑，融资困难的情况下，“矿山地质环境恢复治理保证金制度”为这项工作提供了基础保证，使相关的基础设施建设、人才队伍稳定和技术研发都形成了可持续机制。④重视技术研发。草原区露天煤矿排土场植被重建与生态修复是一项复杂的系统工程，既要有政策法律法规做保障，需要充足的资金做后盾，更需要先进的技术做支撑。在失败的案例中，完全照搬国外的做法、照搬我国其他地区土地“复垦”的经验、不重视乡土植物的作用、重树不重草的做法等，都是技术上出了问题。所以，凡是注重人才队伍建设，强化技术研发与技术创新，尊重规律、尊重知识、尊重技术的企业，工作都很有成效。

（三）露天煤矿排土场生态修复成功的典型模式

1. 生物笆模式

主要应用于锡林郭勒草原胜利露天矿、宏文露天矿、乌兰图嘎露天矿、白音华露天矿等。处于锡林郭勒典型草原区的核心地段，气候干旱，风大沙多，四季分明，寒暑交替。排土场的条件是规模大，缺少灌溉水源，表土覆盖不足，可选择的植物种有限，修复难度大。自2006年开始，经过反复试验比较，由内蒙古沁园欧李生态研发有限公司、内蒙古农业大学、内蒙古草原勘察设计研究院、内蒙古锡林郭勒职业学院和内蒙古锡林郭勒盟林业局等单位，采用边研究、边探索、边施工、边改进的工作思路，开发出了生物笆覆盖、坡面种植混合植物的技术（李胜军等，2011），并获得专利。这项技术在边坡层高为10~20米、坡度25°~35°、无灌溉条件下应用，效果很好。在生态修复过程中，曾尝试在滴灌条件下栽植针叶类灌木和乔木，尽快形成园林化景观，结果以失败告终。

2. 神宝公司覆土种植模式

神宝公司露天煤矿全称为“神华宝日希勒能源有限公司露天煤矿”，地处呼伦贝尔草原中部，位于大兴安岭丘陵山地向呼伦贝尔高平原的过渡地带，也是草甸草原区向典型草原区的过渡地带，具有典型的半湿润大陆性气候特点。这里冬季寒冷漫长，积雪日数在130天以上；夏季温凉短促，无霜期为113天；年平均降水量350毫米；全年平均风速达3.5~4米/秒。植被类型以草甸草原为主，为排土场植被重建提供了足够的植物选择。该露天煤矿是呼伦贝尔地区开采规模较大的现代化煤矿之一，年煤炭产能稳定在3000万吨/年以上，已经形成堆积物超过7亿立方米的排土场。神宝公司露天煤矿生态修复的特点：①充分利用疏干水（矿坑水）进行灌溉。②剥离表土、分层堆放，实现开采、回填、覆盖表土、重建恢复植被的程序一体化。即在土石剥离期间，把含有腐殖质和植物繁殖体的草原顶层土壤首先进行剥离，深度约为60~100厘米，暂时堆放在仍在使用的排土场顶部并进行绿化覆盖。当排土场需要植被重建和修复时，可就近挖取这部分土壤，覆盖在整理后的边坡和平盘表层之上。边坡上的覆盖厚度为15~20厘米，平盘上的覆盖厚度为10~15厘米，盖后适当平整压实，然后种植植物。这种做法大大增加了植物存活的概率，生长也更稳定。③排土场坡面整治，使边坡层高一般<10米，边坡坡度为20°~30°，坡面长度在45米左右。④是植物种选择与种

植，采用当地种，雨季混播，旱时喷灌。当边坡稳定之后，于顶部的外围栽植乔灌混合的防护林。整个矿区基本实现了边开采边修复。

3. 伊敏模式

伊敏模式主要应用并成熟于伊敏煤电露天矿。该矿位于呼伦贝尔市鄂温克族自治旗草甸草原区，气候特点与神宝公司露天煤矿相近。植被类型为草甸草原。伊敏煤电露天矿是全国第一家大型煤电一体化企业，1982 年成立，1984 年一采区投产。目前，露天矿采掘场面积（含内排土场）为 797 公顷，沿帮排土场占地面积 19. 16 公顷，外排土场占地 288 公顷。从 2009 年上半年开始，排土实现全部内排。植被重建和修复的目标是最大限度地恢复草原原有生态系统景观。已实现修复面积 477. 13 公顷，矿区土地绿化率为 96. 09%。这个模式的特点：①重视资源综合利用，依托“煤电一体化”，实现煤、电、水、灰、土的高效综合利用。在土石剥离过程中，将含腐殖质的草原顶层土壤单独存放，用于排土场表层覆盖，加快了绿化和植被恢复。截至 2012 年末，累计覆盖利用顶层腐殖土 279. 64 万立方米。②按排土场类型，选用不同的植物种。主要种植的草种有黄花苜蓿、披碱草、羊草等；灌木有沙棘、黄槐等；乔木主要是樟子松、油松和杨树。③对边坡进行精细整理，使内排土场（外侧）坡面角放到 12°～15°，外排土场层高 20 米，边坡坡度 20°～30°。④加强灌溉管理，保证植被的成活率。为此，铺设了浇水管路约 18 千米，及时进行灌溉，为植被提供生长条件，促进自然演替。⑤加强管护、防止破坏。即使是在稳定的植被恢复区域，一旦有牲畜放牧，植被就会轻易被破坏，表土出现破损，形成水土流失。为此，煤矿组织专人对植被进行看护，避免前功尽弃。

4. 扎赉诺尔模式

扎赉诺尔露天煤矿建于 1902 年，属于百年老矿，位于呼伦贝尔满洲里市扎赉诺尔区。露天煤矿处于典型草原区，但分布有大面积草甸。具有半干旱大陆性气候特点，年平均气温为 -1. 3℃，最高气温 37. 8℃，最低气温 -42. 1℃，年平均降水量 280 毫米，平均风速为 4. 2 米/秒。矿区地表水系发育，湖河分布广泛。排土场主要为灵泉露天煤矿剥离土石方，1960 年开始启用，1966 年形成规模，1999 年停止外排。排土场南北长 5. 4 千米，东西宽 1. 1 千米，占地面积为 5. 94 平方千米。另外，煤矿停止开采后，形成了巨大的矿坑。该修复模式的特点：①依靠自然力进行植被恢复，人工干预较少，仅在局部区域搞了植被重建工程。总体看，生态修复效果不理想。②重新规划，分类治理。2005 年，扎赉诺尔煤业公司把整个排土场划分为农用地、林地、草地、苗圃等几大部分，进行不同利用方式的植被种植和生态修复，试种了大量植物。试种的草种有羊草、冰草、披碱草、紫花苜蓿等，树种有樟子松、落叶松、小叶杨、柳树、柠条、胡枝子、刺槐、紫穗槐等，起美化作用的树种为云杉、榆树、紫丁香、玫瑰、黄刺玫、榆叶梅等，局部区域还种植了果树，作物种植有玉米和大豆等。目前正在对效果进行评估。③资源化利用。目前，扎赉诺尔露天煤矿采空区及周边排土区正在进行国家矿山公园建设，成为中国首批建设的28个国家矿山公园之一，并于2012年成功申报为国家第二批绿色矿山教育基地。通过公园的规划和建设，大大加快了排土场植被重建和恢复速度。由于开采剥离物已全部由外排转为内排，也为恢复草原原始风貌奠定了基础。

5. 其他模式

除了以上介绍的典型模式外，内蒙古草原及其他地区一些露天煤矿也形成不少值得借鉴的排土场生态修复模式。值得推广的模式包括：①内蒙古科尔沁草原区霍林河煤田以沙棘和根茎型禾草为主的修复模式；②内蒙古鄂尔多斯草原准格尔煤田大饭铺露天矿以边坡种植紫花苜蓿为主的修复模式；③鄂尔多斯神东煤田大柳塔矿以建设生态经济林（沙棘、文冠果等）为特色的修复模式；④山西平朔安太堡煤矿以耕地、林地、草地为目标的分类修复模式；⑤新疆准东煤田模拟自然地表、以砂石覆盖、稳定表土、植被自然演替的修复模式等。

参考文献

[1] 王召明. 以生态文明理念，积极探索内蒙古阴山南北部区域恢复草原路径［J］. 草原与草业，2014，26（3）：10－13.

[2] 王明玖，许志信. 内蒙古自治区志·草原志［M］. 呼和浩特：内蒙古人民出版社，2015.

[3] 刘爱军. 内蒙古草原生态保护补助奖励效应及其问题解析［J］. 草原与草业，2014，26（2）：4－8.

[4] 李胜军，朝鲁孟其其格，赵有富，贺广礼. “生物笆”技术恢复草原矿区植被的方法与效果［J］. 内蒙古草业，2011，23（4）：19－21.

[5] 杨勇. 锡林郭勒露天煤矿区土壤重金属分布特征与植被恢复研究［D］. 博士研究生论文，2016.

[6] 杭栓柱，包思勤，赵云平. 内蒙古“8337”发展思路理论与实践［M］. 呼和浩特：内蒙古大学出版社，2013.

[7] 杭栓柱，单平，王明玖. 内蒙古适应气候变化战略评估——以草原畜牧业与水资源为例［M］. 北京：科学技术文献出版社，2014.

[8] 董恒宇，王国钟．天然草场恢复的政策研究——草原生态补助奖励机制实施的调查与思考[J]．草原与草业，2014，26（3）：6－10.
[9] 程睿，赖庆旺，徐国钢，朱兆华，孙吉雄．我国基础建设中土壤生态破坏与修复问题探讨[J]．江西农业学报，2015，27（7）：65－68.
[10] 焦居仁．生态修复的要点与思考［J］．中国水土保持，2003，(02)：5－6.

中蒙驯鹿产业经济的比较研究

张　玉（内蒙古农业大学）
缪丽梅（内蒙古水产技术推广站）
那日苏（呼伦贝尔市农牧业局）
乌云格日勒（内蒙古抗旱防汛物资服务中心）

驯鹿（Reindeer，Caribou，Raxrgifer tarandus）是鹿科驯鹿属的唯一的一种，也是唯一一种雌雄都长角的鹿，所以又名角鹿。世界上以牧养驯鹿为主要生活方式的人群为数不多，仅存1000人左右，分布在欧亚大陆和北美洲北部等寒带气候里，包括气候环境比较类似的蒙古国、俄罗斯和中国北部的针叶林地区。在中国，驯鹿只见于大兴安岭东北部林区，那里的鄂温克族也使用驯鹿作为交通工具。在蒙古国境内现存的查坦族驯鹿人还有400余人，但仍旧牧养驯鹿的只有200人左右。除了蒙古国的查坦人之外，与他们毗邻而居的俄罗斯国境内图瓦地区的多加人、索约特人和托费拉人，也以牧养驯鹿以及打猎为生。驯鹿营群居生活，几十只至一百多只不等。雌鹿1岁半性成熟，雄鹿2岁性成熟，繁殖能力较强，可繁殖到14岁，寿命达20年之久。每年9月中旬至10月上旬发情；妊娠期227～240天，翌年4月中下旬开始产仔，每胎1仔，偶有2仔。仔鹿出生4小时后便能随母鹿行走，哺乳期165～180天。驯鹿主要分布于北半球的环北极地区，包括在欧亚大陆和北美洲北部及一些大型岛屿。北美的驯鹿是纯粹野生的；而分布于北欧，主要由拉普人管理的驯鹿则属于大范围圈养的。驯鹿是亚寒带针叶林中典型冻原动物，栖息于森林、冻土地带和沼泽地有石蕊（白地衣）且积雪不多的地方。驯鹿嗅觉和视觉较灵敏，善于游泳。驯鹿喜食苔藓类植物，春季配食嫩草，夏季则多以桦、柳树的细枝条、嫩尖等。驯鹿惯于在泥沼、森林和雪地中行走，一般能驮运40千克左右，行走时速5～6千米，被誉为“森林之舟”。

一、中国的驯鹿现状

中国的驯鹿主要在内蒙古根河市，由鄂温克族人饲养。鄂温克族是通古斯语民族之一，由三部分构成，人口最多的为索伦，其次为通古斯，人口最少的则为雅库特。雅库特鄂温克人因饲养驯鹿，故又有“驯鹿鄂温克人”之称。居住在根河市境内的鄂温克族就是有着“使鹿部落”之称的雅库特鄂温克猎民，因其常年居住在密林深处从事游猎生产，以狩猎和放养驯鹿作为其主要的生产生活方式，直到中华人民共和国成立初期，这个群体经济社会仍处于原始社会末期。新中国成立后，敖鲁古雅鄂温克族实现了由原始社会直接进入社会主义社会的历史性转变，民族经济社会得到较快发展。目前，驯鹿鄂温克人共有 62 户，250 多人。现定居于内蒙古根河市敖鲁古雅鄂温克民族乡。鄂温克族饲养驯鹿的历史大致分为如下三个阶段。（1）1961年之前。世界上与驯鹿有关的民族和文化大体上可分为三种类型。一种是猎捕野生驯鹿型，主要分布在北美洲北部的森林和苔原地带；第二种是苔原养鹿型，主要分布在亚洲和欧洲北部的苔原地带，这种类型的特点是以驯鹿为主要的食物来源；第三种是森林养鹿型，主要分布在亚洲北部的森林地带，该类型不以驯鹿为食，而仅仅将其作为交通和运输工具，我国的鄂温克族即属于这种类型。中华人民共和国成立前，驯鹿鄂温克人均生活在山林里，他们以乌力楞为单位进行游猎。亦偶尔到额尔古纳河右岸与俄国商人进行交易。由于俄国商人对鹿茸、熊胆等不感兴趣，因而他们主要交易野生动物毛皮。中华人民共和国成立后，驯鹿鄂温克人开始到当地的供销社出售鹿茸、熊胆之类的药材。即便那时，他们仍不割鹿茸，而任其生长脱落。（2）1961 ~2003 年间。1961 年，驯鹿鄂温克人开始试割驯鹿茸并获得成功，从此，鹿茸成为驯鹿鄂温克人收入的一项重要来源。在此期间，由于驯鹿鄂温克人仍然在大兴安岭的原始森林里游猎，狩猎照旧是他们主要的经济来源。进入 20 世纪 80 年代，由于大兴安岭森林资源的过度开发，当地的野生动物资源越来越少，鄂温克猎民猎取野生动物的机会和数量也相应减少。此时，鹿茸已超过狩猎成为驯鹿鄂温克人最主要的收入来源。（3）2003 年之后。2003 年 8 月，驯鹿鄂温克人通过实施“生态移民”，开始实现第三次“定居”。同时，乡政府所在地也由满归一带的敖鲁古雅搬到了根河市西郊 5 公里处，该乡仍称敖鲁古雅鄂温克民族乡。为与老敖鲁古雅乡相区别，故称为新敖鲁古雅乡，简称“新敖乡”。实施“生态移民”后，这部分鄂温克人已不再从事狩猎生产，鄂温克猎民从狩猎生产的生活中退出后，开始管理驯鹿成为各个点的主要生产劳动力。中国驯鹿近 50 年来一直徘徊在 1500 头左右，去年林业部门从国外引进了 500 头，使得中国的驯鹿超过了2000头。

二、蒙古国的驯鹿现状

蒙古国库苏古尔省西北部原始森林中，生活着与中国使鹿鄂温克相类似的，以狩猎、采集、养殖驯鹿为生的驯鹿部落，是该国最小的少数民族部落。这个部落属于蒙古国人口最少的民族图克哈人。图克哈人的蒙古语称呼是“查坦人”，意思是牧养驯鹿的人。查坦人与驯鹿为伴，在上千年的历史中形成了独特的驯鹿文化，并且至今仍旧坚守着这一世界游牧文明的珍贵遗产。查坦族是蒙古国人口最少的民族，也是世界上人口最少的民族，总计只有三百多人，大约四十多户人家。查坦人以狩猎为生，养殖驯鹿是他们的传统家庭副业，他们分住在两个社区，大概2000多头驯鹿牧养于西部针叶林，其他300多头牧养在东部。一个查坦人的家庭一般来说拥有20～150头驯鹿，也有的家庭不足10头。驯鹿对于他们就如同牛羊对于牧民，喝鹿奶、食鹿肉、用鹿皮，鹿车是运输工具，鹿茸是珍贵药材。查坦人的住所是用木架加固的帐篷，一人多高呈圆锥形，木架外面是帆布与驯鹿皮，里面的空间很狭小。查坦人在1956年决定加入蒙古人民共和国，但拒绝搬出原住地、改变生活方式。蒙古国以库苏古尔省查干诺尔苏木为中心，分为东、西查腾驯鹿部落。在查坦部落人们中有个说法叫“查坦人离不开驯鹿，离不开森林……。”查坦族人牧养驯鹿的历史超过3000年，有史料可查的历史可追溯到1000多年前。查坦人在一年中的大部分时间里，不辞辛苦地在很广阔的区域内游牧。他们也保护驯鹿，尽量防止草原野狼来攻击它们。而查坦人牧养驯鹿的主要目的之一，不是为了食之血肉，而是饮食驯鹿的奶制品。他们以驯鹿鲜奶、驯鹿酸奶、驯鹿乳酪和干奶豆腐作为日常主食，以驯鹿的粪便来做烹饪与取暖的燃料。一般来说，只有老到不能再生育小鹿也不能再托运东西的驯鹿，才会被查坦人杀来食用与使用。如今大部分牧养驯鹿的查坦人，仍旧住在传统式的帐篷里，极少数家庭在冬季住在原木建筑的小屋中。在一个大家庭里，不论成人还是儿童，都参与放养驯鹿。生活方式在很大程度上仍旧保持着传统游牧民族的特色。他们住在由树枝和动物皮撑起的帐篷中，以家庭为单位，随着水草和狩猎动物的四季变化而游牧搬迁。

三、驯鹿种群减少的原因

一是病害。驯鹿由于生活在高纬度、高海拔、高寒地带，夏季喜冷怕热多栖于潮湿地带，每年6~9月份发病率最高。常见病有：结核性肺炎、脑炎、关节炎、角蛆等十多种疾病。蒙古国驯鹿锯茸后感染，出现脑炎造成了大量死亡。

二是兽害。狼是森林中穷凶极恶的野兽，对于温顺驯良的驯鹿来说，狼变成了它的天敌。

三是丢失。驯鹿的增减与管理有密切关系，只有对驯鹿进行科学的管理才能使其较快地发展。现在驯鹿的管理仍然是原始的游牧方式，很少跟群放牧，导致丢失严重。

四是瘟疫。瘟疫是驯鹿毁灭性的病害。1892年鄂温克猎民的驯鹿都得了疥癣病，到了12月份驯鹿的毛全部掉光。除茂河一家驯鹿仅活了20多头外，其余的驯鹿在严冬全部冻死。在从森林地带迁徙到大草原过程中，驯鹿与其他牲畜接触，很容易被感染。在蒙古国，由于缺乏兽医技术人员，很难救治患病的驯鹿。在中国，由于治疗及时，没有发生大批的死亡。

五是饲养技术落后。驯鹿的养殖仍沿用几百年前的半野生饲养方式。即无人看管，自由寻食，用时找回，不用在外，不备草料，依靠自然，任其繁殖，自然淘汰。这种落后的饲养方式，是导致驯鹿种群长期徘徊不升的原因之一。

六是牧场质量较差。在中国，由于森林大面积遭到采伐，致使驯鹿的采食范围不断缩小，可食物质特别是地衣植物的减少，加之重复放牧，导致牧场质量降低。驯鹿觅不到充足适口的食物，造成身体虚弱，死亡率增高，影响驯鹿种群的发展。在蒙古国，由于边境关闭（例如蒙古—俄罗斯边境）、土地退化以及商业开发让查坦人无法像过去一样自由放牧，活动范围受限导致驯鹿很难吃到青苔，营养无法得到保证。

七是近亲繁殖严重。近亲繁殖造成种群退化，成活率降低，母鹿空怀率增高。驯鹿之间的近亲交配削弱了它们的免疫系统，导致它们更易受传染性流产等疾病的侵袭。传染性流产由普鲁氏菌引起，同时能够感染其他驯鹿。研究人员认为杜科哈人饲养的驯鹿可能有四分之一患有这种疾病。即使躲过了传染性流产，驯鹿也很难逃过近亲交配产生的影响。由于近亲交配，驯鹿幼仔出生时体型很小并且非常瘦弱。雌性幼仔有时天生乳头较少，在进入生育年龄后，它们在产下双胞胎后经常出现死亡现象。所有这些都是驯鹿群没有足够的基因多样性的表现。

八是极端气候变化的影响。气候变化产生的一个重要影响就是极端天气，包括干旱和严寒。进入21世纪以来，蒙古国出现了3次极端天气事件。气候变化导致可以放牧的区域减少，对生态造成压力的同时影响到牧民的生活。

四、驯鹿产业经济

（一）驯鹿产品

鹿全身是宝，可以开发出多种药品、滋补保健品、食品、化妆品，其医疗保健价值尤其显著。作为药材的就有鹿茸、鹿角、鹿筋、鹿鞭、鹿血、鹿茸血、鹿心、鹿骨、鹿皮、鹿尾、鹿脂、鹿精液、鹿肉、鹿胎等30余种。其中鹿茸具有较高的药用价值和滋补功能，是中药之王，补品中的上品。在中国，鹿茸是鄂温克猎民目前最主要的收入来源。割驯鹿茸一般是在春末夏初，由乡政府统一进行。届时，乡政府会派专人到猎民点，一个点一个点地割。割茸由乡政府指定的割茸员来完成，每当鹿茸被割下后，立即称重，然后把它登记在户主名下，接着把驯鹿茸统一送到乡政府下属的鹿茸加工厂，经烤干等几道加工程序，由乡政府统一对外出售，所得款项的一部分按当初各户湿鹿茸的多少进行分配。驯鹿是半野生动物，其茸的价值虽比不上野生的马鹿茸，但比圈养的马鹿、梅花鹿及野生驼鹿的茸的价格高。在蒙古国，由于技术和储存等问题，近年来很少锯茸，而使其骨化利用鹿角。

（二）旅游纪念品

在中国，目前敖鲁古雅乡共有5家销售驯鹿产品及旅游纪念品的商店，主要经营驯鹿茸切片、驯鹿鞭、驯鹿角工艺品以及毛皮手套、毛皮挎包和桦树皮盒等民族工艺品。随着敖鲁古雅乡特色经济的飞速发展，每年到敖鲁古雅乡旅游的人也很多，游客除到景点和猎民点旅游外，一般都要购买一二件驯鹿产品或民族工艺品。在蒙古国鹿产品及旅游纪念品主要是驯鹿角工艺品，但做工比较粗超。

五、驯鹿产业经济发展建议

（一）减少驯鹿死亡率以加强产业基础

导致驯鹿死亡的原因有：（1）盗猎者的捕猎；（2）环境污染（在中国主要是吃了喷洒过林药的植物）；（3）车祸（在中国包括汽车祸和列车祸两种）；（4）被其他野生动物伤害（在蒙古国主要包括熊害、狼害和猎捌害等）；（5）走失；（6）病死；（7）老死。在中国主要是盗猎者的捕猎、环境污染、车祸、走失和老死；在蒙古国主要是被其他野生动物伤害、走失、病死和老死。减少驯鹿死亡率是强化驯鹿产业的基础。

（二）提高产品精加工以扩大销售份额

随着经济的发展，人民生活水平的提高，对驯鹿产品需求也日益增加，驯鹿产品市场潜力的巨大。中蒙两国驯鹿养殖业存在的最大问题是产品精深加工环节薄弱。市场上缺少科技含量高、质量优良、口味及营养俱佳、服用和携带方便的驯鹿系列精深加工制品。随着国民经济的不断发展，国内外市场对营养保健品的需求量逐年上升。消费者对营养保健品的高质量、多样化的需求给驯鹿业产品加工带来了良好的机遇。驯鹿茸是当地人主要的收入来源，驯鹿茸产量的多少及销售价格的高低直接影响到他们的实际收入，进而影响到他们的生活质量。通过提高产品精加工和扩大销售份额，才能猎民收入的提高。

（三）扩大驯鹿种群数以促进合理利用

由于缺少交流合作，加之饲养方式落后，驯鹿的养殖一直面临发展缓慢，种群退化等难题。如何走出困境？一是引进良种杂交解决中国驯鹿数量少、驯鹿的增殖中近亲繁殖、种群的退化和多种疾病的发生等问题，促进驯鹿种群的健康发展壮大。二是建立保护区，减少天敌对驯鹿的侵害，有效地控制驯鹿疾病的发生和蔓延，及时地对患病的驯鹿进行医治。为驯鹿保证一个更安全的生活环境并对它们的食物摄取进行监控，降低天敌和疾病死亡率，提高驯鹿的营养状况、繁殖率和产品品质。

（四）调动猎民积极性以实现良性循环

缺少劳动力尤其是缺少中青年男劳力，是影响驯鹿饲养业发展和驯鹿种群数量增加的重要原因。为鼓励鄂温克族猎民养鹿的积极性，2007 年呼伦贝尔市政府对驯鹿养殖发放补贴款，鼓励猎民养鹿的积极性，从而使驯鹿头数逐年增加，进而达到保护和发展我国唯一驯鹿种群的目的。通过定点帮扶，从抓猎民可持续增收项目、培养猎民生产技能、锻炼猎民理财能力、提升猎民整体素质、改善猎区基础设施条件等五个方面入手，改善养殖区的基础设施条件，促进驯鹿产业的新发展。以实施好促进猎民增收致富生产项目为平台，调动猎民参与生产积极性，促进猎民思想意识的转变，积极探索驯鹿养殖、生态资源保护与开发良性循环的可持续发展之路。

（五）提高养鹿人素质以促进产业经济

驯鹿养鹿人常年在深山老林，与世隔绝，养成了饮酒的习惯，个别人久而久之患有酒精依赖症，嗜酒成性，因饮酒导致的非正常死亡时有发生，这种情况在男性青壮年身上尤为突出，导致各猎民点普遍缺乏青壮年男劳力。一些男性青壮年虽然没有死亡，但因为终日饮酒，已不能到猎民点劳动和生活，个别人因饮酒而成为残疾人。在猎民点上的主要工作就是找鹿。这项工作劳动强度大，多由青壮年男劳力来承担。按照驯鹿的生活习惯，鄂温克猎民一年要搬三四次家。他们在冬营地的时间较长，从前一年的 9、10 月份一直到次年的 3 月份，然后搬一次家，7 月份再搬一次，有的 8 月份还要加搬一次。驯鹿养殖点除饮酒外，一些男青年适应不了猎民点的生活，总想往山下跑，使得养殖点缺乏劳动力。同时，养鹿人受教育的程度比较低，影响着驯鹿产业经济的发展。

（六）加大旅游业发展以增加牧民收入

旅游业是驯鹿养殖人较有发展前景的产业。它不仅可以增加驯鹿养殖者的收入，而且也是保护和发展民族传统文化的一个重要手段。在具体实施中，既要把发展旅游业同保护民族传统文化结合起来，驯鹿养殖者成为管理者和服务者，最终成为旅游业发展的主体和主要受益人群；又要充分考虑驯鹿养殖者的利益，积极吸收他们参与到旅游业中去。同时，抓紧筹措资金，加快基础设施建设，改善旅游环境，引进各种资源，加大旅游业发展力度。

参考文献

[1] 常悦，张玉，陈巴特尔，孙亚红．驯鹿及其生物学特性研究［J］．家畜生态学报，2013（2）：84－87.

[2] 常悦，张玉，陈巴特尔，孙亚红．驯鹿种质资源及其生态分布的研究［J］．家畜生态学报，2013（3）：72－77.

[3] 乌云格日勒，张玉，张建明．蒙古国鱼类物种探究［J］．中国科学技术学报，2009（4）：26－28.

[4] 乌云格日勒．蒙古国渔业资源及渔业经济初探［J］．内蒙古水利，2011（02）：194－195.

吉林省融入“一带一路”发展倡议深化与俄蒙合作的思考

李寅权（吉林省政府发展研究中心主任）
侯　玲（吉林省政府发展研究中心开发开放处处长）
李奉芪（吉林省政府发展研究中心开发开放处科员）

2015年3月，国家“一带一路”倡议路线图正式公布，其中明确了“长春建设成‘中蒙俄经济走廊’节点城市、延吉（长白）建设成重点开发开放实验区、推进吉林省对俄陆海联运通道合作”等政策，吉林省成为打造“中蒙俄经济走廊”的重要省份之一。在新的发展背景下，吉林省抢抓机遇，谋篇布局，“一带一路”建设稳步推进，取得阶段性成果。

一、吉林省参与“一带一路”建设的新进展

（一）顶层设计进一步强化

国家提出“一带一路”倡议以来，吉林省加紧谋划，先是把长吉图开发开放融入国家“一带一路”倡议，到“借港出海”开辟海外航线，再到我省“十三五”规划纲要中提出，深度融入“一带一路”，实施长吉图开发开放与对接环渤海双翼共进，扩大向东向南开放，发展思路不断清晰和完善。推进长吉图战略向东开放，要积极参与“中蒙俄经济走廊”建设。争取中朝圈河至元汀界河公路大桥建成通车，继续实施扎鲁比诺万能海港等项目。发挥好珲春国际合作示范区等平台作用。对接环渤海向南开放，即加快南部开放大通道建设，推进四平、辽源、铁岭、通辽经济协作区，打造“长平

经济带”“白通丹经济带”。

我省“一带一路”工作领导小组，加快编制规划方案，强化顶层设计。下发了《吉林省参与建设“丝绸之路经济带”和“21 世纪海上丝绸之路”的实施方案》《吉林省人民政府关于中哈〈“丝绸之路经济带”建设与“光明之路”新经济政策对接合作规划〉的建议》《吉林省推进“一带一路”建设标准化工作实施方案（2016—2020年）》《吉林省推进“一带一路”建设 2016 年工作要点》等文件，签署了《国家发改委　吉林省政府关于建立推进国际产能和装备制造合作委省协同机制的合作框架协议》，为“一带一路”建设提供了政策保障。

（二）跨国运输体系初步形成

（1）铁路、公路建设取得较快进展。重点改造和建设了珲春铁路口岸千万吨国际换装站；协调完善了马哈林诺铁路口岸查验设施，实现中俄珲马铁路国际联运常态化运行；推进了“长满欧”货运铁路专线的开通。自去年 8 月以来，“长满欧”班列每周双向对开，形成了长春国际陆港一期与长春综合保税区“长满欧”货物与保税货物的互动。到 2016 年 8 月 31 日，共承运进出口货物 76 批次，计 894 个标箱，重量 5088. 13 吨，货值超过 5200 万欧元。

（2）海运通道实现新突破。推动了珲春—扎鲁比诺—束草和珲春—扎鲁比诺—新泻航线稳定运营，开通了珲春—扎鲁比诺—东海—釜山（敦贺）航线。

（3）航空通道保持稳定运营。长春至莫斯科的货运航班成功首航，吉林航空通道正式开通。积极支持珲春至符拉迪沃斯托克空中航线稳定运营及国际邮路建设，加快推进了国际邮件智能信息化平台建设。

（4）港口和物流中心项目进展顺利。完成了扎鲁比诺港珲春物流中心项目选址、公司注册、规划设计等前期工作，目前一期工程已开工建设。

（三）与俄、蒙产业合作不断深化

在农业领域，积极利用黑龙江在俄罗斯滨海边疆区建设新友谊农场这一重要对外投资合作项目，通过与黑龙江的合作延伸到与俄罗斯的境外农业合作，实施境外农业综合开发。我省企业在蒙古国建设中蒙现代农牧业国际合作区，并取得了蒙古政府颁发的 2. 5 万公顷土地使用证。在工业领域，重点推动了一汽、长客、吉林森工、亚泰集团、皓月集团、德大集团等龙头企业，进入俄罗斯腹地开展合作，积极建设中俄双向贸易和加工基地，带动设备产品出口和资源回运，延伸产业链和价值链。扶持企业对俄、蒙开展境外投资和能源矿产开发项目，推动电力向俄远东地区输出。在服务业领域，不断开拓跨境加工贸易、旅游、文化、信息交流等新领域合作，积极推动向东通过珲春口岸发展陆海联运形式扩大与俄罗斯旅游合作，向西通过与内蒙古合作开发跨境旅游线路与产品，加强与蒙古国东方省和俄罗斯赤塔州的旅游合作。

（四）对外科技合作日益紧密

吉林省教育资源丰富，高校众多，涵盖多学科多门类，近年来，不断发挥中科院长春光机所、中科院长春应化所、吉林大学、东北师范大学、长春理工大学、长春工业大学、东北电力大学等高校院所科技创新作用，依托丰富的科教资源优势，不断扩大与“一带一路”国家科技合作，实现了“项目—基地—人才”相结合的战略转变，全方位、多层次、广领域的对外科技合作新格局。

目前，国家级国际科技合作基地数量增至 16 个，省级国际科技合作基地增至 37 个。重点培育建设了中俄科技园、中美食品安全检测仪器产业合作园、中日（鸟取）动漫产业合作园、中韩（江源）生物产业合作园等 10 个产业合作园区，组建了吉林省现代中药国际合作研发中心。积极申请国家科技部项目经费支持，组织实施中俄、中乌、中韩、中日等政府间科技合作，我省农业科学院与科技厅组成代表团与俄罗斯国家科学院签署了 1 个农业技术合作框架协议和 4 个合作研究协议。成功举办了东北亚产业技术论坛、“一带一路·中俄科技合作北方论坛”等系列国际交流活动。组织参加中国重庆高新技术交易会和中国北京国际科技产业博览会。同时，加强科技人才交流与合作，已有多位专家获得外籍院士称号。

二、吉林省参与“一带一路”建设面临的突出问题

一是统筹协调力度不够，合作机制不健全。从省内来看，全省缺乏全方位统筹规划，还需要进一步明确各市州融入“一带一路”的发展方向和重点任务，市与市之间缺乏健全的合作机制，导致各区域间相互独立，各自为政，政策效率降低，很大程度上影响了我省融入“一带一路”的发展步伐。从省外来看，尽管从 2010 年以来，东北四省通过地区行政首长联席会议制度在产业、交通、市场对外开放、文化建设等方面加强了合作交流，进一步推动了东北区域一体化和“中蒙俄经济走廊”建设步伐，但是就“中俄蒙经济走廊”建设问题没有形成长期协作机制，组合出击力量稍显不足，仍需进一步提升合作层级。

二是缺乏沟通信息平台。商会、行业协会等民间组织作用不明显，缺少具备电子交易、公共信息、口岸通关、金融配套、航运物流、出口退税等外贸综合服务平台。

如一汽集团向一些欠发达国家投资时，由于部分国家政府职能不完善、信息公开度差，企业直接沟通难度大，影响了企业海外业务的拓展。

三是“走出去”企业运营成本高，未形成投资合力。一方面，与黑龙江和辽宁口岸相比，我省企业物流成本高出一倍，一定程度上增加了企业的负担。与国外企业相比，我省企业国内贷款期限多在 3 ~5 年，融资成本为基本利率上浮 10% 以上（目前 6.6% 以上），即使进出口银行的优惠贷款也要年息 3.65%，而外国企业在花旗等银行的 15 年期贷款融资成本仅为 2% ~4%，而中小企业贷款难。另一方面，我国企业海外投资多是企业个体行为，企业在海外主要是“单打独斗”，上下游企业缺乏整体配套，没有形成与国内相关配套企业及服务“一条龙”对外投资格局，甚至有些同行业间在国外开展无序竞争，打价格战。

四是对外科技、人文交流合作有待加强。在“一带一路”新形势下，尽管吉林省对外科技合作不断扩大，但是与内蒙古和黑龙江相比，还是有一定差距。比如，内蒙古大学等 7 所高校与俄罗斯的布里亚特共和国立大学等 10 多所高校和科研机构建立了稳定的合作机制，互派留学生，共同举办学术会议。中蒙俄智库合作联盟更是为三国高端人才交流合作搭建了很好的平台，为三国政府政策研究提供了智力支持。这些都是需要我省多学习借鉴的地方。

三、下一步的发展思路

2016 年 8 月 17 日，习近平总书记就推进“一带一路”建设提出八项要求，这是我们今后工作的根本遵循。

一是健全东北四省统筹协调合作机制。国家层面，建议国家根据《建设中蒙俄经济走廊规划纲要》统筹协调，尽早出台具体的实施方案，以便黑吉辽蒙四省与俄罗斯与蒙古国形成长效合作机制，加快推动“中蒙俄经济走廊”中的分工协作。东北四省共同与国家相关部门沟通，尽可能将对俄、蒙合作的主要项目列入中俄、中蒙政府间会谈内容，争取得到双方中央政府支持，并建议中央有关部门建立统筹协调部门，发挥东北地区对俄各领域合作的组合拳优势，切实搞好重大合作项目。省级层面，与俄蒙等国家的相关省市建立友好城市和定期会晤机制，充分发挥现有的东北四省行政首长联席会议制度、东北东部区域合作（12 +2）圆桌会议等机制作用，尽快建立产业、交通、科技、社会、生态等领域跨区域合作机制，开展多层次、多渠道沟通；推动签署合作规划，建设一批合作示范区；建立完善跨省、跨市联合工作机制，研究推进“中蒙俄经济走廊”建设，推动“长白经济带”“白通丹经济带”建设，“辽源、四平、通辽、铁岭经济协作区”等规划或实施方案出台。

二是重点推进基础设施互联互通。全力支持中蒙俄国际通道建设，制定基础设施项目推进时间表，优先打通陆地短缺路段和平静路段，重点推进“两山铁路”、扎鲁比诺万能港、滨海二号物流通道走廊、陆海联运航线常态化运营、中俄高速铁路公路等项目建设；推进延吉国际空港、珲春、长白、和龙、三合等口岸建设。加快物流集散地建设。协助内陆港开通跨境专列，建立良好内陆港运营机制，组建由重点物流企业、沈阳铁路局、港口、保税区等构成的投资运营主体。探索跨区域多式联运口岸监管的无缝衔接和无障碍流转。

三是拓展与俄、蒙重点领域合作。我省应抓住机遇，认真研究俄罗斯远东地区和蒙古国市场的信息和政策变化，积极借鉴黑龙江、内蒙古对俄蒙合作发展经验，进一步加强农业、能源、旅游等领域合作。在农业领域合作方面，依托现有农业合作优势，争取在俄罗斯远东和蒙古地区建设大型合资农场和新型农业园区，开办农副产品加工企业，做成现代化农业示范项目，推动我省农业产业输出。在吉林省与俄远东地区成立由企业、农户、行业协会组成的农业合作社，创新农业合作模式，实现产供销一体化，共同开发俄蒙农业市场。在能源资源领域合作方面，继续推进我省与滨海边疆区煤炭合作开发项目、与蒙古国东方省石油煤矿投资项目。进一步加强我省与俄、蒙地区林业、矿业、渔业能源开发，并与俄方企业洽谈，共同组建合资公司，联合开发。在旅游领域合作方面，建立与俄蒙旅游领域、部门之间合作关系，东北四省可以通过创建同一品牌，推出联动服务，共同进行宣传、组织、策划，加大俄、蒙等国游客入境产品开发。

四是加强对外科技人文交流。加强我省高校、科研院所、企业与俄罗斯、蒙古国的科学院、高校的合作交流，多渠道引进俄罗斯航天航空、军工、生物制药、激光、核电等领域尖端技术。搭建对俄科技合作创新与成果转化平台，加大对长春中俄科技园扶持力度，发挥其新型科技企业孵化器的作用。构建对外科技合作服务体系，由省科技厅成立专门对外科技合作网站，培养和引进复合型科技人才，建立由国内外高校、省直机关、科研教育部门组成的专家库，定期召开有关中俄、中蒙科技合作的论坛、智库联盟，促进信息交流。依托东北亚“黄金纽带”文化园、长春奥体中心，扩大东北亚各国之间多领域合作。

五是拓展“一带一路”建设项目资金渠道。争取亚投行和国家“丝路基金”支持，同时组建省级“丝绸之路”建设基金，用于重点支持企业和项目“走出去”。协商国内实力较强的金融机构，联合成立“一带一路”创新发展投资基金管理有限公司，通过股权投资、并购和资产证券化等，支持符合我省“一带一路”经济区规划的重大产业项目、省内外传统优势产业和战略性新兴产业、重点产业园区基础设施项目等。

加强开放式创新　促进中俄蒙科技合作

李　飞（中国深圳市政府发展研究中心政策研究室副处长）

一、中俄蒙科技合作的基础

（一）三国科技发展基本情况

中俄蒙三国均高度重视科技创新，近年来持续加大对创新投入。中国在载人航天和探月工程、载人深潜器、超级计算机、新一代高速铁路技术等方面世界领先，2015年国内专利申请量和授权量分别达263.9万件和159.7万件，居世界第1和第2。全社会研发支出约14300亿元，全国高新技术企业总数达到7.9万家，科技人力资源总量超过7100万，创新驱动发展战略已成为中国实现全面建成小康社会的第一动力。

俄罗斯科技基础雄厚，在航天科技、新材料、生物化学技术、新能源等尖端科技领域处于世界先进水平，重视基础研究，形成了完备的科技管理体制。《俄罗斯联邦2020年创新发展战略》提出，到2020年，俄罗斯创新产品产值占GDP比重提高至17%～20%，力争使俄罗斯在未来几年跻身世界前五大经济体。

蒙古国有丰富的煤炭、石油、铜矿等能源矿产，尤其是煤炭储量充足，被称为“煤矿业的沙特阿拉伯”。但对科技投入较少，技术创新发展相对缓慢，世界银行的资料表明，蒙古国的技术创新发展水平比其他国家低很多。

（二）三国科技合作情况

改革开放30多年来，中国科技实力显著提高，目前已与156个国家和地区建立了科技合作关系，加入200多个政府间科技合作组织，200多位中国科学家担任国际合作组织的领导职务。跨国公司在华投资设立研发机构达1800家。

中俄两国之间科技合作缘原已久，已由最初的“单向流动”转变为如今的“双向互动”。2014年，中俄双边贸易达953亿美元，中国已连续五年居俄罗斯第一大贸易国。中俄总理定期会晤委员会框架下的科技合作分委会，是两国政府间科技合作的机制化平台。目前，中俄政府间科技合作项目已达数百项，涵盖了航空、能源与节能、新材料、生物、信息、化工、机械制造、电子等各个领域。中俄两国境内陆续建立了若干科技合作及产业化中心或基地，包括中国境内的烟台中俄高新技术产业化合作示范基地、浙江巨化中俄科技园、黑龙江中俄科技与产业化合作中心、长春中俄科技园，俄罗斯境内的莫斯科中俄友谊科技园等。2012年4月，中国科技部火炬高新技术产业化中心与俄罗斯“硅谷”——“斯科尔科沃”创新中心在莫斯科签署合作协议，决定在科技企业孵化、高新技术研发等方面开展合作。但与美日欧等国比较，俄罗斯在中国申请发明专利偏少，截至2015年底，累计申请发明专利才2114件，远低于日本（523158件）、美国（381746件）、韩国（147183件），说明俄罗斯在高科技产业开拓中国市场方面仍步伐缓慢。

中蒙两国产业互补性强，合作空间巨大，中国一直是蒙古国第一大贸易伙伴和第一大投资国。近年来，中蒙双方科技交流日益深化，双方签署了《2011—2015中蒙科技合作协议》，成立了中蒙技术转移中心。2013年10月，中蒙双方总理签署《中华人民共和国和蒙古国战略伙伴关系中长期发展纲要》，并签署《中华人民共和国科学技术部与蒙古国教育科学部关于在蒙古国建设第一个国家科技园区的合作谅解备忘录》。2014年8月，习总书记在蒙古国访问期间两国元首签署了《中华人民共和国和蒙古国关于建立和发展全面战略伙伴关系的联合宣言》。其间，科技部与蒙古国教育和科学部签署了《关于推进科技人员交流的协议》和《关于共建中蒙生物高分子应用联合实验室的谅解备忘录》，标志着两国的科技进入了合作发展新常态。2014年，中蒙双边贸易达73.1亿美元，同比增长22.6%。

中俄蒙三方合作具有良好的基础，加强科技合作符合三方利益，也是建设中俄蒙经济走廊的重要组成部分。但同时，三国科技合作体制机制障碍仍存在，如缺乏长远规划，信息交流平台不畅，需要通过科技交流互通，争取达成共识、增进了解、创新方式，共同提高三国科技合作水平。

二、中俄蒙科技合作的重点

围绕中俄蒙经济走廊总体框架，秉承“开放、包容、合作、共赢”的原则，建议中俄蒙三方合作的重点如下。

（一）发挥各自优势，在重点领域加强技术与资本对接

中国与蒙古国合作重点领域为蒙医药、畜牧产品加工技术、矿山科技、新材料和新能源（风能、太阳能、沼气能）技术。蒙古国拥有丰富的矿产和畜牧资源待开发，中国可利用在煤炭资源深加工和综合利用、风能、太阳能等方面的研发优势，加强技术输出，帮助蒙古国提高矿产资源和可再生能源的使用比重和利用效率。

中国与俄罗斯合作重点为军民融合发展技术、生物医药及医疗器械、信息与通信技术、先进制造等。俄罗斯基础研发能力很强，投入较高资金，但应用研究资金偏低，尤其是东部地区科技成果转化困难，多数处于研发阶段或中试阶段，科研成果与市场严重脱节，国际资本更倾向于投资自然资源领域，科研资金投入不足。中国可加强对俄罗斯科技研发的资本输出，如与俄罗斯共同对科技成果转化的全过程或某些环节投资合作，实现科技成果的转化。

（二）多渠道加强国际合作，形成政府与民间互动格局

一是发挥政府间国际科技合作的引导作用，在中俄蒙三国科技合作协定的框架下，政府部门加强互访交流，共同举办国际会议，推动建立国际科技合作基地，如联合实验室、示范基地和孵化器、技术示范工程等。此外，派驻科技外交官也是政府推动和加强与国际科技合作与交流的重要举措。二是加强半官方及民间科技合作交流，主要是中俄蒙三国科研机构之间、高等学校之间、科技学术组织之间、企业之间、城市之间以及科学家个人之间的科技交流与合作。通过官方与民间交流的互动，共同促进科技合作迈向深入。

（三）注重产业创新，合力打造创新型经济体

科技创新最终要落实到产业创新上，才能迸发出巨大的活力。目前各国都在加快发展战略性新兴产业，中国提出了大力发展节能环保、新一代信息技术、生物、高端装备制造、新能源、新材料等战略性新兴产业，这些产业代表未来发展方向，市场潜力巨大，是创新型经济新的增长点，三国应充分利用各自的技术、市场和资源优势，形成互补发展。此外，要通过科技合作，提升各国传统产业科技含量，共同推动传统产业加速向研发、设计、品牌、总部等产业链、价值链高端迈进，提高经济发展质量。

三、中蒙俄科技合作的路径

（一）加快精通多语种复合型人才培养

精通多国语言的人才是中俄蒙开展科技合作交流的基础，目前同时熟悉俄语、蒙古语和汉语的复合型人才仍比较紧缺。以中国为例，国内老一辈精通俄语的人才数量日渐减少，新培养的俄语人才数量、素质和专业知识结构均不能满足市场需求；除蒙古族外，熟悉蒙语的人才也非常少。要打通三国科技合作的高速公路，必须扫清语言路障，这就需要我们顺应市场需要，通过增开专业、改革教学模式、开展合作办学等多种手段，加大对紧缺型人才的培养。此外，中俄蒙三方可通过互派留学生，加大交换生力度、定向委托培养等形式，尽快培养一批既熟练掌握三国语言，又精通三国科技政策，并具备一定贸易和法律知识的复合型人才，为三国科技合作搭建桥梁。中俄蒙三国政府应鼓励所在国大学，与合作国联合办学，设立特色学院，加强人才储备。

（二）加大开放式创新力度

开放式创新可有效提高创新的效率和成功的可能性，已成为全球创新的趋势。区别于传统封闭式创新模式，目前全球高科技公司都十分强调开放与合作，努力在全球范围寻找和配置创新资源，站在世界科技前沿，整合外部高端人才资源，需求技术的突破性变革。任正非在“华为云计算发布会”的演讲中也强调：“华为廿年来，从青纱帐里走出来，一个孤独的‘农民’，走在一条曲曲弯弯的田间小路，像当年堂·吉诃德一样的封闭，手拿长矛，单打独斗，跌跌撞撞地，走到今天。当我们打开眼界一看，我们已经不得不改变自己长期的封闭自我的方式。”中俄蒙三国科技合作应建立开放式创新合作机制，在科技创新资源的配置上，加强创新资源的共享共赢，支持创新联盟等开放式创新组织的发展，通过创新利益引导机制和完善社会创新生态，加强对知识产权的保护，让企业敢于开放、乐于开放，从开放式创新中获得利益，从而全面提升中俄蒙三国科技合作的水平。

（三）发挥国际科技商务平台作用

实践证明，设立国际科技商务平台是促进各国科技合作的重要抓手，以深圳国际科技商务平台为例，作为国内首创的科技商务合作平台，深圳国际科技商务平台自

2004 年成立以来，充分发挥桥梁纽带作用，在促进实施“引进来、走出去”战略方面不断创新，助力深圳高新区乃至全国更多的高新区走向国际化。截至目前，该平台已先后引进美国、英国、法国、芬兰、以色列、韩国以及中国香港等 35 个国家和地区的 58 家境外科技商务机构入驻，引进 553 个企业和项目落户深圳，引进境外先进技术 232 项，举办境外投资贸易环境和科技政策等方面的推介会、国际研讨会、论坛、讲座等 1757 次，协助 178 家深圳企业在境外设立公司或机构。目前哈尔滨、武汉、成都、无锡、新疆、苏州等多家高新区都已建立了国际科技商务平台，高新区国际化已渐成趋势。与之异曲同工的，还有中关村发展集团，中关村发展集团推出“聚焦海外”战略之后，已先后在硅谷、渥太华等地建立孵化器和技术转移中心，在“引进来、走出去”的过程中逐渐探索出“基金 + 孵化器”的崭新模式。中俄蒙三国应在相关城市设立更多的国际科技商务平台，提高合作效率。

参考资料

［1］万钢在 2016 年全国科技工作会议上的讲话 .

［2］台格旺登 . 蒙古国科学技术发展概况［J］. 科学学与科学技术管理（津）2005（12）.

［3］桑召敏 . 俄罗斯东部地区科技发展现状［J］. 对外经贸，2013（10）.

［4］龙昊 . 四大问题阻碍中俄蒙边境贸易发展［N］. 中国经济时报，2006 - 06 - 29.

［5］张丽娟 . 俄罗斯科技与创新管理改革新动向［N］. 学习时报，2014 - 06 - 09.

俄中蒙三国合作与社会组织

E. 拜伊科娃（俄罗斯科学院东方学研究所研究员）

建设新丝绸之路以及在中国、俄罗斯和蒙古三国之间打造一条连通欧洲并加强与亚洲和非洲合作的经济走廊的构想，已经成为三个国家的合作共识。一方面，从实现国家利益角度来看，这一多边背景下的新兴合作伙伴关系对于三方中的任何一方都十分重要。另一方面，巩固任何一方和三方共同的外交政策基本立场并相应地扩大三方在欧亚空间的影响范围这一任务同样重要。

三边合作的经济前提需要通过进一步发展政治协作加以强化。优先的合作领域包括政治、国家和地区安全、跨地区边境往来、科技、人文领域以及地区和国际关系。

俄中蒙三国落实新丝绸之路和经济走廊构想的共同任务意味着三方需要步调一致、协同行动。同时，公众的立场、公众对国家相关政策的一贯支持亦为重要。

笔者非常认同这样一种观点，即“在当今世界，一个国家的国际威望不仅决定于它的政治领袖和国家机构的活动成果，也决定于社会组织为形成对国家外交政策正面（或负面）认知所采取的行动”①。

社会组织参与到公民在实现自身权利和自由过程中产生的各种社会关系（经济、社会、文化、道德、精神、宗教等）。这些权利和自由超越于国家和个体之上，但是处于国家法律约束之下。公民社会的代表们联合起来组建各种类型的非政府组织，如文化教育、宗教、环保、维权、学术等等。近年来，各类社会组织和团体越来越积极地从外交政策立场发表言论；同时，正在成立一些以外交政策为主要活动方向的组织和团体。

对于落实经济走廊构想来说，经济现代化主要涵盖以下一些外部因素：投资、先

---

① A. 克鲁季科：“社会组织在俄罗斯外交政策中的功能和资源”，《观察家》，2013 年，№ 7，第 15 页。

进技术、管理、利用国外经验等。俄中蒙三国需要协调各自的落实行动，而不是固守本国的利益中。在这种关系格局中，任何一方都应当兼顾到社会组织的意见，而社会组织本身则应当根据政治民主和法治国家的规则行动。

笔者认为，为了更加顺利地实施经济走廊构想，必须建立一个可以通过非政治手段支援这一构想的稳定的俄中蒙社会组织。2015 年在乌兰巴托成立的俄中蒙智库合作联盟（Thinktank）就是一个由专家和政治家组成的高端团体。但是，不应当仅仅只局限于这一个团体。当代背景下，为了制定和落实更多的社会组织倡议，必须在各界专家、文化界和宗教界人士之间建立广泛和多边的对话与伙伴关系。首先，必需吸引外交政策方面的非政策组织来落实社会组织的各项倡议，同时，国家方面则应当竭力促进这些非政府组织广泛地参与到各类专家论坛和人文合作中。

在利用国际工作经验方面，俄中蒙三国可以成立由前外交官组成的协会（例如国际外交政策协会），以便于有效地利用前外交官们的政治经验和工作经验，从而使各国家和人民在解决地区和全球问题中能够更好地理解对方，更好地开展国际合作。外交官们非常了解国际局势，能够十分专业地评价国际局势，并为国家机构和企业机构提供必要的咨询和建议。这样的专业化协会（它实质上是一个外交政策的精英团体）有能力执行专家鉴定、分析、建设性或批判性（制定可替代策略方案）职能。笔者强调，俄中两国的外交与企业团体代表论坛已经召开，因此，本文论及的恰恰是这一领域的三边合作。

正如《俄罗斯联邦外交政策构想》（2013）中所指出的，“软实力”作为依靠社会组织的力量、信息和通信、人文、代替传统外交等的方法和技术来解决对外政治任务的综合手段，正在成为现代国际政治中不可分割的一个部分①。注意到“软实力”这样一种形式正在外交政策战略中起着越来越大的作用，笔者认为，努力在地区和世界范围内建立旨在让这一三边构想以及其他倡议被公众接受的社会手段非常重要。在此甚至可以称其为三边“软实力”，即通常所说的某一国家通过语言和文化对世界政治和公众信息产生影响的一种工具。不论是俄罗斯、中国抑或是蒙古，都正在成功地运用软实力这种作用力。现在已经有必要考虑制定三边“软实力”这种影响形式。其主要任务在于：在兼顾国际惯例的同时也考虑本国特色，依靠国家和社会组织的协作机制，找到国家利益与共同利益在三边合作中的最佳结合点。

俄罗斯外交部长拉夫罗夫认为，各个国家的非政府组织和社会团体能够为促进跨

---

① http：//archive. mid. ru//brp_ 4. nsf/0/6D84DDEDEDBF7DA644257B160051BF7F.

文明、跨文化和跨宗教和谐、推进各国家和人民的合作项目做出实质性贡献[①]。正如我们现在所看到的那样，俄罗斯的权力机构把吸引民间社团机构进入外交政策进程视为一项重要使命，已经认识到社会组织参与全球一体化进程的重要性。在国际舞台上提升和推进民间倡议（民间外交）正在受到越来越多的关注，而这其中，重要的是，应当把民间外交资源加以系统性利用，而不是作为战术上的权宜之计。

21 世纪，中国和俄罗斯已经成为当代多中心世界的重要两极。同时，两国还要对抗美国、欧盟、日本等其他各极。扩大三边合作、在可预见的未来把三边合作升级为三边战略合作伙伴关系，这两者必将巩固俄中蒙三国在其地缘政治区域——东北亚的地位并提高三个国家的国际威望。

---

① http：//interaffairs. ru/read. php？ item = 8129.

满洲里发展跨境电子商务的机遇与挑战[①]

孙德忠
（中国内蒙古大学满洲里学院俄罗斯研究中心副教授）

引　言

随着经济全球化和互联网技术的飞速发展，跨境电子商务这一新兴国际贸易形态应运而生并日益普及。目前，在俄罗斯推行“东向战略”和中国建设丝“绸之路经济带”的背景下，中俄两国将建立更加紧密的经贸关系，而跨境电子商务作为中俄经贸领域内发展最为迅猛的新生事物，也必将成为中俄贸易合作发展的新模式与新引擎。满洲里独特的地理位置逐渐形成了高外向度的经济发展模式，国际金融危机以来，受俄罗斯经济持续低迷的影响，地区经济尤其是对外贸易遇到了前所未有的困境，长期徘徊不前。作为我国最大的陆路口岸，满洲里发展对俄跨境电子商务具有得天独厚的优势和巨大潜力。因此，把握时机、应对挑战，大力发展对俄跨境电子商务是满洲里推进外贸转型升级的战略选择。

满洲里口岸及对外贸易发展情况

满洲里地处于中俄蒙三角地带，北接俄罗斯，西邻蒙古国，是第一欧亚大陆桥

① 基金项目：满洲里市科技计划项目“满洲里对俄跨境电子商务发展对策研究”（2015013）；内蒙古大学满洲里学院科学研究基金项目“边境地区高职院校跨境电子商务专业建设研究”（MYKZ1609）。

的交通要冲，是我国通往俄罗斯和欧洲各国重要的国际大通道，口岸货运量始终雄居全国同类口岸之首，承担了中俄贸易60%以上的货运量，在国家沿边开放格局中具有举足轻重的地位和作用。近年来，满洲里注重口岸基础设施建设，现已形成集铁路、公路、航空于一体的立体化口岸疏运体系。2015年，口岸过货量累计超过3000万吨。

改革开放以来，尤其是1992年满洲里被国务院批准为首批沿边开放城市及成为自治区计划单列市后，满洲里市经济发展步伐明显加快、对外贸易迅速增长、贸易对象明显增多，2014年对外贸易进出口总值为50.4亿美元，其中进口19.8亿美元，出口13.1亿美元。受国际金融危机的影响，2009年对外贸易进出口总值出现大幅度下降，至2014年才恢复到危机前水平。满洲里与俄罗斯、伊朗、乌克兰、蒙古、美国、韩国和印度等多个国家和地区建立了贸易关系，其中与俄罗斯贸易的占比最大，多年来对俄贸易额在满洲里外贸总额中的比重保持在90%左右。

满洲里发展跨境电子商务的机遇

（一）电子商务国际化发展的大趋势

当前电子商务国际化趋势日趋明显，电子商务正在向跨国、跨区域、跨经济体延伸，并将在全球经济一体化、数据技术创新发展及国际电子商务环境逐步完善的作用下不断加速。越来越多的国家和企业加入日益扩大的跨国贸易网络，越来越多的人尝试并逐渐习惯于跨境电商的消费。先行国家力争保住全球跨境电子商务中的优势地位，后进国家积极谋求利用电子商务国际化的契机，迎头赶上，分享跨境电子商务的红利。eBay集团预计在2018年，美国、中国、英国、巴西、澳大利亚等国家的跨境电子商务交易量将增长3倍以上。根据美国支付公司PayPal的研究数据预测，到2018年跨境消费与购物的网民数量将增至1亿~3亿，足见未来市场前景的巨大，全球的跨境电子商务大发展势在必行。

（二）中俄跨境电子商务潜力巨大

中国电子商务平台成为俄罗斯人最爱逛的网店，中国产品也成为俄罗斯跨境网购的最大来源。全球速卖通（Aliexpress）2010年进入俄罗斯后，目前已成为最受俄罗斯欢迎的国外电商网站，2015年每月独立访问者数量达到2380万人，超过俄本土的YANDEX、Ozon，也领先于美国老牌的eBay、亚马逊等电商网。2015年俄罗斯约90%

的跨境网络购物的商品来自中国，交易金额占所有外国网络零售商的49%。物美价廉、种类丰富的中国商品在俄罗斯极具消费吸引力，俄罗斯已成为中国跨境电子商务的重要海外市场。此外，随着卢布下跌，中俄跨境电商出现另一个趋势，即贸易流向改变——从俄罗斯出口到中国的商品交易明显增多，生态环保的蜂蜜、面粉、果汁等产品，转口的皮革制品及欧美奢侈品受到中国网购者的欢迎。随着市场规模、贸易方向、交易范围、交易环境的不断升级改进，中俄跨境电子商务呈现出蓬勃增长的态势。数据显示，2014年，俄罗斯网络购物市场增长31%，交易额达7130亿卢布，但在社会消费品零售总额中占比不到2%，而中国的占比已突破10%，足见跨境电商在俄罗斯的巨大潜力。

（三）外贸转型升级的内在需求强烈

自被批准为首批沿边开放城市以来，尤其是进入21世纪后，满洲里市对外贸易快速上升，外贸总值增长幅度明显增加，对经济贡献度不断加大，形成了明显的外向型经济的发展模式。这种高外向度经济受国际环境变化影响明显，2008年国际金融危机后，对外贸易进出口总值大幅下降，降幅达23.8%，2014年才恢复到金融危机前水平。目前，满洲里对俄经贸合作的主体以民营企业为主的中小企业，实力相对弱小，存在过度依赖传统销售、买家需求封闭、订单周期长、利润空间低等问题。在俄罗斯经济低迷不振和传统外贸固有弱点的双重作用下，满洲里市对外贸易一直呈现低速增长状态。跨境电子商务是一种新兴的国际贸易方式，其在展示、洽谈、支付结算及物流等方面较传统外贸具有明显的优势，被认为是外贸转型升级的利器。因此，充分利用满洲里地缘优势和口岸外向型经济基础，大力发展跨境电子商务实现外贸企业转型升级和打造经济新增长点是政府和企业的共同诉求。

（四）政府大力支持和推动

近年来，国务院、商务部、海关总署已出台多项政策，包括《关于实施支持跨境电子商务零售出口有关政策的意见》《关于支持沿边重点地区开发开放若干政策措施的意见》《海关总署关于支持和促进中国（广东）自由贸易试验区建设发展的若干措施》《商务部关于促进商贸物流发展的实施意见》等，要求相关部门完善相应的海关监管、检验检疫、退税、跨境支付、物流等支撑系统。自治区政府也明确提出加大对电商的财政支持力度并出台的相关推动政策。在原有是国家重点开发开放实验区基础上，满洲里又获准设立自治区首家综合保税区，并被自治区商务厅列入跨境电子商务重点城市，随之而来的一系列优惠政策都将有助于跨境电商的开展。满洲里把发展对俄跨境电子商务提升到战略高度，列为全市经济工作的重心，先后制定了《关于促进满洲里市跨境电子商务产业发展的扶持奖励办法》（试行）、《满洲里市跨境电子商务发展规划（2015—2020）》，以进一步培育跨境电子商务主体，夯实电子商务产业基础。

满洲里发展跨境电子商务面临的挑战

（一）黑龙江口岸地区的有力竞争

满洲里跨境电子商务起步较晚，既未进入国家跨境贸易电子商务试点城市之列，也滞后于黑龙江省对俄跨境电子商务的开展，目前尚处于规划、启动时期，适合满洲里的跨境电子商务战略定位及发展模式仍在探索之中。满洲里的跨境电子商务主要是针对俄罗斯，而具有同样地域优势的黑龙江省口岸地区，在对俄跨境电子商务实践中已领先一步。哈尔滨先后入围中国首批电子商务示范城市、跨境贸易电子商务试点城市，与敦煌网合作建设“哈尔滨对俄电子商务运营中心”，推出敦煌网俄语平台上线，开辟中国首条到俄罗斯的国际包裹全货运航空专线，对俄“边境仓”也投入运营，并建立中国第一个在俄正规、合法、大型的公共服务海外仓——“俄速通—格林伍德”海外仓，大大缩减了跨境电商物流成本和时间；绥芬河市“中俄云仓”启动运营，跨境电商通关服务平台、公共服务平台、企业综合服务平台与海关“9610”系统实现对接互通，具备了跨境电子商务的通关优势。黑龙江各口岸地区的先行先试无疑对满洲里对俄跨境电商的发展形成较大的冲击。

（二）俄罗斯经济持续低迷导致购买力下降

近年来，受原油和天然气价格下跌、乌克兰危机、西方经济制裁、卢布大幅贬值等不利因素影响，俄罗斯经济持续低迷。据统计，2015 年，俄罗斯经济总体下滑了 3.7%，外贸总额大幅度下降，以中俄贸易为例，中国为俄罗斯第一大贸易伙伴，俄罗斯是中国第 9 大贸易伙伴，2014 年两国贸易总值达 952.8 亿美元，较上年增长了 6.8%，双方对 2015 年两国贸易总值突破 1000 亿美元充满信心，但现实是只有 680.7 亿美元，下降达 28.56%，与原来预想存在巨大差距。种种迹象表明，俄罗斯经济仍将保持总体低迷的发展态势，经济困局难有较大改观。经济形势恶化直接影响俄罗斯居民的收入，2015 年前三季度职工月平均工资实际下降了近 10%，居民实际可支配收入下降了 3.3%。收入的大幅下降及对未来的忧心忡忡必然导致购买力下降、消费总量萎缩。这对以俄罗斯为主要市场的满洲里跨境电子商务拓展，是个必须要面对的考验。

（三）跨境电子商务发展的基础支撑条件薄弱

跨境电子商务是指分属不同关境的交易主体，通过电子商务平台达成交易、进行支付结算，并通过跨境物流送达商品、完成交易的一种国际商业活动，其运行方式与传统外贸和国内电子商务的不同，需要跨境电子商务交易平台、跨境电子商务通关服务平台、跨境电子商务通关管理平台等网络平台支撑。这些电商平台是保证跨境贸易达成、通关顺畅、监督管理活动高效有序的基础。满洲里目前的跨境电商平台建设刚刚起步，本地企业自主建设的跨境电子商务交易平台数量少、功能不完善，还没有形成成熟的动作模式。口岸尚没有海关通关服务平台，导致电商企业通关商品在满洲里口岸无法实现网上申报。国际物流能力有待加强，缺少适用于跨境电子商务发展的边境仓、分拣中心等基础条件，对俄罗斯国际邮路尚未恢复开通。薄弱的基础支撑条件无疑制约了满洲里跨境电子商务的发展。

（四）跨境电子商务专业人才短缺

人才是企业未来发展的核心竞争力，若想跨境电子商务这一新兴的外贸模式快速成长壮大，关键之一是需要有坚强的人才支撑。跨境电子商务业务领域宽杂，涉及外贸、计算机、网络营销、物流、外语等不同知识和技能，对从业人员的综合能力要求较强。跨境电子商务步入发展轨道后，随之而来的是对运营、网络营销、服务、翻译、网页设计等业务、管理及技术类人才需求的急剧增加。满洲里市高等教育资源稀缺，仅有内蒙古大学满洲里学院一所高校，虽设有俄语专业，但无电子商务、计算机信息技术、网络营销等专业，本土人才的培养尚需时日；满洲里地区经济相对落后，冬季寒冷漫长，对人才的吸引力弱，高水平人才的引入困难较多。因此，跨境电子商务专业人才，尤其是高水平综合人才的短缺将是一个常态性问题，人才匮乏将严重阻碍跨境电子商务发展速度和质量。

结　语

在经济增长乏力，传统外贸不振的情形下，跨境电子商务展现了蓬勃的生命力，为口岸城市满洲里外贸转型升级提供了新的思路。全球国际电子商务的大趋势、国家政策的大力引导、俄罗斯巨大的市场需求，以及外贸企业的迫切需求都为满洲里市发展跨境电子商务提供了极为有利的条件。但必须认识到满洲里在物流体系、平台建设、人才供给、基础环境等方面还有很大差距，俄罗斯经济低迷的影响也要充分考虑，还要注意来自黑龙江等地同类跨境电子商务先行者的竞争。总之，对满洲里而言，这既是一次难得的发展机遇，更是需要直面的挑战。因此，政府应合理定位、科学规划、政策扶持，加强在物流、平台、人才等方面的建设和完善，推动跨境电子商务这一新兴产业健康发展。

参考文献

[1] 杨相红．中俄跨境电商发展现状及其重要战略机遇研究［J］．西伯利亚研究，2015（8）：16－19.

[2] Terzin. The impact of e－commerce on internationaltrade and employment［J］. Procedia－Social and Behavioral Sciences，2011（24）：745－753.

[3] Keira McDermott. Key Business Drivers & Opportunities in Cross－border Ecommerce［EB/OL］. http：//www. Payvision. com/cross－border－ecommerce－report－survey －2014－11－02.

[4] 安春生．加快推进中俄跨境电子商务合作［J］．宏观经济管理，2015（12）：50－52.

[5] 经济观察：中国政府密集发力支持跨境电商［EB / OL］. http：//www. gov. cn/zhengce/ 2015－06/11/content_ 2878279. htm.

第七部分

附　录

加强交流　务实推进“中蒙俄经济走廊”建设

朱　军　曾兆勇（中国辽宁省人民政府发展研究中心）

自国家提出《推动共建丝绸之路经济带和21世纪海上丝绸之路的愿景与行动》以来，各地纷纷抢抓机遇，提出了主动融入“一带一路”倡议的对策举措。“中蒙俄经济走廊”建设不仅是国家“一带一路”倡议中建设向北开放重要窗口的物质载体，更是促进东北亚区域合作的重大战略举措，必将对未来全球格局产生重大影响。在新的国际环境下，立足于已有合作基础和市场特色，中国、蒙古国及俄罗斯三国应加强交流、协商，尽快建立多边合作体制机制，主动推进战略对接，夯实合作载体，争取在旅游、科技创新等优势领域和行业率先取得突破，推进区域经济一体化纵深发展，为三国人民增添新福祉。

一、以战略对接为前提，引导经济走廊建设

深入分析中国、蒙古国、俄罗斯三国经济社会发展、区域发展等重大战略的战略取向、战略重点、战略节点等重大问题，从而找到三国的利益共同点，形成战略对接的支撑点、载体、领域以及推进的步伐和步调。要将我国的创新驱动发展、“大众创业、万众创新”、“中国制造2025”、全面振兴东北等老工业基地等重大发展战略与蒙古、俄罗斯两国的发展战略进行全面对接。

在与蒙古国战略对接方面，重点对接其“草原之路”倡议。要立足于蒙古国的现状，开展对接，从滞后的基础设施建设现状出发，将基础设施建设、产能合作作为中蒙战略对接的突破口；要从两国的资源禀赋和比较优势出发，重点开展矿产、木材、农牧业、日化、机械设备等领域的外经贸合作。

在与俄罗斯战略对接方面，要对接俄方“欧亚经济联盟”发展战略、“创新2020”战略，对接其产业结构调整、进口替代政策、发展创新经济等重大举措，加强能源、投资、金融、装备制造、航空航天、农业、军工技术、高科技、教育、旅游等领域的务实合作。同时，我们还要注意：俄罗斯远东地区人口稀少、经济活动不活跃、产业基础薄弱、经济体量小。人口仅有600万人左右，人口密度全国最小。俄罗斯强大的科教能力和资源主要布局在西部。所以，在开展与俄战略对接时，我们不仅要与俄远东地区开展经贸合作，还要立足于整个俄罗斯，建立全面的合作关系。

二、以产业合作园区建设为基础，夯实经济走廊载体

产业合作园区是推动“中蒙俄经济走廊”产业融合发展的重要载体。可借鉴国内其他合作园区的建设模式，依托各国相关产业园区的产业基础和互补性条件，在经济走廊相关地区建设若干特色鲜明的工业园区、科创园区等产业合作园区，作为三国产业合作的载体。

在建设模式上，可考虑两种模式：一是“一园两地、两地并重”模式，“一园”即园区除了两国之间的法律政策有差别外，其余的优惠政策、服务等均同等对待；“两地”则是指这个园区分别位于两国，两国相关企业可以根据企业发展需要自由选择园区落地，享受同等待遇。二是“一园一地、飞地开发模式”，在建设模式上可分为三种投入方式，飞出地投资型，即由飞出地负责全部基础建设投入；飞入地投资型，即由飞入地负责全部基础建设投入；两地共投型，即由两地按照协议共同分担基础建设投入。

在园区区位选择上，可分三类。一是临边型，即在中蒙、中俄相邻地区，选择交通便利、人口集中、产业基础好的地区设立产业园区。中蒙间，可考虑在二连浩特、锡林浩特、霍林浩特和乌兰浩特等地方建设临边产业园区。中俄间，可考虑在满洲里、漠河、黑河、同江、绥芬河、珲春等地设立临边产业园。二是内陆型，从产业链合作的角度出发，选择内陆地区区位好、基础条件好的地区建设产业合作园区，如与俄合作，可在沈阳建设航空产业园区，在鞍山等地建设特钢产业园区，在抚顺建设新材料产业园区；与蒙古国合作，在苏赫巴托尔省建立霍特工业园区。三是临港型，在大连、营口、盘锦等港口城市共同建设出口加工型产业园区。

产业合作园区还需要有跨境贸易电子商务作保障。要尽快启动中蒙俄三国之间的跨境贸易电子商务服务试点建设工作，重点搭建面向蒙俄的贸易交易平台。建立多点、多语种跨境贸易电子商务平台，形成商务综合网络，收集贸易信息，发挥产业新优势，

开创贸易新方式。

三、以跨境旅游合作区建设为先导，活跃经济走廊建设

旅游业是活跃区域经济的最佳产业。“中蒙俄经济走廊”地区不仅有森林、冰雪、海岛、草原等丰富的自然资源，同时又是多民族地区，人文旅游资源也丰富多彩。这些富有特色的旅游资源不仅是当地旅游者的旅游胜地，还是域外旅游者的旅游目的地。结合目前发展现状，我们需要着力解决基础设施落后、季节性强、产品结构单一、服务质量不高、管理结构不规范等问题，促进旅游业“火起来”，打造三国乃至全球旅游名牌。

“中蒙俄经济走廊”地区地广人稀，加之缺乏基础设施，旅游潜力没有得到有效释放。在三国交际地区，可选择区位优越的地区共同建设国际旅游合作区。目前，可考虑分别以满洲里、图们江为中心，建设跨境国际旅游合作区，作为旅游集散地，带动中蒙俄旅游合作的全面发展。要加大交通基础设施建设，将专列、自驾游、直航作为连点布线的手段，并将高铁大动脉与自驾接驳体系建设结合起来，形成跨境旅游的客源循环体系。

深入挖掘旅游资源，大力开发旅游项目，形成满足不同需求的旅游项目，吸引更多消费者。充分发挥中蒙俄三国冬季冰雪特色，设计跨越三国的白色旅游线路，形成冰雪运动、冬季温泉等旅游线路。利用三国原始森林丰富的优势，设计以长白山山脉、大小兴安岭、俄罗斯远东原始森林为核心，以休闲、旅游、度假、拓展等为方向的旅游项目。同时，要加大宣传力度，吸引日、韩乃至全球中高端消费者来旅游消费。

好的服务质量是无形的信誉和宣传，可以吸引潜在消费者增加消费，促进市场发展。服务质量是旅游产业发展的核心竞争力，特别是跨境旅游。要加强跨境旅游从业人员的专业培训工作，提高旅游从业人员素质；要简化签证手续，降低旅游成本，改善接待条件，通过改善旅游软环境促进中蒙俄旅游服务贸易的发展。

四、以次区域经济一体化为战略支点，支撑经济走廊建设

根据国际区域合作发展经验，“中蒙俄经济走廊”建设也需要若干次区域合作作为战略支撑。目前，“中蒙俄经济走廊”已建立了图们江次区域国际合作区。根据三国边境合作现状，可考虑再启动二连浩特和满洲里次区域国际合作区建设，与图们江次区域国际合作区一同作为“中蒙俄经济走廊”的三大次区域合作区。通过开展贸易和投

资自由化以及旅游、基础设施、人力资源、环境保护等领域的合作，促进各种生产要素在次区域内的自由、便捷、快速流动，从而带来三国生产要素在次区域间的有效配置和生产效率的提高

由于区域限制，目前三个次区域合作区存在一些问题：一是缺乏辐射力和集聚力强大的都市体系。与沿海地区不同，图们江、满洲里、二连浩特三个中心城市是内陆城市，经济发展相对滞后、经济实力较弱，对内对外的辐射力和集聚力不强。二是缺乏区域性的金融服务体系。三是区域资源增值能力不足。虽然拥有丰富优质的能源、矿产、森林、农副产品等资源，但往往只是作为原材料运送出去，增值能力严重不足。所以，推进三国次区域合作的重点：一是针对国际次区域合作中亟须完善的薄弱环节，不断完善合作平台的功能。完善专业化市场建设、资源精深加工能力、区域金融服务能力、贸易便利化服务、信息服务等相关功能，提高国际次区域合作平台的综合能力。二是大力支持重点城镇快速发展，提高集聚辐射能力。不断完善三个中心城市的基础设施、提高资源环境承载能力，促进人口集聚和产业集群，增强其集聚要素的能力和辐射带动能力。三是外通内联，提高次区域的桥头堡作用。不断消除各种影响次区域经济合作的行政壁垒、技术壁垒、关税壁垒等，进一步完善对外经济合作环境，将其建设成为“中蒙俄经济走廊”的门户和桥头堡。

五、以科技合作为重点，增强经济走廊发展能力

中蒙俄科技合作由来已久，其中中俄间的科技合作起步早、成果多，涵盖了航空、能源与节能、新材料、生物、信息、化工、机械制造、电子等各个领域。但是，三国科技创新合作仍面临信息交流不畅、组织协调不够、市场机制不健全等问题。

中蒙俄三国科技合作，是经济走廊建设的重点，是提升三国综合国力的必然之举。在经济走廊的框架下，未来三国科技合作要做好以下几个方面的工作。一是构建新的合作机制。建议成立中蒙俄科技人才合作推进组，促进科技创新人才的自由流动。共同探索建立利于科技创新的项目运作、结算、支付方法等制度，促进三国科技合作项目的规范运行。二是探索建立由三国共同出资、共同建设的国家级信息中心、评估中心、培训中心、产业化中心以及科技产业园区。三是加快建立高层次、高效率、专业化的科技合作咨询评估中心。四是探索建立中俄、中蒙国际科技大学，培育既懂技术贸易、知识产权、法律、金融、国际惯例等专业知识的又懂各国文化的复合人才。

六、以多边协作机制为保障，加强沟通协商

为协调解决“中蒙俄经济走廊”建设的重大问题，切实落实各项工作，建议建立三个层面的、立体式的协调机制。

一是在国家层面，建立首长联席会，由三国主要领导人牵头、各国相关部门工作人员共同组成，作为经济走廊建设的决策机构，制定大政方针；定期召开首长协商会议，协调解决重大项目实施中存在的问题。

二是部委、省市层面，根据经济走廊建设项目的需要，由相关国家的省市及相关部门共同组建工作推进协商机制，作为执行机构，执行首长联席会确定的重大事项。例如，在围绕中蒙俄新出海通道建设时，可成立交通协商机制，由三国交通部门及通道经过的相关省市地区共同组成，统筹推进出海通道涉及的相关工作。同时，鼓励三国相关城市建立友好城市合作关系，在产业合作、科技创新合作等领域建立合作平台，促进三国合作关系向纵深发展。

三是建立政、商、学交流机制，促使企业家、学者、政治界等人士达成广泛共识，进而推进价值融合，促进地区繁荣与和平。

跨境经济合作区建设的几点思考

金美花（中国吉林省东北亚研究中心秘书长 研究员）
马维英（中国吉林省东北亚研究中心助理研究员）

跨境经济合作区是国际上次区域合作的重要模式，是中国新一轮沿边开放的新模式，也是承载中国区域经济政策，即沿边开放政策的重要载体。新时期跨境经济合作区建设是中国全面对外开放、中国与周边国家建立睦邻友好关系的重大战略选择。但目前中国跨境经济合作区建设存在周边国家经济落后、特区政策优势式微、地方政府作用减弱等问题。因此目前跨境经济合作区的建设路径可考虑为：建设需要由中央政府统筹管理；获得更多的中央政策扶持；规范跨境经济合作区建设；扩大人文交流等。

基于中国跨境经济合作区建设的经验，中蒙俄三国也可考虑建设中蒙俄跨境经济合作区。中蒙俄跨境经济合作区是内蒙古参与国家“一带一路”倡议的重要因素，跨境经济合作区一旦形成产业集聚，将有助于吸引韩国、日本等东北亚发达国家的资金、技术，从而促使中、日、韩发达圈层与俄、蒙、朝落后圈层之间的融合，为中俄蒙经济走廊提供产业支撑。目前，中蒙俄跨境经济合作区建设已具备相应基础条件，但也需要克服周边国家经济发展及开放水平落后等难题。与此同时，中蒙俄跨境经济合作区建设需要与吉林省推动的中俄朝跨境经济合作区实现务实对接，从而形成产业集聚，为“中蒙俄经济走廊”建设提供产业支撑。

一、跨境经济合作区的内涵

跨境经济合作区是国际上次区域合作的重要模式，是中国新一轮沿边开放的新模式。目前，国内学术界对跨境经济合作区的理解不太一致。从概念上来说，一般认为，跨境经济合作区是指在两国边境附近划定特定区域，赋予特殊的产业政策，对区内部分地区进行跨境海关特殊监管，吸引各种生产要素的聚集，实现区域的加快发展并发挥辐射效应。从理想状态上讲，跨境经济合作区需要具备“无边界、特区政策、自由贸易、产业集聚”等特点。

从建构路径来看，跨境经济合作区建设主要有两种模式，一种是通过两国中央政府谈判和签署协议，在边境两边一定区域共同规划建设跨境经济合作区；另一种是以依托边境口岸的单方规划起步，吸引或鼓励对方边境地区采取相应的政策，然后通过国家间谈判和签署协议实现双方的对接运作。目前新疆、广西、云南的多数跨境经济合作区的建设已得到对方国家省级或中央政府的认可，可以说属于第一种路径；而吉林省跨境经济合作区建设则要走第二种路径，就是依托珲春国际合作示范区的深度开放开发，推动中俄、中朝跨境经济合作区建设。

当前中国政府提出的“均衡发展”的对外开放战略，是国家通过政策手段干预经济、以特殊政策手段扶持落后地区的表现。中国边境地区是经济落后地区，中国区域经济政策对边境地区的政策包括：1992 年以来实施的“兴边富民”政策，即大力发展边境贸易。随着世界经济区域化发展趋势，边境地区成为中国参与或主导经济区域化的前沿，跨境经济合作区成为承载中国区域经济政策，即沿边开放政策的重要载体。跨境经济合作区的发展程度在很大程度上影响中国开展区域经济合作的程度和水平。

二、跨境经济合作区建设的必要性

（一）中国全面对外开放的重大战略选择

改革开放三十多年来，中国的对外开放进程不断推进，从最初的以沿海东部地区为主，逐步转向沿海、内陆及沿边地区全面开放的“多元平衡”战略。“多元平衡”战略对中国的开放布局提出了更高的要求，包括沿海开放的转型升级，内陆地区成为中国全面融入国际经济体系的主战场，沿边地区实施特别的开放政策。在这种背景下，跨境经济合作区成为沿边开放的重大战略选择。传统的边界区位理论强调国家主权与安全，而忽视边境地区的经济发展。维护国家主权与安全是传统边境管理的中心原则，区域经济发展依赖于中心城市生产要素的扩散及带动，也即是主要依靠外生力量。随着中国改革开放的深入发展，沿边地区的经济发展与东部沿海地区、中部地区出现了较大差距。边境地区的经济发展成为中国地区不均衡发展中尤为凸显的问题，制约了中国全面小康社会的战略目标的实现。2012 年国务院批准吉林省珲春、广西东兴、云南瑞丽、内蒙古满洲里、新疆喀什和霍尔果斯等六大国际示范合作区，开始发挥推动区域一体化及国家全面对外开放的重要作用。

（二）中国与周边国家建立睦邻友好关系的重大战略选择

随着改革开放的深化，中国经济迅速崛起，综合国力不断提高，国际影响力也得以不断加强。然而，中国在走向新型大国的过程中，面临周边国家对中国崛起的警惕及防范，以及由此引发的对中国的挑战，如最近几年日益公开化的与周边国家之间的领土争端及界线纠纷。在此背景下，中国需要向周边国家切切实实传达“以邻为善、以邻为伴”的信号，消除周边国家对中国崛起的疑虑和担忧。跨境经济合作区作为中国沿边开放的新模式，可以发挥带动中国和周边国家共同发展的作用，同时维护中国周边的和平与稳定。因此，跨境经济合作区是以经济合作方式来发挥政治影响力的重要途径，也是中国维护与周边国家之间睦邻友好关系的重要措施。

三、跨境经济合作区可能存在的问题

目前中国跨境经济合作区建设正处于兴起阶段，但在建设过程中也面临不少困难和问题，导致跨境经济合作区建设的进展较为缓慢。

（一）周边国家开放开发水平总体落后

从我国首个跨境经济合作区霍尔果斯的建设情况来看，哈萨克斯坦方的基础设施建设和口岸设施建设都非常滞后，很多项目是中方援建。中朝珲春圈河口岸的朝方基础设施建设也是这样。我国与俄罗斯、哈萨克斯坦、蒙古国、缅甸等国的接壤地区，均为该国落后地区，主要是资源聚集地或未开发地区，远离其国内中心市场，投资吸引力不强，产业基础薄弱，经济自我发展能力不足。如满洲里毗邻的后贝加尔是俄罗斯的边疆区域，远离其经济中心，最近的赤塔市、乌兰乌德市、伊尔库茨克市等地区是经济发展水平相对较低的城市。无论是俄罗斯、蒙古国、哈萨克斯坦、缅甸还是越南，其口岸基础设施建设明显薄弱，毗邻地区的运输条件、水电等基础设施不能适应日益扩大的双边经贸合作的需要。此外，俄罗斯、越南等国沿边地区开放开发政策的不确定性较大。

（二）沿边地区特区政策优势式微

边境经济合作区享受国家赋予的优惠政策，如对外贸易、边境旅游、口岸通关、土地利用等方面优惠政策。近年来国家陆续停止执行和取消这些优惠政策，如 2008 年 11 月，国务院取消了边贸进口优惠政策（国函〔2008〕92 号），从而使得企业进口成本增加，边贸公司陆续撤离以及边境城市地方财政收入减少等。同时，沿边地区开放开发的新政策没有及时跟进，相关政策出台较为缓慢。

（三）地方政府的作用有限

区域经济政策的根本在于国家对区域经济发展的干预，跨境经济合作区是新时期边境地区发展的必然趋势，也是国家根据新趋势而适时的干预政策。尽管如此，国家的干预不足，各边境经济合作区属于地方政府。而各个地方都有其地方整体发展战略，从而需要考虑均衡发展，很难做到对示范区的倾斜政策，甚至各个地方为争夺资源和优惠政策而进行恶性竞争，很大程度上阻碍跨境经济合作区的发展。

四、建立跨境经济合作区的路径

（一）管理模式上需要由中央统筹管理

跨境经济合作区是国家为推动全方位开放而在沿边地区实施的开放政策，意在提高国家经济格局中落后的边境地区经济发展，也通过边境地区跨境合作区来提高中国在建设新型大国过程中的软实力。基于此，跨境经济合作区的管理需要由中央统筹管理，而非由地方政府管理，如中央设置统筹管理全国跨境经济合作区的机构；全国跨境经济合作区需要形成交流与合作的网络体系；统筹安排各跨境经济合作区的定位及发展。

（二）需要获得更多的中央政策扶持

跨境经济合作区优惠政策较沿海开放地区的相对劣势。政策工具中加强间接支援的扶持力度，即产业园区与科技园区建立，以便形成跨境经济区的产业集聚，摆脱单一资源供给地的地位。尤其是中国—东北亚跨境合作面临中日韩 FTA 机遇，中韩 FTA 进展乐观，可形成中韩自由贸易产业园区，需国家政策的扶持。

（三）跨境经济合作区需要实现规范化

跨境经济合作区建设是中国的形象和软实力提高的重要途径，因此与邻国贸易与经济合作中要按照规则，最大限度地规范化，以此来树立中国负责任的大国形象，消除周边小国对中国崛起的担忧及挑战心理。中国沿边开放的主要合作模式为引进周边国家资源、能源，为国内生产服务。然而，以获取周边国家资源为目的的合作模式具有自身局限性，因为作为国家命脉的资源、能源，各国在不同程度地采取保护措施。即便为换取外汇而出售资源，也将使得对方国形成不平等交易的感觉，而对中国的沿边开放可能认识为具有攻击性的贸易合作。因此，在资源合作方面，需要尊重对方，充分保障对方利益。

（四）扩大人文交流

经过数年沿边开放过程，中国在与周边国家的通道建设、经济合作等方面已取得显著成绩。在未来中国经济发展中，周边国家的资源、能源以及市场均是至关重要的影响因素，尤其是未来世界经济发展中资源和市场日益成为国家竞争力的趋势下，中国对周边国家的沿边开放不能仅重视短期的经济效益，而更需要重视与周边国家之间的友好合作关系和千丝万缕的人文纽带关系。因此，当前新一轮沿边开放，在高度重视通道互联互通的同时，也需要推动人心的互联互通，以此消除周边小国对中国的畏惧感和误解，改变不利于周边国家的传统经济合作模式，增强彼此理解，建立深层次信任机制，尤其需要强化周边国家对中国的认同感，构建“你中有我，我中有你”的命运共同体，为“中国梦”的实现奠定基石。

五、中蒙俄跨境经济合作区建设的几点思考

中蒙俄跨境经济合作区是内蒙古参与国家“一带一路”倡议的重要因素，跨境经济合作区一旦形成产业集聚，将有助于吸引韩国、日本等东北亚发达国家的资金、技术，从而促使中、日、韩发达圈层与俄、蒙、朝落后圈层之间的融合，为中俄蒙经济走廊提供产业支撑。

（一）中蒙俄跨境经济合作区建设的基础

内蒙古与俄罗斯和蒙古国的边境贸易始于1983年和1986年，当年双边边境贸易额分别为11万美元和66万美元。进入90年代后特别是“十五”时期以来，内蒙古与俄蒙的边境贸易逐步发展壮大。2012年，内蒙古与俄蒙的贸易总额达59.8亿美元，是2000年的6倍，占全区对外贸易总额的53.2%。其中，与蒙古国贸易额为32.6亿美元，与俄罗斯贸易额为27.2亿美元。蒙古国和俄罗斯成为内蒙古第一和第二大贸易国。

在扩大外贸进出口总量的同时，进出口商品结构不断优化。对外开放初期，内蒙古贸易商品结构单一，粮油和土畜产品占出口产品总额的70%以上。近年来，羊绒、铝锭、钢坯、稀土矿产品等资源性产品和轻工业品、小型机械设备、家用电器等工业制成品比重不断提升。在进口贸易中，主要以原木、金属矿砂、钢材、煤炭、化肥等资源型商品和工业原料为主。

内蒙古现有口岸19个，其中，对俄开放口岸6个，对蒙开放口岸10个，航空口岸3个。满洲里、二连浩特及甘其毛都、策克是内蒙古的主要陆路口岸，过货量都超过了千万吨。2012年国务院批准满洲里为重点开发开放试验区。自治区同时赋予了二连浩特相应的开发开放政策，正在积极争取成为国家重点开发开放试验区。甘其毛都口岸被确定为自治区进口资源加工基地，争取建成国家级进口资源加工基地。

（二）中蒙俄跨境经济合作区建设中存在的问题

中蒙俄跨境经济合作区建设的对象国俄罗斯、蒙古国均是经济发展欠发达的国家，这些国家不仅开放度比较低，而且中国与这些国家的经济合作缺乏产业分工的互补性，其合作领域主要集中在资源开发及矿产品的引进，而不是以市场开拓为主。不仅如此，这些国家的经济水平、法律及投资环境都并不是很完善，从而在合作过程中存在较大的风险。也即是说，由于蒙、俄两国经济开放度较低，从而对边界的认识仍处于边境安全大于沿边开放的水平，从而在中蒙俄边境地区划出“无国界、零关税”的跨境经济合作区，将会引发蒙、俄两国对领土主权的担忧，中蒙俄三国在法律制度的协调过程中也会面临困难。

与此同时，内蒙古自身的经济发展与开放水平的低下也是中蒙俄跨境经济合作区建设的重要影响因素。由于内蒙古向北开放起步较晚，和其他沿边开放省区相比，还存在着很大差距。2012年内蒙古外贸依存度只有4.4%，与新疆（21.2%）、黑龙江（17.4%）、云南（12.9%）相比差距较大，更低于全国47%的水平。同时，内蒙古出口商品种类较少，初级加工和附加值较低的产品比重较大，加工和服务贸易等比重较小，进口资源性产品加工转化程度较低等问题比较突出。

（三）中蒙俄跨境经济合作区与中俄朝跨境经济合作区的对接

依据国家“中蒙俄经济走廊”建设的战略部署，吉林省被指定为“中蒙俄经济走廊”的节点城市。地处中俄朝三国交界的吉林省，已在中俄朝跨境经济合作区建设中取得初步成果，将为“中蒙俄经济走廊”提供重要的产业支撑，从而中蒙俄跨境经济合作区需要与吉林省推动的中俄朝跨境经济合作区实现务实对接。

吉林省的中朝俄跨境经济合作区构建具有很大的发展潜力。吉林省地处欧亚大陆桥主线与朝鲜半岛连接的重要节点，一旦朝韩关系得以改善，朝韩纵贯铁路（TKR）与西伯利亚横贯铁路（TSR）将能得以连接，吉林省中俄朝跨境经济合作区建设将获得巨大活力，韩日资金、技术在中俄朝跨境经济合作区的集聚，将对中蒙俄跨境经济合作区产生辐射作用。

与此同时，为参与“中蒙俄经济走廊”、融入“一带一路”倡议，吉林省在努力推动中俄跨境经济合作区建设，并推动“三区联动”战略，即俄罗斯远东地区、罗先特区、珲春示范区的联动。2015年珲春将开通俄罗斯扎卢比诺港到韩国釜山的航线；扎卢比诺到日本新潟港已经试航并准备重新开通；积极谋划“北冰洋航线”的开通，该“航线”已经从大连试运行。可以说，吉林省在通道建设、产业领域已具备融入国家“一带一路”倡议的潜力和基础。现阶段来讲，吉林省需要通过参与“中俄蒙经济走廊”，将珲春—白城—阿尔山—乔巴山这一“两山”铁路进行连接，再与俄罗斯西伯利亚横贯铁路连接，实现“一带一路”倡议的融入。这就需要吉林省加强与内蒙古的联动发展，获得内蒙古对“两山”铁路连接的支持。

蒙古国“草原之路”倡议解析

王　浩（中国北京大学蒙古学研究中心主任）

2014 年 9 月 11 日，中国国家主席习近平同俄罗斯总统普京、蒙古国总统额勒贝格道尔吉举行中俄蒙三国元首首次会晤，提出把“丝绸之路经济带”同俄罗斯跨欧亚大铁路、蒙古国“草原之路”进行对接，共同打造“中蒙俄经济走廊”的倡议。2015 年 7 月 9 日，中国国家主席习近平在乌法同俄罗斯总统普京、蒙古国总统额勒贝格道尔吉举行中俄蒙元首第二次会晤，就将中方“丝绸之路经济带”倡议、蒙方“草原之路”倡议、俄方跨欧亚运输大通道倡议进行对接达成重要共识，批准了《中华人民共和国、俄罗斯联邦、蒙古国发展三方合作中期路线图》。启动“中蒙俄经济走廊”建设是三国发展战略高度契合的结果。

一、“草原之路”倡议的提出

关于“草原之路”倡议，蒙方学者认为始于 2000 年制定的《蒙古国千年公路计划》。2004 年 4 月蒙古国参加了在上海召开的联合国亚洲及太平洋经济社会委员会第 60 届会议，签订了联合国亚太地区经济社会委员会成员国政府间协议。根据这次会议通过的《亚洲公路网政府间协定》，蒙古国加入亚洲高速公路建设网，亚洲高速路网的 AH3 线①、AH4 线②和 AH32 线③公路通过蒙古国。为实现矿业兴国战略，2008 年蒙古

① AH3 线：乌兰乌德—阿拉坦布拉格—达尔汗—乌兰巴托—纳莱赫—乔伊尔—赛音山达—扎门乌德—二连浩特 - 北京 - 塘沽。

② AH4 线：新西伯利亚—巴尔瑙尔—恰克图—乌兰白辛特—科布多—雅楞台。

③ AH32 线：Songbong—元汀—圈河—珲春—长春—阿尔山—苏木贝尔—乔巴山—温都尔汗—纳来赫—乌兰巴托—乌里雅苏台—科布多。

国大呼拉尔通过的《基于蒙古国千年发展目标的国家综合发展战略》明确要建设满足矿产品出口运输所需求的道路基础设施，拟建同中俄两邻国相连接的跨欧亚运输线路。2010 年 6 月蒙古国议会通过《国家铁路运输领域建设规划》，计划分两个阶段建成新东线和南线铁路①。《2012—2016 年蒙古国政府工作纲领》提出"建设连接中俄和欧亚运输走廊，增加过境运量"的目标②。2013 年 5 月蒙古国大呼拉尔通过的《2014 年蒙古国民经济社会发展根本方针》指出："明确并落实建设连接中俄之间铁路、高速公路、石油和天然气管道、电力能源基础设施的相关政策"③，正式提出建设连接中蒙俄三国的铁路、公路、石油、天然气、电力的"五大通道"。2014 年 9 月 2 日，蒙古国政府颁布第 282 号决议，启动"草原之路"倡议，组成了由蒙古国副总理、经济发展部长、蒙古国国务部部长、环境发展部部长、外交部部长等十余位部长组成的工作小组④，把原来拟定的"五大通道"建设升格为"草原之路"。

二、推进"草原之路"的动因

蒙古国力邀中俄参与"草原之路"建设，主动推进"草原之路"与"丝绸之路经济带"、跨欧亚运输大通道的对接。究其缘由，本文认为蒙方主要有以下考虑。

（一）拓展域外合作优先方向

蒙古国是夹在中俄两大邻国之间的内陆国家，无出海口。冷战后，蒙古重新定位了本国地缘发展方向，逐步明确了以东北亚地区作为国家的优先发展方向，以融入亚太地区经济合作为目标的国家对外发展战略。亚太大国集中，蒙古国的两大邻国中国、俄罗斯，蒙古国的"第三邻国"美国、日本、印度、韩国、东盟等都在该区域，积极参与本地区事务既能保障以发展中俄关系为外交政策首选方向，又能发挥出"第三邻国"的制衡作用，为蒙古国提供更多的发展机遇与空间。亚太地区是当今世界上经济最为活跃、增长前景最好的地区，大约蒙古国外贸总额的 80%、外国投资的 70% 以上来自亚太地区经济体。而东北亚地区在地理上是蒙古国的出海口，通过中国、俄罗斯或朝鲜的港口可以将能源产品输送到亚太其他国家及地区，使其产品市场更加多元化，减轻市场一元化对他国的过度依赖。蒙古国以申请加入促进经济增长、合作、投资的

---

① 蒙古国议会网：http：//www. parliament. mn/laws/translate？ page = 2&key = м。

② 蒙古国议会网：http：//www. parliament. mn/laws/translate。

③ 蒙古国议会网：http：//www. parliament. mn。

④ 蒙古国政府网：http：//www. zasag. mn。

APEC 组织作为首要目标，申请加入东盟对话伙伴和东亚峰会①，以融入亚太地区的价值链生产网络，促进经济快速发展和产业结构升级为目标。

（二）契合对中俄等距离、全面平衡交往的外交政策

从地缘政治意义上来看，蒙古国是一个缓冲国，其独立后长期处于邻国之间的地缘竞争之中，无论是经济领域还是安全领域，蒙古国很大程度上依赖于中俄两大邻国的支持，对外交往也得取道两个邻国。受限于这样的地缘特性，转轨后蒙古国制定对外政策时，首先要考虑的是与中俄之间的关系，避免历史的重演。1994 年出台的《蒙古国外交政策构想》重新界定了蒙古国与两大邻国之间的关系："与两个邻国俄罗斯、中国保持良好的关系，不追随其中任何一个，总体上平衡交往，以友好邻邦为原则发展合作。"2010 年颁布的《蒙古国国家安全构想》再次强调与俄罗斯、中国"均衡交往"是出于国家利益与历史传统而提出的国家安全战略。2011 年修订的《蒙古国对外政策构想》指出："保持与俄罗斯和中国的友好关系是蒙古国对外政策的首要目标。蒙古国全面平衡与两邻国的关系，在睦邻友好的原则下发展与两邻国在广泛领域的合作。"② 现行《对外政策构想》体现出与中俄交往与合作中蒙古的立场，即兼顾中俄两国的利益关系，不使任何一方取得在蒙垄断优势。与中俄均衡地保持友好关系，通过地区与国际合作实现三方共赢是最有利于蒙古的外交构想，"中蒙俄经济走廊"建设符合蒙古国对外政策的根本方针。

（三）契合国家发展战略

1991 年蒙古实施《蒙古国财产私有化法》，开启私有化进程，1995 年初步得以完成，自 1995 年起着手建立和完善资本市场，过激的市场化改革引发严重的经济衰退。进入新世纪，特别是 2002 年国际市场资源类产品价格大幅度上涨，极大地推动了蒙古国经济增长。2003 年蒙古国政府发布的《蒙古国支持经济增长和减少贫困战略》肯定了在社会和政治领域实行的结构重组和改革是保障经济增长的最重要资源，私有经济占主导地位是保障经济加速增长的重要源泉，提出通过经济增长来实现减贫目标，即依靠私有部门的积极参与和出口导向的贸易政策，通过革新技术实现原料加工现代化，发展加工工业，为发展创造良好的条件。2008 年蒙古国大呼拉尔颁布了《基于蒙古国千年发展目标的国家综合发展战略》，提出分两个阶段实现基础设施发展的目标。运输

---

① 蒙古国总统网：《蒙古国总统额勒贝格道尔吉在参加"加强互联互通伙伴关系对话会"上的讲话》，2014 年 11 月 8 日，http：//www. president. mn/content/4270。

② 蒙古国外交部网站：http：//www. mfa. gov. mn/？ page_ id＝25999。

领域为第一个阶段（2007～2015），改善现有公路路况，扩建国内公路网；建设可满足矿产品运输需求的国内铁路运输线，提升蒙古国铁路在本地区的竞争力；启动新机场建设并开辟国内和国际新航线；租用其他国家港口开展海上运输。第二阶段（2016～2021），继续拓展国内公路、铁路运输网；积极发展海运和航运。电力、燃料领域第一阶段发展的战略目标是建立小型火力发电站及大、中型煤制油、煤制气煤化工工业园区；第二阶段是建立大型清洁型火力发电站，实现煤制油等煤化工工厂产能的最大化。

（四）应对经济下行的困境，拉动蒙古国经济的增长

“经互会”下单一性的分工使蒙古国民经济的产业结构长期失衡，畜牧业和矿产品开发发展迅速，其他领域滞后，主要工业品和日用消费品过度依赖进口。私有化后，这种产业结构并未得到改善。随着“矿业兴国”战略的实施及国际矿产品的升值，矿业迅速发展成为蒙古国民经济发展的重要支柱产业。以矿业为主，农牧业为基础的产业结构格局直接决定了蒙古经济主要依靠能源出口，受外来因素影响较大，从而导致经济增长波动幅度较大，物价水平变化大。2010 年在国际市场矿产品不断升温的条件下，蒙古国经济快速复苏，实现国内生产总值增长 6.1%。随着全球金融危机影响的逐渐减弱，全球矿产业走出低谷，国际矿产品价格在高位运行，2011 年，经济增长达到 17.3%，成为全球增长速度最快的经济体之一。受国际市场大宗商品价格持续走低，国内政策稳定性差等内外因素影响，经济增长放缓，2012 年 GDP 为 12.3%，2013 年为 11.6%。2014 年蒙古国经济增长乏力，面临巨大的下行压力。根据蒙古国国家统计局数据，2014 年国内生产总值同比增长 7.9%。2015 年经济下行压力进一步加大，据蒙古国家统计局于公布数据显示 2015 年经济增速为 2.3%。①

从地缘优势和历史渊源上来看，与中俄合作共建经济走廊，对于蒙古国发展而言，是难得的一次历史发展机遇。特殊的地缘位置决定了只有中俄友好相处，蒙古国的“等距离、全面均衡”外交政策才能真正发挥作用，蒙古才能够获益。目前，在中俄双方的共同努力下，中俄全面战略协作伙伴关系进入新的阶段，处于历史最好时期。2015 年 5 月 8 日，中俄发表《中华人民共和国和俄罗斯联邦关于深化全面战略协作伙伴关系、倡导合作共赢的联合声明》，明确指出：“（中俄）双方将深化中俄蒙合作，通过发展三方在政治、经济、科技、人文、边境、地方以及国际事务中的协作实现三方各领域全方位合作。”② 5 月 9 日，中俄发表《中华人民共和国与俄罗斯联邦关于

① 以上数据来自蒙古国国家统计局网站：http：//ubseg. gov. mn/stat_ main。

② 中华人民共和国外交部网站：http：//www. fmprc. gov. cn/。

“丝绸之路经济带”建设和欧亚经济联盟建设对接合作的联合声明》，俄方表明支持“丝绸之路经济带”建设，愿与中方密切合作，推动落实该倡议。中俄全面战略协作伙伴的深入发展，为蒙古国草原之路与丝绸之路、跨欧亚大通道对接，为蒙古国参与经济走廊建设提供了保障。

三、“草原之路”倡议的框架思路及合作重点

按照蒙方的定义，“草原之路”倡议是建设连接中俄的过境铁路、公路、天然气管道、石油管道和能源电力网的巨大工程。[①] 蒙古国力邀中俄参与草原之路建设，利用与丝绸之路和跨欧亚大通道对接的时机，开启蒙古境内的过境五大通道建设，通过互联互通实现三国乃至本地区贸易便利化，实现经济增长的目标。

以五大通道连接欧亚，激发过境潜力。作为继哈萨克斯坦之后的第二大内陆国，哈萨克斯坦在融入区域一体化，融入世界经济体系和金融体系所做出的尝试成为蒙古国借鉴效仿的对象。特别是2014年中俄先后签订铺设“东线”“西线”天然气管道的协议后，蒙古国利用自身地理优势，发挥欧亚大陆桥作用的意愿更为强烈。蒙古国总统在承办第11届亚欧会议时表示：“2016年适逢亚欧会议成立20周年，蒙古国承办此次会议意义重大，800年前成吉思汗建立的蒙古帝国连接欧亚，800年后这种机会再次降临到蒙古。”[②]

实现矿产品市场多元化。无出海口，极大地限制了蒙古国与其他国家之间的贸易往来，使其矿产品市场难以实现多元化，增加经济依赖性。2013年，蒙古国提出建设连接中蒙俄三国的铁路、公路、石油、天然气、电力的“五大通道”，旨在积极参与到区域合作当中，使产品市场多元化。蒙古国经济属能源型经济，国家外汇和财政收入主要依靠能源出口。通过“中蒙俄经济走廊”为其开辟出海口也是蒙古国所期待的。蒙古有意在天津建立专属经济区，打通乌兰巴托到天津的出海通道，并意欲开辟赛音山到达符拉迪沃斯托克出海口，将矿产品运至日本、韩国、中国台湾、澳大利亚等地。

以基础设施建设带动经济发展，增加就业率。蒙古国基础设施薄弱，道路、能源、电力等大部分还沿用苏联时期所建设的基础设施，远不能满足其经济发展的需要。特别是实施矿业兴国战略以来，落后的基础设施，匮乏的水电资源，在很大程度上掣肘和制约了矿产业发展。2011年10月蒙古国政府对并入亚洲AH3公路网的“阿拉坦布拉格—乌兰巴托—扎门乌德”公路工程进行了公开招标，成吉思汗兰德集团中标。该

---

① 蒙古国矿业网：http：//www. uuluurhai. mn/？p =7190。

② 蒙古国总统网：http：//www. president. mn/。

项目的成功运行及其所带来的拉动地区经济增长、增加就业岗位等经济效益，成为蒙古启动草原之路建设动因之一。①

以大项目为抓手，招商引资。蒙古国在互联互通方面面临着运输和贸易成本高、资金、技术和自然条件等多方面制约，尤其是融资和技术成为互联互通的瓶颈。据蒙方公布的“草原之路”倡议，包括连接中俄997千米高速公路、1100千米电气线路、扩展跨蒙古铁路、天然气管道和石油管道等5个项目，总投资需求约为500亿美元。截至2015年11月底，蒙古外汇储备余额仅为14.59亿美元。蒙古国经济发展，特别是基础设施建设带来的资金需求缺口较大，私营经济实力不足以弥补，且蒙古国内金融市场规模较小，包括银行和证券业在内的投融资体制尚不健全，只能通过政府借贷和引进外资方式来解决。2014年10月24日，蒙古作为21个首批创始成员国，参加签署了《创立亚投行谅解备忘录》，蒙古将出资4114万美元，拥有亚投行0.3013%表决权。②亚投行（AIIB）主要援助亚太地区的基础设施建设，投资方向是铁路、公路、油气运输、电力电网、通信及港口。蒙古国计划通过亚投行提供的贷款、股权投资以及提供担保等方式为草原之路建设提供融资支持。

五位一体的草原之路。蒙古国总统办主任彭·查干称，蒙古近百年来首次设立了负责基础设施相关大型项目的蒙古国国务部长职位，表明执政者及在大呼拉尔拥有席位的各党派非常重视大型项目的重要性。草原之路规划的具体项目如下。

铁路：蒙古国是连接欧亚大陆桥最近的通道，有着巨大的过境潜力。无疑，与中俄进行物流合作蒙古是最大的受益者，蒙古国极力推动跨蒙古欧亚铁路建设。蒙古国预估自身过境运输运载能力每年1亿吨，现有铁路运载力仅2百万吨，国际货物运载量可提升的空间巨大。蒙古国拟对原有铁路进行电气化改造，并铺设复线，并希望莫斯科—北京高铁过境蒙古国。③ 同时，计划铺设新东线（额伦察布—乔巴山—霍特—毕其格图），约1100千米。计划从阿尔茨苏里口岸往南铺设约900千米的南线铁路，这里连接着蒙古国最大的煤矿，建成后将大幅度提升蒙古国内运力，届时将实现蒙古国南戈壁省塔温陶勒盖煤矿、奥尤陶勒盖铜金矿、那林苏海图煤矿等大型矿区至边境口岸铁路直运。

公路：除了上述提及的阿拉坦布拉格到扎门乌德公路外，蒙古国议会已经通过西线公路（乌兰白辛特—乌列盖—科布多—布勒干）建设计划，其中，214千米的科布多曼汗至阿尔泰线已经投入使用。蒙古国交通运输部拟定在东部建设一条公路：埃伦察布—乔巴山市—西乌尔特—毕其格图。这条公路南北纵向公路建成的话，将把蒙古

---

① http：//old. eagle. mn/content/read/22035. htm.

② 蒙古国政府网：http：//www. zasag. mn。

③ http：//undesten. mn/index. php？ newsid =4570.

国东部与中国内蒙古、辽宁省、俄罗斯东西伯利亚连接在一起。

能源电力：蒙古国虽然煤炭资源丰富，但国内电力基础设施建设和配套较为落后，目前仍不能满足电力自给自足，部分电力仍需从俄、中进口。蒙古国煤炭储量达1620多亿吨，其中90%为褐煤。褐煤因热量低，不适合出口国际市场。蒙古国计划以褐煤为原料建立煤制气、煤制电工厂或工业园区，生产清洁燃料，提高出口附加值。蒙古国希望中国帮助其完成煤制气工程。除了煤制气项目，蒙古国计划与中国在电力、可再生能源等领域进行合作，具体包括热电站合作、额根河电站项目等。

天然气、石油管道：过境天然气管道和石油管道是蒙古国政府最为感兴趣的项目。从2000年起蒙古国曾向俄罗斯和中国多次提出建设跨蒙古国天然气管道的建议。特别是中俄签署两笔供应天然气合同大单以后，蒙古国从铺设管道经济成本角度，向中俄提出重新考虑中俄供气协议，建议管道过境蒙古国。

此外，除了铁路、公路、石油、天然气、电力五个领域外，蒙古国还计划与中俄合作开辟跨境航空走廊，进一步丰富和扩大草原之路内涵，目前处于与中国民航局进行合作磋商阶段。

四、以互联互通为重要引擎，以“五通”为重要内容的中蒙俄经济走廊建设

2015年3月中国政府发布的《推动共建丝绸之路经济带和21世纪海上丝绸之路的愿景与行动》指出：“共建‘一带一路’致力于亚欧非大陆及附近海洋的互联互通，建立和加强沿线各国互联互通伙伴关系，构建全方位、多层次、复合型的互联互通网络，实现沿线各国多元、自主、平衡、可持续的发展。”① “一带一路”的核心是互联互通建设，互联互通就是公路、铁路、机场、港口、电网、通信等基础设施建设。“一带一路”和互联互通是相融相近、相辅相成的。正如习近平主席所说：“如果将‘一带一路’比喻为亚洲腾飞的两只翅膀，那么互联互通就是两只翅膀的血脉经络。”②

从上述对“草原之路”的分析中可见蒙古国高度重视互联互通，极为看重自身拥有的跨境运输潜力，有着自己基础设施建设的规划。“草原之路”倡议在基础设施建设方面设计得相对完善，但更侧重于交通设施建设。因而，中蒙俄应以交通设施建设为切入点，先行实施联通中蒙俄三国铁路、公路项目，实现互联互通的初步成果。值得

① 《推动共建丝绸之路经济带和21世纪海上丝绸之路的愿景与行动》，国家发改委网站，http://xwzx.ndrc.gov.cn/xwfb/201503/t20150328_669090.html。

② 习近平：“联通引领发展，伙伴聚焦合作”，《人民日报》，2014年11月9日，第二版。

注意的是，“要建设的互联互通，不仅是修路架桥，不光是平面化和单线条的联通，而更应该是基础设施、制度规章、人员交流三位一体，应该是政策沟通、设施联通、贸易畅通、资金融通、民心相通五大领域齐头并进。这是全方位、立体化、网络状的大联通，是生机勃勃、群策群力的开放系统”①。“草原之路”倡议更为注重硬件设施建设，目前还没涉及以基础设施联通带动制度对接、人员交流和产业合作方面的软件设施建设，在“五通”方面关注不够，特别是在民心相通方面有待进一步加强。

从长远来看，推进中蒙俄互联互通产业合作方面，不仅三国需要加强政策沟通，达成互联互通产业合作的共识，实现三国互联互通产业发展战略的对接，通过交通、能源、通信等领域的关键通道和重点对接工程为互联互通奠定硬件基础，还需要加强民心相通，推进三国人文、教育、文化、旅游等领域的合作，夯实互联互通产业合作的社会根基。这样，才能保障“中蒙俄经济走廊”建设顺利实施和深入开展。正如2015年5月27日，在亚欧互联互通产业对话会张高丽所强调：“推进互联互通产业合作关键是要心往一处想，劲往一处使，紧紧围绕‘五通’，推动协同发展。”

① 习近平：“联通引领发展，伙伴聚焦合作”，《人民日报》，2014年11月9日，第二版。

“古为今用”是“一带一路”建设的必要手段
——将尹湛纳希故居作为中蒙两国“民心相通”的平台的建议

毕德利（中国辽宁省社会科学院）

经过三次中蒙俄首脑会晤，中蒙两国就中国的“丝绸之路经济带”和蒙古国的“草原之路”及“中蒙俄经济走廊”建设，达成了许多共识。但在苏联解体后，蒙古国为了自身的生存与发展，制定了“第三邻国”政策，致使其他国家的各种影响逐渐进入蒙古国，对发展中、蒙两国关系，既有促进又有竞争。由于历史原因，在蒙古国人民中，还缺乏对中国全方位的深入了解，对蒙古与中国的历史也存在不同的认识，不利于加快推进“一带一路”和“中蒙俄经济走廊”建设。因此，有必要寻找某一双方共同聚焦的重点问题，搭建两国相互交往的平台，以此增进了解、化解隔阂、凝聚共识，共同促进“中蒙俄经济走廊”建设，而恢复重建蒙古族作家尹湛纳希故居，是目前最能起到这一重要作用的“点睛之笔”。

一、尹湛纳希是中蒙两国“民心相通”的纽带

尹湛纳希于1837年5月23日出生在原内蒙古卓索图盟土默特右旗忠信府（现辽宁省朝阳市北票市下府经济开发区三府村），于1892年2月25日，逝于辽宁省锦州市药王庙，享年56岁，是成吉思汗黄金家族第28代嫡传子孙。

尹湛纳希是十九世纪蒙古族伟大的文学家，是蒙古文学历史变迁时期的杰出代表，对蒙古文学的发展产生了重大影响。尹湛纳希还是蒙古族伟大的思想家，他关于民族平等、进步及民族关系的思想，在中国民族发展史上占有重要地位。尹湛纳希又是蒙汉文化交流的先驱，他的《大元盛世青史演义》及《一层楼》《泣红亭》《红云泪》等

文学作品，吸收了汉族古典文学精华，丰富了蒙古族文学的内容和形式，推动了漠南蒙古思想文化与内地思想文化的交融，反映了悠久的汉蒙民族友好关系。

由于尹湛纳希的代表作《大元盛世青史演义》起到了为蒙古族做史、为成吉思汗做传的作用，被蒙古国视为圣典。他因《一层楼》等作品，被中蒙两国及世界研究蒙古族文化的专家，誉为蒙古族的“曹雪芹”。总之，尹湛纳希在蒙古国人民特别是知识界中具有崇高地位，是中蒙两国深入交往的桥梁和纽带。同时，尹湛纳希的文化遗产，经历了历史变迁的严峻考验，已经超越了国界，为世界各国人民所喜爱。除中蒙两国外，世界上许多国家，特别是一些欧洲的学者，都在研究尹湛纳希和他的作品，出版了许多著作和论文，尹湛纳希和他的作品，在国际研究蒙古民族历史领域具有重要影响，尹湛纳希在蒙古族人民心中地位崇高，恢复重建尹湛纳希故居是蒙古国人民，特别是蒙古国知识界的夙愿。

二、尹湛纳希故居重建有利于“中蒙俄经济走廊”建设

尹湛纳希故居，原称忠信府，位于现辽宁省北票市下府经济开发区三府村（原下府蒙古族乡忠信府村），是尹湛纳希曾祖父端都布在清康熙年间所建，焚毁于 1891 年的教会之乱。尹湛纳希不但是蒙古族优秀作家，还是成吉思汗的嫡系子孙，他的故居在蒙古国学术界及蒙古族人民心中，具有崇高地位。因此，如能将故居恢复好、建设好，必将是中蒙两国的一件盛事，也是拉近中蒙两国人民距离的重要媒介，还是落实刚刚签署的《建设中蒙俄经济走廊规划纲要》中“拓展人文交流合作”的重要平台，能起到为“一带一路”和“中蒙俄经济走廊”建设助力的重要作用。

根据文献资料介绍，兴盛时期的忠信府占地近百亩，院落布局工整对称，主体建筑等级分明、错落有致，景致古朴典雅，具有典型的蒙古族王爷府建筑风格，是蒙汉结合的清代古建筑群。当年，忠信府由两个大院和介寿堂、逸安堂、绿竹斋、教谕斋等若干四合院及后花园——荟芳园组成。另外，忠信府还建有极具规模的藏书馆，根据图书类别，设有楚宝堂、学古斋、东坡斋，收藏了数以万计的各民族文字的书籍。教会之乱后，日渐衰落的忠信府主人，在废墟上重建了宅院，但其建筑规模仅是原来府院的十之三。

中华人民共和国成立后，忠信府还遗存青砖瓦房（硬山式建筑）十三间和用石条砌成的八角井（又称“八楞井”）。1981 年 3 月 27 日，忠信府被朝阳市人民政府列为第一批文物保护单位，划定了保护范围与建设控制地带。2003 年，因修建白石水库，忠信府遗址和八角井，都处于规划中的淹没区内。当年 6 月，八角井迁建至下府经济

开发区原忠信府后山南坡约500米处，9月，北票市委、市政府决定在此恢复尹湛纳希故居（规划用地15亩），但因资金原因停工。到了2015年3月，北票市委、市政府决定，将尹湛纳希故居在原规划的基础上进行改扩建规划，尽量恢复故居原貌。故居规划建设用地1200平方米，建筑面积为1400平方米。

当时，尹湛纳希故居的恢复工作，只是从民族事务出发，由地方政府量力而行，因此故居的规划，充其量只是原址的微缩景观。又由于北票市财力所限，截至2015年末，该工程处于前期基建且停工筹资状态。当前，我们应本着“古为今用”的原则，把恢复重建尹湛纳希故居这项工作上升到为“一带一路”和“中蒙俄经济走廊”建设服务的高度，重新审视尹湛纳希故居重建，与“一带一路”建设和老工业基地振兴的战略意义。

三、恢复尹湛纳希故居的建议

第一，将尹湛纳希故居重建纳入国家“一带一路”规划。尹湛纳希故居的恢复重建工作，应从原来的民族事务和少数民族作家故居重建的角度，提高到为“一带一路”和“中蒙俄经济走廊”建设服务的高度。要把尹湛纳希故居的重建与促进中蒙两国“民心相通”结合起来，要把拉近中蒙两国人民的距离，与应对蒙古国的“第三邻国”策略联系起来。让中蒙两国知识界，用以尹湛纳希故居为纽带的人文交流活动，应对其他国家对中、蒙两国民族和文化交流的竞争。因此，尹湛纳希故居的重建，已不适合由财力薄弱的北票市独挑大梁，这项工程应该作为一项国家工程，尽快由国务院相关机构拨付专款，宣传部门要加大对尹湛纳希故居重建的宣传力度，在国内外营造中蒙两国民族、文化交流的氛围。

第二，做好尹湛纳希故居的总体规划。现在的尹湛纳希故居选址，与1986年4月5日迁建的尹湛纳希墓只有一路之隔，而且是前墓后宅，与蒙、汉民族前宅后墓的传统大相径庭。由于尹湛纳希墓和尹湛纳希故居的恢复重建，都不是在原址进行，又分属不同的时期，属于先修墓后修宅，而且现在墓地的前方，就是白石水库库区，已不可能再将故居修到墓的前面了。根据目前北票市的财力，连恢复微缩的故居都已捉襟见肘，根本没有能力将墓地迁至故居北侧重建。因此，建议国家有关部门，组织相关规划、民俗、民族专家，重新规划尹湛纳希故居和尹湛纳希墓地，毕其功于一役，将这项工程建成完全符合蒙古民族特点的文化景观。

第三，将尹湛纳希故居建成世界蒙古文化的研究、交流中心。目前处于停滞状态的尹湛纳希故居重建工程，囿于北票市的财力所限，其规模充其量只是故居的微缩景观，起不到对蒙古国人民寻祖认宗的目的，恐怕还会起到一定的负面影响。因此，建议国务院有关部门（发改委、财政部、国家民委、外交部、文化部、国家文物局）和辽宁省人民政府，将尹湛纳希故居的重新规划工作，纳入议事日程，尽可能恢复尹湛纳希故居原貌，并将暂设在北票市博物馆的尹湛纳希陈列馆，搬入尹湛纳希故居，尽快解决馆、居分离的现象，使故居成为世界研究蒙古族史和尹湛纳希及其作品的中心。

第四，打造产业链为地区经济社会发展服务。由于北票市处于辽宁省、内蒙古自治区和国家规划范围内的“中蒙俄经济走廊”沿线，而且北票市和阜新市，既是国家认定的资源型城市，还是“中蒙俄经济走廊”新通道的重要节点城市，因此，恢复后的尹湛纳希故居，还可与其家庙——惠宁寺、阜新的藏传佛教寺院——瑞应寺，共同打造中蒙佛教文化交流及旅游产业链。为中蒙民心相通、人文交流服务，为东北老工业基地振兴和资源型城市经济转型服务，为“一带一路”和“中蒙俄经济走廊”建设服务。

“中蒙俄经济走廊”建设的人才交流云服务与远程控制设备及信息化共享分析

杨立成（中国内蒙古自治区人力资源公共服务中心）

为了解内蒙古自治区现场招聘数据、授权管理大学生网上超市资助终端、网络招聘入口、监控资助终端、人才 E 站的运行情况、所有大学生自助终端的升级，建立机构管理权限，自由分配管理员角色，数据集中管理以及自助终端的权限管理的复杂信息化求职管理系统。该管理系统包括人才超市、人才 E 站的远程监控运行状况；招聘信息的共享；远程设备的管理；信息安全以及后台管理手持终端，和手机 APP 客户端，整个系统从多维度实现了人才与人才机构的对接，效率更高。

一、引言

在习近平主席访问中亚国家时，他先后提出了共建“丝绸之路经济带”和“21 世纪海上丝绸之路”（合称“一带一路”），为中国对外开放战略的转型构建奠定了坚实的基础。另外，蒙古国与俄罗斯是中国的近邻，中国与蒙、俄之间的经贸合作在近年来取得了长足的进步。目前看来，中国是俄罗斯和蒙古国的第一大贸易伙伴，这为进一步拓展三国之间的文化、经济往来奠定了坚实的基础。在新一轮改革开放的大潮中，如何把握未来发展形势，如何进一步扩大开放，完善同俄罗斯、蒙古国的经贸合作机制就成为政府与学界必须关注的焦点。为进一步提升大学生就业服务水平，通过对内蒙古人才市场多功能业务信息综合服务平台的建设和研究，应用综合技术，切实解决了用人单位及求职人员实名制、企业招聘手写登记、现场办理手续及缴纳费用和求职人员投递纸质简历等问题，做到数据向上集中，服务向下延伸，覆盖旗县一级人才交流服务机构，最终在内蒙古自治区推广，实现内蒙古自治区十二盟市所属辖区全覆盖，2016 年“人才市场网络综合服务系统的研究与应用”和“内蒙古大学生就业网络服务进校园进社区系统研发与应用”两项通过内蒙古自治区科学技术厅成果处成果鉴定为达到了国内同行业领先水平。蒙古国与俄罗斯是中国的近邻，近年来中国与蒙、俄之间的经贸合作取得了长足的进步。“互学互鉴、互利共赢”现在把我们开发的云服务系统介绍一下：我们在内蒙古自治区内 15 所高校配备了 135 台大学生求职超市自助终端电脑，同时在呼包鄂三市中 51 个社区配备 51 台人才 E 站自助求职终端，开展大学生就业网络服务进校园、进社区试点工作。使我区大学生就近享受就业创业服务，优化了公共人才服务，成功地实现了“一站式”“一柜式”的公共就业人才服务，成功地实现了人才交流服务的转型升级。

二、设计要求

综合统一内蒙古自治区现场招聘数据、授权管理大学生网上超市资助终端、网络招聘入口、监控资助终端、人才 E 站的运行情况、所有大学生自助终端的升级，建立机构管理权限，可以自由分配管理员角色，数据集中管理以及自助终端的权限管理模式如（图 1）。

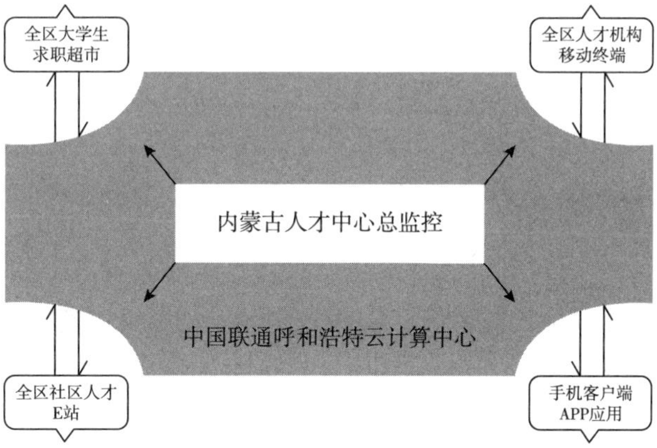

图 1 系统框图

（一）大学生网上求职超市自助终端

大学生网上求职超市（图 2），使用多台一体机，为求职者提供相应的帮助，求职者需使用二代身份证，进行使命登录才可浏览网站。国家、自治区等知名招聘网站及高校就业网站，从各个角度为求职提供最完善服务。目前终端使用功能定位于为大学生求职提供免费的、信息化的、专业的服务项目。每个求职者每日有二十分钟的使用时间。求职者可以通过该终端向现场招聘参展单位投递简历。

图 2　大学生网上求职超市

（二）“人才 E 站”自助服务终端

“人才 E 站”自助服务终端与人社厅、公安厅、教育厅等机构的数据共享，通过终端空能模块使用，可以获取使用者的身份证号、学历、社保等相关信息，充分保证了用人单位和求职者信息的真实性，有效性。“人才 E 站”有八大模块，分别是：①通知公告；②政策法规；③办事指南；④社保信息；⑤招聘求职；⑥医保信息；⑦人事人才；⑧劳动关系。

“人才 E 站”（图 3 左）的地图功能可以查到自治区所用人力资源服务机构以及本次人才交流大会的参会单位具体位置，迅速找到要身边的人才服务机构和适合自己的用人单位。“地图搜索找工作”是创新服务的一大亮点，对于求职者来说，工作单位的位置信息非常关键，我们的创新服务解决了这一问题。

（三）手持移动自助服务终端

手持移动自助服务终端（图 3 右）拥有识别身份证的功能，对于近期所举办的招聘会，使用终端在招聘会现场可通过身份识别阅读，完成进场人数的统计，同时完成进场人员的统计分析，例如：性别比例、籍贯等。实名认证，手持移动自助服务终端在交流大会现场运行流畅，完全可以满足招聘会的需求，同时手机装有相应 App 可实时查看进场各类统计情况，这也是设计特点之一。

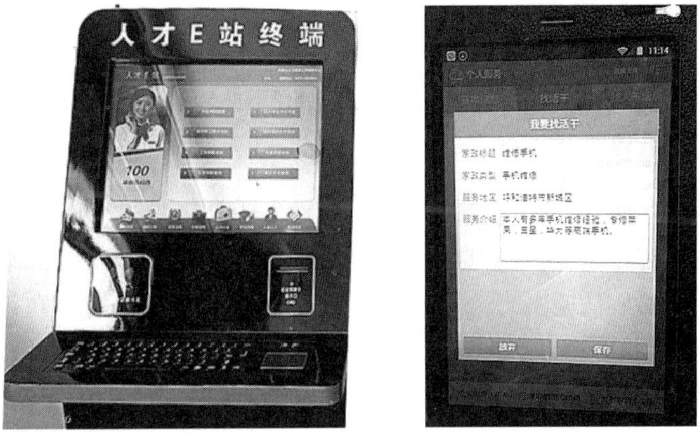

图3　人才E站终端（左）和手持移动自助服务终端（右）

（四）自治区进场统计网上管理系统

可以对区直，各个盟市、旗县的手持终端设备进行管理，每个机构可以设置一个节点，每个节点进行收集统计工作，并且每个节点数据向上一级集中（区直包括盟市，盟市包括旗县）根据招聘会数据收集，区直可以浏览整个内蒙古自治区进场情况，可以按总人数、年龄等来统计查看进场人数。

三、设计原理及实现方法

该成果可在内蒙古所辖十二盟15所高校及51个社区进行覆盖性推广，将各地区数据集中到云服务平台上，解决用人单位及求职人员实名制、企业信息化招聘、求职人员电子投递简历等问题，对每个服务点的统一智能化管理，实时监控每台设备终端的运行情况，定时进行开关机任务、软件统一升级、数据集中分析、设备统一追踪等功能。实现数据向上集中，服务向下延伸，覆盖整个内蒙古自治区各级人力资源服务机构，打造我区现代化人才信息化管理模式。

设计原理采用网络服务+终端服务的方式，具体通过建设云服务平台+终端设备建设的方法实现。在云平台建设上采用ASP.NET及Microsoft（微软）公司的IDE（集成开发环境）产品Visual Studio进行开发，终端硬件设备采用具有专利技术的定制机，终端软件及服务使用delphi及JSON（JavaScript Object Notation）等实现。

四、关键问题及解决方法

本系统因为涉及大量人员隐私信息，安全问题则是整个系统的重点。那么如何保证整个系统的人员信息的安全性呢？

首先，保证所有系统内的设备，包括电脑、E 站、手持终端都分别携带一个加密的唯一标识，通过 MAC 地址加密而来的；访问时首先提供唯一标识，获得令牌以及令牌有效时间，然后每次访问都带令牌访问，过期后需要更新令牌；在每次 web 访问的时候，令牌放在 http 的 Header 部分，每次数据服务都检查对应的唯一标识和令牌；根据唯一标识还产生对应软件和设备的授权，并将唯一标识和机构下的大厅建立关联。访问必须为 post。

另外，加入 SSL 及其继任者传输层安全 TLS，是为了给网络数据通信专门提供安全，和提高数据完整性和可靠性的一种安全协议。这套协议优势在在于传输层对网络连接进行加密。

五、系统环境

操作系统：Windows 2008 R2；数据库：Microsoft SQL Server 2008；编程语言：C#. Net MVC。采用国际先进的 web2. 0 技术、网络技术模式、技术路线和体系结构，切实符合管理人员、使用人员的要求，在网络涉及的关键部位有高可靠性的设备，对于重要的网络节点采用先进的高可靠性技术。网络系统开放性好，支持多网络协议，在网络设备和系统平台选型时，符合国际网络标准及企业标准，使系统的硬件环境、通信环境、软件环境相互间依赖减至最小，使其各自发挥自身优势。

六、应用推广

现在自治区人才中心和鄂尔多斯市人才中心、通辽市人才中心初步实现联网，效果显著，我们利用中国联通呼和浩特云计算中心的超大容量的存储空间、多路不间断供电的保障、入侵检测及硬件防火墙、先进的服务器、互联网高速带宽等优势来实现全区人才招聘会的云服务，效果好、影响大，正在积极投资建设的盟市有包头市、巴彦淖尔市、乌兰察布市、赤峰市、锡林郭勒市等人才服务中心。为进一步实现全区人才现场招聘会的云服务奠定坚实的基础。

七、结束语

数据价值为整个内蒙古自治区人力资源的配置、人力资源服务和政策制定与落实提供可靠的依据，远程监控终端设备交流也可作为内蒙古自治区人才的重要收纳源头。统计人才参合求职情况，追踪人才流动，实现同蒙古国、俄罗斯地区间的人才共享。实现内蒙古自治区各盟市、旗县招聘信息的共享，客观地用数据去分析工作的不足，将改进与创新相结合。实现同蒙古国、俄罗斯的经贸合作机制下资源信息共享的使用价值。

参考文献

[1] 陶飞，张霖，郭华，罗永亮，任磊．云制造特征及云服务组合关键问题研究［J］．计算机集成制造系统，2011，17（3）：479－486.

[2] 黄沈权，顾新建，张勇为，杨青海，方水良．云制造环境下支持演化的制造云服务元建模［J］．计算机集成制造系统，2012，18（6）：1328－1336.

[3] 丁滟，王怀民，史佩昌，吴庆波，戴华东，富弘毅．可信云服务［J］．计算机学报，2015，（1）：133－149.

中俄“一带一路”建设宏观层面的问题与对策

龙长海（中国内蒙古大学法学院）

在国家“一带一路”的整体框架内，中俄之间广泛、深入和持续的合作将是促进中蒙俄关系良性发展的重要保障。目前，中俄之间在推进“一带一路”倡议的过程中，还存在如下问题：互信尚需进一步提高，理解上有偏差，能否全面支持对方存在疑虑，中俄双方的竞争变得更加剧烈，中俄两国国内均有一些不利因素，“一带一路”与“欧亚联盟”两套方案对接的前景不明。为推动中俄之间合作的进一步深化，促进“一带一路”的顺利实施，中俄两国应进一步加强政治互信，强化军事合作，照顾各自利益诉求，强化“丝绸之路经济带”和欧亚联盟对接方案的落实，注意风险防范，加强人文交流、增进中俄两国人民的相互了解。在与俄方合作的过程中，要敢于正视问题，避免合作过程中的“零和博弈”，做到共赢互利。

“中蒙俄经济走”廊是国家“一带一路”倡议的重要支点之一。三国之间关系的妥善解决，是“中蒙俄经济走廊”建设顺利开展的决定性因素。在国家“一带一路”的整体框架内，中俄之间广泛、深入和持续的合作将是促进中蒙俄关系良性发展的重要保障。近年来中俄在政治、经济、文化、军事等各个领域的合作都达到了前所未有的高度，这是中俄关系的主流，也是促进中俄进一步开展全面合作的基础。尽管如此，目前中俄之间在推进“一带一路”倡议的过程中，还存在一些问题，需要中俄双方认真研究，并提出切合实际的解决对策，进而推动“中蒙俄经济走廊”建设的顺利开展。

一、中俄“一带一路”建设方面存在的问题

中俄具体在开展“一带一路”与俄罗斯倡导的欧亚联盟对接过程中具体还存在哪

些问题呢？通过研究中俄学者关于中俄合作存在问题的看法，笔者总结为如下几点。

第一，中俄之间互信尚需进一步提高。在中方提出“丝绸之路经济带”之初，因缺乏“丝绸之路经济带”的相关准确信息，俄方对“丝绸之路经济带”的建议存在误解，甚至认为中方提出的“丝绸之路经济带”是俄方推动的欧亚经济联盟在中亚的强劲对手。国内研究者指出：“最初俄罗斯智库专家无论对‘丝绸之路经济带’还是对‘21世纪海上丝绸之路’都有很强的质疑甚至激烈批评，他们认为‘一带一路’战略构想对俄罗斯造成了战略竞争压力甚至是潜在威胁。”① 当然，这种疑虑经中俄双方的努力，已经得到了消除。现在俄方认为“丝绸之路经济带”和欧亚联盟之间应该是互补的关系。② 中俄双方从互补的角度看待两套战略方案的对接，是中俄推动“一带一路”建设的必要基础。也正是基于这样的一种理解，才能够推动进一步的合作。2015年5月中俄两国签署的《丝绸之路经济带建设和欧亚经济联盟建设对接合作的联合声明》是中俄双方对接两套方案的合作成果的直接体现，也是两国推进“丝绸之路经济带”建设的重要成果之一。

第二，中俄两国存在着理解上的偏差问题。中俄之间的交流存在着语言、文化、政治制度等诸多方面的不同，这些不同也会导致双方对对方政策走向的理解出现偏差，而理解上出现的偏差则会进一步影响双方的互信。从这个意义上而言，理解上存在偏差与互信是一个问题的两个方面。

俄方认为，中方有关“和谐世界”和“通过对话和外交途径解决”的措辞已不足以阐明中国在一些具体问题上的立场和态度。俄罗斯的政策调整迟于中国国内迅速变化的经济形势和对外政策的变化。③ 同样，俄罗斯近年来的对外政策变化多。俄罗斯对外政策的急速调整会直接影响到中俄、中美、中欧之间的关系。在这种状况下，中方也需要清晰判断俄罗斯对外政策走向。俄罗斯对外政策方面的快速转变对中欧、中美关系都会带来风险。同样，俄罗斯方面认为，俄方也难以预料中国对世界未来发展和地区冲突的态度。在这种情况下，中俄双方存在沟通理解方面的问题，这些问题的存在如果不能及时得到解决，将会导致中俄互信的下降，进而对“一带一路”倡议的实施造成不利影响。

---

① 李秀蛟：“俄罗斯智库专家对‘一带一路’的评析”，《西伯利亚研究》，2015年第3期，第20页。

② Габуев А. Сопряжение экономического пояса шелкого пути и евразийского экономического союза：как совместить интересы России，Китая и стран центральной азии//《“丝绸之路经济带”建设与中俄地区合作国际研讨会论文集》，内蒙古大学满洲里学院，2015年，第10页。

③ Луконин С. А. Сотрудничество Китая и России в реализации экономического пояса шелкового пути：вызовы и перспективы//《丝绸之路经济带建设与中俄地区合作国际研讨会论文集》，内蒙古大学满洲里学院，2015年，第37页。

第三，中俄相互对能否全面支持对方存在疑虑。尽管中俄政治、经济、军事交往日趋密切，但在一些国际敏感问题上，双方还是心存戒律。如果不能相互支持，则必然导致中俄的互信不足的问题，也同样会造成“一带一路”倡议的全面实施。

第四，在开展“一带一路”建设过程中，中俄双方的竞争变得更加剧烈。可以说，在丝绸之路提出之初，俄方心存戒律，是和中俄推行的两套方案之间的竞争因素存在直接关系的。在中方开展丝绸之路建设过程中，中俄双方企业将会在丝绸之路战略地带展开竞争。在中国强大资金、技术优势的支持下，俄罗斯方面担心中方会利用优势地位排挤俄罗斯企业的竞争。俄罗斯方面的这种担心，同样对中国的“一带一路”倡议的实施造成不利影响。

第五，中俄两国国内存在着一些不利因素。在开展“一带一路”建设过程中，在一些中俄共同推动的重要项目上，会由于俄方资金不足问题，导致俄境内工程项目进展速度慢或者被停止。这里的典型例证便是跨同江大桥的建设。由于种种原因，该桥的开工日期，被俄方拖延了两年多。此外，在推进“丝绸之路经济带”建设过程中，诸如俄罗斯的入境签证制度、劳动用工制度等问题，如果俄方不能提供便利化保障，则必将影响“丝绸之路经济带”建设。这些不利因素的存在，同样会对“一带一路”建设的开展造成不良影响。

第六，中国“一带一路”与俄方倡导的“欧亚联盟”两套方案对接的前景不明。尽管中俄双方已经达成了对接协议，但该如何对接？在涉及欧亚联盟的项目时，到底该采用何种方式，进而做到参与各方均能受益？这是中俄各方面需要认真思考的问题之一。如果这些问题没能提前预判，则可能会给两套方案的对接成果造成不良危害，进而阻碍“一带一路”项目的顺利开展。

二、促进中俄“一带一路”建设的建议

那么，存在上述有碍“一带一路”倡议开展不利因素的情况下，中俄双方该采取合作措施以避免上述因素的消极影响呢？

第一，中俄双方应进一步加强政治互信。中俄双方之间关系的典型特点就是政热经冷。尽管中俄双方领导人很早就提出中俄贸易额要突破1000亿美元，但这一目标却迟迟未能实现。这也暴露出中俄合作的根基在于政治。中俄经济关系的开展，对高层政治推动的依赖较大。要推动中俄关系的进一步发展，促进“丝绸之路经济带”与欧亚联盟的对接，就必须进一步推动中俄双方的政治互信。没有政治互信，中俄经济的发展必将陷入困境。可以说，加强政治互信，增进政策沟通，是中俄共同推进“一带

一路”建设的前提和基础。在这一过程中，需要倡导合作“共赢”的理念，在中俄议事日程内，应加入对中俄双方产生重大影响的议题，以促进中俄双方能够实现各自的政治利益，在重大国际问题上，中俄双方要加强沟通，以协调统一的立场，在国际层面保持中俄双方的影响力和话语权。

第二，中俄双方应强化军事合作。不结盟主义是中俄双方秉持的交往原则之一。但是，不结盟不代表不能增强军事合作。中俄作为“背靠背”的两个大国，必须建立充分的军事合作和互动机制，以保障各自的安全利益，并为相关国家提供安全保护。应该说这是与中俄当前面临的国际形势紧密相关的。中国面临着美国主导的“亚太再平衡”战略的挤压，俄罗斯面临着来自以美国为首的西方国家施加的压力。在强化中俄军事合作的前提下，方能为彼此提供安全保障，并为“中蒙俄经济走廊”建设的顺利开展奠定基础。与俄罗斯进行密切的军事合作，是保障“一带一路”方案下实施的项目，在俄罗斯受到支持的重要条件。在当前情形下，中俄两国除在上合组织的框架内，从事反恐演习等军事合作外，还应进一步地提升合作水平，以应对中俄周边的不稳定因素的影响。

第三，中俄双方要照顾各自利益。在进行“丝绸之路经济带”与欧亚联盟对接时，必须考虑到各方的利益诉求。为此，在国际层面上，“成立中俄及与其他有关国家的区域发展规划协调配合小组，如与哈萨克斯坦‘光明之路’、蒙古的‘草原之路’、韩国的‘欧亚倡议’等方案进行协调的工作组，建立包括中国、俄罗斯、哈萨克斯坦和欧亚经济委员会都参与的联络机制”。[①] 在中国国内，“在考虑合作各方国家整体利益的同时，应把中蒙俄省区的合作诉求与利益纳入考虑范畴，利用好边境省区的区位优势”[②]。这种从国际国内两个维度，从多方利益主体的角度出发，在推进“丝绸之路经济带”建设的同时，照顾各方利益诉求，以实现共同发展、惠及民生的终极目的。同时，在与俄罗斯方面开展“一带一路”与“欧亚联盟”的对接工作时，充分考虑到中国相关省份的利益诉求，能够避免国内不同省份间的利益博弈，进而造成对中国国家整体利益的损害。

第四，落实是重点。中国提出的“丝绸之路经济带”和俄方主导的欧亚联盟其目标都是好的。但是，如何实现两个方案的落实呢？这是关键的问题。再好的设想，如

---

① Луконин С. А. Сотрудничество Китая и России в реализации экономического пояса шелкового пути: вызовы и перспективы//《丝绸之路经济带建设与中俄地区合作国际研讨会论文集》，内蒙古大学满洲里学院，2015 年，第 38 页。

② 常玢：“中俄边境地区合作的几个问题”，《丝绸之路经济带建设与中俄地区合作国际研讨会论文集》，内蒙古大学满洲里学院，2015 年，第 52 页。

果仅仅停留在纸面，也是画饼充饥而已。因此，在推进中俄两个方案对接时，必须抓住落实这一关键问题，让两国的设想落到实处，让两个方案对接所带来的利益真正惠及人民。为此，就必须充分调动相关各方的积极因素，将方案落到实处。这些具体方案实施时，应该考虑中俄相关地区的不同利益诉求，从保障双方权益的视角，推动“一带一路”倡议的顺利实施。

第五，在推进“一带一路”倡议过程中，要注意风险防范。在中俄推进“丝绸之路经济带”和欧亚联盟两套方案对接时，中方应积极关注安全保障问题。在国外推进项目建设时，涉及中方人员的人身安全和财产安全的保障问题。中俄司法部门和双方公安机关，要做好彼此人员的安全保护，防止极端势力的破坏。同时，两国立法机关要保持交流互动，让两国制定的有关丝路建设和欧亚联盟对接方面的法律具有可预期性，以保障双方参与者的切身利益。

第六，中俄双方要加强人文交流、增进中俄两国人民的相互了解。习近平主席在处理周边国家的外交关系上指出：“国之交在于民相亲”，“关系亲不亲，关键在民心”①。应广泛开展文化合作，加强青少年和妇女交往，利用多种形式，增进两国国民对彼此国情的认知、对彼此文化习俗的体验和了解。加强学术往来和人才交流合作，让两国民心相通，为中俄合作的顺利展开夯实民意基础。

三、结语

在当前国际政治环境下，必须强化与俄罗斯的全方位合作。然而，任何的合作都不可能是一帆风顺的，在合作过程中必然会出现一系列的问题，但只要我们敢于正视问题，提出切合实际的解决对策，避免合作过程中的“零和博弈”，做到共赢互利，必能将中俄之间的合作水平推向一个新的历史高度。

① 习近平：《习近平谈治国理政》，外文出版社 2014 年版，第 290、298 页。

“中蒙俄经济走廊”背景下的蒙古国国际投资法律环境评价

牛文军（中国内蒙古大学法学院副教授）

国际投资法律环境取决于资本输入国和输出国对跨国投资活动的法律保护状况和保护水平。国际投资受到国际法和国内法、资本输入国法制和资本输出国法制的多重保护，但是最直接、最全面、最有效的是资本输入国外资立法中所提供的法律保护。蒙古国对外国投资者提供的法律保护主要是由蒙古国国内投资立法以及蒙古国参加的双边和多边投资公约所调整。

一、蒙古国投资法律概况

蒙古国经济转轨以后，初步形成了比较齐全的法律体系，但随着形势的变化和执政者的变动，法律修订频繁，稳定性较差。1997 年，蒙古国成为世贸组织成员，同年加入了《1965 年华盛顿投资争端解决公约》，1999 年加入了《汉城投资保障公约》，同时还是世界银行集团的多边投资担保机构（MIGA）的成员之一，因此投资者有资格通过 MIGA 获得风险保险。此外蒙古国还分别与 40 多个国家签署了《相互保护和促进投资协定》，与 34 个国家签署了《避免双重征税协定》。

《蒙古国外国投资法》于 1990 年通过，先后于 1993 年，1998 年，2002 年和 2008 年进行了四次修订。除了蒙古国法律所禁止的业务外，外国投资者可以经营生产与服务领域的任何业务。蒙古国保护外国直接投资，其相关法律受国际条约和协定的约束，外国投资者与国内投资者享有同等的待遇。2008 年修订的投资法旨在为外国投资者创造更有利的法律环境，为潜在的长期投资者改善法律条件，使蒙古国的外国直接投资法律环境与国际接轨。

蒙古国从20世纪90年代以来，虽然对外国投资法律进行了一系列的改革，颁布制定了有利于投资者的各种法律法规，但在蒙古国法律法规中也有一些不利于外商直接投资的条款。例如2007年蒙古政府实行对外来劳务收取岗位费的政策，按月计缴，额度为蒙古最低工资标准的2倍，这一数字随着蒙古国经济的发展还在逐渐上升。2009年蒙古国最低工资标准为10.8万图格里克，外来劳务每月需缴纳21.6万图格里克（折合人民币约1060元）的岗位费，这对于外资企业来说增加了投资成本。另一方面蒙古政府限制了外国劳务比例，规定企业员工中的外籍人员不得超过10%。这项规定增加了企业管理负担，使投资规模较大与人力资源供应不足的矛盾更加突出。这对于劳动密集的矿山开采业和建筑业来说，无疑造成严重的影响。

二、《蒙古国外国投资立法》的主要内容

自经济转轨以来，蒙古国历届政府都把引进外资当作促进国内经济发展的重要政策。1993年7月，蒙古国家大呼拉尔通过的《蒙古国外国投资法》开始实施，该法是蒙古国规制外国对蒙投资活动的基本法律，旨在鼓励和支持外国对蒙古国的投资，保护投资者的权益。同时议会、政府相继制定了《外商投资法》《矿业法》和《经济特区法》等一系列吸引外资的法规及与之配套的政策，加快了促进外商直接投资的步伐。

2002年1月，蒙古国通过了《外国投资法补充修正案》，进一步扩大了外国直接投资的形式和范围。

（一）外国投资者及其投资企业的法律地位和法律待遇

根据《蒙古国外国投资法》，对外国投资者投入资本的占有、利用和支配方面，蒙古国给予外国投资者不低于蒙古国内投资者的待遇，即国外投资者只要没有违反蒙古国的法律及风俗习惯，即可获得在蒙投资的资格并得到与蒙古国内投资者同等的法律保护，其中外国投资者包括自然人，法人及无国籍人。由此可见，蒙古国对于国际投资主体的要求比较宽松，只要投资主体符合相关的法律法规，就可以在蒙古国境内进行投资，其权益就会得到相关法律的保护。

（二）投资形式及投资方式的确定

根据《蒙古国外国投资法》第5条规定，外国投资者可按下列形式进行投资：①自由外汇、投资所得的图格里克（蒙币单位）；②动产与不动产及其相关的产权；

③知识与工业产权。

该法第六条及第七条对外国投资者的投资方式进行了规定，主要包括：①外国投资者单独创办企业、开设分部；②外国投资者同蒙古国投资者合办企业；③外国投资者可依据蒙古国法规，以购买蒙古国企业股份、股票及其他有价证券的方式进行投资；④按照法规和租赁产品分成合同规定获得的自然资源利用、加工方面的权利；⑤签订营销、管理合同；⑥进行金融、租赁和特许经营方式的投资；⑦购买股票和其他有价证券。

（三）外资投向及特定行业

2001年6月27日，蒙古国政府第140号决定，发布《引进外资的重点行业目录》并进行编号和分类，涉及畜牧业、农业、加工、开采等十几个领域。其中设置了重点鼓励项目，汇集多项公共基础建设，显示出蒙古政府非常注重公共基础设施的建设。蒙古国政府还根据发展需求，适时调整重点投资行业目录。2008年制定的鼓励项目有一个很大的改变就是鼓励石油等矿产资源的深加工，在2001年的鼓励项目中大部分是矿产资源开采方面，如煤炭、石油、天然气、各类金属矿石的开采和提炼。蒙古国政府通过引进外资对本国经济发展的导向是希望本土的资源可以在本土进行深加工，提高价值再出口，而不是简单的出口廉价的矿产资源。

（四）税收及其他优惠措施

蒙古国给予外商投资企业的税收及其他优惠政策主要包括：

（1）外商投资的绝大部分项目进口的机械设备免征关税和增值税。其中：①按产品分成原则，与蒙古国政府签订合同开展与石油有关的业务活动的公司，其所需的设备和工具及其配件、原料、汽油、柴油以及工作人员所需的食品、日用品均免交关税、增值税和特别税；②签约者将其所分成的石油从蒙古国领土运出时免交关税；③从国外进口开发石油所需的设备、材料、原料，用于开发石油临时运入蒙古国境内的设备返回，以及签约者将其所分得的石油从蒙古国领土运出时免交关税。

（2）对外国投资者财产和经营权利的保障。《蒙古外国投资法》10条规定，外国投资者享有下列权利：①对财产的占有、利用和支配权，其中包括将投入企业资产中作为股份的财产返回国外的权利；②领导或参与领导外资企业；③根据有关法律规定，将权利和义务转让给他人。

外资企业所得利润可自由汇出。①自己所占股份收入和股票所得利润；②出售财产和有价证券所得、产权转让收入、投资合同到期和企业撤销后应得的收入；③基本债权、利息及其他相同款项；④强行征用财产的补偿；⑤依法获得的其他收入。

（3）外资外贸局为外商办理注册登记手续提供“一站式”服务，特别是被列入蒙古国政府《重点鼓励外商投资项目目录》的项目，均可以根据所投资行业的不同享受3—10年所得税减免的优惠。具体优惠为：①电力热力站、电力热力输送网、公路、铁路、航运及其工程建设项目、通信网络等基础设施建设行业10年内免征所得税，后5年减税50%；②石油、固体燃料的开采和加工、冶金、化学、金属、机械制造、电子行业5年内免征所得税，后5年减税50%；③其产品的50%以上出口的项目（不包括羊绒羊毛的洗、梳，皮革初级加工项目）3年内免征所得税，后3年减税50%；农业开发项目，其生产所得收入减征应交所得税的50%；④外国投资者若将其所得收入再投资于该企业，按其所投入额度减征所得税。

（五）矿业领域的投资法律规定

蒙古国于1997年制定了第一部《矿业法》，并于2001年和2006年对其进行了修改，现在实行的是2006年修订实施的矿业法。

新《矿业法》将“正在或可以进行的生产足以影响国家安全、国家和地区经济社会发展，或每年产量占国内生产总值5%以上的矿”定义为战略矿，利用国家预算资金勘探并已确定储量的战略矿，在与私人的合作开采中，国家参股比例最高可达到50%。这一政策显然大大加强了蒙古国家对矿产资源的控制力。在修订案中明确了对矿业兴国具有战略意义的产值占GDP的5%以上的15个大型矿产列为国家控股的战略矿点。目前，额尔登特、宝日高勒、图木尔廷敖包、巴嘎淖日、希布敖包、那林苏海图等6个矿已投产，奥尤陶拉盖、塔温陶拉盖、查干苏布日嘎、阿斯哈图、布仁汗、马尔太、东方、古日本宝力格、图木尔泰等9个矿尚未开发利用。

该法还加强了政府对矿产开发领域的参与，成立矿产开发的中央领导机构；提高了矿产开发的成本费用：勘探许可证费从原来的头一年、第二年、第三年的每公顷交费0.05美元、0.1美元、0.1美元提高到0.1美元、0.2美元、0.3美元，采矿许可证费也有大幅提高；强化了政府的许可证管制措施，限制许可证的倒卖，缩短许可证的期限，建立矿产资源交易并进行定期监督，以消除许可证倒卖现象；企业在获取开采证时需与政府相关机构签署协议，此协议将详细规定企业的义务、矿山的产量、使用时间和税收额度；严格环保监督，重罚环保不达标的企业；提高税收额度，减少税收鼓励，将原先的100%的免税期从头5年缩短到头2年，50%的免税期从以后的5年改为以后的3年。蒙古国新矿法还规定，持证人可对矿产勘查许可证和采矿许可证进行部分或全部转让或抵押，在减少对矿业权转让和抵押的限制方面，蒙古国可能是目前周边国家中在矿业权转让和抵押管理方面最宽松的国家之一。

2010 年，蒙古国再次对矿业法律政策进行调整，提高矿业投资的门槛。4 月底颁发了一项无限期停止颁发新的探矿权证并停止转让探矿权证、采矿权证的总统令。理由是为强化矿产资源整体开发秩序，提高蒙古国政府收益比例，增加政府对矿产开采的参与力度。但由于这些法律过分维护本国企业利益而严格要求别国投资者，严重影响了投资国的利益。矿业法律政策的调整导致一些外国投资者在前期所取得的开矿资质失效，使部分外国企业为投资所做的先期努力前功尽弃，大量正在投资或准备投资蒙古国矿业的企业损失严重。

这些变化和调整表现出蒙古国投资的法律环境不够稳定，政策因素影响较大。

（六）经济自由区的投资优惠

蒙古国政府相继在阿拉坦布拉格和扎门乌德市设立了经济自由区。根据《蒙古国经济自由区法》的规定，贸易区内企业进口的商品原材料一律免除进口税、附加税，加工后的出口商品也免除各种出口关税。对于在贸易区内从事基础设施建设的国内外公司、企业也一律免除各项税收，而投资从事其他商业事务的公司在经营的前 5 年免除收入税，后 3 年税收减半。

（七）征用、国有化及其补偿原则

《蒙古国外国投资法》第 8 条规定了征用、国有化及其补偿的原则：（1）外国投资在蒙古国受宪法、本法和与之相符的其他法规以及蒙古国参加的国际公约的保护。（2）对在蒙古国土上的外国投资禁止非法没收。（3）对外国投资者的投资只有因公共利益的需要并按法律规定，在不歧视原则的基础上，并给予外国投资者全额补偿的条件下方可征用其投资。（4）在蒙古国加入的国际公约中未做其他规定时，征用财产的补偿额按征用时或公布征用时的估价计算，并无阻碍地完成补偿支付。（5）在蒙古国因非常情况或战争给外国投资者造成的损失，按给予蒙古投资者同等的条件解决。

三、评价和结论

中国企业到蒙古国投资既要看到因两国经济互补性带来的商机和投资利益，也要关注投资风险的规避和防范，重视研究双边和多边法律环境问题，积极就蒙古国的整体投资环境和相关行业法律法规进行深入调研和评估，密切关注当地法律变动的情况，及时地调整决策和部署。

中蒙经贸合作关系近年来持续升温。2014 年，中蒙关系提升为全面战略伙伴关系。中蒙双边贸易额由 1994 年的 1. 2 亿美元上升到 2014 年的 73. 1 亿美元，增长了 70 多倍，占蒙古国对外贸易总额的一半以上。在投资领域，中国是蒙古国的最大投资来源国。据英国《经济学家》信息部的数据，2009 年中国对蒙投资 1. 16 亿美元，在蒙投资存量达 10. 11 亿美元。据蒙古国家统计局和中国海关统计，从 1999 年开始中国已连续 16 年保持对蒙第一大贸易伙伴国和最大投资国的地位。蒙古国外长称，目前中国在蒙古国的投资总额超过了外国在蒙古国投资总额的 50%，相当于日本、美国、韩国和欧盟在蒙古国投资之和的 3 倍。中国对蒙古国的投资主要集中在矿产勘探、矿产开发及相关基础设施建设、商业贸易等部门，同时对畜产品、畜产品加工、饮食服务业也做了大量投资。

中国经济增速已连续多年居于世界首位，2010 年经济总量超过日本，成为仅次于美国的第二大经济体。中国经济在快速发展过程中，对原煤、铁矿石、铜矿粉、锌矿粉、原油等大宗资源性产品市场需求巨大。但中国的矿产资源特点是总量大，人均拥有量低；种类齐全但结构不合理。经济发展所需要的一些矿产资源如金、银、铜、铅、铁、锰、镍、铀、金刚石、钾盐、石油等，探明储量严重不足，多依赖进口。总体上看，中蒙在资源和能源领域的合作仍然有着广阔的前景。

总体上看，自 20 世纪 90 年代蒙古实施市场化改革以来，蒙古国积极参加多边国际经济贸易法律机制，其国际投资法律及相关政策逐渐与国际接轨。蒙古国为 WTO 成员方，同时亦为世界银行、亚洲开发银行、IMF 以及亚投行成员方，其经济贸易体制和投资法律制度符合国际规范，投资受法律保障。同时蒙古国还享有美国贸易最惠国待遇，且纺织品等外销美国及西欧均没有配额限制，此外蒙古国产品外销美国、欧盟、日本、俄罗斯及东欧各国等更享有 GSP 最惠国待遇。蒙古国的国内投资立法和相关政策给予外商投资以较大的优惠。主要体现为免征所得税、关税、增值税和特别税等较大的税收优惠；并保障在投资经营合同期限内，不受因税收政策变动的影响。对外国投资者资产的充分保障，承诺原则上不予实行国有化和征收以及因例外征收提供较高的补偿标准。由此可见外国投资者在蒙古国受宪法、法律法规以及蒙古国参加的国际公约的保护，这对于各国跨国投资者来说无疑是有利的。

“中蒙俄经济走廊”的建设作为中蒙俄加强战略合作的利益契合点，在中蒙俄三国区域合作战略布局当中具有重要地位。“中蒙俄经济走廊”成为“丝绸之路经济带”与俄罗斯跨欧亚发展带和蒙古国建设草原之路的战略对接。在这一背景下，关注跨中蒙俄三国区域合作的法治建设，为“中蒙俄经济走廊”建设创造良好的法律环境具有重要意义。

参考文献

[1] 李琳．上海合作组织成员国投资法律环境评析［J］．探索与争鸣，2009（3）．

[2] 中国信保．国家风险分析报告：蒙古国投资与经贸风险分析报告［J］．国际融资，2007（3）．

[3] 杨关善、房向阳．中国企业赴蒙古投资矿业法律风险分析［J］．铁道工程学院学报，2010（7）．

[4] 张秀杰．蒙古矿产资源开发现状及中蒙资源合作前景［J］．东北亚论坛，2005（4）．

[5] 刘艳．“一带一路”建设中国家风险的防控——基于国际法的视角［J］．国际经济合作，2015（8）．

“一带一路”倡议下“中蒙俄经济走廊”合作发展研究

陈 岩（中国辽宁社会科学院）

推动“中蒙俄经济走廊”的建设发展是符合中蒙俄共有利益的战略选择。在“一带一路”倡议下，中蒙俄经贸合作不断扩大、产能合作潜力巨大、三国战略对接发展紧密；同时“中蒙俄经济走廊”发展面临着俄蒙基础设施建设严重滞后、合作中的竞争问题、俄蒙国内的民族主义问题等挑战。“中蒙俄经济走廊”合作开发的有效途径是加快三国互联互通基础设施建设、创新产业合作方式、加强金融领域合作、建立边境经济合作机制、推进建立中俄蒙自贸区等。

2013 年 9 月至 10 月，中国国家主席习近平在出访中亚和东南亚国家时提出了“一带一路”发展倡议。俄罗斯和蒙古作为与中国接壤的东北亚重要国家，纷纷响应中国的倡议，将“跨欧亚大铁路”“草原之路”与“一带一路”进行战略对接，共同促进中蒙俄经济的繁荣发展。

一、“中蒙俄经济走廊”合作开发的基本条件

（一）三国经贸合作不断扩大

首先，双边贸易迅猛发展（见图 1）。中国作为俄罗斯的第一大贸易合作伙伴，双边经贸合作发展迅速。1992 年，中俄双边贸易额为 46.5 亿美元。2014 年，中俄双边贸易额达到 952.8 亿美元，是 1992 年的 20 余倍。2015 年受国际消极经济趋势和俄国内复杂经济形势影响，中俄双边贸易额为 635.52 亿美元，同比下降 28.1%。但中国仍然

为俄罗斯第一大贸易伙伴，在俄进出口贸易总额中所占比重由2014年同期的11.3%上升至12.1%。同时，中国是蒙古国最大的贸易伙伴和投资来源国。2014年，中蒙关系提升为全面战略伙伴关系。中蒙双边贸易额由1994年的1.2亿美元上升到2014年的73.1亿美元，增长了70多倍，占蒙古国对外贸易总额的一半以上。1990～2012年，5737家中资企业在蒙古国直接投资34.84亿美元，占蒙古国外资企业一半以上。俄罗斯是蒙古国的第二大贸易国和投资伙伴，2005年俄蒙双边贸易额为4.6亿美元。2013年，俄蒙双边贸易额达到16亿美元。其次，经济互补性强。中国作为世界第二经济大国，经济发展速度快，资本雄厚，制造业发达，基础设施完善，市场发展前景广阔。俄罗斯和蒙古国资源丰富，是稳定的原料和能源供给国。同时，俄罗斯在重工业领域实力强大，高新技术领域水平先进。中蒙俄三国在资金、资源、技术、市场等方面各具优势，互补性强，合作空间潜力大。

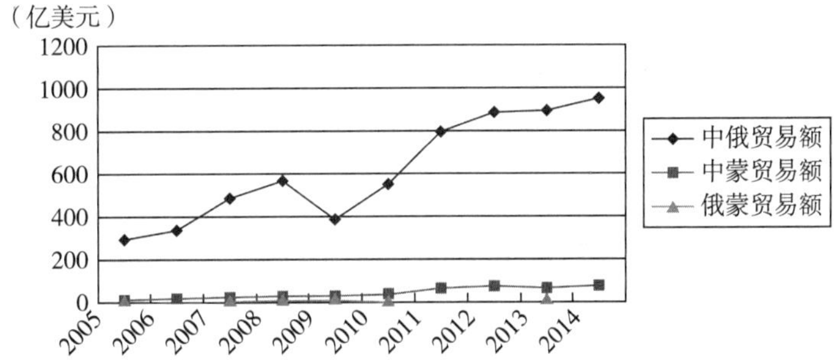

图1 2005～2014年中蒙俄双边贸易情况

（二）三国产能合作潜力巨大

随着经济全球化和区域经济一体化的深入发展，国际国内产业分工加速调整，产业跨区域合作的趋势日益明显。在“一带一路”倡议的推动下，中国鼓励向沿线国家转移优势产业和富余产能。俄罗斯作为世界上少有的具有完整工业基础和军事工业体系的国家，在高端装备制造业特别是航空和卫星应用领域优势显著。中俄之间加强在装备制造、铁路、航空等领域的技术和产能合作，有利于逐步改变中俄贸易的结构和合作方式，推动促进中俄经贸合作的增长。蒙古国作为与中国接壤的资源型国家，矿产资源、土地资源丰富，基础设施建设落后。中国凭借在装备制造、化工、农产品加工、建材、电力等方面的产业优势，向蒙古国转移适宜的生产加工能力或者是有利于其发展的生产工序可提升这些产业在国际市场上的竞争力和市场份额。中蒙俄三国在产业结构方面具有很大的互补性，产能合作开发潜能巨大。

（三）三国发展战略对接日益紧密

近年来，俄罗斯制定并实施了一系列社会经济发展规划和举措，积极建设远东地区基础设施，加速远东地区开发开放步伐，以促进俄罗斯更快地融入亚太地区经济。2014 年 9 月，中国国家主席习近平提出了“一带一路”发展倡议，蒙古国对此倡议积极响应。蒙古地处中国和俄罗斯之间，是连接欧洲和亚太经济圈的重要运输通道。蒙古结合自身国情提出了“草原之路”计划。“草原之路”将深入挖掘蒙古国的国际过境运输潜力，通过投资带动蒙古产业升级，进一步提升能源和矿产行业发展，进而振兴蒙古经济。2014 年 9 月 11 日，上合组织杜尚别峰会期间，中俄蒙三国元首会晤时提出共同打造“中蒙俄经济走廊”的愿景。2015 年 7 月，三国元首举行第二次会晤，批准了《中俄蒙发展三方合作中期路线图》，推动了“中蒙俄经济走廊”的进一步发展。中俄蒙经济走廊将中国的“一带一路”建设与俄罗斯的“跨欧亚大铁路”、蒙古国的“草原之路”有机地结合起来，通过交通、运输、电网等互联互通基础设施建设促进中蒙俄经济共同发展。

二、“中蒙俄经济走廊”合作开发面临的困难

（一）俄蒙基础设施建设滞后

由于历史原因，俄罗斯和蒙古基础设施建设发展相对滞后。俄罗斯远东地区仅有二条铁路交通——西伯利亚大铁路和贝阿干线。2013 年远东地区铁路运营总长度为 8475 千米，运送货物 5.97 千万吨，运送乘客 1398.4 人次。硬质公路总长度为 54302 千米，货运量为 1.54 亿吨，客运量为 4.75 亿人。[①] 蒙古国仅靠乌兰巴托铁路开展对外运输。落后的基础设施增加了矿产品、能源等产品的生产成本，阻碍产品出口，影响产品的国际竞争力，进而制约了中蒙俄之间贸易活动的开展。

（二）合作中的竞争问题

蒙古国矿产资源丰富，尤其是铀矿。据悉，蒙古国的铀矿储量可能超过 150 万吨，开发后将成为世界第三大铀供应国。丰富的铀矿资源是包括中俄两国在内的许多国家积极与蒙古发展关系的重要原因之一。自 2000 年以来，俄蒙关系迅速发展。2009 年，

① 数据来源：俄罗斯联邦国家统计委员会《2014 年俄罗斯各地区统计》。

俄蒙两国建立战略伙伴关系。俄罗斯是蒙古国的第一大进口来源国，蒙古95%以上的成品油和大量电力均来自俄罗斯，能源供给严重依赖俄罗斯。此外，在蒙古国的矿产、交通建设等重要领域，俄罗斯占据霸主地位。2011年，中蒙两国建立战略伙伴关系。中国是蒙古国最大的贸易伙伴和投资来源国，提供蒙古国70%的粮食供应。由于历史和地缘因素，中俄在与蒙古国合作发展中既相互依存又激烈竞争，避免其对一方过分依赖。

（三）第三方势力的影响问题

蒙古国由于处于中国和俄罗斯之间的特殊地理位置，长期以来执行“第三邻国”的外交理念。积极同美国、日本、印度、德国、韩国等国家开展外交，同时重视与联合国、欧盟、北约和上合组织等发展外交关系。随着乌克兰危机的影响和美国“亚太再平衡”战略的实施，美国将进一步遏制和防范俄罗斯和中国。“第三邻国”的外交理念使得中国和俄罗斯在同蒙古的合作发展中面临来自第三方势力的竞争与挑战。

三、“中蒙俄经济走廊”加快合作开发的途径

（一）加快互联互通基础设施建设

推进基础设施建设，是建设中俄蒙经济走廊的首要任务。其一，充分发挥中国黑龙江省与俄罗斯远东地区毗邻的地缘优势，建设连接亚欧的国际运输大通道。积极推进中俄开展跨境基础设施项目，开展过境运输等合作，重点推进中俄合作建设黑龙江公路桥和铁路桥，积极推动黑河、洛古河、东宁等界河公路桥以及黑河索道等项目的建设。届时，中国东北地区的物流可以从俄符拉迪沃斯托克、纳霍德卡港、东方港等，向日本、韩国、北美等国家和地区集散，从而拓宽东北地区的出海大通道。

其二，加快推进吉林省国际大通道建设。以畅通中蒙国际大通道为重点，完善吉林省内综合运输体系，加强与东北地区其他省份的交通衔接。向东借助俄罗斯、朝鲜港口开辟陆海联运国际物流通道，向西推动“两山”（阿尔山—乔巴山）铁路建设，建设长春—白城—乌兰浩特—阿尔山—乔巴山—赤塔—欧洲的新的欧亚大陆桥，以支撑“中蒙俄经济走廊”的建设。

其三，积极推进辽宁省三大通道的建设。通过“三大通道”建设，发挥辽宁省的港口优势，开展跨境物流合作。中国东北地区的物流可以从俄符拉迪沃斯托克、纳霍德卡港、东方港等向日本、韩国、北美等国和欧洲地区集散，进而带动贸易和投资发

展。将中国东北地区打造成面向东北亚的贸易中心、物流中心和金融中心，逐步形成东北亚综合型国际物流枢纽区。

（二）加快创新产业合作方式

首先，创新能源合作方式。利用俄罗斯、蒙古等国丰富的资源优势，因地制宜，与当地企业在天然气、煤炭、石油、有色金属、铁矿等资源领域进行联合开发。在境外加工区初步完成产品的采掘、提炼等初加工工作，以减少运输过程中增加的生产成本，在境内加工区完成产品的深加工和能源转化工作，以逐步完善产业链的发展和延伸。其次，积极建设境外产业园区，带动优势产业发展。中国东北地区省份依据自身在技术、产业等方面的优势，重点在“一带一路”沿线建设工业园区，积极参与俄罗斯远东地区和蒙古国的开发建设，大力开展资源类投资合作项目。依托境外资源，在境外投资建厂，带动我国相关产品出口，进而打造面向国际市场的产业加工基地。

（三）加强金融领域的合作

其一，加快人民币的国际化进程。2010 年中俄双方以本国货币进行双边贸易结算，降低了金融风险，减少了交易费用，极大地促进了中俄经贸往来的开展。在此基础上，提升人民币在边境贸易结算中的地位。逐步扩展与蒙古的贸易结算范围，扩大中蒙俄银行间的合作。其二，加强国际金融资本的投资合作。互联互通的基础设施建设是“中蒙俄经济走廊”合作发展的重要前提。一些重要的基础设施建设项目要积极争取亚洲基础设施投资开发银行、亚洲开发银行、丝路基金等国际金融资本的大力支持，吸引国际资金发展实体经济。

（四）建立边境经济合作机制

一是加强科技创新领域的合作。俄罗斯新西伯利亚拟建国家级科技中心，以提高俄罗斯东部地区的科技水平，增强地区科技创新实力和影响力。中俄可以通过投资和技术研发等形式，共同建设科技创新合作基地，开展航空、核能、环保、生物科技等领域的合作研发，提高科技产品的附加值，提升产业技术水平。二是加强农业领域的合作。俄罗斯远东地区拥有广袤的土地资源，人力资源缺乏。蒙古国幅员辽阔，土地肥沃，但农产品产量不足，农业机械设备、水利灌溉系统严重匮乏。中国农业技术水平先进，劳动资源富足。三国优势互补，农业合作发展潜力巨大。中蒙俄可以采取优惠措施，鼓励农业生产和相关农机设备、技术领域的投资合作生产。

（五）推进建立中蒙俄自贸区

中蒙俄三国间具有良好的双边贸易合作基础。结合中蒙俄毗邻地区的实际情况，借鉴国际上成熟的自由贸易区建设经验，规划建设边境毗邻地区自由贸易区试验区。通过由点及线、由线及面的区域经济发展模式，探讨论证建立中蒙俄自由贸易区的可行性。目前，中蒙正在商签自由贸易协定阶段，积极吸收俄罗斯加入，推动建立中蒙俄自贸区。中蒙俄自贸区的建立，有利于推动“中蒙俄经济走廊”的繁荣发展，优化东北亚区域合作格局。

参考文献

[1] 姜振军．中俄共同建设“一带一路”与双边经贸合作研究［J］．俄罗斯东欧中亚研究，2015（4）．

[2] 李建民．“丝绸之路经济带”、欧亚经济联盟与中俄合作［J］．俄罗斯学刊，2014（5）．

[3] 张秀杰．东北亚区域经济合作下的“中蒙俄经济走廊”建设研究［J］．学习与探索，2015（6）．

“一带一路”背景下对蒙投资风险及其防范

范晶晶（中国内蒙古大学法学院）

蒙古国是“一带一路”北线的重要节点，中国与蒙古国之间经贸往来频繁。然而由于历史原因及国际因素，蒙古国境内存在着诸多政治风险，给赴蒙投资带来不确定性。通过尽职调查、海外投资保险制度、国际双边及多边法律机制等可以应对风险，最大限度降低投资者可能遭受的损失。

中国国家发展改革委、外交部、商务部于2015年3月28日联合发布了《推动共建“丝绸之路经济带”和21世纪海上丝绸之路的愿景与行动》，标志着“一带一路”倡议的正式实施。“丝绸之路经济带”横跨亚欧大陆，途经多个国家，蒙古国是“一带一路”北线的重要节点。中国提出“一带一路”倡议后，蒙古国政府积极响应，提出了“草原之路”的倡议来与之对接。2014年8月21日，中蒙两国还曾签署《中华人民共和国和蒙古国关于建立和发展全面战略伙伴关系的联合宣言》，就两国在军事、经贸、文化方面的深入合作达成共识，同时签署了涉及外交、经贸、过境运输、矿产等方面的26项协议。这些举措无疑会推动两国本已频繁的经贸往来。

然而自2011年以来，由于受包括煤炭在内的国际大宗商品价格下跌的影响，加之国内政治法律环境动荡等因素，外国投资持续放缓，同时外债压力增加，由此导致蒙古国货币贬值、通货膨胀加剧、物价上涨、企业经营困难，国内经济形势严峻。这些经济因素往往又与其他政治、历史及文化因素交织在一起，为赴蒙投资带来很大的不确定性。

本文试分析蒙古投资环境中存在的风险及其应对。

一、蒙古国的法律风险

采矿业是蒙古国重要经济支柱，产值约占 GDP 的 30%。然而由于资金和技术缺乏，各种矿产资源的大规模开发尚未展开，公路和铁路等领域的设备和技术老化，城市的基础设施无法满足经济发展的需要。这种状况吸引了包括中资机构和个人在内的世界各国的投资者蜂拥而入。中国已经连续 13 年位居蒙古国外资来源首位，主要投资方向就是矿产领域。矿业开采项目投资大，回收期长，而蒙古多变的法律使投资者面临很大风险。

2006 年 7 月 8 日蒙古国家大呼拉尔通过的《矿产法》引入了“战略矿”的概念，并规定了开采战略矿时国家可以高比例入股。这一规定使得国家从关系国计民生的大矿入手加强了对矿产资源的控制。然而国家对战略矿的高比例参与增加了外商投资的不确定性。2012 年 5 月 17 日蒙古国家议会通过了《关于外国投资战略领域协调法》。该法将矿产资源、银行金融、新闻通讯等三个行业确定为具有战略意义的领域。该法是对 2006 年《矿产法》修正案的进一步调整。通过对外资设限，加大了对矿产开发的控制和控股，也导致外国投资急剧减少，影响了蒙古经济的发展。为扭转局面，又于 2013 年通过《投资法》，废止《关于外国投资战略领域协调法》。2014 年蒙古议会通过了《蒙古国矿产资源修正案》，对《矿产法》现有多个条款进行了修订，旨在重振矿业产业并保证经济的可持续发展。然而《修正案》的某些条款在实施方面仍有不确定性。短时间内如此频繁的修订法律降低了蒙古国对境外投资的吸引力。

二、文化冲突

文化的冲突主要表现在投资者母国与东道国在文化及宗教信仰方面的差异。这种差异会在投资的过程中形成一些难以预料的障碍。

与中蒙两国经贸关系蓬勃发展不协调的是两国在文化方面深层次的冲突。这种冲突集中表现在历史观的差异和民族心理方面。

三、对蒙投资风险防范对策

对蒙投资，风险与机遇并存，抓住机遇、化解风险是一项长期的系统工程。要从投资者、政府双边以及国际多边等几个层次入手推动协调机制的建设，运用多重方法把控风险。

（一）对投资环境的充分调查是对外投资的基础工作

我国企业在境外投资之前，应对投资环境做充分的调查，做到知己知彼。投资环境包括政治环境如政治体制、政局的稳定性、政党竞争、政策是否具有连续性；法律环境指东道国法规是否稳定、齐备，是否有公允的司法实践等；经济社会文化环境包括经济与能源发展概况，公民的文化教育水平、宗教风俗习惯等。具体到蒙古国，其国内民族主义倾向的存在亦须引起注意。调查的内容还包括交通设施以及目标项目和目标企业等。通过充分的调查，可以对拟投资环境中所存在的风险有整体的把握。

（二）利用海外投资保险制度化解风险

海外投资保险制度是投资者母国为鼓励投资者进行海外投资，对投资者因投资所在国发生的汇兑限制、征收、战争及政治暴乱，以及违约风险造成的经济损失进行赔偿的一种安排。目前，海外投资保险制度已经成为许多国家尤其是发达国家实施海外投资战略的重要组成部分。

为了应对入世后新的机遇与挑战，国务院在 2001 年 12 月 18 日设立了具有独立法人地位的全资国有政策性保险公司“中国出口信用保险公司”。该公司除了开展进出口信用保险业务之外，也承保海外投资的政治风险。其承保范围包括征收、汇兑限制、战争及政治暴乱以及作为附加政治风险的经营中断和违约。尽管我国目前还没有专门的海外投资保险法，中国出口信用保险公司主导下的海外投资保险制度也有很多不完善的地方，但仍可在一定程度上为各类企业“走出去”保驾护航。

（三）利用国际机制保护海外投资

保护海外投资的国际机制可以分为双边机制和多边机制。

双边机制是指通过双边投资保护协定来保护海外投资。我国与蒙古于 1991 年 8 月 26 日签订了《中华人民共和国政府和蒙古人民共和国政府关于鼓励和相互保护投资协定》。该协定规定了保护缔约对方投资的公正与公平待遇以及最惠国待遇。该协定在争议解决方面的规定是：第一，投资争议尽量协商解决；第二，如争议在六个月内未能协商解决，当事任何一方有权将争议提交接受投资的缔约国一方有管辖权的法院；第三，如涉及征收补偿款额的争议，协商六个月内仍未能解决，可应任何一方的要求，将争议提交专设仲裁庭。

由于该协定签订较早，而当时中国和蒙古国还不是《解决国家与他国国民间投资争端公约》的正式成员国，因此协定中没有将争端提交解决国家与他国国民间投资争端的中心解决的约定。而中国在 2004 年以后签订的双边投资协定则倾向于接受解决国家与他国国民间投资争端的中心（ICSID）的管辖权。接受 ICSID 的管辖有助于避免东道国过度保护本国利益，对东道国干预投资者的行为会起到一定的约束效果。因此我国政府可以考虑下一步启动对中蒙双边投资协定的修订，这有助于完善蒙古投资环境。

多边机制包括《多边投资担保机构公约》《解决国家与他国国民间投资争端公约》以及根据这两个公约所建立的相关机构。前者旨在促进资本流向发展中国家，对投资的非商业性风险予以担保；后者的宗旨是为国家与他国国民之间的投资争议提供调解和仲裁的便利。中国与蒙古国先后成为两公约的成员国，但目前尚未有赴蒙投资提交多边投资担保机构，也尚未有中蒙投资争端接受“解决国家与他国国民间投资争端的中心”管辖。当然，向多边投资担保机构投保，将争端提交解决国家与他国国民间投资争端的中心都必须满足公约规定的条件，然而从整体来看中国对这两个公约及相关机构的利用率还很低。这反映出国内对这两个公约的宣传还不够，企业对海外投资风险防范的意识欠缺，相关人才储备不足。

“中蒙俄经济走廊”与俄蒙“一带一路”发展战略的交汇点研究

宋琳琳
（中国黑龙江省社会科学院东北亚研究所助理研究员）

中国“中蒙俄经济走廊”在发展路径上与俄罗斯“跨欧亚发展带”综合规划和蒙古国“草原之路”产生了诸多交汇之处，在中俄蒙三国形成了多项合作共识之后，交通基础设施建设的联通成为宏观概念上的“走廊”和“带”“路”上的汇聚的核心点，为中国“一带一路”建设与相关国家的相关发展战略融合做出了有益的探索和示范。

一、“中蒙俄经济走廊”的提出及推进状况

在2014年9月的中国、俄罗斯、蒙古三国元首会晤期间，中国国家主席习近平提出，可以将“丝绸之路经济带”与俄方的“跨欧亚大铁路”蒙方的“草原之路”倡议进行对接联通，合力打造“中蒙俄经济走廊”，其具体内容包括，加强铁路、公路的互联互通建设，推进通关和运输便利化，促进过境运输合作，研究三方跨境输电网建设，开展旅游、智库、媒体、环保、减灾救灾等领域务实合作。这一倡议是中国“一带一路”建设的重要组成部分，获得了俄罗斯、蒙古的积极回应。

“中蒙俄经济走廊”建设的主要目标是实现中俄蒙三国在交通运输设施上实现互联互通。该“走廊”拥有两条铁路公路混合的大通道，第一条是开端为东北的通道，从大连沿着老中东铁路出发，途经沈阳、长春、哈尔滨，到达满洲里和俄罗斯赤塔；第二条以华北的北京、天津和河北为开端，经过呼和浩特，到达蒙古国、俄罗斯。两条

走廊互为补充，构成一个跨越三国的开发开放经济带。伴随着“中蒙俄经济走廊”建设理论框架逐渐明晰，加之中俄蒙三国地缘优势，三国认为“中蒙俄经济走廊”建设有利于区域经济一体化发展，并积极助推各自的发展进程。

目前，“中蒙俄经济走廊”框架下已经形成了系列的制度保障。2015 年 7 月，习近平在乌法同俄罗斯总统普京、蒙古国总统额勒贝格道尔吉举行中俄蒙元首第二次会晤，批准了《中俄蒙发展三方合作中期路线图》。其间，根据三国元首首次会晤达成的共识，三国有关部门分别签署了《关于编制建设“中蒙俄经济走廊”规划纲要的谅解备忘录》《关于创建便利条件促进中俄蒙三国贸易发展的合作框架协定》《关于中俄蒙边境口岸发展领域合作的框架协定》，明确了三方联合编制《建设中蒙俄经济走廊规划纲要》的总体框架和主要内容。这预示着“中蒙俄经济走廊”建设进程的加速推进及中蒙俄三国谋求区域经济一体化快速发展的迫切心态。

二、“中蒙俄经济走廊”与俄蒙“一带一路”战略的汇聚点

（一）中方汇聚点——“中蒙俄经济走廊”

近年来，相关省区利用自身地缘优势着力推进“中蒙俄经济走廊”建设。内蒙古自治区与俄罗斯、蒙古国接壤，国境线长达 4200 公里。16 个开放口岸西至策克、东到满洲里，承担了中蒙贸易 95%、中俄贸易 70% 以上的货运量。“中蒙俄经济走廊”提出两年来，口岸经济不断向纵深推进：15 条中欧、中俄货运班列途径区内常态化运行；满洲里海关高效服务“草原丝绸之路”和“中蒙俄经济走廊”建设，进一步密切与“丝绸之路经济带”和“中俄蒙经济走廊”沿线国家海关合作。2016 年，内蒙古加强了与俄、蒙两国基础设施的互联互通，年内有望开放鄂尔多斯国际航空口岸，推进跨境铁路、口岸公路项目前期工作。并重点加强满洲里、二连浩特国家重点开发开放试验区和呼伦贝尔中蒙俄合作先导区建设，二连浩特—扎门乌德中蒙跨境经济合作区总体方案争取国家批复，满洲里综合保税区实现封关运行。目前，正在谋划建立涉及“中国呼伦贝尔市—满洲里市—俄罗斯后贝加尔边疆区—蒙古国东方省”的中俄蒙三国毗邻地区辟建跨境经济合作区，并计划将此问题列入 2016 年三国元首会晤议程。

再以黑龙江为例，3500 公里的边境线使黑龙江省天然具备了与俄罗斯进行货物和服务贸易平台的属性，并成为其他省份对俄贸易的交通走廊。该省提出的“龙江丝路带”建设成为了“中蒙俄经济走廊”重要的战略组成部分。现阶段的“龙江丝路带”

建设，“三桥一岛一道多港”建设（同江铁路大桥、黑河公路铁路大桥、东宁公路大桥，与滨海 1 号国际通道对接，区域节点城市内陆港建设）是基础设施互联互通的重点。哈欧班列路线不断延长、支点不断增多，与刚刚开通的“哈尔滨—叶卡捷琳堡”哈俄班列和即将开通的哈绥俄班列，共同组成“中蒙俄经济走廊”上重要的陆上运输网络。同时，国务院批准哈尔滨为对俄合作中心城市，该市正在探索建立中俄“网上丝绸之路”，以“一点多辐射”形式，与叶卡、莫斯科、圣彼得堡建立电子商务点对点合作，谋划设立中俄电子商务经济合作实验区。

（二）俄方汇聚点——“跨欧亚发展带”建设

“万里茶道”是丝绸之路之后，欧亚大陆兴起的重要国际商道。它从福建崇安起，途经江西、内蒙古等多个省区，进入现蒙古国境内，再经库伦到达中俄边境的通商口岸恰克图。全程约 4760 千米（其中水路 1480 千米，陆路 3280 千米）。茶道在俄罗斯境内延伸，从恰克图经伊尔库茨克、新西伯利亚、秋明、莫斯科、圣彼得堡等十几个城市，传入中亚和欧洲其他国家，茶叶之路延长到 13000 千米之多，是名副其实的“万里茶路”。据俄罗斯媒体报道，中国、俄罗斯和蒙古即将组成旅游联盟，打造世界上最长的跨国旅游路线“万里茶道”，俄罗斯 6 个地区已经签署有关加入旅游联盟的意向书。

2015 年 6 月，俄罗斯企业与中国中铁二院组成的联合体，中标莫斯科—喀山高铁项目，合同金额近 250 亿卢布（约 24 亿人民币）。该段高铁线路西起俄罗斯首都莫斯科库尔斯克亚车站，向东经莫斯科、莫斯科州、弗拉基米尔州、下诺夫哥罗德州、楚瓦什共和国、马里埃尔共和国，东至鞑靼斯坦共和国首府喀山，线路长度 770 千米，是连接俄罗斯几大重点城市铁路“黄金走廊”的重要路段。根据目前公布的设计方案，该铁路预计建设工期 4 年，运营时速最高将达 400 千米。建成后，莫斯科至叶卡捷琳堡的旅行时间将从 25 小时缩短至 7 小时。根据中国国家发改委、俄罗斯联邦交通运输部、中国铁路总公司、俄国家铁路公司四方签署的《高铁合作谅解备忘录》，莫斯科至喀山高速铁路未来还将向东延伸至中国乌鲁木齐、北京，形成莫斯科—北京的高速客运通道。中国和俄罗斯在铁路建设方面的合作将愈发深入。

（三）蒙方汇聚点——“草原之路”建设

蒙古国已加入联合国亚太经济与社会委员会实施的公路网和过境亚洲铁路网，并且承担在蒙古国境内建设亚洲 AH3、AH32 和 AH4 高速公路网的任务，并已经积极开展工作。该国另已启动“乌兰巴托市国际机场建设项目”，新机场计划在 2016 年投入使用。该机场的建成使用将使蒙古国成为连接亚欧的过境运输枢纽。在国内铁路运输方面，蒙古推出了“新铁路项目计划”，分三个阶段规划建设5600千米铁路基建工程，第二阶段1800千米铁路基建工程已于2013年启动。

通过“草原之路”倡议，蒙古国谋划大力发展高速公路、铁路、天然气管道、石油管道，并可为中俄提供过境运输服务。蒙古国国家大呼拉尔（议会）去年通过决议，中蒙两国边界的塔温陶勒盖—嘎顺苏海图、霍特—毕其格图新铁路将使用与中国相同轨道标准，其中，嘎顺苏海图与中国甘其毛都口岸接壤，毕其格图与中国珠恩嘎达布其口岸接壤。据蒙方测算，虽然采用标准轨道将导致蒙古国企业短期运输成本大幅增加，但从长远来看，此段铁路沿线分布着蒙古最大的煤矿塔温陶勒盖和最大的铜金矿奥尤陶勒盖以及石油等资源。决议案的通过将对中蒙两国产生利好，这种“互联互通”将给蒙古国带来巨大经济效益。

三、中俄蒙三国推进“中蒙俄经济走廊”的共同利益与差异需求

（一）“中蒙俄经济走廊”建设中的共同利益

中俄蒙互为邻国和战略伙伴，三方加强合作共谋发展，既有利于三方经济发展空间的提升，同时又加速东北亚区域经济一体化进程。“中蒙俄经济走廊”建设恰好把三方谋求基础设施建设发展战略有机结合起来，促进三方互联互通及三方间贸易运输便利化，使得三方资源尤其是蒙古国和俄罗斯的能源资源得到更好的开发，也更好地促进其在多方面的交流合作，推进三方共同利益诉求落实。

以“中蒙俄经济走廊”的东北通道为例，其连接黑吉辽三省，向东可以抵达符拉迪沃斯托克出海口，向西到俄罗斯赤塔进入亚欧大陆桥。它将中国东北地区实力最强、经济活跃度最高的城市连接在一起，其中包括辽宁沈大经济带，吉林长吉图先导区和黑龙江哈大齐工业走廊。与“丝绸之路经济带”从西北地区走新亚欧大陆桥相比，这条线路运输成本低、时间短，经过的国家少，海关通关成本低。从实际出发最大化的缩短交通运输成本和时间，便利于三方更好地开展贸易互通互惠、人文交流合作。以最为重要的铁路项目为例，中俄蒙三国铁路部门经过磋商，已就未来细化合作方案达成共识。三方确认开展铁路过境运输合作；提升现有铁路运量；研究成立三方运输物流联合公司；采取措施均衡发展并提升乌兰乌德—纳乌什基—苏赫巴托—扎门乌德—二连—集宁方向各区段的铁路运输能力；发展铁路教育机构合作并支持人才培养、科研合作。

（二）“中蒙俄经济走廊”建设中的差异需求

1.“中蒙俄经济走廊”的不同路线“之争”

目前，各相关省区都急于将自己的中长期规划向“中蒙俄经济走廊”靠拢，以实质性地参与到这一新兴国家战略中来。客观上，也为这一战略设计带来了路线上的困扰。目前黑龙江、吉林、辽宁、内蒙古都有自己的“中蒙俄经济走廊”构想，也设计了不同的线路，体现出独特需求和自身利益所在。黑龙江布局的线路有 4 个分支：向西是哈尔滨—齐齐哈尔—满洲里；向东是哈尔滨—牡丹江—日韩；向北是哈尔滨—黑河—漠河；向南是哈尔滨—大连。吉林省申请将珲春—符拉迪沃斯托克高速铁路高速公路项目，以及吉林省与俄罗斯苏玛集团合作建设的扎鲁比诺万能海港项目列入“中蒙俄经济走廊”范围之内，具体路线是通过符拉迪沃斯托克或扎鲁比诺港，经珲春、长春、阿尔山，往西到蒙古国、俄罗斯的新线路。这条线路还处于谋划阶段，有待中俄蒙三国高层会谈商定。辽宁省提出建设“辽蒙欧综合交通大通道”的东部通道，计划以丹东港为起点，经沈丹线、京哈线、平齐线、白阿线等铁路，再经内蒙古兴安盟阿尔山口岸至蒙古国松贝尔口岸，到达蒙古国乔巴山，全长约 1730 千米，再经乔巴山至俄罗斯铁路，到达欧洲各地。内蒙古设计的线路，主要是由二连浩特、珠恩嘎达布其两个口岸，分别到绥中、锦州、天津三地港的线路。

需要注意，目前各省市区提出的线路布局无法完全相互吻合。辽宁设计到蒙古的线路只是与吉林的线路部分吻合，即只有东部通道的一个分支，即“白城—阿尔山—蒙古国乔巴山—俄罗斯—欧洲”线路与吉林提出的经过图们江珲春的线路接洽。内蒙古目前设计到阿尔山口岸的只是旅游通道。可以看出，“中蒙俄经济走廊”是中国一个长期的指导战略，目前还处于早期阶段，这些规划需要国家发改委来和“一带一路”领导小组进行统筹。同时，“中蒙俄经济走廊”不能只关注东三省和内蒙古，还要与京津冀一体化一起进行考虑。

2. 俄罗斯“跨欧亚发展带”的方向差异和建设困境

2014 年 3 月，俄罗斯提出“跨欧亚发展带”综合规划。俄罗斯铁路董事长雅库宁在世界“文明对话”论坛国际研讨会提出“跨欧亚带发展计划”（Trans - Eurasian Belt Development），即把西欧和北美已经存在的公路系统，用一条新建的长达 19840 千米的超级高速公路连接起来，途径俄罗斯远东地区，跨过白令海峡，连接美国阿拉斯加。这一计划意在以大中城市、石油和天然气生产和加工基地、新西伯利亚科学城等为依托，以西伯利亚大铁路、石油和天然气运输管道为主干，吸引欧洲和亚洲国家参与，形成一系列高新技术产业集群，使俄成为西欧、北美、东南亚三大利益区的交汇点。目标是在俄罗斯的亚洲部分形成现代科学工业区和欧亚、欧美陆上货物运输通道，并将“跨欧亚发展带”作为开发西伯利亚和远东地区的重要抓手。中国学者马跃认为，如高速公路建成，从英国经欧亚大陆穿越白令海峡，可从陆路直通美洲大陆，这不仅比中国的“一带一路”路线更长，而且“跨洲合作”国家更多，届时俄罗斯将成为欧亚美三大洲的中心，主导三洲“合作”，这与中国的“中蒙俄经济走廊”建设的路线产生矛盾。

同时，应该考虑俄罗斯目前正陷入更为严峻的美欧经济制裁，打压之下的经济困境使得大规模投资基础设施建设极难实现。目前，俄罗斯只有两条真正意义上的高速公路，一条位于圣彼得堡，另一条是“M－4 顿河”收费高速公路，其他公路难以尽如人意。即使是连接拉迪沃斯托克到莫斯科的自东向西穿越欧亚大陆的干线公路，也是如此。其中大多数路段只相当于中国国内的二级公路，即双向行驶且无中央分隔带的双车道公路。对此现状，普京要求未来 10 年道路规模翻番；在 2019 年之前，俄罗斯将建设 2000 千米的高速公路，其中包括从莫斯科至圣彼得堡的高速公路。无论如何，这都是一个难以让人满意的建设速度。

3. 蒙古国“草原之路”建设的资金困局和中立“难题”

蒙古国地处中俄两个大国、大市场之间，占据重要地理位置。2014 年 11 月，它提出要基于地处欧亚之间的地理优势实施“草原之路”计划，通过运输和贸易振兴蒙古国经济。“草原之路”计划由 5 个项目组成，总投资约为 500 亿美元。具体包括：建设长达 997 千米的高速公路直通中俄；新建输电线路 1100 千米；在蒙古国现有铁路基础上进行扩展，对天然气和石油管道进行扩建。蒙古国政府认为，“草原之路”计划将为蒙古国新建交通干道的沿线带来更多商机，带动各类产业升级改造，能源产业和矿业成为主要受益方。但仅仅依靠蒙古国自身的经济实力难以应对如此宏大的发展需求（2015 年，蒙古国财政收入约合 189 亿人民币，不足 30 亿美元），俄罗斯经济状况无法对蒙古现阶段发展提供必要的经济帮助。作为亚投行意向创始成员国，蒙古国必然期待着亚投行能尽早运行，为蒙古国重要项目发展提供融资帮助，而亚投行运行初期的资金规模几乎肯定难以满足其全部需求。

2015 年 10 月，蒙古国总统额勒贝格道尔吉在第 70 届联合国大会上演讲时宣布，蒙古国将实行“永久中立政策”，并呼吁国际社会各方予以认可和支持。蒙古国外交部部长普日布苏伦亲自解释，他说，从 20 世纪 90 年代至今已经 25 年，蒙古国直实行中立的外交政策，而现在只是在法律层面上宣布了“永久中立国”而已。蒙古国位于中俄两个大国之间，“我们一直保持平衡、中立的外交政策，这种政策还会继续下去”。作为地处亚洲中部战略缓冲地带的国家，蒙古国的地缘地位重要，其外交政策的战略调整必然反映到经济交往领域。同时，蒙古社会中一些对于蒙中合作的负面情绪不断释放，并势有增加，也值得注意。

中国大型跨境电商在俄罗斯的发展现状及其制约因素分析[①]

燕姝芳 孙德忠
（中国内蒙古大学满洲里学院俄罗斯研究中心）

引 言

中俄两国不仅是重要的战略伙伴，还互为重要的贸易伙伴。但受到国际市场需求不足，原油等大宗商品价格走低等外部因素影响，导致 2015 年中俄贸易额仅为 642 亿美元，跌幅为 27.8%。为稳定中俄两国双边贸易的增长，双方采取了多种措施。2015 年 12 月 16 日，在中俄总理第 20 次定期会晤期间，中国商务部与俄罗斯经济发展部商定了促进双边贸易发展的 15 项具体措施，促进跨境电商发展是其中重要内容之一。

2012 年后，中国发改委、商务部、国务院办公厅等多个部委陆续发布一系列政策推动了电子商务的快速发展。在此背景下，中国大型跨境电商迎来了在俄罗斯发展的黄金期。

一、中国跨境电商在俄罗斯发展基础条件

（一）俄罗斯互联网的普及率不断提升

自 2010 年起，俄罗斯开始投入大量基础设施建设普及互联网，俄罗斯的互联网普

① 基金项目：满洲里市科技计划项目“满洲里对俄跨境电子商务发展对策研究”（2015013）。

及率从2010年的37.1%发展到2015年的70.4%，五年时间增长了一倍。互联网的普及为俄罗斯电子商务及跨境电子商务的发展提供了最基本的保障。

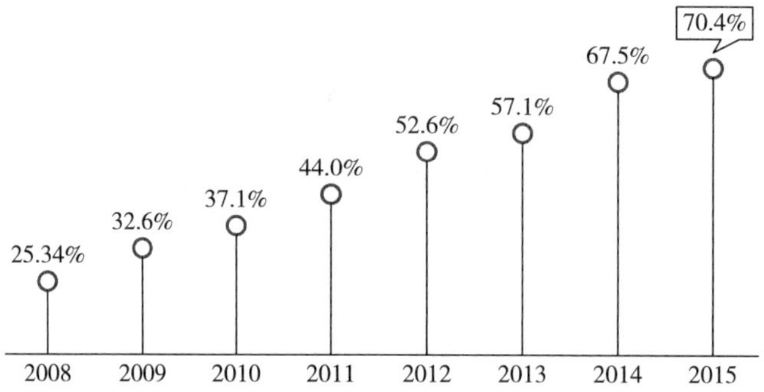

图1　2008~2015年俄国互联网普及率（16岁以上人群）

资料来源：2016年3月31日，雨果网。

（二）俄罗斯消费者对中国商品的青睐

俄罗斯优惠券网站所做的调查结果显示，近60%俄网购消费者对俄罗斯市场上中国商品增加持正面态度。2208名访问者参与了该网站所做的在线问卷调查。受访者的年龄均为18岁以上，来自俄罗斯的各联邦主体。调查结果显示，76.7%的受访者购买中国商品，65.4%的人采取网购方式。最受欢迎的中国商品为服装鞋靴（54.1%）和电子产品（39.1%）。调查显示，58.6%的受访者对最近两年来俄罗斯市场上中国产品增加持正面态度，36.1%的人对此现象态度中立，反对者仅占4.9%。

（三）俄罗斯网民网购中国商品不断增加

2013~2015年间，来自中国的跨境电子商务就增长了一倍，占据了俄罗斯市场80%的订单。以“双十一”为例。根据俄罗斯电商支付的数据分析显示，2014年“双十一”当天，俄网民在中国网上商店进行购物的次数要比平时多12倍。这一天，网民平均一次花销要比平时高出30%~40%。而在2015年的“双十一”，俄网民在中国网上商店进行采购的次数要比去年高出近20倍，平均一次支付数额大致会增加30%，2014年1~9月每个用户平均采购次数是4次，而2015年1~9月已经是7次了。但是今年平均消费是780卢布（相当于人民币78元）虽然用户单次网购中国商品消费额减少了，但网购次数却增加了。

二、中国大型跨境电商在俄罗斯发展现状

近年来，俄罗斯跨境电子商务快速发展，2015 年俄罗斯电商市场总额达 7600 亿卢布，其中跨境电子商务市场总额较 2014 年增长了 5%，达到 2200 亿卢布。物美价廉、种类丰富的中国商品在俄罗斯极具消费吸引力，中国产品成为俄罗斯跨境网购的最大来源，俄罗斯已成为中国跨境电子商务的重要海外市场。据统计，俄罗斯约 90% 的跨境网络购物的商品来自中国，交易金额占所有外国网络零售商的 49%，中国全球速卖通（Aliexpress）、京东等大型跨境电商平台深受俄罗斯人喜爱。

（一）全球速卖通在俄跨境电商发展状况

全球速卖通是阿里巴巴旗下唯一面向全球市场打造的在线交易平台，像淘宝一样，把商品编辑成在线信息，通过速卖通平台发布到海外，被广大卖家称为国际版“淘宝”。全球速类似国内的发货流程，通过国际快递，将商品运输到买家手上。

全球速卖通覆盖 3C、服装、家居、饰品等等共 30 个一级行业类目；其中优势行业主要有：服装服饰、手机通信、鞋包、美容健康、珠宝手表、消费电子、电脑网络、家居、汽车摩托车配件、灯具等等。海外买家流量超过 5000 万/日，交易额年增长速度持续超过 400%，截至 2014 年 1 月 AliExpress 居 Alexa 排名 76 位，并在快速提升中。

亿邦动力网提供的信息显示，日前 SimilarWeb 调查公司发布俄罗斯访问量最高的网站排名中，阿里旗下全球速卖通在全俄网站排行第 12 位，并成为俄罗斯访问量最高的电商网站。

与俄罗斯本土的电商网站相比较，访问量最高的 Wildberries 网店仅排在 39 位、M. Video 排在 58 位、Ulmart 排在 59 位，Ozon 排在 72 位。

速卖通除了在俄罗斯的业务发展外，还不断优化速卖通平台，2015 年 4 月，Aliexpress 升级俄罗斯 premiere 频道，改名为“mall”，mall 可以说是速卖通精品网站，以质取胜，mall 推出三项新服务：100% 品质保障、七天无理由退货、核心城市 15 天快速收货。

（二）京东在俄跨境电商发展状况

中国最大网络零售商之一京东商城在 2015 年 6 月 16 日宣布进军俄罗斯市场。京东商城的销售额仅次于阿里巴巴，但与阿里巴巴不同，京东是典型的网上商店，有自己的仓库和配送渠道。京东在俄与物流运营商 SPSRExpress 签署了合作伙伴协议，同时也准备与其他快递公司合作，未来将发展自己的送货基地。此外，京东还与俄网上商店

Ulmart 签署了合作协议。

京东高层曾表示有意占据 20% 的俄罗斯电商市场份额并在 5 年内实现 100 亿美元的营业额，称要坚定国际化战略，把京东做成一家让世界尊敬的流通企业。

值得注意的是：在 SimilarWeb 调查公司发布俄罗斯访问量最高的网站排名当中并未发现京东俄语站。这说明在中国的对俄跨境电商网站中，速卖通已占据首位，但次席的归属还没有确定。京东应在丰富商品种类、增加支付方式、完善网站功能等方面改进其俄语网站，以增强其对其他电商的竞争力。

除了全球速卖通、京东，唯品会 Surprise、XRU、亿亨、企发、俄优选等等更多中俄电商企业都在加速布局俄罗斯市场。

三、中国大型跨境电商在俄罗斯发展制约因素分析

（一）中国跨境电商提供商品质量和服务方面的制约

俄罗斯优惠券网站所做的调查结果显示，81.1% 的俄罗斯消费者受到中国产品低价位的吸引。70.9% 的受访者对中国商品的质量抱有疑问，但只有 32.2% 的人曾因故退货。中国跨境电商在俄罗斯与其国内电商的竞争仍属于低价竞争。低价策略是中国跨境电商争夺国外客户的主要方式，但由此导致的产品质量下降、缺乏完善的售后服务、低价恶性竞争等会直接影响企业的生存及长期发展。

中国跨境电商想要在俄罗斯进一步发展，“物美价廉”这一标准至关重要。保证产品质量是底线，对俄跨境电商应在此基础上多开发产品款式、型号等。提供多方位的网上体验。此外，优质、及时、满意的售后服务也是跨境电商能在俄罗斯继续发展的重要因素之一。

（二）俄罗斯海关的制约

1. 政策方面

2016 年 2 月 16 日，俄罗斯联邦海关总署发布了第 280 号令《利用风险管理系统提升海关货值监管的有效性》。即如果进口到俄罗斯的商品向海关申报的价格低于海关最低限价（又被称为风险货值），俄罗斯海关将会强迫进口商补交相应的海关关税和增值税才可以放行进入俄罗斯流通领域。

该法规的实施对中国出口商影响巨大。到目前为止，从中国出口到俄罗斯的绝大

多数产品都是低于俄罗斯海关最低限价的。因此俄罗斯海关这一政策出台后，对中国出口商造成很大打击。考虑到卢布贬值、关税增加等因素，多数中国出口商都提高了产品售价。个别公司准备将价格提高20%左右以弥补相关费用的增加。而俄罗斯目前的经济状况是：如果商品售价过高，购买者就会急剧减少。

2. 通关效率方面

俄罗斯各边境口岸工作人员及通关检验检疫设备的配备与中国各口岸有较大差距。面对突然增长的大量且不同种类的包裹，加之烦琐的通关流程，俄方海关对跨境电商的商品难以快速有效地实现通关。

3. 管理方面

以外贝加尔边疆区为例。俄罗斯总统普京于2016年2月17日签署法令，任命前汉语教师娜塔丽娅·日丹诺娃为外贝加尔边疆区代理行政长官。此人通晓中国事务，且从事过立法工作，所以对其管辖地区的经济秩序进行了严厉的整顿。

以前很多由满洲里经过灰色通关入境俄罗斯的包裹无法办理正常结汇和退税的手续，既违反俄罗斯法律，又有极大风险。随着外贝加尔边疆区管理层的变更，之前各种“被疏通”的非法进出口商品通道可能将被关闭或被突击检查。因此，从事非正规贸易的华商应依法经营，规避风险。

（三）俄罗斯跨境电子商务规则方面的制约

欧亚经济委员会俄罗斯理事会提议更改跨境电子商务规则：将免税门槛提高至150欧元，而将包裹免税标准降低至10千克。同时，欧亚经济委员会计划将限重范围内的包裹统一征收25欧元的基本费用。若包裹超重，除支付基本费用外，还需缴纳相应关税。这一规则的改变将提高电子商务门槛，有利于加强俄罗斯电商对全球速卖通（AliExpress）和eBay的竞争力。

在执行俄罗斯总统委托的网络发展领域工作组之下成立的电子商务分组2016年2月29日举行会议，讨论在俄罗斯境内开展业务并纳税的外国电商可免于被征关税的可能性。俄罗斯网上贸易企业协会主席阿列克谢·费奥多罗夫表示，参会者决定在《保障俄本土与境外电商公平竞争路线图》中提出两种方法，将在俄罗斯进行业务的外国电商变为纳税人，以及尽力下调免关税贸易的门槛（现在为每月1000欧元或31千克）。据他称，这两种方法也有整合的可能性，即在俄罗斯纳税电商的邮包无需再支付关税，而不在俄罗斯纳税电商的邮包则必须支付关税。

俄罗斯国内对跨境电商政策、规则方面的变更，在很大程度上将影响在俄中国跨境电商的生存及发展。国内的相关部门及企业应及时了解俄罗斯的法律、法规的最新动态，及时制定应对方法，做好应对准备。

（四）俄罗斯快递公司的制约

俄罗斯实力最强的快递公司是俄罗斯邮政（俄邮）。在俄罗斯排名前列的快递公司还有 SPSR、PONY、SDEK。

俄罗斯快递业对跨境电商发展的制约主要表现在以下几个方面：

首先，包裹数量很少。中国国内四大快递公司一天的包裹数量分别为：申通 1000 万、圆通 800 万、韵达 500 万、顺丰 700 万。而除俄罗斯邮政外，俄罗斯任何一家快递公司一天的订单量都没有超过 6 万单。与国内这几大快递公司一天的包裹数量作对比，我们不难发现：俄罗斯人口大约是中国的 10%，但只有中国 0.5% 的快递数量。俄罗斯国内电商发展被物流严重制约，对中国跨境电商来说是挑战，也是机会。

其次，快递费用很高。在中国 7 元起全国包邮，而在俄罗斯是 40 元起。

最后，到货速度极慢。在中国 30% 快递第二天到，90% 快递三天内到。而在俄罗斯，自发货起，4 天时间内包裹只能到一线城市。如在俄罗斯全境范围内使用俄罗斯邮政快递包裹，则需要一个月时间才能到货。

因世界范围内原油价格下跌、石油出口量下降、卢布贬值、国内经济下滑等原因，俄罗斯试图将经济增长动力从能源“三驾马车”（石油、天然气、核电）转向互联网经济，马云也在与梅德韦杰夫等俄罗斯首脑的会晤中许诺将帮助俄罗斯建立包括物流、支付、市场等完整的生态链。

中国跨境电商需共同协调，解决好物流——这一困扰俄罗斯电子商务快速发展的顽疾。应同中国大型物流公司达成协议，依托边境口岸的地缘优势设立对俄跨境电商边境仓，并与对俄跨境电商合作，拓展对俄物流业，也可以充分利用亚欧班列等的优势对俄发运货物。此外，在条件成熟的情况下还可以考虑包机运输等方式。随着这一问题的解决，俄罗斯电子商务将迅速发展。

（五）网购支付方式的制约

从支付方式来看，制约中国跨境电商发展的主要原因之一是俄罗斯缺乏便捷的网上支付系统。

俄罗斯国内的三大支付公司为：webmoney，qiwi，yandex money。Qiwi 在俄罗斯第三方支付中占据首要位置。其特点为：使用方便，用户数量最多。它是跨境电商基本都会接入的一种支付方式。yandex money 支付用户少于 qiwi，在俄罗斯排第二，该公司很重视中国市场。

Webmoney：WebMoney（简称 WM）是由成立于 1998 年的 WebMoney Transfer Techology 公司开发的一种在线电子商务支付系统，在俄罗斯也是非常主流的一种支付方式。

在支付方式这方面，速卖通已经占得先机。截至目前，全球已有 190 个国家可用支付宝。支付宝与俄罗斯外贸银行已签订战略合作协议，俄罗斯最大电商将把支付宝作为支付选项。同时外贸银行将全力支持支付宝发展，扩大相关业务，提升支付宝在俄罗斯的市场占有率。

除速卖通之外，在不能独立运营在线电子商务支付系统的现状下，京东及唯品会等中国跨境电商应尽快与俄罗斯国内以 webmoney 等为代表的支付公司达成并签订合作协议，排出因支付烦琐等带来的、阻碍本公司发展的障碍。

相关银行业金融机构也应与依法从事“互联网支付”业务的支付机构进行合作，为企业跨境货物贸易、服务贸易提供跨境电子商务人民币结算服务。

结　论

在中俄传统贸易额下降的今天，中俄跨境电商的快速发展成为推动中俄贸易增长的新动能。但在此期间，我们也应该注意到制约跨境电商发展的诸多因素，从而积极应对、创新思维、趋利避害，在遵守法律法规的前提下，采取一切有利于跨境电商发展的措施，为其继续发展扫清障碍。

参考文献

[1] 安春生. 加快推进中俄跨境电子商务合作［J］. 经贸研究，2015，12：50 - 52.

[2] 阿列克谢·鲍里索夫. 俄中两国间网购量将上涨 40%［EB/OL］. 俄罗斯卫星网，http：//sputniknews. cn/economics/20160226/1018215362. html，2016 - 02 - 26.

[3] 老罗. 是时候告诉大家俄罗斯快递公司的真相了［EB/OL］. 腾讯网，http：//mp. weixin. qq. com/s? _ _ biz = MjM5NTA0NTk0MA = = &mid = 458367211&idx = 7&sn = dd0d9d8e3a01bbd81931e6dd1d9d2da9&scene = 23&srcid = 0327SHsMspgszYYEjYwLycdp#rd&ADUIN = 43881795&ADSESSION = 1461035315&ADTAG = CLIENT. QQ. 5473_ . 0&ADPUBNO = 26569，2015 - 11. 13.

[4] 刘家国. 基于扎根理论方法的中俄跨境电子商务发展研究［J］. 中国软科学，2015，9：27 - 40.

[5] 亿邦动力网. 报告称速卖通成俄罗斯访问量最高电商网站［EB/OL］. 亿邦动力网，http：//www. ebrun. com/20160303/167759. shtml，2016 - 03 - 09.

［6］亿邦动力网．俄罗斯在线支付全解［EB/OL］．亿邦动力网，http：//www. ebrun. com/20140422/97097. shtml，2014 -04 -22.

［7］佚名 .2015 年中俄双边贸易总值 4227. 3 亿下降 27. 8%［EB/OL］．国际在线，http：//news. cri. cn/2016113/f4e350e1 -8a0d -f5d6 -4bee -f7e67db752d5. html，2016 -01 -13.

［8］佚名综合报道．俄罗斯或更改跨境电商规则［EB/OL］．中俄咨询网，http：//www. chinaru. info/zhongejmyw/jingmaozhengce/38083. shtml，2015 -11 -24.

［9］翟潞曼．在俄罗斯纳税的外国电商或可免于征缴关税［EB/OL］．环球网，http：//finance. huanqiu. com/cjrd/2016 -03/8630044. html，2016 -0301.

中蒙俄能矿产业合作研究

程丽霞（中国内蒙古自治区发展研究中心产业处）

中蒙俄能矿产业合作一直是三方经贸合作的重点，随着“中蒙俄经济走廊”建设的不断推进，能矿产业方面的合作成为重中之重，三方都想以此为切入点，领衔其他多领域深度合作，为各自发展构筑和平稳定的内外发展环境。近年来，中蒙俄能矿产业合作发展迅速，取得了很大的成就，呈现出贸易稳定增长、投资形式多样化、合作水平大大提升，边境贸易取得重要进展等多方面的特征，但同时也存在一些不容忽视的问题，比如制度不够完善、协调机制不够健全、合作条件不够宽松、合作水平较低、合作主体不够强大等诸多问题。深化中蒙俄能矿产业合作要以顶层设计为依托，强化合作理念，完善对外合作制度，做好相关规划，提升信息资源共享水平；以优化环境为抓手，积极推进项目审批制度改革，推进投融资模式创新，夯实合作的人文支撑；以全产业链模式为导向，做好能矿产业、相关辅助设备制造以及配套产业等方面的合作；以重点区域为牵引，充分发挥内蒙古重点口岸的引领作用，以及“呼包鄂”腹地的支撑和牵引作用；以提升合作水平为突破口，转变发展方式走绿色和高端之路。

近几年，随着国际地缘政治经济格局的变化，中蒙俄三国政治关系持续升温，经贸关系不断深化，能矿产业合作成为三国经贸合作的重点。从未来发展趋势看，开展能矿产业合作仍是三方共同的发展诉求，无论是我国城镇化、工业化的纵深推进，还是俄罗斯远东开发抑或是蒙古国“草原之路”战略的提出，都从不同程度将三方能矿产业方面的合作提上重要日程，并把能矿产业发展作为破解各自增长的重要引擎。

一、中蒙俄能矿产业合作现状

近年来，随着中蒙俄政治关系的逐步改善，中国与俄罗斯、蒙古国能矿产业合作呈现快速发展趋势，并呈现出以下几方面的特征。

（一）能矿产品双边贸易稳定增长

2014 年中俄双边货物进出口额为 884.0 亿美元，其中，俄罗斯对中国出口 375.1 亿美元，占俄罗斯出口总额的 7.6%。矿产品、木及制品和化工产品是俄罗斯对中国出口的主要产品，全年三类产品出口额合计 328.7 亿美元，占全部出口中国产品总额的 87.6%，其中矿产品出口额为 288.9 亿美元，所占比重为 77.7%；俄罗斯自中国进口 508.9 亿美元，占俄罗斯进口总额的 17.8%。中国为俄罗斯第二大出口市场，第一大进口来源地。

2014 年中蒙双边贸易总额为 68.41 亿美元，占蒙外贸总额 62.1%。蒙古国对中国出口额共计 50.73 亿美元，占蒙出口总额 87.9%；蒙古国自中国进口总额共计 17.68 亿美元，占蒙进口总额 33.8%。中国继续保持蒙最大贸易伙伴国、最大出口市场和最大进口市场地位。2014 年，蒙古国对中国出口的主要矿产品出口额和该产品占比分别为：焦煤 8.47 亿美元，占比 99.8%；铜精矿 25.61 亿美元，占比 99.5%；铁矿石 4.46 亿美元，占比 100.0%；锌矿石和锌精矿 1.13 亿美元，占比 100.0%。2011 年以来，蒙古国主要能矿产品对中国出口额占蒙古国能矿产品出口总额的 97% 以上，占蒙古国对中国出口额的 78% 以上。

（二）能矿产业投资形式呈现多样化

一方面，能矿产业投资模式逐步多样化。除采取直接投资当地矿产开发或冶炼外，开始出现了采用股权投资方式参与经营，如华电承建的供热发电机组项目中有色控股开发多金属矿等；另一方面，能矿产业投资主体呈现多元化。近几年随着中俄、中蒙关系的改善以及能矿产业政策的逐步转好，大量的民营企业开始涉足俄罗斯和蒙古的能矿产业，呈现出以地方国有、央企为绝对主导，大量民营企业并存的格局；此外，合作领域也有新“突破”。除直接或间接投资能矿产业开采上游外，部分投资项目开始向能矿产业中下游延伸。如华电承建的供热发电项目和乌拉特中旗直供蒙方电力就直接延伸到电站经营层面等等。

（三）能矿产业合作水平有很大提升

主要表现在：一是能矿产业合作领域有很大改变。已由传统的单一勘探开发转为管理和技术方面的强强联合，如目前参股的中俄合作项目，其中很大部分是以中方技术管理和俄方矿权相结合。二是合作模式呈现新变化。能矿合作开始呈现由单个分散项目合作逐步向互建工业园区集聚模式转变。三是能矿产业合作内容得到进一步升华。许多在俄能矿产业合作开始向本土化生产延伸，产业链条已由原来的矿产初级产品向精深加工方向转变，同时一些配套采掘加工机械、技术服务和金融等外围服务业已日益跟进。

（四）边境地区能矿经贸合作取得重要进展

一是重大基础设施保障能力不断提高。随着中蒙俄边境能矿贸易的不断加深，边境的重大基础设施保障能力正在稳步提高，为边境口岸地区发展注入了新的力量。目前，中国已基本形成了以黑龙江及内蒙古东北部对俄开放口岸为核心，由铁路、公路、水运、航空等多种运输方式组成的对俄运输通道网络。其中，连接对俄口岸的公路基本实现高等级化，水运通道的通过能力明显增强，中俄运输通道更加顺畅，辐射范围更为广泛。中蒙方面，经过近几年的建设，全国对蒙（尤其是内蒙古）口岸基础设施日臻完善，特别是现代化通关手段的运用，使得口岸通关能力得到明显增强。

二是能矿产业有力地促进了边境地区发展。随着中蒙俄边境能矿货物物流量的增多，以及能矿等进出口原材料落地加工转换能力的增强，带动了人流、物流、资金流向边境地区集结，实现了通道经济向口岸经济的转变，大大促进了边境地区的经济发展和人民增收，极大地促进了祖国边疆的安定。

二、中蒙俄能矿产业合作存在的问题

中蒙俄能矿产业合作取得了积极的成就，但同时也存在着一些不容忽视问题，主要表现为：

一是制度环境不完善，协调机制不健全。俄蒙政策、法律、社会文化等复杂多变，缺乏稳定、弹性、有效的双边投资保障和法律保障，中资企业在遭受损失时，很难得到应有的赔偿。另外，由于缺乏法律约束，一些中资企业在蒙存在无序竞争、恶性压价、无规则操作、环保意识较差等行为，影响了中资企业的形象，给双边的经贸合作带来了一定的负面影响。俄蒙对外经贸政策和投资政策不稳定，特别是关税壁垒和

“灰色清关”给双边贸易发展带来了不少困难；中蒙俄之间法律仲裁制度、信用保险制度、质量监控制度、通关制度和贸易制度不完善，尤其在能矿产业合作利益分配方面存在的问题比较突出，阻碍了双方能矿产业合作的有效开展。

二是合作条件不够宽松，合作水平较低。双边口岸、边境地区基础设施建设比较滞后，投资严重不足，信息化水平较低；同时在双边投资保护机制、招投标程序、融资渠道等方面也存在一些制约因素。合作水平整体上还处于起步阶段，已有合作主要停留在矿产开发和能矿贸易水平，能矿产品精深加工等项目鲜有涉及。

三是合作主体不够强大。一方面，中蒙俄能矿合作主体多为中小民营企业，缺乏大企业和大项目的支撑，不利于合作的长远发展。另一方面，俄罗斯已经在蒙古国矿产资源市场牢牢占据了主导地位，中方企业想进入蒙古国能矿产业领域存在很大困难。

三、深化中蒙俄能矿产业合作的方向和重点任务

（一）以顶层设计为依托

一是强化合作理念。在合作中要有世界眼光，积极转变合作理念，求同存异，以开放的姿态与俄蒙两国开展合作，要加快研究和探索建立与俄蒙能矿产业合作利益共享的长效机制。二是完善对外合作制度环境。要积极与俄蒙沟通和对接，探索建立对外投资风险的保障制度和有关海外矿产资源开发的相关制度，保护投资者和当地利益，对一些不规范行为进行约束。三是做好相关规划和政策方面的顶层设计。相关部门要围绕各自职能，加强有效对接，充分做好与俄蒙基础设施互联互通、能矿资源合作中长期规划等重点规划的编制和实施，加快推动中蒙俄重大道路、电力通道等基础设施建设，促进国际换装和多式联运有机衔接。四要提升信息资源共享水平。利用中蒙俄政府间高层会晤，推进三方建立经贸合作指导目录，提升信息共享水平。

（二）以优化环境为抓手

深化中蒙俄能矿产业合作，在推进已签订项目的基础上，应更多立足政府职能转变和制度创新，把深化与俄蒙能矿产业合作重点放在营造环境、提供服务、培育需求上，加快突破阻碍“五通”的体制机制束缚，不断推进要素流动便利化。一是积极推进项目审批制度改革。创新投资准入和境外投资管理机制，全面实行准入前国民待遇加负面清单管理制度，进一步放宽能矿行业准入条件，充分激发民间投资主体参与中蒙俄能矿产业合作的主动性和创造性。二是推进投融资模式创新。积极开展多渠道融

资，重点发挥好开发性金融以及丝路基金在中蒙俄能矿合作中的重要作用，积极做好与亚投行的对接工作，探索采取市场、技术和资金同资源相结合的方式开展合作，加快出台配套投融资及相关优惠政策，调动民间参与能矿产业及相关配套项目设施建设的积极性。三是进一步夯实合作的人文支撑。充分调动各类交流合作平台，扎实办好各类人文、经贸等交流洽谈，重点凝聚各方智慧力量，积极打造中蒙俄合作智库联盟。

（三）以全产业链模式为导向

一是充分做好能矿产业合作。能源合作方面。依托中蒙俄三方各自的资源和技术优势，以成立合资公司等方式组建煤炭、石油、天然气开发公司，进行能源的勘探、开采以及下游化工产品生产，保障相关方能源需求，并为周边国家甚至全球提供产品。支持中方企业参与俄蒙电厂建设和输电线路建设以及可再生能源方面的合作，建立煤电基地和可再生能源基地，构建中蒙俄智能大电网，探索大电网向中蒙俄三国以及周边国家输送电力的新模式；矿产品合作方面。积极探索新注册或入股的形式成立中蒙、中俄矿业公司，共同对铜、镍、铅矿产品进行开采、冶炼和销售，建立铜镍铅等矿产基地，提高矿产品就地转化率，合作发展有色金属精深加工、新型合金材料和配套加工，为“一带一路”建设提供矿产和基建等基础保障。

二是加强能矿产业相关辅助设备制造等合作。结合能矿产业合作逐步推进，积极谋划和开展相关矿山机械、冶金机械及化工设备制造等方面合作，鼓励相关企业在俄蒙开展采掘设备、矿物加工设备、冶炼设备、化工机械等辅助产业的开发合作，创办相关矿山、化工等设备的研发、制造及维修企业。

三是积极开展配套产业方面的合作。环保方面，积极加强与俄蒙在环保方面的合作，在加快推进相关环保设备输出的基础上，鼓励中方成立专业的尾矿填充处理、矿山废弃物和废水处理、通风及除尘设备等矿山环保节能企业，以及为煤电企业提供脱硫环保、洁净燃煤发电等清洁环保技术支持的公司，进一步提升能矿产业整体合作水平。金融方面，鼓励中蒙俄三方积极在能矿产业领域开展金融合作，支持企业开展租赁、保险、信托、担保等各类金融服务，为在俄蒙企业提供融资、租赁等金融服务，为能矿产业合作提供重要保障。

（四）以重点区域为牵引

综合考虑内蒙古与俄蒙区域发展基础和合作条件，兼顾合理布局和有序推进要求，统筹带动相关优势要素集中集聚，实现重点突破和示范引领。一是充分发挥重点口岸的引领作用。加快推进重点口岸建设，实现与蒙古国、俄罗斯、天津、辽宁等港口和口岸互联互通，充分发挥口岸支点和引领作用。要以策克、乌力吉、甘其毛都、满都拉口岸为重点，打造对蒙能源资源战略通道、加工和储备基地，以二连浩特、满洲里、珠恩嘎达布其口岸为重点，打造集商贸流通、综合加工等为一体的对蒙经济合作主示范区。二是积极发挥“呼包鄂”腹地支撑与牵引作用。充分结合呼包鄂在区位和能矿产业发展方面的优势，鼓励区域内企业同蒙古国、俄罗斯矿能企业合作，参与境外油气区开发，蒙古国电厂现代化改造、电源点和输电线路建设，拓展在风能、太阳能等清洁能源领域合作。

（五）以提升合作水平为突破口

提升中蒙俄能矿产业合作层次和水平，转变发展方式，走绿色和高端之路是未来产业合作的重要内容，同时也是提升制造产业竞争力进而实现东北亚和欧洲经济圈市场拓展的关键。结合俄蒙各自发展要求，以绿色、高端和创新理念为引领，深化中蒙俄在能矿产品深加工方面合作，结合需求结构性转换，重点加强在新能源、电力和新材料等领域的合作，促进三方制造业竞争力的整体提升。

我国与蒙古国合作中存在的问题与对策建议

祁 婧（中国内蒙古自治区发展研究中心宏观处经济师）

中蒙两国不断深化的政治进程和两国对外关系政策的调整为两国的友好合作打下了坚实的基础，两国政治互信不断增强，经贸人文合作快速发展，积极寻求战略决策的契合点。但是中蒙合作发展中依然存在合作风险有待防范、保障制度及法律体系不够完善、投资领域过于单一、互补优势没有充分发挥、沟通了解不够充分等问题。为更好地促进中蒙之间建立长期的互相信任，推动中蒙合作健康发展，应加强对双方经贸政策的分析和研究、加快合作制度框架的完善、推动合作机制的制定和对接、推进合作向更为全面和更高层次发展以及持续促进文化交流。

一、我国与蒙古国合作基础深厚

（一）与蒙古国政治互信不断增强

中国与蒙古国建交65年以来，两国关系虽然经历过一些曲折，但是睦邻友好一直是主流。早在1949年10月16日中蒙两国就建立了正式外交关系，2014年8月21日，习主席对蒙古国成功地进行了国事访问，深刻阐释了中国的和平发展道路和睦邻友好政策，强调无论国际地区形势如何变化，中方都将始终按照中蒙友好合作关系条约精神，尊重蒙古国独立、主权、领土完整，尊重蒙古人民自主选择的发展道路，将中蒙关系作为中国外交的优先方向之一。两国元首还共同签署联合宣言，宣布将中蒙关系提升为全面战略伙伴关系。这意味着，两国将全方位、着眼长远发展两国关系，在重大国际事务和涉及彼此核心利益的问题上相互支持。

回顾中蒙近年来的相互关系，不难发现，中蒙政治关系不断提升、经贸关系持续发展，经济合作日趋向好。中蒙两国互为战略伙伴，政治互信不断在增强。

表 1　　2014 年我国与蒙古经贸合作概况

国家	贸易额（亿美元）	从中国进口商品类别	向中国出口商品类别
蒙古国	68.41	汽柴油、食品、机械设备产品等	矿产品、动物毛皮原料及其制成品

数据来源：中国商务部官网。

专栏　我国与蒙古国建立战略伙伴关系概览

1994 年 4 月两国签订了《中华人民共和国和蒙古国友好合作关系条约》。2011 年 6 月两国签订了《中华人民共和国和蒙古国关于建立战略伙伴关系的联合声明》。2014 年 8 月两国发表了《中华人民共和国和蒙古国关于建立和发展全面战略伙伴关系的联合宣言》。2015 年 11 月两国发表了《中华人民共和国和蒙古国关于深化发展全面战略伙伴关系的联合声明》。

（二）与蒙经贸人文合作快速发展

中国与蒙古国山水相连、陆路相通，联系紧密，油气、煤炭、矿产、森林等资源丰富，是中国重要的能源和资源供应伙伴，多年来保持着良好的合作关系和合作意愿。

中蒙经贸合作近年来稳步发展、势头良好，双方间一批大项目合作正在积极推进，中国连续多年保持对蒙最大的经贸伙伴地位，经贸合作已经成为双边关系的“压舱石”和“推进器”。据蒙古国统计局数据显示，2014 年蒙古与 139 个国家发展贸易，外贸进出口总额达 110 亿美元，与中国的贸易额达到 68.41 亿美元，占总额的 62%，出口更是占到 88%。同时，中国对蒙古国的贸易逆差由 2008 年的 7.4 亿美元扩大到 2014 年的 33 亿美元。中蒙双方元首提出要继续用好中蒙政府间合作机制，落实好中蒙经贸合作中期发展纲要，实现 2020 年双边贸易额 100 亿美元的目标。

“国之交在于民相亲，民相亲在于心相通”，我国与蒙古国山水相连，文化相通。2015 年中蒙两国教育部门签署了关于合作设立中蒙交流专项奖学金项目备忘录，有近 8000 名由中国资助或自费到中国留学的蒙古国学生。利用蒙医药优势，每年来内蒙古就医的蒙古国和俄罗斯患者达到 3 万余人次。40% 以上的内蒙古蒙医药学术研究机构、医疗单位以及蒙医企业与蒙古相关机构建立了合作与交流关系。为蒙古国培养了 300 多位蒙医药学留学生，对蒙古国 3000 多名基层牧民进行了义诊。中蒙俄科技展暨高新技术展览会已连续举办了十一届，累计参展中蒙俄三方企业 9000 余家，合作共建了中蒙“技术转移中心”。中蒙俄共建“达乌尔”国际自然保护区，加强生态治理和环境保护合作。

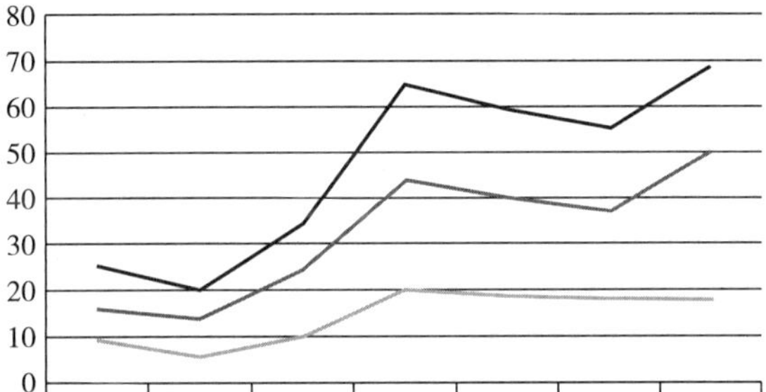

	2008	2009	2010	2011	2012	2013	2014
—— 对中国进出口贸易总额	25.35	19.33	34.37	64.64	59.21	55.29	68.41
—— 对中国进口贸易	8.99	5.39	9.71	20.24	18.73	18.23	17.68
—— 对中国出口贸易	16.36	13.94	24.66	44.4	40.6	37.06	50.73

图1　2008～2014年中蒙贸易额（单位：亿美元）

数据来源：蒙古国国家统计局。

（三）与蒙古国战略契合度较高

加快经济平稳发展仍是蒙古国今后一个时期的主要任务，中蒙都在积极寻求战略决策的契合点。

蒙古国GDP增长率从2011年的17%下降到2014年的7%。在经济下行的困境下，蒙古国提出了“草原之路”计划，该计划涵盖铁路、高速公路、油气、天然气及电气领域，预计投资500亿美元。2014年蒙古国总统参加APEC期间表示，蒙古国可以利用地理位置优势，不仅为中俄两国贸易运输提供便利，而且期望与中俄合作在蒙古国建立横跨欧亚运输走廊，积极寻求参与地区物流网络。2014年5月19日，蒙古国总统额勒贝格道尔吉会见习近平总书记时表示，蒙方认为建设“丝绸之路经济带”最主要的前提条件是基础设施建设领域合作，蒙古国将为加入地区基础设施网络、抵达海口、过境运输创造有利条件而积极努力，希望成为连接欧亚、中亚和东亚的内陆桥梁。

二、我国与蒙古国合作存在的问题

在中蒙合作取得成就的同时，存在的一些问题也不容忽视，主要表现为以下几点。

一是合作风险有待防范。蒙古国政治环境稳定性不高及政策变化性较大，导致合作过程中存在一定经济风险。例如在矿权许可证管理、煤炭贸易资源开发税和所得税及口岸管理政策等方面的变动，会增加了中方企业的投资风险及适应政策变化的成本。

二是保障制度及法律体系不够完善。中蒙之间法律仲裁制度、信用保险制度、质量监控制度、通关制度和贸易制度不完善，企业缺乏稳定、弹性、有效的双边投资保障和法律保障，导致企业缺乏投资的安全感。另外，由于法律约束不健全，一些中资企业在蒙存在无序竞争，恶性压价，无规则操作，环保意识较差等行为，影响了中资企业的形象，给双边合作带来了一定的负面影响。

三是投资领域过于单一。中国对蒙古国的投资结构失衡，多集中在能源、矿产资源开发领域，涉及基础设施、生态建设和民生领域的投资不足，企业投资项目涉及尽快改善就业及当地居民生活的还不够。目前中蒙投资围绕着能源矿产资源而展开，不仅合作形式及合作内容单一，合作模式也缺乏创新，导致经贸发展的后劲不足，且易引起蒙古国内的反感。

四是互补优势没有充分发挥。目前两国经贸合作不同程度地存在规模偏小、水平不高、层次较低，结构不平衡等问题，中国的市场、资金、技术、通道与蒙方的资源富集优势没能很好地结合起来，导致两国还有很多互补优势没有充分发挥。例如双方能矿合作还仅仅停留在矿产开发和能矿贸易水平，能矿产品精深加工等项目鲜有涉及，未能有效起到帮助蒙方把资源优势转化为经济优势和发展优势的作用，不利于中国企业真正走出去。

五是沟通了解不够充分。中蒙之间的曲折历史、蒙古国特殊的地理位置以及西方国家背后的支持等都对两国关系的发展产生了一定的影响。从蒙古国民众对中国的了解程度来看，人们更多的是从自己的日常生活出发了解中国，同时两国年轻一代之间的理解沟通还远远不足，中蒙的深度交流还有待于加强。另外，有的中资机构和中国公民在蒙自我约束不够，对于当地法律、文化不熟悉，给当地民众留下了负面印象，这也影响到双边合作的积极性。

三、对策与建议

一是加强对双方经贸政策的分析和研究。中国要充分考虑法律环境的复杂性和不稳定性，就蒙古国的整体投资环境和相关行业法律法规进行深入调研和评估，并密切关注当地法律变动的情况，及时调整决策和部署。蒙古国也应加强对中国的研究，及时了解中国的相关政策法规，并在合作中注重良好环境的创建和政策的连贯性，严格管理，杜绝贪腐行为，为双方的经贸合作可持续发展做出贡献。

二是加快合作制度框架的完善。双方应健全法律法规体系，尽早共同完善次区域经济合作制度框架，改善投资与合作环境，共建长远合作机制，加强双方法律法规的沟通，为双方投资、经营提供良好氛围和保障。

三是推动合作机制的制定和对接。双方应不断深化和利用好现有合作平台机制，通过对有关机制的确立和完善，加快规则的制定和对接，重点突出外交使馆在政策沟通和信息反馈方面的作用，构筑从硬件通达到软件通达的多重互联互通环境，拓展从商品贸易到服务贸易的多层次合作领域以及引入订制化的弹性合作机制。

四是推进合作向更为全面和更高层次发展。在合作理念上，要切实重视蒙古国当地的产业发展状况以及就业状况，充分发挥两国的比较优势，坚持做“共赢”的投资者。在合作取向上，注重互惠互利，加强多领域合作，促进蒙古国经济发展和产业升级。在合作方式上，采取开发与深加工相结合，投资与贸易相结合，工程承包与生产合作相结合等多种合作方式，使中蒙经贸关系有一个从量到质的飞跃。

在具体合作中，鼓励中国企业考虑与蒙古国当地企业建立合资公司，雇用当地劳动力、在当地生产、部分销售到国内。加大两国科技交流合作，支持高科技产业在蒙投资，树立“智慧经济”的理念。引导企业把资金更多地投向就业多、能尽快改善当地居民生活的项目，逐步增加对蒙方的经济援助，加大对农牧业、教育、卫生、减贫等民生领域的支持。帮助企业设计好一系列保护环境、为当地创收的措施，这样既提升了当地的工业水平，创造出了后续的产业链的价值，也不会破坏当地的生态环境，有助于双方建立长期的信任合作关系。

五是促进文化交流。加强中蒙之间的文化交流，不断加深彼此的了解和信任。推动中蒙青年进行长期深入的交流，积极开展青少年足球、红十字青少年、青年创业等多领域的交流合作，举办青少年夏令营、艺术表演、语言文化短期培训、青少年交流互访等活动，充分发挥青年在人文交流中的作用。创新与蒙古国教育领域合作方式，重点争取设立中蒙联合大学和互派留学生项目，推动在蒙古国乌兰巴托、乔巴山、扎门乌德等主要城市开设以汉语、传统蒙文教育为主的综合学校。推动在蒙古国高校或中小学设立“孔子学院”或“孔子课堂”，培养和培训蒙古国本土汉语教师，进一步推进 HSK 考试组织和推广、蒙古国汉语教学研究和汉语言学研究、蒙古国本土汉语教材开发、汉语言强化培训等工作。充分发挥“中国文化中心”的作用，创新方式方法，培育蒙古国当地民众喜闻乐见的品牌活动，主动融入当地文化生活，帮助蒙古国民众更好地了解中国文化。

“一带一路”与蒙古国“草原之路”战略对接合作模式研究

萨础日娜　李蔓婷（中国内蒙古大学公共管理学院）

中蒙两国地域毗邻、经济互补性强，双方合作潜力巨大。2013 年 9 月和 10 月，我国先后提出了“丝绸之路经济带”和“21 世纪海上丝绸之路”（简称“一带一路”）重大倡议。2014 年蒙古国提出了“草原之路”倡议，提出建设高速公路、电气线路、铁路、天然气管道和石油管道等多项基础设施建设项目。2014 年 8 月，国家主席习近平访问蒙古国，双方建立了全面战略伙伴关系，推动中蒙关系进入了历史最好时期。2014 年 9 月和 2015 年 7 月，中蒙俄三国首脑两次举行会晤，共同决定将中国的“丝绸之路经济带”同俄罗斯“跨欧亚大铁路”、蒙古国“草原之路”倡议进行对接，打造“中蒙俄经济走廊”。2015 年 3 月，在三部委联合发布的《推动共建丝绸之路经济带和 21 世纪海上丝绸之路的愿景与行动》中指出，“一带一路”建设要坚持共商、共建、共享原则，积极推进沿线国家发展战略的相互对接。可见，“一带一路”和“草原之路”倡议的对接是新时期中蒙两国合作发展的必然要求，能否实现两个战略的相互衔接，如何实现二者的有效对接合作，是当前中蒙两国面临的共同议题。本文将着力探讨中国“一带一路”与蒙古国“草原之路”战略对接合作的模式选择问题。

一、“一带一路”与蒙古国“草原之路”战略对接合作的内涵和主体

蒙古国是中国的重要邻国，也是中国通往欧洲的主要通道，做好“一带一路”与“草原之路”倡议的对接合作，是新时期中蒙关系发展的重要内容。习近平主席提出，“我们要建设的互联互通，应该是基础设施、制度规章、人员交流三位一体，政策沟通、设施联通、贸易畅通、资金融通、民心相通五大领域齐头并进，全方位、立体化、

网络状的大联通”。因此，“一带一路”与“草原之路”倡议对接合作，要以互联互通作为核心内涵，开展中蒙各领域务实合作。

“一带一路”与“草原之路”倡议对接合作的主体有三个方面，分别是中蒙两国政府、企业和社会。政府，包括了从中央到地方的各级政府部门，这里也可把官方性质的立法、司法部门包括在内；企业，主要是指独立的盈利性组织，包括国有大型企业、私有集团公司以及中小规模企业等；社会，包括了政党、非政府组织及其他团体，例如两国民主党派、学校、医院、商会、工商会、工会、志愿团体等。上述主体在两大倡议对接合作中各自发挥着不同作用。

二、“一带一路”与蒙古国“草原之路”战略对接合作的基本模式

基于中蒙两国“一带一路”与“草原之路”倡议对接合作的三类主体，可以产生9种不同的对接模式，本文称之为九宫格对接模式（或称为GBS模式），即以中国和蒙古国政府、企业、社会间的交叉对接，得出9种不同主体参与的对接模式，如表1所示。

表1　“一带一路”与“草原之路”战略对接合作模式

G_C-G_M	G_C-B_M	G_C-S_M
B_C-G_M	B_C-B_M	B_C-S_M
S_C-G_M	S_C-B_M	S_C-S_M

注：G—政府，B—企业，S—社会；下标C—中国，下标M—蒙古国。

该模式中，G表示Government（政府），B表示Business（企业），S表示Social（社会），C表示China（中国），M表示Mongolia（蒙古国）；G_C指中国政府，B_C指中国企业，S_C指中国社会，G_M指蒙古国政府，B_M指蒙古国企业，S_M指蒙古国社会。中蒙“一带一路”与“草原之路”战略对接合作的9种模式分别为：

（1）G_C-G_M模式，即中国政府—蒙古国政府对接模式。该模式由中蒙两国政府部门推动，适于双方法律政策对接、重点项目合作（如基础设施建设）以及开展地区性、城市间交流合作等，属于官方性质的合作模式。

（2）G_C-B_M模式，即中国政府—蒙古国企业对接模式。该模式主要运用于中国政府与蒙古国大型企业，开展重点领域、重点项目合作。如我国政府与蒙古国“额尔登斯—塔温陶勒盖”煤矿公司进行的项目对接等。

（3）G_C-S_M模式，即中国政府—蒙古国社会对接模式。该模式是中国政府与蒙古国民间社会组织所进行的交流合作，如中国政府与蒙古国政党进行的交流合作，中国地方政府与蒙古国工商会洽谈商贸事宜，或者中国政府部门邀请蒙古国艺术团体来华

演出等等。

（4）B_C-G_M 模式，即中国企业—蒙古国政府对接模式。该模式是指中国大型国有或私有企业与蒙古国政府开展重点项目合作，如中铁集团到蒙古国投资建设铁路，中国企业到蒙古国建设发电厂、飞机场等等。

（5）B_C-B_M 模式，即中国企业—蒙古国企业对接模式。该模式除了指中蒙大型企业间的合作之外，也包含更多的两国中小型企业自主进行的市场化合作，开展双边贸易往来，属于市场化运作的对接模式。

（6）B_C-S_M 模式，即中国企业—蒙古国社会对接模式。该模式主要指在蒙古国的中国企业与蒙古国政党、工商会、工会等组织开展的交流合作，也指蒙古国工商会等组织到中国与中国企业开展投融资等方面的交流合作。

（7）S_C-G_M 模式，即中国社会—蒙古国政府对接模式。该模式指中国民间组织，如各类商会、经贸促进会、志愿性组织或者民主党派、学校、医院等与蒙古国政府开展相关领域的交流合作。

（8）S_C-B_M 模式，即中国社会—蒙古国企业对接模式。该模式指中国民主党派、非政府组织或民间团体，与蒙古国大中型企业开展相关合作。如中国民间组织国际交流促进会与蒙古国企业开展的交流合作与项目对接。

（9）S_C-S_M 模式，即中国社会—蒙古国社会对接模式。该模式是指中蒙两国社会组织间的自由交流对接，如两国政党间的交流，两国学术、教育、科技、医疗、艺术等领域的广泛合作，两国民间交往等等。

三、“一带一路”与蒙古国“草原之路”战略对接合作之层次分类

根据当前中蒙两国战略对接的客观实际和双方合作程度，将“一带一路”与“草原之路”对接合作模式由强到弱划分为一类、二类和三类合作层次，下面分别加以叙述。

1. 一类合作层次

一类合作，包括 G_C-G_M 模式、B_C-G_M 模式和 G_C-B_M 模式，它是当前中蒙两国战略对接的主要模式，也是促进两国战略合作的主要推动力。一类合作层次表现为两国政府部门之间，以及政府与对方国家某些大企业间的对接合作，属于政府层面的合作交流和两国战略性大项目对接，其涉及面广泛、社会影响力大，具有一定合作深度与广度，是当前中蒙战略对接的核心领域。

2. 二类合作层次

二类合作，包括 B_C-B_M 模式、G_C-S_M 模式和 S_C-G_M 模式，主要表现为两国中小企业间的合作，以及两国政府与对方社会组织间的合作。两国企业间合作是这一层次合作的突出特点，中小企业也是中蒙战略对接的直接主体和最广大的参与者。他们的力量在当下虽然还不能成为主导力量，但是在不断深化的经济改革背景下，这一主体必将成为未来两国合作发展的主力军。此外，中蒙政府与社会间的对接合作，也是目前两国政治和民间接触的主要代表，在近些年也表现出种类逐渐丰富、层次越发多样的特点，属于政府推动下的民间社会交往。

3. 三类合作层次

三类合作，包括 S_C-S_M 模式、S_C-B_M 模式和 B_C-S_M 模式，主要以两国社会组织参与为特点，但由于中蒙社会发展程度不同，在当前其发展程度并不高。特别是中国公民社会的发育程度较低，难以与蒙古国企业和社会进行对接，中国企业也缺乏与当地社会相融合的企业文化，导致这一层次的合作模式，很多时候只是流于形式，未能发挥实质性作用。

四、“一带一路”与蒙古国“草原之路”战略对接合作模式之解析

通过对上述中蒙战略对接合作的 9 种模式进行分类研究，发现当前中蒙合作呈现出“政府强、企业弱、社会更弱”的现象。政府承担了过多本不应由它承担的事务，导致政府部门事务繁多、机构臃肿、效率不高，也使企业失去了市场主体的地位，缺乏主动性和创造性，社会和民间组织功能得不到有效发挥。当前，以政府部门为主导的经济运作模式仍是一个普遍现象，这也是我国“大政府、小社会”的客观反映，政府干预市场过多、限制过多，指令性、计划性指标只增不减。这在两国经贸领域合作中突出表现为：政府主导双边合作领域和合作方式，企业缺乏自由度；对外战略投资以国有企业为主，民间力量难以进入；金融领域限制严苛，企业融资困难；政府对“走出去”的企业严格监管，政策资金支持不足等等。自我国提出“一带一路”倡议以来，政府部门已组织开展多个双边交流合作项目，但是其制定主体往往只有政府组织，很少有市场主体和社会部门参与，偶见的两国民间交往也是由官方背景的组织或官员来主持。可以说，当前的中蒙合作仍然是在政府主导、政府参与和政府受益，企业和社会力量微弱，而真正能够长远、可持续发展的合作应该是由政府、企业和社会

三方自觉共同参与的结果。

“一带一路”与“草原之路”战略对接合作，要求中蒙两国政府、企业、社会三方的共同参与，使它们各司其职、各尽其责，形成政企社分工合作、互利互助的三方共建机制。今后，两国战略对接合作要在继续发挥一类合作层次的基础上，更加强调二类和三类合作层次的发展，将“政府主导、政府参与、政府受益”的不合理现象，真正改变为“政府服务、企业主导、社会参与”的政企社三方共建机制。为此要做好如下三方面工作：

首先，政府要做好引领、监管和服务，为中蒙大项目合作提供支持。在中蒙两国合作中，政府要切记不能大包大揽，要充分调动市场和社会的力量，不能既当裁判员，又当运动员。政府应主导两国政策对接，制定规则，提供服务，引导企业自主发展。同时，还要严厉打击违法违规，破坏正常经济秩序的不法行为，为两国友好合作创造公平、法制的市场环境。

其次，企业要发挥市场主体作用，结合自身优势自主选择合作领域和合作方式，并对企业自身的经营效益负责。企业是中蒙两国合作的基础和载体，每个企业的发展，每个项目的实施都为“一带一路”和“草原之路”战略的对接合作奠定基础。不管是国有大型企业还是民间私营企业，只要是投资蒙古国，就都要遵守当地法律法规，要按照市场规律，公平、自主地开展业务，争取成为中蒙友好合作的典范。

最后，社会和民间组织在“一带一路”建设中要发挥好桥梁纽带作用，为中蒙互利合作提供强有力支持。社会组织是政府、市场之外的第三部门，如行业协会、商会、以其他各类团体都属于社会组织。在中蒙经贸合作和人文交流中，社会和民间组织将会发挥重要作用。

总之，在“一带一路”和“草原之路”倡议对接合作中，政府是主导、企业是主体、社会是桥梁。在中蒙合作新的历史条件下，要着力建设两大战略对接合作的政企社三方共建机制，为中蒙深化合作提供新的方向和模式选择。

参考文献

[1] 推动共建“丝绸之路经济带”和21世纪海上丝绸之路的愿景与行动. 2015. 3. 28.

[2] 中国驻蒙古国大使馆经商处参赞．“一带一路”助中蒙合作上新阶［N］．蒙古消息报，2015. 11. 26.

[3] 华青．“一带一路”与蒙古国“草原之路”的战略对接研究［J］．国际展望，2015（6）：51－65.

[4] 驻蒙古国大使邢海明在敖特根腾格尔大学的演讲．让我们携手努力，使中蒙关系像骏马一样飞驰在广阔的大草原上［N］．蒙古消息报，2015. 12. 17.

中俄毗邻地区人文合作与交流的新形势

——以内蒙古大学满洲里学院为例

乌　宁（中国内蒙古大学满洲里学院讲师）

2014年7月，习近平总书记主席和普京总统在巴西福塔莱萨会晤时提出，中俄人文合作应从一般性友谊交流向联合办学、共同发展文化产业等方面提升两国软实力发展。两国元首的高瞻远瞩，以提升软实力从而对中俄人文合作发展提出了更高的目标和要求①。

软实力作为一种以吸引力为主的“隐形资源”，包括意识形态和政治价值吸引力、文化感召力、国际影响力等，是国家综合实力的重要组成部分。发展文化产业，是提升软实力的另一种重要途径。在当今世界新形势下，国家间人文领域合作日趋密切，中俄同为历史悠久、多民族的文化大国，两国都将增强国家软实力和文化竞争力作为实现大国振兴的重要目标。

边境地区的发展应以高校为桥梁，人文领域的合作与交流为基础，掌握语言、了解文化和传统，培养复合型人才也正是两国高校合作真正意义之所在：“和平合作、开放包容、互学互鉴、互利共赢”。

一、中俄毗邻地区高校间人文合作的重要性和必要性

根据民族利益等级的划分，人文合作在当今国际舞台上的重要性，可将其与一个国家的政治及经济活动相提并论。“国际人文合作”是指国家之间所存在的文化、科

① 媒体：《重温习近平与普京的10次会面》，http：//news. ifeng. com/a/20150508/43719623_ 0. shtml。

技、信息、体育、旅游等领域的合作。全方位的人文互动也只能在国家间互信及友好的基础上进行，同时，也有助于改善存在于民族意识中对其他民族及其文化、政治和宗教的消极感知。

在全球化的趋势下，人文领域多层次合作伙伴关系的作用得以延伸，一方面是建立在现有的历史文化关系基础上，另一方面是基于最新的创新成果。人文领域合作与交流的最重要的组成部分为教育和科技合作，可促进国家的知识精英密切联系，交流经验和最新成果共享，在各领域共同制定和实施创新方案。尤其面对当前信息化、高科技、网络社交高度发达的社会环境，更加凸显人文交流的重要性。

中俄毗邻地区人文合作与交流主要涉及四大领域：教育领域、文化活动领域、卫生医疗领域及科技信息领域。其中高校在中俄毗邻地区的发展中扮演着极为重要的角色。通过中俄毗邻地区高校间的教育和交流可建立人文教育合作交流平台，加强人文教育的互联互通。以满洲里学院为例，通过大力开展俄语教学、双语教学和俄语＋专业教学、与俄高校以2＋3、1＋4等模式开展合作办学等项目，促进与俄罗斯高校的文化交流与合作创新，进而提高教学质量以达到教育国际化的目标。

二、中俄毗邻地区人文合作的卓越成绩

被誉为“国门大学”的内蒙古大学满洲里学院位于中俄蒙三国交界地区，独领三国风情，地缘优势突出。优越的地理位置使得满洲里学院与俄罗斯高校进行合作与交流中具有独特的前沿和窗口作用。建校八年以来，满洲里学院将国际合作与交流作为学院重点发展路线，先后与俄罗斯多所院校建立了长期合作伙伴关系。学院的国际合作与交流相互项目包括：师生互换、合作办学、联合研究成果出版、定期国际性学术研讨会、文化体育交流项目等。

满洲里学院在2014～2015“中俄青年友好交流年”框架下组织系列文化交流活动，以加深两国青年的相互了解与友谊，巩固中俄世代友好的理念，加强中俄边境毗邻地区高校的合作与发展，包括中俄大学文艺汇演、中俄青年夏令营活动（“2014年上合组织成员国大学生春天”（The international festival “Student Spring of The Shanghai Cooperation organization countries）、中俄毗邻地区青年学者国际学术研讨会、大学生中俄国情知识竞赛、“我眼中的中国、我眼中的俄罗斯”青年摄影比赛、“满洲里风情、伊尔库茨克风情”大学生微电影大赛、中俄毗邻地区高校艺术设计展等文化交流活动。

2014年10月，满洲里学院举办首届中俄毗邻地区俄罗斯青年汉语大赛，比赛内容包括汉语语言知识能力、中国国情知识、中国文化技能等。满洲里学院力图将该汉语

大赛长期化、机制化，从而推进和促进毗邻地区对外汉语教学的发展、对中国文化、汉语在俄罗斯与中国毗邻地区的传播起到了重要的作用。

2015 年是世界反法西斯战争胜利 70 周年。中俄两国为世界反法西斯战争胜利做出了巨大贡献也同时付出了惨痛牺牲。这是爱好和平与正义的人们为捍卫人类尊严、重建世界和平所建立的伟大历史功勋。两国元首相互出席“5・9”庆典和“9・3”纪念活动，共同纪念抗战胜利暨世界反法西斯战争胜利 70 周年系列活动，并引导两国人民铭记历史，缅怀先烈，珍爱和平，共创未来，不仅使两国民众重温了中俄在战火中用鲜血凝结起的深厚友谊，更向外界传递出两国坚定维护二战胜利成果和国际公平正义的决心。

《21 世纪区域合作发展论坛》是满洲里学院与贝加尔国立大学共同策划并轮流举行的一项学术交流活动。2013 年 9 月由满洲里学院举办了第一届，2015 年 9 月由贝加尔国立大学举办了第二届。两校学者将共同研讨对区域合作发展的新方向、新思路，发现区域合作中所面临的难题和挑战，促进和提升区域合作的步伐。

三、中俄毗邻地区人文合作的新举措与几点建议

中俄毗邻地区人文合作的新举措，以推动两个地区人文领域交流深入发展，深化合作、巩固友好邻邦为宗旨。内蒙古大学满洲里学院与后贝加尔国立大学共同成立了汉语文化中心。该中心的成立被誉为高校间人文合作的新典范，该中心的设立，除了为俄罗斯大学生及汉语爱好者提供一个介绍、了解及研究中国文化及学习汉语的平台之外，更将组织双方高校教师定期开展机制性科研工作，主要以学术研讨会、座谈会、教学技能培训、举办教学与科研讲座等方式进行；中心将负责组织双方青年学生定期开展各类教育科研培训活动，组织俄罗斯青年学生，以夏令营等形式走进中国城市和大学，全方位了解中国文化；中心将定期举办诸如“中国文化周”等形式多样的系列活动，吸引当地汉语文化爱好者的参与，进而促进中国文化与俄罗斯文化的交流和融合。

依据本人在满洲里学院数年的教学经验与观察了解，在此提出几点建议。

第一，科研创新合作。在“一带一路”“丝绸之路经济带”与欧亚经济联盟对接的大背景下，充分发挥满洲里学院作为边境毗邻地区科学研究基地的优势，并作为中俄毗邻地区高校智库的基石，满洲里学院应进一步明确智库在推动中俄毗邻地区人文交流上所发挥的巨大作用，积极探索中俄智库间交流合作的长效机制，从而使我们在人文交流合作中更具主动性、策略性和有效性，共同开发课题，为中俄青年学者提供

交流学术经验和创新的平台。高校智库交流是中俄毗邻地区人文交流的重要组成部分，可为政府合作决策提供建议，在有争议的问题上提供建设性的方案；运用智库间合作机制不断促进相互交流，在这一框架下，开展定期互访，共同举行研讨会。特别要增进青年研究人员的互动与交往，重视青年学者在边境地区发展的科研创新，对于维系和加强毗邻地区人文交流意义更大。高校智库拥有其无可比拟的优势，可以运用专业知识引导媒体发挥积极作用，引领社会思考。其对决策和社会的影响也在日益增大。一方面，高校智库研究氛围更浓厚，且在研究方向、领域方面更加自主；另一方面，可以广泛利用学术资源，在研究深度与研究广度上都有较大的发挥空间，其提供的研究结论也更具科学性与客观性。

第二，建立高校部门相关领导定期会晤机制、使人文合作交流机制多层次化、多渠道化、全方位化；举办中俄毗邻文化交流论坛，从制度和政策层面把握文化交流合作的态势及走向；设置专门研究双边文化交流合作问题的机构，为彼此的文化交流合作给予理论上的指导。

第三，充分发挥满洲里学院在俄后贝加尔国立大学设立的汉语文化中心及《俄罗斯世界》基金会的俄语文化中心的作用。定期在中心举办中俄文化活动和文化沙龙、蒙古民族、俄罗斯民族和布里亚特民族习俗、传统、服饰展示，有助于在中国蒙古族文化与布里亚特民族文化认同的研究；同时也丰富大学生的课余生活，加深其对学校所在地区及毗邻地区的地方文化的了解和认同。

第四，积极发展中俄高校间现代文学作品的翻译工作。目前在中国俄语界形成的趋势为，对俄罗斯经典作品非常的熟悉和了解，但对俄罗斯现代文学作品和艺术几乎是一篇空白。满洲里学院应借助自身优越的地理位置，学院俄语系的师资力量，成为俄罗斯现代文化和艺术的输入口岸，填补此空缺。通过对俄罗斯现代文学作品的翻译，能使中国读者更好地了解俄罗斯当今的社会文化，例如，电影艺术、音乐、油画、建筑和雕塑艺术、摄影艺术等。结合满洲里学院的专业设置，完全可以定期举办中俄油画作品、艺术设计作品展、摄影展等活动，交流经验，开阔视野。

四、结语

中俄人文合作与交流所面临的问题和挑战直接反映出毗邻地区人文合作的问题症结所在。中俄问题权威专家一致认为目前的中俄两国关系依然为“上热下冷”、“官方热，民间冷”的局面。中俄毗邻地区的人文合作与交流面临着的是相同的尴尬问题。中俄青年友好交流年的举办无疑增加了两国青年的友谊，但大型文艺活动占多数，真正能让两国青年自由交流的机会相对不足，应在友好交流年的框架下多举办夏令营、青年领导者夏季学校，共同完成创新项目等，真正意义上达到交流的目的。但是目前在满洲里学院举办的系列青年友好交流年活动中，缺少了能体现满洲里地方文化、民族特色的活动项目。

"民间冷"的因素主要与两国民众对中国和俄罗斯历史、文化了解得不够正确或具有片面性，从而在民族心理中形成一种刻板印象，对两国年轻一代来说，由于对彼此价值观念、生活方式、社会意识形态和文化对等诸多领域仅限于保守层面的认识，缺乏进一步了解，以至于缺乏相互的吸引力，在转型社会中，年轻人的注意力更倾向于西方国家。国家间政治关系稳定最坚实的社会基础是两国普通民众间的互通互信。内蒙古大学满洲里学院作为中俄毗邻地区人文合作发展的重要基石，除应从专业教学任务做起，使中国学生和俄罗斯留学生能够更加正确地、全面地、客观地认识中俄历史、文化与国家形象，并进而扫除妨碍中俄毗邻地区人文合作与交流正常发展的负面因素，诸如文化传播中的个人政治神话或误解，从而推动中俄毗邻地区人文合作与交流的新趋势。

参考文献

[1] 郭力．中俄人文合作历史与现实［M］．黑龙江：黑龙江大学出版社，2013.

[2] 常远．提升软实力：中俄人文合作的新任务［N］．光明日报，2014－11－28（3）．

[3] 修国英，田刚健．中俄高校如何协同创新人文合作［N］．光明日报，2014－08－19（13）．

[4] Пивовар Е. И.：Гуманитарное сотрудничество на постсоветском пространстве：механизмы и перспективы развития глазами историка［EB/OL］. http：//www. http：//vse－uchebniki. com/antropologiya－istoriya/pivovar－gumanitarnoe－sotrudnichestvo－41196. html，2011.

[5] Морозов Ю. И.：Сотрудничество стран ШОС в гуманитарной области：существующие российские проблемы и возможные пути их решения［EB/OL］. http：//www. http：//cyberleninka. ru/article/n/sotrudnichestvo－stran－shos－v－gumanitarnoy－sfere－problemy－i－vozmozhnye－puti－ih－resheniya，2009.

[6] Лузянин С. Г.：Российско－китайская модель 2015：Доклад №18/2015. Российский совет по международным делам. －М.：Спецкнига，2015－32 с.

[7] Смирнова Л. Н.：Россия－Китай：20 предложений для экономического，научного и гуманитарного партнерства［EB/OL］．（2014－5－20） http：//russiancoucil. ru/inner/? id_ 4＝3270#top－content.

[8] 刘利民．"一带一路"框架下的中俄人文合作与交流［J］．中国俄语教学，2015，（3）．

[9] Nye J. The Means to Success in World Politics. N. Y.，2004.

中蒙边民互市贸易区发展思路初探

依仁且（中国呼和浩特海关主任科员）

边民互市贸易区是指边境地区边民在我国陆路边境 20 公里以内，经政府批准的开放点或指定的集市上、在不超过规定的金额或数量范围内进行的商品交换活动。1984 年国务院颁发了《边境小额贸易暂行管理办法》，边境贸易在国家的大力扶持之下迅速发展，经过三十余年的发展已成为我国边境省份，特别是边境少数民族自治区发展对外贸易，进一步扩大对外开放，进入国际市场，提升市场竞争力，与国际经济接轨的有力支撑。边民互市贸易区作为边境贸易的组成部分，是随着边境贸易的发展而发展起来的，是改革开放，特别是沿边开放的成果。

1992 年 10 月，经国务院批准内蒙古自治区建立了首个边民互市贸易区——满洲里与后贝加尔斯克中俄边民互市贸易区，并于 1996 年 11 月开始运营。经过二十余年的发展满洲里—后贝加尔斯克中俄边民互市贸易区已初步形成规模，取得了较好经济效益和社会效益。

2010 年二连浩特市被批准设立边民互市贸易区。二连浩特市边民互市贸易区位于中蒙边境线中方一侧，区内设立仓储区、商贸区和交易市场。2015 年 5 月已开工建设，定于 2016 年投入运营。

一、发展中蒙边民互市贸易区的有利条件

（一）外部有利因素

1. 利好的外部政治环境

自1985年中国与蒙古国开展边境贸易以来，中蒙双边贸易迅速发展，中国已稳坐蒙古国最大贸易伙伴国地位。进入新世纪以来，随着蒙古国不断调整对外政策，推进经济结构调整，中蒙两国贸易进入了新纪元。而与蒙古国毗邻的内蒙古自治区利用其地缘优势、历史渊源、深厚基础，当仁不让成为我国对蒙贸易的第一要站。2014年8月，习近平总书记访问蒙古国，与蒙古国总统额勒贝格道尔吉开展深入会谈，共同签署了《中华人民共和国与蒙古国关于建立和发展全面战略伙伴关系的联合宣言》，中蒙两国关系升级为全面战略伙伴关系。中蒙两国关系的全面升级，为内蒙古自治区发展对蒙贸易迎来了新的机遇，继续深入发展与蒙古国的边境贸易，稳步推进内蒙古沿边经济带发展成为全区外贸发展的落脚点。

2. 强劲的对外贸易发展势头

蒙古国实施“矿业兴国”战略以来，中蒙两国间的能源资源合作蓬勃发展，已成为两国经贸领域的支柱产业。内蒙古作为离蒙古国最近的出海口，对蒙贸易具有得天独厚的地缘优势，致使内蒙古成为我国进口蒙古国能源资源的重要通道。与此同时，与蒙古国主体民族同根同源的内蒙古自治区，在发展对蒙经贸关系上具有较扎实的文化根基，具有发展多领域合作的丰富土壤。进入新世纪以来，内蒙古自治区对蒙贸易发展势头强劲，是内蒙古对外贸易的重要组成部分。2004～2014年，十年间内蒙古自治区对蒙累计贸易额达188.81亿美元，年均增长29.6%，其中自蒙古累计进口130.84亿美元，年均增长30.4%；累计出口57.97亿美元，年均增长27%。2014年内蒙古自治区对蒙古双边贸易额达40.97亿美元，是2004年进出口贸易3.07亿美元的12.3倍，其中出口9.27亿美元，是2004年出口贸易0.85亿美元的9.9倍；进口31.7亿美元，是2004年进口贸易2.23亿美元的13.2倍。2015年内蒙古国自治区对蒙古进出口贸易值203.3亿元，同比下降19.3%；出口值45.12亿美元，同比下降20.7%；进口值158.2亿美元，同比下降18.9%。

3. 丰富的经验借鉴

已运行近二十年的满洲里—后贝加尔斯克边民互市贸易区的发展，为发展中蒙边民互市贸易区提供了现实模版。满洲里市中俄边民互市贸易区基于其良好的外贸环境、优美的自然环境及便捷的交通条件等得到了较好发展，但在发展过程中也遇到了诸多问题，这些均为掌握边民互市贸易区发展规律，探索边民互市贸易区发展路径，设计边民互市贸易政策设置提供了实践经验。

（二）内部有利因素

1. 中蒙边境地区经济社会发展为边民互市贸易区提供了发展土壤

内蒙古自治区与蒙古国边境线长3210千米，且拥有多个常年性开放边境口岸。除二连口岸外，近年来甘其毛都、策克、珠恩嘎达布其、满都拉等中蒙边境口岸发展态势良好，双方建立了正常的边境贸易秩序，为双方进一步加强经贸合作创造了良好的贸易环境。中蒙边境贸易的迅速发展，活跃了边境贸易市场，进而促进了内蒙古各边境市县（旗）的对外经济发展，为发展边境市县（旗）的外向型经济发展注入了新的增长点。

二连口岸是我国对蒙最大陆路口岸，二连浩特市借助二连口岸进出口贸易发展，已成为我国实施向北开放战略的重要窗口，在国家、自治区深入实施向北开放战略中发挥着非常重要作用。甘其毛都口岸是发展速度最快的对蒙口岸，随着蒙古国战略矿之一的塔温陶勒盖煤矿与奥尤陶勒盖铜金矿的开发进程加快，对我国短缺资源的弥补作用日益凸显。

随着中蒙两国边境贸易的繁荣发展，与二连浩特市接壤的扎门乌德市已成为蒙古国最大的口岸城市和第四大城市。蒙古国嘎顺苏海图口岸所在地南戈壁省近年来亦发展迅速，南戈壁省因口岸贸易已跃升为蒙古国内仅次于乌兰巴托市的第二经济发达大省。

中蒙边境贸易的繁荣发展，为中蒙边境地区在经贸、文化、旅游等领域的合作迎来了新的发展机遇，同时为发展中蒙边民互市贸易区创造了内部发展环境。

2. 中蒙边境地区经济领域互补性为发展边民互市贸易创造了内部条件

蒙古国对外开放边境城市均位于能源矿藏丰富的省市，随着蒙古国能源资源出口量的增长，该地区经济社会得到了长足发展，但基础设施、轻工业、农业、科技等领域发展较滞后。内蒙古边境地区市旗（县）依托对外贸易长足发展，基础设施不断完善，加工业蓬勃发展（如二连浩特市），又具有良好的农牧业基础和较丰富的农牧业人力资源（如巴彦淖尔市、锡林浩特市），为发展中蒙两国互市贸易提供了良好的物质基础。可见中蒙边境地区经济结果互补，对建立发展边民互市贸易区创造了内部条件。

3. 政策支持为建立发展边民互市贸易提供了保障

发展沿边地区对外经贸是深化与周边国家和地区发展的重要平台，也是实施“一带一路”政策的有效途径之一。为支持沿边重点地区开发开放，2015 年国务院出台了《国务院关于支持沿边重点地区开发开放若干政策实施的意见》（以下简称《意见》）。《意见》指出：“加强边民互市点建设，修订完善《边民互市贸易管理办法》和《边民互市进口商品不予免税清单》，严格落实国家规定范围内的免征进口关税和进口环节增值税政策。”同时，满洲里市边民互贸区管理政策设计也为中蒙边民互贸区发展提供了政策依据。与二连浩特市毗邻的扎门乌德市自由经济园区享有蒙古国优先发展的政策支持。中蒙两国对边境地区的优惠政策支持，为发展边民互贸区提供了坚实保障。

二、发展中蒙边民互市贸易区的制约因素

尽管边境贸易对内蒙古自治区对外贸易的奉献很大，作为边境贸易的主要组成部分之一的边民互市贸易是内蒙古自治区对外贸易发展的必然选择，但仍有诸多因素制约着边民互贸区的发展。

（一）中蒙边境地区居民少，实际购买力不强

内蒙古自治区边境市县（旗）多数处于冬季严寒、夏季酷热，少雨干旱、风沙肆虐的自然环境恶劣地区，加之边远地区交通闭塞，基础设施落后，公共设施基础薄弱，除本地居民外，外来居民很少，对国内游客的吸引力远不及满洲里市，人口规模不大，居民购买互贸区的实际需求不大。而原本人口就不多的蒙古国，边境地区居民更是少之又少，居民生活水平普遍不高，实际购买力不强。中蒙边民互贸区零散的客户群难以形成具有一定规模的长期客户，将对发展互贸区商品贸易带来不利影响。

（二）影响互贸区发展的人为因素不容忽视

虽然我国对建立发展边民互市贸易区的热情较高，也将根据国际惯例和发展实际采取一系列优惠措施，支持互贸区的发展。但是，蒙古国从自身利益出发调整外贸管

理方面的具体政策的可能性较大，甚至存在有些协议难以兑现的可能，上述因素极易导致边民互贸区优惠政策在执行过程中被抵消。另一方面，中国作为世界工厂，虽然制造业工艺已非常纯熟，但“中国制造”在一定范围内仍未摆脱假冒伪劣商品代名词的厄运，在一定程度上影响互贸区商品信誉的认可度。

（三）中蒙双方对互贸区的定位不同、重视程度不同，将影响互贸区的长期发展

一方面蒙古国政府对边民互市贸易区的重视度还不及我国对边民互贸区的重视程度，且出于对自身经济利益的保护，对边民互贸区的定位与发展方向上与我国立场有所不同，极易出现互贸区“一头热”的局面；另一方面，蒙方一侧并未建立边民互贸区，除转售第三国商品和传统手工艺品外，无太多商品可与我方进行交易，加之受商品额度（8000元以下免征税）和商品种类（仅限生活用品）限制，可供交易的商品种类有限。再者，中国国内市场能够充分满足居民的日常需求，除非互贸区商品质量上乘、价格优惠，不然对国内居民的吸引力不大，无须费时费力去互贸区进行交易。

（四）高科技含量不高，将影响互贸区后期发展

中蒙边民互市贸易区除了发展商品贸易外，另一个主要功能是仓储业。现代化物流仓储业应该是互贸区的长期发展保障，然而中蒙边境地区较欠缺的高科技现代物流业、高端人才、先进的管理经验，将会制约互贸区仓储功能的发展，互贸区功能发展不平衡将会引发边际效率下降，影响边民互贸区后期发展，进而影响边民互贸区的整体平衡发展。

三、发展中蒙边民互市贸易区的对策建议

抓住中蒙两国经贸发展的大好机遇，借鉴中俄边民互市贸易区发展经验，立足实际实施较为宽松的优惠政策，严把对蒙出口商品质量关，建立健全中蒙两国协调机制，积极培育对蒙经贸主体，引进先进管理理念和高端人才是中蒙边民互贸区长期发展的有力措施。

（一）明确边民互贸区功能定位，发展总体格局

按照二连浩特市边民互贸区建设设计规划，边民互贸区内设仓储区、商贸区和交易区。基于二连口岸中蒙边境贸易传统特点，日用品、小商品交易将是较为活跃的贸

易形式，对拉动边民互贸区商贸区和交易区的发展具有一定促进作用。自治区政府和当地政府应充分利用该优势，以更加灵活的金融服务（银行借贷政策扶持）、税务政策（减免相关税费）、降低交通运价等方式招商引资，吸引国内各地企业来二连浩特市进行投资，做好边民互贸区基础性开发工作。

（二）给予政策优惠，建立良好投资环境

强有力的政策支持，较为宽松的发展空间是发展边民互贸区的有力支撑。在前期建立发展阶段，当地政府应结合实际大胆创新，解放思想多方扶持，明确发展思路，制定阶段性规划方案，建立良好的投资环境。如，在土地使用、项目审批、税费征收、公共设施服务等领域出台一系列优惠政策，扶持边民互贸区前期发展。加上国家对边民互贸区的优惠政策，边民互贸区政策优势显著，会拉动边民互贸区的迅速发展。

（三）完善市场管理，严把市场准入关

加强市场管理，完善市场服务功能是发展边民互贸区的保证。一方面边民互贸区日常管理部门，如边民互贸区管委会应明确市场监管者的管理定位，严格执行政企分开，简化行政审批手续，提高综合服务水平，代表政府开展相关管理工作。另一方面严把进入边民互贸区商品质量，杜绝参差品以差充好，严防不法经营者无序竞争，扰乱边民互贸区市场秩序。

（四）加强协调沟通，提升整体通关效益

边民互贸区的人员管理、商品管理关系到通关效率，组织管理部门建立完善对内外沟通协调机制，强化综合管理，提升通关效率对于边民互贸区客流、物流的顺畅发展具有决定性作用。在蒙方一侧无边民互贸区的情况下，组织管理部门应建立健全与蒙方的沟通协调机制，采取边民信誉管理方式，简化蒙古边民进入互贸区手续；中方人员入区可参照滇越、桂越边民互贸区中方人员入区管理手续，推行简便易行的人员进出边民互贸区管理方式。同时积极协调边检、海关、检验检疫等部门，有效落实“三互大通关”、“一站式服务”等改革要求，减少检查环节，改进检查办法，避免重复收费、交叉收费，降低边民互贸区参贸者和管理者成本，提高通关效益。

建立发展中蒙边民互市贸易区是长期工作，需要整体规划，逐步推进，避免盲目开发，盲目建设，努力提升中蒙边民互市贸易区整体经济效益和社会效益。

参考资料

［1］刘秀岩. 发挥优势 抢抓机遇 全力推进边民互市贸易区建设［J］. 东欧中亚市场研究，2002（7）.

［2］张磊. 黑龙江省对俄边境贸易发展现状研究［J］. 社科论坛，2015（1）.

［3］陈维新. 东亚秩序与中蒙关系［J］. 延边大学学报（社会科学版），2015（5）.

［4］张蕴玲. 中国的周边区域观回归与新秩序构建［J］. 世界经济与政治，2015（1）.

［5］张利俊. 关于内蒙古边民互市贸易区运营发展的思考——以满洲里和二连浩特为例［J］. 商业经济，2012（4）.

［6］谢颖. 挥春发展对俄口岸制约因素及对策［J］. 区域经济，2011（8）.

［7］张宇薇. 中蒙经贸发展及前景研究［J］. 北方金融，2014（10）.

［8］张婧. 中蒙双边贸易合作发展的现状分析及前景研究［J］. 价格月刊，2015（1）.

［9］赵伟、应艳、赵婷. 满洲里对俄边贸：现状与问题［J］. 浙江经济，2005（20）.

［10］毛伟华. 促进内蒙古沿边经济带开发开放建设路径分析［J］. 前沿，2014（12）.

中俄贸易额停滞不前原因分析

佟成元（中国内蒙古自治区发展研究中心宏观经济研究处）

改革开放20多年来，中俄经贸合作呈现快速发展势头，中国成为俄罗斯最大的贸易伙伴、第一大进口来源地、第二大出口市场，俄罗斯则是中国第九大贸易伙伴。2015年中俄进出口贸易总值680.7亿美元，同比下降28.6%，未能实现两国元首确定的2015年实现双边贸易额1000亿美元的贸易目标。

一、中俄贸易现状

中俄两国互为最大的邻国，有4300多千米的边界线，得天独厚的地缘优势使得两国经贸往来密切。长久以来，中俄都是对方的交易合作伙伴。俄方主要向中方出口矿石燃料、石油及其加工产品，还有少部分原木产品和化工制品等。中国主要向俄方出口机械设备和运输工具、纺织品和鞋类、化工产品等轻工业制品。近年来，双边贸易额总体上呈现增长态势。2010年，中国已经成为俄罗斯最大贸易伙伴国，并持续到现在，而俄罗斯也早已成为我国第九大贸易同伴。

2005到2015这十年，是中俄历史上双边贸易持续时间最长、贸易活动最频繁、贸易数额最巨大、增长速度最迅猛的时期。2005年中俄贸易额为291.0亿美元，到2015年中俄贸易总额增至680.6亿美元，十年间增长了1.3倍。然而随着全球金融危机的蔓延，中俄双边贸易受到挑战，贸易额出现下滑。据海关统计，尽管中国依旧保持着俄罗斯第一大贸易伙伴的地位，但2015年中俄全年贸易额同比下降了27.8%，千亿目标也未能实现。

二、原因分析

中俄两国作为相邻大国，在双边关系、地区合作和国际舞台上都有着密切的协作，建立了战略协作伙伴关系。但两国的双边贸易的发展速度和规模，同两国的大国地位不相匹配，究其原因，有以下几方面。

（一）国际经济环境的影响

自金融危机以来，世界经济增速减缓，各大经济体的发展速度均有所降低。2015 年俄罗斯经济陷入 2009 年以来最严重的衰退，俄罗斯整体经济衰退达到了 4%。2013 年底开始，由乌克兰危机为导火索，美国和欧盟逐渐开始了对俄罗斯的制裁，欲在经济上孤立俄罗斯。随着制裁由政治领域向经济领域的深入，俄罗斯本已脆弱的经济状况不可避免地再次遭受打击，出现了经济增率下降、通货膨胀升高、卢布汇率波动、资金外逃、货币流动性降低等困境。西方的制裁，导致俄罗斯资金外流，俄罗斯经济形势愈发严峻，很大限度地影响了俄对外贸易。就在俄罗斯外遭国际制裁打击、内收经济下行压力的同时，国际油价出现了连续暴跌，对于严重依赖原料出口的俄罗斯来说无疑雪上加霜。2015 年 8 月 12 日，国际能源署（IEA）表示，原油全球供应过剩情况将持续至 2016 年底。俄出口基本依靠石油、天然气和其他初级产品，俄罗斯出口收入的 40%，财政收入的 60% 和原油、天然气相关，国际油价的严重缩水相当于财路被掐断，这对俄罗斯经济影响很大。世界整体经济运行情况的不景气使得俄罗斯的对外贸易也受到严重影响。

（二）中俄贸易结构不完善

多年来，中俄两国进出口的产品主要都是低附加值的初级产品及原材料等。我国自俄罗斯进口的产品多为资源密集型产品，燃料能源商品、金属及其制品、化工产品、原木及纸浆制品占的比重较大，这种出口商品的结构决定了俄出口贸易规模主要依靠数量的增加。同时中国进入了经济新常态，拉动经济的动能逐步发生转变，重点偏移到发展内需和提高服务业上，对能源产品、矿产品的需求逐渐降低，一定程度上制约了对俄进口。我国向俄罗斯出口的商品多是劳动密集型产品，主要包括服装、皮革、箱包、鞋等轻工业制品、机电产品等，这些商品货值低且不稳定。由于俄罗斯近几年经济形势不振，居民消费能力下降，加之卢布贬值，因此需求量严重不足，使得我国对俄出口大幅缩减。这些都给双边贸易的发展带来了一定的阻碍，同时也使得两国贸易的发展后劲不足。

（三）服务贸易水平低

中俄同属于货物贸易大国，服务贸易相对滞后，服务贸易在中俄贸易总额中的比重偏低，不利于两国经贸合作健康长远发展。目前，中国服务贸易规模居世界第五位，俄罗斯服务贸易规模居世界第二十位。虽然中国是俄罗斯最大的货物贸易伙伴，但服务贸易似乎微不足道，远落后于两国间货物贸易的发展。中俄服务贸易不仅滞后，而且结构也欠合理。中俄双边服务贸易一直在低水平徘徊，贸易内容主要集中在旅游、运输、建筑等传统产业。而金融、保险、通信、咨询等技术密集型和知识密集型领域的合作仍处于初级阶段。运输业是中国服务贸易的传统项目，在服务贸易中占比较大，但常年处于逆差状态。旅游业是对俄服务贸易中传统优势项目，但由于签证烦琐、文化差异、旅游产品单一等原因，发展缓慢。这些传统项目都不能成为两国的服务贸易带来新的增长点，需要不断提高技术密集型和知识密集型领域的合作。

（四）"中俄贸易"在中国和俄罗斯对外贸易中的地位低

两国对中俄贸易的重视程度和贸易比重均低于两国的经济总量。从 2010 年开始中国连续 5 年成为俄罗斯第一大贸易伙伴，2015 两国贸易额为 680.8 亿美元，占俄外贸总额的 12%。俄罗斯第二至十大贸易伙伴依次是荷兰、德国、意大利、乌克兰、白俄罗斯、日本、土耳其、波兰和美国。纵观中俄贸易状况，中国在俄罗斯对外贸易中的地位不断提升，但欧盟依旧是俄罗斯最重要的经济合作伙伴，也是俄最重要的投资者，俄罗斯 70% 以上的国外直接投资均来自欧盟。俄欧之间紧密的经济联系不可能在短时间内去除。在西方制裁的背景下，俄罗斯开始了"向东看"的战略，逐步强化同亚太地区和中国的经济合作。

我国与前三大贸易伙伴，美国、日本和中国香港地区双边贸易占我国对外贸易总额的比重为 10% 左右。中俄贸易额在我国对外贸易总额中的比重一直不高，约为 2% 左右。近年来，中俄贸易额增长速度较快，除 2009 年同比下降 31.9% 外，其余年份年均增长 27% 左右，高于我国对外贸易总额年均增速 5 个百分点。中俄贸易额在我国对外贸易总额的比重还有一定的上升空间。

表 1　　2015 年 1~8 月份俄罗斯前 10 大贸易伙伴

国家	贸易额（亿美元）	占俄罗斯对外贸易总额的比重（%）
中国	414.2	11.7
荷兰	306.8	8.7
德国	305.7	8.7

续表

国家	贸易额（亿美元）	占俄罗斯对外贸易总额的比重（%）
意大利	219.5	6.2
土耳其	164.3	4.7
白俄罗斯	159.0	4.5
美国	144.8	4.1
日本	142.7	4.0
韩国	119.4	3.4
哈萨克斯坦	107.6	3.0

资料来源：驻俄罗斯联邦经商参处。

中俄贸易结构扭曲和双方互相投资太少，是数年来累积起来的深层次问题，还需双方共同努力破解。

三、培育中俄贸易新的增长点

中俄两国经济具有很强的互补性，一直以来都是贸易合作伙伴。尽管2015年中俄贸易出现波动，但这只是暂时现象，并不意味着两国贸易走向低谷。在此情形下，双方应努力改变合作模式，提高合作质量，扩大互相投资，寻找新的经济增长点，促进中俄贸易增长，达到2020年2000亿美元的目标。

一是农业合作有望成为中俄贸易新的增长点。中俄之间的农业合作有非常广阔的前景，一方面中俄两国相邻，另一方面两国在资源和产品方面、供给和需求方面具有非常好的互补性。中国是一个巨大的农产品市场，俄罗斯是一个国土辽阔、耕地和潜在耕地数量众多的国家。俄罗斯很多农产品可以对中国的农产品市场起到一定的补充作用。同时，中国的蔬菜可以满足俄罗斯的需求。

因此，在未来的发展中，中俄需要继续扩大贸易，彼此提供更加优质的农产品，支持双向农业投资，双方企业到对方投资农业。此外，俄罗斯有很好农业科技，研究实力也很强，而我国农业科技水平、条件也在不断提高，双方可以在农业科技方面加强合作，包括开展联合研究，开展成果技术的转让，相互培养人才等。

二是在能源、基础设施、交通运输等领域实施合作项目，拉动相互投资增长。亚太地区是世界上正在快速发展的地区，而中国是俄罗斯在亚太地区的主要合作伙伴。两国扩大能源、交通运输、基础设施、远东开发等领域的合作，将有利于两国贸易的增长，也能够为两国的科技创新和经济发展提供支持。随着我国“一带一路”和“欧亚经济联盟”战略的对接，将为更多更大的合作项目带来新机遇。我国需进一步完善对俄罗斯产业投资政策，完善机制促进战略性合作项目。而在俄罗斯“入世”和进一步开放服务市场的背景下，以中俄大型合作项目为契机，大力发展双向投资，发展两国具有国际竞争力的服务行业，是21世纪中俄经济合作的必要组成部分。

三是进一步放开服务贸易市场，优化贸易结构。中俄两国应在传统服务贸易的基础上，大力拓宽技术、知识密集型服务贸易的领域，促进服务贸易结构优化发展。大力发展对俄旅游、金融、电子商务、中医药、文化等服务贸易，将有利于由于中俄贸易结构，服务贸易能够提高货物贸易的附加值，为货物贸易的升级和转型提供必要的支撑条件，尤其是金融、信息服务等主要以技术资源和人力资本为密集要素的现代服务贸易的发展。在经济全球化不断深化、世界经济继续呈现服务化的趋势中，服务贸易在国际贸易中的比重越来越大，其对一国经济乃至世界经济都有重要的意义。不断提升服务贸易在中俄贸易中的比重，将推动中俄双边的服务贸易获得更大的发展，或将改变中俄贸易增长模式，成为中俄贸易新的增长点。中俄服务贸易的发展也依赖政府的推动和市场的开放，同时也需要基础设施及互联互通项目的开拓性建设。

第八部分

结　　语

结语一

德·额日格德乐

蒙古国科学院院长　院士

首先，请允许我向内蒙古自治区发展研究中心杨臣华主席，向所有的工作人员，表示感谢！这是一个非常不容易的工作，我们讨论的议题非常广泛，从经济方面的所有领域，到文化、人文领域。我们在热烈地讨论经济走廊建设问题的平台，我们互相交流意见，这是一个非常的发展方向，三方之间意识形态的障碍在逐渐地淡化。我们正走在经济走廊建设的初期阶段，但更重要的是，我们针对具体的项目进行具体的研究讨论，这个是更重要的，这样一来，更多问题会更加明确化，我们可以针对问题寻找解决方案，从而在经济、社会、政治等各方面，对诸多领域的合作交流都有推动的作用。

三方之间的相互了解和信任程度也有所提高，我们要将这种信任继续深入发展下去，在这方面智库联盟的作用也是非常大的。在贸易运输等领域，我们有诸多需要解决的具体的问题，这是我们首先要解决的问题，因为这是经济走廊建设的基础设施，是硬件条件。所以在三方合作当中，民间交流、人文领域的交流是非常重要的，这里面我们涉及了很多签证免签的问题，这是一个非常重要的讨论议题。

下面我主要提两方面的意见。一是在智库联盟理事单位每次的论坛当中，大家关注了很多具体问题方面。我们应该组成一个专门的协调行动组，针对在这个论坛上指出的问题进行更进一步的后续研究，寻找解决方案。将这种机制进一步细致化，比如说每个月举行这种小组的会晤。

第二个建议是，我们今天一共听了30多位嘉宾的发言，每个人的时间是非常有限制的。我觉得这个信息量或者是发言题目的数量过于多，使得每个发言人不能够很完整地表达自己的观点，所以以后在这方面需要注意一下。我们可以在细致化的机制化合作当中，针对具体的问题用少量的发言阐述自己的观点，谢谢大家！

结语二

卢嘉宁

俄罗斯科学院远东研究所所长　教授
中蒙俄智库合作联盟第一届共同理事长

各位同行、尊敬的主席先生，亲爱的朋友们：

的确，我们现在正在经历一个非常重要，而且是令人激动的第二届国际论坛这样的一个日子，以及我们这个智库联盟实际业务的开展。我想指出几个关键点。首先就论坛的内容来看，尤其要强调我听到的和我主持的那一段的内容。从主持上看，这个分论坛和其他论坛涉及的题目是非常广泛的，这非常好，这是积极的。

我只提出六个题目，第一个是三方的投资合作问题，第二个是不同领域的沟通交流问题，第三个是口岸通关能力的分析，第四个是煤炭方面的合作，第五个是教育旅游和人文方面的问题，也涉及到很多具体的问题，第六个是油气能源方面的问题，也就是说从结构和主题上涵盖了非常广泛的范围。其中我要提出四个有创意和有前景的方法。我觉得特别有前景的是这样的一个想法，进一步实现交通线路的多元化，包括已有的铁路、公路，而且更广泛地考虑各种各样的交通沟通方式，这里有很大的创造空间。

第二个想法我觉得也非常有趣，就是分析主要的口岸各自的优势和缺陷，但是这是窗口，这是我们交流的血液。第三个有创意的想法，就是详细地分析一些瓶颈问题，以蒙中之间煤炭的运输合作，也包括俄罗斯的煤炭业，这是一种模式，让我们可以来研究其他方面的瓶颈问题。第四个想法是可不可能对接中俄蒙的科研教学教育模式，这里有些是兼容的，但是有些东西是很难兼容的，我们作为专家学者，应该给他们做出归类和评价。

因此我有一个务实的建议，我觉得很重要的是，尤其是在我们的分论坛提出了五项务实的建议，中国的秦玉才教授恰好是从务实这个角度来改善我们三方合作的“五通”，还有其他的一些建议。最后我想说，总的来说，我们这次论坛从事实和法律上讲，也包括在乌兰巴托，包括呼和浩特的这两次论坛，它出生了，也正在顺利地发展。

当然我们需要一个机制化的监控小组，但最关键的是我们现在提出的一些结论，要汇报给我们国家的高层领导人，这并不是一件容易的事情。我们要有这样的一个机制，能够简要地向高层来汇报，让决策者知道我们的一些建议和想法。通过这种汇报的机制，我们有一些相关务实的汇报，我们三国领导人在上合组织，包括在杜尚别、塔什干的会晤，也提出了政治的解决方案，包括路线图。那么我们需要提出我们的答案，提出我们的产品，证明我们不是白吃面包的，我们可以帮助发展我们中俄蒙三方的合作，谢谢。

结语三

杨臣华

中国内蒙古自治区发展研究中心主任 研究员

作为轮值主席方可能要多说几句话，但是我最想说的就是两个字——感谢，所以我列了一长串感谢的名单，请给我点时间，允许我表达我的心意。

我们“中蒙俄智库国际论坛 2016”年会在今天已经完成了我们各项安排的议程，它将要落下帷幕，可以说我们在这里从一开始到现在的过程历历在目。

首先，我们向莅临本次年会的各位嘉宾和各界人士表示衷心的感谢。

这次我们来自中外的机构有 90 多家，主论坛和平行论坛演讲和对话的嘉宾有 100 多位。刚才我们 5 场平行论坛的主持嘉宾又做了精彩综述，在他们的汇报当中，平均一个平行论坛 50 多人，我算了一下也就是 200 多人。我们的论坛是分两个部分，因为有平行参会情况，所以我们对外统计是 150 位参会代表。我们还增加了更多的旁听和列席者，所以这个规模是非常大的。

在这里特别要感谢各位演讲嘉宾和对话发言的专家学者，这 100 多位嘉宾可以说贡献的是智慧和思想，是他们对本次论坛的关爱、关注。他们提出的观点我们将进一步汇集、提炼。这些演讲嘉宾和发言嘉宾，让作为轮值主席的我深深感动。他们都是没有报酬的，是无偿的，他们在无偿地贡献他们的思想和火花。请原谅我无法一一报出他们的姓名，中蒙俄智库国际论坛汇聚了他们的智慧精华，也汇聚了他们的思想，今后论坛作为一个平台和网络得以发展起来，他们是无冕之王！这是我感谢的第一个方面。

其次，我们要感谢中蒙俄智库合作联盟。大家也知道我们主办方是中蒙俄智库合作联盟，这个联盟最初发起是 14 家智库机构。在乌兰巴托的时候，我们大致统计了一下是 30 多家参会。我们昨天上午的理事长会议，又增加了很多单位，同时我们共同理事长单位在 5 家单位的基础上，包括国务院发展研究中心国际合作局、蒙古国科学院、蒙古国国立大学和俄罗斯科学院远东研究所，这次让我们高兴的是又吸纳了一个新成员，就是俄罗斯科学院西伯利亚分院；由此让我们感觉到，我们是以论坛为平台，共商共建共享联盟的平等和开放性等，使我们不断地产生新的硕果。

另外，我们智库不能光是坐而论道，也不能只是务虚。有两个节点需要反映，第一个就是我们能不能够得着天线，摸得着地气，然后把我们的思想汇报给决策层，这是我们所希望的。第二个我们希望实现的点是，不光是务虚，还要深入地合作，通过合作项目、研究议题，把我们这个链条拉得更长一些，使我们深深地了解对方？不是说今天这两天，两天时间太短暂了，我们要长期了解，这是我们联盟的志向和目标，所以衷心地感谢我们联盟共同理事长单位的积极支持。

再次，需要感谢的是为我们这次论坛提供大力支持的内蒙古师范大学、内蒙古社科院、内蒙古大学，还有内蒙古自治区科协、内蒙古自治区社科界联合会，还有我们这次支持单位——唯一一家企业包商银行，这是内蒙古的本土企业，刚才郭总也介绍了，而且许多建议可以说都给我们留下了深刻的印象。还要感谢中蒙俄三方智库机构的参会嘉宾们，这些单位可以说是包括在我们最初的联盟当中，我也不一一介绍他们的特点优势了，大家在平行论坛当中都把各自的方向、思路和真知灼见明确展示给了我们。

最后，需要感谢的就是为成功举办本次论坛而付出辛勤劳动的会务人员。大家也看到了他们繁忙的身影，同时也感觉到他们在焦急地企盼会议的成功，我想他们是最希望得到回报和硕果的。同时也感谢我们的新闻工作者，也要感谢为这次论坛完成了大量工作的志愿者。

本次论坛我们作为轮值主席方，可以说经过两天紧张的研讨，经过大家的共同努力，我们的讨论和研讨、交流非常成功、圆满。昨天上午共同理事长会议也预期了一下成果，现在是看结果的时候，也取得了预期的成果。所以我在这里总结了三个方面的突出特点，与大家共享。

第一个特点，这次论坛具有权威性。大家从嘉宾名单里观察，这个权威性就是来自我们三国国家级的和区域性的，以及我们各界著名的专家学者，这种权威性可以说发出了我们中蒙俄智库合作联盟的最强音。我们的智库国际论坛是由中蒙俄三方智库联盟主办的，我们承担的是轮值主席方，所以说我们也倍感责任重大，也倍感收获的一系列成果都是要归功于大家的。我们相信，论坛的成果也将会成为中蒙俄三方制定政策的重要参考，对加强“中蒙俄经济走廊”具有深远的影响。

第二个特点，就是专业性。主要体现在我们今天来的都是顶级专家，再说一句就是巅峰论道。在本届论坛邀请到的专家学者当中，既有俄罗斯科学院、蒙古科学院和蒙古国立大学的智库精英，又有我们中国各界智库的知名专家学者，还有中蒙俄三国相关主管部门的领导，可以说涵盖了外交、发展、财政、教育和政策支持各个环节顶级的专家到会。在会议当中碰撞出来的智慧火花，必将持续有效地推进“中蒙俄经济走廊”建设的进一步深入。

第三个特点，就是务实性。务实性主要体现在聚焦政策对接和合作领域的拓展。通过两天的研讨和交流，我们的主论坛和平行论坛的专题大家已看到，汇聚点是从对接和拓展这两个方面来体现的。所以说本届论坛也正值我国共建“一带一路”倡议框架下，对接三国发展战略的第一个多边规划纲要——《建设中蒙俄经济走廊规划纲要》的正式启动实施的这个关键节点上，所以我们这个论坛是正逢其时。与会嘉宾紧紧围绕论坛的主题进行了非常深入的对话研讨，从中也可以发现很多互惠共赢的合作方向。这样深入务实的交流也不同程度地说明，“中蒙俄经济走廊”正在进入更深层次的建设阶段。

女士们、先生们、朋友们，今天播下的智慧种子，必将在未来收获丰硕的成果。我们高兴地看到，大家平等对话、坦诚交流、集思广益、共谋良策、互惠互利、实现共赢的合作理念，正逐渐深入人心，得到更广泛的响应，共识在这里凝聚。我们也高兴地看到，与会嘉宾深度解析，探求推进对接与拓展的途径，提出了一系列解决方案，汇聚了更多思想的力量、智慧的力量，为推动“中蒙俄经济走廊”务实合作注入了新的动能，也是力量在这里汇聚。

我们也高兴地看到，大家在交流意见的同时，增进了理解和认同，加深了互信和友谊，越来越多的朋友和伙伴走到了一起，共同演绎合作共赢的华彩篇章，友谊在这里播撒。

女士们、先生们、朋友们，中国有句古话，大鹏之动，非一羽之轻；奇迹之树，非一足之力。我们相信，只要我们心往一处想，劲往一处使，中蒙俄智库国际论坛必将飞得更高、走得更远。谢谢大家！